Verhandlungen

des

Dreizehnten deutschen Juristentages.

Herausgegeben

von

dem Schriftführer-Amt der ständigen Deputation.

Zweiter Band.

Berlin, 1876.

Commissions-Verlag von J. Guttentag.

(D. Collin.)

Inhaltsverzeichniß.

Stenographische Berichte.

Verzeichniß der Mitglieder
der
ständigen Deputation.
1875/76.

Nr.	Name.	Stand.	Wohnort.
1	Dr. Albrecht	Handelsgerichtspräses	Hamburg.
2	Becker	Oberappellationsgerichtsrath	Oldenburg.
3	Dr. Borchardt	Geheimer Justizrath Minister-Resident	Berlin. **(Kassenführer.)**
4	Dr. Drechsler	Vicepräsident des Reichsoberhandelsgerichts	Leipzig.
5	Dr. Hauser	Appellationsgerichtsrath	München.
6	v. Hohenadel	Oberstaatsanwalt	München.
7	Dr. Jaques	Hof- und Gerichtsadvocat	Wien.
8	Dr. Jung	Fiscal	Frankfurt a/M.
9	Dr. v. Kißling	Hof- und Gerichtsadvocat	Linz.
10	v. Köstlin	Obertribunalsrath	Stuttgart.
11	Kühne	Appellationsgerichtspräsident	Greifswald.
12	v. Kunowski	Appellationsgerichtspräsident	Posen.
13	Makower	Justizrath	Berlin.
14	Dr. Meyer	Geheimer Oberregierungsrath	Berlin.
15	Dr. v. Schwarze	Generalstaatsanwalt	Dresden.
16	v. Stößer	Kreis- und Hofgerichtsdirector	Mannheim.
17	Thomsen	Obergerichtsrath	Hannover.
18	Dr. v. Wächter	Wirkl. Geheimrath Professor	Leipzig.
19	v. Wilmowski	Justizrath	Berlin. **(Schriftführer.)**

Professor Dr. Gneist, Berlin, **Präsident.**

Statut
des
deutschen Juristentages.

§. 1.

Der Zweck des deutschen Juristentages ist: eine Vereinigung für den lebendigen Meinungsaustausch und den persönlichen Verkehr unter den deutschen Juristen zu bilden; auf den Gebieten des Privatrechts, des Prozesses und des Strafrechts den Forderungen nach einheitlicher Entwickelung immer größere Anerkennung zu verschaffen, die Hindernisse, welche dieser Entwickelung entgegenstehen, zu bezeichnen und sich über Vorschläge zu verständigen, welche geeignet sind, die Rechtseinheit zu fördern.

§. 2.

Der deutsche Juristentag tritt in der Regel alljährlich zusammen; doch ist die ständige Deputation ermächtigt, aus Gründen der Zweckmäßigkeit ausnahmsweise die Wiedereinberufung des Juristentages erst in dem auf dessen letzten Zusammentritt folgenden zweiten Kalenderjahre vorzunehmen.

§. 3.

Zur Mitgliedschaft berechtigt sind die deutschen Richter, Staatsanwälte, Advocaten und Notare, die Aspiranten des Richteramtes, der Anwaltschaft und des Notariats, sowie Jeder, der nach seinen Landesgesetzen zum Richteramte, zur Anwaltschaft oder zur Ausübung des Notariats für befähigt erkannt ist, ferner die Lehrer an den deutschen Hochschulen, die Mitglieder der gelehrten Akademieen, die Doctoren der Rechte und die rechtsgelehrten Mitglieder der Verwaltungsbehörden.

§. 4.

Die Mitgliedschaft beginnt mit dem Empfange der Mitgliedskarte. Sie berechtigt zur Theilnahme an den Verhandlungen und an der Abstimmung.

§. 5.

Der Beitrag der Gesellschaftsmitglieder beträgt zwei Thaler jährlich und ist innerhalb vier Wochen nach Beginn des neuen Jahres zu entrichten, widrigenfalls derselbe durch Postvorschuß eingezogen wird. Nimmt ein Mitglied den mit Postvorschuß beschwerten Brief nicht an, so wird dies einer ausdrücklichen Austrittserklärung gleich erachtet. — Für die am Orte des Juristentages selbst zu lösende Anmeldungskarte ist Ein Thaler zu entrichten.

§. 6.

Den Plenarverhandlungen des deutschen Juristentages gehen der Regel nach Abtheilungsberathungen voraus. Zu diesem Zwecke werden durch freiwillige Einzeichnungen der Mitglieder folgende vier Abtheilungen gebildet:

1) Abtheilung für Privatrecht, insbesondere Obligationen- und Pfandrecht, juristisches Studium und praktische Ausbildung.
2) Abtheilung für Handels-, Wechsel-, See- und internationales Recht.
3) Abtheilung für Strafrecht, Strafprozeß und Gefängnißwesen.
4) Abtheilung für Gerichtsverfassung und Civilprozeß.

Die Abtheilungen wählen ihre Vorsitzenden, Schriftführer, Berichterstatter und benachrichtigen den Vorsitzenden der Plenarversammlung (§. 7), sobald ihre Berathungen über einzelne Gegenstände geschlossen sind; ihre Anträge sind schriftlich zu fassen. In jeder Abtheilung stimmen nur Diejenigen mit, welche sich in die betreffende Abtheilung bereits eingezeichnet haben.

Sämmtliche Beschlüsse der Abtheilungen werden in der Plenarversammlung mitgetheilt. Es findet jedoch eine Erörterung und Entscheidung im Plenum nur dann statt, wenn dieselbe von der betreffenden Abtheilung vorgeschlagen, oder wenn sie von mindestens zehn Mitgliedern beantragt und von der Plenarversammlung beschlossen wird. Ueber die Vorfrage, ob dem von mindestens zehn Mitgliedern gestellten Antrage auf Plenar-Entscheidung stattzugeben, wird nur einem der Antragsteller und dem Berichterstatter das Wort ertheilt.

§. 7.

Die Verhandlungen der Plenarversammlung leitet ein Vorsitzender, welcher für die Dauer eines jeden Juristentages in der ersten Plenarversammlung durch Stimmzettel oder Acclamation gewählt wird. Derselbe ernennt zwei bis vier Stellvertreter und vier Schriftführer. Er bestimmt die Tagesordnung und kann einzelne Gegenstände, ohne Vorberathung in den Abtheilungen (§. 6), unmittelbar zur Plenarberathung stellen. Auch ist er befugt, Nichtmitglieder als Zuhörer zuzulassen.

§. 8.

Bei allen Beschlüssen der Plenarversammlung und der Abtheilungen entscheidet einfache Majorität der anwesenden Mitglieder, bei allen Wahlen relative Majorität und im Falle der Stimmengleichheit das Loos.

§. 9.

Wird Schluß der Debatte beantragt, so wird über diesen Antrag sofort abgestimmt. In der Plenarversammlung sind alle Anträge mit Ausnahme des Antrages auf Schluß der Debatte schriftlich zu stellen.

§. 10.

Vor dem Schlusse eines jeden Juristentages wird von der Plenarversammlung durch Acclamation oder in einem einzigen Scrutinium durch Stimmzettel eine aus neunzehn Mitgliedern und dem Präsidenten des letzten Juristentages als Ehrenpräsidenten bestehende ständige Deputation gewählt. Von jenen neunzehn Mitgliedern müssen mindestens drei am Orte des letzten Juristentages und jedenfalls zwölf auswärts wohnen. Die Liste der zur Acclamation vorzuschlagenden Personen wird durch den Präsidenten der Plenarversammlung, seine Stellvertreter und je zehn von jeder Abtheilung gewählte Vertrauensmänner gemeinschaftlich festgestellt.

Die ständige Deputation hat folgende Befugnisse und Obliegenheiten:

1) sie sorgt für die Ausführung der von dem Juristentage gefaßten Beschlüsse, veranlaßt nach eignem Ermessen den Druck der Protocolle und Vorlagen, bewirkt die Vertheilung der Drucksachen an die Mitglieder und verwahrt alle Akten und Schriftstücke des Juristentages;
2) sie bestimmt Zeit und Ort des nächsten Juristentages, trifft die für denselben nöthigen Vorbereitungen, erläßt die Einladungen, stellt die vorläufige Tagesordnung auf, wobei sie in der Regel nur die bis zum 31. Mai des laufenden Jahres eingegangenen Vorlagen zu berücksichtigen hat, und bereitet Abänderungsvorschläge in Betreff der Geschäftsordnung für die Plenarversammlung vor;
3) sie nimmt die Beitrittserklärungen neuer Mitglieder entgegen, fertigt die Mitgliedskarten aus, empfängt die Beiträge, bestreitet die Ausgaben und legt der folgenden Deputation Rechnung;
4) sie ergänzt sich selbst, falls eins oder mehrere Mitglieder während des Geschäftsjahres ausscheiden.

Die Deputation wählt aus ihrer Mitte einen Vorsitzenden, einen Schriftführer, welcher ein von der Deputation festzusetzendes Pauschquantum für baare Auslagen erhält, und einen Kassirer. Der letztere ist verpflichtet der ständigen Deputation bei ihrem jedesmaligen Zusammentritte einen Kassenabschluß vorzulegen. Die Deputation läßt durch eines oder mehrere ihrer Mitglieder die Rechnung prüfen und die Kasse revidiren.

Die Deputation bestimmt Ort und Zeit ihrer Zusammenkunft. Zur Giltigkeit ihrer Beschlüsse ist die Einladung sämmtlicher Mitglieder, sowie die Mitwirkung von wenigstens fünf Mitgliedern erforderlich.

§. 11.

Abänderungen dieses Statuts können zwar von der Plenarversammlung durch einfache Stimmenmehrheit, jedoch nur auf schriftlichen Antrag, der vier Wochen vor dem Zusammentritt des Juristentages der ständigen Deputation (§. 10) überreicht worden, beschlossen werden.

Stenographische Berichte.

Erste Plenarsitzung

des

Dreizehnten Deutschen Juristentages

in Salzburg

am 28. August 1876.

(Beginn: Vormittags 9 Uhr.)

Kreis- und Hofgerichtsdirector v. Stößer aus Mannheim: Meine hochgeehrten Herren, aus Auftrag der ständigen Deputation des deutschen Juristentags habe ich die Ehre, den 13. deutschen Juristentag zu Salzburg hiermit zu eröffnen. Da wir die Freude und das Glück haben, den bisher bewährten Präsidenten Herrn Professor Dr. Gneist in unserer Mitte zu sehen, so erlaubt sich die Deputation Ihnen vorzuschlagen, diesen wieder als Präsidenten zu wählen. Darin sind Sie zwar vollständig frei, sollte jedoch ein Gegenvorschlag aus Ihrer Mitte nicht erfolgen, (Nein!) so handle ich gewiß nur in Ihrem Sinne, wenn ich hiermit Herrn Professor Dr. Gneist als Präsidenten des 13. deutschen Juristentags begrüße (Lebhaftes Bravo!)

Professor Dr. Gneist: Meine Herren, die hohe Ehre, die mir der deutsche Juristentag wiederholt erweist, gilt, wie ich weiß, nicht meinem Verdienst. Sie würde vielmehr manchem Mitgliede des Juristentags, welches ältere und höhere Verdienste um unsern Verein aufweisen kann, zukommen. Darf ich eine Vermuthung aussprechen, so ist es vorzugsweise der Wunsch einer Erleichterung der Geschäftsordnung gewesen, wenn die Deputation Ihnen wiederholt den Vorsitz eines früheren Präsidenten vorschlägt, um so mehr als ich in der letzten Zeit vermöge der neuen Statuten die Geschäftsführung gehabt habe. Mit diesem Anerkenntniß nehme ich die mir zugedachte hohe Ehre um so freudiger an, als sie mir Gelegenheit giebt, den Gefühlen der Einigkeit Ausdruck zu geben, welche zwischen den beiden großen Zweigen des deutschen Juristenstandes bisher zu unserem Glücke geherrscht hat, welche ich stets hoch gehalten habe, in welcher ich ein Pfand des gemeinsamen Fortschritts unserer Gesetzgebung auch für die nächste Zukunft erkenne. Empfangen Sie also meinen herzlichen Dank für die hohe Ehre, die ich hiermit annehme.

Meine Herren, nach Maßgabe unserer Statuten erlaube ich mir, Ihnen vorzuschlagen, als Vicepräsidenten des diesjährigen Juristentags: den Herrn Appellationsgerichts-Präsidenten Dr. Franke aus Celle, den Herrn Hofrath beim obersten Gerichtshofe Dr. v. Keller aus Wien, den Herrn Hof- und Gerichts-Advocat Dr. Edler v. Ruthner aus Salzburg und Herrn Advocat Stenglein aus München. Ich bitte die hochgeehrten Herren diese Wahl annehmen zu wollen, und bitte sie, eventuell, Ihren Platz im Bureau nehmen zu wollen. Sodann erlaube ich mir als Schriftführer für die Plenarsitzungen statutengemäß 4 Mitglieder der Versammlung vorzuschlagen: die Herren Landgerichtsrath Eggendorfer aus Salzburg, Advocat Dr. Heinzen aus Hamburg, Advocat Dr. Kratky aus Wien und Advocat Dr. Widmann aus Salzburg.

Meine Herren, nachdem somit das Bureau bestellt ist, erkläre ich hiermit den 13. deutschen Juristentag für constituirt, und benutze den ersten Augenblick, um dem Gefühle der Genugthuung Ausdruck zu geben, daß der Chef der Justiz in diesen kaiserlichen Landen Herr Dr. Glaser der Versammlung die Ehre erwiesen hat, der heutigen Sitzung beizuwohnen. Ich darf in Ihrem Namen den Herrn Justizminister Dr. Glaser hiermit unter dem Ausdruck unseres herzlichen Dankes begrüßen.

(Die Versammlung erhebt sich von den Sitzen.)

Justizminister Dr. **Glaser**: Im Namen der Regierung Seiner Majestät heiße ich den XIII. deutschen Juristentag willkommen auf österreichischem Boden.

In hohem Grade beglückt es mich, berufen zu sein, der verehrten Versammlung diesen herzlichen Gruß zu bringen; denn vom Anbeginne des deutschen Juristentages habe ich an seiner Thätigkeit den wärmsten Antheil genommen und nie seine hohe Bedeutung für unser gemeinsames Rechtsleben aus den Augen verloren.

Ich sage, unser gemeinsames Rechtsleben, — denn gemeinsam ist uns geblieben eine aus derselben rechtsgeschichtlichen Grundlage emporgewachsene, in gleichem Geiste an unseren Universitäten gepflegte Rechtswissenschaft. Gemeinsam sind uns zwei neue, den über unsere Grenzen hinweg immer reger hin- und herwebenden Geschäftsverkehr beherrschende Gesetzbücher, das hüben und drüben gleich hoch gehaltene Ergebniß gemeinsamer Arbeit.

Und wenn auch die Gesetzgebung in Deutschland und Oesterreich jetzt in voller Selbstständigkeit ihre eigenen Pfade schreitet, so ist doch die, diese Pfade ebnende Geistesarbeit eine gemeinsame, weil die Aufgaben wesentlich gleichartig sind. Gilt es ja, auf beiden Gebieten durch eine die Rechtseinheit wahrende Codification die Prinzipien zu verwirklichen, von deren Annahme eine neue Blüthe der Rechtspflege erwartet wird, und steht doch in Deutschland wie in Oesterreich das Werk einer neuen Civilprozeßordnung im Vordergrunde.

Ein schweres Werk, dessen ich — sagt ja Horaz mit Recht: post equitem sedet atra cura — auch inmitten des unvergleichlichen Kranzes himmelanstrebender Berge gedenken muß, die uns hier umgeben. Wie sicher bezeichnet ein Wort die Bergspitze, wie deutlich sieht der zu ihr Strebende sein Ziel vor Augen — so lang es fern ist! Wie unsicher und mühsam windet sich der Pfad, wenn der Wanderer nahe gerückt ist, wenn ihm als ein Heer von Klippen erscheint, was er für einen Berg gehalten, wenn Abgründe zerklüften, was ein gewaltiger Fels geschienen, wenn es gilt, das aus dem Auge verlorne, nur in Geist und Herz festgehaltene Ziel durch den Zickzackweg der Transaktionen, über den schwankenden Steg der Compromiße hinweg zu erreichen! Solch schweres Werk fordert ein reiches Maß jener vorbereitenden Geistesarbeit, von der ich früher sprach, einer Geistesarbeit, an welcher stets der Juristentag auf das Rühmlichste sich betheiligte.

Möge die Versammlung in Salzburg sich würdig ihren Vorgängern anschließen und mögen Sie auf die Tage, die Sie hier zubringen, mit einer Befriedigung zurückblicken, die der Herzlichkeit gleichkommt, mit welcher Sie hier empfangen werden.

(Lebhaftes Bravo.)

Präsident Dr. **Gneist**: Herr Justizminister! Erlauben Sie mir darauf einige Worte zu erwidern. Der Versammlung deutscher Juristen wird unvergeßlich bleiben der wohlwollende Empfang Seitens des kaiserlichen Hofes in Wien bei seiner 3. Generalversammlung, und die warme sympathische Aufnahme in der Hauptstadt Oesterreichs. Nach 14 ereignißvollen Jahren, die seit jener Feier vergangen sind, giebt uns der jetzige Augenblick die freudige Gewißheit, daß unverändert geblieben sind die Gefühle der Zusammengehörigkeit, das Bewußtsein der gemeinsamen Kulturaufgabe und gemeinsamen Wirksamkeit für die Werke des Rechtes und Friedens, welche beide großen Zweige des deutschen Juristentages bisher so glücklich vereinigt und zusammengehalten haben. Daß dem so sei, dafür giebt uns

Gewißheit die wohlwollende Begrüßung der kaiserlichen Regierung, die uns heute zu Theil wurde, die warme sympathische Aufnahme, die wir in der schönen Stadt Salzburg finden, und vor Allem die Person des Trägers der kaiserlichen Regierung, welche uns heute begrüßt. Wenn der Herr Justizminister ehrend unserer Thätigkeit für die Anregung großer gemeinsamer Reformen im deutschen Rechtsleben sowohl auf Seite des deutschen Oesterreiches als des deutschen Reiches gedenkt, so hat dieser Versammlung nichts anderes zu Gebote gestanden als die Macht gemeinsamer Ueberzeugung, und eine fortschreitende Verständigung über gemeinsame Grundsätze, die in der Verfolgung der Ziele aus divergirenden Ansichten sich zusammen fanden. Wir haben nur geltend zu machen die Verdienste einer durch gemeinsame Arbeit gewonnenen moralischen Ueberzeugung. Der heutige Justizminister Oesterreichs, welcher damals zu den hervorragenden Mitgliedern des Juristentags gehörte, hat mehr gethan; er hat die Zwischenzeit nutzbar gemacht, um zu dem Ruhme der Wissenschaft den Ruhm einer wirksamen, für Oesterreich wohlthätigen, mit dem deutschen Reiche wetteifernd fortschreitenden Gesetzgebung zu erwerben. Erlauben Sie mir den Vorschlag, daß wir in Anerkennung dieser Verdienste und als Ausdruck der persönlichen Verehrung Se. Excellenz bitten, die Stelle als Ehrenpräsident unserer Versammlung annehmen zu wollen. Darf ich Sie bitten, zum Zeichen ihrer Zustimmung Sich von Ihren Sitzen zu erheben.

(Beifall, die Versammlung erhebt sich von den Sitzen.)

Justizminister Dr. **Glaser**: Die mir zu Theil gewordene Ehre hat mich tief gerührt, nur muß ich lebhaft bedauern, daß der Stand meiner Geschäfte mir nicht gestattet, während des ganzen Verlaufs den Pflichten eines Präsidenten nachzukommen. Ich nehme diese Ehre daher in dem Sinne an, in welchem die Versammlung sie mir anbietet, als Ehre.

Präsident: Meine Herren, ehe wir in die Geschäftsordnung eintreten, gestatten Sie mir noch dem Wunsche zweier Collegen aus unserer Deputation entsprechend folgende Entschuldigungen vorzutragen. Die eine ist von unserem Collegen v. Kunowsky, der es lebhaft bedauert, daß er, eins der eifrigsten Mitglieder des Juristentags, diesmal verhindert ist, an unsern Verhandlungen theilzunehmen, weil seine neue Stellung als 1. Präsident des Appellgerichts in Posen ihm es in diesem Monate unmöglich macht, hierher zu kommen. Sodann habe ich Ihnen zu unserem tiefen Bedauern mitzutheilen ein Schreiben des Generalstaatsanwalts Dr. v. Schwarze, welches ich erst heute morgen erhalten habe. Er bedauert, daß seine ernstlich gefährdete Gesundheit, (wie er seine Besorgniß schon seit einigen Wochen in dieser Richtung ausgesprochen hat) ihm es diesmal unmöglich macht, an der Versammlung theilzunehmen, deren allerthätigstes Mitglied er stets gewesen ist. Es entsteht dadurch eine unausfüllbare Lücke in unserer diesmaligen Geschäftsordnung, auf die ich nachher zurückkomme.

Indem ich zu unseren Tagesgeschäften übergehe, so ist nach den Statuten unser erster Gegenstand der Vortrag des Jahresberichts über den Stand der deutschen und österreichischen Gesetzesgebung im letzten Jahre. Es ist aber bei der letzten und vorletzten Versammlung der Wunsch ausgesprochen worden, daß dieser immerhin etwas umfangreiche Bericht in der Regel nicht verlesen, sondern zur Ersparung der Zeit sofort gedruckt vertheilt werde. Es ist dem in Nürnberg ausgesprochenen Wunsche diesmal Folge gegeben worden und der Bericht durch Vertheilung an die geehrten Theilnehmer des Juristentags gelangt und bitte ich die geehrten Herren, die ihn noch nicht erhalten haben sollten, denselben am Eingange zu entnehmen. Der Bericht lautet:

Jahresbericht des Schriftführeramts für den XIII. Deutschen Juristentag über die Gesetzgebung von 1875/76.

Vor Jahresfrist konnten wir hoffen, daß schon jetzt die Herstellung eines einheitlichen Rechtsverfahrens durch die Reichsgesetzgebung für das deutsche Reich eine vollendete Thatsache sein würde. Dies Ziel ist freilich bis jetzt noch nicht erreicht. Die umfassenden Arbeiten der Reichsjustizcommission und ihr Wunsch, ein bis ins Einzelne vollendetes befriedigendes Werk aufzustellen, haben den großen Umfang der Aufgabe nicht so zeitig fördern können, um schon in der letzten Reichstagssitzung die Berathung zu veranlassen. Namentlich haben das Bestreben, der für nicht annehmbar erachteten Vorlage der Strafprozeßordnung ein anderes System zu substituiren und die große Verschiedenheit der Meinungen in Betreff des Strafprozesses hemmend gewirkt. Dazu kam, daß die Reichsjustizcommission zur Vollständigkeit der Gerichtsorganisation auch die Aufnahme gemeinsamer Bestimmungen über die Rechtsanwaltschaft nöthig hielt und berieth, und damit noch ein neues bestrittenes Element hinzufügte. —

Durch die Gesetze vom 1. u. 20. Februar d. J. wurde die Reichstagsjustizcommission, welche zur Vorberathung der Entwürfe des Gerichtsverfassungsgesetzes, der Straf- und der Civil-Prozeßordnung eingesetzt war, und ebenso die zur Vorberathung der Concursordnung eingesetzte Commission ermächtigt, ihre Verhandlungen bis zum Beginn der nächsten ordentlichen Sitzung des Reichstages fortzusetzen, welchem die weitere Berathung in einer folgenden Session vorbehalten wurde. Nachdem kürzlich die Reichsjustizcommission ihre Arbeit bis zur Erklärung des Bundesraths über die nunmehrigen Entwürfe abgeschlossen hat, ist zu hoffen, daß der nächste Winter die vollständige Einigung des Rechtsverfahrens und der Gerichtsorganisation im deutschen Reiche krönen wird. Die Bedenken wegen einzelner Unvollkommenheiten, welche der Schöpfung anhaften mögen, treten in den weitesten Kreisen vor dem allgemeinen Wunsche zurück, daß auf diesem Gebiete zunächst die Einheit hergestellt werden möge. Die Erwägung, daß, wenn erst einmal Rechtsverfahren und Gerichtsorganisation einheitlich geordnet sind, alsdann auch eine einheitliche Reformirung in Einzelnheiten leichter herbeigeführt werden kann, sobald das Bedürfniß dazu führt, wird hoffentlich den Gedanken der Rechtseinheit endlich zur That reifen lassen.

Was die, mit Gesetzeskraft bereits ausgestattete Reichsgesetzgebung des vergangenen Jahres betrifft, so hat von derselben das Gesetz vom 26. Februar d. J. über mehrfache Abänderungen des deutschen Strafgesetzbuches die bedeutendste Tragweite. Die Bestimmungen des Strafgesetzbuches über die, nur auf Antrag zu verfolgenden, Delicte und über die Zurücknahme des Antrags hatten in der Praxis vielfach zu anstößigen Verhandlungen über Abfindung der Antragsstellers und zur Hemmung der Strafgewalt bei eclatanten Straffällen geführt. Das Bedürfniß einer Aenderung der Gesetzgebung war allgemein fühlbar geworden, und der vorjährige 12. Juristentag hatte schon auf Grund eingehender Gutachten unsrer verehrten Mitglieder Dr. John und Thomsen in seiner dritten Abtheilung erklärt:

Es empfehle sich, bei einer Revision des deutschen Strafgesetzbuches die dolosen Körperverletzungen, die Diebstähle, Unterschlagungen und Betrügereien solcher Personen, welche sich bei dem Verletzten in Kost und Lohn befinden, und die Sachbeschädigungen aus der Reihe der Antragsdelicte zu beseitigen; ferner die Zurücknahme des Antrags bei Antragsdelicten unter Angehörigen nur bis zur Verkündung eines auf Strafe lautenden Erkenntnisses und im Uebrigen nur bis zur Eröffnung des Beschlusses auf Vornahme des Hauptverfahrens zu gestatten. Das Gesetz vom 26. Februar 1876 hat die Bestimmungen über Antragsdelicte wesentlich in der gleichen Richtung, indeß im Einzelnen in etwas anderer Weise reformirt und Folgendes bestimmt:

Aus der Reihe der, nur auf Antrag zu verfolgenden Delicte sind ausgeschieden die Nothzucht und unzüchtige Handlungen mit Personen unter 14 Jahren (§§ 176. 177), die Erzwingung von Handlungen, Duldungen und Unterlassungen durch Gewalt oder durch Bedrohung mit einem Verbrechen oder Vergehn; sowie die Androhung eines Verbrechens an sich (§§ 240, 241), das unberechtigte Fischen oder Krebsen (§§ 296, 370 Nr. 4), der Betrug solcher Personen, welche sich bei dem Verletzten in Lohn oder Kost befinden (§ 263). Ferner sind der Diebstahl und die Unterschlagung nur noch bei Sachen von unbedeutendem Werthe und auch dann nur bei Verübung gegen Angehörige, Vormünder oder Erzieher oder gegen solche Personen, zu denen der Thäter im Lehrlingsverhältnisse steht oder in häuslicher Gemeinschaft als Gesinde sich befindet, als Antragsdelict beibehalten (§ 247).

Wenn die Verfolgung nur auf Antrag geschehen kann, war nach der frühern Fassung der §§ 64, 194 die Zurücknahme des Antrags bei Beleidigungen bis zum Beginne der Strafvollstreckung und sonst bis zur Verkündung eines auf Strafe lautenden Erkenntnisses zulässig. Nach der jetzigen Fassung des § 64 ist in der Regel die Zurücknahme des Antrags nicht zulässig; nur in einzelnen, im Gesetze besonders bezeichneten Fällen ist sie (bis zur Verkündung eines auf Strafe lautenden Urtheils) für zulässig erklärt, und zwar für Anträge auswärtiger Regierungen auf Bestrafung wegen feindlicher Handlungen gegen andere Staaten oder wegen Beleidigung auswärtiger Regenten §§ 102, 103, für Strafanträge wegen Beleidigungen §§ 104, 194, wegen leichter oder fahrlässiger Körperverletzungen gegen Angehörige § 232, wegen unbedeutender Diebstähle und Unterschlagungen in den oben erwähnten Verhältnissen § 247, wegen Betrugs gegen Angehörige, Vormünder oder Erzieher § 263, wegen Jagd-Contravention gegen Angehörige des Berechtigten § 292, wegen Sachbeschädigungen gegen Angehörige § 303, wegen Entwendung von unbedeutenden Nahrungsmitteln zum sofortigen Gebrauche und von Viehfutter zur Verwendung für das Vieh des Eigenthümers § 370 Nr. 5, 6.

Die Gesetzgebung über Körperverletzungen, für welche eine Verschärfung ebenfalls wünschenswerth befunden wurde, ist dahin reformirt, daß durch einen neuen § 223a Körperverletzungen, welche durch Waffen, durch Ueberfall, oder von Mehreren gemeinschaftlich oder mittelst lebensgefährlicher Behandlung begangen sind, mit besonderer härterer Strafe ausgezeichnet sind.

Die Mißstände, welche sich in der bekannten Untersuchung gegen den frühern deutschen Botschafter zu Paris, Graf Arnim, gezeigt hatten, haben die Aufnahme des s. g. Arnim-Paragraphen § 353a veranlaßt: Ein Beamter im Dienste des auswärtigen Amts des deutschen Reichs, welcher durch widerrechtliche Mittheilung von Schriftstücken oder Anweisungen die Amtsverschwiegenheit verletzt, ferner ein, bei einer auswärtigen Mission beschäftigter Beamter, welcher den Anweisungen seiner Vorgesetzten vorsätzlich zuwider handelt, oder seinem Vorgesetzten erdichtete oder entstellte Thatsachen mittheilt, um ihn irre zu leiten, werden mit Strafe bedroht. — Zugleich ist im § 4 des Strafgesetzbuches die Bestimmung hinzugefügt, daß nach den Strafgesetzen des deutschen Reiches auch verfolgt werden kann, wer im Auslande als Beamter des deutschen Reiches oder eines Bundesstaats eine

Handlung begangen hat, die nach den Gesetzen des deutschen Reichs als Verbrechen oder Vergehen im Amte anzusehen ist.

Eine andere Bereicherung des Strafrechts ist durch die bekannte Bedrohung des Reichskanzlers seitens des Belgiers Duchesne veranlaßt. Nachdem Belgien auf den Wunsch des deutschen Reichs eine Strafbestimmung für Androhungen und Erbieten zu Verbrechen in sein Strafrecht aufgenommen hatte, erschien es als internationale Pflicht, auch im deutschen Strafrechte dergleichen Delicte zu treffen. Der s. g. Duchesne-Paragraph § 49a bestraft Denjenigen, welcher einen Andern zu einem Verbrechen oder zur Theilnahme daran auffordert oder eine solche Aufforderung annimmt, oder zu einem Verbrechen oder zur Theilnahme daran sich erbietet, oder ein solches Erbieten annimmt; bei mündlichem Auffordern oder Erbieten aber nur, wenn dies an die Gewährung von Vortheilen geknüpft ist.

Durch bayerische Verhältnisse veranlaßt, ist ferner das s. g. Kanzelstrafgesetz § 130a auf Religionsdiener ausgedehnt, welche in Anlaß ihres Berufes Schriftstücke ausgeben, worin Staatsangelegenheiten in einer, den öffentlichen Frieden gefährdenden, Weise erörtert werden.

Für Widerstand oder Angriffe gegen Vollstreckungsbeamte und gegen Forst- und Jagdbeamte, sowie Erzwingung von Amtshandlungen sind Straf-Minima festgesetzt, welche nur fortfallen sollen, wenn mildernde Umstände festgestellt werden.

Die übrigen, in der Strafrechtsnovelle vom 26. Februar 1876 angeordneten Bestimmungen haben keine Bedeutung von allgemeinerem Interesse.

Für die Rechtsverhältnisse der bildenden Künste und der Kunstgewerbe sind die Reichsgesetze vom 9., 10. und 11. Januar 1876 von durchgreifender Bedeutung. Sie dehnen den Rechtsbegriff des geistigen Eigenthums, wie er durch das Reichsgesetz vom 11. Juni 1870 für litterarische Werke, musikalische Compositionen und dramatische Aufführungen festgestellt ist, in analoger Weise auf die Werke bildender Künste und in beschränkterer Weise auch auf photographische Werke, sowie auf Muster und Modelle aus Das Gesetz vom 9. Januar 1876 spricht dem Urheber eines Werkes der bildenden Künste — mit Ausschluß der Baukunst, worauf das Gesetz nicht anwendbar ist, — das ausschließliche, vererbliche und übertragbare Recht der Nachbildung zu. Die Nachbildung seitens Anderer ohne Genehmigung des Urhebers verpflichtet zur Entschädigung und ist strafbar; jedoch ist die Nachbildung eines Werkes der zeichnenden oder malenden Kunst durch die plastische, und umgekehrt zulässig, und gilt bei der Verschiedenheit der Voraussetzungen, Mittel und Effecte der beiden

Schwesterkünste nicht als Eingriff in das Autorenrecht. Die Uebertragung des Eigenthums am Werke gilt nicht als Uebertragung des Nachbildungsrechts. Bei Portraits und Portraitbüsten geht jedoch das Nachbildungsrecht auf den Besteller über; und bei Werken an Straßen oder öffentlichen Plätzen ist eine Nachbildung, welche nicht in derselben Kunstform erfolgt, gestattet. Der Schutz des Autors erstreckt sich bis auf 30 Jahre nach dem Tode, und für anonyme und pseudonyme Werke auf 30 Jahre nach der Veröffentlichung. In Betreff der Sicherung und Verfolgung der Rechte auf Entschädigung und Bestrafung unzulässiger Nachbildungen, so wie des Rechtsverfahrens sind die, für den Nachdruck gegebenen Bestimmungen des Gesetzes vom 11. Juni 1870 entsprechend anwendbar. Die Sachverständigen-Vereine zur Begutachtung der Nachbildungen werden aus Künstlern, Kunstgewerbtreibenden und Kunstverständigen gebildet, und das Reichsoberhandelsgericht ist auch auch hier für die civil- und strafgerichtliche Entscheidung der höchste Gerichtshof.

Das Gesetz vom 10. Januar 1876 giebt dem Verfertiger einer photographischen Aufnahme für 5 Jahre nach deren Erscheinen das ausschließliche, vererbliche und übertragbare Recht, das photographische Werk auf mechanischem Wege nachzubilden. Nur bei photographischen Portraits geht dies Recht auch ohne Vertrag auf den Besteller über.

Ebenso erkennt das Gesetz vom 11. Januar 1876 das ausschließliche, vererbliche und übertragbare Recht des Urhebers eines gewerblichen Musters oder Modells auf dessen Nachbildung an, — die Neuheit und Eigenthümlichkeit des Musters oder Modells vorausgesetzt. Gewerbliche Anstalten gelten als Urheber der Muster und Modelle, welche von den, in ihnen beschäftigten Künstlern für Rechnung der Eigenthümer hergestellt werden. Der Schutz gegen Nachbildung wird jedoch nur gewährt, wenn Muster oder Modell zur Eintragung in ein Musterregister angemeldet sind, welches von den, zur Führung der Handelsregister beauftragten Gerichtsbehörden geführt wird, und wenn bei dieser Behörde ein Exemplar oder eine Abbildung des Musters niedergelegt ist. Die Niederlegung kann versiegelt erfolgen, so daß nur im Streitfalle das deponirte Muster geöffnet wird. Der Schutz wird auf ein bis drei Jahre nach Wahl des Urhebers von der Anmeldnng an gerechnet, gewährt und kann auf Verlangen des Urhebers bis auf höchstens 15 Jahre ausgedehnt werden. Für die Verfolgung der Rechte gegen unzulässige Nachbildungen von photographischen Aufnahmen und von Mustern und Modellen und für das Rechtsverfahren finden ebenfalls die Vorschriften des Nachdruckgesetzes vom 11. Juni 1870 entsprechende Anwendung.

Nachdem ein früherer Versuch zur Ordnung und zum Schutze des geistigen Urheberrechts für Werke bildender Künste an erheblichen Einwendungen aus Künstlerkreisen gescheitert war, ist diese gegenwärtige Gesetzgebung von den Interessenten der Kunst und des Kunstgewerbes als sachgemäß gutgeheißen und freudig aufgenommen. Sie gilt mit Recht als angemessene Ausgleichung des Rechts der erfindenden Autoren auf Schutz gegen die Ausbeutung der Veröffentlichung durch Andere und des Rechts des Publicums auf den allgemeinen Genuß des Veröffentlichten. Die Gesetzgebung über das litterarische und künstlerische Eigenthumsrecht ist dadurch bis auf den Schutz der Kunstgewerbe geordnet. Zur consequenten Ausbildung des Rechtsbegriffs des geistigen Eigenthums dürfte noch der Schutz für industrielle Erfindungen durch ein entsprechendes Patentschutz-Gesetz im Anschluß an das Gesetz, welches die Kunstgewerbe schützt, zu erwarten sein.

Die Reichs-Gesetze vom 7. und 8. April 1876 über Hülfskassen und über Modificirung der Gewerbeordnung ordnen die Regulirung der gewerblichen Unterstützungskassen. Die deutsche Gewerbeordnung vom 21. Juni 1869 hatte für selbstständige Gewerbetreibende den Zwang zum Beitritt zu einer Hülfskasse aufgehoben (§ 140) und für Gesellen, Gehülfen und Fabrikarbeiter zunächst die Anordnungen der Landesgesetzgebungen über Hülfskassen aufrecht erhalten, jedoch die auf Ortsstatuten oder Anordnungen der Verwaltungsbehörden begründete Verpflichtung, bestimmten Hülfskassen beizutreten, für diejenigen aufgehoben, welche einer anderen Hülfskasse angehören (§ 141). Das Gesetz vom 7. April 1876 statuirt nunmehr das Recht, Kassen zur gegenseitigen Unterstützung ihrer Mitglieder für den Fall der Krankheit durch freie Vereinbarung einzurichten, giebt jedoch Normativbestimmungen für deren Einrichtung, um den Zweck der Unterstützung mit den vorhandenen Mitteln zu sichern, die Benutzung der Kassen zu anderen Zwecken zu verhindern, und die Rechte der Einzelnen gegen den Zwang der Majoritäten zu schützen. Das Statut der Kasse, welche als „eingeschriebene Hülfskasse" zu bezeichnen ist, soll dem Gemeindevorstande eingereicht und von der höheren Verwaltungsbehörde geprüft werden, welche über die Zulassung entscheidet, die Zulassung aber nur dann versagen darf, wenn das Statut den Anforderungen dieses Gesetzes nicht genügt. Gegen die Versagung ist Recurs zulässig. Als gesetzlich nothwendige Bedingungen sind Bestimmungen über die Beiträge der Mitglieder, über Beginn, Dauer, Verhältniß und Natur der Unterstützungen, welche nicht übertragbar sind und nicht mit Beschlag belegt werden dürfen, über Erhöhung und Ermäßigung der Unterstützungen, über Kassen- und Rechnungsführung und über die General-Versammlungen der Mitglieder gegeben. Der Beitritt darf von der Betheiligung an andern Gesellschaften nur abhängig gemacht werden, wenn dies für alle Mitglieder bei Errichtung der Kasse durch das Statut vorgesehen ist. Im Uebrigen darf den Mitgliedern keine Verpflichtung auferlegt werden, welche mit dem Kassenzwecke in keiner Verbindung steht. Der Ausschluß von Mitgliedern ist nur zulässig: beim Wegfall einer, die Aufnahme bedingenden Voraussetzung, oder für den Fall einer Zahlungsversäumniß oder einer strafbaren Statutverletzung. Die Kasse, welche durch einen, von der Generalversammlung gewählten und dem Gemeindevorstande anzuzeigenden, Vorstand vertreten wird, hat die Eigenschaft eines selbstständigen Rechtssubjects. Arbeitsgeber, welche Zuschüsse zur Kasse leisten, haben Anspruch auf entsprechende Vertretung im Vorstande und in der Generalversammlung, dürfen jedoch nicht mehr als ein Drittel der Stimmen im Vorstande und als die Hälfte der, den Mitgliedern zustehenden Stimmen in der Generalversammlung haben.

Die höhere Verwaltungsbehörde hat das Recht der Aufsicht über die Kasse, der Einwirkung auf Erhöhung und Ermäßigung der Beiträge und Unterstützungen behufs der Sicherung der Zwecke der Kasse, und unter bestimmten Voraussetzungen auch zur Schließung der Kasse.

Das Gesetz vom 8. April 1876 hat ferner unter Aufhebung der, in der Gewerbeordnung enthaltenen Verweisung auf die Landesgesetzgebungen bestimmt: Durch Ortsstatut kann für Gesellen, Gehülfen und Fabrikarbeiter die, durch die Gemeindebehörde auszuführende, Bildung von Hülfskassen nach dem eben erwähnten Gesetze vom 7. April über eingeschriebene Hülfskassen angeordnet werden und für dieselben die Betheiligung und Beitragszahlung zu einer, auf Anordnuug der Gemeindebehörde gebildeten Kasse zur Pflicht gemacht werden; desgleichen den Arbeitsgebern die Anmeldung ihrer zum Eintritt verpflichteten Arbeiter und die Vorschußzahlung der Beiträge bis zur Hälfte der verdienten Lohnbeträge, sowie Fabrikinhabern die Leistung von Zuschüssen zu den Beiträgen bis zur Hälfte derselben als Pflicht auferlegt werden. Dieselben Befugnisse, wie die Gemeinden, haben auch größere Communalverbände. Mit Rücksicht auf die bestehenden Verhältnisse in Süddeutschland ist jedoch bestimmt, daß für Gesellen, Gehülfen und Fabrikarbeiter, welche nach den Landesgesetzen auf Anordnung der Gemeindeverwaltung regelmäßige Beiträge zur Krankenunterstützung entrichten, durch Ortsstatut die Verpflichtung zur Betheiligung an einer eingeschriebenen Hülfskasse nicht begründet werden kann.

Die Gesetze vom 7. und 8. April tragen dem begründeten Anspruche der Arbeiter auf Selbstverwaltung und Vereinigung für ihre Krankenkassen Rechnung, sichern zugleich die Zuziehung der Arbeitsgeber und schützen gegen eine Vergewaltigung seitens der Arbeitgeber und seitens der Arbeiter unter einander, sowie gegen Mißbrauch der Kassen zu fremden Zwecken. Daß eine, lediglich von den Behörden zu bestimmende und abhängige, Einrichtung von Zwangskassen dem berechtigten Bestreben der Betheiligten auf Theilnahme an Institutionen, welche zu ihrem Besten dienen sollen, nicht entsprechen kann, wird jetzt wohl allgemein eingesehen; und gerade die practische Betheiligung der Arbeiter an Einrichtungen für ihre eigene Wohlfahrt weist sie auf die Aufgabe hin, welche sie in ihren Kreisen zu lösen haben. Andrerseits enthalten die Gesetze genügende Sicherungsmittel, um den Mißbrauch der freien Hülfskassen zu Klassen-Agitationen zu verhüten. —

Laut Kaiserl. Verordnung vom 22. September 1875 ist auf Grund des Münzgesetzes vom 9. Juli 1873 die Reichswährung am 1. Januar 1876 für das gesammte Reichsgebiet in Kraft getreten. Mit Rücksicht hierauf ist dann durch Gesetz vom 16. Decbr. 1875 verordnet: das Verbot der Verminderung oder Erhöhung des Nominalbetrages von Actien oder Actienantheilen während des Bestehens von Actiengesellschaften (Art 207a Hand. Ges.) findet keine Anwendung, wenn der Nominalbetrag nicht in eine mit 50 theilbare Summe in Mark umgerechnet werden kann und auf den nächst niedrigern oder nächst höheren, durch 50 theilbaren, Betrag in Mark bis zum 1. Januar 1878 umgewandelt wird.

Durch das Gesetz vom 20. December 1875, welches jedoch auf Bayern und Württemberg keine Anwendung findet, sind die Berechtigungen und Verpflichtungen der Postverwaltung gegenüber den Eisenbahn-Verwaltungen legislatorisch umfassend geordnet.

Zur Vervollständigung der Behörden-Organisation sind sodann mehrere Gesetze erlassen: vom 19. und 23. December 1875 betreffend die Beamten der Reichsbank, vom 22. December 1875 für die Post- und Telegraphen-Verwaltung, vom 26. December 1875 für die Einrichtung der deutschen Seewarte, vom 23. December 1875 zur Ordnung der Consular-Jurisdiction in Egypten in Uebereinstimmung mit der dortigen Einführung internationaler Landesgerichte, so wie vom 14. Februar 1876 betreffend die Functionirung der preußischen Oberrechnungskammer als Rechnungshof des deutschen Reiches für Elsaß-Lothringen.

Schließlich mögen noch die Kaiserl. Verordnung vom 1. April 1876 über die nähere Ausführung des Gesetzes vom 13. Juni 1873 über Kriegsleistungen und das Gesetz vom 25. Februar 1876, welches die Eisenbahn-Verwaltungen zur Desinfection der Transportmittel bei Viehbeförderungen auf Eisenbahnen behufs der Beseitigung von Ansteckungsstoffen verpflichtet, erwähnt werden.

In den Einzelnstaaten hat im letzten Jahre die gesetzgeberische Thätigkeit die Reichhaltigkeit der Resultate früherer Jahre nicht erreicht. In Preußen ist zunächst die Organisation der kirchlichen Verhältnisse zum Abschluß gekommen. Durch Gesetz vom 7. Juni 1876 ist die Aufsicht des Staates über die Verwaltung der, für katholische Bischöfe, Bisthümer und Capitel bestimmten Vermögensstücke geordnet, sowie über die Verwaltung der, zu kirchlichen, wohlthätigen oder Schulzwecken bestimmten und unter Aufsicht katholisch-kirchlicher Organe gestellten Anstalten, Stiftungen und Fonds, welche nicht von dem, die Vermögensverwaltung katholischer Kirchengemeinden regelnden Gesetze vom 20. Juni 1875 betroffen werden. Es ist bestimmt, daß zur Vermeidung der Ungültigkeit der Acte die Genehmigung der staatlichen Aufsichtsbehörde in bestimmten Fällen, namentlich zur Erwerbung, Veräußerung oder Belastung von Grundeigenthum, zu außerordentlichen Benutzungsarten, Anleihen, Bauten, und zur Verwendung für nicht stiftungsmäßige Zwecke nöthig ist. Zur Prozeßführung bedürfen die verwaltenden Organe keiner Ermächtigung einer Staatsbehörde; aber Atteste über die Legitimation der verwaltenden Organe können gültig nur von der staatlichen Aufsichtsbehörde ertheilt werden. Die staatliche Aufsichtsbehörde kann die Aufstellung und Vorlegung eines Inventars fordern, die Vermögensverwaltung revidiren, die Etats und Jahresrechnungen einsehen und Posten, welche den Gesetzen widersprechen, beanstanden. Für solche Verwaltungen, welche Zuschüsse aus Staatsmitteln erhalten, sind die Etats nur mit Genehmigung der staatlichen Aufsichtsbehörde aufzustellen und die Jahresrechnungen von derselben hinsichtlich der etatmäßigen Führung der Verwaltung zu prüfen. Weigern sich die verwaltenden Organe, Leistungen auf den Etat zu bringen, welche aus dem verwalteten Vermögen zu bestreiten oder für dasselbe zu fordern sind, oder Ansprüche des Vermögens, insbesondere Schadensforderungen aus der Pflichtwidrigkeit des Inhabers einer Verwaltungsstelle gerichtlich geltend zu machen, so ist in den Fällen, in welchen die bischöfliche Behörde das Recht der Aufsicht hat, sowohl diese, als die staatliche Aufsichtsbehörde unter gegenseitigem Einvernehmen, in andern Fällen die staatliche Aufsichtsbehörde allein befugt, die Eintragung im Etat und die gerichtliche Geltendmachung der Ansprüche zu veranlassen. Die staatliche, so wie die bischöfliche Behörde gelten als zustimmend, wenn sie sich nicht binnen 30 Tagen, nachdem sie zur Erklärung aufgefordert sind, erklärt haben. Bei Widerspruch beider Behörden unter einander entscheidet die, der staatlichen Aufsichtsbehörde vorgesetzte, Instanz. Wenn die verwaltenden Organe die Gesetzwidrigkeit beanstandeter Posten oder die Verpflichtung zu den verlangten Leistungen bestreiten, so entscheidet auf die Klage der verwaltenden Organe das Oberverwaltungsgericht. Die staatliche

Aufsichtsbehörde kann ihre Anordnungen gegen die verwaltenden Organe durch Geldstrafen, durch Einbehaltung von Staatsmitteln und nöthigenfalls durch commissarische Besorgung der Vermögens-Angelegenheiten erzwingen.

Die Organisation der evangelischen Kirche hat in den acht älteren Provinzen zur Ergänzung der Kirchengemeinde- und Synodalordnung ihren Abschluß durch die General-Synodalordnung vom 20. Januar 1876 und durch das Gesetz betreffend die evangelische Kirchenverfassung vom 3. Juni 1876 gefunden; insbesondere in Betreff des Verhältnisses der Staatsbehörden zu den Kreissynoden, als der, unter Zutritt weltlicher gewählter Mitglieder bestimmten, Vertretung der vereinigten Kirchengemeinden einer Diöcese, zu den Provinzial-Synoden als der, aus der Wahl der Kreissynoden und theilweise aus landesherrlicher Ernennung hervorgehenden Vertretung für die Provinz, und zu der Generalsynode, welche zur Vertretung der Landeskirche durch die Wahl der Provinzialsynoden und der evangelisch-theologischen Landesuniversitäten unter Zutritt der Provinzial-Generalsuperintendenten und von 30, vom Könige zu ernennenden, Mitgliedern gebildet wird. Das Gesetz vom 3. Juni verordnet namentlich die Nothwendigkeit der Genehmigung der Staatsbehörde für statutarische Ordnungen der Kreissynoden, indem es der Anerkennung der Staatsbehörde bedarf, daß die Bestimmungen nicht den Gesetzen zuwider sind, sowie für die, von den Provinzialsynoden beschlossenen neuen kirchlichen provinziellen Ausgaben; und bestimmt ferner: Kirchliche Gesetze und Verordnungen sind nur soweit rechtsgültig, als sie nicht mit einem Staatsgesetze im Widerspruch stehen. Bevor ein, von einer Provinzial- oder der General-Synode beschlossenes Gesetz dem Könige zur Sanction vorgelegt wird, ist durch eine Erklärung des Staatsministeriums, — welche in der Verkündigungsformel zu erwähnen ist, — festzustellen, daß gegen das Gesetz von Staatswegen nichts zu erinnern ist. Die kirchengesetzliche Bewilligung neuer Ausgaben zu landeskirchlichen Zwecken und die endgültige Vereinbarung zwischen der Generalsynode und der Kirchenregierung über Vertheilung der Umlage auf die Provinzen bedürfen der zu erwähnenden Zustimmung des Staatsministeriums. Die Gesammtsumme der Umlagen darf — abgesehn von den Synodalkosten — für provinzielle und landeskirchliche Zwecke 4 Prozent der Gesammtsumme der Klassen- und Einkommensteuer der evangelischen Bevölkerung nicht übersteigen. Zu einer Ueberschreitung dieses Prozentsatzes, so wie zu einer Belastung einer Gemeinde durch Kirchengesetze zu Gemeindezwecken ist ein Staatsgesetz nöthig. Die, bisher von dem Minister für geistliche Angelegenheiten und von den Regierungen geübte Verwaltung der Angelegenheiten der evangelischen Landeskirche geht auf den evangelischen Oberkirchenrath und die Consistorien als Organe der Kirchenregierung über. Den Staatsbehörden bleiben aber die polizeilichen Vorschriften zur Erhaltung der äußeren kirchlichen Ordnung, die Regelung streitiger Bausachen, die Beitreibung kirchlicher Abgaben, die Leitung der Kirchenbuchführung und die Mitwirkung bei Veränderung und Bildung von Pfarrbezirken und bei Besetzung und commissarischer Verwaltung von Kirchenämtern. Außerdem bedürfen die kirchlichen Organe zu bestimmten Kategorieen von Verwaltungsacten der Genehmigung der staatlichen Aufsichtsbehörde, und die Staatsbehörde hat die Aufsichtsrechte über die Vermögensverwaltung und die Einwirkung auf die Etats ähnlich, wie für katholische Diöcesen vorgeschrieben ist.

Durch ein gleichzeitiges Gesetz vom 3. Juni 1876 sind die, im Allgem. Landrechte oder nach besonderm Rechte oder Herkommen für bestimmte Personen oder Grundstücke bestandenen Exemtionen vom allgemeinen Pfarrverbande aufgehoben.

Ein ferneres Gesetz betreffend den Austritt aus der jüdischen Synagogengemeinde gewährt mit Rücksicht auf die, im Judenthume hervorgetretenen Differenzen eine, vielseitig als nothwendig empfundene, Möglichkeit sachgemäßer Auflösung eines Verhältnisses, dessen Grundlage durch solche Differenzen erschüttert ist. Jedem Juden ist gestattet, aus derjenigen jüdischen Religionsgemeinde, welcher er auf Grund eines Gesetzes, eines Gewohnheitsrechts oder einer Verwaltungsvorschrift angehört, wegen religiöser Bedenken auszutreten, ohne aus der jüdischen Religionsgemeinschaft (dem Judenthume) auszuscheiden. Sein, auf Austrittserklärung zu richtender Antrag ist durch den Richter dem Vorstande der betreffenden Synagogengemeinde mitzutheilen; der Austritt erfolgt, wenn der Austretende alsdann — jedoch nicht vor Ablauf von 4 Wochen nach Eingang jenes Antrags — zu gerichtlichem Protocolle erklärt, daß er wegen religiöser Bedenken aus der Synagogengemeinde austrete. Er ist dann zu fernern Leistungen, welche auf der Angehörigkeit zur bisherigen Gemeinde beruhen, nicht weiter verpflichtet. Das Recht der Mitbenutzung des Begräbnißplatzes der Synagogengemeinde und die Pflicht der Theilnahme an den Lasten, welche der Synagogengemeinde aus dem Begräbnißplatze erwachsen, verbleiben dem Ausgetretenen, so lange als ihm nicht die Berechtigung zusteht, einen andern Begräbnißplatz zu benutzen. Erworbene Privatrechte an Begräbnißstellen werden durch den Austritt nicht berührt. Einer Vereinigung der Ausgetretenen zur dauernden Einrichtung eines besondern Gottesdienstes können durch Königl. Verordnung die Rechte einer Synagogengemeinde beigelegt werden.

Wenn durch diese Gesetze in Verbindung mit den, in den letzten Jahren erlassenen, Gesetzen die legislatorische Ordnung des Verhältnisses der Religionsgesellschaften im Wesentlichen ihre Vollendung gefunden hat, so haben dagegen zum weitern Ausbau der, im Sinne der Selbstverwaltung angestrebten Organisation der Gemeindeverwaltung die versuchten weitern Schritte bisher noch nicht zu einem Endresultate geführt. Ueber mehrere desfallsige Organisationsgesetze, insbesondere über eine neue Städteordnung und über einen Gesetzentwurf betreffend die Befähigung für den höhern Verwaltungsdienst hat nach eingehenden Berathungen eine Einigung zwischen dem Abgeordnetenhause und dem Herrenhause nicht erzielt werden können. Vereinbart und wahrscheinlich zu erwarten, wenngleich bis jetzt (31. Juli) noch nicht sanctionirt und publicirt, ist dagegen ein umfassendes Gesetz betreffend die Zuständigkeit der Verwaltungsbehörden und der Verwaltungsgerichtsbehörden im Geltungsbereiche der Provinzialordnung vom 29. Juni 1875, also für die Provinzen Preußen, Brandenburg, Pommern, Schlesien und Sachsen. Dasselbe läßt für die Zulässigkeit des ordentlichen Rechtsweges die bisherigen Bestimmungen in Kraft, und statuirt dieselbe nur noch zusätzlich für Streitsachen zwischen Eisenbahngesellschaften und Privaten über Anwendung des Tarifs. Soweit jedoch gegen die erstinstanzliche Entscheidung des Kreisausschusses oder Bezirksverwaltungsgerichts der ordentliche Rechtsweg zulässig ist, soll — außer bei Schulbau- und Wasserstands-Differenzen — ein weiteres Rechtsmittel im Verwaltungsstreitverfahren nicht stattfinden.

Das Gesetz führt sodann in Stadtkreisen einen, dem Kreisausschusse analogen Stadtausschuß ein, bestehend aus dem Bürgermeister und vier Mitgliedern, welche vom Magistrate aus seiner Mitte, beziehungsweise falls der Bürgermeister allein den Gemeindevorstand bildet, von der Stadtverordneten-Versammlung aus der Zahl der Gemeindebürger gewählt werden. Das Gesetz ordnet für die Kreisausschüsse und die, ihnen gleichgestellten, Stadtausschüsse den Geschäftsgang, die Formen des Verfahrens und die örtliche Zuständigkeit. Es berechtigt und verpflichtet den Vorsitzenden des Ausschusses, Beschlüsse, welche die Befugnisse des Ausschusses überschreiten oder die Gesetze verletzen, mit aufschiebender Wirkung durch Klage beim Bezirksverwaltungsgerichte anzufechten; und giebt ferner dem Vorsitzenden in allen Fällen, in welchen gegen Beschlüsse des Ausschusses Beschwerde zulässig ist, das Recht der Beschwerde aus Gründen des öffentlichen Interesse. Die Beschwerde findet gegen Beschlüsse des Ausschusses an den Bezirksrath, gegen Beschlüsse des Bezirksraths an den Provinzialrath statt. Die auf Beschwerden gefaßten Beschlüsse des Bezirks- bez. Provinzialraths sind endgültig.

Außer der Regelung des Instanzenzuges der Verwaltungsbeschlußbehörden sind insbesondere noch die Rechtsmittel gegen polizeiliche Verfügungen der Orts- und Kreis-Polizeibehörden festgestellt; und zwar findet die Beschwerde

a. gegen die Verfügungen der Orts- und Amtsvorsteher an den Landrath und gegen dessen Bescheid an den Regierungspräsidenten,

b. gegen die Verfügungen des städtischen Polizeiverwalters oder des Landraths an den Regierungspräsidenten, und gegen dessen Bescheid an den Oberpräsidenten der Provinz statt. Gegen den, in letzter Instanz ergangenen Bescheid des Regierungs- bezieh. Oberpräsidenten findet die Klage bei dem Oberverwaltungsgerichte statt. Die Klage kann nur darauf gestützt werden, daß der Bescheid auf unrichtiger Anwendung oder Nichtanwendung des bestehenden Gesetzes beruhe oder daß die thatsächlichen Voraussetzungen nicht vorhanden seien, welche die Polizeibehörden zur Verfügung berechtigt haben würden. Aus diesen selben Klagegründen soll auch sofort schon an Stelle der Beschwerde an die genannten Beamten-Oberinstanzen (Landrath, Regierungs- und Oberpräsident), — deren schnellere Entscheidung in unzweifelhaft erachteten Angelegenheiten oft wünschenswerth erscheinen möge und deshalb nach Befinden der Betheiligten facultativ soll angerufen werden können, — auch eine Klage stattfinden können an den Kreisausschuß bezieh. gegen Verfügungen des Landraths, des Polizeiverwalters eines Stadtkreises oder einer andern Stadt von mehr als 10,000 Einwohnern an das Bezirksverwaltungsgericht. Dem Betheiligten soll in solchen Fällen die Wahl zwischen Klage und Beschwerde freistehn; die Anbringung eines Rechtsmittels schließt jedoch das andere aus. Wenn beide gleichzeitig angebracht werden, so ist nur der Beschwerde Fortgang zu geben. Auch gegen polizeiliche Zwangsmittel soll außer der Beschwerde aus denselben genannten Klaggründen eine Klage an die Verwaltungsgerichtsbehörden facultativ zulässig sein. Die Klage gegen Zwangsmittel kann auch darauf gestützt werden, daß das Mittel nach Art und Höhe nicht gerechtfertigt oder nach Lage der Sache zu dem angeordneten Zwecke nicht erforderlich sei.

Auf der Grundlage dieser allgemeinen Grundsätze ist nun, nach der sachlichen Qualification der Angelegenheiten geordnet, die sachliche Zuständigkeit der Verwaltungsbehörden und der Verwaltungsgerichtsbehörden auf das Eingehendste bestimmt für Angelegenheiten der Landgemeinden, Gutsbezirke, Amtsverbände und Kreise, für Armensachen, Schulsachen, Gesundheits-, Feld-, Jagd-, Forst-, Wasserpolizei, Gewerbe-, Versicherungs-,

Baupolizei und ähnliche Angelegenheiten. Systematisch auseinander gehalten sind die Functionen

1. der bureaukratischen Verwaltungsleitung des Amtsvorstehers, städtischen Polizeiverwalters, Landraths, Regierungs-Präsidenten, Oberpräsidenten,
2. ferner der collegialischen Verwaltungsbeschlußbehörden: Kreis- oder Stadt-Ausschuß, Bezirksrath, Provinzialrath, und
3. der über Verwaltungsstreitsachen entscheidenden Verwaltungsgerichte: Kreis- oder Stadt-Ausschuß, Bezirksverwaltungsgericht, Oberverwaltungsgericht.

Die Grenzen zwischen den Gebieten der Verwaltungssachen und der Verwaltungsstreitsachen sind in der Abwägung des Rechtskreises der Einzelnen und der Interessen der öffentlichen Staatsgewalt gefunden. Wo der Staat die Befugnisse und Pflichten der Privatpersonen und Gemeinden als in deren eigenthümlichen Rechtskreis fallend anerkennt, und wo das Gesetz zugleich eine objective Regel für die Entscheidung bietet, da soll ein richterliches Verfahren stattfinden; jedoch wird die Entscheidung den gewöhnlichen Gerichten entzogen und den Verwaltungsgerichten überwiesen, sobald die öffentliche Gewalt in ihrer Ausübung der Staatssouveränität vom Ausfalle der Entscheidung berührt wird.

Den genannten Verwaltungs- und Verwaltungsgerichtsbehörden sind durch das Gesetz die meisten derjenigen Functionen überwiesen, welche bisher den Regierungen in ihren Abtheilungen des Innern oblagen, und war die Auflösung dieser Abtheilungen (nebst Umschaffung der Abtheilungen für Schulsachen und für Steuern, Domänen und Forsten in Provinzialschulcollegien und Provinzialdirectionen) von der Staatsregierung in Aussicht genommen. Einstweilen ist die Ausführung dieser Organisationsänderung noch vorbehalten. Schon jetzt ist indeß die Uebertragung der wesentlichsten Functionen der Regierungen auf die Selbstverwaltungsorgane und die neuen Beschluß- und Gerichtsbehörden, sowie die Beseitigung der Ministerial-Entscheidung als letzter vielbelasteter Beschwerde-Instanz erreicht worden.

In Betreff des Eisenbahnwesens ist das Gesetz vom 4. Juni 1876 zu erwähnen, wenngleich dasselbe keine legislatorische Ordnung von Rechtsverhältnissen ist, sondern nur als möglicher Ausgangspunct späterer Regulirung der Verhältuisse des Eisenbahnwesens angesehen werden kann.

Die preußische Staatsregierung ist durch das Gesetz ermächtigt, mit dem deutschen Reiche Verträge abzuschließen, durch welche die preußischen Staatseisenbahnen gegen angemessene Entschädigung kaufweise dem deutschen Reiche übertragen werden, die Befugnisse des Staats bezüglich der Verwaltung oder des Betriebs der, nicht in seinem Eigenthume stehenden Eisenbahnen an das deutsche Reich übertragen, die dem Staate an Eisenbahnen zustehenden Antheils- und anderweiten Vermögensrechte — gegen angemessene Entschädigung — an das deutsche Reich abgetreten und die Verpflichtungen des Staates bezüglich der, nicht in seinem Eigenthume befindlichen Eisenbahnen vom deutschen Reiche gegen angemessene Vergütung übernommen werden. Das Project wurde wesentlich dadurch motivirt, daß dem deutschen Reiche ohne einen eigenen umfassenden Besitz von Eisenbahnen die Möglichkeit fehle, wirksam für die zahlreichen verschiedenen Eisenbahn-Verwaltungen die gedeihliche und conforme Regelung des Betriebs und die, im allgemeinen Verkehrsinteresse dem Reiche verfassungsmäßig obliegende Normirung der Rechte und Pflichten der Eisenbahnverwaltungen, sowie die Aufsicht darüber durchzuführen. Die Tragweite des Projects geht über Preußen hinaus auf die Verhältnisse des deutschen Reiches. Der fernern Zukunft muß es vorbehalten bleiben, welche Folge dem, in den möglichen Consequenzen weitgreifenden, Projecte gegeben wird.

Zu den allgemeinen organisatorischen Gesetzen ist ferner das diesjährige Gesetz zu rechnen, welches die deutsche Sprache für die ausschließliche Geschäftssprache aller Behörden, Beamten und politischen Körperschaften erklärt, den Verkehr mit denselben nur in deutscher Sprache gestattet, und nur für die Dauer von 20 Jahren nach dem Inkrafttreten des Gesetzes im Wege Königl. Verordnung für einzelne Kreise oder Kreistheile den Gebrauch einer fremden Sprache für Schulvorstände, Gemeinde- und Kreisvertretungen, sowie durch Verfügung der Bezirksregierung den, der deutschen Sprache nicht kundigen Beamten ländlicher Gemeinden, und durch Verfügung der vorgesetzten Gerichtsbehörden und Vormundschaftsgerichte den, der deutschen Sprache nicht kundigen Gerichtsvögten und Vormündern die Einreichung von Erklärungen in der, ihnen geläufigen, Sprache gestattet. Es ist ein Beweis deutscher cosmopolitischer Toleranz, daß erst in so neuer Zeit das Recht der deutschen Sprache als Geschäftssprache in diesem Umfange geltend gemacht wird.

Das Gesetz vom 19. Juli 1875 betreffend das Hinterlegungswesen überträgt die Vermögensbestände der gerichtlichen Generaldepositorien in das Eigenthum des Staats und überweist die Verwaltung dieser Bestände als eines besondern Hinterlegungsfonds bis auf Weiteres dem Finanzminister und den, von ihm zu bestimmenden Organen für Rechnung der Staatskasse unter Aufhebung der Vorschriften der Depositalordnnng über Unterbringung und Ausleihung der Depositalgelder, und über die Theilnahme der einzelnen Massen an Vermögensobjecten des Generaldepositoriums. Das Gesetz entlastet die Gerichtsbehörden von der, denselben fremden, Aufgabe, Gelder und Vermögensobjecte für Andre aufzubewahren und zu verwalten. Die Entlastung ist freilich zur Zeit noch keine vollständige, indem einerseits die gerichtlichen Depositalbeamten zur Zeit noch unter der Leitung des Finanzministers weiter fungiren, andrerseits nicht alle gerichtlichen Depositionen von dem Gesetze betroffen sind.

Das Gesetz vom 6. Juli 1875 über Schutzwaldungen und Waldgenossenschaften bestimmt: Gegen erhebliche Gefahren des Versandens, der Ueberschüttung mit Erde, der Ueberfluthung oder der Verminderung des Wasserstandes, des Abbruchs von Ufergrundstücken, des Eisgangs oder der nachtheiligen Einwirkungen der Winde kann die Ausführung von Waldkulturen oder andern Schutzmaßregeln auf Antrag angeordnet werden, unter Umständen mit der Verpflichtung der Betheiligten, nach Verhältniß des abzuwendenden Schadens zu den Kosten beizutragen. Die Anordnungen erfolgen durch den Kreisausschuß unter der Bezeichung als Waldschutzgericht. Es können ferner die Eigenthümer von Flächen, deren forstmäßige Benutzung nur durch das Zusammenwirken aller Betheiligten zu erreichen ist, auf Antrag mit Zustimmung der, nach dem Reinertrage der Grundstücke zu berechnenden, Mehrheit zu einer Waldgenossenschaft vereinigt werden. Die Bildung der Genossenschaften erfolgt ebenfalls durch den Kreisausschuß als Waldschutzgericht unter Feststellung eines Statuts. Für das Verfahren des Waldschutzgerichts und der übergeordneten Instanzen sind die Bestimmungen über das Verwaltungsstreitverfahren maaßgebend. Für die Landestheile, in welchen Verwaltungsgerichte noch nicht bestehen, sind besondre Bestimmungen behufs der Bildung von Waldschutzgerichten erlassen.

In gleicher Fürsorge für die Erhaltung und Beförderung der Forstcultur soll dann ein, zur Zeit noch nicht emanirtes, aber wohl zu erwartendes Gesetz die Verwaltung der, den Gemeinden und öffentlichen Anstalten gehörigen, Holzungen in den 6 östlichen Provinzen der Oberaufsicht des Staats unterstellen, und im Interesse der Landescultur die Gemeinden zur Holzzucht für uncultivirte Grundstücke verpflichten, welche zur dauernden landwirthschaftlichen oder gewerblichen Nutzung nicht geeignet, dagegen mit Nutzen zur Holzzucht zu verwenden sind; erforderlichenfalls unter Beihülfe der Staatsregierung.

Eine allgemeinere Bedeutung hat noch das, für den ganzen Umfang der Monarchie erlassene, Gesetz vom 12. Juli 1875 über die Geschäftsfähigkeit Minderjähriger. Nach Vollendung des 7. Lebensjahres können Minderjährige durch Rechtsgeschäfte, bei welchen sie keine Gegenleistung übernehmen, Rechte erwerben oder von Verbindlichkeiten sich befreien; nicht aber ohne Genehmigung des Vaters, Vormunds oder Pflegers Verbindlichkeiten übernehmen oder Rechte aufgeben. An Geschäfte, welche wegen fehlender Genehmigung unwirksam sind, ist der andre Theil gebunden, bis der Vater, Vormund oder Pfleger die Genehmigung verweigert oder, was der Verweigerung gleichsteht, binnen 2 Wochen nach der Aufforderung nicht ertheilt. Durch Anerkenntniß solcher unwirksamer Geschäfte seitens des Minderjährigen nach erlangter Selbstständigkeit, nicht aber durch Zeitablauf werden sie wirksam. Haben der Vater oder das Vormundschaftsgericht dem Minderjährigen den selbstständigen Betrieb eines Erwerbsgeschäfts gestattet, so ist derselbe zu solchen Rechtsgeschäften fähig, welche der Betrieb des Erwerbsgeschäfts mit sich bringt; ebenso zur Eingehung und Auflösung von Dienst- oder Arbeitsverhältnissen, wenn Vater oder Vormund genehmigt haben, daß er in Dienst oder Arbeit trete. Hat sich ein Minderjähriger fälschlich für geschäftsfähig ausgegeben, und einen Andern ohne dessen Verschulden zu einem Rechtsgeschäfte verleitet, so kann Letzterer den Ersatz seines Schadens aus dem Vermögen des Minderjährigen verlangen. Restitution gegen Rechtsgeschäfte, welche nach Erlaß dieses Gesetzes vorgenommen werden, findet nicht ferner statt. Die Fähigkeit zur Ehe, zum Verlöbniß und zu Testamenten wird durch dies Gesetz nicht berührt.

Einzelne Rechtsverhältnisse sind noch geordnet durch die Gesetze vom 2. Juli 1875 über Anlegung und Veränderung von Straßen und Plätzen in Städten und ländlichen Ortschaften, vom 24. Juni und 21. Juli 1875 über Kosten in Auseinandersetzungssachen und in Vormundschaftssachen, vom 1. Juli 1875 über Gebühren von Zeugen und Sachverständigen, vom 2. August 1875 über die Feststellung von Todesfällen von Militärpersonen auf Schiffen, vom 15. April 1876 über Tagegelder und Reisekosten von Staatsbeamten, vom 21. April 1876 über die Aufnahme von Wechselprotesten durch Gerichtssecretäre, Bureaugehülfen und Gerichtsvögte, sowie die diesjährigen Gesetze über die Regelung der Vertheilung der öffentlichen Lasten bei Grundstückstheilungen und über die Gründung neuer Ansiedelungen; ferner vom 4. Juli 1876 über die in Folge des Civilstandsgesetzes bestimmte Aufhebung der, von Taufen, Trauungen und kirchlichen Begräbnissen für Schul-, Communal- und Armenzwecke früher zu entrichtenden Abgaben.

Durch Gesetze vom 23. Juli 1875, 3. Mai und 19. Juni 1876 ist nach Analogie der schon früher für andere Provinzen erfolgten Auflösung der Lehnsverhältnisse der Lehnsverband für die Lehne in der Mark Brandenburg (Kurmark, Altmark und Neumark), in Westphalen, in den Kreisen Rees, Essen, Duisburg und Mülheim a. d. R., und in Schlesien und der Oberlausitz mit Ausnahme der Thronlehne unter Festsetzung von

Abfindungen für die lehntragenden Familien und theilweise unter Gestattung der Umwandlung der Lehne in Fideicommisse aufgehoben.

Erwähnenswerth ist schließlich, daß durch das Gesetz vom 23. Juni 1876 das Herzogthum Lauenburg mit der preußischen Monarchie als Kreis: Herzogthum Lauenburg, unter vorläufiger Zutheilung zur Provinz Schleswig-Holstein und unter Einführung der preußischen Verfassung vereinigt ist.

Von den übrigen Bundesstaaten hat sich Bayern einer außerordentlichen gesetzgeberischen Enthaltsamkeit befleißigt; es sind nur zwei Gesetze vom 13. März 1876, je eins auf civilrechtlichem und criminalrechtlichem Gebiete zu erwähnen Das eine hat die, zur Ergänzung der allgem. deutschen Wechsel-Ordnung in Art. 6 des bayrischen Gesetzes vom 25. Juli 1850 enthaltene Bestimmung, wornach für die Stadt Augsburg mit Rücksicht auf Art. 93 der Wechsel-Ordn. der Montag und der Donnerstag als allgemeine Zahltage (Kassirtage) festgesetzt waren, als mit den jetzigen Verkehrsverhältnissen nicht mehr vereinbar aufgehoben. Das zweite Gesetz vom 13. März 1876 hat den Art. 472 des, in der Pfalz geltenden Strafgesetzbuches dahin geändert, daß ein Auszug aus einem verurtheilenden Erkenntnisse auf Betreiben der Staatsanwaltschaft in einem geeigneten öffentlichen Blatte bekannt gemacht wird, und Auszüge am Wohnsitze des Verurtheilten und an den Sitzen des Schwurgerichts und des Untersuchungsgerichts öffentlich angeheftet werden.

In Sachsen sind die Gesetzgebungskörper in ihrer letzten Sitzung sehr thätig gewesen. Die berathenen Gesetze erwarten indeß bis jetzt (31. Juli) noch die Königliche Genehmigung und die Skizzirung der sächsischen Gesetzgebung muß deßhalb dem Jahresberichte des folgenden Jahres vorbehalten bleiben.

In Württemberg ist zur Ausführung des Reichsgesetzes vom 6. Februar 1875 über die Beurkundung des Personenstandes und die Eheschließung ein Gesetz vom 8. August 1875 erlassen. Dasselbe überträgt den Justizbehörden (zunächst den Oberamtsgerichten) die Aufsicht über die Amtsführung der Standesbeamten, behält die Dispensationen von der Eheunmündigkeit und vom Ehehindernisse des Ehebruchs dem Könige vor, beseitigt die gerichtliche Aufhebung von Eheverlöbnissen und das Institut der s. g. Zwangsgrade, und erklärt für Ehestreitigkeiten bis auf weitere gesetzliche Bestimmung diejenigen Rechtsgrundsätze für maaßgebend, welche bisher im Falle kirchlicher Eheschließung anwendbar waren; für gemischte Ehen und für Ehen von Personen, welche nicht einer staatlich als Körperschaft anerkannten Kirche angehören, die für Ehesachen der Protestanten geltenden Rechtsgrundsätze. Für das Verfahren in Ehesachen wurden

Vorschriften erlassen, welche dem Entwurfe der deutschen Civilprozeßordnung nachgebildet sind. Der Staatsanwalt muß einer Verhandlung vor dem erkennenden Gerichte beiwohnen. — Den Standesbeamten ist durch Ministerialverfügung v. 26. Febr. 1876 auch die Fortführung der, in Württemberg eingerichteten und dort sehr zweckmäßig gefundenen Familien-Register übertragen.

Die Verordnung v. 4. Novbr. 1875 führte eine neue Medicinaltaxe und revidirte Bestimmungen über die Entschädigung der, von den Gerichten zugezogenen Aerzte ein. Aus Anlaß der Einführung der Reichswährung wurde die Substituirung von 2 Mark an Stelle von einem Gulden bei Sporteln und Geldstrafen gesetzlich bestimmt, und im Verordnungswege wurden die Entschädigungen der Geschworenen und Schöffen für Reisekosten, die Gebühren der Gerichtszeugen, Rechtsanwälte und Gerichtsdiener und die Belohnung der Pfleger gesetzlich geregelt.

Durch das Gesetz vom 28. Juni 1876 wurde eine neue Codification über die Rechtsverhältnisse der württembergischen Staatsbeamten, über ihre Quiescirung, Pensionirung, Disciplinarstrafen und Disciplinarstrafverfahren in thunlichster Uebereinstimmung mit den Grundsätzen des deutschen Reichsbeamten-Gesetzes v. 31. März 1873 gegeben.

Ein ferneres Gesetz vom 28. Juni 1876 hat im Hinblick auf den Art. 3 der deutschen Reichsverfassung

1. das frühere Gesetz (v. 1808), wornach Vormundschaften in Württemberg nur von Inländern, welche im Lande wohnen, übernommen werden können, aufgehoben, und bestimmt, daß Personen, welche nicht Angehörige des deutschen Reiches sind, oder außerhalb des deutschen Reiches wohnen, eine Vormundschaft nur mit Genehmigung des Justizministeriums übertragen werden kann; und
2. den Art. 156 der württ. Civilprozeßordnung v. 3. April 1868 dahin geändert, daß nur Personen, welche außerhalb des deutschen Reiches wohnen, oder nicht Angehörige eines deutschen Staates sind, als Kläger dem Gegner für die Prozeßkosten Sicherheit zu bestellen haben.

Für das Großherzogthum Oldenburg ist die, zunächst auf das Herzogthum Oldenburg beschränkte, durch mehrere Gesetze vom 3. April 1876 angeordnete, Reform des Hypothekenwesens erwähnenswerth. Das Erforderniß der öffentlichen Eintragung der Hypotheken war zwar bereits in Geltung; aber es bestanden nur Personalfolien, nach den Personen der Grundstücksbesitzer angelegt, und es herrschte das System der Generalhypotheken vor. Dafür ist jetzt die Anlegung von Grundbüchern für die einzelnen Grundstücke und die Nothwendigkeit von Specialhypotheken aus denselben vorgeschrieben; die preußische Gesetzgebung vom 5. Mai 1872 — die Grundbuchordnung und das Gesetz über den Eigenthumserwerb an Grundstücken — ist adoptirt. Indeß ist unter obligatorischer Anlegung des Grundbuchs nach einzelnen Grundflächen-Artikeln (und unter Beseitigung des preußischen facultativen Formulars II, welches die Person des Besitzers voranstellend seine Grundstücke aufführt) die Formulirung des Titelblatts in einer glücklichen, mehr übersichtlichen, Darstellung des Bestandes und der Zu- und Abschreibungen modificirt. Die glückliche Situation, daß in der Regel jedes künftige Grundbuchamt mit der localen Katasterbehörde unter demselben Dache arbeiten wird, erleichtert ihre Harmonie und die Sicherheit der localen Constatirung ungemein. Die Feststellung der Eigenthumsverhältnisse und der Intabulate bei der ersten Anlegung der Grundbücher soll — vorbehaltlich der Verweisung streitiger Rechte zum Prozeßverfahren — von Amtswegen erfolgen, und durch Präclusionsfristen für die einzelnen Bezirke der Hypothekenämter abgeschlossen werden. Bis zur völligen Durchführung dieser Gesetzgebung dürften wegen der umständlichen Vorarbeiten zwar noch einige Jahre vergehen; jedoch schon von jetzt an dürfen Generalhypotheken nicht mehr eingetragen werden. — Ein Nebengesetz regelt die Verpfändung von Schiffen (durch Eintragung in Schiffspfandregister), von andern beweglichen Sachen (als Faustpfand), und von Forderungen (durch schriftliche Form und Uebergabe der verpfändeten Schuldurkunden). Ein anderes Gesetz bestimmt bei dem Wegfall der bisher von den Vormündern bestellten Generalhypotheken, daß die Vormünder in der Regel eine Sicherheit nicht zu bestellen, aber Werthpapiere und Schuldurkunden gerichtlich zu deponiren haben. Ein drittes Nebengesetz, ebenfalls wie alle andern erwähnten Gesetze vom 3. April 1876, führt gerichtliche Erbbescheinigungen, gleichfalls nach preußischem Muster ein. —

Zu erwähnen sind dann noch die Revision der Gemeindeordnungen für die Fürstenthümer Lübeck und Birkenfeld, und ein neues Forststrafgesetzbuch für Birkenfeld.

Im Großherzogthum Baden ist ebenfalls zur Ausführung des Reichsgesetzes v. 6. Febr. 1875 über die Beurkundung des Personenstandes und die Eheschließung ein Gesetz v. 9. December 1875 erlassen. Dasselbe hat Ausführungsbestimmungen, welche den Einzelstaaten überlassen sind, getroffen, das Reichsgesetz in einzelnen, von ihm nicht erschöpften, Beziehungen ergänzt, das Landesgesetz mit dem Reichsgesetze conformirt, und die Formen des Verfahrens, welche durch die Bestimmungen des Reichsgesetzes bedingt sind, bestimmt. Es schließen sich daran einzelne Verordnungen, namentlich eine Dienstweisung für die Standesbeamten, und die landesherrliche Verordnung v. 17. Januar 1876 über die Standesurbekundung und Eheschließung bei Mitgliedern des Großherzogl. Hauses.

Eine Ministerial-Bekanntmachung v. 16. November 1875 hat dem Verkehr mit den Gerichtsbehörden von Elsaß-Lothringen und der bayerischen Rheinpfalz in Anwendung des Rechtshülfegesetzes bezüglich der theuern und lästigen Stempelung und Einregistrirung eine willkommene Erleichterung gewährt.

Das Gesetz v. 29. März 1876 hat aus Anlaß der jetzigen Reichswährung die Besoldungen der Richter mit mäßiger Abrundung der bisherigen Sätze normirt (für Amtsrichter 1800--4500 Mk., für Mitglieder der Kreis- und Hofgerichte 2500—5200 Mk., für deren Directoren und für die Räthe des Oberhofgerichts 5800—6200 Mk.). Durch die Verordnung v. 29. Mai 1876 sind einzelne Bestimmungen der Dienstweisung der Gerichtsärzte aus Anlaß der Reichsstrafgesetznovelle v. 26. Febr. 1876 modificirt.

Zu erwarten ist noch ein, bis jetzt noch nicht publicirtes Gesetz über Benutzung und Instandhaltung der Gewässer. Dasselbe, so wie es durch die Beschlüsse der beiden Kammern festgestellt ist, regelt systematisch unter Beibehaltung der Grundlagen des bestehenden Rechts die Benutzung und Instandhaltung der öffentlichen so wie anderer Gewässer, die Zwangsbefugnisse, die Be- und Entwässerungs-Anlagen und die Genehmigung und Untersagung der Wasserbenutzung durch Verwaltungsbehörden; und grenzt die vielfach bestrittene Zuständigkeit der bestimmenden Behörden: Gerichte, Verwaltungsbehörden und Verwaltungsgerichte gegen einander ab. —

Für das Großherzogthum Hessen, dessen Gesetzgebung im vorjährigen Berichte aus äußern Gründen nicht erwähnt war, ist zunächst die Verfassung der evangelischen Kirche vom 6. Januar 1874 zu bemerken; sie beruht auf dem Synodalsystem unter Ernennung der Pfarrer durch den Großherzog, und umfaßt alle evangelischen (lutherischen, reformirten und unirten) Gemeinden unbeschadet des Bekenntnißstandes der einzelnen Gemeinden.

Das Volksschulgesetz vom 16. Juni 1874 ordnet den obligatorischen Unterricht in der, in der Regel nicht confessionellen, Volksschule auf Kosten der politischen Gemeinde, sowie die Beaufsichtigung der Schule; während ein Nebengesetz den obligatorischen Beitritt der Volksschullehrer zu besondern Wittwen- und Waisenkassen und die Verhältnisse dieser Kassen bestimmt.

Eine Reihe von Gesetzen vom 23. April 1875 ist in Betreff der kirchlichen Verhältnisse ergangen; insbesondere über die rechtliche Stellung der Kirchen- und Religionsgemeinschaften im Staate, über den Mißbrauch der geistlichen Amtsgewalt, über die Vorbildung und Anstellung der Geistlichen, über die religiösen Orden und ordensähnlichen Congregationen und über das Besteuerungsrecht der Kirchen und Religionsgemeinschaften. Diese Gesetze basiren auf dem Grundsatze, daß die Kirche und ihre Verhältnisse den Staatsgesetzen und der Oberaufsicht des Staates unterworfen sind, und Einwirkung auf bürgerliche und staatsbürgerliche Rechte nur mit Genehmigung des Staates geltend machen können; sie stellen den Mißbrauch der geistlichen Amtsgewalt mit Androhung von Strafen und Amtsentlassung unter die staatliche Aufsicht, und normiren die gesetzlichen Bedingungen der Vorbildung und Anstellung von Geistlichen. Neue Niederlassungen von Orden sind unzulässig; die bestehenden sind unter Staatsaufsicht gestellt. Das Besteuerungsrecht der Kirchen ist hinsichtlich der Höhe der Umlagen an staatliche Genehmigung gebunden.

Eine andere Reihe von Gesetzen vom 12., 13. und 15. Juni 1874 ordnet die innere Verwaltung und Vertretung der Kreise und Provinzen, sowie die Verwaltung der Städte und Landgemeinden durch eine neue Städteordnung und eine neue Landgemeinde-Ordnung. Die Gesetze gehen aus von dem Grundsatze der Selbstverwaltung der betheiligten Verbände durch gewählte Vertretungen: Kreis- und Provinzial-Tage und Kreis- und Provinzial-Ausschüsse, unter entsprechender Betheiligung des Staates, zunächst durch den Kreisrath, welcher als Organ der Staatsregierung die Kreisverwaltung leitet und die Ortspolizeibehörden beaufsichtigt. Durch den Kreisrath wird auch die Oberaufsicht des Staates über Städte und Landgemeinden ausgeübt; zur Entscheidung über Gesetz- oder Rechtswidrigkeit von Beschlüssen der Stadtverordneten kann der Kreisausschuß angerufen werden. — Das Gesetz v. 11. Januar 1875 constituirt das oberste Verwaltungsgericht zur Entscheidung über Recurse gegen Entscheidungen der Provinzialausschüsse und gegen Rechnungsabschlüsse der Oberrechnungskammer, desgleichen über Competenzconflicte zwischen Verwaltungs- und Gerichtsbehörden.

Durch Gesetze vom 27. November 1874 u. 10. Mai 1875 ist die Pensionirung der Staatsdiener neu geregelt; durch Gesetz v. 30. April 1875 ihre Versetzung in Ruhestand wider ihren Willen; das Gesetz vom 4. Januar 1875 trifft wegen der Uebernahme von Nebenämtern Bestimmungen.

Durch ein weiteres Gesetz ist fortan die Uebernahme fremder Verbindlichkeiten ohne Unterschied des Standes und Geschlechts an die Beobachtung besonderer Vorschriften nicht mehr gebunden.

Das Berggesetz vom 28. Januar 1876 regulirt das Bergrecht auf der Grundlage des preußischen Berggesetzes vom 24. Mai 1865, und weicht von demselben nur durch einzelne redactionelle Aenderungen und durch präcisere Fassung einzelner mehrdeutiger Bestimmungen ab. — Schließlich ist noch das Gesetz vom 3. Decbr. 1875 zur Ausführung des Reichsgesetzes über die Standesbeurkundung und Eheschließung zu erwähnen.

Aus der Gesetzgebung der Thüringischen Staaten und des Herzogthums Anhalt ist diesmal mit Ausnahme der Ausführungsgesetze zu den Reichsgesetzen, namentlich über die Beurkundung des Personenstandes und der Eheschließung nichts erwähnenswerth.

Von der Gesetzgebung von Hamburg ist nur das Gesetz v. 1. October 1875 zu erwähnen, wornach für das Verfahren beim dortigen Handelsgerichte die Neuerungen getroffen sind, daß der Kläger vor der mündlichen Verhandlung vom Verklagten eine Skizze seiner Exceptionen fordern kann, und daß mit Bewilligung beider Theile eine Beweisaufnahme vor der Verhandlung der Sache zugelassen ist.

In Lübeck hat die neue Verfassung vom 7. April 1875 fast nur redactionelle Aenderungen unter Berücksichtigung der jetzigen Stellung im deutschen Reiche getroffen.

In Bremen sind durch Gesetz vom 31. October 1875 die Klagen auf Eingehung der Ehe und auf Entschädigung wegen nicht erfüllter Eheversprechen aufgehoben. Durch Gesetz vom 14. Januar 1876 ist die Theilbarkeit der Bauergüter gesetzlich eingeführt, und das Anerbenrecht nur für Güter von mindestens 5 Hectaren, welche in die Höferolle eingetragen sind, nach Analogie der, in Oldenburg und Hannover geltenden Bestimmungen beibehalten. — Ein Gesetz vom 1. April 1876 reformirt nach dem Vorbilde der Entwürfe der Reichsjustizgesetze Bestimmungen des Civil- und Criminalverfahrens, und ein Gesetz vom 17. October 1875 reformirt die Armenpflege. Zu erwähnen sind noch eine neue Deichordnung von 1876 und das Gesetz v. 23. April 1876, wodurch (ebenso wie dies für Augsburg geschehen ist) die früher für Bremen geltenden allgemeinen Zahltage (Kassirtage) aufgehoben sind.

Für Oesterreich sind wir zu unserem lebhaften Bedauern in diesem Jahre einen entsprechenden Bericht zu geben außer Stande, da wir in Folge zufälliger persönlicher Hindernisse nur einige kürzere Notizen erhalten haben, die wir nachstehend wiedergeben.

Es ist in Oesterreich neben dem, bereits im vorjährigen Berichte berührten Entwurf eines Strafgesetzes, welcher noch immer nicht das Stadium der Commissionsberathung des Abgeordnetenhauses überschritten hat, der im Abgeordnetenhause eingebrachte Entwurf einer Civilprozeßordnung von besonderem Interesse, welcher die Competenz der Gerichte und das Verfahren bis zur Vollstreckung, einschließlich der besondern Arten des Verfahrens regeln soll. Als Grundlagen dieses Entwurfs dienten der kurz vorhergegangene österreichische Entwurf von 1870 und der neueste Entwurf für das deutsche Reich; die Arbeit ist jedoch eine ganz selbstständige und weicht von jenen Grundlagen in wichtigen Bestimmungen ab. Insbesondere ist der angetragene Eid als Beweismittel beseitigt und an dessen Stelle die Vernehmung der Partheien als Zeugen in Aussicht genommen; ebenso sind abweichende Rechtsmittel der Revision und Oberrevision anstatt der Berufung und der Nichtigkeitsbeschwerde gegen collegialgerichtliche Urtheile vorgeschlagen, und besondre Bestimmungen zur Förderung einer einheitlichen Rechtsprechung in dritter Instanz aufgenommen. — Auch Gesetze über Reformen des Actienwesens, über Aenderungen der Notariats-Ordnung und eine Executionsordnung sind noch in verfassungsmäßiger Berathung. — Zwei Anträge: zur Regelung der Rechtsverhältnisse der Altkatholiken und zur Abänderung einiger Bestimmungen des katholischen Eherechts, — von Mitgliedern des Abgeordnetenhauses gestellt, — wurden der erstere im Herrenhause, der letztere im Abgeordnetenhause abgelehnt.

Gesetzeskraft haben dagegen erhalten: das Gesetz vom 22. October 1875 über den Verwaltungsgerichtshof, und das damit zusammenhängende Gesetz von demselben Tage über Entscheidung der Competenzconflicte zwischen Reichsgericht und Verwaltungsgerichtshof. Der Verwaltungsgerichtshof ist erst seit dem 1. Juli 1876 in Thätigkeit getreten, und können daher Resultate zur Beurtheilung der practischen Anwendbarkeit und des Einflusses auf die Verwaltung noch nicht vorliegen.

Durch Gesetz vom 1. März 1876 wurde das Bagatellverfahren, welches sich in der Praxis sehr bewährt hat, ausgedehnt. Das Gesetz vom 18. März 1876 ändert einige Vorschriften bezüglich der Anlegung des cumulativen Waisenvermögens. Durch Kaiserl. Verordnung vom 13. December 1875 wurde schließlich die Consular-Gerichtsbarkeit in Egypten beschränkt und der ausgeschiedene Theil den kürzlich eingerichteten internationalen Gerichten in Egypten überwiesen.

In der gesammten allseitigen legislatorischen Thätigkeit sehen wir, daß uns in Oesterreich und im deutschen Reiche die Grundlagen der Rechtsentwickelung fort und fort gemeinsam bleiben, und mit diesem freudigen Bewußtsein erhalten und fördern wir gern dies wichtige Element deutscher Cultur. Der Eine vom Andern lernend und Jeder an den Fortschritten der verwandten, wie der eignen Rechtsbildung sich erhebend, können wir hoffen, auch ferner durch das gemeinsame Band des Juristentages, welcher schon so vielfach durch seine Vorarbeiten zu den großen Gesetzgebungs-Reformen fördernd beigetragen hat, freudig mit vereinten Kräften der Gerechtigkeit dienen zu können.

Viribus unitis suum cuique!

Präsident Professor Dr. **Gneist**: Sehr bedauernswerth ist in unseren Bericht eine bedeutende Lücke. Es würde dem Schriftführeramt zur besonderen Genugthuung gereicht haben, diesmal wie immer den Gang der österreichischen Gesetzgebung in der ganzen Bedeutung, die ihr auch für Deutschland zukommt, zu würdigen. Es hat nur auf einem zufälligen Verhältniß beruht, daß diesmal die Notizen darüber theils zu spät, theils nur in kürzester Gestalt uns zugesandt sind. Wir haben uns zu unserem lebhaften Bedauern auf das uns zugekommene Material beschränken müssen und ich bitte aus diesem von uns nicht verschuldeten Grunde um Indemnität für den zu kurz gerathenen Bericht über die österreichische Gesetzgebung.

(Hierauf erfolgt die Vertheilung der Berathungsgegenstände an die Abtheilungen.)

Nun, meine Herren, würden wir zu dem weiteren Gegenstand unserer Plenarsitzung gelangen, nämlich zu der Berichterstattung über den jetzigen Stand der deutschen Gesetzesarbeiten über das Gerichtswesen, den Civilprozeß und das Strafverfahren. Diese drei Berichterstattungen waren übernommen von denjenigen Mitgliedern unserer Deputation, die zugleich Mitglieder der Parlamentskommission sind: der Strafprozeß von Herrn Generalstaatsanwalt Dr. v. Schwarze, der bürgerliche Prozeß von Herrn Oberappellationsgerichtsrath Becker, die Berichterstattung über das Gerichtsverfassungsgesetz von Professor Gneist. Zu unserem großen Bedauern enthält nun aber ein Brief des Herrn von Schwarze, den ich heute morgen erst erhalten konnte (trotz der Notiz „sehr dringlich"), die Mittheilung, daß er schon vor länger als 8 Tagen, es scheint schon vor 14 Tagen, von der Unmöglichkeit hier zu erscheinen überzeugt gewesen sei und daß er deßhalb den Herrn Kollegen Becker, den hochverdienten Mitredakteur dieser Gesetzentwürfe gebeten habe, statt seiner den Bericht über den Strafprozeß zu übernehmen. Es erhellt nun aber aus den Mittheilungen des Herrn Kollegen Becker, daß ihm dieses Schreiben gar nicht zugegangen ist in seiner Abwesenheit in der Schweiz und es entsteht dadurch eine bedauerliche Lücke.

Um nun, soweit als dies möglich ist, die Lücke auszufüllen, werden wir einen Versuch machen, ob sich in der Zeit von wenig Stunden ein solcher Bericht über die Strafprozeßordnung von einem Mitgliede der Justizkommission noch entwerfen läßt. Ich glaube, daß unser Kollege Becker, oder auch ich, zu denjenigen gehören, die schlimmsten Falls einen solchen Bericht erstatten können.

Ich richte nun die Bitte an den Herrn Oberappellationsgerichts-Rath Becker seinen Bericht über den Civilprozeß auf dem Referentensitze zu beginnen.

Referent: Oberappell-Gerichts-Rath **Becker**: Ich darf wohl voraussetzen, meine Herren, daß der einen Hälfte von uns der Entwurf einer Civilprozeß-Ordnung für das Deutsche Reich, der anderen Hälfte der für die im österreichischen Reichsrath vertretenen Königreiche und Länder bestimmte Entwurf ihrem Hauptinhalte nach bekannt sind.

Eine Vorarbeit, der aus den Berathungen in Hannover hervorgegangene Entwurf einer allgemeinen Civilprozeßordnung für die deutschen Bundesstaaten, war unseren beiden Entwürfen gemeinschaftlich. Diesem Umstande verdanken wir es vielleicht, daß nicht bloß die ferneren Vorarbeiter im deutschen Reich und Oesterreich auf einander Rücksicht nahmen, sondern daß auch die letzten, jetzt den Parlamenten vorgelegten Entwürfe eine große Uebereinstimmung zeigen.

Der Inhalt beider Entwürfe hat aus äußeren Gründen nicht ganz denselben Umfang; der österreichische Entwurf enthält Manches, was der deutsche dem Gerichtsverfassungsgesetze überlassen hat, ihm fehlt dagegen noch das Arrest- und Vollstreckungsverfahren. Der beiden Entwürfen gemeinschaftliche Rest aber ruht auf demselben Grundgedanken, und selbst die Ordnung ist größtentheils dieselbe.

Die vom deutschen Reichstage gewählte Justiz-Kommission, 27 Juristen und 1 Dr. medicinae, hat dem deutschen Entwurf in allen wesentlich in sich zusammenhängenden, und die Symmetrie des Ganzen bedingenden Bestimmungen zugestimmt, nicht blos den Grundlagen, auf die der Neubau errichtet ist, sondern auch der Construktion des ganzen Gebäudes, seiner Einrichtung im Innern, den verschiedenen Arten des Verfahrens in *erster Instanz*, dem Verfahren in der *Rechtsmittelinstanz* u. s. w., bis zu dem den deutschen Prozeß abschließenden Vollstreckungsverfahren.

Die Zustimmung der großen Mehrheit der Kammer war eine *freudige*, hauptsächlich deßhalb, weil wir die Hoffnung, ja die Ueberzeugung gewonnen, daß dieser Prozeß möglichst, und mehr wie die bisherigen, beitragen werde zur Herrschaft des materiellen Rechts über das Prozeßrecht.

Eine der berechtigtsten Klagen über die bisherigen Prozesse in Deutschland war die, daß wenn das letzte Urtheil rechtskräftig und vollstreckt werde, das ursprüngliche Recht der Parteien in den verschiedenen Stadien der Prozeßführung eine veränderte Gestalt angenommen habe; — eine Klage, welcher ein Landmann meiner Heimath einst den drastischen Ausdruck gab:

> wenn in unserem Dorfe ein Prozeß entsteht, weiß fast Jeder, wer Recht hat, wenn der Prozeß aber ein halbes Jahr gedauert hat, weiß es Niemand mehr.

Alle wesentlichen Einrichtungen des neuen Prozesses sind aber geeignet, die Herrschaft des materiellen Rechts über das Prozeßrecht zu fördern.

Ein Endurtheil auf Grund einer allen Stoff umfassenden mündlichen Schlußverhandlung vor dem erkennenden Gerichte soll den Prozeß entscheiden. Keine formelle Schranke von der Klage bis zum Endurtheil hemmt den rechtsuchenden Richter; nur die Klageschrift und in den oberen Instanzen die Anträge haben einen bindenden Charakter; andere Schriftsätze nur einen vorbereitenden.

That- und Rechtsfrage, namentlich im Anfang des Civilprozesses schwer zu trennen, werden gemeinsam verhandelt.

Mit den Behauptungen sind die Beweise zu verbinden; durch die oft schwer zu bestimmende Abgrenzung Beider kann Niemand mehr verletzt werden; die Frage nach der Beweislast, wird vertagt, bis das Endurtheil ihre Entscheidung nothwendig macht, — und ist dies nur der Fall, wenn nichts bewiesen ist, wenn das Gericht weder aus der Verhandlung, einschließlich der Beweisaufnahme, noch durch einen Parteieid, eine Ueberzeugung gewinnen kann.

Für das Vorbringen neuer Thatsachen, neuer Beweise giebt es keine präclusive Fristen; was nur vor dem Schlusse der letzten mündlichen Verhandlung vorgebracht wird, muß gehört und erwogen werden. Auch die Beweisanordnungen des Gerichts sind nur prozeßleitend, nicht bindend, und die Beweiswürdigung ist frei von bindenden Prozeßregeln (wie schon bisher im Strafprozeß). Es giebt keine Beschränkung des Beweises, auch nicht des Zeugenbeweises, und keine prozeßualen Wahrheitsvermuthungen bis auf wenige durch die Nothwendigkeit der Sicherheit des Urkunden-Beweises gebotene Ausnahmen.

Hierzu kommt noch die Sorge für möglichst vollständige und unvermittelte Wahrheitserforschung in öffentlich-mündlicher Verhandlung vor allen erkennenden Richtern; das Fragerecht an Parteien, Sachverständige und Zeugen für alle Richter und die Parteien selbst.

Wir haben nicht verkannt, daß einem so construirten Prozesse gegenüber der mehr oder weniger an Schriften gebundene und in verschiedene Abschnitte gesonderte Prozeß seine besonderen Vortheile habe:

daß er die Möglichkeit einer sorgfältigeren Specialprüfung und einer gesicherteren Nachprüfung, namentlich in einer zweiten Instanz gewähre;

daß er die Uebersicht und Beherrschung des Stoffes für Richter und Anwälte erleichtere;

daß er den Parteien eine größere Herrschaft über den Prozeßstoff, über die Prozeßvorschriften, über das Beweismaterial einräume;

daß er durch feste Prozeßregeln die Gefahr einer Verkehrung des richterlichen Ermessens in Willkür vermindere.

Aber alle diese Vortheile sind nothwendig begleitet von der Gefahr nicht bloß einer viel längeren Dauer der Prozesse, sondern namentlich eines Sieges der Akten über die Wahrheit, der Regel über den Einzelfall, des Prozeßrechts über das materielle Recht, und dieser Gefahr gegenüber haben sie alle nicht Gewicht genug. — Die Kommissions-Mehrheit gewann sehr bald die Einsicht, daß alle von mir hervorgehobenen wesentlichen Einrichtungen des neuen Prozesses innig untereinander zusammenhangen, in diesem Zusammenhange sich gegenseitig bedingen, und nur in ihrer Gesammtheit den Erfolg verbürgen.

Mag auf andern Grundlagen ein guter Prozeß nicht bloß theoretisch zu construiren sein, sondern sich auch praktisch bewährt haben: eine Vermischung verschiedener Grundlagen, die kein einheitliches Ganzes giebt, wird nicht bloß von der Wissenschaft verurtheilt werden, sie kann auch praktisch nur verderblich wirken.

An dieser Einsicht scheiterten alle Versuche einzelner Mitglieder, die genannten Einrichtungen zu Gunsten einer größeren Schriftlichkeit oder einer größeren Gebundenheit des Richters zu beschränken. Anträge, welche eine Cäsur im Hauptverfahren durch den Beweisbeschluß, oder welche eine Feststellung des Thatbestandes im Sitzungsprotokolle berbeiführen wollten, wurden abgelehnt.

Auch der rheinisch-französische Prozeß, soweit er vom Entwurfe abweicht, fand keinen großen Beifall in der Kommission; die Souveränetät der Gerichte im französischen Sinne zu erweitern, ward kein Versuch gemacht. Anträge auf größere Beschränkung der Gerichts-Acten, auf Aufhebung der — auch in dem österreichischen Entwurfe aufgenommenen — Bestimmung, daß Abschriften der vorbereitenden Schriftsätze bei Gericht niederzulegen sind, wurden verworfen. Die Mehrheit hielt diese Niederlegung zur Vorbereitung des Vorsitzenden für die sachgemäße Leitung der mündlichen Verhandlung erforderlich. Die Praxis des rheinischen Verfahrens: Einforderung der Anwalts-Acten und Bestellung eines Referenten nach der mündlichen Verhandlung, ward für viel bedenklicher gehalten, als das System unserer Entwürfe.

Ein Antrag auf Einführung der französischen Einrichtung einer Vorprüfung der Revisionsschriften fand gleichfalls keine Annahme, weil er mit dem Princip der Mündlichkeit nicht in Einklang stehe. Der österreichische Entwurf hat jedoch in der Oberrevisions-Instanz ein mehr schriftliches Verfahren und eine sich nicht bloß auf Mängel der Revisionsschrift erstreckende Vorprüfung zugelassen. (Für den Fall der Zulassung einer schriftlichen

Rechtsausführung würde ich gegen diese Bestimmungen des österreichischen Entwurfs nicht viel einzuwenden haben.)

Größere Zustimmung fanden die Versuche von Kommissions-Mitgliedern, die hervorgehobenen Grundlagen des deutschen Prozesses bis zu den äußersten Consequenzen auch da fortzuführen, wo der Entwurf dies noch nicht gewagt hatte. Die Hauptangriffe scheiterten indessen auch hier, nur kleinere Erfolge sind erreicht und mögen zunächst mitgetheilt werden.

Die Kommission hielt es für nöthig, dem wichtigen Fragerecht zur Erläuterung, Ergänzung oder Berichtigung der Parteivorträge, Zeugenaussagen 2c. einen umfassenderen Ausdruck und Umfang zu geben. Sie machte die Ausübung des Fragerechts dem Vorsitzenden zur Pflicht, (der Entwurf hatte nur ein „kann"), ferner das unmittelbare Fragerecht jedes Gerichtsmitgliedes und der Parteien im Anwalts-Prozesse zum Recht, welches nur im Falle der Beanstandung der Entscheidung des Gerichts untersteht. — Die aus dem Bedürfniß eines Schutzes gegen chicaneuse Fragen und aus der Verwerflichkeit des Kreuzverhörs hergenommenen Einwendungen wurden nicht für erheblich gehalten. Zwischen dem bloßen Fragerecht der Parteien und dem Kreuzverhör bleibt noch ein Unterschied (Kreuzverhör befaßt die Vernehmung der Zeugen durch den Beweisführer und das Fragerecht des Gegners) und der Vorsitzende hat genügende Gewalt, vor Mißbrauch zu schützen, aber die durch ihn vermittelte Fragstellung kommt oft nicht so an die Zeugen, wie die Partei gewollt hat, wird unwillkürlich verändert, mißverstanden.

Der österreichische Entwurf giebt zwar den Gerichtsmitgliedern das Recht zur unmittelbaren Fragstellung, der Partei aber nur mit Zustimmung des Vorsitzenden.

Kaum über einen Gegenstand gingen die Ansichten in der Kommission soweit auseinander, wie in Betreff der Klagänderung.

Einige Mitglieder verlangten, daß, wie in zweiter Instanz, auch in der ersten eine Klagänderung selbst mit Zustimmung des Gegners unzulässig sein sollte (gegen die Bestimmungen des deutschen Entwurfs). Da die Klagänderung jeden beliebigen ganz neuen Anspruch befassen könne, sei mittelst derselben nicht bloß eine Fortsetzung des bisherigen, sondern auch die Führung eines ganz neuen Prozesses zu bewirken, auf die das Gericht ohne Vorbereitung einzutreten durch den Parteiwillen doch nicht gezwungen werden sollte. Auch sei es bei dem Gebundensein der Partei an alle ausdrücklichen und stillschweigenden Zugeständnisse ihres Bevollmächtigten doch bedenklich, die für einen Prozeß gegebene Vollmacht kraft Gesetzes und und gegen deren rechtliche Natur ohne Zustimmung der Partei selbst auf einen ganz anderen Prozeß zu erstrecken.

Dies letztere Bedenken rief den eventuellen Antrag hervor: für die Einwilligung in eine Klagänderung eine Spezialvollmacht zu erfordern, — und den ganz eventuellen, wenigstens eine deßfallsige Beschränkung der Prozeßvollmacht zuzulassen.

Alle diese Anträge wurden abgelehnt, weil eine von Amtswegen eintretende Prüfung der Frage: ob eine Klagänderung vorliege? mit den Prinzipien des Entwurfs in Widerspruch stehe, weil über den Umfang einer Prozeßvollmacht Gewißheit nöthig sei, und weil der erfahrungsgemäß nicht selten und doch meist unnütze Streit über die zweifelhafte Frage: ob eine bloße Klagverbesserung oder eine Klagänderung vorliege? möglichst zu vermeiden sei.

Diese Gründe führten weiter zu dem mit den Prinzipien des Entwurfs am meisten harmonirenden Antrage: eine Klagänderung selbst ohne Zustimmung des Beklagten zuzulassen. Auch dieser Antrag ward indessen abgelehnt, weil dem Beklagten aus guten Gründen das Recht zugestanden sei, über die einmal zur mündlichen Verhandlung gebrachte Klage ein Urtheil zu verlangen Nur soweit ward dem Wunsche, unnütze Streitigkeiten zu vermeiden, Rechnung getragen, daß wenn bei vorhandenem Widerspruch das Gericht I. Instanz entschieden hat, eine Klagänderung liege nicht vor, diese Entscheidung durch Rechtsmittel nicht anfechtbar sein soll. Eine deßfallsige Bestimmung ward in den deutschen Entwurf aufgenommen, in Ueberstimmung mit meinem auf dem letzten deutschen Juristentage ausgesprochenen Wunsche, und entsprechend dem Beschlusse des Juristentages.

Dieser Beschluß hat sich bekanntlich der Zustimmung unseres Referenten nicht zu erfreuen gehabt, und ist der Gegenstand noch einmal auf die Tagesordnung dieses Juristentages gesetzt. Ich will unseren Berathungen nicht vorgreifen, mir aber doch die Bemerkung erlauben, daß wenn es sich, nach der Fragstellung und dem Gutachten für diesen Juristentag zu urtheilen, nicht mehr um die Zulässigkeit der Klagänderung überhaupt, sondern nur darum handelt, wie weit den Beschränkungen in Betreff der Identität des Objects andere Beschränkungen hinzugefügt werden sollen, die Frage für mich einen sehr untergeordneten Werth hat.

Der österreichische Entwurf hat dieselben Bestimmungen und Beschränkungen wie der deutsche.

Ich gehe auf einen anderen Gegenstand über. Ein dem deutschen Entwurf neu hinzugefügter § giebt dem Gerichte das Recht, das persönliche Erscheinen einer Partei zur Aufklärung des Sachverhalts anzuordnen. — Die Kommission hielt diese Befugniß für nothwendig, um die Mündlichkeit, die Unmittelbarkeit und die freie Beweiswürdigung zur vollen Geltung kommen zu lassen. Ihre Anwendung giebt dem Fragerecht erst die rechte Bedeutung, und setzt den Richter in den Stand, der Wahrheit auf den Grund zu kommen, namentlich im Parteiprozesse, wo man oft mit ungeeigneten Vertretern zu verhandeln hat. Ein Zwangsrecht zum Erscheinen der Parteien wird nur im Eheprozeß für erforderlich gehalten; auch hielt es die Kommission für unnöthig, daß das Gesetz sich über die Folgen des Nichterscheinens oder der verweigerten Antwort ausspreche; dies soll dem richterlichen Ermessen bei der freien Beweiswürdigung überlassen bleiben.

Eine nur unerhebliche Minderheit der Kommission war aber mit diesem Erfolge nicht zufrieden. Ihrer Ansicht nach fehlte dem Neubau die Krönung.

Die oberste Spitze, die letzte Consequenz des Grundsatzes der freien Beweiswürdigung, das beste Mittel zur Ermöglichung einer festen Ueberzeugung des Richters, zur Vermeidung von Widersprüchen zwischen dem Wissen der Partei und dem normirten Eide, — zur Beseitigung der in Deutschland verbreiteten Anschauung, daß die Partei ein Recht habe, den Richter auch da, wo sie von ihm einen Wahrheitsspruch verlangt, die Unwahrheit vorzutragen, — die in der Entwickelung des englischen Rechts bewährte, im österreichischen Gesetze über die Bagatellverhandlungen vom April 1873 auf beschränktem Gebiet mit günstigem Erfolge eingeführte, jetzt im österreichischen Entwurfe auf den ganzen Civilprozeß übertragene Einrichtung der zeugeneidlichen Vernehmung der Parteien, hat der deutsche Entwurf nicht aufgenommen. Er hat in Folge dessen den richterlichen oder Notheid der Partei beibehalten und nur an einer Stelle den Weg zur zeugeneidlichen Vernehmung der Parteien ein wenig geöffnet: er hat die eidliche Vernehmung der Rechtsvorgänger und Vertreter einer Partei über die von ihnen vorgenommenen, auf das streitige Rechtsverhältniß sich beziehenden Handlungen zugelassen.

Alle gemachten Aenderungsversuche in der Kommission scheiterten. Zunächst wurde der Antrag auf Zulassung einer zeugeneidlichen Vernehmung der Parteien, dann der Antrag: die eidliche Vernehmung einer Partei und die richterliche Würdigung des Inhalts ihrer Aussage an die Stelle des richterlichen Eides treten zu lassen, schließlich auch der Antrag: wenigstens dann, wenn eine Partei ihren Rechtsvorgänger oder Vertreter als Zeugen benannt habe, auch die Gegenpartei als Zeugen zuzulassen, verworfen.

Die Mehrheit der Kommission wollte sich von der bisherigen deutschen Rechtsanschauung nicht zu weit entfernen, die freie Beweiswürdigung sich erst einbürgern lassen; die Parteivernehmung solle nur Aufklärungs- nicht Beweismittel sein; der Persönlichkeit, dem Benehmen der Parteien dürfe kein zu großer Einfluß eingeräumt, von der Verhandlungsmaxime nicht zur Untersuchungsmaxime übergegangen werden.

Der Hauptangriff ward in der Kommission gegen das in dem früheren Entwurf fehlende, beim Bundesrath wieder aufgenommene Rechtsmittel der Berufung gegen die Urtheile der Landgerichte unternommen.

Auch von den Anhängern der Berufung ist nicht verkannt worden, daß die volle, reine Unmittelbarkeit eine Beschränkung erleiden muß bei wiederholter Prüfung der Thatfrage in einer zweiten Instanz. Die Grundlagen des Urtheils können namentlich in Betreff der Zeugenaussagen hier nicht der Reinheit beschafft werden, wie in erster Instanz. Die auch im deutschen Entwurfe anerkannte Zulässigkeit abändernder Berufungserkenntnisse auf Grund der in erster Instanz aufgenommenen Protokolle führt aber leider auch zu einer Beeinträchtigung des Verfahrens in erster Instanz; denn sie macht auch hier bei vorwaltendem Zeugenbeweise die Unmittelbarkeit dieser Beweisaufnahme practisch unausführbar. Die Erfahrung hat überall gezeigt, daß wer Protocollirung der Zeugenaussagen will, auf Vernehmung vor versammeltem Gericht verzichten muß.

Aber das ist nicht der einzige Widerspruch, zu dem die Wiedereinführung der Berufung nach Ansicht ihrer Gegner geführt hat.

Der deutsche Entwurf kennt, wie der österreichische, für besonders verwickelte oder umfangreiche Rechtsstreitigkeiten, welche die Richtigkeit einer Rechnung, eine Vormundschafts-Auseinandersetzung oder ähnliche Verhältnisse betreffen, ein von seinen Grundlagen abweichendes Verfahren erster Instanz, in welchem Thatsachen oder Beweise, die aus Versäumniß vor dem beauftragten Richter nicht schriftlich festgestellt sind, bei der mündlichen Verhandlung des versammelten Gerichts nicht zugelassen werden. — In der Berufungsinstanz können sie aber doch geltend gemacht werden, oder es muß hier ein neues schriftliches Vorverfahren beginnen.

Ein wahres Prozeßwunder kann sich ferner in der Beweis-Instanz gestalten, wenn nur der Berufungskläger erschienen ist. Hier hat das Gericht zunächst zu prüfen:

ob das vom Berufungskläger Vorgebrachte der Feststellung im angefochtenen Urtheil entspricht?

dann: ob neu vorgebrachte Thatsachen oder Beweise in der vorbereitenden Schrift behauptet sind?

ferner bei zulässigen neuen Beweismitteln anzunehmen, daß sie das in Aussicht gestellte Ergebniß hatten.

Bei neuer Zeugenbeweisantretung in zweiter Instanz hat also das Gericht unter Prüfung der Zulässigkeit alles Vorgebrachte auf Grund der Akten sich aus den mündlichen Erklärungen des Berufungsklägers, aus den in erster Instanz protokollirten Zeugenaussagen und aus der fingirten neuen Beweisaufnahme ein Gesammtbild zu construiren, und in freier Beweiswürdigung des Urtheils zu finden.

Kann es größere Widersprüche geben? aber sie mußten als Consequenz der Berufung mitgenommen, ändernde Anträge abgelehnt werden, in der Erkenntniß, daß Mündlichkeit und Unmittelbarkeit der Verhandlung nur Mittel sind, nicht Zweck.

Zu besonderen Inconsequenzen führte noch die Wiedereinführung der Berufung durch ihren Einfluß auf die Bestimmungen des deutschen Entwurfs, daß Revision nur soweit stattfinde, als das Urtheil erster Instanz in der zweiten Instanz geändert werde.

Diese im früheren Entwurf nur für den Fall, wenn beide Gerichte wegen verschiedener Rechtsanschauung verschieden erkannt haben, zutreffende Beschränkung war vielleicht von allen in Vorschlag gekommenen Beschränkungen des Rechtsmittels gegen Urtheile zweiter Instanz die prinzipiellste, hat diesen ihren Vorzug aber durch Zulassung der Berufung in Thatfragen vollständig verloren.

Wenn bei gleicher Rechtsanschauung die Gerichte nur deßhalb verschieden erkannten, weil sie die Thatfrage verschieden beantworteten, oder gar bei gleicher Auffassung der Rechts- und Thatfrage, weil in zweiter Instanz thatsächlich Neues vorgebracht worden, ist die Zulassung einer wegen dieser Verschiedenheit zulässigen revisio in jure ein Widerspruch, und ebenso prinzipwidrig ist die Versagung der revisio in jure, wenn beide Gerichte verschiedener Rechtsanschauung waren, aber übereinstimmend erkannten auf Grund verschiedenen thatsächlichen Vorbringens.

Diese Inconsequenzen waren eine Hauptveranlassung für die Kommission, in zweiter Instanz den Ausschluß der Revision gegen duae conformes zu streichen, und statt desselben eine Revisionssumme zu beschließen. Die Kommission blieb auch dem Antrage des Bundesraths auf Herstellung des Entwurfs gegenüber bei ihrem Beschlusse. Die große Wichtigkeit dieser Frage hat aber die ständige Deputation veranlaßt, dieselbe noch einmal auf die Tagesordnung dieses Juristentages zu setzen. Vielleicht gelingt es dem für eine gute Gestaltung dieses letzten Rechtsmittels besonders interessirten Herrn Referenten, die duae conformes so zu charakterisiren, daß ihre Unanfechtbarkeit in der Revisionsinstanz mit der Berufung in bessern Einklang kommt.

Zu einer Abschaffung der Berufung gegen Collegialgerichts-Urtheile konnte sich die Mehrheit der Kommission nicht entschließen, weil sie ihrerseits von derselben eine Gefährdung des materiellen Rechts befürchtete. Die Sicherheit unseres Rechtszustandes muß höher stehen, als theoretische

Consequenz, für welche zur Zeit sogar die nothwendige Voraussetzung tüchtiger, und im mündlichen unmittelbaren Verfahren geschulter Richter und Anwälte nicht überall in Deutschland vorhanden sein mag.

Ein Schluß von der Aufhebung der Berufung gegen Landgerichtsurtheile im Strafprozesse ward für durchaus unzutreffend erkannt. Thatsächliche Schlußfolgerungen in so complicirten Verhältnissen, wie der Civilprozeß sie bieten kann, kennt der Strafprozeß nicht; auch das anzuwendende Recht ist im Civilprozeß complicirter, die Trennung von That- und Rechts-Frage hier aus beiden Ursachen doppelt schwierig; das anwendbare Recht ist nicht, wie in der Anklage des Strafprozesses gegeben, sondern vom Gericht erst aufzusuchen, oft erst festzustellen, und kann, wenn dies geschehen, die Geltendmachung neuer Thatsachen veranlassen; Zeugenbeweis, in seiner Unmittelbarkeit am wenigsten zu wiederholen, ist im Strafprozeß vorherrschender; ein schriftliches Vorverfahren, wie in wichtigen Strafsachen die Voruntersuchung, kennt der Civilprozeß nicht, und die im Strafprozeß gegebene Hülfe des Rechtsmittels einer Wiederaufnahme kann im Civilprozeß nicht in entsprechendem Umfange eingeführt werden.

Die Bedeutung dieses Unterschiedes wird sich vermindern mit der wachsenden Einheit des deutschen Civilrechts, und läßt sich zum Theil auch vermindern durch prozessuale Bestimmungen, wozu in Betreff des Mangels schriftlicher Beweisvorbereitung die Kommission schon den Weg gebahnt hat, indem sie eine Beweisaufnahme vor der mündlichen Verhandlung nicht bloß zum Zweck der Sicherung des Beweises, wie der Entwurf, sondern mit Zustimmung des Gegners auch zur besseren Vorbereitung der mündlichen Verhandlung zuließ. Zum Theil jedoch bleibt der Unterschied ein durch die verschiedene Natur des Strafprozesses und Civilprozesses gebotener. Dies gilt namentlich von dem größeren Umfange des an keine Frist gebundenen Rechtsmittels der Wiederaufnahme im Strafprozeß. Das staatliche Interesse bedarf keiner Sicherheit des verurtheilenden Erkenntnisses gegen einen Unschuldsbeweis; die siegende Partei im Civilprozeß will und muß endlich Gewißheit haben.

Der österreichische Entwurf hat die Bedenken der Mehrheit der verbündeten deutschen Regierungen und der Reichsjustizcommission überwunden; er kennt die Berufung gegen Collegialgerichtsurtheile nicht mehr, läßt in der zweiten (Revisions-) Instanz keine neuen Thatsachen und Beweismittel zu, und gestattet eine thatsächliche Nachprüfung nur, wenn das Urtheil auf einer thatsächlichen Voraussetzung beruhte, welche mit zu berücksichtigenden Gerichtsakten oder schriftlichem Beweismaterial im Widerspruch steht.

Der in der Justizcommission des Reichstages vorherrschende Wunsch, daß das materielle Recht nicht auf Grund von Prozeßbestimmungen geschädigt werde, hat zu vielen Aenderungen einzelner Bestimmungen des deutschen Entwurfs geführt, durch welche entweder die Grundlagen des Entwurfes gar nicht berührt werden, oder ihnen doch nur die allzu scharfe Spitze abgebrochen wird. So großen Werth auch auf die Durchführung der Prozeßgrundsätze bis in alle Einzelheiten für die practische Handhabung, das leichte Verständniß des Einzelnen und die weitere practische und wissenschaftliche Entwickelung gelegt werden muß, so darf dieselbe doch nicht mit ihrer besten Rechtfertigung, der Förderung des materiellen Rechts, in Widerspruch treten. Es ist hier nicht Ort, nicht Zeit, Alles Einzelne, was hierher gehört, anzuführen; nur einiges für beide, den deutschen und österreichischen Entwurf, Erhebliche will ich hervorheben.

Die Bestimmungen über den Gerichtsstand (örtliche Zuständigkeit des Gerichts) sind im Allgemeinen dieselben im österreichischen und deutschen Entwurfe, und von unserer Kommission nicht wesentlich geändert, ungeachtet der beachtenswerthen, von unserem Kollegen Krause in seiner Schrift: „Zur Lehre vom Gerichtsstande nach dem Entwurf der Civilprozeßordnung gegen die besonderen Gerichtsstände" erhobenen Bedenken. Für das Mahnverfahren (österreichischer Entwurf bis 300 fl.; deutscher Entwurf wegen aller Ansprüche auf eine bestimmte Geldsumme oder Quantität fungibler Sachen) hielt die Kommission jedoch, in wesentlicher Uebereinstimmung mit dem österreichischen Entwurfe, die Zulassung besonderer Gerichtsstände nicht für gerechtfertigt.

Eine Reihe von Aenderungen unserer Commission beruht auf dem Bestreben, die Schärfe der Präjudicien für eine anwesende, sich über einzelne Gegenstände der Verhandlung nicht erklärende Partei dadurch zu mildern, daß die Folgen der vielleicht nur durch ein Uebersehen veranlaßten Versäumung: Zugeständniß, Anerkennung von Urkunden, Eidesweigerung ꝛc. erst eintreten, nachdem die Partei ausdrücklich zur Erklärung aufgefordert, oder auf die Unterlassung aufmerksam gemacht ist. Der österreichische Entwurf trifft eine entsprechende Fürsorge für rechtsunkundige Parteien, welche nicht durch Anwälte vertreten sind, und dehnt sie noch auf die Belehrung mit Rechtsmitteln aus.

Den Nachweis der behaupteten Bevollmächtigung eines Anwalts überläßt der deutsche Entwurf ganz den Parteien; die Kommission hielt es für nöthig, wenigstens die Abgabe der Vollmacht zu den Gerichtsakten vorzuschreiben. Weiter geht der österreichische Entwurf, indem er im öffentlichen Interesse der Vermeidung nichtiger Prozesse vorschreibt, daß auch im Anwaltsprozeß das Gericht den Mangel einer Vollmacht ex officio berücksichtigen soll.

Eine von der Kommission in den deutschen Entwurf aufgenommene

Bestimmung, nach welcher Vertreter, Bevollmächtigte, Gerichtsschreiber und Gerichtsvollzieher ex officio in durch sie verschuldete Kosten verurtheilt werden können, hat anscheinend auch der österreichische Entwurf nicht; auch nicht den für einen nach Kommissionsbeschluß, von mehreren Seiten in Anspruch Genommenen eröffneten Weg, sich durch Deposition dem Rechtsstreit zu entziehen, und ihn von dem Gericht allein auskämpfen zu lassen.

Andere Aenderungen, wie die Zulassung eines gerichtlichen Sühneversuchs vor Anstellung der Klage 2c., die Bestimmung, daß bei muthwilliger Prozeßführung das Armen = Recht verweigert werden kann, entsprechen dagegen dem österreichischen Entwurfe. — Doch! ich will mit diesen Kleinigkeiten aufhören, und nur noch einen Gegenstand berühren, in Betreff dessen sich der deutsche und österreichische Entwurf erheblich unterscheiden.

Die im deutschen Entwurf für den Fall der Versäumung des Verhandlungstermins dem Kläger angedrohte Strafe der Abweisung mit der Klage auf Antrag des Beklagten ward in der Kommission als zu streng angefochten, namentlich in solchen Fällen, in denen dem Gericht aus früherer mündlicher Verhandlung bekannt sei, daß die Abweisung sachlich nicht gerechtfertigt werden könne. Aber eine Reihe mehr oder weniger im Erkenntniß „nach Lage der Sache" befürwortender Anträge scheiterte an der glatten, consequenten Construction des Entwurfs. Ohne Verhandlung beider Parteien giebt es nach demselben keine Lage der Sache, die das Gericht zu prüfen hätte. Kläger muß sich durch Einspruch helfen.

Zu einem anderen Resultate ist hier der österreichische Entwurf gekommen. Der ausbleibende Kläger wird nicht unbedingt des bereits zu seinen Gunsten gerichtskundig Gewordenen verlustig. Beklagter kann nur entweder eine dilatorische Zurückweisung der Klage verlangen, oder muß sich gefallen lassen, daß das Gericht das in vorbereitenden Schriften Vorgebrachte, das früher zu Protokoll Festgestellte, und selbst das in einer bloß vertagten Tagfahrt mündlich Vorgebrachte zu Gunsten des abwesenden Klägers berücksichtige.

Dieser Unterschied hängt indessen mit andern, insbesondere der nur dem österreichischen Entwurfe angehörigen Unterscheidung zwischen bloß vertagter und verlegter Tagfahrt, und der durch gerechtfertigte Versäumniß bedingten Wiedereinsetzung des österreichischen Entwurfs statt des bloßen Einspruchs im deutschen Entwurf so innig zusammen, daß ohne mehrfache andere Aenderungen die Bestimmungen über die Folgen des Nichterscheinens einer Partei, insbesondere des Klägers, nicht von einem Entwurf auf den andern übertragen werden können. Hier muß jeder Entwurf für sich den Versuch machen, sich zu bewähren.

Ebenso bei den größeren Verschiedenheiten in Betreff der Berufung und der eidlichen Vernehmung der Parteien als Zeugen. — Zu einer guten Wirksamkeit der beiderseitigen Entwürfe gehört freilich, daß Richter und Anwälte den Anforderungen derselben entsprechen, und dürfte nicht zu verkennen sein, daß diese Anforderungen groß, viel größer als bisher, und wegen der Abschaffung der Berufung und der zeugeneidlichen Vernehmung der Parteien im österreichischen Entwurf noch größer sind als im deutschen. Dennoch kann ich — meinerseits — den österreichischen Kollegen nicht rathen, die Bestimmungen ihres Entwurfs aufzugeben; die Erfahrung könnte leicht zeigen, daß jede Halbheit sich rächt, und nur die Consequenz Heil bringt.

Wir müssen überhaupt darauf gefaßt sein, daß unseren Entwürfen in der ersten Zeit ihrer, — hoffentlich bald eintretenden — Wirksamkeit, namentlich da, wo bisher noch auf schriftlicher Grundlage erkannt wurde, nicht bloß große Schwierigkeiten begegnen, sondern auch dem Vorwurf unpractischer, zu ideal angelegter Werke nicht entgehen werden. Aber wir halten die Ueberzeugung fest, daß nach Ueberwindung solcher Uebergangsperiode, wenn Richter und Anwälte sich in dem von unserem Entwurfe vorausgesetzten innigen Zusammenwirken in den neuen Prozeß eingelebt haben, derselbe Oesterreich wie Deutschland zum Segen gereichen werde.

(Lebhafter Beifall.)

Vicepräsident Hofrath Dr. **von Keller** aus Wien: Unter der Voraussetzung, daß Keiner der Herren über diesen interessanten Bericht das Wort begehrt, ertheile ich Herrn Professor Dr. Gneist das Wort zum Vortrage seines Berichts über das Gerichtsverfassungsgesetz.

Bericht
über den Entwurf eines deutschen Gerichtsverfassungsgesetzes.

Berichterstatter Prof. Dr. **Gneist** von Berlin:

Der Entwurf des Gerichtsverfassungs-Gesetzes erscheint wohl als das größte Gesetzeswerk, welches seit 200 Jahren zur Ordnung des deutschen Gerichtswesens unternommen worden ist. Der ehrenvolle Auftrag, von dem jetzigen Stand desselben, nach zweiter Lesung in der Justizkommission des Reichstags, ein Bild zu entwerfen, ist in etwa 40 Minuten nur durch einen sehr schlichten und sehr knapp gehaltenen Bericht zu erfüllen.

An Stelle der Mannigfaltigkeit deutscher Gerichte soll fortan ein durchgreifend gleichmäßiges System von Amtsgerichten, Landgerichten, Oberlandesgerichten und Reichsgericht treten (§ 1), aus denen in Zukunft die beiden Reihen der „bürgerlichen" und der „Strafgerichte" zu bilden sind.*)

Wir beginnen

I.

mit der einfachern Reihe, den bürgerlichen Gerichten.

Hauptaufgabe war hier an Stelle der immer noch verworrenen Gestaltung unserer Ortsgerichte einen rationellen Grundsatz zu finden, nach welchem die Geschäfte zwischen Einzelrichter und Collegialgericht zu vertheilen sind. Wir beginnen von unten auf

1. mit den Amtsgerichten. Das ständige Einzelrichteramt wird anerkannt als der Schwerpunkt der Schlichtung des Streits im täglichen Handel und Wandel. Als Grenze dafür sind Streitobjecte bis 300 Mark angenommen, in Erwägung daß die Landesgesetze bisher in der Regel 50—100 Thlr. als Grenze des Einzelrichteramtes gesetzt haben.

Das Amtsgericht soll wo möglich mit mehr als einem Amtsrichter besetzt werden, von dem aber ein jeder in den Einzelsachen selbstständig verhandelt und entscheidet. Demgemäß ist an Bezirke von 20—30,000 Einsassen gedacht, bei dichter Bevölkerung an erheblich größere. Die Zahl der deutschen Amtsgerichte wird daher 1500 wohl erreichen und übersteigen. Es wird beabsichtigt, die Amtsrichter in Rang und Gehalt den Landgerichtsräthen gleichzustellen, um die Besetzung möglichst ständig zu erhalten.

Zu den Prozessen bis 300 Mark, welche durchschnittlich beinahe $^3/_4$ der Civilprozesse umfassen, treten dann noch hinzu (§ 12): die Streitsachen zwischen Miether und Vermiether, Herrschaft und Gesinde, Arbeitsgeber und Arbeiter, Reisenden und Wirthen, wegen Viehmängel, Wildschaden, aus außerehelichem Beischlaf, (nicht aber die Besitzklagen). Erhöht wird die Wirksamkeit dieser Rechtsprechung durch die in der Mehrzahl der Fälle zugestandene Vollstreckbarkeit ihrer Urtheile, welche einem Bedürfniß unseres bürgerlichen Verkehrs entspricht. Weiter sind dem Amtsrichter durch andere Gesetze überwiesen: die Arrestsachen, Zwangsvollstreckungen, Konkurse, Vormundschaftssachen, Requisitionssachen. Nimmt man hiezu die gleich bedeutungsvolle Zuständigkeit in Strafsachen, so ist hier wohl zum ersten Mal in Deutschland das Einzelrichteramt in seiner vollen Bedeutung folgerichtig durchgeführt. Nur dadurch ist die nothwendige Vereinfachung und durchgängig gute Besetzung der Gerichte zu erreichen.

---

*) Die Angabe der §§ des Entwurfs ist nur bei einigen Hauptsätzen beigefügt, insbesondere aber dann, wenn die nothwendige Kürze des Ausdrucks es unmöglich machte den Inhalt der Bestimmung ganz vollständig wiederzugeben.

2. Die Landgerichte als Collegialgerichte I. Instanz bilden den Schwerpunkt der Civiljustiz zur Entscheidung der größeren Prozesse, welche, mit Anwaltszwang vor ständigen Civilkammern von 3 Richtern verhandelt, die Rechtsgrundsätze des bürgerlichen Verkehrs festzustellen haben.

Da die Civil- und Strafkammern eines Landesgerichts wenigstens 10 Richter erfordern, so wird beabsichtigt, sie für größere Bezirke von etwa 150—250,000 Einwohnern und womöglich darüber zu bilden, da die größeren Formationen sich bisher fast überall bewährt haben. Bei der Neigung zur Kleinheit und bei der im Osten noch schwachen Bevölkerung wird die künftige Zahl der Landgerichte dennoch wohl 200 erreichen und noch erheblich übersteigen.

Ihre Zuständigkeit umfaßt die Civilprozesse über 300 Mark, soweit sie nicht den Amtsgerichten überwiesen sind. Für letztere bilden sie zugleich die Berufungs- und die Beschwerdeinstanz (§ 51).

Hauptstreitpunkt war an dieser Stelle die Frage nach der Bildung besonderer Handelsgerichte, welche die Regierungsvorlage, wenn nicht als nothwendig, so doch als zulässig und zweckmäßig, befürwortete. Die Parlaments-Commission zeigte sich den Handelsgerichten abgeneigt. Sie wollte kein neues „Standesgericht" entstehen lassen, kein Bedürfniß dafür und keine Consequenz in den bisherigen Formationen anerkennen. Ungünstig lauteten namentlich die neueren Erfahrungen über die Handelsgerichte am Rhein. In erster Lesung wurde daher (in nicht vollständig besetzter Kommission) das Institut überhaupt mit überwiegender Mehrheit abgelehnt. Die verbündeten Regierungen beharrten dagegen bei ihrem Standpunkte, daß das Institut den Wünschen des Handelsstandes, der heutigen Vorliebe für Selbstverwaltung entspreche, und daß es jedenfalls unter Leitung eines rechtsgelehrten Richters sich bisher bewährt habe.

In zweiter Lesung wurde nun ein Mittelweg gefunden in sogenannten Kammern für Handelssachen. Sie sollen sich in der Besetzung mit einem Richter und 2 kaufmännischen Beisitzern der ordentlichen Gerichtsverfassung anschließen. Für Handelssachen bis 300 Mark bleibt deshalb der Amtsrichter zuständig. Für größere Streitsachen aber kann, „wo die Landesjustizverwaltung ein Bedürfniß dafür anerkennt," bei dem Landgericht und für dessen Bezirk eine Handelskammer mit 2 Kaufleuten resp. Schifffahrtsverständigen gebildet werden, welche mit gleichem Stimmrecht ihr Amt als Ehrenamt verwalten, und welche auf Vorschlag der Handelskammern oder analoger Körperschaften auf je 3 Jahre ernannt werden.

Das Verfahren ist das gewöhnliche mit Anwaltszwang und einiger Abkürzung der Einlassungsfrist.

Die Zuständigkeit (§ 82) erstreckt sich auf Klagen gegen einen Kaufmann aus Geschäften, welche auf beiden Seiten Handelsgeschäfte sind, auf Wechselsachen, Streitigkeiten aus Handelsgesellschaften, über Handelsfirmen, Musterschutz, Procura, Handelsmäkler, Rechtsverhältnisse des Seerechts. Diese Gegenstände sind mit Bezugnahme auf bestimmte Gesetzesparagraphen so begrenzt, um die bisherigen Controversen abzuschneiden. Die Verweisung an die Handelskammer erfolgt auf Antrag des Klägers oder des Beklagten so, daß Rückverweisungen vermieden werden.

Die so besetzte Kammer ist befugt über das Bestehen von Handelsgebräuchen aus eigner Sachkunde zu entscheiden (§ 92a), erscheint aber im übrigen als ein normales Glied der ordentlichen Gerichtsverfassung.

3. Ueber den Landgerichten bilden die Oberlandesgerichte eine Mittelstufe der Civiljustiz, als Berufungs- und Beschwerdeinstanz der Landgerichte.

Sie sollen für ganze Provinzen und analoge Landesgebiete organisirt werden, werden also die Zahl von 20 im deutschen Reich wohl erreichen oder überschreiten.

Sie entscheiden in ständigen Senaten von 5 Mitgliedern als vollständige zweite Instanz, nachdem die Beibehaltung des Rechtsmittels der Berufung (ohne summa appellabilis) mit 14 gegen 9 Stimmen von der Commission angenommen worden ist.

Ueber den Collegialgerichten bildet endlich das Reichsgericht den höchsten Regulator der gleichmäßigen Anwendung der Reichsgesetze, d. h. grundsätzlich aller Rechtsnormen gemeinrechtlichen Charakters.

Der künftige Sitz des Reichsgerichts soll durch Gesetz bestimmt werden, nicht durch Verordnung, wie die Regierungsvorlage wollte.

In mindestens 3 Civil- und mindestens 3 Criminal-Senaten von je 7 Mitgliedern soll das Reichsgericht einen Revisionshof im deutschen Sinne bilden, ohne die Beschränkungen und Formen der französischen Cassation; zugleich die Beschwerdeinstanz der Oberlandesgerichte in Civilsachen.

Ergiebt sich ein Widerspruch zwischen den Entscheidungen der verschiedenen Senate, so soll eine Verhandlung und Entscheidung der Sache vor den vereinigten Civilsenaten eintreten (und analog in Strafsachen), dagegen keine Massenversammlungen des ganzen Gerichtshofes.

Der Stellung eines höchsten Gerichtshofs entsprechend werden die Reichsrichter vom Kaiser auf Vorschlag des Bundesraths ernannt. Entlassung und vorläufige Enthebung vom Amt erfolgt nur durch Plenarbeschluß des Gerichtshofs wegen crimineller Handlungen (§ 100—103).

Die Vertheilung der Geschäfte unter die Senate erfolgt durch eine Geschäftsordnung, welche das Plenum unter Bestätigung des Bundesraths feststellt.

II.

Die zweite etwas verwickeltere Reihe: die Reihe der Strafgerichte, wird aus demselben Richterpersonal in verschiedener Besetzung gebildet.

Sie zerfällt in 3 Stufen: (kleine) Schöffengerichte für Uebertretungen und leichtere Vergehen; Mittelgerichte für Vergehen und leichtere Verbrechen; Schwurgerichte für schwerere Verbrechen; — die Schöffengerichte verbunden mit dem Amtsgerichte; die Mittel- und Schwurgerichte mit dem Landgericht.

1. Die Schöffengerichte bestehen aus dem Amtsrichter und zwei Schöffen, welche mit gleichem Stimmrecht auch an den Rechts-, Prozeß- und Strafmessungsfragen Theil nehmen.

Die Entscheidung erfolgt nach Stimmenmehrheit, unter Vorbehalt einer Berufung beim Landgericht, einer weiteren Revision beim Oberlandesgericht.

Die Zuständigkeit erstreckt sich zunächst auf alle Uebertretungen, sodann aber auf 3 Gruppen von Vergehen:

1. Vergehen mit einem Strafmaß bis zu 3 Monaten Gefängniß oder 600 Mark Geldstrafe,

2. einfache Beleidigungen, leichte Körperverletzungen, kleinere Diebstähle und Vermögensvergehen an Gegenständen bis zu 25 Mark Werth,

3. bedingt noch weiter: durch Strafkammerbeschluß können auch leichtere Fälle des Widerstands, Eigenthumsvergehen und andere im höchsten Maß mit 6 Monaten bedrohte Vergehen ihnen überwiesen werden, wenn anzunehmen ist, daß die Strafe in concreto 3 Monate Gefängniß oder 600 Mark nicht übersteigen werde (§ 55).

Diese Abgrenzung bildet das Resultat tagelanger Commissionsberathungen, mit Rücksicht auf das Strafmaß, auf die Natur gewisser Vergehen und auf den Gesichtspunkt, eine eventuelle Zurückverweisung an ein höheres Gericht zu vermeiden.

Die Schöffengerichte in dieser Gestalt sind für den größten Theil Deutschlands eine neue Schöpfung. Seit 1850 in Hannover eingeführt, haben sie sich auf Oldenburg, Kurhessen, Baden, die neupreußischen Provinzen und weiter ausgedehnt, und sind jetzt mit so großer Vorliebe behandelt, daß sie nahezu die Hälfte der neuen Strafjustiz darstellen werden. Selbst der bescheidene Antrag, der Landesgesetzgebung zu gestatten, die kleinsten Straffälle bis zu 14 Tage Haft dem Amtsrichter ohne die obligate Begleitung von Schöffen zu belassen, fand in der Commission kein Gehör.

Der Schöffendienst ist gleichartig dem bisherigen Geschwornendienst, erscheint jedoch als reiner Gemeindedienst, mit Ausschließung aller unmittelbaren Staatsbeamten, der Religionsdiener und der Schullehrer. Vermieden ist jeder Geld-Census und jede Hervorhebung besonderer Capacitäten. Dagegen wird nach dem Gemeindeprinzip vorausgesetzt: Besitz der Ehrenrechte, ein Alter von 30 Jahren und 2jähriger Wohnsitz. Die Ausschließung der Dienstboten und der Almosenempfänger sowie die gesetzliche Excusation aller Personen, welche die Kosten des Ehrendienstes nicht tragen können, tritt an die Stelle des Census.

Die Urliste der Schöffen wird durch die Gemeindevorsteher gebildet.

Daraus wählt ein Amtsausschuß eine Jahresliste der für den nächsten Jahresdienst geeigneten und verwendbaren Personen.

Dieser Ausschuß wird alljährlich in jedem Amtsbezirk gebildet aus dem Amtsrichter, einem Staatsverwaltungsbeamten und 7 von den Gemeindevertretungen gewählten Vertrauensmännern, von welchen 3 zur Beschlußfähigkeit genügen. — (Beiläufig gesagt, ein Apparat, der genügen würde, die ganzen Mittelgerichte mit Schöffen zu besetzen!)

Die Sitzungstage werden im Anfang des Jahres bestimmt, und zu jeder Sitzung die erforderliche Zahl im Voraus ausgeloost resp. geladen.

Der Schöffe wird bei der ersten Dienstleistung auf das Amtsjahr vereidet, braucht aber an nicht mehr als 5 Sitzungen Theil zu nehmen. Auch soll Niemand zum Schöffen- und Geschwornendienst zugleich in ein und demselben Jahr herangezogen werden.

Zur Erleichterung des Dienstes kann der Amtsrichter einen Tausch unter den Schöffen gestatten, auch einen Schöffen von einzelnen Sitzungen entbinden.

Zur Aushülfe dienen besondere Ergänzungslisten.

2. Die Mittelgerichte in Strafsachen sind mit dem Landgericht verbunden in Gestalt ständiger „Strafkammern“ von 5 Richtern.

Ihre Zuständigkeit umfaßt alle Vergehen, welche nicht den kleinen Schöffengerichten überwiesen sind, sowie gewisse, reichsgesetzlich geordnete Straffälle (§ 54). Sie reichen aber auch in das Gebiet der Verbrechen mit 3 Kategorien,

a. Verbrechen bis zu 5 Jahr Zuchthaus,

b. Verbrechen der Personen unter 18 Jahren,
c. Verbrechen des Diebstahls, der Hehlerei und des Betrugs (§ 53), welche abweichend von der Regierungsvorlage endgültig den Mittelgerichten überwiesen sind, um eine Zurückverweisung an die Schwurgerichte zu vermeiden.

Durch diese Ausdehnung auf die größere Hälfte der Verbrechen erscheinen die Strafkammern, und damit das Landgerichtscollegium, als Schwerpunkt der Strafjustiz, und zwar in zwiefacher Formation:

1. eine Strafkammer zu 5 Mitgliedern bildet das urtheilende Gericht erster Instanz, sowie die Berufungsinstanz für die kleinen Schöffengerichte,
2. eine Strafkammer zu 3 Mitgliedern bildet die Anklage- und Beschlußkammer, sowie die Beschwerdeinstanz für die Amtsgerichte.

Zugleich stellen die Landgerichte das Personal der Richter des Schwurgerichts und der Voruntersuchungsrichter.

Für große Landgerichtsbezirke ist auf Wunsch der Regierungen die Bildung detachirter Strafkammern am Sitze eines Amtsgerichts mit möglichst ständiger Besetzung vorbehalten, jedoch nur als Urtheilsbehörden erster Instanz (§ 58).

3. Die oberste Stufe der Schwurgerichte bildet sich periodisch bei den Landgerichten in einer Zusammensetzung aus 3 Richtern und 12 Geschworenen.

Der Vorsitzende der Assisen wird ernannt durch den Präsidenten des Oberlandesgerichts, die beiden Beisitzer durch den Präsidenten des Landgerichts aus Mitgliedern des letztern.

Für den Geschwornendienst gilt als Unterlage die Urliste der Schöffen, mit der Abweichung, daß man für den Geschwornendienst das Element der Staatsbeamten nicht entbehren zu können glaubt, jedoch mit Ausschluß der richterlichen und Executivbeamten in den bisher üblichen Grenzen (§ 66).

Derselbe Amtsausschuß, welcher die Jahresliste für den Schöffendienst bestimmt, macht auch die Vorschläge für den Jahresdienst der Geschwornen und zwar so, daß diese „Vorschlagsliste" die dreifache Zahl der auf den Amtsgerichtsbezirk fallenden Geschwornen umfassen soll.

Aus der Vorschlagsliste wählt das Landgerichtscollegium (in einer Besetzung von 5 Mitgliedern einschließlich des Präsidiums) die für das nächste Jahr zum Dienst heranzuziehenden Geschwornen, aus der zu jeder Assise eine „Spruchliste" von 30 Geschwornen ausgeloost und geladen wird. Eine weitere Sichtung dieser Liste durch den Assisenpräsidenten findet nicht statt.

Aus den so Geladenen 30 wird dann in der Assisensitzung durch Loos und Recusation das Collegium der 12 Geschwornen formirt, nöthigenfalls mit Ergänzung aus einer Hilfsliste.

Die Zuständigkeit der Schwurgerichte erstreckt sich grundsätzlich auf Verbrechen. Da aber die größere Hälfte derselben bereits den Mittelgerichten überwiesen ist, so bleiben nur die schwereren Verbrechen übrig, namentlich Verbrechen gegen die Person, Staatsverbrechen, Vorbereitungshandlungen zum Hochverrath ꝛc; sowie sämmtliche Preßverbrechen und Preßvergehen, welche die Commission den Schwurgerichten überweisen will unter lebhaftem Widerspruch der verbündeten Regierungen (§ 59a).

Ueber diesen 3 Stufen der Strafgerichte steht dann wieder das Reichsgericht als oberster Rechtsregulator in mindestens 3 ständigen Senaten von 7 Mitgliedern; und zwar in einer Doppelstellung,

1. als Staatsgerichtshof erster und letzter Instanz für die Verbrechen des Hochverraths und Landesverraths gegen das Reich, für welche der erste Senat das Beschlußgericht, der vereinigte zweite und dritte Senat das Spruchgericht bildet,
2. als Revisionshof für das Rechtsmittel der Revision gegen sämmtliche Urtheile der Schwurgerichte und der Mittelgerichte.

Um aber das Reichsgericht vor einer Geschäftsüberbürdung zu wahren, ist hier ergänzend das Oberlandesgericht eingeschoben in dreifacher Function:

1. als Revisionshof gegen Urtheile der Mittelgerichte in streitigen Fragen des Landesstrafrechts,
2. als Revisionshof gegen die Berufungsurtheile der Strafkammern in Sachen der kleinen Schöffengerichte, aber nur für Fragen des materiellen Strafrechts,
3. als endgültige Beschwerdeinstanz über die Beschlüsse der Strafkammern.

Das Bild der neuen Strafjustiz, welches diese Stufenleiter ergiebt, ist freilich kein harmonisches. Während von unten herauf das Strafgericht in gemischter Besetzung mit Laien äußerst umständlich aufgebaut wird, ist in der höchsten Stufe das Schwurgericht nunmehr auf einen möglichst engen Wirkungskreis beschränkt. In den Mittelgerichten aber, die hier den Schwerpunkt der Criminaljustiz bilden, ist man zur ausschließlichen Besetzung mit beamteten Richtern zurückgekehrt.

Der Grund dieser Inconsequenzen liegt (soweit die Kommission die Schuld trägt) in dem unausgetragenen Streit zwischen den Schwur- und Schöffengerichten.

Der ursprünglich von Preußen ausgegangene Entwurf wollte in allen 3 Stufen gleichmäßig die Strafgerichte mit Richtern und Schöffen besetzen. Der lebhafte Widerspruch der Anhänger des Schwurgerichts gab aber wohl die Veranlassung, daß der dem Reichstag vorgelegte deutsche Entwurf zu den Schwurgerichten für schwere Verbrechen, zu den Richtercollegien für die Mittelfälle zurückkehrte. — Unsere Justizcommission beschloß in erster Lesung mit 18 gegen 6 Stimmen eine Formation der Mittelgerichte als „Große Schöffengerichte" aus 2 Richtern und drei Schöffen, deren äußere Zusammensetzung gewisse praktische Vortheile darbieten würde. — Allein die verbündeten Regierungen verblieben bei ihrem Widerspruch dagegen, weil nach ihrer Ansicht das nöthige Personal für die großen Schöffengerichte in manchen Landestheilen fehlen würde. — Die Mehrheit der Commission aber, die sich aus verschiedenen Grundanschauungen zusammen gefunden hatte, hat dann wieder verhältnißmäßig leicht die großen Schöffengerichte fallen lassen, und ist in zweiter Lesung zu den Richtercollegien zurückgekehrt.

Man mag diesen Ausgang bedauern: aber man wird anerkennen müssen, daß es naturgemäß ist, wenn man bei der alten Formation der Mittelgerichte stehen bleibt, so lange für die neue keine Einigung zu finden ist. Annehmbar als Zwischenzustand erscheint der jetzige Beschluß, weil

1. ein ständiges Collegium von 5 Mitgliedern des Landgerichts erheblich vorzuziehen ist den bisher so oft wechselnden „Gerichtsabtheilungen" von 3 Kreisrichtern in der Mehrzahl der deutschen Staaten,
2. weil der künftig eintretende Schuldspruch mit 4 gegen 1 Stimme für den Angeklagten wesentlich andere Garantien bietet als ein Schuldspruch mit 2 gegen 1 Stimme.
3. weil die Rechte der Vertheidigung im Vorverfahren bedeutend erweitert sind.

Die endgültige Lösung des Streits wird meiner Ueberzeugung nach erst erfolgen, wenn an die Stelle der politischen die rechtlichen Grundsätze der Frage treten werden.

Die politische Betrachtung sieht in dem Schwurgericht noch immer einen Act der Volkssouveränetät. Die durch kein Gesetz gebundene Volksjustiz soll eine Schutzwehr gegen den Staat sein, besonders für politische und Preßvergehen. Die französische Auffassung ist dabei stehen geblieben, sucht sie aber durch eine künstliche Fragstellung zu corrigiren.

Die Partei der Schöffengerichte nimmt dagegen den nationalen

Gedanken einer Selbstverwaltung des Rechts durch die Gemeindegenossen auf. Auch hier schiebt sich aber der sociale Gedanke der „Gleichheit" unter; der Schöffe soll durchaus dasselbe thun wie der gelehrte Richter, weil er sonst ein „Richter zweiter Klasse" wäre. Da eine Sonderung der Geschäfte bei den kleinen Schöffengerichten unter drei Personen kaum ausführbar, auch für die kleinen, gemeinverständlichen Straffälle bei vorbehaltener Berufung nicht nothwendig ist, so hält man diese Formation für allgemein gültig, und glaubt alle Schwierigkeiten zu überwinden, wenn man die Widersprüche eines so gemischten Gerichts durch eine geheime Berathung verdeckt.

So ist der Streit zwischen Geschworenen und Schöffen zu einem Streit zwischen liberté und égalité geworden, der sich bekanntlich nicht ausgleicht. Denn alle politischen Gedanken sind Gedanken des werdenden Rechts, also unfertige Rechtsideen, auf denen sich keine dauernde Gerichtsverfassung aufbauen läßt.

Die Natur des heutigen Strafrechts gestattet den Gerichten nicht mehr die „Rechtsfindung", sondern die Gesetzanwendung. Dazu ist der gelehrte Richterstand in der civilisirten Welt entstanden: ihm ausschließlich gebührt die Prozeßleitung, die Gesetzauslegung und die Strafmessung, die in den Händen ausgeloster mit jeder Session wechselnder Laienrichter zu haltloser Willkür wird.

Die Mitwirkung des Laien im Strafgericht ist dennoch nothwendig nach den höchsten Grundsätzen des Staats, weil jede freie Verfassung eine Selbstthätigkeit der Gesellschaft in Handhabung des öffentlichen Rechts (Verwaltung und Strafjustiz) bedingt. Aber sie kann nicht das Gebiet der Rechtsanwendung, sondern nur die Feststellung des Einzelfalls umfassen, — den Schuldspruch, den Untersatz des Urtheils, die quaestio facti im kanonischen Sprachgebrauch. Diese Frage kann nur ungetheilt, und sie soll selbstständig von dem Laien entschieden werden: aber nur im Sinne des Gesetzes, dem sich auch der Geschworene unterzuordnen hat. Ist daher die Schuldfrage durchwachsen mit zweifelhaften Fragen der Rechtsauslegung, so bedarf es der ergänzenden Rechtsweisung durch den gelehrten Richter unter Controle des höchsten Gerichtshofs.

In dieser Weise hat die englische Jury sich jederzeit von einer Ueberhebung des Laienelements frei gehalten. Die amerikanische Demokratie ist nach anfänglichen Verirrungen im letzten Menschenalter zu den richtigen Schranken zurückgekehrt. Die deutsche Rechtsauffassung wird wohl dasselbe thun, und dann dahin gelangen, die Mittelgerichte in ihrer äußeren Zusammensetzung als gemischte „Schöffengerichte" zu formiren, die Functionen aber so zu sondern wie zwischen judge und jury. Hätten unsere deutschen

Justizminister in dieser Frage sich weniger auf politische Standpunkte stellen wollen, so würde die Lösung vielleicht schon heute möglich sein.

An diese beiden Hauptmassen des Gesetzentwurfs über die Civil- und Strafgerichte reiht sich sodann:

III.

eine ergänzende Reihe von Elementen der Gerichtsverfassung, welche an erster Stelle die Rechtsanwaltschaft umfaßt. Die Gestalt des heutigen Staats und Prozesses, vor Allem der Anwaltszwang, macht eine lebensfähige Gerichtsverfassung nahezu unmöglich ohne feste, zum Theil neue Grundsätze für die Advokatur.

Gegen die Wünsche der verbündeten Regierungen hat daher die Parlaments - Commission solche Normativbestimmungen aufgenommen (Titel IX a).

Als Gegengewicht gegen die wechselnden Macht- und Partei-Elemente im Staat bedarf die Rechtsvertheidigung einer freien Advokatur, d. h. sie muß unabhängig von einem ministeriellen Anstellungsrecht gestellt werden. Die Commission war dahin einig: die Advokatur soll einen selbstständigen Beruf darstellen, mit gleicher Ehre, gleicher Bildung, gleichem Ansehen und in persönlichem Stellenwechsel mit dem Richteramt. Der Advokat leistet seinen Berufseid wie der Richter, doch ohne die „besonderen Rechte und Pflichten des Beamtenstandes".

Vorbedingung ist die volle Qualification zum Richteramt, welche das Recht zur Advocatur in dem Landesgebiet verleiht, in welchem sie erworben ist. Eine Ausschließung darf nur aus gesetzlich bestimmten Gründen verminderter Ehre erfolgen; die Advocatur kann auch denen versagt werden, welche 5 Jahre lang nach bestandener Richterprüfung einen heterogenen Beruf gewählt haben. Die Entscheidung darüber erfolgt durch Urtheil und Recht nach Gutachten der durch ein besonderes Reichsgesetz zu organisirenden Anwaltskammern.

Andererseits bedingt der Anwaltszwang bestimmte Rücksichten auf die Interessen der Rechtsuchenden.

Wer die Procuraturgeschäfte übernehmen will, soll einen festen Wohnsitz bei einem Collegialgericht nehmen; während übrigens die Plädierfreiheit in Civil- und Strafsachen unabhängig vom Wohnsitz besteht.

Für das Reichsgericht wird eine besondere Anwaltschaft gebildet, für die eine fünfjährige Praxis als Vorbedingung gestellt wird.

Für die kleineren Gerichte bedarf es im Anfang wohl einiger Fürsorge, daß die nöthige Zahl von Anwälten zur Parteivertretung vorhanden sei. Die Commission hat geglaubt, durch gewisse Beschränkungen der Niederlassung jüngerer Advocaten (in den ersten 5 Jahren) einen indirecten Zwang in dieser Richtung üben zu können. Im Uebrigen sind die Versuche, gewisse Maximal- und Minimalzahlen für die Anwaltschaft zu finden, schließlich aufgegeben.

Die schweren Opfer, welche die jetzige Justizreform am meisten für die Rechtsanwaltschaft bedingt, hat man durch das Einführungsgesetz (§. 18—21) zu erleichtern gesucht. Weiteres in dieser Richtung ist von einem besonderen Reichsgesetz zu erwarten. Daß es eines besonderen Gesetzes bedarf, erkennt auch die Commission an: sie glaubte aber einige Grundlinien bezeichnen zu müssen, ohne welche das neue Verfahren nicht ins Leben treten sollte.

Parallel der Rechtsanwaltschaft läuft die Staatsanwaltschaft, als Rechtsvertretung im Dienst der Staatsgewalt.

Der Staatsanwalt kann nicht richterlicher Beamter sein; schon die Regierungsvorlage verwirft jede Vermischung mit dem Richteramt als unzulässig.

Ebenso wenig soll der deutsche Staatsanwalt ein Staatscommissar (Gesetzeswächter) sein; Functionen der Disciplin über das Richterpersonal sind durch die Commission ausdrücklich ausgeschlossen.

Der Staatsanwalt erscheint vielmehr als ministerieller Beamter, als Beauftragter der Staatsverwaltung zur Wahrnehmung des öffentlichen Interesses im Strafverfahren, in Ehesachen und einigen analogen Gebieten.

Bei dem Reichsgericht soll dafür ein Oberreichsanwalt bestellt werden, bei den collegialischen Landesgerichten eine Staatsanwaltschaft, bei den Amtsgerichten ein auf diese Sphäre beschränkter Amtsanwalt.

Die „Staatsanwaltschaft" bildet einen Theil der Executive des Einzelstaates, und demgemäß eine einheitliche Behörde ohne Collegialverfassung unter Aufsicht und Leitung ihrer Vorgesetzten und des Justizministers. Als solche hat sie den dienstlichen Anweisungen ihres Vorgesetzten Folge zu leisten im Einzelnen wie im Allgemeinen; nur hat sie nach erfolgter Beweisaufnahme ihre Anträge der jetzigen Sachlage entsprechend zu stellen (§ 118), wie dies trotz einigen Streites wohl selbstverständlich ist.

Der Staatsanwaltschaft unmittelbar untergeordnet werden „die Beamten des Polizei- und Sicherheitsdienstes", die fortan als Kriminalpolizei den dienstlichen Anweisungen des Staatsanwaltes Folge zu leisten haben (§ 123). Es wird damit das System der Gerichtspolizei in Deutschland durchgeführt, der beste Theil des französischen ministère public (der bisher in den deutschen Gesetzgebungen nicht aufgenommen war) endlich nachgeholt, und der deutschen Kriminalpolizei die ihr nothwendige sichere Leitung durch höher gebildete rechtsverständige Beamte gegeben. Die Einzelbestimmungen bleiben den Landesgesetzen überlassen, ebenso wie die Reorganisation des Polizeipersonals als Gerichtspolizei, zu welcher die Landesregierungen durch dies Reichsgesetz verpflichtet werden.

In dem ganzen Abschnitt ist eine Uebereinstimmung zwischen Regierungen und Parlaments-Commission erreicht worden.

Die übrigen ergänzenden Elemente des Gesetzentwurfs sind einfacher Art:

Bestimmungen über den Gerichtsschreiber und das Gerichtsvollzieheramt, wobei den Landesgesetzgebungen offen gelassen wird dem huissier eine selbständigere Stellung zu geben;

Bestimmungen über gegenseitige Rechtshülfe, die sich wesentlich vereinfacht, da die Gerichtsgewalt jedes Gerichts sich auf alle Insassen des Reichs erstreckt ohne Rücksicht auf Landesgrenzen. Die Gerichte gewähren ihre gegenseitige Dienstleistung fortan stempel- und taxfrei, nur unter Ersatz der baaren Auslagen. Auch die Wirksamkeit der Sicherheitsbeamten erstreckt sich über die Landesgrenzen hinaus.

Die Gerichtssprache ist die deutsche, mit einigen Vorbehalten für Elsaß-Lothringen.

Die Oeffentlichkeit wird als wesentlicher Grundsatz der Rechtsprechung anerkannt, mit Ausnahmen für Ehe- und Entmündigungssachen, und wo eine „Gefährdung der öffentlichen Ordnung oder Sittlichkeit" zu besorgen wäre. In allen Fällen erfolgt die Verkündung des Urtheils öffentlich.

Die Ordnungsgewalt in den Sitzungen wird zunächst vom Vorsitzenden gehandhabt. Ein Ungehorsam gegen Maßregeln zur Aufrechterhaltung dieser Ordnung kann vom Gericht durch Entfernung aus dem Sitzungszimmer und durch Haft bis zu 24 Stunden geahndet werden, eine „Ungebühr" durch Ordnungsstrafen bis zu 100 Mark oder 3 Tage Haft. Gegen die betheiligten Anwälte soll nur eine Ordnungsstrafe bis zu 100 Mark erkannt werden. In diesem Falle und gegen Ordnungsstrafen der Einzelrichter glaubt die Kommission sogar eine Beschwerde mit Suspensiveffect vorbehalten zu sollen.

Die Ordnung der Abstimmungen ist bedingt durch sachliche Unterschiede zwischen dem Schuldspruch in Strafsachen und der Entscheidung über die einzelnen Parteirechte im Civilprozeß. Das Gesetz beschränkt sich deßhalb auf wenige formelle Regeln. Den Schöffen und Geschwornen wird ein Stillschweigen über ihre Berathungen im eigenen Interesse zur Pflicht gemacht.

Die Gerichtsferien sollen nach den Beschlüssen der Kommission von 6 Wochen auf 2 Monate ausgedehnt werden mit Rücksicht auf das Bedürfniß des Richterstands wie der Anwaltschaft.

Uebersehen wir diese 3 Reihen von Bestimmungen als Ganzes, so tritt in den Kommissionsberathungen die Doppelnatur des Gerichtswesens in noch schärferen Grundzügen hervor als in der Regierungsvorlage.

Alles Gerichtswesen erscheint in der zwiefachen Gestalt von imperium und jurisdictio, Handhabung der Zwangsgewalt und Urtheilsfindung, Justizverwaltung und Rechtsprechung.

Die erste Seite: die Justizverwaltung, verkörpert sich heutigen Tages in den Justizministerien, in den Präsidenten und Directoren als Verwaltungschefs, in den Staatsanwälten und im Bureaupersonal. Sie umfaßt das Etats- und Bureauwesen, Kassen-, Hypotheken-, Deposital-, Vormundschaftswesen 2c., gleichartig den übrigen Zweigen der Staatsverwaltung. Diese Seite der Justiz ist in der neuen Verfassung des Reichs dem Einzelstaat verblieben, und die Justizcommission hat in ihren letzten Beschlüssen diese Grenze auch wohl correkt innegehalten.

Die zweite Seite: der Organismus des Richteramts, begreift die der Rechtsprechung unmittelbar dienenden Einrichtungen. Diese Grundnormen der Rechtssprechung waren von jeher Sache des Reichs, und wurden auch in den Zeiten der Zerrissenheit Deutschlands als höchste nationale Aufgabe festgehalten. In diesem Gebiet hat Deutschland seit 1000 Jahren in aller Zersplitterung die Einheit, in allem Wechsel die Ständigkeit zu bewahren gewußt. Alle Varianten der Staats- und Privatgerichte betrafen die Seite der Justizverwaltung, nicht eigentlich die Rechtsprechung in ihrem ständigen Organismus. Einheit und Ständigkeit sind also das gegebene Ziel der heutigen Reform, in welchem sich der älteste Grundzug deutscher Reichsverfassung wieder verjüngt.

Der Gesichtspunkt der Einheit umfaßt

1. gleichmäßige Normen über die Besetzung der Gerichte nach Zahl und Qualität, wie die deutschen Reichsgesetze eine solche jederzeit vorgeschrieben haben. Die in diesem Gesetz gegebenen Grundzahlen für das Richteramt (1, 3, 5, 7) gelten daher als absolute Vorschriften; insbesondere
2. gleiche Bedingungen für die Fähigkeit zum Richteramt. Sie werden nach heutigem Bedürfniß festgestellt: auf mindestens dreijähriges Studium (wenigstens zur Hälfte auf einer deutschen

Universität), mindestens dreijährigen Vorbereitungsdienst in Richteramt und Anwaltschaft, und zwei Prüfungen, deren Ablegung zum Richteramt in jedem Territorium gleichmäßig befähigt;

3. gleichmäßige Formation des Laienelements in Geschworenen-, Schöffenamt und in den Handelskammern, wie schon die Reichsgesetze eine solche nach Möglichkeit erstrebt haben;

4. Aufhebung aller Privatgerichtsbarkeit, geistlicher und weltlicher, Grundbesitz- und städtischer Eigengerichte, sowie Beseitigung aller Präsentationen zum Richteramt. Die Mannigfaltigkeit dieser älteren Bildungen beruhte auf der Verflechtung der Verwaltungsseite der Justiz mit den Besitzmassen. Nach Ablösung der Gerichtslasten des Besitzes tritt alle Gerichtsgewalt als vom Staate abgeleitetes Hoheitsrecht in ihre normale Gestalt zurück. Auch die letzten Reste der Patrimonialgerichte in Mecklenburg und Lippe werden damit hinweg gefegt, mit ihrer Consequenz, dem privilegirten Gerichtsstand. Daß alle Heiligkeit der Amtspflicht und alle Würde der Rechtsprechung unmittelbar von der höchsten Gewalt im Staate abzuleiten ist, wird endlich auch in Deutschland wieder zur Wahrheit.

5. Die theilweis damit connexe Aufhebung der über Bedürfniß hinaus noch bestehenden besonderen Gerichte, wie der Universitätsgerichte, der Berggerichte, sowie des Staatsgerichtshofes. Die Commission hält auch die besonderen Gemeindegerichte Württembergs für anomal und unnöthig. Die besonderen Forst- und Feldgerichte sind ersetzbar durch ein summarisches Tabellenverfahren vor dem Einzelrichter; besondere Polizeirügegerichte ersetzbar durch Polizeimandate. Beibehalten werden nur die reichsgesetzlich geordneten Militärgerichte, die auf internationalen Verträgen beruhenden Weser- und Rheinzollgerichte, die als Vergleichsbureaus wichtigen Gewerbegerichte, und die erfahrungsmäßig überall bewährten Agrargerichte für gutsherrlich-bäuerliche Verhältnisse, Gemeinheitstheilungen und Ablösungen.

Der zweite Gesichtspunkt von gleicher Tragweite umfaßt die Ständigkeit der Gerichte, welche seit den Zeiten der karolingischen Verfassung vom ständigen Schöffenamt auf das ständige Richteramt übergegangen ist. Die Bedeutung derselben war stets dieselbe: daß alle Staatsthätigkeit zur Ordnung des streitigen Rechts unabhängig bleiben soll vom persönlichen Willen des Monarchen und seiner Diener, wie von der Parteiregierung im ständischen wie im constitutionellen Staat, —

daß also in diesem Gebiet nur ein stetiger, durch Recht und Gesetz normirter Wille walten soll. Daraus ist der Grundsatz der sog. Unabsetzbarkeit und Collegialität der Gerichte hervorgegangen, welcher zugleich eine persönliche und eine sachliche Seite darbietet (Titel I a).

Von der persönlichen Seite gehört zu dem „unabhängigen, nur dem Gesetz unterworfenen" Gericht (§. a) ein Richterpersonal, welches auf Lebenszeit (§. f), auf festes Gehalt (§. g), auf klagbares Gehalt (§. i) angestellt, dessen Entlassung und Versetzung nur kraft richterlicher Entscheidung aus Gründen und unter Formen, die das Gesetz normirt, erfolgen kann (§. h).

Von der sachlichen Seite folgt daraus eine Geschäftsvertheilung nach festen Regeln, welche die Gerichtsgewalt zur jurisdictio ordinaria macht, und welche in der Grundmaxime gipfelt: daß Niemand seinem ordentlichen Richter entzogen werden soll (mit einziger Ausnahme der für Ausnahmszustände beibehaltenen Kriegsgerichte). Es verschwinden damit die letzten Reste einer persönlichen Einwirkung des Landesherrn auf den Gang des Rechtsstreits, wo eine solche noch vorkommt. Es wird damit auch eine Trennung der Rechtsprechung von der Verwaltung erzwungen, wo man damit noch im Rückstande ist (in Mecklenburg, Lippe ꝛc.).

Zu dieser sachlichen Seite gehört auch die ständige Bildung der Senate und Kammern in den Gerichtscollegien, sowie die unparteiische Auswahl der Schöffen- und der Geschwornenbank, in der Weise, daß Niemand vorher bestimmen kann, welche Personen für den Einzelfall in Function treten sollen.

Diese Einheit und Ständigkeit des richterlichen Organismus bringt es mit sich, daß das deutsche Gesetzeswerk sich auf die „streitige jurisdictio ordinaria" zu beschränken hat, wie dies das Einführungsgesetz als Maxime an die Spitze stellt.

Diese Ständigkeit des Richteramts liegt aber im steten Widerstreit mit den Forderungen der Verwaltungsseite der Justiz, welche die Energie der Strafverfolgung, die Oeconomie der Kräfte, die Promptheit des Geschätsganges, die Zweckmäßigkeit der Einrichtungen zu wahren hat. Auf diesem Verhältniß beruhen die zahlreichen Streitpunkte zwischen dem Personal der Justizverwaltung und dem Personal des Richteramts. Zugleich beruhen darauf die schwierigsten Fragen der Gesetzgebungspolitik.

Beide Gesichtspunkte collidiren unmitttelbar bei der Vertheilung der Geschäfte und der Personen in den Richtercollegien. Ueberläßt man diese Vertheilung der Justizverwaltung, so hebt man die Ständigkeit der Gerichte auf, und verwandelt die Collegien in Commissionen. Will man sie dem Plenum der Gerichte übertragen, so fehlt hier die nöthige Uebersicht der Geschäfte, und es bildet sich ein Parteiwesen aus den persönlichen Interessen der Mitglieder. Will man einen Wechsel der Mitglieder durch das Loos vorschreiben, so entsteht ein an dieser Stelle sachwidriger Mechanismus. Die Commission ist deßhalb in zweiter Lesung zurückgegangen auf die bewährten Einrichtungen des alten Reichskammergerichts, d. h. Verstärkung des Präsidiums durch einige Mitglieder des Collegiums. Dies Präsidialcollegium soll beim Landgericht bestehen aus dem Vorsitzenden und dem ältesten Rath (resp. zwei ältesten Räthen), bei dem Oberlandesgericht aus dem Präsidenten und den zwei ältesten Räthen, beim Reichsgericht aus dem Präsidenten und den vier ältesten Räthen (beim Reichskammergericht wurden sogar acht zugezogen).

Dies „Präsidium" beschließt zunächst über die Vertheilung der richterlichen Geschäfte auf die Dauer je eines Amtsjahrs.

Das „Präsidium" beschließt über die Vertheilung des Personals auf die Senate ebenso je auf die Dauer eines Amtsjahrs.

Die Ernennung der Vorsitzenden erfolgt durch die Justizverwaltung; ein späterer Wechsel in diesem Vorsitz aber soll nach Beschluß der Commission nicht ohne Einwilligung des betheiligten Vorsitzenden erfolgen. Der Vorsitz bei der Verhandlung einzelner Sachen kann nach Maßgabe der „Geschäftsordnung" auch einem der beisitzenden Richter übertragen werden, — eine zweckmäßige Neuerung, zu der sich unsere Amtsgewohnheiten nicht leicht entschlossen haben.

Die Ernennnng der Person des Stellvertreters für Fälle der Verhinderung eines Richters erfolgt ebenso durch das Präsidium auf die Dauer eines Amtsjahrs; erst im Fall der Verhinderung des so bestimmten ernennt der Präsident den zeitigen Vertreter.

Hülfsrichter, soweit sie nicht zu entbehren, können beim Landgericht nur auf Antrag des Gerichts aus richterlich qualificirten Personen mit fester Remuneration ernannt werden. Beim Oberlandesgericht dürfen sie nur aus ständig angestellten Richtern ernannt werden. Beim Reichsgericht ist die Verwendung von Hülfsrichtern untersagt.

Während in diesen wichtigen Grundsätzen die verbündeten Regierungen mit einigem Widerstreben im Ganzen nachgegeben haben, hat andererseits die Commission nach ernsten Bedenken folgende Concessionen an die Forderungen der Verwaltung gemacht.

1. Eine theilweise Suspension des Reichsgerichts. So lange ein gemeinsames bürgerliches Gesetzbuch noch nicht zu Stande gebracht

ist, bedarf es der Wahrung der Rechtseinheit in den großen Systemen der Landesrechte, namentlich des preußischen Landrechts, des gemeinen, des rheinischen Rechts 2c. Ein äußeres Kriterium für diese quasigemeinrechtlichen Systeme ließ sich nicht anders finden, als daß sie für „mehr als einen Oberlandesgerichtsbezirk" in Geltung sind. Die verbündeten Regierungen wünschen für diese Rechtsprechung die Möglichkeit einer vorläufigen Beibehaltung der jetzigen obersten Landesgerichte in Preußen(?), Bayern und vielleicht dem einen oder anderen Staat. — Die Commission hat in diesem Punkte nachgegeben, jedoch so, daß das Reichsgericht sofort in Funktion tritt für die ganze Strafjurisdiction, für das Gebiet des Oberhandelsgerichts und für alle sonstigen durch Reichsgesetze dem Reichsgericht zuzuweisenden Materien.

2. Da das Reichsgericht transitorisch mit einer Rechtsprechung über die Landesrechte überbürdet werden könnte, hat die Commission zu diesem Zweck einer vorübergehenden Bildung von Hilfssenaten beim Reichsgericht zugestimmt, jedoch unter Bestimmungen über eine angemessene ständige Besetzung.

3. Da die Verwaltung einer freien Hand für die tiefgreifende Neugestaltung des Richterpersonals bedarf, so ist alle erste Besetzung und alle Kammer- und Senatsbildung im ersten Jahr lediglich der Justizverwaltung überlassen; innerhalb der ersten zwei Jahre auch die Versetzbarkeit der Richter im Interesse des Dienstes vorbehalten.

4. In Preußen und in einer Anzahl von Territorien ist das Gebiet der Justizsachen positiv begrenzt durch Competenzgesetze und Competenzgerichtshöfe, welche darauf beruhen, daß die historischen Besonderheiten des Rechts und der Gerichtsverfassung keinen gemeinrechtlichen Begriff der „Justizsachen" kennen, während andererseits die Verwaltungsgesetze dieser Staaten durchgreifend einheitlich gestaltet sind. Die Abgrenzung zwischen Justiz und Verwaltung ist damit ein Theil des materiellen Rechts und des inneren Staatsrechts geworden (§ 2). Durch die Reichsgesetzgebung wird sich dies Verhältniß umkehren: das gemeine Recht ist künftig das durchgreifend allgemeine, die Abweichungen der Landesverwaltungsgesetze sind künftig die Particularismen, welche dem Reichsrecht und Reichsgericht sich unterzuordnen haben. In diesem Uebergangszustand hat die Commission sich damit begnügt, den deutschen Grundsatz auszusprechen, daß die Gerichte in der Regel über ihre eigene Competenz entscheiden. Dagegen sind die Competenzgerichtshöfe bis zur weiteren Regelung des Reichsrechts beibehalten, jedoch nach den Grundsätzen der Verwaltungsjurisdiction angemessen und ständig zu besetzen.

5. Die Voruntersuchungsrichter sollen von der Justizverwaltung

auf je zwei Jahre ernannt werden, während die Commission in erster Lesung eine Ernennung durch das Präsidialcollegium gewollt hatte.

Man wird nach solchen Zugeständnissen der Commission wohl nicht den Vorwurf machen, daß sie die Grundsätze der Einheit und Ständigkeit in starrer Abstraktion durchgeführt hätte.

Fest aber ist die Commission geblieben in der Aufrechterhaltung derjenigen Grundsätze, von welchen der Rechtsschutz der Verfassungen und des öffenlichen Rechts abhängt. Es war zu diesem Zweck nöthig, eine Anzahl von Einschiebungen zu beseitigen, welche nur in einigen deutschen Staaten aus Frankreich aufgenommen sind, d. h. aus einer Gesetzgebung, die in gesellschaftlich tief zerrissener Zeit das zeitige Wohl der Gesellschaft über die Rechtsordnung stellte, und welche die Staatsverfassung nur als ein Provisorium ansah.

Die Commission war tief durchdrungen von dem Gedanken, daß die heutige Reichsverfassung, die Landesverfassungen, die Hauptgrundsätze des heutigen öffentlichen Rechts überhaupt, als feststehend anzusehen, und deßhalb durch die deutsche Gerichtsverfassung in ihrer hergestellten Reinheit zu schützen sind. Den Rechtsschutz durch eine ehrliche Gerichtsverfassung, welchen die ständischen Verfassungen in Deutschland jederzeit gehabt haben, werden auch unsere Repräsentativverfassungen und unser neugeordnetes öffentliches Recht beanspruchen können. Auf diesem Gesichtspunkt beruhen die für das öffentliche Recht entscheidenden Hauptgrundsätze:

1. Herstellung der deutschen Gerichte in ihrer ständigen Collegialität unter Beseitigung aller offenen Stellen, durch welche sich die Gerichte in Commissionen der zeitigen Verwaltung auflösen. Es war nicht ganz leicht, solche Mitglieder der Commission, welche die Einwirkung der Justizverwaltung auf die Auflösung der Gerichtskollegien nicht praktisch kannten, von der Bedeutung der Vorschriften über die Bildung der Senate und Kammern zu überzeugen.
2. Herstellung einer Strafverfolgung gegen gesetzwidrige Acte der Staatsbeamten, auch wenn sie (direct oder indirect) auf ministerielle Anweisung erfolgen: also Beseitigung des sogenannten „Anklagemonopols" der ministeriellen Beamten. Die Commission glaubte dies in der Weise bewerkstelligen zu können, daß bei verweigerter Erhebung der Anklage durch Staats- und Oberstaatsanwalt der Antragsteller sich an das Oberlandesgericht zu wenden hat, welches sodann durch Collegialbeschluß

den Staatsanwalt zur Erhebung und Durchführung der Anklage nöthigen soll (Strafprozeßordnung § 148).

3. Alle Landesgesetze, welche die Verfolgung von Staatsbeamten wegen vorgenommener Amtshandlungen im Wege des Straf- oder Civilprozesses an Beschlüsse eines Competenzgerichtshofes oder andere „besondere Voraussetzungen" binden, treten außer Kraft. (Einführungsgesetz § 9a.)

4. Alle Civilklagen der Staatsbeamten aus ihrem Dienstverhältniß, alle Ansprüche gegen den Staat aus Verfügungen der Verwaltungsbehörden oder Verschuldung von Staatsbeamten, alle Ansprüche gegen Beamte wegen Ueberschreitung ihrer amtlichen Befugnisse, sowie Ansprüche wegen öffentlicher Abgaben, können durch die Landesgesetzgebung ohne Rücksicht auf die Höhe des Streitgegenstandes den Collegialgerichten überwiesen werden (§ 50), womit sie in letzter Instanz zur Entscheidung des Reichsgerichts gelangen.

Für einige Ländergebiete enthält diese Herstellung deutscher Rechtsgrundsätze allerdings eine Neuerung, welche auf einen lebhaften Widerspruch der Beamtenwelt stoßen wird. Allein daß es dem deutschen Reichstag mit diesen Grundsätzen des deutschen „Rechtsstaats" Ernst ist, haben alle bisherigen Beschlüsse über das Reichsstrafgesetzbuch, das Oberhandelsgericht und das Reichsbeamtengesetz so entschieden ausgesprochen, daß die verbündeten Regierungen jene Reservatrechte der Bureaukratie in wenigen Einzelstaaten schwerlich werden aufrecht erhalten wollen, um so mehr, als sie selbst das heutige Reichsrecht als die endgültige Ordnung der Dinge in Deutschland anerkennen.

Der Grundbau des Rechtsstaats wird damit hergestellt sein; die Ergänzung im Einzelnen kann nur durch die Verwaltungsgerichte erfolgen.

Dies Bild des Ganzen wird in der kurz gemessenen Zeit genügen müssen.

Da große Parlamentsversammlungen organische Gesetze nicht als Ganzes berathen können, so bedarf es einer Zwischenberathung durch Vertrauensmänner unserer zahlreichen Parteien und Fractionen. Solche Kommissionen sind unentbehrlich, aber doch zu zahlreich und zu ungleichartig, um als technische Gesetzcommission zu arbeiten. Sie sind mit Rücksicht auf die verschiedenen Rechtssysteme zusammengesetzt, wodurch ein gewisses Uebergewicht der Kleinstaaten unvermeidlich wird. Alle Debatten drehen sich daher zunächst um das, was „wir in Bayern", was wir „am Rhein", wir in Hannover, wir in Sachsen, Hessen, Württemberg 2c. Besonderes erfahren haben. Von der preußischen Praxis und ihren Erfahrungen im großen Maßstabe ist wenig die Rede, von gemeinem Recht, von den Arbeiten der Wissenschaft so gut wie nie.

Der Wissenschaft ist diese Behandlungsweise wenig sympathisch. Allein es ist das auch eine starke Seite des deutschen Wesens, daß wir nun einmal gern von unten herauf arbeiten, aus eigener Erfahrung in kleinen Kreisen. Wo dann der Zwang vorhanden ist, gemeinsam Gültiges bestimmt zu formuliren, und wo es der redliche Wille ist zu einem Gemeinsamen zu gelangen: da krystallisirt sich das Kleine im Größeren, der Rechtsverständige streift allmählich den Fractionsmann ab, aus dem stetigen Streit des Partikularen unter sich treten die höheren staatsrechtlichen Gesichtspunkte hervor. Die aus spröden Particularismen sich herausarbeitenden Sätze sind sicher liegende Fundamente, sind lebensfähig und solide wie die deutschen Verfassungen.

So kann in einer mit gewissenhafter Hingebung arbeitenden Commission schon in zweiter Lesung eine mögliche Grundlage gewonnen werden, die nur noch an gewissen Unebenheiten und Unbeholfenheiten leidet. Die Wirklichkeit eines lebensfähigen Gesetzes ist durch die Verständigung zwischen Regierungen und Commission in dritter Lesung gewiß zu erreichen.

Die zahlreichen Verbesserungen im Einzelnen, die unermüdliche Ausdauer in dem Bestreben nach Verständigung im Ganzen, stellen diese Arbeiten trotz ihrer systematischen Mängel immerhin hoch genug, um die Reichsregierung zu bewegen, daß sie die letzte Hand anlege, um unserer Zeit ein Denkmal zu setzen, welches so gewiß wie die Napoleonischen Gesetzeswerke, sich dauerhafter bewähren wird als alle anderen Denkmäler vergänglicheren Ruhms!

(Lebhafter Beifall.)

Vicepräsident **von Keller**: Ich glaube in Ihrem Sinne zu handeln, wenn ich in Ihrem Namen den beiden geehrten Herrn Berichterstattern für ihre sehr interessanten Berichte unseren lebhaften Dank ausspreche.

(Beifall.)

Präsident: Wir haben noch einige Angelegenheiten mehr formaler Natur zu entledigen.

(Es folgt die Vorlesung einer Einladung des Vorsitzenden der Sektion Salzburg des deutschen und österreichischen Alpenvereins.)

Unser Schatzmeister, Herr Ministerresident Dr. Borchardt, ist bei seinem leidenden Zustand, der schon längere Zeit dauert, diesmal verhindert unserer Versammlung beizuwohnen. Er gibt uns daher einen schriftlichen Rechnungsabschluß pro Juli 1876, welcher als Anlage unserer Verhandlungen abgedruckt zu werden pflegt. Ich lege diesen Rechnungsabschluß zur Einsicht vor.

(Es folgen einige weitere geschäftliche Mittheilungen.)

Ich schließe die erste Plenarversammlung.

(Schluß der ersten Plenarversammlung 11 Uhr 50 Minuten.)

Erste Sitzung der ersten und zweiten Abtheilung am 28. August 1876.

Auf den Vorschlag des Justizrath Makower (Berlin), Beauftragten der ständigen Deputation, welcher die Sitzung 12½ Uhr eröffnet, wird Handelsgerichts-Präses Dr. Albrecht (Hamburg) durch Acclamation zum Vorsitzenden gewählt. Derselbe nimmt die Wahl dankend mit der Bitte um Nachsicht an. Auf seinen Vorschlag werden, gleichfalls durch Acclamation, gewählt: zum Stellvertreter des Vorsitzenden Vicekanzler des Oberhofgerichts Dr. Roßhirt (Mannheim), zu Schriftführern Dr. Kaserer (Salzburg) und Assessor Mosse (Berlin).

Präsident: Bevor wir in das Materielle unserer Aufgabe eintreten, wird es richtig sein, eine geschäftliche Angelegenheit zu erledigen.

Jede Abtheilung hat zehn Vertrauensmänner zu wählen, die zusammentreten, um einen Vorschlag für die Wahl der ständigen Deputation zu machen, der alsdann der zweiten Plenarversammlung vorgelegt wird. Ist es Ihnen recht, so wird das Bureau einen solchen Vorschlag vorbereiten und Ihnen denselben bei unserer nächsten Versammlung vorlegen, natürlich der Wahlfreiheit unbeschadet.

(Zustimmung.)

Ich eröffne nunmehr die Discussion über die erste der uns zugewiesenen Fragen:

> Ist es wünschenswerth, in einem gemeinsamen bürgerlichen Gesetzbuche für Deutschland neben dem einheitlichen Systeme des ehelichen Güterrechts noch subsidiäre Systeme für die Privatautonomie aufzustellen?

Ich erlaube mir zu bemerken, daß auf dem die Anträge der Referenten enthaltenden Bogen, in dem Antrage, der meinen Namen trägt, es in der zweiten Reihe nicht Erbvertrag sondern Ehevertrag heißen muß. Diesen Druckfehler habe ich persönlich nicht verschuldet.

Einer der Referenten für die Fragen ist meine Wenigkeit. Erlauben Sie daher, daß ich meinem Herrn Collegen den Vorsitz übergebe, um selbst, so weit es meine Kräfte erlauben, als Referent fungiren zu können.

(Vicepräsident Dr. Roßhirt übernimmt den Vorsitz)

Referent Handelsgerichts-Präses Dr. **Albrecht** (Hamburg): Meine geehrten Herren! Sie haben soeben aus dem Munde unseres Herrn Vorsitzenden gehört, daß der Juristentag in dieser Abtheilung sich schon einmal mit der Codification des ehelichen Güterrechts beschäftigt hat; es war das in Nürnberg im vorigen Jahre. Die heute zur Beantwortung stehende Frage wird sich meiner Meinung nach nicht beantworten lassen, wenn wir nicht einen Rückblick auf die vorjährigen Verhandlungen werfen. Ja, meine Herren, ich glaube, daß wir, wenn ein Einverständniß erzielt werden soll, sogar einen kurzen Blick auf das zur Zeit im deutschen Reiche geltende eheliche Güterrecht werfen müssen. Ich möchte Sie bei dieser Ankündigung nicht ängstlich machen und will es gleich befürworten, daß ich mich kurz fassen werde, den alten Spruch bedenkend, daß den Gelehrten gut predigen ist. Diese Versammlung beherbergt zu meiner Freude Herren, die viel besser als ich im Stande sein würden, Ihnen theoretisch auseinanderzusetzen, wie es mit dem ehelichen Güterrecht im lieben Deutschen Reiche sich verhält. Ich werde Sie gewiß nicht lange aufhalten, nur meine ich, daß schon die Verständigung in Bezug auf die Namen der verschiedenen Systeme nöthig macht, daß ich sie kurz kennzeichne.

Wir haben zunächst und zwar in geringem Umfang im deutschen Reich das römische Dotalrecht, wir haben sodann als deutsche Systeme das System des Sachsenspiegels, dasjenige der allgemeinen Gütergemeinschaft, und ferner verschiedene Formen der particularen Gütergemeinschaft.

Das Dotalrecht kennt, wie Sie wissen, keine gemeinsamen Güter von Mann und Frau; Mann und Frau leben nach diesem System in getrennten Gütern. Seitens der Frau wird eine dos dem Manne bestellt, deren Früchte dazu dienen sollen, ihm die ehelichen Kosten zu erleichtern. Die dos geht nicht in das Eigenthum des Mannes über, er hat sie nach Auflösung der Ehe der Frau resp. deren Erben zu restituiren; an den übrigen Gütern der Frau, den sogenannten Paraphernalgütern, erlangt der Mann keine Rechte. Nach Auflösung der Ehe durch den Tod findet, so lange nicht die Reihe der erbberechtigten Verwandten erschöpft ist, keine Intestaterbfolge statt, nur nach Erschöpfung der Reihe der Verwandten die Erbfolge ex edicto unde vir et uxor.

Von diesem römischen Dotalrecht unterscheiden sich die deutschen Rechtssysteme in mannichfachen Beziehungen. Nach ihnen sämmtlich hat der Mann an den Gütern der Frau, insofern nicht die Frau mit seiner Genehmigung sich die Verwaltung vorbehalten hat, die Verwaltung; er hat über die Mobiliargegenstände die Dispositionsbefugniß. Die Frau ihrerseits ist in der Verwaltung ihrer Güter beschränkt, sie ist nicht im Stande, ohne Genehmigung des Mannes darüber zu disponiren, sie kann dieselben nicht mit Schulden belasten.

Diesen gemeinsamen Zügen der deutschen Güterrechtssysteme gegenüber finden aber andererseits große Verschiedenheiten statt.

Am meisten nähert sich dem römischen Dotalrecht das System des Sachsenspiegels, ein System, welches zufolge des Ausspruches dieses Rechtsbuches, daß Mann und Frau während des Lebens kein gezweites Gut haben, bekanntlich von Gerber „Gütereinheit" genannt worden ist. Die Gütereinheit besteht indessen nur factisch; rechtlich ist, wie Sie wissen, das Eigenthum an den beiderseitigen Gütern ein getrenntes; der Frau verbleibt das Eigenthum an ihren Gütern, wie dem Manne das an den seinigen. Dem Manne steht der Nießbrauch an den Gütern der Frau zu. Die Schulden sind in keiner Weise gemeinsam; die Schulden des Mannes haften nicht auf dem Vermögen der Frau, im Concurse des Mannes tritt die Frau, insoweit sie ihre Güter nicht vindiciren kann, als Gläubiger neben den anderen Gläubigern auf. Nach Auflösung der Ehe durch den Tod findet Intestaterbfolge unter den Ehegatten statt, und zwar dergestalt, daß der überlebende Ehegatte, je nachdem er mit seinen eigenen Kindern oder mit entfernteren Verwandten des Verstorbenen concurrirt, eine geringere oder größere Erbportion erhält. Dieses System, welches von Herrn Professor Schröder in Würzburg, dem vorjährigen Referenten, als „Verwaltungsgemeinschaft" bezeichnet worden ist, haben wir auf dem vorigen Juristentag nach seinem Vorgang ebenfalls „Verwaltungsgemeinschaft" genannt, wir wollen ihm die Verantwortung dafür überlassen, ob der Name vollständig zutrifft. Ich schlage vor, daß wir, um allen Mißverständnissen zu begegnen, dasselbe auch diesmal „Verwaltungsgemeinschaft" nennen.

Dem Dotalrecht und der Verwaltungsgemeinschaft gegenüber steht die allgemeine Gütergemeinschaft. Nach diesem System wird das Vermögen von Mann und Frau ein einziges, sämmtliche Schulden, eheliche wie voreheliche, sind gemeinsam, das Dispositionsrecht steht dem Manne an dem Mobiliarvermögen nach den meisten Rechtssystemen zu, dagegen können in der Regel Verfügungen über Liegenschaften nur mit gesammter Hand geschehen. Nach dem Tode des einen Ehegatten fällt das gemeinsame Vermögen nach Quoten auseinander, in der Regel nach gleichen Quoten, so daß der überlebende Ehegatte und die Erben des verstorbenen die Hälfte bekommen, häufig findet indeß ein Vorzug des Mannes vor der Frau bei dieser Theilung statt. Den Kindern gegenüber greift vielfach die sogenannte communio bonorum prorogata Platz.

Dieser allgemeinen Gütergemeinschaft nähert sich ziemlich das System des Code civil, das System der Mobiliar- und Errungenschaftsgemeinschaft. Nach diesem Systeme, das man zu der particulären Gemeinschaft zu zählen pflegt, sind von der Gemeinschaft die Liegenschaften ausgeschlossen, welche in die Ehe gebracht und während der Ehe erworben werden, im Uebrigen findet Gemeinschaft während der Ehe statt.

Eine viel weniger innige Gemeinschaft stellt das Errungenschaftssystem dar. Nach ihm bleibt jedem Ehegatten sein Vermögen, nur dasjenige, was während der Ehe errungen und verrungen wird, der Avance und der Verlust in der Ehe, sind gemeinsam. Die Schulden des Mannes haften nach diesem System auf seinem eigenen Gut und auf seinem Antheil an der Errungenschaft; ob und in wie weit sie außerdem auch auf dem Vermögen der Frau haften, will ich unerörtert lassen, die einzelnen Rechte entscheiden diese Frage verschieden. Jedenfalls haften nach den meisten Rechten bei der Errungenschaftsgemeinschaft diejenigen Schulden, welche im ehelichen Interesse contrahirt sind, auch auf dem Errungenschaftsantheil der Frau.

Diese hier in kurzen Zügen von mir charakterisirten Systeme kommen nun aber mannigfach modificirt im deutschen Reiche vor, und zwar dergestalt, daß es häufig schwer ist zu entscheiden, ob das Recht, das an einem Orte gilt, diesem oder jenem System angehört. Kommt es doch vor, daß in derselben Ehe verschiedene Güterrechtssysteme zur Anwendung kommen: vor der Geburt von Kindern Verwaltungsgemeinschaft, nach der Geburt allgemeine Gütergemeinschaft, wenn die Kinder wieder vor Auflösung der Ehe wegfallen, wiederum Verwaltungsgemeinschaft. — In Rücksicht auf diese Schwierigkeit der Classification müssen wir es Herrn Professor Schröder, einem der bedeutendsten Kenner des ehelichen Güterrechts in Deutschland, gewiß Dank wissen, daß er in seinem, bereits dem vorigen Juristentag vorliegenden, Gutachten die verschiedenen Eherechte Deutschlands classificirt hat. Er berechnet, daß von den 41 Millionen, welche die Bevölkerung des deutschen Reichs ausmachen, circa ein Drittel der Verwaltungsgemeinschaft angehören, wiederum circa ein Drittel der allgemeinen Gütergemeinschaft und das letzte Drittel der particulären Gütergemeinschaft. Das Dotalrecht hat nach der Berechnung des Herrn Professor Schröder nicht einmal eine Million Anhänger, und bei der nahen Verwandtschaft, die zwischen dem Dotalrecht und der Verwaltungsgemeinschaft besteht, rechnet Herr Professor Schröder diese nicht einmal eine Million betragende Zahl der Bevölkerung zu dem Drittel der Verwaltungsgemeinschaft. Er ist zu meiner Freude unter den Zuhörern anwesend und wird im Stande sein, etwaige Irrthümer in dieser Beziehung zu corrigiren.

Fragen Sie mich, wie die verschiedenen Güterrechtssysteme örtlich über das deutsche Reich vertheilt sind, so würde ich in großer Verlegenheit sein, Ihnen das zu schildern trotz der Gutachten, die uns vorliegen; denn die verschiedenen deutschen Stämme, denen wir die verschiedenen Systeme ursprünglich zu verdanken haben, haben sich im deutschen Reiche ineinander geschoben; außerdem ist es gar nicht selten, daß in der Stadt ein anderes Güterrecht gilt, als auf dem die Stadt umgebenden flachen Land, und es kommt ebenso vor, daß die verschiedenen Stände verschiedenes Güterrecht haben: der Adelstand ein anderes Güterrecht, als der Bürgerstand, der Kaufmannsstand ein anderes, als der Handwerkerstand.

Wie bei diesen großen Verschiedenheiten das Recht im deutschen Gesetzbuche zu codificiren sei, das war die gewiß äußerst schwierige Frage, die dem vorjährigen Juristentag vorlag. Zu unserem Glücke hatten wir Gutachten vor uns, die, von den ersten Autoritäten in dieser Frage ausgehend, als eine Bereicherung der juristischen Literatur auf diesem Gebiete bezeichnet werden können. Wir hatten das Gutachten von Herrn Professor Schröder, das Gutachten von Professor von Roth in München, das Gutachten von Appellationsrath Agricola in Eisenach, das Gutachten von Herrn von Beaulieu-Marconnay in Oldenburg und endlich das Gutachten von Justizrath Dr. Euler in Frankfurt a. M. Professor Roth hatte schon, bevor das Gutachten von ihm erstattet wurde, es als zweifelhaft bezeichnet, ob überall für das ganze deutsche Reich ein einziges Güterrechtssystem zu codificiren sei; er meinte, man solle das Güterrecht nicht unificiren, sondern man solle es codificiren und dieser Gedanke hat dann später einen weiteren Ausdruck in seinem Gutachten gefunden. In demselben schlägt er vor, indem er berücksichtigt, welchem Güterrechtssystem in einem bestimmten Gebiete die Mehrheit der Einwohner ergeben ist, das deutsche Reich in drei Districte zu theilen: einen District für die Verwaltungsgemeinschaft, einen zweiten für die allgemeine Gütergemeinschaft, den dritten für die particuläre Gütergemeinschaft und in jedem dieser Districte für die Privatautonomie der Ehegatten die Güterrechte der anderen beiden Districte zu substituiren, so daß nach dem Vorgange des Code die Eheleute bei Eingehung der Ehe, wenn sie nicht das an principaler Stelle für ihren District sanctionirte Güterrecht als maßgebend betrachten wollen, sagen können: wir wollen das Güterrecht des Districtes A oder B als maßgebend für unsere Ehe.

Diesem Vorschlage des Herrn Professor Roth hatte sich in seinem

Gutachten auch Herr Professor Schröder zustimmig erklärt. Im Wesentlichen auf demselben Gedanken beruhte das Gutachten des Herrn Appellationsrath Agricola. Dagegen schlugen die Gutachten der Herren von Beaulieu-Marconnay und Dr. Euler einen anderen Weg ein.

Sie sprachen ihre Ansicht dahin aus, daß ein einziges System der Codification zu Grunde zu legen sei, und zwar schlugen beide hierfür das System der Verwaltungsgemeinschaft vor, dem dann die anderen bestehenden Systeme zur Benutzung der Eheleute hinzuzufügen seien. Es war dann noch vor unserer vorjährigen Versammlung ein sehr eingehender Aufsatz im „Archiv für civilistische Praxis" erschienen von der sachkundigen Feder des Appellationsraths Binding in Frankfurt a. M. Und endlich, meine Herren, damit ich eine Hauptsache nicht vergesse, hatte Herr Professor Schröder denselben Gegenstand noch einmal in einem Hefte der bekannten „Zeit- und Streitfragen" erörtert und war insoweit von seiner früheren Ansicht zurückgetreten, daß er das Regionalsystem aufgab und wünschte, daß ein einziges Recht, und zwar eine codificirte particuläre Gütergemeinschaft als gemeinsames Recht anerkannt würde, unter Substitution der übrigen Güterrechtssysteme.

Diesen Gutachten gegenüber hatte der vorjährige Juristentag sich schlüssig zu machen. Das Regionalsystem fand keinen Vertheidiger, man ging, wie es schien, von der Meinung aus, daß es an einem Grund fehle, die Güterrechte für einzelne Districte verschieden zu behandeln, daß sich ein Güterrecht werde auffinden lassen, das den allgemeinen Rechtsanschauungen, der Sitte unserer ganzen Bevölkerung entspreche, daß eine Trennung in Districte der Rechtseinheit, die im deutschen Reich angestrebt werde, Eintrag thun würde. — Dagegen war man verschiedener Meinung in Bezug auf die Frage, welches System denn der Codification zu Grunde zu legen sei. Anklang fand der Vorschlag, daß in einem ziemlich erheblichen Sinne das Vermögen der Ehefrau für die Schulden des Mannes zu haften habe. Dieser Gedanke ward, nachdem er ausgesprochen war, vielfältig unterstützt, und es wurde schließlich die folgende Resolution angenommen:

> Das eheliche Güterrecht ist für das ganze Reichsgebiet auf einheitlicher Grundlage zu codificiren, und zwar nach dem System der Verwaltungsgemeinschaft; es ist jedoch zugleich festzusetzen, daß das Vermögen der Frau, insoweit dasselbe nicht auf deren Namen angelegt ist und beständig angelegt bleibt, für die Schulden des Mannes haftet.

Eine Frage fand bei der vorjährigen Berathung keine Erledigung, nämlich die Frage, ob dem zu Grunde gelegten Güterrecht für die Benutzung der Eheleute eventuelle Güterrechte an die Seite zu setzen und ebenfalls für diesen Zweck im Gesetzbuche zu codificiren seien. Der Vorstand unseres Juristentages hat es für zweckmäßig gehalten, diese Frage für die heutige Berathung vorbereiten zu lassen. Es ist ein Gutachten eingefordert und erstattet von Herrn Kammerpräsidenten Petersen zu Straßburg i. E., welches in den diesjährigen Verhandlungen gedruckt vorliegt.

Diese Frage, die in dem Gutachten behandelt ist, ist es, über die wir uns heute schlüssig zu machen haben.

Das Gutachten befürwortet die eventuelle Codification. Es geht von der Ansicht aus, daß dem deutschen Gesetzbuche in Zukunft das System der Verwaltungsgemeinschaft werde zu Grunde gelegt werden und zwar allem Anscheine nach ohne die Modification, die unser vorjähriger Beschluß sanctionirte. Worauf diese Annahme beruht, ist mir unbekannt. Ist es lediglich eine Vermuthung oder sind etwa Nachrichten vorhanden, nach welchen die in Berlin tagende Commission für unser neues deutsches Civilgesetzbuch diesen Gedanken ihrerseits adoptirt hat? Ich weiß es nicht. Wie dem nun auch sei, es argumentirt unser Gutachten in folgender Weise.

Es sei durchaus nothwendig, auch eventuelle Systeme zu codificiren. Das System der Errungenschaftsgemeinschaft freilich lasse sich als eine Nebenberedung zur Verwaltungsgemeinschaft auffassen; dagegen gehe die allgemeine Gütergemeinschaft von einem durchaus entgegengesetzten Princip als die Verwaltungsgemeinschaft aus und sie müsse jedenfalls codificirt werden. Dadurch werde auch der Rechtseinheit in unserem Vaterlande kein Eintrag geschehen, vielmehr werde nur der Vertragsfreiheit Vorschub geleistet. Wie unser Handelsgesetzbuch verschiedene Societäten, verschiedene Gesellschaften, zum Gebrauch der Betheiligten codificire, so seien zum Gebrauch der Betheiligten auch verschiedene eheliche Güterrechte in dem Gesetzbuch zu codificiren. Das müsse schon deshalb geschehen, weil es ganz unmöglich für die Ehegatten wäre, ein vollkommenes System in ihre Eheverträge aufzunehmen. Insbesondere legt unser Verfasser Gewicht auf die Codification der allgemeinen Gütergemeinschaft, und seine Resolution geht deshalb dahin, es seien auch eventuelle, d. h. noch andere Systeme, als das zu Grunde liegende, zu codificiren und jedenfalls, wenn die Verwaltungsgemeinschaft das zu Grunde gelegte System sei, die allgemeine Gütergemeinschaft.

Nun, meine Herren, ich muß es diesem Gutachten, wie den übrigen, nachrühmen, daß es von besonnenen Erwägungen ausgeht und in klaren Ausführungen die Ansichten des Verfassers vorträgt. Ganz mit demselben einverstanden erklären kann ich mich jedoch nicht, und wenn Sie mir es erlauben, möchte ich meine abweichende Meinung hier vor Ihnen begründen.

Zunächst, meine Herren, möchte ich einen Punkt hervorheben, der, wie es mir scheint, in sämmtlichen Gutachten nicht berührt worden ist, den aber zu berücksichtigen in Folge des Beschlusses unseres vorjährigen Juristentags wir besondere Veranlassung haben. Ich meine, meine Herren, daß der Vertragsfreiheit, die unser Herr Gutachter besonders betont, doch gewisse Grenzen gezogen werden müssen, wenn nicht die Interessen Dritter gefährdet, eine Unsicherheit des Verkehrs herbeigeführt werden soll. Das gilt in zwei Beziehungen, wenigstens hauptsächlich in zwei Beziehungen: einmal in Bezug auf die Legitimation des Ehemannes zur Vertretung der Frau, und zweitens in Bezug auf die Schuldverhaftung des Frauenvermögens.

Ich kann es mir nicht recht denken, daß es verstattet sein soll, die gesetzliche Befugniß des Mannes im Ehevertrag zu beschränken, so daß wenn der Ehemann seine gesetzlichen Befugnisse gebraucht hat, die Ehefrau nach ausgebrochenen ehelichen Zwistigkeiten die Handlungen des Mannes anfechten könnte, weil im Ehevertrag von den gesetzlichen Befugnissen abgewichen sei. Denken Sie sich, das Gesetz bestimme, daß der Mann berechtigt sei, von den Grundstücken der Frau die Pacht einzuziehen; der Pächter zahlt an den Mann. Soll die Frau nachher etwa die Zahlung anfechten können? Ich halte das für unmöglich. Ebenso steht es mit der Verhaftung des Vermögens für die Schulden des Mannes. Unser Herr Gutachter ist der Ansicht, daß, wenn man die Verwaltungsgemeinschaft als gesetzliches Güterrecht codificire, nicht ohne weiteres eine Schuldverhaftung der Frau, auch nicht in dem beschränkten Umfange unseres vorjährigen Beschlusses, statuirt werden könne. Ich habe damals meine Meinung zu begründen versucht, bin aber außer Stande, sie hier heute weiter zu vertheidigen, weil mir die Einwendungen nicht zur Kunde gekommen sind, die eine Abhandlung des Herrn Petersen gegen meine damaligen Ausführungen gerichtet hat, eine Abhandlung in Hauser's Zeitschrift, die ich mir nicht habe verschaffen können. — Doch, meine Herren, ich will mit dem geehrten Herrn Gutachter über diesen Punkt nicht rechten; darin wird er mir beistimmen, daß die Möglichkeit vorliegt, daß unsere künftige deutsche Gesetzgebung dem ehelichen Güterrecht ein System zu Grunde legt, nach welchem die Frau mehr oder weniger für die Schulden des Mannes haftet. Nun, meine Herren, wenn wir durch den vorjährigen Beschluß die Schuldverhaftung der Frau anerkannt haben, so glaube ich, daß wir sämmtlich, die wir dafür gesprochen und gestimmt haben, davon ausgegangen sind, daß die Frau, insoweit überhaupt eine Schuldverhaftung stattfinden soll, schlechthin hafte. Wir konnten uns nicht denken, daß es wirklich Rechtens sein solle, daß, sobald es sich um einen Credit handle, den der

Mann beansprucht, der Creditgeber zu untersuchen habe, wie weit die Bestandtheile des Vermögens in der Hand des Mannes von ihm und wie weit sie von der Frau herrühren. Wir waren namentlich — und das muß ich jedenfalls von meiner Person sagen, — der Meinung, daß dem unerquicklichen Zustande ein Ende gemacht werden müsse, welcher dann entsteht, wenn man die Frau am Concurse des Mannes als Gläubigerin theilnehmen läßt. Ich meine auch, wenn ich den Herrn Referenten Justizrath Mecke in seinem Antrage, wie er vorliegt, recht verstehe, daß er in dieser Beziehung sich nicht weit von mir entfernt. Es scheint mir, als ob wir im Principe hier übereinstimmen. Ich bedauere nur, daß der Antrag des Herrn Mecke auf einen Vorschlag zurückkommt, dem ich meinerseits nicht zustimmen möchte, nämlich den Vorschlag, dem Uebelstande, der durch die Abänderung in den Eheverträgen an dem gesetzlichen Güterrechte entstehen kann, durch eine Registrirung vorzubeugen. Ich werde den Gründen des Herrn Mecke ein offenes Ohr schenken, vorerst aber meine ich — und ich möchte ihn bitten, daß er auch meine Gründe gegen seinen Vorschlag erwägt — wenn es sich darum handelt, von den verschiedenen gesetzlichen Befugnissen eine zu wählen, daß dann eine solche Registrirung am Platze ist, denn dann hat Jeder Veranlassung, sich zu erkundigen, ob der eine oder der andere Fall der gegebene ist. Wenn aber das Gesetz eine Regel aufstellt, so kann nach meiner Meinung sich Jeder auf die Regel verlassen und braucht nicht eine Ausnahme zu vermuthen, braucht nicht in das Eheregister seine Nase zu stecken und zu suchen, ob die Eheleute nicht eine Modification beschlossen haben.

Und wohin sollte es führen, welche Unsicherheit des Verkehrs würde entstehen, wenn in derselben Straße in dem Hause Nr. 1 eine Ehe nach dem Gesetz mit gesetzlicher Schuldverhaftung, in dem Hause Nr. 2 eine Ehe mit Registerverhaftung bestände! Wohin sollte es kommen, wenn der einzelne Contrahent, der mit dem Ehemanne contrahiren will, sagen wollte: „Entschuldigen Sie, ich muß erst auf das Eheregister gehen und sehen, ob ich Ihnen den Credit schenken kann!"

(Heiterkeit.)

Meine Herren! Ich halte das für einen Uebelstand, den wir zu vermeiden haben und ich möchte hierher die Beispiele ziehen, die unser Herr Gutachter von den Societäten hergenommen hat. Es ist vollkommen richtig, daß wir verschiedene Societäten in dem H. G. B. haben, aber alle unterscheiden sich in der äußeren Form. Wenn ich mit einer offenen Handelssocietät contrahire, so weiß ich ganz gewiß, daß ich nicht mit einer Actiengesellschaft contrahire. Contrahire ich aber mit Mann und Frau, so contrahire ich so zu sagen mit einer offenen Handelsgesellschaft; die Ehe sieht allenthalben so aus, die Firma heißt „Mann und Frau“, da weiß man nicht, daß ein Unterschied existirt. Wenn das Beispiel zutreffen sollte, daß man durch eine solche Registrirung helfen könnte, dann müßte die Sache so stehen, daß es bei der offenen Handelsgesellschaft verstattet wäre, das römische Princip, daß der Einzelne nur pro rata hafte, zu Grunde zu legen, wenn man das nur gehörig in das Handelsregister hätte eintragen lassen.

Und ich glaube, wir können uns trösten, wenn wir in dieser Beziehung das Gesetz ohne Abänderung gelten lassen! Welcher verständige Ehemann läßt es sich denn gefallen, daß öffentlich angezeigt wird, daß er in beschränkterem Maße, als das Gesetz statuirt, Rechte durch die Ehe gewinnen solle, daß er nur in beschränktem Maße die Ehefrau vertreten, oder deren Vermögen verpflichten kann, daß seine Ehefrau oder die Eltern derselben ihm nicht das Vertrauen schenken, daß er das Vermögen gut verwalten werde. Meiner Auffassung nach kommt eine solche Bekanntmachung einer Interdiction nahe, und ich meines Theils möchte nicht der Ehemann sein, der in dieser Weise in die Ehe tritt.

(Heiterkeit und Zustimmung.)

Deshalb, meine Herren, glaube ich, muß das Princip das sein: Nach Innen können die Eheleute ihre Vermögensverhältnisse reguliren wie sie wollen, nach Außen gilt das Gesetz.

Eine zweite Bemerkung, die ich zu machen habe, schließt sich unserem vorjährigen Beschlusse an. Der Beschluß geht dahin: es solle die Verwaltungsgemeinschaft zu Grunde gelegt werden mit der Modification, daß das Vermögen der Ehefrau, insoweit es nicht auf ihren Namen angelegt ist und beständig angelegt bleibt, für die Schulden des Mannes haftet. — Ich meine, wenn wir dieses System der Gesetzgebung zu Grunde legen, daß dann schwerlich ein Bedürfniß dafür sein wird, principiell von dem System abzuweichen.

Unser Herr Gutachter führt drei Gründe an, weshalb es wünschenswerth sei, die allgemeine Gütergemeinschaft besonders zu codificiren.

Der erste Grund bezieht sich auf die Schuldverhaftung. Nun, meine Herren, wird das System des vorjährigen Beschlusses angenommen, so fällt nach meiner Ueberzeugung dieser Grund vollkommen weg. Es haben dann Mann und Frau in ihrer Gewalt, in wie weit sie ohne Registrirung, so zu sagen, dem Manne Gewalt über das Vermögen der Frau einräumen wollen. Wollen sie dieselbe ihm nicht einräumen, so wird das Vermögen auf den Namen der Frau belegt gehalten; wollen sie dieselbe ihm einräumen, so wird es nicht so belegt gehalten. Sie können in dieser Beziehung jeden Augenblick den restringirenden Beschluß ändern. Ein Interesse daran haben aber die Eheleute niemals, daß von vornherein festgesetzt wird, daß das künftige Vermögen der Frau ebenfalls mit Schulden des Mannes belastet werden könne; im Gegentheil, sie haben eher das entgegengesetzte Interesse, sie denken sich den Fall eher als möglich, daß der Mann zukünftig überschuldet sein könnte, und sie dann in beiderseitigem Interesse wünschen müßten, daß das Vermögen, welches künftig der Ehefrau anfallen möchte, nicht unter die Schuldenverbindlichkeiten des Mannes falle. Ich glaube also, dieser Grund wird nach unserem vorjährigem Beschluß als erledigt angesehen werden müssen.

Bedeutender ist allerdings der zweite Grund. Es meint unser Herr Gutachter, es sei doch wünschenswerth, daß den Eheleuten die Möglichkeit gegeben werde, bei Auflösung der Ehe ihr beiderseitiges Vermögen nach Quoten zu theilen. Nach dem System der Verwaltungsgemeinschaft nimmt jeder Theil sein Vermögen und ein Drittel, die Hälfte, je nach dem, von dem Vermögen des anderen als seine Intestaterbportion. Nun, meine Herren, ich kann mir wohl denken, daß die Ehegatten ein Interesse haben, von vorn herein zu bestimmen — namentlich für den Fall, daß keine Kinder aus der Ehe entstehen sollten —, daß bei Auflösung der Ehe das ganze gemeinschaftliche Vermögen dem Ueberlebenden zufalle. Eine solche Bestimmung werden sie aber bei der Verwaltungsgemeinschaft eben so gut treffen können, wie bei der allgemeinen Gütergemeinschaft. Ein Interesse daran, zu bestimmen, daß gerade das Vermögen in der Weise getheilt werden solle, halb und halb, ein Drittel und zwei Drittel, das möchte nicht leicht vorliegen, da über eine zur Zeit ganz unbekannte Masse pactirt wird; man weiß ja bei Abschluß des Ehevertrags nicht, wie groß das Vermögen der beiden Ehegatten zur Zeit des Todes des einen von ihnen sein wird. Der einzige Grund, der hierfür sprechen würde, wäre der der Einfachheit. Wenn man das Vermögen nach seinen Bestandtheilen sondern will, dann sind Schwierigkeiten möglich, man muß ja dann das Vermögen des Einen von dem des Andern scheiden; während bei der allgemeinen Gütergemeinschaft das als empfehlenswerth sich zeigt, daß man auf die früheren Verhältnisse gar nicht Rücksicht zu nehmen braucht. Aber diese Schwierigkeit scheint mir nicht so erheblich zu sein. Immer liegt die Sache so, daß nur ein Vermögen, das der Frau, festgestellt zu werden braucht; wenn man weiß, was die Frau bei Eingehung der Ehe hatte und später geerbt hat, so weiß man, das Uebrigbleibende ist das Vermögen des Mannes. Bei dem Vermögen der Frau, was in die Verwaltung des Mannes, also von einer Hand in die andere übergeht, ist leicht auch in späterer Zeit zu constatiren, wie groß es war, und ich glaube daher, daß diese Schwierigkeit — zumal da die meisten auch nur einigermaßen ordentlichen Geschäftsleute sich dergleichen notiren — nicht so groß ist, daß sie als ein Grund für die Codification der allgemeinen Gütergemeinschaft gelten kann. —

Den dritten Grund drückt unser Herr Gutachter dahin aus: es müsse doch die Frage entschieden werden, ob nach dem Tode des einen Ehegatten eine communio bonorum prorogata stattfinden solle oder nicht. Ich will nun nicht etwa diesen Grund damit abfertigen, daß ich sage, wenn man die Frage verneint, wie das preußische Landrecht, wie das neue Oldenburg'sche Gesetz, wie — wenn ich nicht irre — auch das österreichische Gesetzbuch, daß dann sich die ganze Frage erledigt; denn, meine Herren, ich glaube, im Allgemeinen liegt der communio bonorum prorogata ein gesunder Gedanke zu Grunde. Es ist ganz natürlich, daß jeder Ehegatte wünscht, daß nach seinem Tode sein überlebender Genosse möglichst gut situirt oder wenigstens nicht schlechter situirt werde, als er bis dahin gestanden hat, und man wird, wie ich glaube, sagen können: unser deutsches Recht hat den Grundsatz in höherem Maße anerkannt, daß die Ehegatten einander noch näher stehen, als der einzelne Ehegatte den Kindern. Eine Beschränkung der Kinder in Bezug auf ihr Erbrecht zu Gunsten des überlebenden Ehegatten scheint mir daher ein gesunder Gedanke. Dieser Gedanke läßt sich aber bei der Verwaltungsgemeinschaft vollkommen verwirklichen, er ist auch in manchen Ländern, die der Verwaltungsgemeinschaft angehören, verwirklicht, wenn auch nicht gerade in der Form der communio bonorum prorogata. Man hat hier, meiner Meinung nach, zwischen Mann und Frau zu unterscheiden. Dem Manne würde ich den Kindern gegenüber nach dem Ableben der Frau diejenige Stellung belassen, in der er der Frau gegenüber gestanden hat, so daß die Kinder nur in die Stelle der Frau treten; er wird die Verwaltung führen können, ganz so wie er sie der Frau gegenüber geführt hat. Der Frau wünsche ich eine andere Stellung zu geben.

Meine Herren! Ich weiß es nicht, welche Meinung Sie über die Geschäftskunde der Frauen haben, ich glaube aber darauf aufmerksam machen zu müssen, daß doch recht häufig die Frau nach dem Ableben des Mannes von der Vermögensverwaltung gar nichts versteht. Sie ist jung aus dem Elternhause geschieden, sie hat sich damals um keine Vermögensverwaltung zu kümmern gehabt, während der Ehe hat alles Bezügliche dem Manne obgelegen, sie ist ganz unerfahren in Geschäften, und man kann ihr daher nicht dieselbe Stellung geben, die der Mann nach dem Tode der Frau einnimmt. Aber ich sehe nicht ein, warum man da nicht das reine System der Verwaltungsgemeinschaft zur Ausführung bringen kann, nach welchem der überlebende Ehegatte einen Nießbrauch an dem Vermögen hat, welches den Kindern von dem verstorbenen Ehegatten zugefallen ist, einen Nießbrauch, der nicht gerade mittelst einer Caution sicher gestellt zu sein braucht, über den aber doch ein Aufsichtsrecht den großjährigen Kindern, resp. den Vormündern der minderjährigen Kinder einzuräumen wäre.

Genug, meine Herren, ich will diesen Gedanken nicht weiter ausführen, ich glaube nur, daß auch in Rücksicht auf diesen Punkt eine dringende Veranlassung nicht vorliegt, neben dem System der Verwaltungsgemeinschaft, wie wir es uns auf unserer vorigen Versammlung gedacht haben, das System der Gütergemeinschaft zu codificiren.

Andererseits, wenn man dieses System der Verwaltungsgemeinschaft zu Grunde legt, würde ich meiner Meinung nach ein großes Unglück nicht darin finden, wenn man einige kurze Bestimmungen, wie sie in ähnlicher Kürze im österreichischen Gesetzbuche sich finden, über die allgemeine Gütergemeinschaft in das Gesetz aufnimmt; etwa die Bestimmungen: es können die Eheleute beschließen, daß ihr Vermögen ein einziges Ganze bilden soll, daß eine vollständige Schuldenverhaftung stattfinden solle, daß ihr Vermögen nach dem Tode des einen in die und die Quoten zerfallen solle; und man kann etwa hinzufügen: haben die Eheleute in ihrem Ehevertrage sich dahin ausgesprochen, daß sie in Gütergemeinschaft leben wollen, so sollen diese Bestimmungen gelten. Das wäre meiner Meinung nach Alles, was man zu bestimmen brauchte, von weiteren Bestimmungen würde ich absehen, und ich möchte kaum glauben, daß man solche Bestimmungen als Codification eines allgemeinen ehelichen Güterrechtes betrachten könnte.

Nun, meine Herren, giebt uns denn die vorliegende Frage eine Veranlassung, uns darüber auszusprechen, ob wir für den eventuellen Fall, daß unser vorjähriger Beschluß Reichsgesetz in Deutschland werden sollte, die Aufnahme solcher allgemeinen Bestimmungen über die allgemeine Gütergemeinschaft in das Gesetzbuch wünschen? Mir scheint die Frage untergeordnet. Ich halte die Bejahung für zweckmäßig, um jedenfalls keinen Zweifel darüber zu lassen, ob eine eheliche allgemeine Gütergemeinschaft zulässig ist und welche Bedeutung sie hat, ich finde aber, daß unsere heutige Versammlung gar keinen Grund hat, sich in dieser Beziehung schlüssig zu machen. Wissen wir denn wirklich, daß unser Beschluß, der übrigens auch der Plenarversammlung nur zur Kenntnißnahme mitgetheilt ist, solchen Anklang gefunden hat oder finden wird, daß er künftighin Gesetz werde? Ich glaube, wir thun richtiger, zumal nicht sämmtliche Herren von früher heute anwesend sind, jedenfalls an der heutigen Abstimmung auch Herren theilnehmen, die im vorigen Jahre nicht anwesend waren, wenn wir nicht stimmen stante concluso. Haben wir auch keine Veranlassung, zweimal die Frage zu erörtern, welches Rechtssystem zu Grunde gelegt werden soll, so können wir doch andererseits dem vorjährigen Beschlusse nicht die Bedeutung beilegen, daß wir nun sagen: wir gehen so wenig von unserem Beschlusse ab, daß wir auf denselben allein Rücksicht nehmen und nur auf diesen unseren vorjährigen Beschluß unseren heutigen Beschluß gründen.

Soll ich die Frage allgemeiner behandeln, so ist meine Meinung die: Wird die Verwaltungsgemeinschaft mit der Modification zu Grunde gelegt, welche wir im vorigen Jahre beschlossen haben, so ist die Frage eine untergeordnete; ich würde übrigens in dem Sinne, wie ich angedeutet habe, kurze Bestimmungen über die allgemeine Gütergemeinschaft in das Gesetz aufnehmen. Ist die allgemeine Gütergemeinschaft Grundlage des Gesetzes, so wird mein erster Grundsatz, den ich vorhin gerechtfertigt habe, ohne Weiteres dahin führen, daß eventuelle Codificationen gar nicht zuzulassen sind. Denn in diesem Falle liegt die Sache so, daß jede Abweichung von dem gesetzlichen Güterrecht zugleich, wenigstens nach meiner Auffassung, die Interessen Dritter gefährdet. Wird endlich — ich will nur diesen Fall noch berücksichtigen — die reine Verwaltungsgemeinschaft zu Grunde gelegt — ein Fall, den ich aufrichtig bedauern würde, — so würde ich mit unserem Herrn Gutachter vollkommen übereinstimmen und würde dann verlangen, daß das allgemeine Güterrecht codificirt werde; denn ich glaube, daß diese reine Verwaltungsgemeinschaft einem so großen Theile der deutschen Bevölkerung nicht zusagt, daß man den Rechtsauffassungen desselben wirklich Vorschub zu leisten hat und ihm erleichtern muß, einem anderen Systeme zu folgen.

Meine Entscheidung auf die vorliegende Frage ist also die: Je nachdem das Gesetz dieses oder jenes System zu Grunde legt, entscheide ich mich anders. Es ist also in dieser Beziehung meiner Ueberzeugung nach die Frage nicht spruchreif, aber ich meine doch, daß es sehr wünschenswerth wäre, wenn wir uns darüber aussprechen, ob eine solche Beschränkung der Eheverträge stattfinden soll, wie ich sie vorhin bezeichnet habe, denn dann haben wir zu gleicher Zeit für die Codification des ehelichen Güterrechts eine bestimmte Grenzlinie gezogen. Darauf basirt der Antrag, den ich Ihnen vorlege. Der Antrag geht dahin:

> Abänderungen des ehelichen Güterrechts durch Ehevertrag sind von der Gesetzgebung nicht zuzulassen, insofern durch dieselben die Interessen Dritter gefährdet werden, und ist daher jedenfalls auch insoweit von der Aufstellung subsidiärer Güterrechtssysteme für die Privatautonomie abzusehen.

Das ist der eine Punkt, den halte ich für heute für den wesentlichen, und ich werde Ihnen dankbar sein und es für eine große Abschlagszahlung ansehen, wenn Sie in diesem Punkte mir zustimmen. Ich füge sodann hinzu:

> Im Uebrigen kommt es für die Beantwortung der Frage, ob und in welchem Umfange die Aufstellung solcher subsidiärer Systeme wünschenswerth ist, wesentlich darauf an, welches System als das gesetzliche zu Grunde gelegt wird.

Ich meine, der Antrag giebt dasjenige, was ich wünsche, ziemlich klar wieder.

Nun, meine Herren, darf ich Sie noch darauf aufmerksam machen, daß ich geglaubt habe, einmal meinen Antrag so zu fassen, daß er eine directe Antwort auf die uns vorliegende Frage giebt, soweit zur Zeit eine Antwort nach meiner Ueberzeugung möglich ist, auf die Frage: wie das Gesetzbuch für das deutsche Reich das eheliche Güterrecht codificiren soll. Ich habe aber gemeint, es wäre richtig, nicht an die ursprüngliche Frage sich ganz genau anzuschließen, vielmehr die Frage in einem allgemeineren Sinne zu beantworten, damit unsere österreichischen Herren Collegen nicht nur freundnachbarlich sich auf die Frage einlassen, sondern zugleich die Frage als eine wissenschaftliche betrachten können und ihrerseits auch Veranlassung haben, etwaige Wünsche und Desiderien, die sie gegen die österreichische Gesetzgebung haben, hier zur Geltung zu bringen.

Ich habe schließlich noch Ihnen zu danken, daß sie auf dem weiten Wege, den ich zur Begründung meines Antrags eingeschlagen habe, mir so nachsichtig gefolgt sind. Hoffentlich entfernt der Antrag selbst sich nicht allzusehr von Ihren Ueberzeugungen.

Correferent Justizrath Mecke (Berlin): Meine Herren! Mein Weg ist mir durch den von meinem verehrten Herrn Vorredner eingeschlagenen wesentlich abgekürzt worden. Ich habe Ihnen nicht so eingehende Ausführungen zu geben aus dem einfachen Grunde, weil mein Herr Vorredner und Mitreferent bereits die Gründe, die ich im Wesentlichen auch vorzubringen habe, mitgetheilt hat.

Es wird zunächst nothwendig sein, meinen Antrag gegenüber dem eben Gehörten näher zu präcisiren und zu erläutern. Ich bemerke gleich, daß ich diesen Antrag modificire. Der Antrag lautet ursprünglich so:

> Die Frage ist zu verneinen, gleichzeitig jedoch die Einführuug von Normativ-Bestimmungen für Eheverträge, Vorschriften über deren gehörige Veröffentlichung und Eintritt des gesetzlichen Güterrechts im Falle der Zuwiderhandlung zu empfehlen.

Absolute Vertragsfreiheit setzte ich voraus und wollte unter dieser Voraussetzung, daß das Gesetz sagt: Ja, ihr Eheleute, wenn ihr einen Vertrag schließen wollt, so müßt ihr euch über bestimmte Cardinalpunkte aussprechen. Nun hat der Herr Referent ja die Frage, ob besondere Güterrechtssysteme nach außen hin subsidiär bestehen sollten, ebenfalls verneint und hat die Voraussetzung, von der ich bei meinem Antrage ausging, gewissermaßen vernichtet. Ich glaubte, es sei so eine Art res judicata dahin vorhanden, daß die Vertragsfreiheit auch über die Schuldenhaft sich erstrecken solle, so daß die Ehefrau unter Umständen weniger verhaftet wäre, wie es nach dem gesetzlichen System der Fall ist; ich glaubte an dieser Frage nicht mehr rütteln zu dürfen. Jetzt aber, nachdem Herr Präses Albrecht nicht ohne Berechtigung eine ganz andere Voraussetzung aufgestellt hat, stimme ich ihm vollständig bei, und daraus ergiebt sich nothwendig eine Modification meines Antrags, namentlich auch dahin, daß die Normativbestimmungen sich blos auf die Verhältnisse nach innen beziehen und daß die Veröffentlichung durch das vorauszusetzende Ehevertragsregister hinwegfällt. Aus den Gründen, die der Herr Präses Albrecht bereits angeführt hat, stimme ich ebenfalls dafür:

> Abänderungen des ehelichen Güterrechts durch Ehevertrag sind von der Gesetzgebung nicht zuzulassen, insofern durch dieselben die Interessen Dritter gefährdet werden.

Es ist allerdings richtig, daß man die Vertragsfreiheit nicht in so ausgedehnter Weise gestatten darf, es giebt öffentliche Interessen, welche die natürliche Grenze der Vertragsfreiheit bilden, und diese öffentlichen Interessen bestehen darin, daß nicht Vermögensverhältnisse Dritter gefährdet werden durch ein den Eheleuten unvermeidlicher Weise zu schenkendes Vertrauen. In dieser Beziehung ist also zwischen den beiden Referenten vollständiges Einverständniß vorhanden.

Ich gehe nur weiter. Ich sage: wie auch das eheliche Güterrecht sich gestalten mag, es soll allein bei dem gesetzlichen Systeme bewenden. Das gesetzliche System soll allein das maßgebende sein.

Mit dem Herrn Gutachter bin ich der Meinung, daß für die Beantwortung der Frage nur technische Gründe maßgebend sein können und keine politischen. Nun scheint mir aber, daß technische Gründe in Menge vorhanden sind. Ich stütze mich da auf vielfache Erfahrungen, die ich auf dem Gebiete des französischen Rechtes gemacht habe, und ich bin auf diesem Gebiete dazu gekommen, die subsidiären Systeme überhaupt zu perhorresciren. Erstens weiß man nicht — das ist ein gesetzgeberischer Gesichtspunkt — wie weit man gehen soll mit der Codification, wie weit man bestehendes Recht berücksichtigen soll und wie weit nicht. Dann aber — und das ist das Allergefährlichste — diese einzelnen Systeme reiben sich gegenseitig an einander. Es wird das gesetzliche System gefährdet. Das gesetzliche System muß aber bevorzugt sein und diese Bevorzugung ist meines Erachtens auch ein technischer und kein politischer Gesichtspunkt. Es liegen aus dem Gebiete des französischen Rechts zahlreiche Fälle vor, an denen sich die Gefährlichkeit der Codification verschiedener Systeme bewahrheitet.

Noch vor einigen Wochen bearbeitete ich einen Fall der Collision zwischen Dotalsystem und Gemeinschaftsrecht. Das Dotalrecht ist vollständig gesondert von dem Gütergemeinschaftsrecht. In demselben — unter 1551 — ist bestimmt, daß die mobiliare Dos venditionis causa ästimirt wird. In dem gegebenen Falle hatten die Eheleute ihre Mobilien immobilisirt, auch eine sogenannte Clausel. Nun wird von dem Richter gesagt: dieser specielle dem Dotalrecht angehörige Artikel enthält einen allgemeinen Grundsatz und dieser allgemeine Grundsatz findet auf die germanische Clausel der Immobilisirung Anwendung. So könnte ich Ihnen aus dem Gebiete des französischen Rechts mehrfache Beispiele hervorheben, und ich glaube deshalb mit Recht auf die Gefahr der subsidiären Systeme aufmerksam machen zu dürfen. Wir sehen ja, wie sorgfältig die Wissenschaft die Gesetzbücher behandelt, und haben wir nicht die Erfahrung gemacht, namentlich wenn eine Zeit nach Erlaß des Gesetzbuches vergangen ist, daß die Wissenschaft sagt: Das steht zwar in dem und dem System, aber es enthält einen allgemeinen Grundsatz, und dieser allgemeine Grundsatz greift selbstverständlich — so argumentiren wenigstens sehr oft die Franzosen — auch bei dem gesetzlichen System Platz! Das, meine Herren, sind sehr gefährliche Umstände, welche die subsidiären Systeme entschieden widerrathen lassen.

Ich bin aber auch der Meinung, daß ein verständiger Notar, ein verständiger Richter einen Ehevertrag so aufsetzen kann, daß die Interpretation des Richters demnächst, wenn die Sache zum Streite kommt, unter Zuhilfenahme der allgemeinen Rechtsgrundsätze des Systems das Richtige finden kann. Indessen diese Auffassung kann ja möglicherweise irrig sein, und deshalb sage ich: für jedes System genügen aber Normativbestimmungen, die ich nun nach der Modification meines Antrags nur auf die Verhältnisse nach innen beziehe, und diese einzelnen Bestimmungen sind:

1. die Art der Güterordnung,

— ich hebe noch einmal hervor, daß ich, ganz einverstanden mit den Ausführungen des Herrn Präses Albrecht, ganz davon absehe, was wir künftig für ein Güterrecht haben werden, also mich auch nur einer allgemeinen Fassung befleißige, —

2. die Feststellung des gemeinschaftlichen und nicht gemeinschaftlichen Vermögens,

3. die Dispositionsbefugnisse der Ehegatten während der Ehe,

4. die Regulirung der Verhaftung bezüglich der Schulden, — dabei wird jetzt aber immer das gesetzliche System, was nicht geändert werden kann, von mir vorausgesetzt, —

5. die Ordnung der Verhältnisse nach aufgelöster Ehe.

Mein Antrag geht also, um das gleich zu erwähnen, dahin: den ersten Absatz des Antrags des Herrn Präses Albrecht anzunehmen und demselben hinzuzufügen:

> Im Uebrigen ist von der Aufstellung subsidiärer Güterrechtssysteme für die Privatautonomie abzusehen, jedoch eine Vorschrift dahin zu empfehlen, daß die Eheleute bei Strafe der Ungiltigkeit des Ehevertrags in diesem über die von dem Gesetze zu bezeichnenden wesentlichsten Punkte der Güterordnung Verfügung treffen.

Meine Herren! Die Vertheidiger der subsidiären Systeme haben ja größere Gesetzgebungen für sich, das Landrecht, das französische Recht. Letztere haben diese subsidiären Systeme aufgestellt, aber unter ganz anderen Verhältnissen und Voraussetzungen. Das allgemeine Landrecht ist mehr ein Gesetzbuch subsidiärer Natur, es hatte mit der Patrimonialgerichtsbarkeit, mit den Territorialverhältnissen noch immer zu rechnen — kurz und gut, solche Verhältnisse mögen von Einfluß gewesen sein auf die Annahme subsidiärer Systeme. Bei dem Code civil hat die Aufstellung dieser subsidiären Systeme mehr einen formell politischen Grund; sie ist ein Compromiß gewesen zwischen den Juristen des französischen und des germanischen Rechts. Dieser Gegensatz spielt ja da überall mit — und dadurch ist diese Mißgeburt — wie ich sie wohl nennen darf — wenigstens in der formellen Anordnung des Gesetzes entstanden. Das dürfen wir bei einer neuen Codification nicht dulden. Wir haben keine wirthschaftlichen Bedenken — diese Anschauung theilt ja auch mein Herr Mitreferent — welche die Wahl eines bestimmten Systemes fordern, wir haben auch kein bestimmtes Rechtsbewußtsein im Volke, was gerade dieses und jenes System forderte. Unter diesen Umständen sollte ich meinen, kann man von jedem subsidiären System absehen. Ich glaube ganz bestimmt annehmen zu dürfen, daß die Anhänger des Regionalsystems nicht auf dem Umwege jetzt wieder die subsidiären Systeme einführen werden. Nachdem ihr Princip gefallen ist, fordert es die Consequenz, daß man die Sachlage jetzt so discutirt, wie sie nach dem Beschlusse des Juristentages vorliegt.

Das sind die Gedanken, die ich bei der Stellung meines Antrages gehabt habe. Ich übergebe dem Bureau jetzt den modificirten Antrag und bitte den gedruckten nicht weiter zu berücksichtigen. Es ist, um das nochmals zu wiederholen, eine vollständige Uebereinstimmung zwischen mir und dem Herrn Mitreferenten Präses Albrecht hergestellt; ich acceptire den ersten Satz:

Abänderungen des ehelichen Güterrechts durch Ehevertrag sind von der Gesetzgebung nicht zuzulassen, insofern durch dieselben die Interessen Dritter gefährdet werden.

Uebrigens um meinen ursprünglichen Antrag erschöpfend zu behandeln, theile ich nicht die Befürchtung des Herrn Präses Albrecht bezüglich der Ehevertragsregister. Meine Herren! Es ist das nicht so gefährlich.

Wenn heute in den Zeitungen steht: „die Eheleute haben die Gütergemeinschaft ausgeschlossen" — das kommt ja sehr oft vor — so weiß doch auch eigentlich Jeder, daß das Vermögen der Frau nicht so ohne weiteres haftet, und das ist eine ebenso bedenkliche Wendung gegen den Credit und das Ansehen des Mannes, als wenn Aehnliches ausdrücklich in dem Ehevertragsregister steht. Aber wie gesagt, wenn man ein ausschließlich waltendes gesetzliches System annimmt, dann kommt ja die Frage nicht in Betracht. Das System des Herrn Präses Albrecht ist etwas gewaltsamer, aber in anderer Richtung ist es auch wieder delicater, indem gewisse Fragen gar nicht mehr unter den Eheleuten zur Erörterung gelangen können, und so habe ich keinen Anstand, den einen, diesen ersten Satz des Herrn Präses Albrecht, ebenfalls zu empfehlen.

Was meinen weitergehenden Antrag anlangt, so ist richtig, daß wir einigermaßen im Finstern tappen, es kommt sehr viel auf das subjective Empfinden an: dagegen bin ich unter allen Umständen der Meinung, daß selbst bei der allgemeinen Gütergemeinschaft es sich durchführen läßt, bloß durch Vertrag ohne subsidiäre Systeme gedeihliche Verhältnisse zu schaffen. Ich glaube daher, auch der zweite Antrag von mir dürfte angenommen werden können.

Vicepräsident Oberhofgerichts-Vicekanzler Dr. **Roßhirt** aus Mannheim: Seitens der Herren Professoren Brunner und Schröder ist folgender Antrag gestellt worden:

Es ist nothwendig, in einem gemeinsamen bürgerlichen Gesetzbuche für ganz Deutschland neben dem Systeme des gesetzlichen Güterrechts die übrigen Hauptsysteme des deutschen ehelichen Güterrechts zur Ergänzung genereller Eheverträge dispositiv zu normiren.

Vertragsmäßige Bestimmungen, durch welche die Vermögensverhaftung des gesetzlichen Güterrechts Dritten gegenüber beschränkt wird, sind von der Eintragung in öffentliche Register abhängig zu machen.

Zur Begründung desselben ertheile ich zunächst Herrn Professor Dr. Brunner das Wort.

Professor Dr. **Brunner** (Berlin): Durch den Antrag, den ich gemeinschaftlich mit Herrn Professor Schröder gestellt habe, schließen wir uns sachlich so ziemlich an den Vorschlag an, welchen Herr Kammerpräsident Petersen im ersten Bande der vorliegenden Gutachten gemacht hat. Es unterscheidet sich von diesem unser Antrag nur formell und zwar insofern, als wir uns nicht direct anschließen an die Formulirung, wie sie von Seiten der ständigen Deputation für diese Frage beliebt worden ist. Die Formulirung der ständigen Deputation stellt die Frage:

> ob es wünschenswerth sei, in einem gemeinsamen bürgerlichen Gesetzbuche für Deutschland neben dem einheitlichen Systeme des ehelichen Güterrechts noch subsidiäre Systeme für die Privatautonomie aufzustellen?

Ich kann mich mit dem Ausdrucke „subsidiäre Systeme für die Privatautonomie" nicht befreunden und muß auch dagegen Verwahrung einlegen, daß von Seiten der Herren Vorredner fortwährend von subsidiären Systemen gesprochen worden ist. Es handelt sich hier nicht um subsidiäre Systeme. Einmal nicht um Systeme, welche subsidiär sind gegenüber dem gesetzlichen, dem einheitlichen Systeme des ehelichen Güterrechts. Dieses einheitliche System des ehelichen Güterrechts, etwa das System der Verwaltungsgemeinschaft, soll ja eben dann eintreten, wenn nichts anderes beliebt worden ist. Es würde also, wenn wir dabei den Ausdruck „subsidiär" etwas unjuristisch im gewöhnlichen Sinne brauchen, gerade das einheitliche System des ehelichen Güterrechts das subsidiäre sein gegenüber denjenigen Systemen, die für die Privatautonomie noch freigestellt werden sollen.

Man kann ferner aber nicht sprechen von subsidiären Systemen gegenüber Verträgen, die geschlossen worden sind, man kann nicht sagen, ein solches Nebensystem, das für die Vertragsbeliebung im Gesetzbuche festgestellt worden ist, enthielte subsidiäre Bestimmungen gegenüber solchen Verträgen, die nicht bis in das Detail, d. h. nicht in einzelne Spezialitäten hinein die Güterrechtsverhältnisse der bestehenden Ehen zu ordnen gewillt sind; aus dem Grunde nicht, weil diese sogenannten subsidiären Systeme gegenüber den detaillirten Verträgen, gegenüber den speziellen Verträgen nicht enthalten würden subsidiäre Bestimmungen, sondern dispositive Bestimmungen.

Es ist eben zu unterscheiden einerseits zwischen jus dispositivum und andererseits zwischen subsidiärem Recht.

Aus diesem Grunde haben wir uns der vorliegenden Formulirung nicht angeschlossen. Wir vermeiden dabei, indem wir eine andere Formulirung vorschlagen, auch den Ausdruck „Privatautonomie". Die lex contractus, die Verabredung, die die Parteien bei Abschluß der Verträge treffen, schafft nicht Rechtssätze, sondern sie schafft Rechtsgeschäfte, während die eigentliche Autonomie Rechtssätze schafft. Bei der Privatautonomie handelt es sich nicht um Rechtserzeugung, sondern um die Anwendung von bestehenden Rechtssätzen. Sie steht daher auch nicht im Gegensatze zur Rechtseinheit, da sie nur eine Verschiedenheit der Rechtsgeschäfte, nicht der Rechtssätze begründet.

Soviel in Bezug auf die rein formellen Abweichungen.

Was den zweiten Theil unseres Antrags betrifft, nämlich die Vermögenshaftung Dritten gegenüber, so liegt eigentlich ein unmittelbarer Anlaß, sich hierüber auszusprechen, in der von der Deputation gestellten Frage nicht. Wenn das künftige Gesetzbuch für Deutschland neben dem Systeme der Verwaltungsgemeinschaft, welches etwa gesetzliches Güterrecht werden soll, noch das System der allgemeinen und der beschränkteren Gütergemeinschaft codificirt, so kann ja das künftige Gesetzbuch bei dieser Codification der anderen Systeme bestimmte Voraussetzungen machen, bestimmte Bedingungen aufstellen, unter welchen allein eine andere Haftung eintreten darf als wie diejenige, die in dem gesetzlichen Güterrecht bestimmt worden ist. Die Frage über die Beschränkung der Vermögenshaftung gegenüber Dritten, wie sie namentlich dem Antrage des Herrn Präses Albrecht zu Grunde liegt, hat eigentlich nur mit denjenigen Eheverträgen zu thun, die ich etwa nennen möchte die speciellen Eheverträge. Ich unterscheide dabei so: ein genereller Ehevertrag liegt vor, wenn die Leute sagen: „wir verheirathen uns nach allgemeiner Gütergemeinschaft oder nach beschränkter Gütergemeinschaft u. s. w.“ dann hat der Notar weiter nicht viel zu schreiben. Es könnte eventuell, wie wir das in unserem Vorschlage angeregt haben, die Sache auch durch Eintragung in ein öffentliches Register abgemacht werden. Ganz anders steht die Sache, wenn specielle Eheverträge abgeschlossen werden sollen. Wenn ein specieller Ehevertrag gemacht werden soll, dann wird nicht durch einen bestimmten terminus technicus, durch ein bestimmtes Schlagwort von vornherein das System angegeben, nach welchem die Ehegatten leben wollen, sondern es werden die güterrechtlichen Verhältnisse bis in das Detail geregelt werden.

Damit habe ich schon im Voraus den Boden geebnet, um die Stellung zu kennzeichnen, die wir gegenüber den Aeußerungen und Anträgen der beiden Herren Referenten einnehmen.

Es giebt meines Erachtens nur die Alternative: Entweder man schließt die Vertragsfreiheit im Gebiete des ehelichen Güterrechts vollständig aus, oder aber es normirt das Gesetz in dispositiver Weise die Hauptsysteme neben dem gesetzlichen ehelichen Güterrechtssysteme. Der Grund ist meines Erachtens ein sehr einfacher. Wenn unser künftiges Civilgesetzbuch ein einseitiges System aufstellt, gesetzt es wäre dies das System der Verwaltungsgemeinschaft, so wird dadurch gewiß in sehr tiefer Weise eingeschnitten in die bestehenden Gewohnheiten und Verhältnisse des Volkes. Man darf dabei nicht außer Augen lassen, daß ja in verschiedenen Theilen Deutschlands die Verhältnisse sehr verschiedenartig sich gestalten. In Hamburg mag ja ungefähr die Auffassung gerechtfertigt sein, daß die Ehe nichts anderes sei als eine modificirte Handelsgenossenschaft und daß man die Haftung der Frau für die Schulden des Mannes ungefähr betrachten muß unter dem Gesichtspunkte der Haftung des offenen Handelsgesellschafters. Nehmen Sie aber die Verhältnisse auf dem flachen Lande, nehmen Sie die Verhältnisse in Bayern oder überhaupt die Verhältnisse in Süddeutschland! Gerade deßhalb möchte ich, daß der Uebergang aus den gegebenen Verhältnissen in die neuen Verhältnisse so leicht wie möglich gemacht werde. Von Haus aus muß ich mich bekennen als einen Gegner des Beschlusses, welchen der vorjährige Juristentag gefaßt hat, von Haus aus wäre es mir am liebsten gewesen, wenn das künftige Gesetzbuch etwa gesagt hätte: die Verwaltungsgemeinschaft soll gesetzliches Güterrecht sein, aber nur subsidiäres gesetzliches Güterrecht. Daneben soll aber für die einzelnen Länder, sei es nun im Wege der Reichsgesetzgebung, sei es im Wege der Particulargesetzgebung, ein particuläres Güterrecht aufgestellt werden können. Das wäre mein Standpunct gewesen. Doch das ist eine abgethane Sache. Ich will mich auf den Boden des Beschlusses des vorjährigen Juristentages stellen. Dabei ist es mir aber durchaus nicht darum zu thun, wie einer der Herren Vorredner angedeutet hat, etwa nun als Anhänger des Regionalsystems, nachdem dasselbe gefallen ist, durch eine Hinterpforte denjenigen Zustand herbeizuführen, den eigentlich das Regionalsystem herbeigeführt hätte.

Wenn unser künftiges Civilgesetzbuch ein bestimmtes einheitliches Güterrechtssystem hinstellt, also die Verwaltungsgemeinschaft, so zwingen wir dadurch indirect die Bevölkerung in allen denjenigen Landestheilen, wo man an das System nicht gewöhnt ist oder wo die wirthschaftlichen Verhältnisse nicht dazu angethan sind, dasselbe passend zu finden, zur Eingehung von Eheverträgen. Gut. Wenn man die Bevölkerung zur Eingehung von Eheverträgen indirect zwingt, so soll man es ihr aber möglichst leicht machen. Dabei ist ein Doppeltes möglich. Entweder der Notar oder der Rechtsanwalt schreibt in jedem einzelnen Falle einen langen Ehevertrag von A bis Z, d. h. er schreibt vielleicht in 50 Paragraphen dasjenige, was ganz gut im Gesetzbuche stehen könnte. Oder aber die

Parteien sagen einfach: Errungenschaftsgemeinschaft oder Mobiliargemeinschaft u. s. w. Das Nähere wird durch das Gesetz geregelt.

Ich glaube, wenn wir die Prozesse der Reihe nach vornehmen, die über die Interpretation von Verträgen entstanden sind, und die Prozesse, die über die Interpretation von Paragraphen eines Gesetzbuches entstanden sind, so werden entschieden die ersteren die Ueberzahl haben. (Sehr richtig!) Wenn wir also einfach den Notaren und Rechtsanwälten überlassen, bis ins Detail die Verträge auszuarbeiten, so werden entschieden noch viel mehr Prozesse über eheliches Güterrecht entstehen, als wenn das Gesetz im Voraus sagt: wenn die Parteien Mobiliar- oder Errungenschaftsgemeinschaft wollen, so soll das und das gelten.

Es ist dann noch ein Punkt hervorzuheben, nämlich die Haftung Dritten gegenüber. Ich habe früher schon gesagt, daß es eigentlich nicht unbedingt nothwendig wäre, diesen Gegenstand hier zu erörtern, weil er in der gestellten Frage nicht liegt. Wir sollen uns hier nur beschäftigen mit dem, was das Gesetzbuch sagen soll, ob es die Nebensysteme codificiren soll oder nicht; aber wir sollen uns mit dem Detail dieses Gesetzbuches nicht beschäftigen. Nachdem aber die Frage schon einmal angeregt ist, so haben Herr College Schröder und ich unseren darauf bezüglichen Antrag gestellt.

Es sollen nämlich solche Bestimmungen, durch welche die Haftung des ehelichen Vermögens Dritten gegenüber beschränkt wird, in ihrer Giltigkeit abhängig gemacht werden von einer Eintragung in öffentliche Register. Ganz ähnlich liegt die Sache — und ich komme hier auf den früher schon hervorgehobenen Vergleich — nach dem H. G. B. für die Handelsgesellschaften.

Das H. G. B. sagt im Allgemeinen: es giebt eine Grundform der Haftung der einzelnen Handelsgesellschafter, es haftet jeder offene Handelsgesellschafter für das, was jeder andere offene Handelsgesellschafter, angehend die Handelsgesellschaft gethan hat; es kann aber diese Haftung beschränkt werden: es wird z. B. nur bestimmten offenen Handelsgesellschaftern die Vertretung ertheilt, oder es wird eine Gesellschaft als Commanditgesellschaft gegründet u. s. w.

Speziell möchte ich mich aber verwahren gegen diejenige Formulirung, welche Herr Präses Albrecht in dem ersten Punkte seinem Antrage gegeben hat. Er sagt nämlich:

> Abänderungen des ehelichen Güterrechts durch Ehevertrag sind von der Gesetzgebung nicht zuzulassen, insofern durch dieselben die Interessen Dritter gefährdet werden.

Meine Herren! Was sind „Interessen Dritter“? Der Ausdruck ist so unendlich dehnbar, daß meines Erachtens mit diesem Antrage practisch nicht viel zu machen ist. Ich glaube, der Redacteur eines Gesetzbuches würde in Verzweiflung sein, was er damit machen sollte. Ich lasse mir gefallen, daß Abänderungen verboten sein sollen, durch welche Rechte Dritter gefährdet werden, allein ich kann nicht recht verstehen, was „Interessen Dritter" sein sollen, die gefährdet werden sollen. Der Ausdruck „Interessen" ist so außerordentlich dehnbar und vielsagend, daß in einem Paragraphen des Gesetzbuches derselbe entschieden nicht zu brauchen wäre.

Ich kann schließlich nur darauf hinweisen, daß sämmtliche bestehenden Gesetzbücher so verfahren sind, wie wir vorgeschlagen haben. Sie finden in dem Code civil die verschiednen Nebensysteme codificirt, und wenn man damals in Frankreich „politische Gründe" gehabt hat, auch die übrigen Systeme mit aufzunehmen, so haben wir wahrlich diese politischen Gründe in Deutschland auch und haben sie in noch viel höherem Grade als damals Frankreich. Wenn man damals in Frankreich auf dem Gebiete des ehelichen Güterrechts centralisiren wollte, so konnte man es ungescheut thun, ohne irgendwie eine particularistische Reaction befürchten zu müssen. Auch die übrigen Gesetzbücher sind in ähnlicher Weise verfahren.

Es handelt sich darum, den Paciscenten das Schließen von Verträgen zu erleichtern. Das ist ein Gesichtspunct, von welchem die Oekonomie der Gesetzgebung in erster Linie ausgehen muß.

Professor Dr. **Schröder** (Würzburg): Ich habe nur noch weniges dem hinzuzufügen, was Herr College Brunner zur Begründung unseres gemeinschaftlichen Antrags bereits bemerkt hat.

Wir verlangen für die Ehegatten nichts weiter, als was man solchen Personen, die sich zu einer Handelsgesellschaft zusammenthun, von jeher gewährleistet hat. Thun sich zwei Personen zu einer Handelsgesellschaft zusammen, ohne etwas weiteres zu bestimmen, so sagt das Gesetz: sie sind eine offene Handelsgesellschaft und jeder haftet mit seiner ganzen Persönlichkeit; jeder Einzelne hat auch die praepositio institoria für sich, jeder Einzelne vertritt bei seinen Geschäften die Gesellschaft als solche. Es kann aber — sagt die Gesetzgebung — nicht blos jedem Einzelnen diese praepositio institoria entzogen werden, wenn es in das Handelsregister eingetragen wird, sondern es können diejenigen, die sich zu einer Handelsgesellschaft zusammenthun, sogar die Schuldenhaftung des einzelnen Gesellschafters auf ein bestimmtes Maß beschränken. Und wenn sie das thun und dies in das Handelsregister eintragen lassen, dann treten, sagt das Gesetz, vorbehaltlich dessen, was sie weiter unter einander abgemacht haben, folgende Normen ein; und nun hat das Gesetz das Statut der Commanditgesellschaft dispositiv codificirt. Wir wollen nichts weiter, als was das Handelsgesetzbuch neben den Bestimmungen über die offene Handelsgesellschaft enthält, was es der Commanditgesellschaft zu Theil werden läßt, in analoger Weise auf die Ehegatten angewendet wissen. Und, meine Herren, die Frau, die einem Manne sich für ihr ganzes Leben hingiebt, die hat wahrlich mehr Anspruch auf diesen gesetzlichen Schutz als derjenige, der mit einem anderen eine Handelsgesellschaft eingeht und sich vorher seinen Mann ganz genau ansieht, was in wirthschaftlicher, was in geschäftlicher Beziehung an ihm ist.

Will ich mich mit Jemandem associiren, so suche ich vorher genau zu erfahren, wie seine Vermögensverhältnisse, wie seine geschäftlichen Neigungen und Eigenschaften sind. Die Frau associirt sich aber bekanntlich in der Regel nicht mit dem Geldbeutel des Mannes, (Heiterkeit) sondern sie associirt sich mit dem Manne, und das Verhältniß, das zwischen ihnen entsteht, ist ein auf Zeit ihres Lebens sie bindendes Verhältniß. Darum bedarf sie weit eher des gesetzlichen Schutzes, als er bei solchen handelsgesellschaftlichen Unternehmungen gewährt wird. Die Römer haben einen Ehevertrag nicht gehabt. Nach dem römischen Rechte entsteht zwischen Mann und Frau ein vermögensrechtliches besonderes Verhältniß, das durch die Ehe herbeigeführt wurde, überhaupt nicht. Wollten die Ehegatten einen Ehevertrag schließen, so konnte derselbe nur den Character der Societas haben, also nur auf eine vertragsmäßig festgesetzte Zeit oder auf Kündigung, unter keinen Umständen aber lebenslänglich geschlossen werden. Gerade weil die Römer Eheverträge als Societätsverträge auffaßten, waren ihnen Eheverträge als solche ganz unbekannt, und sie brauchten sie nicht, weil auch gesetzlich durch die Ehe kein besonderes vermögensrechtliches Verhältniß begründet wurde. Wir in Deutschland, wo die Ehe als solche einen Einfluß auf die Vermögensverhältnisse hat, müssen nothwendig den Ehegatten die Möglichkeit gewähren, durch Vertrag vorzusorgen, daß die gesetzlichen Bestimmungen, welche sie auf Zeit ihres Lebens binden würden, die ihren individuellen Verhältnissen vielleicht ganz feindlich sind, zwischen ihnen ausgeschlossen bleiben. Und das müssen wir ihnen nicht blos gestatten in der Wirkung, wie die beiden Herren Referenten es einräumen wollten, daß die Eheverträge unter den Ehegatten wirksam sind, sondern auch gestatten Dritten gegenüber, vorausgesetzt, daß diese Dritten Kenntniß davon haben.

Die Eheverträge in der Wirkung Dritten gegenüber kommen nun hauptsächlich in Betracht hinsichtlich der Haftung für die Schulden und hinsichtlich der Verfügungsrechte.

Hinsichtlich der Schuldhaftung werden wir doch unter allen Umständen, wenn ein gesetzliches System die Frau in sehr bedeutendem Maße für die Schulden des Mannes mit heranzieht, es für ungerecht halten müssen, der

Frau die Möglichkeit zu entziehen, sich durch Ehevertrag diesen Schulden gegenüber freier zu stellen. Wenn wir dem Handelsgesellschafter gestatten, Commanditist zu sein, warum sollen wir der Frau nicht gestatten, sich als Commanditistin hinzustellen? Warum soll die Frau nicht sagen dürfen: „Ich hafte blos mit dem Theile meines Vermögens und darüber hinaus nicht?"

Das ist ein Punct, welcher der Verwaltungsgemeinschaft als gesetzlichem Systeme gegenüber kaum in Betracht kommen würde, selbst dann nicht, wenn im Sinne des Beschlusses des vorigen Juristentages eine beschränkte Mithaftung der Frau für Schulden des Mannes eintreten sollte, — also ein Punkt, der eigentlich nur dann von schwerwiegender Bedeutung sein würde, wenn die Gütergemeinschaft als Gesetz hingestellt wird. Würde insbesondere die allgemeine Gütergemeinschaft gesetzliches System sein, so müßte ich es für ein Verbrechen halten, wenn man der Frau die Möglichkeit, mit Wirkung gegen Dritte ihre Schuldhaft zu beschränken, entziehen wollte.

Von diesem Puncte abgesehen, würde dem Systeme der Verwaltungsgemeinschaft gegenüber die Frage sich reduciren auf das Verfügungsrecht des Mannes über das Vermögen der Frau. Nach dem Systeme der Verwaltungsgemeinschaft wie nach jedem System des deutschen ehelichen Güterrechts hat ja der Mann die unbedingte Verfügung über die fahrende Habe, über das gesammte Mobiliarvermögen, gleichviel ob es von ihm oder von der Frau herrührt. Dieses Verfügungsrecht des Mannes über das Mobiliarvermögen der Frau wollen wir nun beschränkt wissen, wie es bisher in Deutschland immer üblich gewesen, durch das Recht der Frau, sich gewisse Bestandtheile ihres Vermögens vorzubehalten oder sonst wie durch Vereinbarung mit dem Manne durch Ehevertrag feststellen zu können, daß der Mann über ihr Vermögen oder gewisse Theile desselben keine Verfügung hat. Wir verlangen, daß das mit Wirkung gegen Dritte ausgestattet werde, mit Wirkung gegen Dritte aber selbstverständlich nur soweit, als diese Dritten Kenntniß davon gehabt haben. Derjenige, der von einem Ehemann Sachen erwirbt, die der Frau gehören, kann nicht schlechter gestellt werden als derjenige, der sich beim Uhrmacher eine Uhr kauft. Wie die Uhr, wenn sie nicht etwa ursprünglich dem Eigenthümer gestohlen ist, nach dem Handelsgesetzbuch mein Eigenthum unter allen Umständen wird, wenn ich im guten Glauben bin: so verlangen wir, daß demjenigen, der in gutem Glauben ist, der nicht weiß, daß der Mann über Sachen der Frau verfügt, ohne dazu berechtigt zu sein, ein solcher Ehevertrag nicht entgegengesetzt werden kann. Wo aber böser Glaube vorhanden ist, da verlangt schon die Moral, daß dieser böse Glaube nicht mit einem Rechtsvortheil ausgestattet werde. Den bösen Glauben finden wir aber nicht blos da, wo der Dritte, der von dem Manne etwas Beliebiges erwirbt, was der Frau gehört, im Einzelnen in mala fide ist — nehmen wir z. B. den Fall etwa: der Notar, der den Vertrag selbst gemacht hat, worin die Frau sich die und die Vermögenstheile vorbehält, kauft jetzt dem Manne dieselben Sachen ab, über welche die Frau die Verfügung sich vorbehalten — nicht blos diesen ganz crassen Fall, der immer herangezogen werden kann, nehmen wir in Betracht, sondern wir verlangen auch, daß durch öffentliche Bekanntmachung des Ehevertrages, nach welchem der Mann über gewisse Theile des Vermögens seiner Frau nicht verfügen soll, Jedermann in mala fides versetzt wird, ganz in derselben Weise wie es bei der Eintragung in das Handelsregister geschieht, auch wenn er thatsächlich in bona fide war, in der Weise, daß die Bestimmungen eines öffentlich in gehöriger Weise bekannt gemachten Ehevertrags als ihm bekannt vorausgesetzt werden, es sei denn, daß er den Beweis führt, er habe davon keine Kenntniß haben können. Naürlich würde es in concreto, auf einzelne Sachen angewendet, noch immer darauf ankommen: bei Werthpapieren z. B., welche die Frau sich als Spindelgüter vorbehalten hat, können selbstverständlich nur solche in Betracht kommen, die auf den Namen der Frau lauten oder auf denselben außer Kurs gesetzt sind; wenn man es also den einzelnen Stücken ansehen kann, daß sie zu dem Vermögen der Frau gehören, dann können sie rechtsgiltig vom Manne nicht veräußert werden.

Weiter die Immobilien. Bei dem Systeme der Verwaltungsgemeinschaft hat der Mann über die Immobilien der Frau gar keine Verfügung, über seine eigenen Immobilien hat er freie Verfügung. Nehmen wir nun an, die Ehegatten haben vertragsmäßig eine allgemeine Gütergemeinschaft unter einander abgeschlossen. Nach dieser vertragsmäßigen allgemeinen Gütergemeinschaft kann der Mann auch über sein bisheriges eigenes Vermögen nicht mehr verfügen, sondern es kann unter allen Umständen über das beiderseitige Vermögen, soweit es in Immobilien besteht, nur mit gesammter Hand der Ehegatten verfügt werden. Verfügt nun in einem solchen Falle, wo die Ehegatten vertragsmäßig allgemeine Gütergemeinschaft abgeschlossen haben, der Mann über Grundstücke, die von ihm herrühren, zu Gunsten eines Dritten, bestellt er z. B. Hypotheken oder verkauft er das Grundstück, so werden wir gerade so wie hinsichtlich der Mobilien unterscheiden müssen, ob der Dritte in bona oder in mala fide war. Ist er in bona fide gewesen, d. h. hat er nicht gewußt und nicht wissen können, daß allgemeine Gütergemeinschaft zwischen den Eheleuten besteht, hat er es auch nicht aus dem Grundbuch ersehen können, dann ist er entschuldigt, dann ist der Vertrag unanfechtbar, weil wir den guten Glauben schützen müssen, nicht weil der Ehevertrag keine Wirkung gegen Dritte hat; hat der Dritte dagegen gewußt, daß dieses Grundstück, das auf den Namen des Mannes allein eingetragen ist, einem Manne gehört, welcher in allgemeiner Gütergemeinschaft mit seiner Frau steht, so hat er in mala fide gehandelt, denn er hätte sich ohne Zuziehung der Frau nicht darauf einlassen dürfen; ist das Grundstück gar geradezu auf den Namen der Frau mit eingeschrieben, so wird der Grundbuchführer schon eine solche Veräußerung gar nicht zulassen. Also nur in einem solchen beschränkten Sinne wird eine Wirkung gegen Dritte zulässig sein, aber in diesem Sinne können wir sie gar nicht entbehren.

Nun, meine Herren, ist gesagt worden, das Rechtsbewußtsein im deutschen Volke sei gar nicht so mit dem ehelichen Güterrecht verbunden, daß da irgend wie ein Bedürfniß herrsche, auch andere Systeme zu codificiren, es würde mit einem Systeme, sobald es energisch durchgeführt werde, vollständig Genüge geleistet sein, und es würde Keiner mehr daran denken, ein anderes System aufzustellen, wenigstens wenn dieses System das System der Verwaltungsgemeinschaft ist. Dem Systeme der Gütergemeinschaft gegenüber wird schwerlich Jemand leugnen, daß daneben die vertragsmäßige Gütertrennung, also ein ganz abweichendes System, nicht entbehrt werden kann. Es soll also ein besonderes Rechtsbewußtsein in Deutschland nicht existiren. Nun, meine Herren, in dieser Beziehung liefert Württemberg den eclatantesten Beweis des Gegentheils. In den alten württembergischen Provinzen gilt auf Grund des württembergischen Landrechts die Errungenschaftsgemeinschaft zwischen den Eheleuten; in den sogenannten neuwürttembergischen Provinzen, welche erst im Anfange dieses Jahrhunderts an Württemberg gekommen sind, galt zum größten Theile die allgemeine Gütergemeinschaft. Und nun, meine Herren, sehen Sie sich ein im vorigen Jahre erschienenes sehr verdienstvolles Werk von Schaffert über das württembergische Notariat an, in welchem eine statistische Uebersicht über die Eheverträge in Württemberg enthalten ist. Diesem Werke ist eine Landkarte beigegeben, welche mit verschiedenen Farben die Districte bezeichnet, wo man sich mit der gesetzlichen Errungenschaftsgemeinschaft begnügt, und die Districte, wo in jeder Ehe fast ohne Ausnahme die allgemeine Gütergemeinschaft festgestellt wird. Und dann vergleichen Sie diese Karte mit dem, was Alt- und Neuwürttemberg ist. Es deckt sich fast genau. In denselben Gegenden, wo früher die allgemeine Gütergemeinschaft gegolten hat, wird noch heute in jedem Hause mit geringen Ausnahmen die allgemeine Gütergemeinschaft unter den Eheleuten festgestellt. Und da will man sagen, daß ein Rechtsbewußtsein in unserem

Volke nicht bestände! Ja lassen Sie dieses Drittel von Württemberg ganz allein dastehen und im ganzen übrigen Deutschland ein Rechtsbewußtsein in dieser Beziehung nicht bestehen; so würde ich sagen: schon wegen dieser halben Million Württemberger sind wir schuldig, daß wir die Möglichkeit gewähren, auch fernerhin das, was sie für nothwendig halten, das, was ihnen als das Heiligthum der Ehe erscheint, vertragsmäßig festzuhalten. Da müssen wir unter die Arme greifen durch eine gesetzliche Codification. Thun wir das nicht, so kommt das Unwesen, wie es in dem Gutachten des Herrn Kammerpräsidenten Petersen trefflich geschildert ist, daß dann Formulare angefertigt oder unvollständige Eheverträge geschlossen werden. Dann kommen Prozesse über Prozesse, und die Rechtsunsicherheit wird unendlich viel größer, die Rechtseinheit, die wir herstellen wollen, soweit es geht, wird eine absolut verlorene, wir haben dann keine Rechts*einheit*, sondern gerade erst recht eine Rechts*vielheit*, die wir beseitigen wollen. (Bravo!)

Kammer-Präsident **Petersen** (Straßburg i. E.): Meine Herren! Da mir der ehrenvolle Auftrag zu Theil geworden war, ein Gutachten über die auf der Tagesordnung stehende Frage abzustatten, so hatte ich eigentlich nicht die Absicht, in der Versammlung über dieselbe zu sprechen, da ich doch voraussetzen darf, daß die Gutachten im Allgemeinen gelesen werden. Ich bin aber genöthigt, einige kurze Bemerkungen zu machen, weil die Ausführungen, die ich in meinem Gutachten gegeben habe, wie mir scheint, von dem Herrn Referenten doch nicht ganz genau wiedergegeben worden sind.

Der Herr Referent hat in erster Linie hervorgehoben und mir gewissermaßen den Vorwurf gemacht, daß ich den Beschluß des vorjährigen Juristentags bezüglich der Annahme der Verwaltungsgemeinschaft gewissermaßen schon als einen definitiven betrachte und mein ganzes Gutachten auf diesen Fall eingerichtet habe. Das, meine Herren, ist nicht richtig. Ich habe es allerdings als wahrscheinlich angenommen, daß die Civilgesetzbuchscommission die Verwaltungsgemeinschaft zur Grundlage des ehelichen Güterrechts nehmen werde. Das war mir von verschiedenen Seiten mitgetheilt worden und ich war damals wirklich des Glaubens, es sei ein öffentliches Geheimniß, daß die Commission diesen Beschluß gefaßt habe. Mein Antrag beruhte also nicht lediglich darauf, daß die Autorität des Juristentags unter allen Umständen durchdringen werde. Allein wenn ich Ihnen den Schluß meines Gutachtens mittheile, so werden Sie daraus ersehen, daß ich mich durchaus nicht bloß auf diesen Boden gestellt habe.

Es heißt in diesem Gutachten:

Es ist allerdings wünschenswerth, ja nothwendig, in einem

> gemeinsamen bürgerlichen Gesetzbuch für ganz Deutschland neben dem einheitlichen System des ehelichen Güterrechts subsidiäre Systeme für die Privatautonomie aufzustellen,

und nur mit Rücksicht auf den im vorigen Jahre von dem Juristentag gefaßten Beschluß habe ich beigefügt,

> daß dies insbesondere, wenn das gesetzliche Güterrecht auf der Grundlage der Verwaltungsgemeinschaft geregelt wird, bezüglich des Systems der Gütergemeinschaft geboten ist.

Daß es, meine Herren, wenn die Civilgesetzcommission das Güterrecht auf Grundlage der allgemeinen Gütergemeinschaft regeln wollte, umsomehr nothwendig wäre, subsidiäre Güterrechte zuzulassen, das ist mehrfach bemerkt worden und selbstverständlich. Ich glaube, wenn ein derartiger Beschluß käme, so würden die meisten der Herren, die heute so gegen die subsidiären Systeme sind, ganz gewiß erklären: Ja jetzt ist es ganz anders, wenn die allgemeine Gütergemeinschaft zur Grundlage genommen wird, so müssen die anderen Systeme codificirt werden.

Die Gründe, die mich für die Codification, für die Aufstellung von solchen Systemen bestimmt haben, oder — wie ich es für richtiger halte — in der Formulirung der beiden Herren Professoren Brunner und Schröder zu sagen, daß auch Normativbestimmungen dispositiver Art bezüglich der anderen Systeme aufgestellt werden sollen, die nicht als das gesetzliche Güterrecht angenommen werden, das sind in erster Linie Gründe technischer Art, wie Herr Justizrath Mecke bereits gesagt hat. Ich meine, das eheliche Güterrecht, das nicht schon im Gesetze normirt ist, ist ein Vertragsrecht, und alles Vertragsrecht ist seiner Natur nach zum weitaus größten Theil dispositives Recht. Die Bestimmungen allerwenigstens', die unsere Gesetzbücher enthalten, sind absolut gebietender oder verbietender Art, so daß sie nicht geändert werden können. Nehmen Sie die Bestimmungen über irgend welche Vermögensverträge, über Miethe, Kauf, Gesellschaft, so werden Sie finden, daß der größte Theil der Bestimmungen nur den Zweck hat, Streitigkeiten und Prozesse zu vermeiden, und für den Fall, daß die Parteien bestimmte allgemein bekannte, hergebrachte und gebräuchliche Bestimmungen in ihren Verträgen treffen, die Auslegungsregeln hierfür bereits zu geben; ebenso auch umgekehrt wieder Bestimmungen aufzustellen für den Fall, daß die Verträge unvollständig sind. Wollten Sie aus den Bestimmungen über irgend welche Verträge, Kauf, Miethe, Gesellschaft, die Bestimmungen herausstreichen, welche lediglich dispositiver Art sind, so würden Sie sich überzeugen, daß ganz wenige Bestimmungen übrig bleiben. Nun sage ich: dasselbe muß gelten für das eheliche Güterrecht. Würde ein Gesetzgeber auf den Einfall kommen, zu sagen: wir brauchen gar kein gesetzliches Güterrecht, wir wollen Jedem überlassen, einen Ehevertrag zu machen, wir wollen aber hier dispositives Recht aufstellen für die verschiedenen Vertragsformen, so würde es gewiß Niemand einfallen zu sagen: solche Dispositivbestimmungen brauchen wir nur für ein System, z. B. der Verwaltungsgemeinschaft, aber nicht für die anderen. Ich kann nicht einsehen, wie man sagen kann: wenn Jemand Gütergemeinschaft eingeht, so ist es selbstverständlich, daß man keine Dispositivbestimmungen braucht, wenn er aber das System der Verwaltungsgemeinschaft wählt, dann ist es anders oder umgekehrt.

Meine Herren! Ich habe als besonderes Beispiel die Handelsgesellschaft angeführt. So wie man dort für eine bestimmte Vertragsform ganz verschiedene Systeme aufstellen mußte, weil dieser Vertrag in seinen Formen ganz außerordentlich verschieden ist, ebenso ist es bei dem ehelichen Güterrecht; denn hier sind die Bestimmungen eben so weit auseinandergehend, wie bei irgend einer Gesellschaft, auseinandergehend in Bezug auf die Wirkungen, soweit sie sich bloß auf die Eheleute untereinander bebeziehen, und auseinandergehend in Beziehung auf die Wirkung dieser Verträge Dritten gegenüber. Der Herr Präses Dr. Albrecht hat einige Gründe, die ich nur beispielsweise angeführt habe, als die einzigen, die ich angeführt hätte, angeführt. Ich habe in meinem Gutachten vier oder fünf Puncte besonders hervorgehoben, weil sie ganz schlagend darthun, daß die Bestimmungen darüber in der Verwaltungsgemeinschaft nicht geeignet sind, eine genügende Gesetzgebung zu bilden auch für das System der Gütergemeinschaft. Umgekehrt natürlich würde das in noch höherem Grade gelten.

Meine Herren! Wenn man die Gütergemeinschaft zuläßt — und dieselbe ist ja zugelassen, wenn man das System der Vertragsfreiheit aufstellt oder beibehält — so ist die Ausdehnung der Gütergemeinschaft dadurch noch nicht festgestellt; die Eheleute können die allgemeine Gütergemeinschaft einführen, sie können die Gütergemeinschaft beschränken auf das gegenwärtige oder auf das zukünftige Vermögen, sie können die Gütergemeinschaft beschränken auf die Mobilien, oder auf gewisse Mobilien oder Immobilien — kurz es giebt die größte Mannichfaltigkeit von der Welt. Nun, meine Herren, würde gewiß Verwirrung entstehen, wenn man sagen wollte: was die Leute einwerfen wollen oder was sie ausschließen wollen, das mögen sie im Ehevertrag festsetzen; wenn es Streit darüber giebt — was ja voraussichtlich häufig der Fall sein wird — so sind dafür die Advocaten und die Richter da.

Aber, meine Herren, wenn die Eheleute in ihren Vertrag schreiben:

wir wollen die Gütergemeinschaft für die Mobilien, nicht aber für die Immobilien — so kommt dann in Frage: was sind Mobilien? Ist das die fahrende Habe in dem Sinne, wie ihn das Gesetz enthält oder sollen blos die eigentlichen Mobilien hereinfallen? Das wird häufig die Absicht der Parteien sein, denen es gar nicht einfällt, auch Staatspapiere und andere Werthpapiere darunter zu verstehen. Was sind dann wieder Immobilien? Gehören dahin blos Grundstücke, oder auch Rechte unbeweglicher Natur, z. B. Pfandrechte? Das sind Beispiele, aber eine ganze Menge von Streitigkeiten dieser Art können gar nicht ausbleiben, wenn die Gesetzgebung gar nichts über den Umfang der Gütergemeinschaft sagt.

Noch wichtiger sind aber andere Fragen. Wie ist es mit der Theilung der Gütergemeinschaft? Wie ist es mit der Schuldhaft? Wie ist es mit der Dauer der Gütergemeinschaft? Das sind Punkte, die meines Erachtens in einem Gesetze gar nicht vollständig umgangen werden können. Heute giebt es eine Menge von Ländern, in denen die Gütergemeinschaft mit dem Tode aufhört, andere Länder, in denen sie nach dem Tode zwischen dem überlebenden Ehegatten und den Kindern fortgesetzt wird. Wenn nun das Gesetz nichts bestimmt über diesen Fall und der Vertrag auch nicht, wie ist es dann? Man würde eine ganze Menge muthwilliger Prozesse hervorrufen, wenn man die Leute dazu zwingen wollte, daß sie über alle Puncte von Erheblichkeit vertragsmäßige Bestimmungen treffen; denn Niemand wird annehmen, daß die Notare so unfehlbar sind, daß gar keine Verstöße vorkommen.

Meine Herren! Darauf möchte ich mich nicht verlassen, so wenig wir uns bei den anderen Verträgen darauf verlassen können. Und da es im Allgemeinen — wie schon Herr Professor Brunner sagte — richtig ist daß über die Auslegung von Verträgen zahlreichere Prozesse entstehen als über die Interpretation von gesetzlichen Bestimmungen; so halte ich es für dringend nothwendig, daß auch in dieser Beziehung eine Gleichheit bezüglich der verschiedenen ehelichen Güterrechtssysteme stattfinde: mit anderen Worten, daß, welches System auch der Gesetzgeber wähle, er dispositive Bestimmungen bezüglich der anderen erlasse, denn die Nichtberücksichtigung der übrigen wäre eine ungeheuere Privilegirung des einen Systemes vor den anderen. Wenn man die Vertragsfreiheit überhaupt will, so muß man auch für die verschiedenen Güterrechtssysteme wie für alle anderen Rechtsgeschäfte dispositive Bestimmungen schaffen. Will man sie aber nicht, dann muß man es frei heraus sagen, aber nicht auf diesem Umweg darauf speculiren, daß die Leute schon deshalb keine Verträge machen werden, weil sie, wenn sie solche abschließen, dann immer in Prozesse gerathen.

Was die Schuldhaft betrifft, so ist der Herr Referent von einer unrichtigen Ansicht ausgegangen, wenn er meinte, daß ich den Beschluß des vorjährigen Juristentags und besonders seine Formulirung irgendwo oder irgendwie angefochten hätte. Durchaus nicht. Ich bin in der von ihm citirten Abhandlung sogar davon ausgegangen, daß eine gewisse Haftung der Frau für die Schulden unbedingt nothwendig sei, allein was mir ganz unzweifelhaft ist, ist, daß die Schuldhaft der Frau eine verschiedene sein muß, je nachdem ihr Antheil an dem Activvermögen verschieden ist: m. a. W. daß man die Frau nicht in derselben Weise für die Schulden haften lassen kann, wenn sie ihr ganzes Vermögen oder die Verwaltung desselben sich vorbehalten hat, wie da, wo sie in allgemeiner Gütergemeinschaft steht. Die allgemeine Gütergemeinschaft setzt immer eine weiter gehende Schuldenhaftung der Frau voraus. Wer soll sie aber normiren? Wie soll es mit den Schulden gemacht werden, wenn die Frau sagt: ich behalte mir folgende Activen vor? Soll sie dann doch mit ihrem ganzen Vermögen für die Schulden haften oder nicht? So ist es aber auch umgekehrt. Wird die Verwaltungsbefugniß des Mannes erheblich beschränkt, so kann ferner auch dieser Umstand Einfluß haben auf die Schuldhaft. Ja ich gehe noch weiter. Wenn dem Manne die ganze Verwaltung an dem Vermögen der Frau zusteht, sie also gar nicht betheiligt ist bei der Verwaltung des Vermögens, so muß ihre Stellung zu den Schulden eine andere sein. Und umgekehrt. Wenn sie mit ihrem ganzen Vermögen für die Schulden haftet, so muß ihr ein größeres Mitwirkungsrecht bei der Verwaltung, ein gewisses Widerspruchsrecht eingeräumt werden.

Das Alles, meine Herren, sind nur Beispiele, und es würde zu ganz endlosen Ausführungen führen, wollte ich sie noch vervielfältigen. Ich meine, man kann bei unbefangener Auffassung nicht zweifelhaft sein, daß, wenn das Gesetz bezüglich eines Systems des Güterrechts dispositive und vollständige Bestimmungen erläßt, wie es bezüglich aller anderen Verträge der Fall ist, daß dann auch ähnliche dispositive Bestimmungen erlassen werden müssen bezüglich derjenigen Systeme, die eben nicht als gesetzliche gelten, sondern die blos eintreten, wenn die Ehegatten sich ausdrücklich für sie aussprechen.

Der Herr Correferent Herr Justizrath Mecke hat bezüglich dieses Punctes sich auf die schlimmen Erfahrungen berufen, die er mit den Bestimmungen des französischen Rechtes gemacht hat. Ich meine, daß derartige Erfahrungen gar nicht maßgebend sein können. Wenn sie nicht derartig sind, daß sie auch nach anderen Gesetzgebungen vorkommen können, so haben sie ihren Grund in der mangelhaften Fassung des französischen Rechts. Niemand verlangt, daß in derselben Weise subsidiäre Systeme aufgestellt werden wie im Code Napoléon; im Gegentheil, es wird unter allen Umständen ein viel einfacheres Verfahren eingeschlagen werden müssen. Allein, meine Herren, ich glaube, diese schlimmen Erfahrungen haben ihren Grund auf einem ganz anderen und noch viel schwierigeren Gebiete, was der Herr Referent in seinem Antrage berührt hat. Die schwierige Frage ist nämlich die: welche Bestimmungen des Gesetzes sollen blos dispositiver Art und welche sollen gebietender Art sein? Wie weit soll das Recht der Ehegatten gehen bezüglich der Abänderung des Rechts? Das ist aber eine Frage, die nicht etwa blos praktisch ist bezüglich der Systeme, die nicht gesetzliches Güterrecht werden, sondern die ebenso praktisch ist bezüglich des Systems, das als gesetzliches aufgestellt wird. Nehmen wir an, es wird in dem deutschen Civilgesetzbuche die Verwaltungsgemeinschaft codificirt und es wird bestimmt, daß wer keinen Ehevertrag macht, angesehen wird, als wolle er in Verwaltungsgemeinschaft leben. Damit wird doch nicht jede Bestimmung dieses gesetzlichen Güterrechts zu einer absolut gebietenden oder verbietenden. Deshalb bleibt doch auch den Ehegatten, die nicht ein anderes System wählen wollen, die nicht in Gütergemeinschaft leben, sondern auf dem System der Verwaltungsgemeinschaft stehen bleiben wollen, das Recht, Einzelnes zu ändern. Ja der Herr Referent hat das selbst erwähnt und der Juristentag hat das in seinem vorjährigen Beschlusse adoptirt, indem er annahm, daß zwar allgemein die Frau für die Schulden des Mannes haften solle, aber nur insofern der Ehevertrag nichts anderes bestimme. Abänderungen des Gesetzes sind auch hier möglich, und die Gefährdung der Dritten — auf die ich später noch mit einigen Worten komme — kommt auf beiden Gebieten in ganz gleicher Weise vor.

Ich habe außer diesen mehr theoretischen Ausführungen in dem Gutachten einen Punct berührt, der mehr praktischer Art ist, weil bei den Verhandlungen des letzten Juristentages nur solche Gründe gegen die Codification mehrerer Systeme geltend gemacht worden waren. Ich habe nämlich auszuführen versucht, daß auch die Rechtseinheit durch die Ausschließung der Codification mehrerer Systeme nicht gefördert wird, und darüber will ich noch einige Worte sprechen.

Meine Herren! Ich bin ein sehr großer Anhänger eines einheitlichen Rechts und möchte, soweit es ohne absoluten Zwang und ohne directe Beseitigung der Vertragsfreiheit geschehen kann, darin sehr weit gehen, wenn es wirklich möglich wäre, dadurch einen gewissen Einfluß auszuüben, und wenn dadurch bewirkt würde, daß manche Formen, die sich abgelebt haben, die demnach nur noch eine historische Beziehung haben, damit verschwinden. Ich glaube aber, gerade diejenigen, die ein einheitliches Recht wollen, müssen sich mit allen Händen gegen die Anträge der Herren Referenten wehren und verlangen, daß verschiedene Systeme codificirt werden. Wir machen doch das Gesetz nicht blos für diejenigen, die sich dem gesetzlichen Systeme unterwerfen, sondern ebenso auch für die anderen; auch wenn sie nur eine geringere Zahl bilden, und wenn es nur ein Viertel wäre, so wären das schon viele Millionen, die ebenfalls einen Anspruch haben, daß ihre Verhältnisse gesetzlich geregelt werden.

Nun, meine Herren, was wird geschehen, wenn nicht codificirt wird oder wenn nur ein System angenommen wird? Dann wird es überall, wo man sich nicht einfach dem gesetzlichen Güterrecht unterwirft, einfach beim Alten bleiben, und nicht im guten Sinne nur, daß die alten Familientraditionen beibehalten werden, daß man etwa sagt: wie unsere Eltern sich verheirathet, wie die gelebt haben, so wollen wir auch leben — sondern es wird auch alles das conservirt bleiben, was sich, sei es durch die Gesetzgebung, durch Gewohnheitsrecht, oder durch die richterliche Praxis oder die Notare irgendwo mißbräuchlich gebildet hat. Man würde einfach sagen: wir wollen unter derselben Gesetzgebung leben wie unsere Eltern. Und da würde der Notar sagen: gut, da nehmen wir das alte Gewohnheitsrecht und schreiben es in den Ehevertrag hinein. Wo die fortgesetzte Gütergemeinschaft bis jetzt bestanden, würde man sie beibehalten, aber damit auch alle die alten Controversen, wie sie jetzt bestehen. Wo umgekehrt gesagt wäre, daß die Gemeinschaft in der und der Form stattfinden solle, würde man das auch beibehalten, damit aber immer auch die alte Ungewißheit. Kurz ich glaube, es würde eine große Verwirrung und Rechtsunsicherheit entstehen und die Einheit des Rechtes, die auf diesem Gebiete ebenfalls leicht herzustellen wäre, würde vollständig verloren gehen. Um das Gebiet des gesetzlichen Güterrechts ein klein wenig auszudehnen — und ich habe die feste Ueberzeugung, daß das gesetzliche System sich ohnedies ausdehnen wird — würde man auf allen anderen Gebieten, die eben nicht als gesetzliches Güterrecht gelten, eine große Ungleichheit herstellen und es würden in jeder Provinz die alten Gewohnheitsrechte bleiben. Man würde sagen: wir wollen ein einheitliches Recht schaffen, soweit es das gesetzliche Güterrecht, das Recht der Verwaltungsgemeinschaft ist; im Uebrigen wollen wir die Verwirrung hervorrufen, weil wir hoffen, daß bei solchen Zuständen das gesetzliche Güterrecht etwas mehr ausgedehnt wird. Also auch von diesem Gesichtspunkte aus glaube ich, darf ich Ihnen den Antrag der Herren Professoren Brunner und Schröder, dem ich mich sehr gerne anschließe, nur empfehlen.

Was nun den Antrag der Herren Referenten betrifft bezüglich der Wirkung der Eheverträge Dritten gegenüber, so möchte ich mich auch dem gern anschließen, da ich dem Antrag seiner Tendenz nach durchaus nicht entgegenstehe, wenn nicht, wie Herr Professor **Brunner** bereits bemerkt hat, die Fassung eine derartige wäre, daß es schwer ist, auf Grund einer solchen Bestimmung ein Gesetz zu erlassen. Die Interessen Dritter werden eigentlich bei jedem Ehevertrag, der das gesetzliche Güterrecht abändert, berührt. Wenn eine Bestimmung in einem Ehevertrage überhaupt von Bedeutung ist, so berührt sie das Vermögen der beiden Ehegatten: entweder wird der Mann dadurch begünstigt oder die Frau. Im einen wie im anderen Falle werden also auch die Gläubiger des Mannes oder der Frau berührt. Wenn die Frau auf irgend eines ihrer Rechte verzichtet, so werden ihre Gläubiger schlechter gestellt, die des Mannes besser. Und ebenso umgekehrt. Bei jeder Bestimmung im Ehevertrag sind immer die Gläubiger der beiden Ehegatten betheiligt. Wenn bestimmt wird, daß die Frau Antheil an der Errungenschaft bekommen soll, so ist das für ihre Gläubiger sehr günstig; wird umgekehrt, wenn die Theilung der Errungenschaft in dem Gesetze stipulirt ist, bestimmt, daß der Mann die gesammte Errungenschaft erhalten soll, so ist das für seine Gläubiger sehr angenehm, für die der Frau sehr unangenehm.

Ich glaube also, mit einer solchen Bestimmung kann man nichts ausrichten, es ist nicht möglich, damit weiter zu kommen. Da müßte man ein starres Recht machen und sagen: dieses Recht darf überhaupt nicht geändert werden; und es dürfte überhaupt an der Schuldhaft nichts geändert werden, denn es ist selbstverständlich, daß jede abändernde Bestimmung bezüglich der Schuldhaft die Gläubiger der Ehegatten sehr stark berührt.

Ich glaube, daß es am besten wäre, diese Frage, die viel Schwierigkeiten hat, bei Seite zu lassen und sich auf die Vorschrift zu beschränken, die in dem anderen Antrag vorgeschlagen wird, daß nämlich unter allen Umständen Bestimmungen, die die Rechte Dritter berühren, veröffentlicht werden müssen.

Das war das, was ich in der Hauptsache zur Ergänzung meines Gutachtens zu sagen hatte.

(Bravo!)

Vicepräsident: Es haben sich noch drei Redner zum Worte gemeldet: Herr Justizrath **von Wilmowski**, Herr Professor **Hölder** und Herr **Frenckel**. Bei der vorgerückten Zeit, und da wir jedenfalls die beiden Herren Referenten zum Schlusse noch hören müssen, möchte ich der Versammlung anheimgeben, hier die Verhandlung abzubrechen und die Fortsetzung auf morgen zu vertagen.

(Zustimmung.)

Referent Präses Dr. **Albrecht:** Ich möchte auf einige Worte der

Herren Vorredner sofort stante pede antworten und bitte daher vor Schluß der Sitzung mir ausnahmsweise das Wort zu verstatten.

Vicepräsident: Ich glaube nicht, daß die Ansicht der Abtheilung dahin gehen wird, daß wir die Verhandlung in der Weise abbrechen sollen, daß sie jetzt definitiv geschlossen und sofort abgestimmt werde. (Nein!)

Aber wir sollten, wie ich glaube, wenn die Verhandlung auf morgen früh vertagt wird — und ich würde dies für angenommen ansehen, sofern sich kein Widerspruch erhebt — dem Herrn Referenten das gewähren, daß wir ihn sofort jetzt noch mit seinen Bemerkungen hören.

Advokat **Frenckel** (Kaiserslautern): Wenn die Frage in der weiteren Verhandlung noch von mehreren Standpunkten aus beleuchtet wird, dürfte der Herr Präses Albrecht sich veranlaßt sehen, nochmals zu sprechen. Es dürfte aus diesem Grunde vielleicht sachgemäßer sein, wenn zuerst die Ansichten auch der Anderen gehört werden, damit auf einmal ein ganzes Bild von Seiten des Herrn Referenten gegeben werden kann.

Vicepräsident: Es ist allerdings oft von einiger Bedeutung, daß gewisse Dinge momentan widerlegt werden, und auf diesen Punkt hat eben Herr Präses Dr. Albrecht Gewicht gelegt. Ich glaube daher, daß wir ihm nicht versagen sollten, jetzt schon das vorzubringen, was er erwidern will. Im Uebrigen ist natürlich die Discussion frei und unbeschränkt für morgen vorbehalten. (Zustimmung.)

Referent Präses Dr. **Albrecht**: Meine Herren! Ich spreche vor allen Dingen der geehrten Versammlung meinen Dank aus, daß sie mir ausnahmsweise das Wort schon heute verstatten will.

Ich mache zuerst die Bemerkung, daß ich bei der Formulirung meines Antrags von dem alten Satze: „In verbis simus faciles" ausgegangen bin. Der Ausdruck „subsidiäres Güterrecht" geht nicht von mir aus, ich habe ihn in der uns vorgelegten Frage vorgefunden.

Meine Herren! Ich gestehe Ihnen offen, es sind mehr als dreißig Jahre vergangen, daß ich weiß, was man „subsidiäres Recht" nennt; ich habe daher vollkommen eingesehen, daß das Wort „subsidiär" in der Jurisprudenz eigentlich in einem anderen Sinne gebraucht wird. Im vorliegenden Falle konnte aber kein Mißverständniß entstehen, ich habe also auch kein Bedenken getragen, es bei dem Ausdruck zu belassen.

Der zweite Punct ist folgender. Ich habe in dem Antrage, wie ich ihn formulirt habe, von der „Gefährdung der Interessen Dritter" gesprochen. Nun, meine Herren, das weiß ich auch vollkommen, daß damit kein Gesetz gegeben ist. Es sollte nur ein gesetzgeberischer Gedanke ausgedrückt sein, ein gesetzgeberischer Gedanke, der seine Erläuterung in den vorausgeschickten Bemerkungen finden sollte. Es ist mir niemals in den

Sinn gekommen, hier von der Gefährdung von „Rechten" Dritter zu sprechen, es ist doch selbstverständlich, daß man sie nicht gefährden darf, nicht gefährden kann durch Verträge. Aufrichtig, meine Herren, ich war nicht gefaßt darauf, daß ich in dieser Weise geschulmeistert werden würde. (Bravo! Oh!)

Nun hat man mir es dann noch als ein besonderes crimen ausgelegt, daß ich von Handelsgesellschaften gesprochen habe. Aber, meine Herren, ich habe ja nicht von den Handelsgesellschaften angefangen, sondern Herr Kammerpräsident Petersen hat das Beispiel gebraucht; ich habe nur auf dasselbe als ein von ihm gebrauchtes Bezug genommen. Und da bemerke ich doch dem Herrn Professor Brunner gegenüber, daß hier sein Gesellschafter mit ihm nicht einer Meinung ist; (Heiterkeit.) denn sein Gesellschafter, Herr Professor Schröder, hat ebenfalls seine Beispiele von den Handelsgesellschaften hergenommen. Ich meine also, das Verbrechen, was ich hier begangen habe, kann so sehr groß nicht sein.

Im Uebrigen ist die Bestimmung des Handelsgesetzbuchs, die Herr Professor Brunner in Bezug genommen hat, daß man offene Handelsgesellschaften gründen kann, bei denen der eine Gesellschafter nicht das Recht hat, die Firma zu zeichnen, eine solche, die man in Hamburg — um auch einmal von Hamburg zu sprechen — von vornherein als eine verfehlte angesehen hat, und wenn man in meiner Vaterstadt auch nichts vom ehelichen Güterrecht versteht, von den Handelsgesellschaften, — das wird auch Herr Professor Brunner zugeben — vom Handelsrecht versteht man dort etwas. (Heiterkeit.)

Nun, meine Herren, der Gegensatz zwischen uns ist principieller Natur. Sie meine Herren, wollen verschiedene Güterrechte gern codificirt sehen, ich höchst ungern. Ich bin der Meinung, daß die Aufgabe des deutschen Gesetzbuches die sei, möglichst ein Güterrecht zu finden, dem gegenüber kein anderes Güterrechtssystem in Uebung kommt, ein Güterrecht, das Allen möglichst zusagt, so daß kein anderes Rechtssystem von den Ehegatten in ihren Verträgen gewählt wird, so daß die Eheverträge nur hinsichtlich des Maßes innerhalb desselben Systems von einander abweichen. (Bravo!)

Das ist eben die Meinung, von der ich ausgehe und von der ich getragen bin, und ich will gerade deshalb, daß so wenig wie möglich andere Systeme codificirt werden sollen.

Und wenn man mir vorwirft, daß ich hierher die Genossenschaften gezogen hätte, so sage ich, soll man noch viel weniger Kauf und Miethe hereinziehen. Kauf und Miethe gehören noch weniger hierher. Die Eheleute gehen allerdings, indem sie die Ehe schließen, zugleich einen vermögensrechtlichen Vertrag ein. An und für sich aber schließen sie keinen Vertrag extra für ihr Güterrecht, sondern das Gesetz knüpft die Folgen an die Eingehung der Ehe. Und wenn vorgeschlagen ist, es sollen neben den Rechtsinstituten, die das Gesetz begründet, durch Vertrag noch andere, einem ganz anderen Rechtssysteme angehörige, begründet werden können — nur im Nothfalle lasse ich mich auf eine solche Idee ein, nur wenn wir sonst nicht auskommen können. Wollen Sie nun ein Beispiel haben, was paßt: neben dem Rechtssystem, auf welchem das Intestatrecht beruht, noch andere Rechtssysteme für die Testirfreiheit codificiren?

Nun, meine Herren, nur noch eine Bemerkung über die Gefährdung der Interessen. Da hat Herr Kammerpräsident Petersen gemeint: durch jeden Ehevertrag würden die Interessen Dritter berührt; je nach dem über das Vermögen so oder anders im Ehevertrag verfügt werde, würden die Gläubiger des einen oder anderen Ehegatten Nachtheile haben; ich müßte also alle Eheverträge verbieten. Diesen Ausführungen gegenüber weise ich darauf hin, daß nach meinem Antrag nicht Eheverträge, durch welche das Interesse Dritter gefährdet wird, sondern Abänderungen des gesetzlichen Güterrechts durch Ehevertrag, insofern diese Abänderungen das Interesse Dritter gefährden, unzulässig sein sollen, und man wird darüber nicht in Zweifel sein können, daß dieses Verbot nicht auf die Bestimmungen des ehelichen Güterrechts, welche lediglich das Verhältniß der Ehegatten untereinander betreffen, sondern auf die Bestimmungen, welche das Verhältniß der Ehegatten zu Dritten betreffen, sich beziehen soll, wie ich das in meiner Motivirung ausgeführt habe.

Ich glaube demnach, daß wenigstens einige von den Tadelsmomenten, die gegen mich und gegen meine Formulirung gerichtet worden sind, unbegründet sind, und ich danke Ihnen recht herzlich noch einmal, daß Sie mir gestattet haben, das sofort auszuführen.

Professor Dr. **Brunner**: Ich bitte um das Wort zu einer persönlichen Bemerkung.

(Schluß! Schluß!)

Vicepräsident: Zu einer persönlichen Bemerkung wird die Versammlung Herrn Professor Brunner wohl das Wort nicht versagen.

Professor Dr. **Brunner**: Es ist mein Name in der Erwiderung des Herrn Präses Albrecht mehrfach genannt worden, gestatten Sie mir ganz kurz darauf zu antworten.

Was den ersten Punct betrifft, daß ich nämlich an der Formulirung des Antrags des Herrn Referenten Ausstellungen gemacht habe, so sage ich ihm meinen Dank dafür, daß er meine Formulirung vorzieht. Es war mir nur darum zu thun, eine bessere zu haben an Stelle der seinen, die ich für mangelhaft halte, und ich hätte ihm in gleicher Weise gedankt, wenn er diese Bemerkung erst morgen vorgebracht hätte.

Was den zweiten Punct betrifft, daß ich den Ausdruck „Gefährdung der Interessen Dritter" bemängelt habe, so war ich weit entfernt, den Herrn Präses Dr. Albrecht „schulmeistern" zu wollen, sondern ich wollte einfach darauf hinweisen, daß dieser Ausdruck kein passender sei, und zwar weder passend für die Formulirung des Gesetzbuches, noch auch als gesetzgeberischer Gedanke; und zwar einfach darum, weil die Interessen Dritter sich gegenseitig kreuzen können und man kein Entscheidungsprincip hat. Giebt man einen legislatorischen Gedanken, so soll man eine Entscheidungsnorm geben. Eine solche ist aber mit den Worten „Gefährdung der Interessen Dritter" nicht gegeben. Das wollte ich betonen, mehr zu sagen lag mir ferne, ferne lag mir, hier den Schulmeister spielen zu wollen.

Was den dritten Punct betrifft, ich hätte es dem Herrn Referenten als ein crimen vorgeworfen, daß er die Ehe mit der Handelsgesellschaft auf eine Stufe gestellt, so bin ich vollständig mißverstanden worden. Ich erinnere mich das Eine gesagt zu haben: in Hamburg mag man vielleicht zu der Idee und zu der landläufigen Auffassung kommen, daß die Ehe in ganz Deutschland in einer und derselben Weise regulirt werden könne, daß sie etwa regulirt werden könne unter dem Vorwalten des kaufmännischen Gesichtspunctes, bei dem es sich wesentlich um die Haftung Dritten gegenüber handelt; in anderen Orten und in anderen Gegenden Deutschlands sind andere Gesichtspuncte maßgebend. Den Vergleich der Ehe mit der Handelsgenossenschaft als solcher weise ich durchaus nicht ab; es ist das ein Vergleich, der nach verschiedenen Seiten fruchtbringende Gedanken enthält, wie das namentlich von Herrn Kammerpräsidenten Petersen ausgeführt worden ist.

Vicepräsident: Die Verhandlung ist für heute geschlossen. Wir setzen dieselbe morgen um 9 Uhr fort.

Ich mache noch darauf aufmerksam, daß von dem Präsidium des Juristentags gewünscht wird, daß die Wahl der Vertrauensmänner heute stattfindet. Herr Präses Dr. Albrecht wird dieselbe sogleich vornehmen. Ich möchte daher wünschen, daß die Herren sich nicht in großer Zahl entfernen, sonst wird die Wahl illusorisch. — Nach einer mir eben gemachten Bemerkung wird die fragliche Wahl auf morgen vertagt werden können.

(Schluß der Sitzung 3 Uhr.)

Zweite Sitzung der ersten und zweiten Abtheilung am 29. August 1876.

Vicepräsident Oberhofgerichts-Vicekanzler Dr. **Roßhirt** eröffnet die Sitzung um 9¼ Uhr.

Zuerst wird eine geschäftliche Angelegenheit zu erledigen sein, nämlich die Wahl der Vertrauensmänner. Das Bureau erlaubt sich Ihnen folgende Herren vorzuschlagen:

Rechtsanwalt Dr. Beckh (Nürnberg), Professor Dr. Brunne (Berlin), Appellationsgerichtsrath Dr. Hauser (München), Hof und Gerichts-Advokat Dr. Eduard Hueber (Salzburg), Justizrath Makower (Berlin), Professor Dr. Schroeder (Würzburg), Kammerpräsident Petersen (Straßburg), Justizrath v. Wilmowski (Berlin), Handelsgerichts-Präsident Dr. Albrecht (Hamburg), Oberhofgerichts-Vicekanzler Dr. Roßhirt (Mannheim).

Ich ersuche die Herren, sich darüber auszusprechen, ob eine Einwendung gegen diesen Vorschlag besteht. Wenn nicht — so sehe ich die Wahl als durch Acclamation vorgenommen — an.

Wir gehen in unserer Tagesordnung, die wir gestern verlassen, weiter.

Herr Justizrath von Wilmowski hat dem Bureau einen Antrag übergeben, folgenden Inhalts:

Der Juristentag spricht seine Ueberzeugung dahin aus:

„Abänderungen des ehelichen Güterrechts durch Eheverträge sind von der Gesetzgebung nicht zuzulassen, insofern durch dieselben berechtigte Interessen Anderer gefährdet werden.

Unter der Voraussetzung, daß das vom zwölften Juristentag empfohlene System des ehelichen Güterrechts eingeführt wird, ist von der Aufstellung anderer Güterrechtssysteme abzusehen."

Dieser Antrag hat eine Unterstützung durch die Unterschrift des Herrn Professor Dr. Gareis gefunden.

Ich ertheile nunmehr dem Herrn Antragsteller zur Begründung seines Antrages das Wort.

Justizrath **v. Wilmowski**: Meine Herren! Soviel als möglich werde ich versuchen, mich kurz zu fassen. Da zuletzt aber drei Gegner meines jetzigen Antrages zum Worte gekommen sind, so wird es unmöglich sein, zu vermeiden, auf mehrere von den erhobenen Einwendungen zurückzukommen. — Mein Antrag geht noch einen Schritt weiter als der Antrag des Herrn Präses Dr. Albrecht.

Der Antrag des Herrn Präses Dr. Albrecht will die Frage hinaus geschoben wissen bis dahin, daß das Güterrechtssystem feststeht. Ich gehe von der Voraussetzung aus, daß der Juristentag in seiner zwölften und dreizehnten Tagung sich nicht widersprechen wird, und daß das durch den Beschluß des zwölften Juristentags empfohlene System der Verwaltungsgemeinschaft mit der Modification in Betreff der Schuldverhaftung des Vermögens der Frau Dritten gegenüber gesetzlich wird eingeführt werden. Ich bin persönlich der Meinung auch gewesen, daß das System zu empfehlen gewesen sei. Die überwiegende Majorität des vorjährigen Juristentages hat dem zugestimmt. Die Voraussetzung ist also insofern eine durchaus berechtigte. Alle möglichen Eventualitäten festzustellen, ist jetzt nicht möglich, und wenn wir andererseits mit unserer Beschlußfassung über die weitere Codification warten wollen, bis alles festgestellt ist, dann würde ein Beschluß unsererseits zu spät kommen, um eine Einwirkung zu üben und um überhaupt eine andere als wie eine rein akademische Berechtigung haben zu können. Die Frage, die uns vorliegt, ist nicht von dem Gedanken einer logischen oder juristischen Consequenz auszulösen, sie ist eine reine Zweckmäßigkeitsfrage, und die Gründe, die zur Entscheidung führen, beruhen nur auf Zweckmäßigkeitsrücksichten. Die Frage ist ja, wenn eine Verwaltungsgemeinschaft mit der Modification der Schuldhaft eingeführt wird: soll dann, für den Fall daß dieses System einzelnen Eheleuten nicht convenirt oder in ihre Verhältnisse nicht paßt, von Amtswegen ein anderes oder mehrere andere Systeme, etwa allgemeine Gütergemeinschaft, Errungenschaftsgemeinschaft aufgestellt werden? damit die Eheleute sagen können: wir wollen nach diesem oder jenem Systeme unsere güterrechtlichen Verhältnisse geordnet wissen. Ich bin der Meinung, daß es der Einheit des Rechts im allerhöchsten Maße Eintrag thun würde, wenn das geschähe. Es ist das mein positiver Grund und ich glaube, man kann kaum darüber zweifelhaft sein, daß das eintreten würde. Ich bin der Meinung, daß die Einwendungen, die dagegen gemacht sind, daß die Einheit dadurch nicht zerschnitten würde, durchaus hinfällig sind. Einmal ist zunächst gesagt: es wäre ein Bedürfniß vorhanden, mehrere Systeme mit Rücksicht auf die bisherige Geltung verschiedener Systeme einzuführen. Ich bin der Ansicht, daß das nicht der Fall ist. Das Bedürfniß ist aus dem bisherigen Zustande hergeleitet und der bisherige Zustand hat meines Erachtens keinen solchen festen Grund, um seine Fortdauer als wünschenswerth zu bezeichnen. Praktisch hat sich geradezu das Gegentheil gezeigt. Der einzige praktische Gegengrund, der angeführt ist, ist von Herrn Professor Schröder mit Bezugnahme auf das Königreich Württemberg auf Grund statistischer Angaben angeführt. Es soll darnach bei Einführung der Errungenschaftsgemeinschaft noch von nahezu der Hälfte der Eheleute die allgemeine Gütergemeinschaft, wie sie früher bestand, gewählt worden sein. An der Richtigkeit kann ich nach der Mittheilung ja nicht zweifeln; ich bin aber der Meinung, daß diese, wie die meisten statistischen Folgerungen ganz anders zu erklären ist, und zwar nach der Gewohnheit, an dem festzuhalten, wie man es früher gehalten hat. (Bravo!) Die gemeinen Leute kennen das, was sie bisher gehabt haben, und hat es ihnen auch recht unbequem gesessen und hat es eine Menge Fehler gehabt, so wählen sie das, weil sie es einmal kennen; sie denken nicht, daß ein anderer Zustand möglich ist. Wenn ich mich so ausdrücken darf, ist das der alte Schlendrian, den sie beibehalten wissen und in dem sie fortleben wollen. Darin liegt der Grund der Erscheinung. Die Ausnahme ist jedenfalls eine ganz vereinzelte. Ich glaube, man kann in großen Massen gegentheilige praktische Erfahrungen in verschiedenen von den preußischen Provinzen vorführen. In unserer Provinz Schlesien — ich weiß nicht, ob sie nicht dem Königreich Württemberg an Einwohnerzahl wenigstens nahezu gleich kommt, sind im Jahre 1845 die früher bestandenen Arten von Gütergemeinschaft aufgehoben, es ist das Dotalrecht des Landrechtes eingeführt, und es ist nicht ein einziger Fall bekannt geworden, worin die Eheleute, obgleich es zulässig war, vom Jahre 1845 ab die Gütergemeinschaft gewählt hätten. Es stand ihnen ebenso frei wie der Bevölkerung im Königreich Württemberg, es ist aber nicht geschehen, es ist nicht in einem einzigen Falle geschehen, und in der Zeit von kaum 30 Jahren, die seitdem verflossen sind, würden kaum drei Richter in der ganzen Provinz Schlesien zu finden sein, die jetzt noch für den Fall, daß das geschehen wäre, ein Collegium bilden könnten, um ohne ganz specielle Studien die Frage beantworten zu können: was ist denn überhaupt Rechtens in einem solchen Falle? Genau so ist es mit der Provinz Westfalen. Die Gesetzgebung von 1860 hat ebenfalls nicht zu einer Wahl geführt, sondern der gesetzliche Zustand ist acceptirt und ich glaube, Jedem von Ihnen, meine Herren, ist die Zähigkeit der

Westfalen bekannt, die sehr gern am Alten hängen. Nöthig ist ja allerdings, daß das Bessere geboten wird und das ist die Voraussetzung, die wir ehrlich haben müssen, daß ein für die Verhältnisse adäquates Güterrechtssystem wirklich Gesetz wird. In dem Falle haben wir aber nicht nöthig, andere Systeme zur Auswahl hinzustellen. Das Correctiv, was für die Möglichkeit, daß in einzelnen Fällen das System nicht für die Verhältnisse paßt, gegeben ist und gegeben bleiben soll, das ist das der Errichtung von Eheverträgen. Dieses Correctiv reicht aber auch vollkommen aus. Es wird nicht nöthig sein, in dem Umfange andere Systeme noch einzuführen. Es wird weder nothwendig noch wahrscheinlich sein, daß die Notare Systeme in 50 oder mehr Paragraphen aufstellen; es wird nur dessen bedürfen, in einzelnen absonderlichen Fällen besondere Bestimmungen zu treffen. Dadurch, daß man die Zulässigkeit der Privatautonomie an und für sich beibehält, wird dem Einwurf meines Erachtens vollständig begegnet. Wenn man in der Lage gewesen ist, seit mehr als 30 Jahren mit der Vermögensverwaltung, mit der Errichtung von Eheverträgen sehr stark beschäftigt zu sein, so hat man auch einige Erfahrung, in welcher Beziehung Eheverträge vorkommen und wirksam sein können, und da zeigt sich, daß sie in der Regel nur gemacht werden, wenn die besonderen Verhältnisse bei wirklich vorhandenem bedeutendem Vermögen, im Interesse der Familie, im Interesse einzelner Verwandten und im Interesse unter Umständen auch der Frau einige besondere Bestimmungen nothwendig machen; nicht aber in der großen Masse, daß ein besonderes System gewählt wird, sondern daß besondere einzelne Interessen gerechtfertigt werden. Die Privatautonomie würde ja an und für sich bestimmen können, was sie überhaupt bestimmen will. Der Einwand aber dagegen, daß über Verträge in der Regel mehr Prozesse entstanden als über Gesetzbestimmungen, ist meines Erachtens schon deshalb hinfällig, weil dieser Grundsatz ja dazu führen würde, überhaupt die Verträge nicht zuzulassen, und für alle Kategorien von Verträgen oder wenigstens von solchen, die einen weiteren Umfang hätten, Bestimmungen zu treffen. Das ist eine absolute Unmöglichkeit, ergänzende Bestimmungen für alle Fälle aufzustellen, weil der Inhalt der Eheverträge, soweit sie berechtigt sind und die Praxis sie als berechtigt gezeigt hat, ein zu verschiedener ist. Es steht ziemlich auf derselben Linie das Verhältniß des Testaments- zu dem Intestaterbrecht; denn wir wissen ja alle, daß ebenso wie die Eherechtssysteme auch die Erbrechtssysteme in Deutschland sehr verschiedensind, und man könnte mit ziemlichem Grund sagen, daß von den verschiedenen Erbrechtssystemen auch manche ihre Conservirung wünschenswerth machen, daß die Gegenden daran gewöhnt sind in der einen oder anderen Weise ab intestato erben zu lassen.

Ich hoffe, es wird uns nicht einfallen, (es würde aber analog dasselbe sein), zu sagen: wenn nicht durch die Privatautonomie des Testaments etwas Anderes bestimmt ist, so haben die Interessenten, die Erben oder wem man die Befugniß zutheilen will, die Wahl, entweder nach diesem oder jenem System ab intestato erben zu lassen. So wenig das regional zulässig ist, so wenig ist das zulässig nach den Bestimmungen Einzelner; ebenso wenig auch hier nach den Bestimmungen der Eheleute. Das Maß der Zulässigkeit der Privatautonomie muß sich allerdings bestimmen lassen und dieses Maß finde ich treffender ausgedrückt in dem allgemeinen Satze des Herrn Präses Albrecht als in dem nur ein — wenn gleich das vorwiegendste — Interesse berührenden Ausdruck der Herren Professoren Brunner und Schröder. Ich bin der Meinung, wenn man als das Maß der Privatautonomie hinstellt, daß solche Abänderungen nicht zuzulassen sind, durch welche das berechtigte Interesse Dritter gefährdet wird, daß dadurch das Maß vollständig gegeben ist. Ich glaube, daß ich durch den Ausdruck „berechtigte Interessen" auch dem Einwande gegen die Benutzung des Wortes „Interessen" entgegen getreten bin. Ich würde nicht vorschlagen zu sagen „die Rechte Dritter": denn das würde dazu führen, anzunehmen, daß nur wohlerworbene Rechte nicht gefährdet werden sollen. Das versteht sich von selbst. Ich würde auch kein Bedenken haben, bloß zu sagen „Interessen". Was gemeint ist in dem Antrage des Herrn Präses Albrecht — das hat er gestern schon ausgeführt — das wird nicht zweifelhaft sein können. Um jeden Zweifel in dieser Beziehung auszuschließen, wird es aber kein Bedenken haben zu sagen: „berechtigte Interessen Dritter". Das Maß ist dadurch gegeben; denn hierdurch wird zugleich mitgetroffen die Modification, die darin vorgeschlagen liegt, daß man sagt, die Eheleute müssen Vermögen vorbehalten können, es muß uns in einem Eheregister angezeigt und das Eheregister öffentlich gemacht werden, damit es Jeder zur Kenntniß bekommt. Ebenso wird dadurch die Bemerkung getroffen, daß die Kenntniß Dritte nicht benachtheiligen soll. Die Bestimmung ist allgemein getroffen, sie trifft zugleich — ich glaube, es versteht sich das auch von selbst — das große Publicum. So gut wie eine Privatautonomie nicht übergreifen und nicht verletzen kann Vorschriften, die im öffentlichen Interesse gegeben sind, so gut soll sie auch berechtigte Interessen Dritter nicht gefährden können. Dieses Maß reicht aber vollständig hin, die Grenze der Privatautonomie zu bezeichnen. Ich habe persönlich kein Bedenken, daß die Privatautonomie feststellen kann, daß die Ehefrau etwa vorbehaltenes Vermögen hat, was dem Manne nicht zusteht, habe auch kein Bedenken, daß im Ehevertrage bestimmt werden kann: das vorbehaltene Vermögen soll von der Schuldhaft nicht angegriffen werden können. Diese Modificationen gehören zu dem Gebiet der Privatautonomie. In den Antrag habe ich sie nicht aufgenommen, weil sich meines Erachtens durch die Fassung meines Antrages das von selbst versteht, daß das von der Privatautonomie nicht ausgeschlossen, daß es zulässig ist. Ist andererseits eine solche Constituirung vorbehaltenen Vermögens und das Außerhaftlassen dieses vorbehaltenen Vermögens zugelassen, dann bestimmt sich dadurch alles Andere von selbst, daß nämlich die Schuldhaft begrenzt wird durch die Bestimmungen des Ehevertrages, so weit sie nach den gesetzlichen Bestimmungen überhaupt zulässig sind. Die Gefahr, daß bei verschiedenen Systemen eine Verwirrung eintritt, hat sich analog schon jetzt gezeigt mit Rücksicht auf das Verhältniß, wie wir es in allerneuester Zeit in unserer preußischen Grundbuchordnung durch Nebeneinanderstellung von Hypotheken- und Grundschulden bekommen haben. Der Vergleich hinkt ja wie jeder mehr oder weniger. Er bietet aber insofern eine Analogie, als da auch zwei verschiedene Systeme neben einander gestellt wurden. Der Versuch ist insofern mißglückt: die Grundschulden haben bekanntlich keinen praktischen Boden gefunden; er hat aber leider die sehr unangenehme Folge gehabt, daß in der Theorie und in der Praxis die Begriffe von Grundschulden ohne causa debendi und von Hypotheken, sowie die Grundsätze, die für den einen und anderen Fall anwendbar sind, bereits vielfach durch einander geworfen sind und daß es schon jetzt sorgfältiger Sichtung und Auseinanderhaltung der verschiedenen Kategorien bedarf, um diese Systeme nicht in einander fließen zu lassen. — Ich bin auch der Meinung, daß der Vergleich in Betreff der Handelsgesellschaften nicht paßt. Es ist allerdings ganz richtig gesagt, das Handelsgesetzbuch läßt ja auch Handelsgesellschaften in verschiedenen Arten zu und hat insofern verschiedene Systeme von Handelsgesellschaften; da können die einzelnen Interessenten wählen, nach welcher Gesellschaft sie existiren wollen. Das ist ganz richtig. Das basirt aber auf ganz anderen Gründen, das basirt darauf, daß die verschiedenen Handelsgesellschaften aus ganz verschiedenen Gründen, aus verschiedenen Motiven und unter verschiedenen Verhältnissen znsammentreten. Wenn die Handelsgesellschaften ihr eigenes Beste kennen, so sagt nicht eine beliebige Societät, eine beliebige Genossenschaft von Mehreren: jetzt wollen wir nach dieser, jetzt nach jener und jetzt nach der dritten Weise uns constituiren; sondern je nach den Voraussetzungen, ob Vermögen und in welchem Maße es eingeworfen wird, in welchem Maße jeder haftbar sein soll, und ob die persönlichen Leistungen und in welcher Weise sie in Betracht kommen — je darnach entscheidet es sich, ob es rathsam ist, eine offene Gesellschaft, eine Commanditgesellschaft oder eine Actiengesellschaft zu gründen. Bei der Ehe ist das etwas ganz Verschiedenes. Die Ehe hat überall denselben Zweck, die Zwecke, die die Handelsgesellschaften bestimmen, sind verschiedene. Auch die Basis, worauf die Ehe in Betreff des finanziellen Interesses begründet ist, ist insoweit überall dieselbe, als nur der Immobiliarbesitz unter Umständen Ausnahmen macht. Das wird aber mehr getroffen durch die Immobiliargesetzgebung als durch die Eherechtsgesetzgebung, und es ist kein Grund, neben der Immobiliargesetzgebung noch eine besondere Verschiedenheit in der Eherechtsgesetzgebung einzuführen. — Ich wiederhole, daß ich ganz entschieden der Meinung bin, daß die Einheit des Rechts im höchsten Grade gefährdet wird und daß Verwickelungen zu besorgen sind, so bald nicht ein einheitliches System als solches aufgestellt wird, und im Uebrigen man sich nicht nur darauf beschränkt, das Maß für die Privatautonomie anzugeben.

Ich empfehle Ihnen aus diesem Grunde meinen Antrag, bemerke übrigens gleichzeitig, daß ich im Falle er abgelehnt würde, mich dem Antrage des Herrn Präses Albrecht anschließen würde, dem Antrage dahin: daß erst nach Kenntniß der Güterrechtssysteme und wenn feststeht, welches Güterrechtssystem aufgestellt wird, zu beurtheilen ist, in welchem Umfange die Aufstellung anderer Systeme nothwendig ist.

(Beifall!)

Vicepräsident: Herr Präses Dr. Albrecht hat einen eventuellen Antrag folgenden Inhalts gestellt:

Die Beantwortung der Frage:

> ob und in welchem Umfang in einem gemeinsamen bürgerlichen Gesetzbuch neben dem System des gesetzlichen Güterrechts die übrigen Hauptsysteme des deutschen ehelichen Güterrechts zur Ergänzung genereller Eheverträge dispositiv zu normiren sind,

ist bis zur definitiven Feststellung des Systems des gesetzlichen Güterrechts auszusetzen.

Ich ersuche nun Herrn Prof. Dr. Hölder, das Wort zu ergreifen.

Prof. Dr. **Hölder** (Greifswalde): Meine Herren! Ich bin mit dem Herrn Justizrath von Wilmowski darin durchaus einverstanden, daß es vollständig ein und dasselbe ist, ob wir sagen „Interessen" oder „berechtigte Interessen"; denn wenn wir von berechtigten Interessen sprechen, so verstehen wir darunter eben nur nicht rechtswidrige Interessen und daß rechtswidrige Interessen, z. B. das Interesse des Diebes am Behalten der gestohlenen Sachen, überhaupt rechtlich keine Berücksichtigung finden, versteht sich von selbst. Ferner bin ich mit Herrn von Wilmowski darin durchaus einverstanden, daß, wenn der Privatautonomie das Interesse des Dritten als Grenze gezogen wird, dann allerdings das Maß der Privatautonomie ganz genau bestimmt ist; denn damit ist die Privatautonomie einfach zerstört. Wir haben damit einfach gesagt: im Gebiete des ehelichen Güterrechtes giebt es keine Privatautonomie, und wenn wir das wollen — diejenigen Herren, die das wollen, würde ich bitten, das lieber nackt und geradezu auszusprechen — dann muß ich gestehen, daß ich im allerhöchsten Grade erstaunt bin, von Herrn von Wilmowski zu hören, daß er zulassen will z. B. einen Vorbehalt vom Vermögen der Frau, welches für die Schulden des Mannes nicht haften soll. Ja, meine Herren, werden dadurch keine Interessen benachtheiligt? Es scheint mir überhaupt ein Standpunkt, den ich nicht zu begreifen vermag, wie wir dazu kommen wollen, das eheliche Güterverhältniß hier zu reguliren vom Standpunct des Interesses Dritter aus. Was hat der Dritte für ein Interesse von der zwischen A und B geschlossenen Ehe.

(Oh! Oh!)

Die Dritten sind interessirt insoweit, als für sie sich ein Interesse ergiebt als Consequenz des ehelichen Güterrechtsverhältnisses. Wir haben allerdings die zwei Pucnte: 1. das Verhältniß der Gatten unter sich; 2. die Wirkung gegenüber Dritten. Wenn wir uns fragen: was für vermögensrechtliche Wirkungen gegenüber Dritten soll eine Ehe haben? so können wir diese Frage als eine selbständige nicht beantworten, wir können in keiner Weise dasjenige Maß von Interesse feststellen, was ein Dritter an einer Ehe hat, sondern dieses Maß ergiebt sich aus dem ehelichen Güterverhältniß als solchem, als eine Consequenz desselben, und wenn wir nun sagen, es soll zwar das Verhältniß der Gatten unter sich durch Vertrag geändert werden können, aber nicht diese Consequenz desselben, so vermisse ich hier die Consequenz selbst. Nun, meine Herren, ist ja natürlich nicht zu leugnen, daß Interessen Dritter bestehen und daß diesen Interessen Rechnung getragen werden muß. Aber nicht etwa in der Weise, daß jede Disposition, durch welche in diese Interessen eingegriffen werden kann, nicht giltig wäre; denn dann sehe ich nicht ein, warum wir diesen Grundsatz nicht allgemein aufstellen und sagen, die Privatautonomie hat ihre Grenzen am Interesse Dritter, mit anderen Worten, die Privatautonomie existirt nicht. Das Interesse Dritter geht nur soweit, daß sie nicht durch das factische Verhältniß über den rechtlichen Bestand getäuscht werden. Die Dritten können allerdings verlangen, daß wenn die Ehegatten factisch im Besitze eines großen Vermögens sind, und wenn rechtlich in dubio dieses Vermögen auch haftet für die Schulden des Mannes, daß es dann zu ihrer Kenntniß muß gelangen können, daß es nicht haftet; also wollen wir allerdings ausschließen jede Wirkung gegenüber Dritten, soweit dieselbe nicht kund gegeben ist in einem Register. Mir ist es nun im höchsten Grade befremdend gewesen, den Herrn Präses Albrecht hiergegen gestern opponiren zu sehen. Er hat erklärt: ja wenn man da immer hingehen müßte und die Vertragsregister einsehen, das wäre eine schöne Geschichte, das wäre eine Umständlichkeit sonder Gleichen u. s. w. Sie erinnern sich, derjenige Antrag, welchen Herr Präses Albrecht am letzten Juristentage gestellt hat, und welchen der Juristentag angenommen hat, ging dahin, daß das Vermögen der Frau hafte für die Schulden des Mannes außer soweit es angelegt ist und bleibt auf den Namen der Frau. Nun, ob ich das Güterbuch ansehe, um zu sehen, ob dieses Grundstück eingetragen ist auf den Namen der Frau oder nicht, oder ob ich das Ehevertragsregister einsehe, um zu sehen ob hier irgend ein Vorbehalt gemacht ist, irgend die Haftung des Mannes ausgeschlossen ist, dies macht keinen Unterschied. Ich finde überhaupt, daß gerade der vorjährige Beschluß und der heutige Antrag insofern sich vollständig widersprechen, als ja nach dem vorjährigen Beschluß der Vorbehalt gestattet werden soll, daß ein gewisses Vermögen der Frau, wenn es auf ihren Namen eingetragen bleibt, nicht haftet für die Schulden des Mannes; und dieses ist denn doch in der That eine Aenderung im ehelichen Güterrechtsverhältniß und zwar eine solche, durch welche das Interesse Dritter sehr empfindlich berührt werden kann. Herr Präses Albrecht hat freilich keineswegs blos mit dem Interesse Dritter operirt, sondern hat auch das interne Verhältniß der Ehegatten unter sich ins Auge gefaßt. Er hat davon gesprochen, daß ein Mißtrauen gegen den Ehemann an den Tag gelegt wird, wenn ihm geringere Rechte an dem Vermögen der Frau gegeben werden, als das Gesetz ihm gewährt, und daß er der so mit Mißtrauen behandelte Ehemann nicht sein möchte. Nun, meine Herren, es ist ja keineswegs immer nothwendig, daß Mißtrauen das Motiv einer solchen Bestimmung ist. Wir gehen davon aus, daß vielfach solche Bestimmungen deshalb getroffen werden mögen, weil die bestehende, dem neuen Gesetz widersprechende Sitte sich eingebürgert hat im Leben des Volkes, und weil wir diese Sitte nicht gewaltsam mit Stumpf und Stiel ausrotten wollen. Wenn aber auch ein Mißtrauen zu Grunde liegt, — ja, meine Herren, dieses Mißtrauen ist doch kein moralisches, ist nur ein ökonomisches, welches die sociale Stellung des Mannes nicht zu afficiren braucht. Nehmen Sie den Kaufmann, an den hier doch immer in erster Linie gedacht wird, der eine reiche Frau heirathet, dessen Credit dadurch erhöht wird und dessen Gläubiger daher anscheinend geprellt werden, wenn das Vermögen der Frau nicht mit haften soll. Ist denn ein solches Interesse ein so durchaus unberechtigtes, wenn z. B. ein reicher Mann seine Tochter einem vielspeculirenden Kaufmann zur Ehe giebt und nicht will, daß das ganze Vermögen in den möglichen Ruin seines Geschäftes hineingezogen wird, sondern will, daß ihr eine gesicherte Existenz vorbehalten bleibt? Und damit komme ich auf einen

Punct, den ich nachdrücklich betonen möchte, nämlich den: es ist hier gar so viel von den Interessen Dritter die Rede gewesen. Wir müssen doch, meine ich, das Interesse der Gatten, insbesondere der Frau als des schwächeren Theiles, auch ins Auge fassen. Wir werden davon ausgehen müssen, daß das Gesetz dem Manne diejenigen Befugnisse zuzutheilen hat, die man wünschen muß, in der Hand eines Ehemannes zu wissen, welcher zugleich ist ein diligens pater familias, welcher zugleich ist ein in jeder Beziehung seiner Sache gewachsener Mann. Nun, kann es nicht Ehemänner geben, und giebt es nicht Ehemänner, bei denen, sie mögen sonst sein, wie sie wollen, es dringend wünschenswerth erscheinen kann, ihnen nicht zu umfassende Befugnisse zu geben, und kann nicht der Schutz der Ehefrau hier wirklich ein außerordentlich berechtigtes Motiv jenes Mißtrauens sein? Ich erlaube mir hier eine Parallele aufzustellen. Wir sprechen hier vom Ausschluß von Beredungen zum Nachtheil Dritter. Auch das römische Recht kennt den Ausschluß von pacta dotalia. Das römische Recht geht aber namentlich von dem Gesichtspunct des Schutzes der Frau und von dem Gesichtspunct des Ausschlusses solcher Beredungen aus, welche den Rechten und Interessen der Ehefrau zu nahe treten.

Zum Schluß erlaube ich mir noch eine Bemerkung zu berühren, welche Herr v. Wilmowski gemacht hat, bezüglich des von Herrn Professor Schröder angezogenen Beispiels aus Württemberg. Er hat gesagt: das ist die vis inertiae, die Beibehaltung des alten Schlendrians. Wie der Mann bisher gehandelt hat, so handelt er weiter. Er hat selbst angeführt, daß in anderen deutschen Gegenden und zwar in Gegenden, wo, wie er betonte, man auch am Hergebrachten hänge, der Effect nicht derselbe gewesen ist. Vielleicht sind die Gründe auch andere gewesen. Die ganze Berufung auf das Hängen am hergebrachten Schlendrian paßt in der That nicht. Denn wenn ich so oder anders handeln muß, so erklärt es sich allerdings aus der bloßen vis inertiae, daß, wenn ich bisher gewohnt war, so zu handeln und nicht anders, ich auch ferner so handele und nicht anders. Hier aber brauche ich ja überhaupt gar nicht zu handeln, ich brauche überhaupt keinerlei Bestimmungen bezüglich der Güterverhältnisse zu treffen, sondern ich brauche nur zu heirathen und wenn mir das Vermögensverhältniß gleichgültig ist, wenn mir das bisherige vielleicht lästig war und ich war nur gewöhnt daran, so werde ich nicht ausdrücklich in Abänderung eines gesetzlichen Verhältnisses eine Beredung treffen, sondern einfach heirathen. Auch haben hier die Leute nicht gehandelt, wie sie bisher zu handeln gewöhnt waren, sondern im Gegentheil, früher waren sie einfach gewöhnt zu heirathen, und dann trat die allgemeine Gütergemeinschaft von selbst ein. Jetzt aber, wenn sie einfach heirathen, ohne Etwas zu bestimmen, tritt die Errungenschaftsgemeinschaft ein, und nun gehen sie zum Notar und machen einen Vertrag mit der bewußten Absicht, die Errungenschaftsgemeinschaft und namentlich alle Belästigungen mit behördlicher Einmischung, welche dieselbe mit sich bringt, auszuschließen. Meine Herren, ich kann nur dringend empfehlen, dem Antrage Brunner-Schröder beizutreten. Ich glaube, wir sind alle einer Meinung darüber, daß es sich hier um ein Verhältniß handelt, welches nicht so kurzweg zu entscheiden ist, ein Verhältniß, bei welchem die Ansichten darüber, was das Rechte ist, außerordentlich weit aus einander gehen können und müssen, daß wir also, auch wenn wir an dem Beschlusse des vorigen Juristentages festhalten und wenn wir in Aussicht nehmen, daß er zum Reichsgesetz erhoben werden wird, keineswegs sicher sind, damit das Richtige getroffen zu haben, und es fragt sich, ob, wenn wir andere Systeme gleichfalls codificiren und der Privatdisposition überlassen, sich ein solches anderes System zu wählen, ob wir damit nicht viel besser den Versuch machen, zu sehen, welches von diesen nun klar vor die Augen des Publicums hingestellten Systemen in den verschiedenen deutschen Landestheilen den Leuten am besten behagt.

Advocat und Anwalt **Freudel**: Meine Herren! Der Herr Vorredner hat mich überhoben, Manches auszuführen, was nach der gestrigen Verhandlung ich auszuführen mich verpflichtet fühlte. Allein, damit ist noch nicht Alles erschöpft, und insbesondere sehe ich mich veranlaßt gegen den Antrag des Herrn Präses Albrecht ganz entschieden aufzutreten, ebenso auch gegen den Antrag des Herrn Justizrath Mecke, und insbesondere auch, was den letzteren betrifft, die hier ausgesprochenen Ansichten vom Standpuncte des rheinischen Rechtes zu widerlegen. Ich wußte nicht, daß dieser Herr dem rheinischen Rechtsgebiete angehört und ich habe mich sehr gewundert, daß ein Mann, der lange Zeit dem rheinischen Rechtsgebiete angehört hat, von Erfahrungen spricht, die ich in einer mehr als 30jährigen Praxis nicht gemacht habe. Meine Herren, wir gelten hier gewissermaßen als Particularisten; man hat uns den Vorwurf gemacht, als seien wir so sehr eingenommen von der Vortrefflichkeit unserer Gesetzgebung und Rechtspflege, daß wir für alles Andere taub und blind seien. Allein, meine Herren, dem ist nicht so, das ist ein Vorurtheil, welches ganz entschieden bekämpft werden muß, und was zu bekämpfen ich mich hier verpflichtet erachte. Wir haben allerdings die wohlthätigen Folgen namentlich der Civilprozeßordnung und der Gerichtsorganisation seit 70 Jahren beinahe schon gekannt, als in den übrigen Theilen Deutschlands manche erst den Versuch machten, das einzuführen, was wir schon längst hatten. Wir haben durchaus keine Ursache, stolz auf diese Einrichtungen zu sein; denn wir bekamen sie nicht etwa durch Kämpfe, sondern sie wurden uns gewissermaßen als Geschenk gegeben, und auf Geschenke kann man natürlich nicht stolz sein. Dagegen haben wir diese Einrichtungen gefördert, wir haben sie im deutschen Sinne, soweit es das Gebiet der Rheinlande betrifft, ausgebildet, und wir können uns auch dessen rühmen, daß wir von der französischen Jurisprudenz und Doctrin absehend, in manchen Materien gewissermaßen ein neues Recht in der Weise geschaffen haben, daß wir die deutsche Gründlichkeit, die man uns sonst abspricht, unseren Ausarbeitungen und Urtheilen zu Grunde gelegt haben. Noch jüngst ist es gerade in der Materie, die uns heute beschäftigt, mir selbst gelungen, am obersten Gerichtshofe von Bayern ein Urtheil zu erwirken, welches ganz diametral der französischen Jurisprudenz entgegengesetzt ist über die sehr wichtige und weittragende Frage, ob bei Bestimmung der sogenannten Errungenschaftsgemeinschaft, wenn das eheliche Einbringen der Frau sofort und dasjenige, welches ihr während der Ehe anfällt, nicht durch eine authentische Urkunde verbrieft ist, Zeugenbeweis zulässig sein soll. Die französische Jurisprudenz hat sich mit Rücksicht auf die Verhältnisse der Frau für das Gegentheil bestimmt, nämlich für die Zulassung des Zeugenbeweises. Allein unsere rheinische Jurisprudenz hat im entgegengesetzten Sinne entschieden und ist trotz aller Bemühungen dabei geblieben, um einen Rechtsschutz zu erhalten. Nun kann man uns Rheinländern doch nicht den Vorwurf machen, daß wir an einem Althergebrachten kleben. Wir hatten allerdings nicht weniger als 70 Partikularrechte, und ich selbst hatte vielleicht noch ein Dutzend anzuwenden, als ich in die Praxis kam, weil bei Verhältnissen unter Eheleuten, bei Servituten u. s. w. erst bei dem Absterben der zweiten Generation das Gesetz keine Geltung mehr hatte. Allein, es ist im Traume Niemand eingefallen, sich an das Althergebrachte anzuhängen, und nicht die vis inertiae war es, welche die Leute bestimmte, sich an die Gesetzgebung anzuschmiegen, sondern die Erkenntniß, daß es gut sei. Allein was gerade diese vis inertiae betrifft, so muß ich sagen, daß mein Vorredner mir aus dem Herzen gesprochen hat. Wenn wirklich die vis inertiae besteht, so besteht sie allein darin, daß die Meisten — und das ist hauptsächlich der Uebelstand — gar Nichts thun und deshalb die allgemeine Gütergemeinschaft, die nach meiner Erfahrung dem Rechtsbewußtsein vollständig entgegengesetzt ist, hie und da zur Geltung kommt, weil nämlich sich bei Leuten, die Vermögen besitzen, jeder gute paterfamilias oder sonstige Verwandte, der für die Frau zu sorgen hat, darauf bedacht sein wird, ihr Vermögen wenigstens einigermaßen sicher zu stellen, und es ist in der That eingetreten bei uns, daß alle Leute, welche nicht von dieser vis inertiae beseelt sind, Eheverträge errichten nach den Bestimmungen der Errungenschaftsgemeinschaft. Und nun komme ich zu dem wesentlichsten Puncte unserer heutigen Debatte.

Ich muß zunächst bemerken, daß der Antrag des Herrn Präses Albrecht nach meiner Ansicht überhaupt ein solcher ist, der gar nichts sagt; denn es gilt zunächst die Frage zu beantworten: ist es wünschenswerth, ist es nothwendig oder nicht? Nun kommt man mit einem vagen Satze, welcher dahin lautet:

> Abänderungen des ehelichen Güterrechts durch Ehevertrag sind von der Gesetzgebung nicht zuzulassen, insofern durch dieselben die Interessen Dritter gefährdet werden, und ist daher jedenfalls auch insoweit von der Aufstellung subsidiärer Güterrechtssysteme für die Privatautonomie abzusehen.

Ich vermisse hier zunächst eine bestimmte unzweideutige Erklärung. Was will eigentlich der Herr Präses? Soll die Frage bejaht werden, soll sie verneint werden? Es scheint mir nur gewissermaßen eine dilatorische Einrede zu sein, die dahin abzielt, sich überhaupt nicht auszusprechen. Wir müssen doch Klarheit in die Situation bringen. Es sind überdies auf den Juristentagen schon eine Menge Beschlüsse gefaßt worden, die verschiedene Deutungen zulassen. Es giebt hie und da Motive, die ich nicht näher bezeichnen will, welche es vielleicht wünschenswerth erscheinen lassen, über die eine oder die andere Frage sich nicht klar und positiv auszusprechen. Allein das hier ist eine Frage, die von keiner politischen Seite berührt ist; über die wir uns als Männer der Wissenschaft und Praxis schlüssig machen müssen. Also — ist es wünschenswerth oder ist es nothwendig? wie Professor Brunner und Schröder sagen. Ich halte Letzteres für viel correcter und ich bin gewiß, College Petersen wird sich dem anschließen. Wir müssen uns also darüber aussprechen: besteht die Nothwendigkeit oder der Wunsch, oder nicht? In zweiter Linie kommt erst das Interesse Dritter, und mit Recht hat mein Herr Vorredner gesagt, daß das Interesse Dritter erst in zweiter und letzter Linie in Betracht kommen dürfe, da es sich zunächst um das Interesse der Eheleute selbst handelt. Und nun sehe ich nicht ein, welche Gefahr darin besteht, wenn wir die Leute nicht in eine Zwangsjacke stecken, — so muß ich es nennen —. Wenn Sie ein System aufstellen, so müssen diese Leute entweder das System annehmen, oder sie müssen sonst Vorkehrungen treffen, die nach der praktischen Erfahrung jedes Anwalts nur dahin abzielen, auf Umwegen das zu erreichen, was man auf dem graden Wege nicht erreichen kann; und das ist das Allergehässigste und Gefährlichste, was es gibt. Deshalb bin ich dafür, daß wir uns aussprechen; es ist nothwendig, daß solche subsidiäre Bestimmungen getroffen werden. Man hat sich an den Ausdruck: „subsidiär" gestoßen. Allein trotzdem kann ich nicht finden, daß dieses gegen die Logik verstößt. Wenn etwas Allgemeines bestimmt ist und dann etwas Anderes oder mehreres Andere an dessen Stelle tritt, so ist es eben subsidiär. Also im Zweifel, wenn nichts Anderes bestimmt wird, gilt das erste Dictum, oder das erste Petitum, wie wir Anwälte sagen, erst wenn das nicht der Fall ist, tritt der subsidiäre Punct ein. Der Ausdruck „subsidiär" ist demnach ein vollkommen berechtigter. Nun haben wir aber seit mehr als 70 Jahren in den Rheinlanden keine Erfahrungen gemacht, welche darauf basiren, daß mehrfache Bestimmungen über die ehelichen Güterrechtsverhältnisse nachtheilig seien. Herr Justizrath Mecke hat Ihnen deducirt, er habe traurige Erfahrungen in der Beziehung gemacht. Auch ich habe solche gemacht, aber nicht deshalb, weil verschiedene Güterrechte bestehen, sondern weil die Redaction des Gesetzes schlecht ist, und manche Bestimmungen in einer Weise eingerahmt sind, daß man sie restringirend oder verallgemeinernd auf verschiedene Systeme anwenden kann. Das ist aber nicht ein Vorwurf, den man dem Gesetze an und für sich machen kann, sondern nur ein Vorwurf der mangelhaften Redaction, und wir werden uns wohl schmeicheln, daß wir nach Verlauf so vieler Jahre und nachdem die bedeutendsten Männer der Juristenwelt in der Theorie und Praxis mitwirken, eine bessere Redaction finden werden. Allein das ist ja nebensächlich. Ich gestehe Ihnen offen, bei uns unterläßt es keine Familie, die auf das Wohl der Töchter, Schwestern u. s. w. bedacht ist, dafür zu sorgen, daß deren Vermögen gesichert werde, und die Regel ist, trotzdem die allgemeine Gütergemeinschaft in erster Linie und zwar als Geltung habend, wenn nicht etwas Anderes bestimmt, im code civil aufgestellt ist, daß die Errungenschaftsgemeinschaft mit verschiedenen Modificationen, die ja im Ehevertrage zulässig sind, überall stipulirt wird; und wie bemerkt nur auf dem Lande und bei ganz armen Leuten, die Nichts besitzen und denen Nichts daran liegen kann, die nicht einmal die Kosten eines Ehevertrages aufwenden können, gilt dann die allgemeine Gütergemeinschaft.

Wir kommen nun an die zweite Frage, nämlich: ob diese weiteren subsidiären Systeme durch das Gesetz geregelt werden sollen in ihren Hauptbeziehungen oder ob überall die Privatautonomie dadurch sich geltend machen soll, daß besondere Eheverträge errichtet werden. Hier muß ich ganz entschieden meinem Landsmann Petersen zustimmen, daß es gewiß nichts Schlimmeres gibt, als der Privatautonomie in der Weise allein Geltung zu lassen, daß man durch notarielle oder gerichtliche Urkunden diese abweichenden Bestimmungen treffen läßt. Bekanntlich — und das werden alle Collegen, die meinem Stande angehören, bestätigen müssen — sind die Notariatsurkunden unsere besten Kunden;

(Heiterkeit.)

denn sie bieten uns jedes Jahr Stoff zu so und soviel Prozessen. Abgesehen davon aber, meine Herren, ist es noch ein Weiteres. Eheverträge sind kostspieliger Natur, und ich sehe noch lange die Zeit nicht voraus, in welcher Bestimmungen getroffen werden, welche bezüglich des Kostenpunctes eine Einheit ermöglichen. Wir haben zwar jetzt ein Rechtshilfsgesetz; allein dieses verhindert nicht, daß die Kosten sich nicht bloß nicht vermindern, sondern sich verdoppeln, ja verdreifachen. Also ich sage, Sie werden den Parteien Schwierigkeiten bereiten und unnütze Kosten. Stimmen Sie deshalb dem Antrage des Herrn Petersen und dem der beiden Herren Schröder und Brunner zu. Ich glaube, daß Nichts vorgebracht ist, welches geeignet wäre, diese Anschauung irgend wie zu entkräften.

Vicepräsident: Wir haben jetzt ein sehr zahlreiches Auditorium. Es erscheint sehr wünschenswerth, daß in dieser wichtigen Frage die Abstimmung bei einer größtmöglichen Zahl von Anwesenden vorgenommen werde. Es wäre indeß möglich, daß zu einem späteren Zeitpuncte das Auditorium nicht mehr in diesem Maße vorhanden wäre, und deshalb erlaube ich mir den Wunsch auszusprechen, daß vielleicht die Herren Redner sich in ihren Ausführungen etwas beschränken möchten.

(Zustimmung.)

Zunächst gebe ich Herrn Professor Dr. Brunner das Wort.

Prof. **Brunner**: Gestatten Sie mir, daß ich als einer der Antragsteller schließlich noch das Wort nehme, um Stellung zu nehmen zu den verschiedenen Anträgen und zum Theil zu repliciren auf einige Einwendungen, die uns gegenüber gemacht worden sind.

Zuerst möchte ich mich äußern über den Vertagungsantrag, welchen der verehrte Herr Präses Albrecht gestellt hat. Ich glaube, daß der Vertagungsantrag hier nicht am Platze ist. Der letzte Juristentag hat sich in der Frage bereits geäußert, er hat sich ausgesprochen mit überwiegender Majorität für das System der Verwaltungsgemeinschaft, es hat dann die ständige Deputation auf den Beschluß weiter gebaut, einen neuen Stein hinzuzufügen gesucht zu dem damals gelegten, indem sie die Frage stellte, ob neben diesem System noch andere Nebensysteme codificirt werden sollen. Gerade als ein Anhänger des Regionalsystem hätte ich meinerseits ein Interesse, daß der Vertagungsantrag angenommen wird; denn wird er angenommen, so hat der diesjährige Juristentag den Beschluß zurückgenommen, der auf dem vorjährigen Juristentag gefaßt worden ist, und es ist die Frage des ehelichen Güterrechts wieder geworden, was sie vor dem letzten Juristentage war, nämlich eine offene Frage. Aber da wir doch in der Angelegenheit auf irgend welchem Boden fußen müssen, so habe ich mich auf den Boden des vorjährig gefaßten Beschlusses gestellt. Ich bitte Sie also den Vertagungsantrag nicht anzunehmen; denn derselbe ignorirt den vorjährig gefaßten Beschluß und enthält insofern indirekt eine Kritik der ständigen Deputation, welche uns auf Grund des vorjährig gefaßten Beschlusses diese Frage zur Beschlußfassung vorgelegt hat.

Es erübrigt noch Stellung zu nehmen zu den verschiedenen Anträgen und Aeußerungen, die im Uebrigen gemacht worden sind. Zunächst bitte ich das eine zu bedenken, daß Rechtseinheit und Vertragsfreiheit keine Gegensätze sind. Wir, die wir hier auftreten als die Vertreter der unbeschränkten Vertragsfreiheit, denken damit durchaus nicht etwa Bresche zu legen in die von uns ebenso sehr wie von unseren Gegnern gewünschte Rechtseinheit. Im Gegentheil, ich glaube, wenn wir die Vertragsfreiheit im Gebiete des ehelichen Güterrechts vollständig ausschließen, so wird die Rechtseinheit einfach nicht durchführbar sein. Wir wünschen daher im Interesse der Rechtseinheit die volle Vertragsfreiheit. In ähnlicher Weise liegt die Sache im ganzen Vertragsrecht. Es würde ja die Sache ungefähr ebenso stehen, wenn wir sagen: man soll alle Kaufverträge, alle übrigen Verträge auch von vornherein absolut normiren, so daß ein Kaufvertrag so aussieht wie der andere. Ein Bedürfniß nach einer derartigen Gleichförmigkeit aller Kaufverträge liegt nicht vor, ebensowenig ein Bedürfniß nach vollständiger Gleichheit aller Eheverträge.

Es ist ferner in der Frage ein besonderes Gewicht zu legen auf die geschichtliche Entwickelung. Meine Herren, wir haben in Deutschland, seitdem überhaupt ein deutsches Recht existirt, im Gebiete des ehelichen Güterrechts die Vertragsfreiheit gehabt. Es ist eine Rechtsgewohnheit von tausend Jahren, mit der wir es hier zu thun haben, und ich glaube, es ist etwas absolut Mißliches, etwas Tollkühnes, eine derartige Rechtsgewohnheit mit Stumpf und Stiel ausrotten zu wollen. Das Beispiel, das College Schröder aus Württemberg angeführt hat, ist zu significant, um nicht abermals betont zu werden. Allein der conservative Geist im Gebiete des ehelichen Güterrechts geht noch weiter. Nicht blos in Württemberg sind die Verhältnisse so stabil geblieben, sondern Herr Schröder hat uns in seinem historischen Werke über eheliches Güterrecht ausgeführt, daß im Großen und Ganzen die Gruppirung der ehelichen Güterrechtssysteme des heutigen Tages noch dieselbe ist, wie im Mittelalter. Der heutige Rechtszustand schließt im Großen und Ganzen nur an die Rechtsentwickelung an, wie sie zum Schluß des Mittelalters fertig dasteht, und College Schröder hat daher mit Recht mit dem dritten Band seines ehelichen Güterrechts, welcher das Mittelalter schließt, sein Werk beenden können, indem er sagte:

das ist der Anknüpfungspunct für die heutige Rechtsordnung. Was das Beispiel von Westfalen betrifft, das Herr v. Wilmowski vorgeführt hat, so habe ich dem gegenüber zu betonen, daß das westfälische Gesetz von 1860 den Westfalen nur wiedergegeben hat die ihnen von den Franzosen genommene Gütergemeinschaft. Man ist damit in die alte Gewohnheit zurückgekehrt. Was Schlesien betrifft, so macht uns Herr Schröder die Mittheilung, daß in Schlesien keine Schuldhaftung der Frau besteht und daher ein Bedürfniß vertragsmäßiger Ausschließung derselben nicht vorhanden sei. Unser heutiger Rechtszustand im ehelichen Güterrecht leidet, wie Ihnen allen bekannt, an zuweitgehendem Particularismus; das ist das Einzige, was wir zu beseitigen wünschen. Dort wo ein Particularismus besteht, wo zahlreiche eheliche Güterrechtssysteme existiren, wird aber das Bedürfniß vertragsmäßiger Regelung in bei weitem geringerem Grade vorhanden sein, als in einem großen Rechtsgebiete, welches ein einheitliches eheliches Güterrecht hat. Die einzelnen particularen ehelichen Güterrechtssysteme sind nur entstanden, weil das locale Bedürfniß sie hervorgebracht hat. Geben wir die einzelnen Particularrechte auf, so wird das Bedürfniß nach Verträgen ein noch größeres sein als vorher. Mein Einwand: die Zahl der Prozesse, die aus der Interpretation der Verträge zu entstehen pflegen, sei größer als die Zahl der Prozesse, die entstehen aus der Interpretation von Gesetzesstellen — ist von Herrn von Wilmowski zurückgewiesen worden damit, daß man auf Grund desselben alle Verträge aufheben müsse. Ich bin in der Beziehung mißverstanden worden. Ich glaube nicht, daß die Zahl der Prozesse, die aus Verträgen entsteht, das Maßgebende ist, sondern die Zahl der Prozesse, die aus der Interpretation der Verträge entsteht. Ich glaube, daß die Fassung, welche das Gesetz in dispositiver Norm giebt, in den meisten Fällen eine genauere sein wird, daß sich an der Fassung eine Jurisprudenz wird herangebildet haben, so daß in der Beziehung ein Prozeß nicht so leicht entstehen wird, als wenn es sich handelt um die Auslegung eines unklar abgefaßten Vertrages.

Es ist ferner hingewiesen auf die Parallele zwischen den Güterrechtssystemen und dem Testamente. Es gebe auch nicht verschiedene subsidiäre Systeme für Testamente (Ruf: Das ist nicht gesagt!) für das Intestaterbrecht? Wenn das so gemeint ist, dann stimmt der Vergleich überhaupt nicht; denn es sind die sogenannten subsidiären ehelichen Güterrechtssysteme natürlich nur an die Seite zu stellen den Testamenten. Es würde also, wenn man den Vergleich überhaupt ziehen will, die Sache so gemeint sein, daß Jemand in einem Testamente sagen kann: ich will nach diesem System testirt haben oder nach jenem System. Wenn Sie aber die eigentliche Consequenz ziehen wollen die darin liegt, so würde sie eigentlich die sein, daß Sie die Testamente ausschließen. Wenn Sie die ehelichen Güterrechtsverträge ausschließen oder beschränken wollen, so müssen Sie, falls der Vergleich passen soll, andererseits die Testamente ausschließen. Ich glaube, das würde Keinem von Ihnen einfallen. Es ist dann noch hervorgehoben worden der Unterschied zwischen Handelsgesellschaften und Eheverträgen. Ich glaube, daß dabei eine kleine Verwechselung vorliegt. Es ist allerdings der Zweck der Ehe ein ganz anderer als der Zweck der Handelsgesellschaften. Aber, meine Herren, Ehen werden auch nicht geschlossen durch den Ehevertrag den wir meinen, durch die Ehepacten, sondern durch den Eheschließungsvertrag, welcher vor dem Standesbeamten abgeschlossen wird. Daneben werden die güterrechtlichen Verhältnisse geregelt in Ehepacten; es sind das Verträge, die sich nur auf Vermögensverhältnisse beziehen, und da kann allerdings die Analogie der Handelsgesellschaft mit vollem Rechte herangezogen werden.

Um schließlich noch ein kurzes Wort zu sagen über die „berechtigten Interessen", wie jetzt die Formulirung in dem Antrag W i l m o w s k i lautet, so glaube ich, daß dadurch die Sache nicht sehr viel klarer geworden ist, und kann ich nur wiederholen, was ich gestern über den Punct gesagt habe. Es ist der Ausdruck ein allzu dehnbarer. Interessen collidiren schließlich immer. Die Erben des einen Gatten werden andere Interessen haben als die Erben des anderen. Dann kommt noch das Interesse der Gläubiger hinzu, dann noch etwa das der Kinder, wenn Kinder da sind. Interessen wird es stets geben, welche durch Regulirung des Ehevertrages in irgend einer Weise berührt werden. Nehmen wir also den Ausdruck, daß solche Eheverträge nicht gestattet sein sollen, bei welchen die Interessen Dritter gefährdet werden, so sagen wir einfach, es sollen keine Eheverträge gestattet werden. Wenn Sie das wollen, meine Herren, so sagen Sie ohne Phrasen: Eheverträge sind überhaupt nicht zu gestatten, sondern es soll im ehelichen Güterrecht nur gelten das gesetzliche Güterrecht, welches das Gesetzbuch feststellt. Dann brechen wir mit der praktischen Weisheit und mit der praktischen Erfahrung, welche die vorausgegangene Entwickelung von Jahrhunderten, ja von einem Jahrtausend in sich aufgenommen hat. Wir vermessen uns mit einem Schlage zu reguliren eine höchst schwierige und verwickelte Materie, an der die Rechtsgeschichte nicht bloß Deutschlands, sondern des civilisirten Europa überhaupt Jahrhunderte hindurch gearbeitet hat. Wünschen Sie, meine Herren, die Rechtseinheit, wie wir sie wünschen, wünschen Sie die Vertragsfreiheit neben der Rechtseinheit, so bitte ich Sie, acceptiren Sie unseren Antrag.

(Lebhafter Beifall.)

Notar **Distel** (Stuttgart): Ich habe mich nur auf einige wenige kurze Bemerkungen zu beschränken. Aus meiner Praxis als württembergischer Notar und als langjähriger früherer Vorstand einer württembergischen oberschwäbischen Stadtgemeinde kann ich nur aus vollster Ueberzeugung dasjenige bestätigen, was Herr Professor Schröder in Betreff der güterrechtlichen Verhältnisse der Eheleute in Württemberg ganz richtig ausgeführt hat. In Württemberg gilt nämlich gesetzlich — analog dem römisch rechtlichen Dotalsystem — die landrechtliche Errungenschaftsgemeinschaft als Norm des Güterrechtsverhältnisses zwischen Eheleuten. Dieses Güterrechtssystem ist codificirt worden durch das württembergische Landrecht von 1610, und wenn Eheleute unter sich nicht besonders einen schriftlichen Ehepact abschließen, so wird angenommen, daß sie auf Grund des württembergischen Landrechts ihre güterrechtlichen Verhältnisse normiren wollten. Nichtsdestoweniger besteht nun aber in Oberschwaben, beiläufig bei einem Drittheil der Bevölkerung Württembergs, so ziemlich allgemein die Uebung, wonach als Norm des ehelichen Güterrechtsverhältnisses die allgemeine Gütergemeinschaft vertragsmäßig stipulirt wird. Die Einführung dieser allgemeinen Gütergemeinschaft ist also vom Abschluß eines besonderen Vertrages abhängig, der noch dadurch erschwert ist, daß jeder Ehegatte drei Zeugen mitzubringen hat, welche diesen Vertrag mit unterschreiben müssen, wenn nämlich durch den Ehevertrag zugleich die Intestaterbrechte, wie dies fast ausnahmslos geschieht, zwischen den Ehegatten und den Kindern abgeändert werden sollen. — Ferner, wenn ein Ehegatte Kinder beibringt, ist noch weiter vorgeschrieben, daß nicht blos der Vormund, sondern auch die nächsten Verwandten der Kinder zur Wahrung der Interessen der Letzteren beigezogen werden, weil bei Abschluß desselben Ehevertrages, wie schon bemerkt, in der Regel zugleich auch erbrechtliche Verhältnisse geordnet werden. So sehr ist nun aber gleichwohl in ganz Oberschwaben die allgemeine Gütergemeinschaft als Norm des eherechtlichen Güterverhältnisses zur Gewohnheit geworden, daß jeder Notar in seinem Amtsbezirke nichts Besseres zu thun weiß, als ein Ehe- und Erbvertragsformular zu stereotypiren. Der andere Notar seiner Nachbarschaft macht wieder ein Formular. Wenn ihm das von seinem Nachbarn gefällt, so nimmt er es an; wenn nicht, trifft er Abänderungen. Bei vielen Notariatsbezirken werden diese Formulare oft geradezu vor ihrer regulären Anwendung, was nur zu billigen ist, gerichtlich geprüft, weil der eine Notar sie in einer öfters zweifelhaften Weise normirt und der andere vielleicht ebenfalls wieder in einer etwas zweifelhaften Weise.

(Sehr gut!)

Dadurch bekommen wir eine solche Verschiedenheit in den Ehevertragsformularen, daß, obwohl die Bestimmungen in ziemlich viel Paragraphen zerlegt sind und eigentlich nur noch übrig bleibt, daß die Namen der Ehegatten eingesetzt werden und der Vertrag unterschrieben wird nach Ausfüllung des Datums, daß, sage ich, dadurch sehr viel Zweifel entstehen können; und wenn sämmtliche Paragraphen formulirt sind, heißt es oft noch zum Schluß: „Im Uebrigen gelten die Grundsätze der allgemeinen Gütergemeinschaft."

(Heiterkeit!)

Welches diese „Grundsätze der allgemeinen Gütergemeinschaft" sind, das weiß man in einem Prozeßfalle eigentlich nicht, wenigstens nicht sicher, wie man denn überhaupt bei uns in Süddeutschland unter allgemeiner Gütergemeinschaft zwischen Eheleuten etwas ganz Anderes versteht, als dies factisch in Norddeutschland der Fall ist.

(Heiterkeit!)

Zum Schlusse nur noch einige Worte. Man spricht heute immer sehr viel von den berechtigten Interessen „Dritter", welche nicht durch Eheverträge gefährdet werden sollen. Was bedeuten aber für die Interessen Dritter gegenüber den hier allein in Betracht kommenden Interessen der paciscirenden Eheleute und gegenüber den Interessen der Familie, auf welche sich ja auch der Kaufmann und Jedermann, die ganze Bevölkerung, bei einem Vertragsabschluß schließlich selber stützen wollen? Aus diesen Gründen bin ich der Ansicht, es sei der Antrag der Herren Professoren Schröder und Brunner und das Gutachten des Herrn Kammerpräsidenten Petersen zu unterstützen und anzunehmen.

(Lebhafter Beifall!)

Justizrath **Block** (Magdeburg): Meine Herren, nur einige Worte; denn es ist sogar, nach dem, was wir hier gehört haben, gefährlich, noch zu sprechen, was ich sprechen will. Ich bin gestern nicht zugegen gewesen. Ich möchte den Antrag unterstützen, die Sache zu vertagen. Ich gehöre nämlich zu denjenigen, die gerne das Güterrecht gesetzlich geordnet haben. Denn ich sehe das nicht so an, daß man darüber rein geschäftlich paciscircn kann. Ich bin zwar schon hoch in Jahren, aber wenn ich mich heute verheirathen würde, so würde ich nicht nach dem Geldsack gehen und einen Ehevertrag schließen. Man muß es nicht unterstützen, daß die Ehen so geschlossen werden, daß man fragt, wie viel der Schwiegervater giebt. Dazu steht die Ehe zu hoch. Aber ich meine, wenn wir jetzt aburtheilen wollen und den jetzigen Zeitverhältnissen Rechnung tragen wollen — denn die ideale Auffassung der Ehe ist vielleicht auch ein alter Schlendrian, den ich noch habe —

(Heiterkeit!)

dann ist es doch richtig, daß man die Sache aussetzt, damit man sieht, wie das Gesetz das Güterrecht ordnet. Dann kann man sagen, bei diesem Punct soll eine Abänderung durch Vertrag stattfinden und bei diesem nicht. Man muß erst die Grundlage haben, wie es geregelt werden soll, ehe man sagen kann, ob und was geändert werden soll oder nicht. Denn wollen Sie im Allgemeinen sagen: es kann abgeändert werden, wie die Eheleute wollen; das scheint mir doch nicht richtig. Es soll doch eine gewisse Einschränkung stattfinden. Nun wird gesagt: „berechtigte Interessen Dritter.“ Meine Herren, die berechtigten Interessen Dritter, das ist eine Fundgrube für die freie Advokatur;

(Große Heiterkeit!)

da hört Alles auf.

Ich bitte Sie daher, diesen Antrag auf Aussetzung anzunehmen, damit wir erst sehen, wie das Gesetzbuch es macht.

Vicepräsident: Es hat sich kein weiterer Redner gemeldet. — Ich schließe daher die Discussion und ertheile zunächst dem Herrn Referenten, Justizrath Mecke, das Wort.

Correferent Justizrath **Mecke**: Meine Herren, ich halte es für ein sehr großes Verdienst des Herrn Präses Albrecht, eine Frage zur Discussion gestellt zu haben, welche eigentlich bisher nicht genau erörtert worden ist, die aber nothwendig erörtert und entschieden werden muß. Ich ging allerdings, als ich die Frage, die zur Beantwortung gestellt war, las, auch von der Ansicht aus, es solle eine allgemeine Vertragsfreiheit bestehen, nämlich auch bezüglich der Regulirung der Schuldhaft. Indessen bei näherer Betrachtung und nachdem ich mit dem Herrn Präses conferirt hatte, wurde ich anderer Ansicht, und stimmte ihm darin bei, daß allerdings diese Frage noch nicht geregelt sei; und sie ist zu regeln. Sie spitzt sich einfach dahin zu: soll eine unbedingte Vertragsfreiheit auf dem Gebiete des ehelichen Güterrechts bestehen? Wenn man das bejaht — gewisse Hilfsmittel muß man ja immer haben — dann kommt man zu den Registern, zu der Kundmachung des Ehevertrages. Ich sage aber: die Frage ist zu verneinen. Es sind gewisse Grenzen der Vertragsfreiheit zu setzen; die berechtigten Interessen Dritter — um diesen Ausdruck zu gebrauchen — fordern das allerdings, denn die Ehe ist kein Rechtsgeschäft, was gewissermaßen im Geheimen abgeschlossen ist, dessen Wirkungen verborgen bleiben, sondern die Ehe ist die Grundlage des ganzen staatlichen Gebäudes, sie tritt vielfach nach Außen hin in Wirkung, und die Berührung der Eheleute mit Dritten ist eine sehr erhebliche, natürlich gerade in vermögensrechtlicher Beziehung. Nun sage ich: wenn das der Fall ist, so muß doch von Gesetzes wegen nothwendig geregelt werden, wie die Verhältnisse nach Außen sich gestalten sollen, es müssen gewissermaßen — um den Ausdruck zu gebrauchen — polizeiliche Bestimmungen bestehen, wie sie auf dem Gebiet des Handelsrechts der Vertragsfreiheit eine Grenze setzen. Das Wort „Vertragsfreiheit" kann ja auch so zum Schlagwort werden, wie Oeffentlichkeit, Mündlichkeit und Selbstverwaltung. Und doch müssen da gewisse Schranken gezogen werden, sonst kommt man mit dem Prinzip nicht aus. Einer der Herren sagt: es sind keine berechtigten Interessen vorhanden, die Eheleute haben Alles mit einander abzumachen. Wie steht denn die Sache, wenn es zum Concurse kommt, oder in anderen Rechtsverhältnissen; bei den An- und Verkäufen von Immobilien z. B., da sind Dritte mit ihren berechtigten Interessen sofort vorhanden. Nun stimme ich ganz gewiß nicht der Ausführung des Herrn Collegen Block dahin bei, daß der Ausdruck „berechtigte Interessen" ins Gesetzbuch aufgenommen werden soll. Dieser Ausdruck ist blos eine Richtschnur für den Gesetzgeber. Der Gesetzgeber legt sich die Frage vor: wie weit bestehen berechtigte Interessen Dritter? Soweit er bejaht, erklärt er Abänderungen durch die Privatautonomie für unzulässig. Ich habe schon gestern zugegeben, das System ist etwas gewaltsamer, aber andererseits behebt es die Eheleute vieler Schwierigkeiten und unangenehmer Discussionen, und es ist klar, daß, wenn dieses System richtig ausgebaut, in Deutschland eingeführt wird, im Großen und Ganzen jeder Anwalt, jeder Jurist sagen kann, bis zu welcher Grenze die Eheleute disponiren können. Und darin erkenne ich einen Hauptvorzug des Systems, und ich setzte allerdings bei meinem Antrag, der von anderen Voraussetzungen ausging, die Veröffentlichung voraus, stelle sie aber nicht so hoch; die Schranken des Gesetzes sind meines Erachtens das Entscheidende. Nun wird wieder auf das eingewurzelte Rechtsbewußtsein zurück gegangen. Ich glaube mich da weiterer Ausführungen enthalten zu sollen. Ich bin ganz entschieden der Ansicht meines Collegen v. Wilmowski und stütze das allerdings auf Erfahrungen. Nebenbei bemerke ich, daß ich als Rechtsanwalt beim Obertribunal seit zwölf Jahren im Gebiete des Landrechts und des rheinisch-französischen Rechtes beschäftigt bin. Um nun auf das Gesetz vom 16. April 1860 zurück zu kommen, erwähne ich, daß wir nach 1860 bis etwa 1868 noch die alten Statutarrechte des Paderborner, Münstersches Minden, Ravensberger, Rüthener, Gesecker Statutarrechts anzuwenden hatten. Jetzt sind dieselben vollständig verschwunden, und meinen Sie nicht, die Westfalen mit ihrem conservativen Sinn würden sich nicht gegen das Gesetz von 1860 gewehrt haben, —

(Professor Schröder: War ja ihr altes Recht!)

wenn ein so eingewurzeltes Rechtsbewußtsein bestand. Es scheint mir, daß unter diesen Verhältnissen gerade das Beispiel von Westfalen vollständig paßt. Dann nun von der Rheinprovinz zu sprechen — die Rheinprovinz hat ja die verschiedensten Landrechte gehabt, das Geldernsche, das Solmser Landrecht, Kur-Kölner, Kur-Trierer; man weiß nichts mehr davon. Und diese Grundsätze gehen jetzt auch keineswegs mehr vermöge des Vertrages über in die Ordnung der ehelichen Güterverhältnisse. Es ist also daraus ganz klar zu entnehmen, daß ein bestimmtes Rechtsbewußtsein, was die Gesetzgebung zu respectiren hätte, nicht existirt. Im Allgemeinen theile ich die Antipathie des Herrn Mitreferenten Albrecht bezüglich der subsidiären Systeme. Sie taugen nichts um deswillen, weil nach einiger Zeit — ich habe das gestern geltend gemacht und es ist mir eigentlich kein entscheidender Grund dagegen vorgeführt worden — sie allemal sich verwischen und dadurch die größte Rechtsverwirrung herbeiführen. Diese Wahrnehmung habe ich gerade auf dem Gebiete des französischen Rechts gemacht, und die Ausführungen des geehrten Collegen aus der Pfalz können mich in der Beziehung nicht beirren, namentlich auch nicht das von ihm citirte Erkenntniß des höchsten Gerichtshofes. Nebenbei will ich bemerken, daß ich ja der pfälzischen Jurisprudenz die Selbstständigkeit gar nicht bestreiten will, daß aber für die zu entscheidende Frage nun und nimmer Etwas aus den Ausführungen des Collegen Frenckel folgt. Dasselbe gilt von den Ausführungen des Herrn Notar Distel. Was derselbe uns über Württemberg gesagt hat, das schien mir schließlich doch gegen die subsidiären Systeme zu sprechen.

(Oho!)

Ja, diese Verwirrung in den Verträgen, die er hervorhob, schien mir allerdings gegen die Wahl verschiedener subsidiärer Systeme zu sprechen. Es hat nun Herr Professor Brunner, wenn ich nicht irre, auf das Werk seines Collegen Schröder hingewiesen und hat geltend gemacht, es sei charakteristisch, daß beim Mittelalter die Rechtsentwickelung abschließe, so daß wir sofort gewissermaßen vom Mittelalter im neunzehnten Jahrhundert an die Verhältnisse anknüpfen könnten. Ja, da möchte ich doch vom Standpunct des Gesetzgebers sagen, der Gesetzgeber braucht die Verhältnisse des Mittelalters nicht zu berücksichtigen —

(Ruf: Aber die jetzigen!)

— alle diese Verhältnisse waren möglicher Weise im Mittelalter vollständig berechtigt, aber deswegen kann der Gesetzgeber von heute dieselben nicht mehr berücksichtigen. Ich glaube, daß diese Bemerkungen vollständig ausreichen, um den ersten Antrag, in dem ich mit dem Herrn Präses übereinstimme, zu begründen, und ich bitte Sie um dessen Annahme.

Referent Handelsgerichts-Präses Dr. **Albrecht**: Meine geehrten Herren! Ich erlaube mir an die Mittheilung unseres Herrn Vorsitzenden zu erinnern, nach welcher ich einen eventuellen Antrag gestellt habe, einen Antrag, der von Herrn Professor Brunner ein Vertagungsantrag genannt worden ist, obgleich er meiner Meinung nach kein simpler Vertagungsantrag ist, sondern eine weitere Bedeutung hat, die ich mir erlauben werde, nachher Ihnen auseinander zu setzen. Ich bemerke aber hier, daß dieser Antrag durchaus nur ein eventueller ist, daß ich bekennen muß, daß ich durch die bisherigen Erörterungen in diesem Kreise nicht bewogen bin, von meiner früheren Meinung zurück zu treten und meinen principalen Antrag an erster Stelle aufrecht erhalten möchte, und es nur als eine schwache Abschlagszahlung ansehen würde, wenn Sie meinen eventuellen Antrag annähmen. Es hat zunächst die Ausdrucksweise meines principalen Antrages, daß solche Abänderungen des ehelichen Güterrechts durch Eheverträge von der Gesetzgebung nicht zuzulassen seien, welche die Interessen Dritter gefährden, Anstoß gefunden. Meine Herren! Es handelt sich hier nicht, — ich wiederhole das, nachdem ich bereits einmal dem Mißverständniß begegnet bin, zum zweiten Male den letzten Ausführungen des Herrn Professor Brunner gegenüber, — daß hier nicht von einer Gefährdung der Interessen Dritter durch Eheverträge die Rede ist, sondern von einer Gefährdung durch Abänderungen der gesetzlichen Bestimmungen in Eheverträgen. Welche Bestimmungen in Rücksicht auf die Gefährdung Dritter nicht sollen abgeändert werden können, darüber soll — wie eben der Herr Vorredner bemerkt hat — der Gesetzgeber entscheiden; der Gesetzgeber soll die Bestimmungen kennzeichnen, welche nicht durch Privatautonomie abgeändert werden können. Solche Bestimmungen giebt es unbedingt. Ich möchte wissen, was Sie sagen wollten, wenn Eheleute sich beikommen lassen wollten und sagen: in unserer Ehe hat die Frau die Hosen an, in unserer Ehe disponirt die Frau; der Mann ist nicht berechtigt, irgendwie das gemeinschaftliche Vermögen zu vertreten. Würden Sie solche Bestimmungen für erlaubt halten?

(Ruf: Jawohl! und: Gewiß nicht!)

Würden Sie das Publicum nicht schützen gegen solche Bestimmungen? Herr Professor Hölder polemisirt hiergegen, er meint: Die Interessen Dritter brauche man nicht zu schützen, das sei durchaus Etwas, das keines Schutzes bedürfe; es komme darauf an, daß man die Frau schütze, nicht die Gläubiger, nicht diejenigen, die mit dem Manne contrahirt haben. Er übersieht nur, daß wir lediglich in Bezug auf die Art des Schutzes verschiedener Meinung sind. Daß die Interessen Dritter zu schützen sind, das giebt er selbst zu. Denn er führt uns im Anschluß an den Antrag Brunner aus, daß die Interessen Dritter geschützt werden sollen und zwar dadurch, daß die Eheverträge registrirt werden. Wir sind also nur nicht einig im Maß dieses Schutzes. Nun sagt Herr Professor Hölder —

entschuldigen Sie, daß ich zuerst bei dem Herrn bleibe — ich sehe das als etwas so Entsetzliches an, daß ein Ehevertrag registrirt und veröffentlicht werden solle, in dem es heißt: der Mann soll nicht in dem Maße, wie das Gesetz bestimmt, über das Vermögen der Frau verfügen können; das sei doch kein moralisches Mißtrauensvotum, sondern nur ein nationalökonomisches. Nun, meine Herren, dann paßt der Vergleich, den ich früher gebraucht habe, vorzüglich; es ist nur, wie ich zugebe, ein nationalökonomisches Mißtrauensvotum: gerade dasselbe Mißtrauen wird aber auch demjenigen bezeugt, der für einen Verschwender erklärt wird, gerade auch dem bezeugt man, daß er die Güter nicht zu verwalten versteht. Es trifft also mein Vergleich vollkommen zu, und ich möchte doch darauf hinweisen, welche Folgen es hat, wenn ein solch' nationalökonomisches Mißtrauensvotum veröffentlicht wird. Dann heißt es: der Schwiegervater und die Frau wissen, daß der Mann die Güter schlecht verwaltet, und wir Dritte, die wir mit dem Manne contrahiren, wir sollen ihm Vertrauen schenken! Nach meiner Meinung ist in der Weise ein Mann, der Geschäfte machen will, ruinirt.

Ich weiche nun aber auch von den Herren Vertheidigern des Antrages Brunner-Schröder darin ab, daß ich der Ansicht bin, daß es sich hier nicht um die Frage der Vertragsfreiheit, sondern um die der Rechtseinheit handelt. Das ist unser principieller Unterschied, und den möchte ich ganz besonders betonen. Meine Herren! Wir haben einmal aus den Obligationen des Verkehrslebens Beispiele hergenommen; es ist von Kauf und Miethe gesprochen, von Societäten und den verschiedenen Formen derselben. nun, meine Herren, es wird gesagt: wie solche verschiedenen Verträge zugelassen sind, und deren Zulassung die Rechtseinheit nicht gefährdet, so soll man auch verschiedene Verträge unter den Eheleuten nach verschiedenen Systemen zulassen. Meine Herren, ich glaube, wenn in einer Stadt oder in einem kleineren Districte die verschiedensten Arten von Kauf und Miethe abgeschlossen werden, wenn recht verschiedene Arten von Societäten existiren, so werden wir darüber einverstanden sein, daß das ein Zeugniß lebhaften Verkehrs, blühenden Handels, gesteigerter Vermögensverhältnisse sei. Wir werden das als etwas Günstiges ansehen. Nun, meine Herren, frage ich Sie: werden wir es auch als etwas Günstiges ansehen, wenn in kleineren Districten verschiedenartige Eheverträge geschlossen werden, Eheverträge nach den verschiedensten Systemen? Wir werden das als etwas durchaus Ungünstiges betrachten. Und darin liegt schon eine Verschiedenheit, die uns warnen sollte, die Frage von diesem Standpuncte aus anzusehen. Die Herren, die den Schröder-Brunnerschen Antrag gestellt und vertheidigt haben, sind auch weit entfernt davon, ihrerseits zu wünschen, daß an einem und demselben Orte diese Vertragsfreiheit recht tüchtig Platz greife. Nein, meine

Herren, sie wollen etwas ganz Anderes, sie wollen, daß in einem District hauptsächlich dieses System in Rücksicht auf Rechtsauffassung und Sitte Platz greife, in jenem das andere. Mit einem Worte, meine Herren, wir kommen durch diesen Antrag, da es sich nicht um die Vertragsfreiheit in demselben Orte, sondern um die Vertragsfreiheit an verschiedenen Orten handelt, rückwärts wieder in das Regionalsystem hinein, und Herrn Professor Brunner bin ich recht dankbar, daß er offen und ehrlich gestanden hat, daß er heutigen Tages noch ein Anhänger dieses Systems sei. Sein Antrag und der Antrag, der von ihm und seinen Genossen gestellt ist, der öffnet uns die Hinterthür für das Regionalsystem. Wenn wir ihn annehmen, so sind wir wieder darin. Wenn es sich lediglich um die Vertragsfreiheit handelte, nicht um die Rechtseinheit, warum hat man uns nicht bei der vorjährigen Berathung gesagt: das ist eine ganz untergeordnete Frage, die Sie berathen; man kann im Gesetz vier, fünf Systeme codificiren, ohne zu sagen, welches zu Grunde zu legen sei. Die Eheleute möchten bei der Eheschließung nur zum Registerführer hingehen — ein Redner hat das auch empfohlen, wenn ich nicht irre — und sagen, nach welchem System man heirathen wolle; alle Systeme müßten zur Wahrung der Vertragsfreiheit codificirt werden, es sei gleichgiltig, welches System zu Grunde gelegt würde. Wir haben das aber als die Hauptfrage, als die wesentlichste betrachtet für die Codification des ehelichen Güterrechts und zwar deshalb, weil wir das eheliche Güterrecht, das zu Grunde gelegt wird, als das maßgebende angesehen haben, als dasjenige, von dem in der Regel nicht mehr wird abgewichen werden.

Ich bin also der Meinung, daß es sich hier nicht um Vertragsfreiheit handelt, sondern um die Rechtseinheit, und dieser Rechtseinheit will ich so wenig wie möglich Abbruch geschehen lassen. Ich will nicht ohne Noth sagen: wir wollen auf dieselbe verzichten. Ich will es erst wissen, es soll erst klar gelegt werden, ob wir nach dem ehelichen Güterrechte, welches zu Grunde gelegt wird, Veranlassung haben, und in wie weit wir sie haben, weitere Eherechte zu codificiren. Ich habe schon gestern ausgeführt, daß, wenn das eheliche Güterrecht in der Weise codificirt wird, wie wir es auf unserem vorjährigen Juristentage beschlossen haben, wenn die Verwaltungsgemeinschaft mit einer im Wesentlichen nicht sehr beschränkten Schuldhaft der Ehefrau zu Grunde gelegt wird, wir kaum Veranlassung haben zu glauben, daß sehr viel Eheverträge nach einem abweichenden System geschlossen werden, weil ein Bedürfniß dazu sich nicht herausstellen wird. Ich will, was ich gestern gesagt habe, nicht wiederholen. Aber, meine Herren, aufmerksam machen möchte ich Sie noch darauf, daß, wenn mir entgegen gehalten wird, ich verlangte Etwas, was von allen neueren Gesetzgebungen verworfen ist, das doch etwas zu weit gehen möchte. Ich habe gestern schon angedeutet, daß in dem hierorts geltenden Gesetzbuch nur höchst obenhin die allgemeine Gütergemeinschaft und Errungenschaftsgemeinschaft behandelt ist. Ich will mich nicht auf mein Urtheil berufen, aber ich glaube, Professor Roth werden Sie gelten lassen. Erlauben Sie mir, daß ich Ihnen vorlese, was er über das österreichische Gesetzbuch in seinem Gutachten gesagt hat. Es heißt da:

„Mit dem Dotalrecht hat die österreichische Gesetzgebung den Grundsatz der Ausschließlichkeit des gesetzlichen Güterrechts angenommen. Das österreichische Recht beseitigt nicht nur alle particularrechtliche und gewohnheitsrechtliche Bildung, sondern verbietet auch, wie das römische Recht, die willkürliche Abänderung des gesetzlichen Güterrechts; die allgemeine Gütergemeinschaft, welche nach österreichischem Recht vertragsmäßig bestimmt werden kann, hat nur die Bedeutung und Wirkung eines Erbvertrags. (A. B. G. B. Art. 1234; Wächter württ. P. R. I. 730; Sammlg. der Entscheidungen des O. G. H. in Bayern III. No. 17).“

Ich erlaube mir ferner noch, mich auf das neueste Gesetz über das eheliche Güterrecht zu berufen. Das kleine Ländchen Oldenburg kann als ein Musterstaat insofern für unsere Frage gelten, als die verschiedensten ehelichen Güterrechte in demselben geherrscht haben, wie auch in diesem Staate das bekannte eheliche Güterrecht von Runde seinen Ursprung, so zu sagen, genommen hat. Nun, meine Herren, in dem dortigen neuen Gesetz hat man die Verwaltungsgemeinschaft ohne Schuldhaft und daneben speciell noch, im Uebrigen die Vertragsfreiheit nicht einschränkend, die allgemeine Gütergemeinschaft codificirt. Diese allgemeine Gütergemeinschaft besteht aber lediglich in einer Schuldengemeinschaft. Es kennt dieses Oldenburger Gesetz in dem Capitel von der allgemeinen Gütergemeinschaft keine andere Erbfolge, als diejenige nach der Verwaltungsgemeinschaft; es kennt keine communio bonorum prorogata; es setzt für die allgemeine Gütergemeinschaft nur die Schuldengemeinschaft fest. Nun, meine Herren, wenn wir die Verwaltungsgemeinschaft zu Grunde legen und die Schuldengemeinschaft wenigstens in der Hauptsache anerkennen, wo bleibt, wenn wir diesem Beispiele folgen, die Veranlassung, noch das allgemeine Güterrecht zu codificiren? Es scheint mir, daß das ein instructiver Wink für unsere Versammlung ist.

Ich gehe nun freilich auch meinerseits davon aus, daß allerdings die Sitte, insofern sie eine bewußte und zu billigende ist, und daß die Rechtsauffassung der Bevölkerung ihre Schonung verdient. Aber, meine Herren, ich will beides gehörig constatirt sehen, ich will wissen, in welchem Maße die Schonung einzutreten hat. Darauf habe ich schon in meinem principalen Antrage hingedeutet. Ich habe neben Aufstellung des Princips, daß das Gesetz durch Aufstellung bestimmter Vorschriften die Gefährdung der Interessen Dritter verhindern soll, darauf hingewiesen, daß im Uebrigen die Frage ihre definitive Erledigung nicht finden kann, bevor man das im Gesetzbuch zu Grunde zu legende eheliche Güterrecht codificirt vor sich liegen hat. Wenn es nun möglich gewesen wäre, meinen Antrag in zwei Theile zutheilen, so hätte ich keinen eventuellen Antrag gestellt, sondern nur gebeten, daß man den Antrag in zwei Theilen zur Abstimmung bringt. Der Antrag ist aber so redigirt, daß die beiden Theile nicht von einander getrennt werden können. Ich habe mir daher den eventuellen Antrag erlaubt, welcher in der Fassung Schröder-Brunner die Frage, ob und in welchem Umfange zu codificiren sei, von dem zu Grunde zu legenden Güterrechte abhängig macht. Der Antrag lautet dahin:

> „die Beantwortung der Frage: ob und in welchem Umfang in einem gemeinsamen bürgerlichen Gesetzbuch neben dem System des gesetzlichen Güterrechts die übrigen Hauptsysteme des deutschen ehelichen Güterrechts zur Ergänzung genereller Eheverträge dispositiv zu normiren sind, ist bis zur definitiven Feststellung des Systems des gesetzlichen Güterrechts auszusetzen."

Wenn Sie diesen eventuellen Antrag annehmen, so haben Sie nach meiner Meinung sich keineswegs in einen Widerspruch mit dem früheren Beschlusse gesetzt, sondern Sie haben nur erklärt, daß die Beantwortung der uns heute vorliegenden Frage davon abhängt, ob und mit welchen Modificationen jener Beschluß zur Ausführung gelangt. Es ist auch nicht der Fall, daß die Frage vollständig vertagt werden würde. Denn es wird in diesem Antrage ausgesprochen, daß die Frage, ob überall und in welchem Umfange eine Codification stattfinde, zweifelhaft ist und erst entschieden werden kann, nachdem das zu Grunde liegende System im Gesetzbuch codificirt ist. Wenn wir dagegen den Antrag der Herren Professoren Schröder und Brunner annehmen, so haben wir ausgesprochen, daß jedenfalls codificirt werden soll, wir haben ausgesprochen, daß, wie auch das Gesetz lauten möge, wir jedenfalls die eventuelle Codification in Anspruch nehmen.

Ich, meine Herren, glaube, daß ich auf die einzelnen Bemerkungen nicht weiter einzugehen brauche, die hier gefallen sind. Theilweise beruhen sie meiner Meinung nach auf einen Mißverständniß, wie z. B. die Bemerkung des Herrn Justizrath Block, daß großer Streit entstehen wird, wenn das Gesetz dahin formulirt würde, daß durch Eheverträge nicht die

Interessen Dritter gefährdet werden sollen. Ein solches Gesetz verlange ich nicht. Es ist nur ein gesetzgeberischer Gedanke, ich kann es nicht oft genug wiederholen, der in dem Antrag ausgesprochen wird und der Maß und Ziel im Gesetz selbst finden soll.

Ich bitte Sie also, meine Herren, principaliter meinem ersten Antrage, eventualiter meinem zweiten Antrage sich zustimmig zu erklären.

(Beifall.)

Professor **Brunner**: Zu einer thatsächlichen Bemerkung: Ich möchte nur hervorheben, als Kind dieses Landes und österreichischer Jurist bin ich mit dem österreichischen bürgerlichen Gesetzbuch einigermaßen vertraut. Ich erlaube mir daher nur zu constatiren, daß das österreichische bürgerliche Gesetzbuch allerdings neben dem sogenannten gemischten Dotalrecht das eheliche Güterrecht in vertragsmäßiger Weise zu bestimmen gestattet. Es sind die betreffenden Ausführungen des bürgerlichen Gesetzbuchs allerdings dürftig. Uebrigens kommen, so viel ich weiß, Verträge über eheliche Gütergemeinschaft auf dem flachen Lande in Oesterreich sehr häufig vor. Es wäre deshalb entschieden besser, wenn die Ausführungen des bürgerlichen Gesetzbuches über die eheliche Gütergemeinschaft noch etwas ausführlicher wären als sie sind.

Referent Handelsgerichts-Präses **Albrecht**: Ich habe mich hinsichtlich der Bedeutung der Bestimmungen des österreichischen Gesetzbuches — sie stehen in § 1233—1235 — auf die Autorität Roths verlassen. Darin stimmt mir ja auch Professor Brunner bei, daß diese Bestimmungen jedenfalls äußerst dürftig sind. Erkundigungen, die ich eingezogen habe, haben ergeben, daß man im Großen und Ganzen nur höchst ausnahmsweise von der allgemeinen Gütergemeinschaft und Errungenschaftsgemeinschaft Gebrauch macht, vielmehr sich an das codificirte Dotalrecht des Gesetzbuches hält.

Vicepräsident: Die Verhandlung über die uns zugewiesene Frage erkläre ich für geschlossen. Wir kommen zur Abstimmung.

Ich habe sie mit einigen Worten vorzubereiten. Das Protokoll des vorigen Juristentags über die betreffende Frage schließt damit, daß der erste Antrag angenommen wurde in folgender Fassung:

> Das eheliche Güterrecht ist für das ganze Reichsgebiet auf einheitlicher Grundlage zu codificiren und zwar nach dem System der Verwaltungsgemeinschaft; es ist jedoch zugleich festzusetzen, daß das Vermögen der Frau, insoweit dasselbe nicht auf deren Namen angelegt ist und beständig angelegt bleibt, für die Schulden des Mannes haftet.

Dieser Antrag erhielt die Majorität.

Das Protokoll sagt uns weiter, daß hierauf von Seiten des Herrn Advocaten Dr. Rau von München eine Anfrage gestellt wurde. Er erklärte inhaltlich des Protokolls:

> Ich bitte zu constatiren, was Herr Präses Dr. Albrecht anläßlich des Wilmowski'schen Vortrags bemerkte: daß die Frage, ob eine subsidiäre Codification der anderen Systeme, insbesondere des Systems der allgemeinen Güter- und der Errungenschaftsgemeinschaft, nothwendig sei, eine **offene** bleibe.

Das Präsidium bejahte diese Frage. Dieses führte nun zu der Frage, welche die ständige Deputation des Juristentages diesmal dem Juristentage und speciell dieser Abtheilung vorgelegt hat, von welcher wir hier bei der Berathung ausgegangen sind und von welcher wir bei der Abstimmung auszugehen haben. Diese Frage lautet:

> Ist es wünschenswerth, in einem gemeinsamen bürgerlichen Gesetzbuche für Deutschland neben dem einheitlichen Systeme des ehelichen Güterrechts noch subsidiäre Systeme für die Privatautonomie aufzustellen?

Sie wurde zunächst beantwortet in dem Gutachten des Herrn Kammerpräsidenten Petersen und zwar in dem Sinne, welchen wir vorhin durch diesen Herrn vertreten hörten, und welcher auch dem Antrag der Herren Brunner und Schröder zu Grunde liegt.

Es theilen sich die vorliegenden fünf Anträge in zwei Theile. Die eine Seite dieser Anträge wird meines Erachtens — ich erlaube mir hiermit meine Anschauung von der Sache vorbehaltlich etwaiger Correctur durch die hohe Versammlung vorzutragen — gebildet durch den Antrag Brunner-Schröder. Auf der anderen Seite steht eine Gruppe von Anträgen: es sind dies die Anträge der Herren v. Wilmowski und Mecke, der erste Antrag des Herrn Referenten Dr. Albrecht, sodann der eventuelle Antrag desselben.

Ich halte mich nicht für befugt, diesen eventuellen Antrag vor den primären zu setzen, weil er ausdrücklich nur als ein eventueller gestellt ist und weil es Gründe genug giebt, ihn auch als einen solchen an sich zu betrachten.

Nach den Grundsätzen eines parlamentarischen Verfahrens werden die ursprünglichen Anträge der Herren Referenten zum Ausgangspunkte zu nehmen sein. Zu diesen beiden Anträgen treten hinzu der eventuelle Antrag Albrecht nnd der Antrag Wilmowski. Der letztere geht weiter als die drei anderen Anträge dieser Gruppe. Principiell tritt aber dieser Gruppe entgegen der Antrag Brunner-Schröder. Nach den von mir angeregten Grundsätzen würde also von der Grundlage der Gruppe auszugehen sein, in welcher sich die Anträge des Referenten befinden. Diametral entgegen steht, wie gesagt, der Antrag Brunner-Schröder; er entfernt sich am weitesten von der Grundlage, und ich glaube daher, daß dieser Antrag zuerst zur Abstimmung zu bringen sein wird. Ist dieser Antrag angenommen, so ist die von der ständigen Deputation gestellte Frage bejaht. Ist dieser Antrag verworfen, so muß über die Anträge abgestimmt werden, welche diese Frage der ständigen Deputation bestimmt verneinen, wie der Antrag des Herrn v. Wilmowski, oder einen gewissen Spielraum in Beantwortung der Frage lassen.

Dies scheint mir das System zu sein, welches wir bei dieser etwas verwickelten Abstimmung zu befolgen haben. Sollte eine andere Ansicht sich kund geben, so bitte ich, sie in möglichster Kürze zu äußern und ich werde dann diese Ansicht selbstverständlich der hohen Versammlung zur Abstimmung vorlegen.

Professor **Brunner**: Ich bin mit dem dargelegten Plane vollständig einverstanden, nur möchte ich bitten, daß über die beiden Absätze unseres Antrages getrennt abgestimmt werde. Zuerst über den ersten Absatz — das ist derjenige, auf den es uns hauptsächlich ankommt, — sodann über den zweiten Absatz, der eigentlich nur als eine Nebenfrage in die Discussion hereingebracht ist.

Vicepräsident: Allerdings lassen sich die Absätze trennen. Der zweite Absatz kann sogar neben den Anträgen der anderen Herren hergehen, der zweite Absatz und die Gruppe der anderen Herren schließen sich einander logisch nicht aus. Ich würde fast der Ansicht sein, daß man den zweiten Theil des Antrages Schröder-Brunner an den Schluß der Abstimmung setzen könnte.

Wir werden also zur Abstimmung übergehen.

Der Antrag Brunner-Schröder lautet:

1. Es ist nothwendig, in einem gemeinsamen bürgerlichen Gesetzbuche Deutschland's neben dem Systeme des gesetzlichen Güterrechts die übrigen Hauptsysteme des deutschen ehelichen Güterrechts zur Ergänzung genereller Eheverträge dispositiv zu normiren.
2. Vertragsmäßige Bestimmungen, durch welche die Vermögenshaftung des gesetzlichen Güterrechts Dritten gegenüber beschränkt wird, sind von der Eintragung in öffentliche Register abhängig zu machen.

Der Antrag Wilmowski lautet:

Der Juristentag spricht seine Ueberzeugung dahin aus:

Abänderungen des ehelichen Güterrechts durch Eheverträge sind von der Gesetzgebung nicht zuzulassen, insofern durch dieselben berechtigte Interessen Dritter gefährdet werden. Unter der Voraussetzung, daß das vom XII Juristentag empfohlene System des ehelichen Güterrechts eingeführt wird, ist von der Aufstellung anderer Güterrechtssysteme abzusehen.

der Antrag Mecke:

Abänderungen des ehelichen Güterrechts durch Eheverträge sind von der Gesetzgebung nicht zuzulassen, insofern durch dieselben die Interessen Dritter gefährdet werden.

Auch im Uebrigen ist von der Aufstellung subsidiärer Güterrechtssysteme für die Privatautonomie abzusehen, jedoch eine Vorschrift dahin zu empfehlen, daß die Eheleute bei Strafe der Ungültigkeit des Ehevertrages in diesem über die vom Gesetze zu bezeichnenden wesentlichsten Puncten der Güterordnung; insbesondere

1) Art der Güterordnung,
2) Feststellung des gemeinschaftlichen und nichtgemeinschaftlichen Vermögens,
3) Dispositionsbefugnisse der Ehegatten während der Ehe,
4) Regelung der Verhaftung für die Schulden,
5) Ordnung der Verhältnisse nach aufgelöster Ehe,

Verfügung treffen.

Der Antrag Albrecht:

Abänderungen des ehelichen Güterrechts durch Ehevertrag sind von der Gesetzgebung nicht zuzulassen, insofern durch dieselben die Interessen Dritter gefährdet werden, und ist daher jedenfalls auch insoweit von der Aufstellung subsidiärer Güterrechtssysteme für die Privatautonomie abzusehen.

Im Uebrigen kommt es für die Beantwortung der Frage, ob und in welchem Umfange die Aufstellung solcher subsidiärer Systeme wünschenswerth ist, wesentlich darauf an, welches System als das gesetzliche zu Grunde gelegt wird.

Der eventuelle Antrag Albrecht:

Die Beantwortung der Frage:

ob und in welchem Umfange in einem gemeinsamen bürgerlichen Gesetzbuche neben dem System des gesetzlichen Güterrechts die übrigen Hauptsysteme des deutschen ehelichen Güterrechts zur Ergänzung genereller Eheverträge dispositiv zu normiren sind,

ist bis zur definitiven Feststellung des Systems des gesetzlichen Güterrechts auszusetzen.

Nur darüber herrscht bei mir noch ein Zweifel, ob der zweite Theil des Antrages Schröder-Brunner bis ans Ende der Abstimmung zu verlegen sei.

Professor **Brunner**: Es ist uns ganz gleichgültig, ob über den Antrag zuerst oder später abgestimmt wird. Einfacher ist es vielleicht, wir bringen den Absatz 2 sofort zur Abstimmung.

Vicepräsident: Ich will mich hierfür entscheiden.

Zunächst wird nun der Absatz 1 des Brunner-Schröderschen Antrages vorgenommen, welcher Absatz besagt:

1. Es ist nothwendig, in einem gemeinsamen bürgerlichen Gesetzbuche Deutschlands neben dem Systeme des gesetzlichen Güterrechts die übrigen Hauptsysteme des deutschen ehelichen Güterrechts zur Ergänzung genereller Eheverträge dispositiv zu normiren.

Da das Resultat der Abstimmung Zweifel zuläßt, so erfolgt die Gegenprobe und da auch ihr Ergebniß nicht als sicher erscheint, wird die itio in partes und Auszählung vorgenommen.

Die Auszählung stellt fest, daß sich 46 Stimmen für, 40 gegen den Antrag erklärt haben.

Es wird nun der zweite Theil des Brunner-Schröderschen Antrages zur Abstimmung gebracht, welcher Absatz besagt:

2. Vertragsmäßige Bestimmungen, durch welche die Vermögenshaftung des gesetzlichen Güterrechts Dritten gegenüber beschränkt wird, sind von der Eintragung in öffentliche Register abhängig zu machen.

Mit Majorität angenommen.

Der Vicepräsident bemerkt, daß nunmehr die ganze Gruppe der übrigen Anträge als abgelehnt zu betrachten sei.

Der Beschluß der Abtheilung wird dem Plenum zur Kenntnißnahme überwiesen, und da Herr Präses Dr. Albrecht das Referat im Plenum ablehnt, Herr Professor Dr. Schröder damit beauftragt.

(Schluß der Sitzung 11½ Uhr.)

Dritte Sitzung der ersten und zweiten Abtheilung am 29. August 1876.

Präsident Dr. **Albrecht** eröffnet die Sitzung um $12^1/_2$ Uhr.

Meine geehrten Herren! Ich kann Sie nicht davon dispensiren, nachdem Sie mich gestern und heute bereits wiederholt als Referenten gehört haben, nun noch einmal als Vorsitzenden zu hören, da mein Herr College im Präsidium nicht anwesend ist und mir die Zeit gekommen zu sein scheint, wo wir unsere Berathungen wieder zu eröffnen haben, wenn wir sie zeitig genug für die Wünsche der einzelnen Mitglieder schließen wollen.

Wir haben nämlich noch eine wichtige Frage zu erledigen, die Frage, welche Sie als Nr. 2 unter den Anträgen der Referenten und Correferenten bemerkt finden, die Frage:

> Soll im gemeinsamen bürgerlichen Gesetzbuche für Deutschland bestimmt werden, daß der Erbschaftserwerb ipso jure stattfindet?

Als Referenten für die Frage sind bestimmt Herr Kammerpräsident Petersen und Herr Justizrath Makower. Ich ersuche zunächst Herrn Kammerpräsident Petersen das Wort zu ergreifen, falls die Herren Referenten sich nicht über eine andere Reihenfolge ihrer Vorträge geeinigt haben sollten.

Referent Kammerpräsident **Petersen** (Straßburg i. E.): Bei der Frage, über welche ich die Ehre habe Ihnen Bericht zu erstatten, handelt es sich, wie bei so vielen Gesetzgebungsfragen, im Wesentlichen um einen Gegensatz zwischen den Bestimmungen des römischen und denen des germanischen Rechts oder deutschen Privatrechts. Während das römische Recht bekanntlich einen Unterschied macht zwischen den sui heredes und den übrigen Erben, und bei der ersteren Gattung von Erben den Erbschaftserwerb ipso jure eintreten läßt, bei allen übrigen Erben aber unterscheidet zwischen Delation und Acquisition der Erbschaft und eine Antretung der Erbschaft, eine bestimmte Willenserklärung des Erben zum Erwerb verlangt; geht das deutsche Recht von dem Grundsatz aus, daß der Erbe von Rechtswegen die Erbschaft erwerbe, ohne daß es hiezu einer besonderen Handlung bedürfe.

Dieser Unterschied hat sich fortgepflanzt und ist in die Particulargesetzgebungen ebenfalls übergegangen. Ich werde eine ganz kurze Uebersicht über die verschiedenen Gesetzgebungen geben, bemerke aber, daß ich mich in dieser Beziehung wie in allen anderen möglichst kurz fassen werde mit Rücksicht auf die vorgerückte Zeit und mit Rücksicht darauf, daß der Herr Correferent, der — wie ich mich überzeugt habe — meiner Meinung ist, etwa Versäumtes nachholen kann.

Innerhalb des deutschen Reiches halten die beiden Systeme, wenn man die Zahl der Bevölkerung in das Auge faßt, sich ungefähr das Gleichgewicht. Auf der einen Seite steht nämlich das System des gemeinen Rechts, das eben hier das römische ist. Außerdem existiren noch eine Reihe von Specialbestimmungen, besonders die sächsische Gesetzgebung, das Oldenburgische Gesetz, welche das System des Antretungserwerbs adoptiren. Ihnen gegenüber stehen als große Gesetzgebungen vor allen das preußische Landrecht, welches das System des unmittelbaren Erbschaftserwerbs angenommen hat, und das Gebiet des französischen Rechts. Ich habe gesagt, daß diese beiden Systeme sich ungefähr das Gleichgewicht halten, wenn man die Zahl der Bevölkerung annimmt. Ich veranschlage dabei das Gebiet des preußischen Landrechts auf 12—13 Millionen; ich weiß nicht, ob ich ganz genau verfahre, aber ich habe u. A. die Statistik des Herrn Professor Schröder mitbenutzt, die er bezüglich des Güterrechts aufgestellt hat . . . .

(Noch zu wenig!)

noch zu wenig; also würde es noch mehr betragen — außerdem veranschlage ich die Länder, in denen das rheinisch-französische Recht gilt, auf etwa 7 Millionen. Also selbst bei dieser geringen Veranschlagung des preußischen Landrechts würde dieses System eher etwas überwiegen. Außerdem gilt das System des unmittelbaren Erwerbs noch in Hamburg und Lübeck, wenn ich nicht irre. Außerhalb Deutschlands ist das System des Antretungserwerbs vor allem in Geltung in Oesterreich und zwar in der Weise, daß ebenso wie in Sachsen und einigen anderen Theilen von Deutschland nicht mehr unterschieden wird zwischen den sui heredes und den übrigen Erben, sondern in allen Fällen der Erbe nur erwirbt durch die Erbschaftsantretnng. Sieht man nun von diesen Ländern ab, so gilt im Großen und Ganzen überwiegend das System des unmittelbaren Erbschaftserwerbs. Dasselbe gilt in Frankreich, in Italien, in Belgien, in einigen Theilen der Schweiz, während andere Cantone das System des Antrittserwerbs haben, in Rußland mit Ausnahme von Esthland und Lievland, wo das römische Recht gilt, ferner in England und Amerika. Dagegen findet sich das System des Antrittserwerbs noch in Dänemark, Lievland, Esthland und einigen Schweizercantonen.

Es besteht eine Unterscheidung in verschiedenen Ländern nach doppelter Richtung. In den Ländern, in denen der Antrittserwerb gilt, ist die Verschiedenheit, die ich berührte, die, daß in manchen Ländern die Bestimmungen des römischen Rechts streng gelten, also für die hier das System des unmittelbaren Erwerbs beibehalten ist, in anderen dieser Unterschied beseitigt und allgemein Antrittserwerb verlangt wird. Ferner in einer anderen sehr wichtigen Beziehung darin, daß die Bestimmungen des römischen Rechts in vielen Beziehungen modificirt oder abgeändert wurden in Beziehung auf die Transmission der Erbschaft. Während das römische Recht bekanntlich nur in einzelnen Ausnahmefällen zuläßt, daß der Erbe, der vor der Annahme verstirbt, die Erbschaft auf seine Erben überträgt, ist in den meisten neueren Gesetzgebungen die Bestimmung enthalten, auch wenn diese Gesetzgebungen dem Systeme des Antrittserwerbs huldigen, daß die Erbschaft, auch wenn der Erbe stirbt, ohne angetreten zu haben, doch auf die Erben desselben übergeht. Aehnliche Unterscheidungen bestehen übrigens auch auf dem Gebiete des unmittelbaren Erwerbs. Hier kommt vor Allem der Unterschied in Betracht, daß nach einigen Gesetzgebungen auch der Besitz an der Erbschaft auf den Erben übergeht, nach anderen aber nur die Erbschaft selbst, nicht der Besitz. Dieser Unterschied besteht besonders zwischen dem preußischen Landrecht, wo nach der Praxis wenigstens angenommen wird, daß die Erben nicht den Besitz erwerben, und den Bestimmungen des französischen Rechts, nach welchen der Erbe auch unmittelbar im Augenblick des Todes des Erblassers in den Besitz der Erbschaft gelangt, den Besitz des Erblassers fortsetzt. Diesen Unterschied werde ich gar nicht berücksichtigen. Ich bin der Ansicht, daß diese Frage gar nicht hierher gehört. Ich werde also nur darüber sprechen, ob die Erbschaft selbst ipso jure übergehen soll oder nicht.

Ein zweiter Unterschied ist dann der, daß nach preußischem Landrecht und anderen Gesetzgebungen nicht unterschieden wird, ob der Erbe kraft Testaments oder kraft Gesetzes erbt; während das französische Recht und eine Reihe von Gesetzgebungen, die von ihm abhängen, unterscheiden und den Grundsatz des unmittelbaren Erwerbs nur eintreten lassen bei den Intestaterben. Auch über diesen Unterschied, obgleich er von praktischer Bedeutung ist, werde ich hier ganz kurz hinweggehen und nur am Schlusse denselben noch berühren. Bemerken will ich hier nur noch, daß dieser Unterschied zusammenfällt mit der verschiedenen Stellung der Gesetzgebungen zu dem testamentarischen Erbrecht. Das preußische Landrecht stellt das testamentarische Erbrecht in die erste Linie; die Intestaterbfolge tritt nur subsidiarisch ein, wenn kein Testament gemacht ist. Nach französischem Rechte giebt es eigentlich keine Testamentserben so wenig wie nach altdeutschem Rechte, sondern der Testamentserbe ist streng genommen nur Legatar, er muß sich an die Intestaterben wenden und die Auslieferung der Erbschaft verlangen. Nur wenn ein Universallegat gemacht und kein Notherbe vorhanden ist, kann der Universallegatar direct die Einweisung durch den Gerichtspräsidenten verlangen. Auch über diesen Unterschied gehe ich rasch hinweg.

Ehe ich nun aber auf die Gründe übergehe, die bezüglich der beiden Systeme in Betracht kommen, muß ich bezüglich meiner statistischen Zusammenstellung einige Bemerkungen machen, weil dieselben in Widerspruch stehen mit den Behauptungen, die in den Gutachten, über welche ich auch zu referiren habe, enthalten sind.

Herr Professor Randa hat in seinem Gutachten bemerkt, daß das italienische Gesetzbuch nicht zum System des unmittelbaren Erwerbs zu rechnen sei, sondern zum System des Antrittserwerbs, und hat daraus besonders Schlüsse gezogen, indem er annimmt, die Italiener seien mit dem früheren Zustand unter der Herrschaft des piemontesischen Gesetzbuches unzufrieden gewesen, weil sie zu dem anderen Systeme übergegangen seien. Das halte ich ich nicht für richtig. Soweit ich mich informiren konnte — ich konnte nur französische Werke über die italienische Gesetzgebung und das italienische Gesetzbuch selbst berücksichtigen — sind die Bestimmungen genau conform mit denen des französischen. Herr Consistorialpräsident Dr. Mommsen ist noch weiter gegangen und hat die etwas auffällige Bemerkung gemacht, daß auch das französische Recht nicht das System des unmittelbaren Erwerbs enthalte, sondern das System des Antrittserwerbs. Das, meine Herren, muß ich als einen ganz offenbaren Irrthum bezeichnen.

(Sehr wahr!)

Es ist gerade in Frankreich so außerordentlich interessant zu beobachten, wie dieser Grundsatz sich Geltung verschafft hat. Während im Norden von Frankreich das germanische Recht galt, im Süden im Allgemeinen nur das römische Recht, hat der Grundsatz: „le mort saisit le vif," sich schon seit sehr langer Zeit auch im ganzen Süden Geltung verschafft. Man hat im Süden das römische Recht beibehalten, das testamentarische Erbrecht, in der Hauptsache hat man aber den Grundsatz des unmittelbaren

Erwerbs von dem Norden angenommen und hat ihn in charakteristischer Weise auf den Testamentserben ausgedehnt, während man im Norden dem Testamentserben nicht die saisine zusprach, weil er nur als Legatar angesehen wurde. Die Verhandlungen lassen nicht den mindesten Zweifel übrig, daß man das alte Recht in dieser Beziehung aufrecht erhalten wollte; man hat erklärt, ebenso gut wie im Staatsrecht der Grundsatz gelte: „le roi est mort, vive le roi!" so müsse auch auf dem Gebiete des Privatrechts jede Lücke vermieden werden: im Augenblicke des Todes eines Menschen müsse sofort ein anderer an seine Stelle treten, denn die Erbschaft dürfe keinen Augenblick res nullius sein. Der Wortlaut ist ebenfalls ganz klar. Er enthält eine Uebersetzung des alten Grundsatzes der Coutumes: „le mort saisit le vif". Es heißt dort — Art. 724 —:

> Les héritiers legitimes sont saisis de plein droit des biens, droits et actions du défunt, sans l'obligation d'acquitter toutes les charges de la succession; les enfants naturels, l'époux survivant et l'état doivent se faire envoyer en possession par justice.

Wörtlich dasselbe enthält das italienische Gesetzbuch, nur eine Uebertragung. Ich kann mir also die nach meiner Ansicht irrthümliche Auffassung der beiden Herren Gutachter nur dadurch erklären, weil sie eben von einem ganz eigenthümlichen Standpunkte ausgehen, weil sie der Ansicht sind, das deutsche Recht verlange, daß der Erbe nicht verzichten könne, und es wird an mehreren Stellen der Gutachten hervorgehoben, daß eigentlich ein Widerspruch darin liege, daß man den Grundsatz des unmittelbaren Erwerbs annehme und doch dem Erbe gestatte zu verzichten. Darauf komme ich später. Das französische Recht enthält allerdings eine Bestimmung bezüglich der Verjährung der Annahme, nach welcher es als zweifelhaft erscheinen kann, ob nach Ablauf der dreißig Jahre der Verjährungsfrist der Erbe das Recht verloren habe, anzunehmen oder zu verzichten. Die Jurisprudenz hat sich — und gewiß mit Recht — dahin entschieden, daß der Erbe, der nicht innerhalb der dreißig Jahre verzichtet hat, so anzusehen ist, als ob er annehme; im italienischen Recht hat man diese Streitfrage im umgekehrten Sinne entschieden, und daher rührt wohl das Mißverständniß.

Ich bitte um Entschuldigung, daß ich diesen Punkt, der allerdings etwas neben hinaus liegt, so ausführlich behandelt habe, aber ich glaubte mich doch verpflichtet, gegenüber den in Ihren Händen befindlichen Gutachten meine statistischen Behauptungen zu rechtfertigen, und ich bin bereit, diese Rechtfertigung zu vervollständigen, wenn etwa aus der Versammlung heraus diese Behauptungen aufrecht erhalten werden sollten.

Dann komme ich zu der Frage, worin die Verschiedenheit der Auffassung zwischen dem deutschen und römischen Recht eigentlich besteht. Sehr häufig wird behauptet, es seien beide Rechte vollständig consequent in ihrer Auffassung; das römische Recht nehme ganz mit Grund und consequent und nothwendig an, daß der Erbe nur durch eine Willenserklärung, durch die Antretung erwerben könne, weil nach römischem Recht die Erbschaft nur auf dem Willen des Erblassers beruhe, also auch eine Willenserklärung nothwendig sei.

Unter anderen ganz besonders stark wird diese Behauptung von Bluntschli betont, der ihr auch in dem bürgerlichen Gesetzbuche für den Canton Zürich Geltung verschafft hat, wo mit Rücksicht auf diesen Grund zwischen Testamentserben und anderen Erben ausdrücklich unterschieden wird. Wäre das richtig, so könnten wir uns eigentlich über die Frage gar nicht schlüssig machen, ohne uns vorher darüber zu einigen, ob in dem neuen bürgerlichen Gesetzbuch in erster Linie Familienerbrecht oder Testamentserbrecht eingeführt werden soll, und unter allen Umständen würde der Punct bei der Debatte berührt werden müssen und wir würden in endlose und, wie ich glaube, unfruchtbare Debatten gerathen. Ich bin aber der Ansicht, daß wir das durchaus nicht brauchen und will das in kurzen Worten rechtfertigen.

In erster Linie berufe ich mich darauf, daß thatsächlich eine Reihe von Gesetzgebungen bezüglich der Erbfolge im Allgemeinen auf dem Boden des römischen Rechts stehen, in erster Linie testamentarische Erbfolge haben und doch dem Grundsatze des unmittelbaren Erwerbes huldigen. Darunter befindet sich — wie bereits erwähnt — das preußische Landrecht, dazu gehört das italienische Recht, was ebenfalls von dem Code Napoléon abgewichen ist und in erster Linie testamentarische Erbfolge hat, aber auch die Testamentserben ihre Erbschaft unmittelbar erwerben läßt, was in Frankreich nicht der Fall ist, aber ganz übereinstimmt mit dem Zustande, wie er in Frankreich vor dem Code Napoléon im Süden herrschte. Außerdem liegt der Fall so in England und einigen Staaten Nordamerikas, wo man sogar vollständige Testirfreiheit hat und trotzdem der Testamentserbe unmittelbar ohne Antretung, ohne Willenserklärung die Erbschaft erwirbt.

Dies vorausgeschickt, komme ich nun auf eine Anschauung, die in den verschiedenen Gutachten besonders hervorgehoben ist. Ich muß Ihnen aber vorher denn doch im Allgemeinen wenigstens über die Gutachten, die erstattet worden sind, referiren.

Die Gutachten, die in Ihren Händen sind und deren Kenntniß ich wenigstens im Allgemeinen voraussetzen muß, sind erstattet von Herrn

Consistorialpräsidenten Dr. Mommsen zu Kiel, von Herrn Fiscal Dr. Jung aus Frankfurt a. M., der ja in unserer Versammlung anwesend ist, und von Herrn Professor Dr. Randa in Prag.

Diese Gutachten stehen im Allgemeinen auf dem Boden des römischen Rechts. Sie gehen davon aus, daß man in der Gesetzgebung überhaupt, und so auch hier, von dem gemeinen Rechte ausgehen müsse und daß es nur da gerechtfertigt sei, von demselben abzuweichen, wo eben besondere Gründe beständen. Sie schieben also gewissermaßen die Beweislast für die Zweckmäßigkeit des unmittelbaren Erwerbs dem Gegner zu, wozu sie allerdings eine gewisse Handhabe haben. Die drei Gutachten stimmen ferner darin überein, daß solche Gründe, von den Bestimmungen des gemeinen Rechts abzuweichen, nicht beständen, daß insbesondere kein Grund vorliege zu der Vermuthung, daß der Erbe die Erbschaft annehmen werde und daß sogar diese Vermuthung eine gewisse Gefahr für den Erben selbst mit sich bringe. — Die Gründe, durch welche diese Ansichten gerechtfertigt werden, werde ich Ihnen nicht einzeln bezüglich jedes einzelnen Gutachtens vortragen — es würde das zu viel Zeit kosten — sondern ich werde jeden einzelnen Punkt in Kürze für sich behandeln.

Ich will nur gegenüber dieser Erscheinung, daß die drei Gutachten alle auf dem Standpunkte des römischen Rechts stehen, bemerken, daß man daraus noch nicht folgern kann, daß die Strömung im Allgemeinen etwa in der Richtung ginge; ich glaube eher das Gegentheil bemerken zu können. Die neueren Gesetze sind allerdings zum Theil, wie das sächsische und oldenburgische, im Sinne des römischen Rechts abgefaßt, aber es fehlt nicht an Entwürfen, die eine Abweichung von dem Systeme des römischen Rechts vorschlagen. Der baierische Entwurf zu einem Civilgesetz hat sich allerdings in dem Sinne des Antretungserwerbs ausgesprochen, ebenso ein Privatentwurf von Dalwigk und der Entwurf des Herrn Consistorialpräsidenten Mommsen. Dagegen haben das System des unmittelbaren Erwerbs adoptirt der preußische Entwurf von 1835, ein großherzoglich hessischer Entwurf von 1845 und die österreichischen Entwürfe von 1866 und 1867, welche also von dem bisher in Oesterreich geltenden Rechte abgehen wollten. In Oesterreich besteht allerdings auch ein besonderes Verhältniß noch in dem Sinne, daß dort nicht der Antretungserwerb besteht wie sonst; daß nämlich die bloße Antretung nicht genügt, sondern daß in der Regel der Erbe genöthigt ist, die Ausantwortung des Nachlasses von dem Gerichte zu verlangen. Ueber diesen Zustand wurde viel geklagt. Der Entwurf wurde deshalb wegen dieser vielfachen Klagen in der Art gemacht, daß der unmittelbare Erwerb eingeführt werden sollte, und es heißt in den Motiven des Entwurfs, daß er sich stützt auf die günstigen Erfahrungen, die man in den Ländern gemacht, in denen der unmittelbare Erwerb gelte.

Man hat nämlich eine Commission von Juristen herumgeschickt, und die hat besonders in den Ländern des rheinischen Rechts, in Belgien und Frankreich nachgefragt und gefunden, daß überall ungetheilte Zufriedenheit besteht mit dem System, während in Oesterreich viel Klagen herrschten. Allerdings haben die Vorschläge des Entwurfs in Oesterreich selbst Widerspruch gefunden.

In dem Gutachten des Herrn Consistorialpräsidenten Mommsen ist nun zuerst die principielle Behauptung aufgestellt, es sei juristisch nicht richtig, daß man den Erben die Erbschaft erwerben lasse ohne eine Willenserklärung seinerseits, und es wird behauptet, es bestehe eine vollständige Analogie zwischen dem Beschenkten und dem Erben. So wenig der Beschenkte den Schenkungsgegenstand erwerbe, ehe er sich zur Annahme der Schenkung bereit erklärt — sagt der Gutachter — ebenso wenig könne an sich der Erbe die Erbschaft erwerben.

Das, meine Herren, glaube ich, ist für heute unbedingt nicht mehr richtig. Es mag das einmal im Sinne des römischen Rechts gelegen sein — auf diese Frage will ich hier nicht eingehen — aber heutzutage ist es ganz entschieden der allgemeinen Anschauung nicht entsprechend, daß Erbe und Geschenknehmer gleichstehen, und ich meine, das geht klar hervor aus den Bestimmungen über die Transmission. Wenn der Beschenkte das Geschenk nicht annimmt und stirbt, so erwerben seine Erben die Schenkung nimmermehr. Die Schenkung ist ein Vertrag, und ein Vertrag wird erst perfect durch Erklärung von beiden Seiten. Wenn von einer Seite die Erklärung fehlt, so existirt kein Vertrag und es kann von einem Uebergang des geschenkten Gegenstandes absolut nicht die Rede sein. Von demselben Standpunct ist das römische Recht ursprünglich allerdings ausgegangen; es ist ja auch das Testament ursprünglich dort eine Art von Vertrag gewesen. Es ist ja das römische Testament aus der Adoption und Aufnahme in die Familie entstanden und konnte nur in der Volksversammlung gemacht werden. Es war also ein Ueberbleibsel des alten Rechts, es war gewissermaßen ein Rest der alten Eierschale, die sich noch anhängte, daß man sagte: hier liegt ein Vertrag vor, und der Erbe kann deshalb natürlich nicht erwerben, bis er sich erklärt hat. Aber daß das nicht ausführbar sei, zeigte sich sehr bald darin: man hat im römischen Recht schon die Ausnahme machen müssen bezüglich der Transmission. Man hat in den dringendsten Fällen eingesehen, daß es die größte Härte und Unbilligkeit sei, dem Kinde eines Mannes, dem die Erbschaft zukommen sollte, kraft Testamentes oder kraft Gesetzes diese Erbschaft zu entziehen, weil er etwa einige Stunden nach dem Erblasser, ohne daß nur die Möglichkeit war, sich über die Annahme zu erklären, ja, ohne daß er nur die Kenntniß von der Erbschaft hatte, verstorben war. Heute, meine Herren, besteht eine allgemeine Uebereinstimmung darüber, — darüber sind auch die drei Gutachter einig — und die Bestimmung enthalten alle Gesetzgebungen, daß ohne Rücksicht darauf, ob der Erbe die Erbschaft angenommen hat oder nicht, wenn er stirbt, sein Recht auf die Erben übergeht, und ich glaube, damit ist die Frage eigentlich principiell entschieden. Man kann nicht mehr davon sprechen, daß die Erbschaft nur die Möglichkeit des Erwerbs gewähre. Nein, es ist ein wirkliches Recht vorhanden schon im Augenblick des Todes in der Person des Erben; denn nur ein wirkliches Recht kann vererbt werden. Ob man dieses Recht an der Erbschaft nun umwandeln will in ein Recht auf die Erbschaft, ich glaube, das ist eine sehr künstliche Unterscheidung und kann an der Sache nichts ändern. Thatsächlich geht im Augenblick des Todes des Erblassers nach allen neueren Gesetzgebungen und auch nach den Vorschlägen der Gutachter die Erbschaft unmittelbar auf den Erben und auf seine Erben über, ohne Rücksicht darauf, ob er die Erbschaft angetreten hat oder nicht. Worin besteht eigentlich der Unterschied? Offenbar nicht darin, daß der Erbe überhaupt wollen muß, sondern nur in der Art, wie er sich erklären muß, in der Form, in der er seinen Willen auszusprechen hat und in dem Umstande, ob die Annahme vermuthet werden soll oder nicht. Die Gutachten — ich habe das bereits erwähnt — gehen davon aus, daß die Bestimmungen des deutschen Rechts, wie sie heute verlangt werden, oder daß die Gesetzgebungen, die den unmittelbaren Erwerb enthalten, einen Widerspruch in sich enthielten, weil man dem Erben das Recht einräumt, zu verzichten. Meine Herren, das ist gar nicht der Sinn dieser Bestimmung. Auch hier lasse ich die historische Entstehung wieder bei Seite. Es mag ursprünglich so gemeint sein. Im deutschen Recht wird es so gewesen sein, wie im ursprünglichen römischen Recht, daß der Erbe eigentlich heres necessarius war. Es gab ja damals kein Testamentserbrecht in der ältesten Zeit. Bei allen Völkern, deren alte Bestimmungen wir kennen, war ursprünglich der Grundsatz des Familienerbrechts geltend. Die Familie war gewissermaßen im Mitbesitz. Sie hatte schon zu Lebzeiten des Erblassers, besonders nach deutschem Recht, ein gewisses Recht auf das Vermögen; deswegen konnte er es nicht veräußern, wie er wollte, und sie setzte einfach den Besitz fort. Es war gewissermaßen eine Gemeinschaft unter ihnen entstanden, die fortgesetzt wird. Das sind Zustände, die für die heutige Frage kein praktisches Interesse mehr haben. Heute giebt es keine Gesetzgebung, die einen Erben nöthigt, die Erbschaft zu übernehmen, und es hat schon seit sehr langer Zeit eine solche nicht gegeben. Im französischen Recht besteht schon seit ganz alter Zeit neben dem Grundsatz: le mort saisit le vif, immer auch der Grundsatz in den Coutumes: „n'est héritier qui ne veut", es giebt keinen heres necessarius. Worin besteht also der Unterschied zwischen den beiden Rechten? Ich glaube, man wird ihn nicht unrichtig charakterisiren, wenn man sagt: nach beiden Rechten wird der Erbe nur Erbe, wenn er will. Aber nach römischem Rechte wirkt diese Bedingung suspensiv. Der Erbschaftserwerb geht sofort im Augenblick des Todes über, wenn man es auch nicht so nennen will, aber er wird erst wirksam, wenn die Bedingung erfüllt ist, das heißt, wenn der Erbe den Willen erklärt hat; es ist eine Suspensivbedingung vorhanden. Im deutschen Rechte ist ebenfalls der Wille des Erben nothwendig, aber dieser Wille wird als vorhanden angenommen, bis das Gegentheil erklärt wird. Verzichtet der Erbe dann, so wird der Erwerb resolvirt. Nach beiden Anschauungen ist aber diese Bedingung so, daß, wenn sie eingetreten ist, anzunehmen ist, es wäre immer so gewesen. Der Erbe, der angenommen hat, wird angesehen, als habe er im Augenblicke des Todes bereits angenommen, und verzichtet der Erbe, dann wird der Verzicht angesehen, als ob Niemand im Besitz der Erbschaft gewesen sei. Das ist die principielle Verschiedenheit. Und nun, glaube ich, kommt es nur darauf an: welches sind die Zweckmäßigkeitsgründe, welche für die eine und andere Anschauung sprechen? Ich gehe zunächst auf einige kleine, sogenannte praktische Gründe ein, — obgleich ich auch theoretische Gründe bei der Gesetzgebung für recht praktisch halte — die zu Gunsten des unmittelbaren Erwerbs und zu Gunsten des Antrittserwerbs geltend gemacht werden. Hier stimme ich mit den Gutachten und besonders mit dem des Herrn Jung in einigen Puncten vollständig überein. Für das System des unmittelbaren Erwerbs wird häufig angeführt, es sei das für den Erben viel besser, weil er sich sofort in den Besitz der Erbschaft setzen könne. Gegenüber diesem Einwand hat Herr Jung mit Recht ausgeführt, daß dieses auch bei dem anderen System zu erreichen sei. Es wird ja eine besondere formelle Willenserklärung nicht verlangt, — sie braucht wenigstens nach den Bestimmungen des neuen Gesetzbuches nicht verlangt zu werden — sondern man kann sagen, wenn der Erbe erklärt hat, ausdrücklich oder stillschweigend durch concludente Handlungen, so ist er gebunden und so hat er erworben. Ueberhaupt die Acceptation ist nach den Grundsätzen des einen wie des anderen Rechts von großer Bedeutung. Sie enthält einen Verzicht auf den Verzicht. Wer acceptirt hat kann nicht mehr verzichten, und Einmischung gilt auch dort als Acceptation. Bei beiden Systemen wird also der Erbe in der Lage sein, sofort einzugreifen, sich in den Besitz der Erbschaft zu setzen, und mag er den Willen erklären, in welcher Form er will, von da an gilt er als Erbe und kann nicht mehr verzichten. Ein zweiter

Grund zu Gunsten des unmittelbaren Erwerbs hat etwas mehr Berechtigung, ist aber nach meiner Meinung auch nicht entscheidend. Man sagt nämlich, nach den Grundsätzen des unmittelbaren Erwerbs sei für die Gläubiger besser gesorgt dadurch, daß sie sofort den Erben nach dem Tode des Erblassers belangen könnten, und zwar direct auf Bezahlung der Schulden, während nach dem System des Antrittsrechts das nicht so sei und sie hier hinausgezogen werden könnten, wenn der Erbe sich lange Zeit nehme, bis er sich erkläre, ob er annehmen wolle oder nicht. Dieser Grund ist nach einer Reihe von Gesetzgebungen, wie sie bestehen, ganz gewiß vollständig gerechtfertigt, aber ich stimme mit dem Herrn Fiscal Jung darin überein, daß das nicht nothwendig ist. Auch nach den Bestimmungen des unmittelbaren Erbschaftserwerbs hat ja der Erbe immer eine gewisse Deliberationsfrist, um zu überlegen, ob er annehmen will oder nicht, und wenn er verklagt wird, so kann er den Gläubigern während dieser Frist eine dilatorische Einrede entgegenhalten. Nach den Grundsätzen des Antrittserwerbs kann man ebenfalls eine kurze Frist zur Deliberation geben und dann den Gläubigern eine Klage geben auf Erklärung des Erben, ob er annehmen wolle oder nicht. Auch kann das Gesetz oder das Gericht eine Frist zur Erklärung bestimmen. Immerhin halte ich das erste System für das einfachere, und scheint mir, wenngleich ich darauf nicht besonderes Gewicht legen will, das auch nicht ganz gleichgiltig, welches System das Gesetz annimmt für die Sitten und Gebräuche der Bevölkerung. Wo das Gesetz die Bestimmung enthält, daß nach dem Tode des Erblassers der Erbe sofort Erbe wird, besonders wenn er sofort in den Besitz tritt, da wird man sich überhaupt nicht angewöhnen, hier Einwendungen zu machen. Man betrachtet sich sofort als Erbe. Bei uns zu Lande kennt man, so zu sagen, derartige Einwendungen nicht. Sie kommen selbst in Prozessen, die bald nach dem Tode des Erblassers angestellt werden, selbst wenn die Deliberationsfrist noch nicht abgelaufen ist, nur selten vor. Aber wenn das Gesetz selbst sagt: der Mann ist nicht Erbe, er wird erst Erbe, wenn er eine ausdrückliche Willenserklärung abgegeben hat, so wird das vielleicht mehr dazu verleiten, nun auch Gebrauch davon zu machen und die Gläubiger hinauszuziehen. Ich lege übrigens, wie gesagt, kein sehr großes Gewicht auf diesen Punct. Aber wenn diese beiden Einwände nicht entscheidend sind zu Gunsten des unmittelbaren Antrittserwerbs, so glaube ich, sind auch die Gründe, die in dieser Beziehung von den Gutachtern gegen diesen Grundsatz geltend gemacht werden, ebenfalls nicht stichhaltig. Man sagt, es bestehe eine Gefahr in dem Systeme des unmittelbaren Erwerbs für den Erben, der abwesend sein oder genöthigt werden könne, hier sich zu erklären und dann leicht in Verluſt komme. Nun, meine Herren, ich glaube nicht, daß das den wirklichen Verhältnissen entspricht. Die Hauptgefahr, die ein Erbe läuft, ist immer die, daß er sich eben täuscht über den Bestand der Erbschaft und eine Erbschaft übernimmt in der Hoffnung, sie enthalte noch Activa, während sich schließlich herausstellt, sie ist überschuldet. Meine Herren, diese Gefahr läuft der Erbe bei beiden Systemen. Auch bei dem System des unmittelbaren Erwerbs kann ja der Erbe, wenn er acceptirt hat, nicht mehr zurück, und bei dem anderen System kann diese Gefahr auch eintreten. Denn schließlich wird er verklagt, sich zu entscheiden, und wenn er sich täuscht, kann er ebenfalls nicht mehr zurück. Gegen diese Gefahr müssen überhaupt besondere Maßregeln getroffen werden. Eine solche besteht ja jetzt schon in der Rechtswohlthat des Inventars, einer Einrichtung, die sich bei beiden Systemen findet. Mir scheint es, diese Gefahr lasse sich bei einer vernünftigen Gesetzgebung am Besten in der Art beseitigen, daß man überhaupt den allgemeinen Grundsatz aufstellt, daß der Erbe nicht weiter haftet, als bis zum Bestande der Erbschaft, sofern er die vorgeschriebenen Förmlichkeiten erfüllt, also ein Inventar errichtet u. s. w., Bestimmungen, wie sie in Sachsen schon bestehen, und sich bewährt haben. Auch die andere Gefahr halte ich nicht für entscheidend, daß Jemand Erbe werden soll, der gar nichts von der Erbschaft erfährt und abwesend ist. An und für sich wird das nur vorkommen, wenn Jemand abwesend oder gar ganz verschollen ist und erst nach Ablauf der Verjährungsfrist zurückkommt. So lange er sich nicht eingemischt hat, und das kann er erst nach erlangter Kenntniß, soll er allerdings immer noch verzichten dürfen, so daß die bloße Unthätigkeit nichts schadet oder höchstens zur Zahlung der Prozeßkosten verpflichtet. Nach den Grundsätzen des französischen Rechts könnte es allerdings vorkommen, wenn Jemand dreißig Jahre abwesend wäre und er dann zurückkäme, daß es hieße: jetzt kannst du nicht mehr verzichten, du mußt die Erbschaft behalten. Ich glaube aber, das ist ein Fall, der so selten vorkommt und gegen den so leicht Vorsorge zu treffen ist, z. B. irgend eine Restitution in dem Falle der Unkenntniß, daß dieser Gesichtspunct überhaupt nicht entscheidend ist. Außerdem läßt sich aber auch hiegegen die Vorsorge treffen, die das italienische Gesetzbuch getroffen hat, daß man die Verjährung in der umgekehrten Richtung eintreten läßt. Daß Herr Professor Randa annimmt, das italienische Gesetzbuch huldige nicht dem Grundsatz des unmittelbaren Erwerbs, hat wohl hauptsächlich seinen Grund in der Bestimmung des italienischen Gesetzbuches, die sagt: wenn Jemand nach dreißig Jahren sich nicht in die Erbschaft eingemischt und sie nicht angenommen, wird angenommen, er verzichte. Ich halte diese Bestimmung durchaus nicht für einen Widerspruch mit dem Princip. Es beruht ja das ganze System auf der Annahme einer Vermuthung. Das Gesetz geht von der Vermuthung aus, daß der Erbe annehmen werde. Wenn nun Jemand dreißig Jahre nichts gethan hat, was diese Vermuthung rechtfertigt, wenn er dreißig Jahre diese Erbschaft liegen läßt, ohne sie zu berühren, so wird diese Vermuthung hinfällig, und es kann durchaus gerechtfertigt werden, wenn man sagt: für diesen Fall gilt die Vermuthung nicht mehr. Also eine Gefahr bei dem System des unmittelbaren Erwerbes sehe ich nach keiner Richtung, weder für den Erben, noch für die Gläubiger, sondern ich glaube, nach dieser Richtung läßt sich mit beiden Grundsätzen eine gute und befriedigende, wie auch bei Ungeschicklichkeit eine schlechte Gesetzgebung herstellen.

Nun muß ich denn zum Schluß Ihnen doch darlegen, was mich bestimmt, trotz der Autorität dieser Gutachten, die mir im Anfange allerdings in ihrer Uebereinstimmung einigen Schrecken einjagten, Ihnen die Bejahung der gestellten Frage zu empfehlen. Es sind das wesentlich zwei Gründe. Der eine ist theoretischer Natur, ist abgeleitet aus der Natur des Erbrechts an sich, der zweite mehr den thatsächlichen Verhältnissen, wie sie bei uns bestehen, entnommen. Für das Erbrecht überhaupt werden ja im Allgemeinen dieselben Gründe angeführt, die für das Privateigenthum angeführt werden. Aber außer diesen Gründen, die ich natürlich bei Seite lasse, ist denn doch noch ein ganz besonders durchschlagender Grund, der für das Erbrecht maßgebend ist, nämlich der Grundsatz der Continuität. Durch das Erbrecht wird der Zusammenhang zwischen den verschiedenen Generationen, wie man sich ausdrückt, aufrecht erhalten. Es wird eine gewisse Continuität künstlich geschaffen, die an und für sich durch den Tod aufgehoben oder unterbrochen wurde. Alle Rechte, die sich auf das Vermögen beziehen, insbesondere die Forderungen und Verbindlichkeiten sollen eben nicht mit dem Tode eines Menschen erlöschen, sondern sie sollen bestehen bleiben; das ist eine unbedingte Forderung, die der Verkehr bei jeder irgendwie höheren Stufe der Cultur ganz gebieterisch stellt. Niemand könnte ja einem Anderen mit Sicherheit Darlehen geben, wenn er sich sagen würde: wenn der Mann morgen stirbt, so habe ich Niemand mehr, der mir das Geld schuldet. Es muß irgend Jemand existiren, der an die Stelle des Schuldners tritt, sonst kann ein Creditgeben überhaupt nicht bestehen, und ähnlich ist es mit allen Verträgen anderer Art. Der Verkäufer könnte nicht verkaufen und das Kaufobject übergeben, wenn er nicht sicher wäre, daß jemand anders, wenn der Käufer stirbt, ihm den Kaufpreis zahlt, den er creditirt hat. Also diese Continuität ist unbedingt erforderlich und die Forderung dieser Continuität ist allen Rechten gemeinsam. Auch das römische Recht verlangte, und zwar mit ganz besonderer Energie, eine solche Continuität. Verschieden sind nur die Mittel, mit denen man diese Continuität erreichen will. Das römische Recht, weil es eben auch nicht will, daß die Erbschaft zu einer res nullius werde, hat die hereditas jacens geschaffen und damit eine sehr interessante juristische Materie, aber auch eine Quelle endloser Controversen. Ich will nicht näher darauf eingehen. Ich erinnere nur daran, daß man heute noch nicht einig darüber ist, ob die hereditas jacens überhaupt eine juristische Person ist, ob sie eine Person repräsentire, nicht einmal darüber, ob sie die Person des Verstorbenen oder die des künftigen Erben repräsentire; oder ob sie bloß als Vermögen diese Rechte und Verbindlichkeiten zusammenhält, also als Zweckvermögen, wie man sich wieder ausgedrückt hat, erscheint. Diese hereditas jacens ist eben entsprungen dem Bedürfniß, die Continuität aufrecht zu erhalten. Ein weiteres Mittel, das ebenfalls zu Streit Veranlassung gegeben hat, ist sodann eine weitere Fiction, daß der Erbe, wenn er annimmt, so angesehen werden soll, als ob er im Augenblick des Todes angenommen habe. Also auch hier sehen Sie die Vermuthung, die nur hinten nachhinkt und sodann durch eine Fiction das Gegentheil dessen erreicht, was das Recht eigentlich aufstellt.

Nach dem Grundsatze des römischen Rechts sagt man, der Erbe kann nicht unmittelbar erwerben, er muß erst sagen, ob er die Erbschaft will; sobald er aber seinen Willen ausgesprochen, muß es so angesehen werden, als ob er im Augenblick des Todes des Erblassers erworben hätte. Das, meine Herren, scheint mir eine sehr künstliche Methode zu sein, die durchaus nicht zur Vereinfachung oder Verschönerung unseres Rechtssystems dient. Wenn man dieselbe vom praktischen Standpuncte aus betrachtet, führt sie zu einer Menge von Streitigkeiten; meine Herren, bei dem System des anderen Rechts werden diese Streitigkeiten einfach vermieden. Auch die Gesetzgebungen, welche den unmittelbaren Erbschaftserwerb annehmen, enthalten eine Vermuthung, aber es ist doch eine Vermuthung, die viel natürlicher und einfacher ist, als die künstliche Methode, mit der man im römischen Recht die Continuität herzustellen sucht.

Dazu kommt aber noch ein anderer Umstand von großer Bedeutung, das sind die thatsächlichen Verhältnisse, wie sie in der Regel bestehen. Wenn etwa in der Mehrzahl der Fälle oder doch überhaupt in einer großen Zahl der Erbe nicht annehmen wollte, dann hätte vielleicht die Sache Bedenken, aber sehen wir uns doch die Verhältnisse an, wie sie wirklich sind. Die Regel ist, daß der Erblasser an dem Orte stirbt, wo er gelebt hat, in seinem eigenen Hause oder im Kreise der Familie umgeben von den Seinigen, die entweder nahe wohnen oder bei der Nachricht von der Erkrankung herbeieilend, die Verfügungen des Sterbenden empfangen und sich in den

Besitz der Erbschaft setzen. Das ist durchweg die Regel. Für diese Fälle ist das Einfachste, daß sofort die Erbschaft unmittelbar im Augenblicke des Todes auf die Verwandten übergeht. Nach einer anderen Seite der Frage, nämlich wenn es sich um die etwaige Ueberschuldung der Erbschaft handelt, ist es ebenfalls durchweg die Regel, daß die Erbschaft nicht eine Last von Verbindlichkeiten ist, vor der sich die Erben zu fürchten haben. Wir haben gottlob trotz des Kraches und der Krisen davon noch nichts gehört, sondern eine Erbschaft gilt immer noch nach der pecuniären Seite hin als etwas Erfreuliches. Die Fälle der Ueberschuldung sind ganz verschwindende Ausnahmen. Nun meine ich, für diese regelmäßigen eben erwähnten Fälle, in denen der Erblasser stirbt, umgeben von seinen Erben, die in der Lage sind, sofort einzugreifen, denen Niemand zu widersprechen vermag, die höchstens untereinander streiten, und gegenüber der Erfahrung, daß eine Erbschaft in der Regel gern angenommen wird, ist es das Einfachste, es bei der Vermuthung zu lassen, die sich praktisch bewährt, und die thatsächlichen Verhältnisse rechtfertigen die Vermuthung vollständig.

Dazu kommt noch, daß für die Ausnahmefälle auch die Erklärung der Antretung gar nicht genügt. Für diese Ausnahmefälle sind besondere Maßregeln, Schutzmaßregeln nothwendig, sowohl im Interesse der etwaigen Erben, die anwesend sind, die also den Angriffen der Streitigkeiten ausgesetzt sind, als im Interesse der Gläubiger. Für diese Ausnahmefälle ist das System des österreichischen Rechts gar nicht übel angebracht. Der Fehler des österreichischen Systems ist auch nur derselbe Fehler, den nach meiner Ansicht die Vertreter des Antretungserwerbs begehen, daß es seine Regel auf Ausnahmefälle gestützt hat, statt für Ausnahmefälle Ausnahmebestimmungen zu treffen. Ich glaube aber auch, daß die Bestimmung des österreichischen Rechts nicht allein nicht genügt, sondern daß es besondere Maßregeln treffen muß für den Fall, daß die Erben, die man kennt, abwesend sind. Das Gericht muß einschreiten. Es wird ein Curator ernannt, der die Erbschaft verwaltet. Andere Maßregeln, wie die Versiegelung werden, sich empfehlen, wenn Gläubiger vorhanden sind und die Gefahr besteht, daß die Erbschaft verschleppt wird, daß die Erben etwas beseitigen und dann verzichten. Für diesen wichtigen und schweren Fall genügt es nicht, wenn der Erbe nur einfach zu erklären braucht, er will annehmen. Da sind besondere Maßregeln nothwendig. Meine Herren, ich habe bezüglich der thatsächlichen Verhältnisse bisher blos im Allgemeinen gesprochen und obgleich ich hoffe, daß Sie nach dieser allgemeinen Darstellung mit mir übereinstimmen, will ich Ihnen doch noch einige statistische Zahlen mittheilen, die ich gesammelt habe oder die mir übergeben worden sind. Es ist über die Frage des

Erbschaftserwerbs auch in der Civilgesetzcommission berathen worden und ein Mitglied derselben, Herr Landesgerichtspräsident Derscheid in Colmar, wurde beauftragt, mit einer Aufnahme der Statistik in diesem Gerichtsbezirke. Es ist ganz leicht, diese Arbeit vorzunehmen in Ländern des französischen Rechtes und das Ergebniß ist bezüglich der dortigen Verhältnisse absolut sicher; denn es giebt dort keinen Verzicht, der nicht bei Gericht erklärt werden müßte. Alle Verzichte sind aus einem besonderen Verzichtsregister, was in jedem Gerichte aufliegt, genau zu entnehmen. Die Notizen für Colmar sind nun folgende. Im Landesgerichtsbezirke Colmar, der 290,491 Einwohner zählt, kamen in den letzten 4 Jahren 35,104 Sterbefälle vor. Auf diese Sterbefälle kommen 275 Verzichte, außerdem noch 71 Annahmen unter der Rechtswohlthat des Inventars. Das sind zusammen 346 Fälle. Wenn man hier dividirt, so ergiebt sich mit den Verzichten und den Annahmen unter der Wohlthat des Inventars zusammen noch nicht 1% der Sterbefälle. Sollen wir ein Gesetz für dieses 1% machen, das doch noch mangelhaft sein würde und ein Risico mit sich brächte, oder sollen wir nicht für die 99% ein Gesetz machen und für das 1% besondere Schutzmaßregeln treffen? (Bravo!) Das kann gar nicht zweifelhaft sein. Ich gehe nun über zu den Mittheilungen aus Straßburg, die etwas ungünstiger ausgefallen sind. Ich habe sie vor 5 Jahren gewonnen und die Zusammenstellung selbst auf dem Gerichte überwacht. Es sind in den letzten 5 Jahren im dortigen Bezirke, der etwa 350,000 Seelen zählte — es wird kein grober Irrthum vorkommen — 55,845 Sterbefälle vorgekommen, Verzichte 620, Annahmen unter dem Beneficium inventarii 127. Hier ergiebt sich ein etwas ungünstigeres Verhältniß der Verzichte von 1—2% und nimmt man die Annahmen mit der Rechtswohlthat des Inventars dazu, zusammen allerdings noch nicht ganz 2%. Es ist ein Unterschied von $^{9}/_{10}$—$1^{5}/_{10}$ zwischen Beiden. Vielleicht ist der Grund darin zu suchen, daß nach Straßburg viel Leute ziehen, die in schlechten Verhältnissen sind. Aber, meine Herren, ich will ein weiteres % dreingeben; ja lassen Sie uns sogar die Zahl verdreifachen, und selbst bei 9% bleibt das Resultat nicht zweifelhaft. Auf Grund dieser theoretischen Betrachtung und dieser Zahlen schlage ich vor, die von Ihnen gestellte Frage zu bejahen. Zum Schlusse nur noch ganz kurz, warum ich nicht einen eventuellen Antrag gestellt habe. Man könnte hier vor Allem unterscheiden zwischen Intestat- und Testamentserben. Meine Herren, bei dem Systeme, wie es das französische Recht enthält, wo eben kein Testamentserbe unmittelbar Erbe wird, halte ich es für richtig und consequent, aber auch an und für sich der Natur der Sache nach ist ein Unterschied nicht zu verkennen. Die Intestaterben sind in der Regel die nächsten Angehörigen.

Die Testamentserben werden nicht sehr fern stehen, wenn man annimmt, daß ein Testament mit Beseitigung der gesetzlichen Erben nur derjenige macht, der keine Kinder hat. Also soweit könnte man einen Unterschied machen. Aber, meine Herren, wenn unser Civilgesetzbuch, wie wahrscheinlich ist, dies System nicht annimmt, sondern die Testamentserben und die Intestaterben gleichstellt, so halte ich es doch nicht für richtig, einen solchen Unterschied zu machen. Wenn Jemand ein Testament macht, kann er ein Kind zum Erben einsetzen und wenn er es thut, so hätte man die Abnormität, daß in einem Hause das eine Kind sich unmittelbar in den Besitz der Erbschaft setzt, während andere Kinder nicht die Erbschaft antreten dürften, weil sie kein Testament vorlegen können; wenn der Vater vielleicht einem Enkel ausdrücklich $1/4$ oder $1/2$ vermachte, dürften die anderen Erben keine Verfügung treffen; denn der Grundsatz nemo pro parte etc. wird wohl nicht beibehalten werden. Wenn man zwischen Intestat- und Testamentserben unterscheiden wollte, könnte es sogar vorkommen, daß bei derselben Erbschaft ein Theil der Kinder unmittelbar in den Besitz der Erbschaft käme, die anderen nicht. Ebenso, meine Herren, glaube ich, läßt es sich nicht rechtfertigen, einen weiteren Unterschied aufzustellen. Man könnte unterscheiden und sagen, wir wollen den Grundsatz zugeben für Descendenten und für Ascendenten, aber nicht für weitere Verwandte. Das würde mehr für sich haben; aber auch in dieser Beziehung besteht keine Nothwendigkeit, und das Gesetz ist einfacher und richtiger, wenn man den Grundsatz allgemein durchführt. Auch bei Geschwistern können dieselben Rücksichten wie bei Descendenten und Ascendenten bestehen. Denken Sie sich, ein Kind stirbt, welches ein Vermögen in minderjährigem Zustande erworben hat in dem Hause, in dem sich die anderen Geschwister befinden. Wozu in dem Falle, daß alle Erben in einem Hause sitzen, wozu die Fiction, daß man sagt, die Geschwister können erst die Erbschaft erwerben, wenn sie die Erklärung abgeben, und bei Minderjährigen muß der Vormund mitwirken. Kurz, ich kann Ihnen aus vollem Herzen nur empfehlen, die gestellte Frage einfach zu bejahen.

(Lebhafter Beifall.)

Präsident: Ich ersuche Herrn Justizrath Makower das Wort zu ergreifen.

Rechtsanwalt **Makower** (aus Berlin): Meine Herren! Die ständige Deputation wünschte, daß auch ein altpreußischer Jurist sich über die Frage äußere:

> ob im gemeinen bürgerlichen Gesetzbuche für Deutschland bestimmt werden soll, daß der Erbschaftserwerb ipso jure stattfindet,

weil dieser Grundsatz in Preußen seit fast einem Jahrhundert gilt und weil als Gutachter sich zufällig nur solche Herren geäußert haben, die im Gebiete des gemeinen Rechts gearbeitet haben.

Während jene Herren die Frage verneinen, würde ich sie bejahen. Ich schicke voraus, daß ich mich nur mit dem zur Entscheidung gestellten Grundsatze, nicht mit den in den Gutachten zahlreich angeregten Einzelfragen beschäftigen werde, weil es mir wichtig erscheint, die Frage rein zu erhalten und das Urtheil nicht durch Nebenfragen zu verwirren, welche bei der Ausarbeitung eines Gesetzes sich darbieten und vielfach aus Rücksichten der Zweckmäßigkeit, oder in Folge der Collision mit anderen Grundsätzen, Einschränkungen oder Milderungen des angenommenen Grundsatzes nöthig machen.

Das Prinzip für die gesetzliche Regelung einer Lehre ist aus dem gewöhnlichen und normalen Falle zu entnehmen. Als solchen betrachte ich den Fall, wenn das Kind den Vater beerbt und die Erbschaft einen Ueberschuß der Activa über die Passiva enthält; auch ich gehe davon aus, daß die Intestaterbfolge häufiger eintritt, als die Testaments- und die Vertragserbfolge.

Für jenen normalen Fall ist es meiner Meinung nach am natürlichsten und den Volksanschauungen am entsprechendsten, anzunehmen, daß die Erbschaft von dem Kinde ohne Weiteres erworben wird. Mit dem Momente des Todes tritt an die Stelle des Vaters das ihn beerbende Kind und es erscheint mir wie gekünstelt, wenn man annimmt, daß nun ein herrenloses Gut vorhanden ist, und nur die Frage eröffnet wird, wer es haben wolle. In der That ist selbst das römische Recht gerade für diesen normalen Fall von dem Grundsatze ausgegangen, daß der suus ipso jure die Erbschaft erwirbt.

Von diesem für den regelmäßigen Fall übereinstimmenden Grundsatze fast aller Rechte abzugehen, liegt kein Gruud vor.

Nach zwei Richtungen scheint mir in den vorliegenden Gutachten dem Willen der Betheiligten eine zu hohe Bedeutung beigelegt zu sein.

Die Eröffnung einer Erbschaft ist nicht so zu denken, daß der Erblasser gewissen Personen seinen Nachlaß mit allen Lasten offerirt, daß der Angegangene acceptirt oder ausschlägt und daß sich dies wiederholt bis die Offerte angenommen ist, sondern so, daß die Erbschaft kraft einer bestehenden staatlichen Institution anf gewisse Personen übergeht, dem Willen des Erblassers und des gesetzlich vorbestimmten Erben jedoch eine Einwirkung gestattet ist, Jenem, die Regel durch Testament außer Kraft zu setzen, Diesem, die Erbschaft auszuschlagen.

Während die erstere Auffassung das Testament des Erblassers, seinen Willen, zum principale erhebt, die Intestaterbfolge nur als seine stillschweigende Willenserklärung und das Notherbrecht als einen ihm auferlegten Zwang ansieht, betrachtet die letztere Auffassung die Intestaterbfolge als das natürliche Gesetz, die testamentarische Erbfolge als eine zugelassene Abweichung und das Notherbrecht als die Schranke der Willkür.

Während die erstere Auffassung ferner den Erben — wie Herr Gutachter Mommsen ausdrücklich hervorhebt — gerade so wie denjenigen behandelt, welchem ein Geschenk angeboten ist, das nach Willkür angenommen oder zurückgewiesen werden kann, betrachtet die letztere Auffassung den Erben kraft natürlichen Gesetzes als den gegebenen Rechtsnachfolger und läßt seinem Willen nur den Spielraum, eine ihm etwa nicht genehme Erbschaft auszuschlagen.

Die beiden Auffassungen unterscheiden sich darin, daß die erstere die Erbschaft als durch Rechtsacte von Fall zu Fall vermittelt erachtet, die letztere aber die Erbschaft als eine allgemeine Institution ansieht. Der Unterschied wird gerade an der von Herrn Gutachter Mommsen gezogenen Analogie klar. Die Annahme einer Schenkung ist, wie diese selbst, ein reiner Willensact; man muß nicht schenken noch Geschenktes annehmen. Ein Nachlaß aber wird von allen Menschen, also in jedem Todesfalle hinterlassen und ist nicht Product des Willens des Verstorbenen, sondern eine Thatsache, die auch ohne seinen hierauf gerichteten Willen besteht, und ein Erbe ist, auch wenn Niemand annehmen will, immer vorhanden, allenfalls der Staat.

Gerade für die gegenwärtige Zeit, in welcher zuweilen die Berechtigung des Erbrechts überhaupt in Frage gestellt wird, erscheint es mir nothwendig, den Grundsatz ganz klar auszusprechen, daß das Erbrecht nicht aus dem Willen des Einzelnen entspringt und nicht eine positive, willkürliche Schöpfung des Staates ist, sondern daß es auf naturrechtlicher Grundlage beruht und wie das Eigenthum und die Ehe von dem Staate als bestehende allgemeine Instituton anerkannt und zum Zwecke seiner Sicherung näher geregelt wird.

Aus dem bisher Gesagten ergibt sich, daß es theoretisch und principiell gerechtfertigt ist, bei der Gesetzgebung für das deutsche Reich von dem Grundsatze des älteren deutschen Rechts auszugehen, daß der Erbschaftserwerb sich von Rechtswegen vollzieht.

Aber auch praktisch bietet jener Grundsatz erhebliche Vortheile gegenüber dem römischrechtlichen Systeme der aditio hereditatis.

Während bei dem Grundsatze, daß man ohne Willenserklärung nicht Erbe werden kann, bei jedem Todesfalle eine solche erforderlich wird, und man zu deren Herbeiführung, wenn sie nicht freiwillig erfolgt ein besonderes auf Antrag der Gläubiger, Legatare oder Nacherben eintretendes gerichtliches Verfahren regeln muß, spart man diese zahllosen Erklärungen und kostspieligen Verhandlungen und vereinfacht die Sache, wenn man die Erbschaft durch Rechtssatz übergehen läßt; denn daß die Ausschlagung der Erbschaften weitaus seltener erfolgt als die Uebernahme derselben, wird wohl nicht bestritten werden.

Während man ferner in dem ersteren Systeme der ausdrücklichen Antrittserklärung die pro herede gestio gleichstellen muß, und daher auf das schwierige Gebiet verwiesen ist, in den einzelnen Fällen zu erörtern, ob nur Erhaltungsmaßregeln des vermuthlichen Erben vorliegen oder solche, aus denen schlüssig der Wille hervorgeht, die Erbschaft anzutreten, kann man bei dem Erbschaftserwerbe ipso jure immer eine ausdrückliche (schriftliche) Entsagung fordern.

Allerdings hilft der von mir befürwortete Grundsatz des preußischen Rechts nicht über alle Schwierigkeiten fort, und in den vorliegenden Gutachten sind einige derselben hervorgehoben, aber doch ist nicht zu leugnen, daß er die verwickelten Streitigkeiten über die hereditas jacens und die Transmissionen abschneidet, und daß etwaige Härten, welche sich bei der Ausführung des Grundsatzes ergeben möchten, sehr wohl gemildert werden können.

In den Gutachten ist mehreremal das Princip mit Gründen bekämpft, welche lediglich die Art seiner Durchführung treffen. Mehrere der Herren Gutachter betonen z. B. nach dem Vorgange Kochs, wie hart es sei, daß Jemand unbedingter Erbe wegen unterlassener Entsagung einer überschuldeten oder bestandlosen Erbschaft werden solle, obschon die allgemeine Volksanschauung davon ausgehe, es genüge, seine Hand davon zu lassen, um frei von den Lasten der Erbschaft zu sein. Dieser Einwand trifft jedoch offenbar nicht das Princip des Erbschaftserwerbes von Rechtswegen, sondern mißbilligt es, daß in den bezeichneten Fällen der Erbe der Rechtswohlthat des Inventars verlustig gehen kann. Nähme man nun an, wie es das sächsische Recht thut, daß der Erbe immer nur nach den Kräften des Nachlasses haftet, so wäre jede Härte vermieden. Aber auch wenn man dies nicht thut, vielmehr aus praktischen Rücksichten namentlich im Interesse der Gläubiger die beschränkte Haft von der Legung des Inventars abhängig macht, so könnte man für die bezeichneten Fälle immer noch helfen, z. B. die nachträgliche Aufstellung des Inventars oder die Auskunftsmittel zulassen, welche das Züricher Gesetzbuch oder der hessische Entwurf an die Hand geben. Ich entscheide mich absichtlich nicht, welches Hilfsmittel anzurathen wäre, da es mir hier nur darauf ankommt, klar zu legen, daß der Einwand nicht das Princip, sondern eine nicht nothwendig aus demselben sich ergebende Ausführungsbestimmung trifft.

Der Grundsatz, welcher für den normalen Fall empfehlenswerth ist, würde sehr erheblichen Bedenken unterliegen, wenn er für die zahlreichen unregelmäßigen Fälle, daß weitere Verwandte als Kinder oder daß Fremde erben, oder daß die Erbschaft überschuldet ist, daß nicht die Intestat- sondern die Testaments- oder Vertragserbfolge eintritt, unausführbar wäre; allein die preußische Gesetzgebung hat bereits dargethan, daß auch für diese Fälle der Grundsatz sehr wohl durchgeführt werden kann, und ich darf aus eigener Erfahrung bezeugen, daß ich aus dem Grundsatze des Erbschaftserwerbes von Rechtswegen keine besonderen Schwierigkeiten oder nennenswerthen Härten in der Praxis wahrgenommen habe.

Ich würde daher der Abtheilung empfehlen, die von der ständigen Deputation gestellte Frage dahin zu beantworten:

> der Juristentag erachtet den Grundsatz, daß der Erbschaftserwerb von Rechtswegen stattfindet, als empfehlenswerth für das gemeinsame deutsche bürgerliche Gesetzbuch.

Präsident: Ich eröffne nunmehr die Debatte über die gestellte Frage und ertheile Herrn Rechtsanwalt von Schultes das Wort.

Rechtsanwalt **von Schultes** (München): Meine Herren! Ich bitte um Ihre Entschuldigung, wenn ich nach zwei Rednern, die mit solchem Applaus von der Versammlung empfangen worden sind, mir erlaube das Wort zu ergreifen, um hier eine Stimme laut werden zu lassen, welche sich gegen die Ansichten, welche im Augenblicke hier vertreten worden sind, wendet. Ich muß umsomehr um Ihre Nachsicht hier in diesem Saale bitten, als ich unvorbereitet diese Stelle betrete und ich nicht von Anfang an die Absicht gehabt habe, mich bei dieser Versammlung zu betheiligen und daher nicht jene Umsicht in Anschauung der Frage in Anspruch nehmen kann, welche die beiden Herren hier zur Geltung gebracht haben. Ich erlaube mir nur auf Eins aufmerksam zu machen, um immerhin der gegentheiligen Ansicht einige Berücksichtigung zu verschaffen.

Es scheint mir nämlich davon ausgegangen zu werden, daß diejenigen, welche besitzen, die Mehrzahl sind. Ich glaube, daß dieser Beweis nicht vollständig von den beiden Herren Vorrednern geliefert worden ist. Ich glaube auch, daß es nicht zutreffend ist, wenn daraus, daß, wie aus statistischen Notizen von Seiten eines der Herren hervorgehoben wird, in Frankreich, wo der Verzicht ausdrücklich verlangt wird, nur wenige Verzichte vorgekommen sind, wenn daraus gefolgert wird, daß die Mehrzahl auch Besitzende seien und daß keine Veranlassung gegeben sei, sich einer

Erbschaft zu entschlagen. Ich glaube, daß aus Fällen in Ländern, wo diese Voraussetzung des Entschlagens nothwendig ist, nicht mit Sicherheit geschlossen werden kann, daß, weil nicht entschlagen worden ist, auch wirklich die Mehrzahl Besitzende waren. Sie können eine Reihe von Fällen sich combiniren, daß die Leute nicht zu Gericht gehen wollen, daß die Leute, wenn sie überhaupt wissen, daß nichts da ist, daß sie selbst nichts haben, überhaupt nicht für nöthig halten, zu Gericht zu gehen und die Erklärung abzugeben, daß sie nichts haben wollen. Ich glaube im Gegentheil, meine Herren Collegen und Juristen — ich bin Anwalt und bitte mir das nicht übel zu nehmen, daß ich Sie als Collegen bezeichnet habe — . . .

Präsident: Wir sind hier Alle Collegen. (Bravo! und Heiterkeit.)

Rechtsanwalt **von Schultes**: . . . Ich glaube auch, daß in diesem Falle eine Reihe von Personen veranlaßt wird nicht zu Gericht zu gehen, weil sie die Thätigkeit scheuen, weil sie nicht irgend welche Thätigkeit entwickeln wollen, nachdem sie voraus wissen, daß sie nichts zu erhalten haben. Ich glaube, daß dies für eine Reihe von Fällen bestimmend sein wird, eine Erklärung überhaupt nicht abzugeben. Und wenn Sie mir sagen, in allen Fällen wo etwas vorhanden ist, sei die Erbschaft eine willkommene, so glaube ich, daß in allen Fällen, wo etwas vorhanden ist, es überhaupt nothwendig ist, diese Erklärung abzugeben. In allen diesen Fällen, wo auch der Grundsatz des unmittelbaren Antritts nicht gebilligt wird, wird wenigstens die Immixtion vorliegen und ich glaube, daß die Immixtion allein hinreicht, um vor den Gefahren zu schützen, die außerdem gekennzeichnet werden. Es wird in keinem Falle, wo nur einiges Vermögen vorhanden ist, dem Erben möglich sein, sich in den Besitz der Erbschaft zu setzen ohne irgend ein Zeugniß. Nehmen Sie zwei, drei Kinder an. Es wird Niemand in der Lage sein, die Umschreibung auf sich blos mit der Erklärung zu bemerken: „Ich bin der Sohn des N. N." Es wird das Gericht noch das weitere Zeugniß verlangen, daß er der einzige Sohn ist. Der Hauptbestandtheil des Vermögens besteht nicht in einem Vermögen, das immobilisirt ist, es giebt auch Papiere, die auf den Namen geschrieben werden können. Ich glaube nicht, daß die Regel ist, daß der Erbe sich einfach in den Besitz setzen kann ohne ein Zeugniß über den Erbschaftsantritt zu erhalten. Und gerade dieses Moment ist es, welches mich an Sie die Bitte stellen läßt: Sie wollen die Frage dahin entscheiden, es sei der Erbschaftsantritt nothwendig. Wo wirklich eine Erbschaft vorhanden ist, werden Sie in der Regel unter hundert Fällen vielleicht nicht einmal in der Lage sein, auch wirklich sich thatsächlich in den Besitz der Erbschaft zu setzen, sich die Früchte der Erbschaft zu sichern, ohne dieses Zeugniß zu haben, und in dem Verlangen dieses Zeugnisses, daß Sie der Erbe geworden sind, daß Sie vielleicht der ausschließende Erbe, scheint mir der Erbschaftsantritt zu liegen; und ich glaube mit Rücksicht hierauf, daß in den meisten Fällen, wo Vermögen vorhanden ist, ein solches Zeugniß nicht umgangen werden kann, an Sie die Bitte stellen zu sollen: Sie wollen die Frage nicht in dem Sinne bejahen, in welchem die Anforderung an Sie von Seiten der beiden geehrten Herren Vorredner gestellt worden ist.

Professor Dr. **Brunner**: Meine Herren! Die Gründe, die der Herr Vorredner gegen die Anträge der beiden Herren Referenten eben vorgebracht hat, widerlegen sich zum Theil vollständig dadurch, daß er zwei Dinge mit einander verwechselt hat, nämlich die Besitznahme der Erbschaft oder der einzelnen Erbschaftsgegenstände, und die Frage, ob, um Erbe zu werden, eine Antrittserklärung nothwendig sei oder nicht. Es ist ja selbstverständlich, daß man nicht Jeden, der sagt: ich will Erbe sein, zum Erben macht, sondern daß eventuell eine Legitimation desselben nothwendig ist. Die Frage ist nur die, ob derjenige, der durch Gesetz oder Testament als Erbe berufen ist, außerdem noch eine Erklärung abgeben muß, um die Erbschaft zu erwerben oder nicht.

Der fernere Einwand, der hervorgehoben worden ist, daß in vielen Fällen eine Erklärung über den Erbschaftsverzicht nicht abgegeben werde, weil der Erblasser nichts hinterlassen und die betreffenden Erben nichts haben, widerlegt sich ganz und gar von selber. In einem solchen Falle ist allerdings eine Erklärung nicht nothwendig, denn woher sollen die Gläubiger des Erblassers etwas bekommen, wenn in der Erbschaft nichts ist und der Erbe nichts hat? In dem Falle ist es natürlich, daß eine Erklärung bei Gericht nicht abgegeben wird. Es paßt dieser Fall gerade so gut für das Erforderniß des Erbschaftsantritts, wie für den Grundsatz des ipso-jure-Erwerbs.

Was dann die Abwägung der Vortheile für das eine oder andere Princip betrifft, so ist es mit großer Präcision hervorgehoben worden, daß die Gesetzgebung den normalen Fall ins Auge fassen muß. Entweder man stellt sich auf den Standpunct: wenn der Erbe schweigt, so präsumire ich — das Gesetz — daß er die Erbschaft nicht will; — oder man stellt sich auf den Standpunct, daß man sagt: wenn der Erbe schweigt, so präsumire ich — das Gesetz — daß der Erbe die Erbschaft will. Es ist nun vom Gesichtspuncte der Oeconomie des Rechtes entschieden das Praktischere, daß man sagt: wenn der Erbe schweigt, so nehme ich an, daß der Erbe die Erbschaft will, er braucht es nicht ausdrücklich zu erklären, wenn er die Erbschaft will, weil man in der Regel von „lachenden Erben" spricht und lachende Erben öfter vorkommen, als wie weinende Erben, weil die Regel ist, daß die Nachlässe nicht überschuldet sind und daß irgend etwas im Nachlasse ist.

Aus diesem Grunde bitte ich Sie, die Anträge der beiden Herren Referenten anzunehmen.

Eine Frage, auf die ich hier nicht näher eingehen will, wäre etwa die, ob man nicht für testamentarische Erben oder für entferntere Verwandtschaftskreise den Grundsatz des Erbschaftsantritts und der Erbschaftserklärung als nothwendig hinstellen soll. Ich will aber auf diesen Punct nicht näher eingehen, es hat schon der Herr Referent Kammerpräsident Petersen darauf hingewiesen. Ich würde mich diesem letzteren Grundsatze eventuell accommodiren, allein besser scheint es mir, wenn rundweg erklärt wird: wir halten uns an das germanische Princip, Erbschaftserwerb ipso jure; für Ausnahmefälle mag die Gesetzgebung durch Ausnahmebestimmungen sorgen.

Advocat Dr. **Rau** (München): Ich will dem, was gesagt worden ist, nur eine Bemerkung beifügen.

Ich bin ebenfalls damit einverstanden, daß der Erbschaftserwerb ipso jure stattfinde, aber ich hätte gerne gehört, wie sich die Sache in den Gesetzbüchern gestaltet, von denen der Herr College Makower gesprochen. Ich habe nämlich ebenfalls eine Besorgniß, wie mein Herr College von Schultes bereits sie angedeutet hat und die ich nur ganz kurz wiederholen will. Ich habe nämlich die Besorgniß, daß die Leute bei dem Erbschaftserwerb ipso jure durch ihre Unthätigkeit dazu gebracht werden, Schulden zahlen zu müssen, für die sie nicht haften und die sie nicht zahlen wollten. Nun haben wir aber von dem Herrn Referenten schon gehört, daß es Gesetzbücher giebt, die diesen Mißstand abschneiden, indem sie sagen: keinenfalls haftet dieser Erbe ultra vires hinaus, über die Activa, die sich in der Erbschaft befinden. Wenn dieser Satz in unserer Gesetzgebung Platz greift, dann brauchen wir eine Besorgniß nicht zu haben, daß der Erbschaftserwerb ipso jure irgend wen und namentlich die Angehörigen der unbemittelten Classe, welche aus ihrer Unthätigkeit, aus ihrer Unkenntniß dazu kommen, nichts zu thun, in Nachtheil bringt, und dann dürfen wir den Satz, wie er von den Herren Referenten Ihnen begründet worden ist, annehmen. Ich wünschte nur — und das würde am Besten, da ich nicht vorbereitet bin, um Ihnen einen bestimmt formulirten Vorschlag zu machen, durch die Herren Referenten geschehen — daß die Herren Referenten das noch berücksichtigten und den Vorschlag machen möchten: es sei der Satz, der sich in verschiedenen Gesetzgebungen findet, daß der Erbe nicht ultra vires der Erbschaft haftet, auch dem deutschen Gesetzbuch zu empfehlen.

Präsident: Sie stellen aber keinen bestimmten Antrag?

Advocat Dr. **Rau**: Nein.

Fiscal Dr. **Jung** (Frankfurt a. M.): Meine Herren! Ich habe das eine der drei Gutachten verfaßt; ich bedauere, daß die beiden Herren, Consistorialpräsident Mommsen und Professor Randa, die sich viel mehr mit der Sache befaßt haben als ich, nicht anwesend sind, um unsere Ansicht zu vertreten. Die beiden Herren Referenten sind ganz anderer Ansicht; sie gehören aber auch ganz anderen Rechtsgebieten an als ich. Bei uns existirt ein vollkommenes Immissionsverfahren, und es ist gar nicht möglich, daß irgend ein Erbe etwas erlangt, es sei denn gerade ein suus oder die Ehefrau, wenn nicht eine gerichtliche Versiegelung des Nachlasses und eine formelle Erbeinweisung stattgefunden hat. Es ist mir also ein Verfahren, welches einen unmittelbaren Erwerb der Erbschaft und eine unmittelbare Besitzergreifung der Erbschaft mit sich führt, nicht bekannt und habe ich darin keine Erfahrung. Ich muß daher natürlich mich bescheiden, namentlich dasjenige unbestritten zu lassen, was die Herren Referenten über die preußische und die französische Gesetzgebung, besonders die Statistik, gesagt haben; das ist mir in dieser Weise nicht geläufig.

Einen Punct möchte ich erwähnen. Wenn die Herren sagen, daß es das Natürlichere und Einfachere sei, daß die nächsten Familienglieder in der Erbschaft zusammensitzen bleiben, so kann man das zugeben; das wird auch in allen den Ländern sein, in denen noch das römische Recht gilt, daß gerade die Familie, die Ehefrau und die Kinder, in dem Nachlasse sitzen bleiben, gleichsam den Mitbesitz fortsetzen; das ist auch im deutschen Recht gewesen. Es handelt sich bei dieser Frage nur um die sogenannten extranei.

Darin liegt die Schwierigkeit, besonders bei der testamentarischen Erbschaft. Ich habe es in dem Gutachten genau ausgedrückt mit den Worten:

> Der Erbschaftserwerb ipso jure schafft einen Erben, der nicht Erbe zu bleiben braucht, wenn er nicht will, der aber genöthigt wird, zu erklären, daß er nicht will, während kein Grund vorliegt für eine allgemeine gesetzliche Vermuthung, daß er Erbe sein wolle, am wenigstens bei Testaments-Erbschaft.

Ich glaube, daß die Ordnung der Sache am Einfachsten dadurch hergestellt wird, daß man im Allgemeinen eine Willenserklärung des Erben erfordert, namentlich auch aus dem praktischen Grunde, daß — wie vorhin von dem Herrn Advocaten von Schultes aus München hervorgehoben worden ist, kaum ein Erbschaftsfall existiren wird, in dem der

Erbe nicht ohnehin an das Gericht gehen muß, um irgendwie eine Erbesbescheinigung oder irgend etwas dergleichen zu erlangen.

Ich muß auf dem Standpuncte meines Gutachtens bestehen und die Frage verneinend beantworten.

Advocat Dr. **Heinsen** (Hamburg): Meine Herren! Es sind von den Herren Referenten gegen die Gutachter eigentlich nur zwei Gründe geltend gemacht. Der eine von Herrn Justizrath Makower, der das Princip nicht anerkennen will, auf welches hin die Gutachter zu dem entgegengesetzten Ergebniß gekommen sind, nämlich demjenigen, daß abseiten des Erben immer erklärt werden soll, wenn er antreten wolle. Herr Justizrath Makower sagt nämlich: es ist ein Unterschied zu machen zwischen Schenkung und Nachlaß, der darin besteht: die Schenkung ist ein Product des Willens, die wird offerirt und muß acceptirt werden; der Nachlaß aber geht kraft Gesetzes über, und da muß also derjenige, der von dem Gesetze abweichen will, sei es der, um dessen Nachlaß es sich handelt, durch ein Testament dies erklären, oder derjenige, der ihn nicht haben will, muß repudiiren, ausdrücklich sagen, daß er nicht antreten will. — Meine Herren! Ich glaube, das ist eine petitio principii.

Wenn wir uns auf den Standpunct stellen, daß der Nachlaß an und für sich oder kraft Gesetzes von selbst übergeht, dann müssen wir natürlich sagen: derjenige, der das Gesetz außer Kraft setzen will, muß sich erklären, daß er den Nachlaß nicht haben wolle. Aber das ist ja gerade die Frage, ob es gesetzgeberisch richtig ist, zu bestimmen: der Nachlaß geht ohne weiteres über kraft Gesetzes, oder er thut es nicht.

Und wenn wir tabula rasa vor uns haben, so scheint es mir richtig zu sein, zu sagen, namentlich da es sich nicht bloß um Intestaterben, sondern auch um Testamentserben handelt, an und für sich ist der Nachlaß eines Verstorbenen etwas, das mit dem Vermögen dessen, auf den dieses Nachlaßvermögen künftig übergeht, nichts zu thun hat, sondern es hängt von demjenigen, auf den dieses Vermögen, das ein actives oder passives sein kann, übergehen soll, ab, ob er es haben will oder nicht, wie es auch bei sonstigen Gelegenheiten von ihm abhängt, ob er die Activa und resp. die Passiva übernehmen will oder nicht. — Der zweite Grund ist entnommen der Praxis. Man hat sich bezogen auf statistische Notizen, daß da, wo der Rechtssatz gilt, daß ipso jure der Nachlaß übergeht, nur in seltenen Fällen Verzicht- und Beneficialantretungen vorgekommen seien, und daß man doch die Gesetzgebung nicht darauf richten dürfe, für die Ausnahme eine Bestimmung zu schaffen, die Erklärung abzugeben oder nicht, sondern für die Regel. Was diese statistischen Notizen anlangt, so ist dabei doch einiges noch zu bemerken, nämlich, daß ja eigentlich allerdings die Regel ist, daß Nachlässe zureichend sind, daß die Activa die Passiva übersteigen und deshalb die Erklärung unterbleibt, daß zweitens manche unzureichende Nachlässe von den nächsten Familienmitgliedern stillschweigend übernommen werden, weil man eben, wenn die Schulden nicht gar zu groß sind, den Erblasser nicht compromittiren will und aus eigener Tasche bezahlt. Ein drittes Moment ist das, worüber jede Auskunft mangelt. Wie Viele kommen denn durch Vernachlässigung der Repudiirung und Beneficialantretung zu Schaden? Das ist ja gerade, was abgewendet werden soll, und darüber geben uns die statistischen Notizen gar keine Auskunft. Selbst dann auch wäre es dessenungeachtet von zu bestreitender Bedeutung, wenn man sagt: ich will für die Regel einer Erklärung überheben und nicht für die Ausnahmefälle. Die Regel ist, daß der Nachlaß dem Erben willkommen ist, daß es mehr lachende als weinende Erben giebt. Dessenungeachtet glaube ich, ist dieses kein richtiges Moment. Denn demjenigen, dem der Nachlaß zufällt und der ihn gern haben will, eine Erklärung zuzumuthen, wäre an und für sich für die Vortheile, die er dagegen eintauscht, keine übermäßige Belastung. Aber sie existirt auch gar nicht; er braucht sich gar nicht zu erklären, sondern er erklärt sich durch die Handlung, die er vornimmt, durch die Immiscirung. Wenn er sich immiscirt in die Erbschaft, so erklärt er sich dadurch ohne Weiteres und braucht nicht noch einen besonderen Rechtsact vorzunehmen. Wäre das nöthig, so wäre das kein Unglück, da er einen Vortheil hat, gegen den man ihm eine Erklärung zumuthen dürfte. Umgekehrt, wie will man es rechtfertigen, demjenigen, der nichts von der Erbschaft wissen will, der sich nur für frei halten will, daß ihn nicht die Schulden überkommen, noch Mühe und Kosten zuzumuthen? Ich glaube deshalb, daß man im regelmäßigen Falle gar nicht den Betreffenden belastet, daß man aber im unregelmäßigen Falle mit Unrecht Jemand belastet mit der Erklärung und Kosten, nur um den Schaden von sich abzuhalten, anstatt ihm zu gestatten, daß er durch Nichtsthun sich de facto fern hält von der Erbschaft und nur nicht das Präjudiz gegen ihn in Kraft gesetzt wird, und nicht, weil er schweigt, weil er nichts mit der Sache zu thun haben will, was sonst im Rechte nicht vorkommt, eben deshalb präsumirt wird, daß er damit doch Etwas zu thun haben und die Schulden bezahlen wolle. Ich schließe mich also demjenigen an, was in dem Gutachten gesagt ist und halte es richtig, daß das Gegentheil von demjenigen ausgesprochen wird, was die Herren Referenten befürwortet haben, daß also eine Erbschaft nicht ipso jure ohne Weiteres erworben wird, sondern ausdrücklich der Erklärung des Berufenen bedarf.

Professor **Kuntze** (Leipzig): Meine Herren! Es ist mir ein merkwürdiges Ergebniß, daß die Referenten und die Gutachter einander gegenüberstehen: lauter praktische Männer! Dieser Umstand und dann das Ergebniß der einzelnen Vorträge hat mir gezeigt, daß die Frage auf einem einfach praktischen Wege schwer lösbar ist. Es stehen sich praktische und praktische Erwägungen gegenüber. Mir scheint Alles darauf hinauszukommen, daß wir auf einfach praktischem Wege zu keiner Entscheidung gelangen würden. Aus diesem Grunde erlaube ich mir, als Theoretiker, noch einiges Wenige zu bemerken. Ich glaube, die ganze Frage ist im Wesentlichen eine große sociale Principfrage. Es ist diese Seite auch mehrfach schon angedeutet worden, und ich kann einfach anknüpfen an die Bemerkungen, die gemacht sind. Es handelt sich um das Princip der Familienhaftigkeit. Hinter dem einen System steht der Gedanke, daß im Grunde die Familie die Inhaberin des Vermögens ist, und dieser Gedanke wird secundirt durch den anderen Gedanken, daß die Continuität möglichst festgehalten werde. Ich gestehe, daß das der mir liebere Gedanke ist und ich aus diesem Grunde für die demselben entsprechende Ansicht aus voller Ueberzeugung stimmen werde. Nichtsdestoweniger möchte ich wenigstens mit einem Worte darauf hindeuten, was meiner Ansicht nach bis jetzt nicht genug hervorgehoben ist. Wenn ich mich für die eine Ansicht hier ausspreche, thue ich das doch in der Ueberzeugung, daß das andere System das System der Zukunft sein werde. Das System nämlich, für welches sich die Gutachter ausgesprochen haben, ist meiner Ansicht nach dasjenige, auf welches die künftige Strömung immer hingehen wird, und ich möchte nicht, daß diese Berathung vorüberginge, ohne daß diesem Gedanken wenigstens allgemein Ausdruck gegeben wäre. Ich bin überzeugt, daß man in späterer Zeit sich es nicht ganz leicht erklären wird, daß hier, wie mir's scheint, schlechthin für das andere System der Ausspruch erfolgen wird. Ich glaube, unsere Zeit drängt auf eine Lockerung des Bandes der Generationen — das ist nicht meine Sympathie, ich will nur meine Auffassung der thatsächlichen Verhältnisse hier ausdrücken. — Und noch ein Punct. Ich fasse diejenige Ansicht, welche von den Gutachtern formulirt ist, von dem Standpuncte des Gesetzgebers als eine Warnung auf. Das ist mir die praktische Seite der Frage. Es liegt in der anderen Ansicht eine Warnung an das Publikum. Du sollst Rechte übernehmen, die möglicherweise Dir nachtheilig werden! Ich glaube, meine Herren, daß wir immer mehr werden Anlaß bekommen, eine solche Warnung ergehen zu lassen, und daß eine Zeit kommen kann, in welcher der Gesetzgeber es für eine wichtige Aufgabe erachtet, dieser Warnung einen großen systematischen Ausdruck im Gesetz zu verleihen. Wenn diese Zeit da sein wird, dann wird das andere System zur Herrschaft gelangen; ja, ich befürchte, daß eine solche Zeit kommen wird, und ich wiederhole, ich wollte diese Debatte nicht vorübergehen lassen, ohne dieser Besorgniß wenigstens einen Ausdruck zu geben. Je lebhafter diese Besorgniß in mir für die Zukunft ist, um so freudiger natürlich bekenne ich mich zu dem anderen System und werde gegenwärtig aus voller Ueberzeugung im Sinne des Herrn Referenten mitstimmen.

Dr. **Johanny** (Wien): Auch ich bin aus einem Lande, wo das Princip der vollständigsten Immission herrscht, aber gerade deswegen mag es vielleicht sein, daß ich mich unbedingt gegen dasjenige erklären muß, was wir soeben von Herrn Professor Kuntze gehört haben. Meines Erachtens ist gerade das System, welches der Herr Referent vertreten hat, das Princip der Zukunft; der ipso jure Uebergang der Erbschaft ist dasjenige, was wir anzustreben haben, und die Standpuncte, welche die Gutachten einnehmen, scheinen mir überwunden. Es wurde von Herrn Rechtsanwalt Schultes hervorgehoben, daß es sich hier eigentlich um ein Princip des Pauperismus, oder um ein Princip der Socialpolitik handelt, wenn man diejenigen, welche nichts zu gewärtigen haben, verpflichtet, zum Gerichte hinzugehen und dort ihre Renunciation zu erklären, wenn man also die Lasten der Armuth vermehrt. Meine Herren, wir haben das unbedingte Princip der Immission. Bei uns braucht nur derjenige zu Gericht zu gehen, der die Erbschaft annehmen will und der davon einen Vortheil erhofft. Aber, meine Herren, es ist jedenfalls richtiger, den Gang zu Gericht als Bedingung für die Befreiung von einer Last, als für die Uebernahme einer solchen zu setzen, denn durch das letztere wird die Unterlassung des Ganges ein Vortheil. Was ist die Folge davon? Bei uns gehen die Leute nicht zu Gericht, und aus dieser einfachen Unterlassung haben sie den Vortheil, daß sie dem Gläubiger den Beweis auflasten, daß Etwas in der Verlassenschaft da war. Sie unterlassen die Erbeserklärung, nehmen aber das, was da ist, an sich und überlassen den Gläubiger seinem Schicksal. Meine Herren, das ist ein Grundsatz, der wichtig ist und im Rechtsleben berücksichtigt werden sollte. Man soll die Bemühung zum Gericht demjenigen auferlegen, der sich von einer Last befreien will, und nicht an die Unterlassung dieser Bemühung einen factischen Vortheil knüpfen. Es ist als ein weiterer Umstand hervorgehoben worden, daß man bei den Hypotheken ja doch des Ausweises des Erbrechts benöthigt werde. Das kann mit Rücksicht auf Deutschland einige Berechtigung haben. Allein, meine Herren, wir haben ja nach unseren Einrichtungen den Hypothekenrichter, d. i. ein Organ, das den Ausgang und Eingang aller Rechtsverhältnisse über Immobilien überwacht. Wir müssen uns ja, bevor wir eine Eintragung auf Immobilien oder Löschung erwirken, an den Hypothekenrichter wenden. Dieser Hypothekenrichter hat das Recht, zu prüfen, und er wird bei dem Erbrecht ebenso zu prüfen haben, wie in anderen Fällen. Ich glaube, daß wir uns unbedingt für die Anträge des Referenten erklären.

Advocat Dr. **Heinsen**: Ich möchte mir nur eine Bemerkung gegenüber demjenigen erlauben, was soeben von Herrn Dr. Johanny vorgebracht ist; nämlich das Ganze, was Herr Dr. Johanny vorgetragen hat, basirt darauf, daß im römischen Recht eine Immiscion der Erklärung nicht präjudicirt, der Erbe also die Activa an sich nehmen kann und dessen ungeachtet nicht präjudicirt, nachher erklären kann, er wolle den Nachlaß nicht haben. Wenn man diesen Grundsatz aber fallen läßt, und davon gehe ich aus, daß, wenn man sich immiscirt, man dadurch eine Erklärung in concludenter Weise abgegeben hat, dann trifft der Einwand des Herrn Dr. Johanny natürlich nicht.

Dr. **Johanny**: Die Frage der immixtio ist eben eine Frage des Beweises. Wir haben im Gesetze keine ausdrückliche Bestimmung, daß auch ein stillschweigender Antritt der Erbschaft durch immixtio möglich ist. Allein wenn das auch wäre, so müßte immer derjenige, der dem Erben eine Zahlungspflicht zumuthet, die immixtio beweisen, und das ist eine Last, die er zu erfüllen hat. Der Erbe, der seinem Gläubiger diese Last auferlegen kann, hat damit einen Vortheil, und dagegen wahrt uns nur das Princip, welches der Herr Referent vertreten hat.

Referent **Petersen**: Meine Herren! Ich glaube, es wird überhaupt nicht nothwendig sein, nochmals ausführlich auf die gefallenen Aeußerungen einzugehen, ich beschränke mich darauf, einige kurze Bemerkungen zu machen.

Der erste Gegner, Herr Rechtsanwalt von Schultes aus München, hat den beiden Referenten den Vorwurf gemacht, daß sie sich nur auf den Standpunct der Besitzenden stellen. Meine Herren, in gewissem Sinne ist es richtig, daß, wenn man über Erbschaftsfragen spricht, man Besitzende im Auge hat; denn es handelt sich um Vermögen. Wo es kein Vermögen giebt, giebt es auch keine Erbschaft. Aber man kann doch auch von diesem Standpunct aus die Gefahr betonen, wie es geschehen ist, daß auch ein Nichtbesitzender durch seine Nachlässigkeit in die Gefahr kommt, Schulden zu bezahlen. Ich glaube nun allerdings schon in meinem ersten Vortrage diese Frage genügend besprochen zu haben. Da aber von mehreren Seiten darüber noch besondere Auskunft gewünscht wurde, so möchte ich für meine Person nur noch betonen, wie es der Herr Correferent schon gethan hat, daß hier verwechselt wird eine Gefahr, die aus der Ausführung, aus der ungenügenden, mangelhaften Ausführung des Princips herrührt, mit der Gefahr, die im Princip selbst liegen soll. Ich bin allerdings der Meinung, daß man Erben nicht zu viel zumuthet, wenn man ihnen zumuthet, den Verzicht ausdrücklich zu erklären. Das wird sehr einfach geschehen können. Man kann diesen Verzicht durch Erklärung bei dem Einzelrichter protocolliren lassen. Man kann unter Umständen, wenn man auch den Kostenpunct schon mit in die Gesetzgebung bringen will, die Bestimmung treffen, daß das ohne alle Kosten geschehe, oder daß die Kosten aus der Masse bestritten werden. Dieser Punct kann wohl keine Schwierigkeit machen.

Aber, sagt man, wie ist es mit der Gefahr, die Schulden zu bezahlen? Nun, meine Herren, einmal haben wir bereits erwähnt, daß nach den Bestimmungen neuerer Gesetze die Erben überhaupt nicht mehr zu bezahlen haben, als die Erbschaft beträgt, wenn sie nur die gesetzlichen Vorschriften beobachten und ein Inventar errichten. Außerdem, meine Herren, weise ich aber auch nochmals darauf hin, daß auch ohne solche Bestimmung Erben nicht schlechter stehen bei dem System, wie wir Referenten es vertreten, als bei dem anderen. Die bloße Unthätigkeit allein schadet hiernach dem Erben nichts, wenigstens verpflichtet sie ihn nicht, die Schulden der Erbschaft zu bezahlen. Wer nicht annimmt und nicht verzichtet, der wird wenigstens vor Ablauf der Verjährung, wie sie nach französischem Recht auf dreißig Jahre normirt ist, durchaus nicht persönlich verpflichtet, dies zu thun. In dem Augenblicke, wo der Gläubiger ihn verklagt, sagt er, ja, ich habe die Erbschaft nicht angenommen, ich verzichte heute, und damit ist festgestellt, daß er nicht Erbe ist, und die Klage wird abgewiesen. Nur wird er durch verspäteten Verzicht die Verpflichtung erhalten, die Kosten der ersten Vorladung zu bezahlen. Was gefährlich für den Erben ist, ist nur die Einmischung in die Erbschaft, die Immiscion, und diese Gefahr besteht, wie bereits erwähnt wurde, nach beiden Systemen in gleicher Weise. Wenn sich die Erben einmischen nach dem System der Antretung, so ist das eine pro herede gestio, und nach den allgemeinen Grundsätzen des gemeinen Rechts haftet er denn auch für die Schulden, wird als Erbe angesehen. Er hat eben stillschweigend erklärt, daß er die Erbschaft annimmt. Nur nach den Grundsätzen des Rechts, wonach eine gerichtliche Ueberweisung erfordert wird, ist das anders. Darauf komme ich später noch mit einigen Worten; also, meine Herren, die Gefahr des Einmischens ist dieselbe. Nun hat einer der Herren Vorredner erwähnt, diese Gefahr könne man auch beseitigen, und an und für sich wäre das ebenfalls möglich nach dem einen System, wie nach dem anderen; denn nach beiden muß der Wille erklärt werden. Aber das möchte ich nicht thun. Ich glaube, das ist eine ganz berechtigte Bestimmung, die sagt, der Erbe, der die Activa an sich nimmt, sie vielleicht veräußert, muß auch die Schulden bezahlen. Wohin sollte man kommen, wenn das nicht wäre, wenn etwa nach fünfzehn Jahren Jemand, der die ganze Erbschaft besessen hätte, hinten nach sagte, ja, Alles, was da ist, ist da, ich überliefere es Euch Gläubigern, ich verzichte, ich hafte nicht für die Schulden. Da muß man doch einigermaßen den Gläubiger decken. Ich glaube, es ist ganz gerechtfertigt, daß Jemand, der die Schulden einer Erbschaft nicht bezahlen will, von der Erbschaft ferne bleibt oder sich auf conservatorische Maßregeln beschränkt.

Diese Frage der Einmischung ist eine Frage für sich, die besonderer Bestimmungen bedarf. Sie kann nach dem einen und anderen Rechte so geregelt werden, und jedenfalls ist die Gefahr nach beiden Systemen gleich. Man hat die von mir mitgetheilte Statistik in mehrfacher Beziehung angegriffen und gesagt, diese Statistik sei unvollständig, weil doch viele Personen vorhanden wären, die freiwillig die Erbschaft angenommen hätten, obgleich sie verschuldet gewesen, oder durch ihre Nachlässigkeit in Schaden gekommen wären. Was den ersteren Fall betrifft, so wird er allerdings öfter vorkommen bei Kindern, die aus Liebe zu ihrem Vater die Schande nicht über ihn bringen wollen, daß er seinen Verbindlichkeiten nicht nachgekommen ist, und das ist durchaus ehrenhaft. In solchen Fällen wird aber auch durch das Gesetz Niemand geschädigt. Was aber den zweiten Punct betrifft, so läßt sich allerdings eine Statistik darüber nicht aufstellen, in welchen Fällen einige Erben durch Unterlassung des Verzichts geschädigt worden sind; aber, meine Herren, diese Bestimmung besteht in den Ländern des rheinischen Rechts schon über siebenzig Jahre und, meine Herren, die Leute wären gewitzigt worden, wenn die Unterlassungen sehr häufig vorgekommen wären, und diese geringe Zahl von Verzichten beweist doch unzweifelhaft, daß in der großen Mehrzahl die Erbschaft angenommen wird. Wenn das andere der Fall wäre, meine Herren, so würden gewiß Klagen über das System erschollen sein. Ich kann nur sagen, daß man es bei uns nicht begreifen würde, wenn eine Aenderung aus diesem Grunde vorgenommen werden sollte, da niemals Klagen dort erhoben worden sind; daß Jemand dadurch zu Schaden kommt, daß er sich einmischt, in der Hoffnung, eine fette Erbschaft zu bekommen, und dann erfahren muß, daß sie überschuldet ist, kann ja allerdings vorkommen. Es ist das aber ein Fall, der eben nach beiden Systemen vorkommen kann. Deshalb glaube ich, daß diese Lücke in der Statistik nicht entscheidend und daß die Regel ist, wie wir sie Ihnen dargestellt haben. Was nun noch die Bemerkungen des Herrn Fiscal Dr. Jung betrifft, bezüglich des Immissionsverfahrens, so war ich erfreut, zu hören, daß sie übereinstimmten mit dem, was ich früher vorgetragen habe, und daß man auch in Oesterreich dies System für verwerflich hält. Dr. Johanny aus Wien hat, ich meine, bemerkt, dies System wäre das allerschlimmste. Es ist von Keinem der drei Gutachter ausdrücklich verlangt, daß nicht bloß die Antretung, nicht bloß die Willenserklärung, sondern eine förmliche gerichtliche Einweisung nothwendig sei. Das würde noch weit mehr kosten, als der einfache Gang ins Amtsgericht, um zu erklären, daß man verzichte. Hier würde eine förmliche Untersuchung eintreten, die nur in ein oder zwei Procent der Prozesse wesentlich und in achtundneunzig Procent unwesentlich wäre, und welche Thorheit, die Gerichte zu zwingen, von amtswegen zu untersuchen, ob Jemand ein Kind oder drei Kinder hat, wo die Gemeinde weiß, daß er diese Kinder hinterläßt, oder ob irgendwo noch andere Erben existiren! Das scheint mir eine reine Formalität und eine Verletzung des Grundsatzes der Gesetzgebung, daß die Gesetze auf normale Fälle berechnet sein müssen und nicht auf Ausnahmen. Ich wiederhole meine Empfehlung, die gestellten Fragen zu bejahen.

Präsident: Herr Justizrath Makower!

Justizrath **Makower**: Ich verzichte.

Präsident: Wir schreiten zur Abstimmung. Ich glaube darin nicht zu irren, daß der Antrag Petersen in folgender Weise zur Abstimmung zu bringen sein wird:

> Der Juristentag spricht seine Ueberzeugung dahin aus, daß in dem gemeinsamen bürgerlichen Gesetzbuch für Deutschland bestimmt werden solle, daß der Erbschaftserwerb ipso jure stattfinde.

Hier steht: „Der Juristentag wolle seine Ueberzeugung dahin aussprechen." Es könnten Zweifel entstehen, ob wir sagen dürfen, der Juristentag spricht seine Ueberzeugung aus, weil es vorläufig nur ein Abtheilungsbeschluß ist und für jetzt noch dahin steht, ob die Plenarversammlung darüber beschließen soll, oder derselben unser Beschluß nur zur Kenntnißnahme mitgetheilt werden soll; ich bemerke aber, daß in früheren Fällen dies Bedenken niemals geltend gemacht worden ist, daß die Abtheilungen schlechtweg beschlossen haben: „der Juristentag spricht seine Ueberzeugung aus." — Findet diese Ansicht Ihren Beifall, so habe ich nur noch Herrn Justizrath Makower zu fragen, ob er über seinen Antrag eine besondere Abstimmung verlangt, oder dem Wortlaute des Antrag Petersen zustimmt.

(Einverstanden.)

Also haben wir, meine Herren, nur über einen Antrag abzustimmen. Er lautet:

> Der Juristentag spricht seine Ueberzeugung dahin aus, daß in dem gemeinsamen bürgerlichen Gesetzbuch für Deutschland bestimmt werden solle, daß der Erbschaftserwerb ipso jure stattfinde.

Ich ersuche diejenigen Herren, welche diesem Antrage zustimmen, sich zu erheben. Das ist jedenfalls die überwiegende Majorität. Nun, meine Herren, haben wir uns noch darüber schlüssig zu machen, ob wir diesen unseren Beschluß der Plenarversammlung zur Kenntnißnahme oder zur Beschlußfassung mittheilen wollen.

(Zur Kenntnißnahme!)

Also lediglich zur Kenntnißnahme. Auch hier scheint kein Widerspruch erhoben zu werden. Dann haben wir den Berichterstatter zu wählen, und ich schlage Herrn Petersen vor.

(Bravo!)

Es scheint allgemeines Einverständniß zu sein. Ich ersuche daher Herrn Petersen das Referat zu übernehmen. Meine Herren, es liegt weiter kein Gegenstand für die Tagesordnung vor, ich erkläre daher die Sitzung für geschlossen.

(Schluß der Sitzung 2½ Uhr Nachmittags.)

Erste Sitzung der dritten Abtheilung am 28. August.

Auf Vorschlag des Obergerichtsrath Thomsen aus Hannover wird Obertribunalsrath von Köstlin durch Acclamation zum Präsidenten gewählt. Zum Vicepräsidenten wird Hofgerichtsadvocat Dr. Jaques aus Wien ernannt, während das Schriftführeramt die Herren Stadtgerichtsrath Professor Dr. Rubo aus Berlin und Staatsanwalt-Subsitut Dr. Groß aus Salzburg übernehmen.

Präsident **von Köstlin**: Der dritten Abtheilung liegen vier Fragen zur Erörterung und Entscheidung vor. Bei der ersten Frage, die unsere Festschrift S. XII. Nr. 3 aufführt:

„Soll der Spruch der Geschworenen wegen falscher Rechtsbelehrung des Präsidenten angefochten werden können? und wie?"

worüber wir Gutachten von Professor Dr. Wahlberg und Bezirksgerichtsdirector Stöckel in den Juristentagsverhandlungen haben, fällt leider das Referat des Herrn General-Staatsanwalt Dr. von Schwarze wegen dessen Krankheit weg; es wird deshalb Herr Obergerichtsrath Thomsen allein das Referat über diese Frage erstatten. Ueber die zweite uns vorliegende Frage:

„Soll im Fall der Begünstigung von Gläubigern zwischen der Zahlungseinstellung und der Concurseröffnung eine Strafbarkeit des Cridars, beziehungsweise des begünstigten Gläubigers eintreten?"

sind zu Referenten die anwesenden Herren Hof- und Gerichtsadvocat Dr. Jaques von Wien und Kreis- und Hofgerichts-Director von Stösser zu Mannheim bestellt. Was die dritte uns vorliegende Frage betrifft:

„Ist der beendigte Versuch im Strafgesetzbuche beizubehalten? beziehungsweise aufzunehmen? und ist event. dabei die freiwillige

> Verhinderung der Vollendung als Strafaufhebungsgrund anzuerkennen?"

so ist der zweite Referent Herr Professor Dr. Schütze zu Graz abgehalten, zu erscheinen. Auf eine in jüngster Zeit an ihn ergangene Aufforderung hat sodann Herr Professor Dr. Hiller in Czernowitz sich bereit finden lassen, als Correferent über diese Frage, uns Vortrag zu erstatten. Der anwesende Herr Advocat Stenglein von München ist Referent über diese Frage. Die vierte Frage, über welche Hof- und Gerichtsadvocat Dr. Ritter von Kißling und Professor Dr. Ullmann referiren werden, lautet:

> „Soll im Falle der Freisprechung (oder der Nichterhebung der Anklage) für die Untersuchungshaft eine Entschädigung gewährt werden?"

Ich denke, wir treten in die Behandlung dieser Fragen ein nach der Reihenfolge, wie sie durch die Tagesordnung bestimmt ist. Es steht daher jetzt zur Erörterung die erste Frage:

> „Soll der Spruch der Geschworenen wegen falscher Rechtsbelehrung des Präsidenten angefochten werden können? und wie?"

Ich bitte den Herrn Referenten Obergerichtsrath Thomsen das Wort zu ergreifen.

Referent Obergerichtsrath **Thomsen**: Es ist bereits mehrfach heute das Bedauern ausgesprochen, daß unser hochverehrter General-Staatsanwalt Dr. v Schwarze entblieben ist und kann ich diesem Bedauern sowohl in meinem als in Ihrem Interesse mich nur anschließen; Sie hätten sonst ein Referat gehört aus dem Munde eines sehr bewährten Referenten, heute müssen Sie sich begnügen mit einem Jungfernreferat.

Die uns vorliegende Frage bezielt die Anfechtbarkeit des Spruches der Geschworenen in Folge unrichtiger Rechtsbelehrung durch den Präsidenten. Sie theilt sie nach zwei Richtungen hin: Einmal die Frage des Princips: ob überhaupt die Anfechtbarkeit constituirt werden soll? das andere Mal die Frage des Wie? und zwar das Wie? bezieht sich darauf: welches Rechtsmittel zu statuiren ist, dann zweitens: welche Grundlagen und Voraussetzungen nothwendig sind, um die Durchführbarkeit des Princips zu sichern. Was den Standpunct der Gesetzgebung anbelangt, so haben die Strafprozeßordnungen von Sachsen und Oesterreich bereits das Princip durchgeführt; sie haben den Grundsatz ausgesprochen, daß wegen falscher Rechtsbelehrung der Spruch der Geschworenen angefochten werden kann als nichtig. Die anderen Gesetzgebungen haben in dieser Beziehung bis jetzt nichts statuirt; *mittelbar* kann allerdings eine Vernichtung des Wahrspruchs der Geschworenen herbeigeführt werden nach verschiedenen Prozeßordnungen dadurch, daß die gesetzlichen Merkmale, die gesetzlichen

Begriffe in die thatsächlichen, soweit thunlich, aufgelöst und in die Frage direct aufgenommen werden, so daß allerdings in solchen Fällen, die aber nicht immer zwingend vorgeschrieben sind, allerdings die Nichtigkeitsbeschwerde erfolgen kann wegen falscher Anwendung des Gesetzes; aber direct als Nichtigkeitsgrund haben nur die Gesetzgebungen von Oesterreich und Sachsen die Anfechtbarkeit ausgesprochen. Der erste Entwurf der neuen Strafprozeßordnung hat in dieser Beziehung nichts statuiren können, weil er ausging von dem Princip der gemischten Gerichte, der Schöffengerichte, so daß dabei überhaupt eine Rechtsbelehrung nicht stattfinden konnte. Der zweite Entwurf kehrt allerdings zurück zu dem Institut der Geschworenen, hat aber trotzdem in dieser Beziehung keinen Nichtigkeitsgrund statuirt, muß also wohl Gründe gehabt haben, weshalb er die falsche Rechtsbelehrung in dieser Beziehung für gleichgiltig hielt, oder vielleicht die Anfechtung nicht für durchführbar. Die Reichsjustizcommission hat in ihrem ersten Beschlusse, welcher auch noch den beiden Gutachten zu Grunde liegt, angenommen: Eine Revision gleich Nichtigkeit findet statt wegen falscher Rechtsbelehrung, wenn nach Lage der Sache nicht ausgeschlossen ist, daß die falsche Rechtsbelehrung auf den Spruch der Geschworenen Einfluß gehabt habe, will also allgemein die Revision statuiren, nur nicht dann, wenn die Unmöglichkeit des Einflusses vorliegt. In der zweiten desfallsigen Berathung hat die Commission einen anderen Grundsatz aufgestellt oder wenigstens diesen modificirt; er lautet so:

> „§ 301a. Eine durch das Protocoll festgestellte Rechtsbelehrung des Vorsitzenden, welche einen Rechtsirrthum enthält, begründet die Revision
>
> zu Gunsten des Angeklagten, wenn nach Lage der Sache nicht ausgeschlossen ist,
>
> zu Ungunsten des Angeklagten, wenn nach Lage der Sache anzunehmen ist,
>
> daß diese Rechtsbelehrung auf den Spruch der Geschworenen Einfluß gehabt hat."

Diese Fassung mag Einem oder dem Anderen vielleicht etwas schwerfällig vorkommen. Die Bedeutung ist: zu Gunsten des Angeklagten soll die *Möglichkeit* des Einflusses die Nichtigkeit begründen; zu Ungunsten des Angeklagten die *Wahrscheinlichkeit* des Einflusses, die Annahme, die Vermuthung.

Die beiden uns vorliegenden Gutachten von den Herren Wahlberg und Stöckel sind nur einig im Princip: Beide wollen die Anfechtbarreit statuirt wissen, weil sie durchaus für erforderlich halten, gegen den Rechtsirrthum der Geschworenen ein Rechtsmittel, eine Abhülfe zu statuiren.

Nur in den Modificationen der Ausführung gehen die Gutachten theilweise auseinander. Der Professor Wahlberg führt im Wesentlichen Folgendes an. Er sagt: Nur über Rechtspuncte soll die Rechtsbelehrung stattfinden, nicht über thatsächliche Begriffe, nicht über Begriffe, welche man zu den Begriffen des gemeinen Sprachgebrauches rechnet; es soll nur wirkliche Rechtsbelehrung stattfinden über Rechtspuncte, namentlich Definitionen. Diese Rechtsbelehrung soll nicht blos helfend und wegweisend sein, auch nicht Ersatz für etwaige Fragen, die sonst gestellt werden müssen, sondern soll eben eine bindende Norm abgeben für die Geschworenen, soll Ersatz liefern dafür, daß eben regelmäßig die Geschworenen aus Laien bestehen, und ihnen die zur Fällung des Wahrspruches, zur Anwendung des Gesetzes nothwendige geschulte Rechtskenntniß abgeht. Eine unrichtige Rechtsbelehrung sei darnach aber keine Weisung der bindenden Rechtsnorm, sondern nur die subjective Ansicht des Richters und könne daher in keiner Weise aufrecht erhalten werden. Diese Rechtsbelehrung sei allerdings nur dann für die Anfechtbarkeit von Wichtigkeit, wenn sie Einfluß auf den Spruch der Geschworenen gehabt habe. Nun gebe es gewiß viele Rechtsbelehrungen, die als irrelevant erscheinen, die in gar keinem Zusammenhange mit dem entscheidenden Spruche stehen, auf eventuelle Fragen sich beziehen oder auf Nebenfragen, die nach dem Wahrspruch der Geschworenen gar nicht mehr in Betracht kommen, dann überflüssige Rechtsbelehrungen, Belehrungen über directe Controversen, worüber noch kein Ausspruch des höchsten Gerichtshofes erfolgt sei, und derartige irrelevante Rechtsbelehrungen. Diese will er nicht weiter berücksichtigt wissen, nur die relevanten und da ist er der Ansicht, daß unbedingt ein Rechtsmittel statuirt werden müsse. Er spricht dann noch weiter darüber, daß die Geschworenen nicht blos das Recht hätten auf Rechtsbelehrung, sondern auch die Pflicht. Sie seien daran gebunden, diese Rechtsbelehrung zu befolgen. Die Gefahr, daß etwa man annehmen sollte, die Geschworenen würden dadurch, daß sie an die Rechtsbelehrung gebunden seien, degradirt, bezeichnet er als hinfällig, da ja es auch sonst öfter der Fall sei, daß auch die rechtsgelehrten Richter sich an den Spruch des höchsten Gerichtshofes gebunden fühlten bei ihrer Rechtsprechung.

In dem Gutachten des Bezirksgerichtsdirector Stöckel wird hinsichtlich des Princips zunächst angeführt, daß allerdings gegen das Princip an und für sich nichts einzuwenden sei, wohl aber die Durchführbarkeit schwerer gewichtiger Bedenken unterliege. Er führt namentlich vier Gründe an, die eben als praktische Unzuträglichkeiten vorlägen. Nämlich erstens sagt er: die Rechtsbelehrung kann nur dann förderlich sein für die Geschworenen, wenn der Präsident vollkommen unbefangen ist, wenn er keine Scheu hat vor etwaigen Einwendungen, wenn er sich nicht beengt fühlt dadurch, daß er verpflichtet ist, die betreffenden Definitionen der Rechtsbelehrung genau zu Protocoll zu geben. Das sei alles der Rechtsbelehrung hinderlich. Dann zweitens: ohne stenographische Aufzeichnungen sei es sehr schwierig die Rechtsbelehrung zu Protocoll zu fixiren. Drittens sei es wünschenswerth, die Nichtigkeitsbeschwerden möglichst zu vermindern und die Gefahr eines Rechtsirrthums hinsichtlich des Präsidenten sei eben dadurch vermindert, daß ja die Staatsanwaltschaft und die Vertheidiger Gelegenheit hätten, ihrerseits die richtigen Grundsätze klar zu legen, ferner auch das Gericht als Collegium eintreten könnte. Aber trotzdem ist Stöckel der Ansicht, obgleich er das Gewicht dieser Gründe nicht verkennen will, daß im Interesse der Wahrheit und des Rechts es durchaus nothwendig sei, eine Garantie gegen den Rechtsirrthum zu schaffen. Den Grund dieser Anfechtbarkeit findet er in der Vermuthung, daß eben die Geschworenen der Rechtsbelehrung des Präsidenten folgten. In England sei diese Befolgung historisch geheiligt; in Deutschland komme es allerdings öfter noch vor, daß nicht die Rechtsbelehrung des Präsidenten befolgt würde, sondern die Rechtsanschauung der Vertheidigung. So wirft er die Vorfrage auf: ob man nicht auch dann eine Anfechtbarkeit statuiren sollte, wenn die Anschauungen der Vertheidigung dem Spruche der Geschworenen zu Grunde lägen, verneint aber diese Frage, da die Vertheidigung nicht beengt werden dürfe, und dann, wenn das Nichtschuldig ausgesprochen würde, es sich gar nicht constatiren lasse, ob die Rechtsbelehrung der Vertheidigung befolgt sei.

Also in beiden Gutachten ist der Grund für die Nothwendigkeit der Anfechtbarkeit angegeben, daß gegen den Rechtsirrthum der Geschworenen eine Abhilfe geschaffen werden müsse. Hinsichtlich des Wie? sind auch beide einig, daß dieses Rechtsmittel bei dem höchsten Gerichtshof stattfinden müsse, also: Revision, Nichtigkeit, Kassation, nicht etwa eine Berufung vom Präsidenten auf das Colleg.

Wahlberg schlägt nun, um Grundlagen für diese Anfechtbarkeit zu gewinnen, folgendes Verfahren vor: „Der Präsident ertheilt nach vorgängiger Berathung mit den Mitgliedern des Gerichtshofes in öffentlicher Sitzung der Geschworenenbank die Rechtsbelehrung. Den Parteien steht es frei, Einwendungen gegen die Rechtsbelehrung vorzubringen. Ueber die Einwendungen entscheidet der Gerichtshof in nicht öffentlicher Sitzung, welcher dieselben als richtig oder unrichtig zu bezeichnen hat. Hierauf ertheilt der Präsident im Sinne dieser Entscheidung die Rechtsbelehrung über die streitigen Puncte. Die Rechtsbelehrung, die Einwendungen gegen dieselbe und die hierüber ergangene Entscheidung der streitigen Puncte sind von Amtswegen durch das Protocoll festzustellen und den Parteien auf Begehren in Abschrift mitzutheilen." Er will also schon von vorn herein die Entscheidung des Collegs haben, nicht die Belehrung durch den Präsidenten.

Im Stöckelschen Gutachten wird zunächst ausgeführt, daß der Revisionsgrund darin bestehe, daß auf dem Rechtsirrthum der Spruch der Geschworenen beruhe. Die Reichsjustizcommission habe eben nur die Vermuthung aufgestellt, daß die Rechtsbelehrung die Geschworenen geleitet habe. Es sei aber erforderlich, diesen Punct vollkommen erweislich zu machen, und demnach schlägt er vor, daß die Geschworenen bei ihrem Spruche angeben sollen, ob ihr Spruch auf der Rechtsbelehrung des Präsidenten beruhe oder auf der Rechtsbelehrung der Vertheidigung. Das sei auch gar nicht so sehr schwer, denn die Geschworenen müßten sich doch klar werden, welche Rechtsanschauung sie zu Grunde legten und wenn sie nicht klar wären, so wäre das ein Anreiz für sie, nochmals nachzufragen, und auf diese Art würde die ganze Sache am besten in das richtige Licht ge stellt. Die theoretische Einwendung, daß, wenn die Trennung der Rechts- und Thatfrage vorhanden sei, man den Geschworenen keine Angabe von Motiven für ihren Wahrspruch zumuthen dürfe, sei hinfällig, da man wissen müsse, wie die Entscheidung bei den Geschworenen zu Stande gekommen sei; sie geben keine Motivirung ab, sondern nur die Erkenntnißquelle, woraus sie ihre Rechtsansicht geschöpft hätten. Durch diese Methode würden manche Nichtigkeiten verhütet und für die eintretenden Nichtigkeitsbeschwerden feste Grundlagen geschaffen.

Hinsichtlich der Feststellung zu Protocoll will er, daß nur die streitigen Puncte zu Protocoll genommen würden, nicht die ganze Rechtsbelehrung, weil sich das nicht gut durchführen lasse.

Auf Grund dieser Ausführungen kommen dann beide Gutachter dazu: Wegen falscher Rechtsbelehrung ist der Spruch der Geschworenen als nichtig anzufechten. Stöckel kommt aber noch zu einem Zusatz. Es sei noch hinzuzufügen: aus dem Spruche der Geschworenen müsse hervorgehen, in wieweit sich ihr Wahrspruch auf eine irrige Rechtsbelehrung des Präsidenten stütze, und dann, daß nur die streitigen Puncte festgestellt würden. In dem Gutachten Wahlberg's wird dann auch der bereits früher erwähnte Zusatz gemacht, daß, wenn die Unmöglichkeit des Einflusses dargethan sei, die Anfechtbarkeit nicht stattfinde, ganz conform dem ersten Beschlusse der Reichsjustizcommission.

Was nun das Princip selbst anbelangt, so möchte ich wohl der Ansicht sein, daß über die Nothwendigkeit einer Abhülfe gegen den Rechtsirrthum der Geschworenen schwerlich ein Streit obwalten kann. Es ist ja bereits bei den geringsten Urtheilen, bei den Schöffengerichtsurtheilen und weiter hinauf überall die Nichtigkeitsbeschwerde gestattet, sobald Rechtsirrthümer in Folge falscher Anwendung der Gesetze vorgekommen sind, und der Berufsrichter muß überall angeben, auf welche Rechtssätze er sich in seinem Urtheil stützt. Warum sollte nun nicht bei den wichtigsten Urtheilen, bei den Urtheilen der Geschworenen ebenfalls der Rechtsirrthum als schädlich beseitigt werden müssen? Aus diesem Grunde sind auch die Gesetzgebungen Oesterreichs und Sachsens bereits dahin gelangt, daß sie die Anfechtbarkeit statuirt haben, und nur das directe Mittel wird helfen: daß eine Nichtigkeitsbeschwerde durch falsche Rechtsbelehrung herbeigeführt wird.

Schwieriger ist nur die Frage des Wie? ich meine in der Bedeutung, daß und wie die Grundlagen geschaffen werden sollen, um zu erkennen, daß die Rechtsbelehrung eben der Grund des Rechtsirrthums sei. Die Bedenken, welche wegen der praktischen Durchführbarkeit obwalten, sind im Stöckelschen Gutachten angegeben. Ich kann sie allerdings nicht alle gelten lassen, namentlich nicht den ersten, daß nämlich der Präsident unbefangen bleiben müsse. Ich möchte gerade in diesem Puncte das Entgegengesetzte sagen: ich würde einen Grund für die Anfechtbarkeit daraus entnehmen. Der Präsident muß vorher sich doch klar machen, falls zweifelhafte Rechtsbegriffe vorkommen, wie diese aufzulösen sind, und wenn er sich Alles klar gemacht hat, kann die Möglichkeit der Anfechtung gar keinen Grund für ihn abgeben, nunmehr befangen zu sein. Dann mögen Umstände von Seiten der Staatsanwaltschaft oder der Vertheidigung kommen, so ist er sich doch selbst klar geworden und ich möchte gerade glauben, daß es gut ist, wenn der Präsident sich in dieser Beziehung vorher vollkommen klar werden und sich in die Lage setzen muß, die erforderliche Rechtsbelehrung, namentlich die Definitionen zu Protocoll zu geben. Die anderen Gründe, z. B. die Schwierigkeit der Protocollirung, der Wunsch möglichst die Nichtigkeitsbeschwerden zu beschränken, sind, glaube ich, zu gering, als daß sie irgendwie in die Waagschale fallen könnten.

Hinsichtlich der Mittel nun würde ich zweierlei für erforderlich halten:

1) die genaue Protocollirung und
2) die bindende Kraft der Rechtsbelehrung für die Geschworenen.

Die Protocollirung ist in den Gesetzen vorgeschrieben, ist eigentlich auch selbstverständlich. Es scheint mir nur zu eng gefaßt zu sein, wenn lediglich verlangt wird, auf Begehren der einen oder der anderen Partei soll die Protocollirung stattfinden. Ich möchte mir daher erlauben den Antrag auch in dieser Beziehung so zu formuliren, daß zunächst nach richterlichem Ermessen protocollirt wird, dann aber stets, sobald und soweit eine Partei die Protocollirung verlangt. Es bestimmt mich zu diesem Vorschlage hauptsächlich die Erwägung, daß in vielen Fällen es dem Richter sehr angenehm ist, nicht die volle Verantwortlichkeit zu tragen, sondern eben provociren zu können oder Gelegenheit zur Provocation zu geben auf die Ansicht des höchsten Gerichtshofes. Es würde eben, wenn der Staatsanwalt, der Vertheidiger und der Richter, also alle drei Personen, der gleichen falschen Ansicht sind, keine Protocollirung stattfinden, und die falsche Rechtsbelehrung wäre gleichwohl ein Grund zur Nichtigkeit nach dem materiellen Rechte, während formell man gar nicht eine Beseitigung erwirken könnte. Aus diesem Grunde halte ich für richtig, sobald der Richter es nach seinem Ermessen für erforderlich oder wünschenswerth hält, daß er das Betreffende auch zu Protocoll geben kann. In den Anträgen ist „richterliche" gesetzt statt Belehrung des „Präsidenten" mit Rücksicht darauf, daß vielleicht in einer Gesetzgebung, wie auch die Gutachter vorschlagen, nicht der Präsident selbst die Belehrung ertheilt, sondern das Colleg und so würde das „richterliche" Beides treffen.

Ich komme jetzt zu dem meines Erachtens wichtigsten Punct, ob nämlich die Rechtsbelehrung bindend sein soll für die Geschworenen. Meines Wissens ist dieser Grundsatz in keinem Gesetze, wenigstens in keinem deutschen oder österreichischen Gesetze ausgesprochen. Im englischen Recht besteht er allerdings; da ist die Rechtsbelehrung bindend für die Geschworenen und es begründet die Nichtigkeit, wenn die Geschworenen sich nicht an die Rechtsbelehrung gebunden haben. Die Motive des österreichischen Gesetzes erklären es für eine Gewissenspflicht der Geschworenen und erwähnen an anderer Stelle, daß die Geschworenen die Rechtsbelehrung des Präsidenten respectiren müssen, ohne daß jedoch im Gesetze selbst diese bindende Kraft ausgesprochen ist. Die beiden Gutachten gehen ebenfalls davon aus, daß die Geschworenen die Rechtsbelehrung befolgt hätten. Das Wahlberg'sche Gutachten setzt anscheinend die bindende Kraft bereits voraus als bestehend und sagt an einer Stelle ausdrücklich, sie müsse gesetzlich vorgeschrieben werden. Gesetzlich besteht sie jetzt nicht in Oesterreich und ebensowenig in Sachsen. Das Stöckel'sche Gutachten geht von der Vermuthung aus: daß regelmäßig man allerdings annehmen könne, die Rechtsbelehrung habe den Grund des Rechtsirrthums gebildet. Ebenso geht die Reichsjustizcommission nur von der Vermuthung aus. Die Gewißheit wird eben in keiner Weise garantirt. Genau genommen scheint mir diese Frage, so wie sie hier aufgeworfen ist und wie sie sich an die Gesetzgebung anlehnt, nicht ganz correct zu sein, da ja nicht die falsche Rechtsbelehrung den Grund der Nichtigkeit bieten kann, sondern nur der

Rechtsirrthum der Geschworenen, mag nun dieser Rechtsirrthum herkommen, woher er wolle. Die Rechtsbelehrung giebt allerdings der Regel nach wohl Anlaß zu diesem Rechtsirrthum, aber bildet selbst den eigentlichen Grund noch nicht. Dieser Spruch der Geschworenen kann ja beruhen auf ganz verschiedenen Rechtsbelehrungen, sie können gefolgt sein dem Staatsanwalt, dem Vertheidiger, dem Präsidenten, ja, es kann einer von den Geschworenen die vierte Ansicht aufstellen, welche sie befolgt haben. Das ist jetzt nach der bestehenden Gesetzgebung vollkommen ungewiß. Man kann nur sagen: vermuthlich haben sie den Präsidenten beachtet. So kann jetzt nach der Gesetzgebung in Oesterreich möglicherweise ein Wahrspruch vernichtet werden wegen falscher Belehrung des Vorsitzenden, während die Geschworenen eine andere, vielleicht die von dem höchsten Gerichtshofe gerade als richtig bezeichnete Ansicht befolgt haben. Das ist jetzt nicht ausgeschlossen. Meiner Ansicht nach würden alle diese Unzuträglichkeiten vermieden, wenn man annimmt: die Rechtsbelehrung ist für die Geschworenen bindend und zwar gesetzlich bindend, nicht eine bloße Gewissenspflicht. Es ist schon mit Recht bemerkt im Wahlberg'schen Gutachten, daß damit keine Degradirung der Geschworenen stattfindet; sie sind nur gebunden an die Rechtsbelehrung, welche die Stelle des Gesetzes in dieser Beziehung vertritt. Regelmäßig wird die Rechtsbelehrung sich nicht beziehen auf die Subsumtion. Z. B.: Wenn eine Urkunde vom Präsidenten definirt werden soll, wird er nicht sagen: dieses Schriftstück fällt unter die Urkunden, sondern er wird einfach den Begriff der Urkunde definiren, den eigentlich das Gesetz bereits hätte definiren müssen, und somit wird der Beurtheilung der Geschworenen hinsichtlich der Thatfrage in keiner Weise präjudicirt. Ich würde daher anheimgeben, in dieser Beziehung auszusprechen, daß

die Rechtsbelehrung des Richters für die Geschworenen gesetzlich bindend ist.

Die anderen Puncte, die in dem Gutachten erwähnt sind, sind meines Erachtens untergeordneter Natur: daß nämlich der Präsident nicht unterbrochen werden kann und derartige Bestimmungen mehr, die sich meines Erachtens nicht dazu eignen, in den Spruch des Juristentages aufgenommen zu werden.

Wichtiger ist dann aber die Frage nach der inneren Beschränkung so wie die Reichsjustizcommission diese formulirt hat. Ich bin nicht in der Lage gewesen, die Gründe, welche die Reichsjustizcommission geleitet haben bei diesem zweiten Beschlusse, näher in Erfahrung zu bringen und hatte gehofft, durch Herrn v. Schwarze dieses hier erfahren zu können, wenn er das Referat gehabt hätte, um dann etwaige Anträge noch zu stellen. Da das nicht der Fall ist, habe ich mir erlaubt einen Zusatzantrag zu Nr. 1

nachträglich jetzt noch zu formuliren, der nicht mitgedruckt ist und dahin lautet:

> „Die Anfechtbarkeit ist ausgeschlossen, wenn nach Lage der Sache unzweifelhaft ist, daß die falsche Rechtsbelehrung keinen nachtheiligen Einfluß zu Ungunsten des Beschwerdeführers ausüben konnte."

Also: die Anfechtbarkeit ist ausgeschlossen, wenn die Unmöglichkeit des Einflusses klar vorliegt. Die Fassung des letzten Beschlusses der Reichsjustizcommission enthält zweierlei Rechtsunterscheidungen: zu Gunsten des Angeklagten und zu Ungunsten des Angeklagten. Zu Gunsten des Angeklagten soll die Anfechtbarkeit statuirt werden, wenn nach Lage der Sache nicht ausgeschlossen ist, daß die falsche Rechtsbelehrung auf den Spruch der Geschworenen Einfluß gehabt hat. Also für den Angeschuldigten soll das genügen zur Revision. Dann heißt es aber weiter: „Zu Ungunsten des Angeklagten, wenn nach Lage der Sache anzunehmen ist, daß die Rechtsbelehrung Einfluß gehabt habe." Dieses Letztere ist eben die Abweichung von dem ersten Beschlusse, und zwar in dem Sinne, daß für die Staatsanwaltschaft die Wahrscheinlichkeit des Einflusses dargethan sein muß, während für den Angeklagten die Möglichkeit des Einflusses schon genügt. Es giebt meines Erachtens eben zwei Hauptrichtungen, woraus der Einfluß erkennbar ist. Einmal das Nichtvorhandensein des Einflusses bei den bereits erwähnten irrelevanten Rechtsbelehrungen. Da ist es sofort klar, daß z. B. eine Rechtsbelehrung über eine eventuell weiter gar nicht entschiedene Frage ohne Einfluß ist, also keine Anfechtbarkeit begründen kann. Es ist sofort klar durch den Spruch und durch die Fragen. Etwas Anderes ist es aber in der zweiten Richtung, nämlich bezüglich der bejahenden und verneinenden Wahrsprüche. Bei den bejahenden Schuldsprüchen ist der Einfluß allerdings gewiß, denn wenn der Spruch beruht auf irgend einer Rechtsbelehrung, so muß eben bei der Bejahung diese Rechtsbelehrung von Einfluß gewesen sein. In der Regel besteht der Spruch oder das Urtheil aus drei oder vier Factoren: zunächst die Rechtsbelehrung, die rechtliche Auffassung und Ansicht über den Sinn des Gesetzes; zweitens: die Subsumtion der That; drittens: die Person des Thäters, und dann vielleicht noch andere Factoren, die aber alle zusammentreffen müssen, um die Bejahung herbeizuführen. Wenn einer dieser Factoren falsch ist, ist der ganze Wahrspruch falsch, und dann ist die Gewißheit vorhanden, daß die Rechtsbelehrung gefehlt hat. Anders ist es bei den verneinenden Schuldsprüchen. Wenn man die Schuldfrage verneint hat, dann ist ungewiß, welcher von den Factoren da ausgefallen ist. Ob die Rechtsbelehrung, die Auffassung des Gesetzes bei der Freisprechung gewirkt hat, oder die thatsächliche

Frage, ist aus dem Spruche selbst und den Fragen überall nicht zu ersehen. Da ist nur die Möglichkeit vorhanden für den Einfluß. Beides findet nun statt, sowohl bei den Vertheidigungsfragen, als bei den Anklagefragen. Wenn z. B. die Frage nach der Nothwehr bejaht wird und ein Rechtsirrthum hat obgewaltet überhaupt bei den Geschworenen, so ist klar, daß der ganze Spruch verkehrt ist, also die Gewißheit des Einflusses ist vorhanden, während, wenn die Nothwehr verneint wird, es ungewiß ist, ob sie aus rechtlichen oder thatsächlichen Gründen verneint worden, so daß hier auch für den Angeklagten bei der Bejahung seiner Vertheidigungsfragen die Gewißheit des Einflusses vorliegt, bei der Verneinung wieder nur die Möglichkeit. Jetzt hat die Reichsjustizcommission beschlossen, daß für den Angeklagten stets die Möglichkeit schon genügt, soweit auch meines Erachtens mit Recht! Dagegen bei der Staatsanwaltschaft nur die Wahrscheinlichkeit. Also, wenn die Schuldfrage verneint wird, so soll die Staatsanwaltschaft nur die Revision zur Hand nehmen können, wenn aus den anderen Umständen, also aus den Acten sich ergiebt, daß wahrscheinlich die Geschworenen aus Rechtsirrthum die Schuldfrage verneint haben. Nun kann ich durchaus keinen Grund finden, weshalb hier die Staatsanwaltschaft mit anderem Maße gemessen werden soll als die Vertheidigung; zu einem favor defensionis ist hier meines Erachtens in keiner Weise Anlaß, sondern die Staatsanwaltschaft muß auch gleiches Recht haben; sobald die Möglichkeit eines Rechtsirrthums da ist und der Rechtsirrthum als solcher als vorhanden dargethan wird, dann muß sie ebenfalls die Revision zur Hand nehmen dürfen. Ich kehre also wieder zurück im Wesentlichen zu dem ersten Beschlusse der Reichsjustizcommission, daß die Anfechtbarkeit dann ausgeschlossen sein soll, wenn die Unmöglichkeit des Einflusses auf irgend einer Seite dargethan ist; dagegen soll die Revision stattfinden, wenn überhaupt nur die Möglichkeit, sowohl für die Anklage, wie für die Vertheidigung gegeben ist. Man kann ohnehin annehmen, daß die Staatsanwaltschaft, wenn offenbar nur die thatsächliche Frage verneint worden, die Rechtsfrage aber gar nicht zur Computation gezogen ist, die Revision nicht zur Hand nehmen wird. Z. B. das Alibi wäre klar nachgewiesen, der Thäter deshalb freigesprochen und eine falsche Rechtsbelehrung zu Protokoll gegeben, so wird die Staatsanwaltschaft gewiß nicht die Revision ergreifen, weil eine falsche Rechtsbelehrung vorhanden ist, so daß diese Gefahr sich mindert, und ich keinen Grund absehen kann, weshalb im letzten Beschlusse der Reichsjustizcommission statt der Möglichkeit die Wahrscheinlichkeit für die Staatsanwaltschaft statuirt ist. Ich darf daher anheimgeben, die Ihnen gedruckt vorliegenden Anträge:

1) wegen falscher richterlicher Rechtsbelehrung ist der Spruch der Geschworenen durch ein Rechtsmittel beim höchsten Gerichtshofe anfechtbar,

2) die Rechtsbelehrung ist zunächst nach dem richterlichen Ermessen, stets aber, soweit es die Staatsanwaltschaft oder die Vertheidigung verlangt, zu Protokoll festzustellen,

3) die Rechtsbelehrung ist für die Geschworenen gesetzlich bindend, anzunehmen mit dem Zusatz zu Nr. 1:

„Die Anfechtbarkeit ist ausgeschlossen, wenn nach Lage der Sache unzweifelhaft ist, daß die falsche Rechtsbelehrung keinen Einfluß zum Nachtheil des Beschwerdeführers äußern konnte."

Ich darf hiermit mein Referat schließen.

(Bravo!)

Stadtgerichtsrath, Professor Dr. **Rubo** aus Berlin: Meine Herren! Die Stellung und Erörterung der Frage, die uns heute vorliegt, hat mich lebhaft an eine alte Erzählung erinnert. In England nämlich ist einstens die Bemerkung gemacht worden, daß, wenn man in einen mit Wasser gefüllten Kübel einen todten Hering hineinlegt, das Gewicht dieser drei Körper alsdann nicht sei das des früheren Gewichts des Kübels und Wassers plus Herings, sondern das Gewicht des Wassers und Kübels minus Herings. Diese Bemerkung erregte außerordentliches Aufsehen; und eine englische Akademie war es demnächst, welche aus dieser Bemerkung eine Preisfrage dahin gestaltete: woher es käme, daß dem so sei. Die geistreichsten und gelehrtesten Arbeiten kamen ein, aber keine von ihnen gewann den Preis; vielmehr war es eine andere, allerdings schlicht und einfach gehaltene Ausführung, welche preiswürdig erschien und also lautete, daß der Verfasser dieser Arbeit zuvörderst das Experiment auch gemacht und dabei gefunden, es sei die ganze Sache nicht wahr, sondern das Gewicht sei in der That das des Kübels, des Wassers plus des Herings!

Nun, meine Herren, wie komme ich auf diese Bemerkung? — Ganz einfach, weil uns hier die Frage gestellt ist: ob die Rechtsbelehrung des Präsidenten an die Geschworenen, dafern sie falsch sei, einen Grund zur Anfechtung gebe? und dabei die Vorfrage ganz außer Acht gelassen ist, ob denn überhaupt es den Geschworenen zustehen solle, die Rechtsfrage zu entscheiden? Ist etwa diese Prämisse eine solche, deren Richtigkeit zweifellos bereits feststeht? Meine Herren, einigermaßen vertraut mit dem Gang der Literatur, kann ich wohl sagen, daß die sogenannte neuere Wissenschaft einig allerdings darin ist, daß die Geschworenen die Rechtsfrage mit entscheiden müssen und daß der erste Anfang dieses Wissens seine Quellen aus dem englischen Schwurgerichtsverfahren herleitet. Was aber, meine Herren, vor etwa noch sechs bis acht Jahren unmöglich war, ohne Widerspruch zu behaupten, gilt heute für uns auch von dieser Stelle aus als zweifellos, nämlich: daß der englische Geschworene in der That gar nicht derjenige ist, der die Rechtsfrage entscheidet; und aus dem guten und schönen Beispiel, welches dereinst, in seiner Eigenschaft als Professor des Strafrechts zu Wien, der jetzige österreichische Justizminister Dr. Glaser im „Gerichtssaal“ von 1864 angeführt hat, ersehen wir, wie sogar der Präsident des englischen Schwurgerichts zweimal und dreimal die Geschworenen, die seiner Belehrung nicht gefolgt, mit der Bemerkung zurückwies: er wäre ein Freund der Jury, und würde nie wagen, in das Gebiet der Geschworenen einzugreifen; das Gebiet der Geschworenen sei das der Thatfrage. Er würde aber auch nie dulden, daß die Geschworenen eingriffen in sein Gebiet, d. h. in das Gebiet der Rechtsfragen, und er weise sie nnnmehr an, seiner Belehrung gemäß das Nichtschuldig — wie es demnächst auch geschehen ist — zu fällen. Meine Herren! Wo ein Institut sich historisch ausgebildet hat, mag man die Ehrwürdigkeit desselben anerkennen; wo aber, wie bei der vorliegenden Frage in Deutschland, eine historische Ausbildung sich noch nicht gezeigt, da glaube ich, steht es dem Fachjuristen, in casu der dritten Abtheilung des Juristentages, wo gesetzgeberische Erörterungen gepflogen werden sollen, wohl an, in abstracto die Frage zu erörtern. Ich bin in höchstem Maße ein Freund rücksichtlich der Mitwirkung des Laienelementes im Strafprozesse, aber ein Freund selbstverständlich nur insoweit, als überhaupt der Laie mitzuwirken vermag. Sind Sie und leben Sie in einem Staat, wo es noch nicht geglückt wäre, ein codificirtes Strafrecht zu haben, wo vielmehr Recht das ist, was der einzelne brave, redliche Mann für Recht hält; meine Herren, da ist allerdings der Geschworene auch der Mann des Rechts, d. h. der Geschworene derjenige, der aus seinem Inneren heraus beurtheilen kann, was strafbar und was nicht strafbar sei. Wo aber ein codificirtes Strafgesetzbuch — das Ziel der neueren Staaten! — maßgebend ist, da, meine Herren, ist es auch die Kenntniß des positiven Rechts, welche allein nur es ermöglicht, Recht zu sprechen. Ich glaube nicht bei der Annahme zu irren, daß zum Richteramte nicht einmal solche Personen ausreichen würden, die sogar die Collegia in der Jurisprudenz gehört haben. Und, wenn — wie es nothwendig — wir zum Richteramt bewährte Rechtspraktiker, d. h. Männer verlangen, die die Rechtskunde in sich aufgenommen haben, so heißt es in der That das Recht zum Unrecht mißstalten und das Unrecht zum Recht erheben, wenn Sie solchen Männern die Erklärung, was Rechtens sei, anvertrauenen, die kein Studium des Rechts gemacht haben.

(Widerspruch.)

Meine Herren! Sie schütteln den Kopf, und ich weiß, er wird über meine Erklärung von vielen Seiten geschüttelt werden, denn, was ich sage, ist ja in vielen Ländern nicht mehr Rechtens, und die Praktiker — ich kenne das aus meiner eigenen Thätigkeit — lieben vor allen Dingen das, was sie in der eigenen Praxis von der Schule aus durchgemacht haben. Der deutsche Juristentag hat aber den Vorzug, auch unter den deutschen Juristen wachzurufen, daß in anderen Ländern, wo andere Institutionen sind, auch etwas Gutes existirt, und wir wollen nicht vergessen, ich will ihn vorläufig als einen Schulstreit bezeichnen, daß dieser Schulstreit von der Entscheidung der Rechtsfrage durch die Geschworenen bereits vom Katheder herab den deutschen Juristen eingeprägt worden ist. Meine Herren! Wenn Sie den Geschworenen nur die Entscheidung der Thatfrage anvertrauen, so machen Sie dieselben zu einem Hülfsmittel für eine gute Rechtsprechung; wenn Sie denselben aber auch die Entscheidung für die Rechtsfrage übertragen, so kommen sie füglich dazu, daß Sie dem Präsidenten des Schwurgerichts, also einem einzelnen Richter, das Recht geben, den Geschworenen eine Meinung kund zu thun, die erfahrungsmäßig in gar vielen Fällen von der des Collegiums und somit des wahren Gerichtshofes abweicht. Wenn Sie aber gar zur Annahme desjenigen Antrages gelangen, die der Herr Obergerichtsrath Thomsen, unser verehrter Herr Referent, gestellt hat, daß, getreu der historischen Anschauung Englands, die Rechtsbelehrung des Präsidenten für die Geschworenen bindend sei, so machen Sie — und ich scheue mich nicht, es auszusprechen — die Geschworenen zu Drahtpuppen; denn welchen anderen Sinn können Sie in den Worten finden, daß die Geschworenen in bindender Form zu belehren seien? Wollen Sie aber die bindende Belehrung rücksichtlich der Rechtsfrage, dann bedarf es rücksichtlich der Entscheidung dieser letzteren der Geschworenen überhaupt nicht. Dann lassen Sie den Präsidenten allein die Entscheidung fällen,

(Widerspruch.)

und lassen Sie zwar neben den Geschworenen den deutschen Schwurgerichtshof bestehen, ernennen aber zur Entscheidung der Rechtsfrage einen Specialcommissarius in der Person des Präsidenten. Nur wenn Sie glauben, auf Grund dessen und in theatralischer Form das deutsche Schwurgericht ausbilden und die Geschworenen zu Drahtpuppen des Präsidenten machen zu müssen, die durch ihren Eid gebunden sind, den Rechtsbelehrungen des Präsidenten Folge zu leisten: nur dann ist der Antrag des Referenten vollständig gerechtfertigt; und ohne Weiteres ist demselben alsdann zuzustimmen. Wenn Sie aber die deutschen Geschworenen zu selbständigen Männern machen wollen, dann, meine Herren, überlassen Sie den Geschworenen die thatsächliche Beurtheilung der Frage und die Rechtsrage jenen Männern, welche die Rechte studirt und in sich aufgenommen haben. Eine Trennung der That- und der Rechtsfrage ist sehr wohl möglich. Ich komme daher zu dem Antrage, den ich mir erlaube, hier vorzulesen:

Der XIII. deutsche Juristentag geht über die Frage:

„Soll der Spruch der Geschworenen wegen falscher Rechtsbelehrung des Präsidenten angefochten werden können? und wie?"

in Erwägung dessen zur Tagesordnung über,

principaliter

daß den Geschworenen die Entscheidung der Rechtsfrage überhaupt nicht gebührt;

eventualiter

daß die Frage, ob den Geschworenen die Entscheidung der Rechtsfrage gebühre, in der Wissenschaft und Praxis noch nicht zum Abschlusse gediehen ist.

Kreisgerichtsrath **Heinsheimer** aus Mannheim: Meine Herren! Ich stelle den Antrag, keine motivirte, sondern eine einfache Tagesordnung auszusprechen, d. h. über die Anträge des Referenten zur einfachen Tagesordnung überzugehen. Sie haben von dem Vorredner Dr. Rubo gehört, er erblickt in dem vorliegenden Antrage eine Degradation der Geschworenen. Ich möchte glauben, daß der Grundfehler dieses Antrags und der ganzen aufgeworfenen Frage darin liegt, daß eine Degradation des Richters vorgenommen wird. Es heißt, und unser Herr Referent hat das wiederholt betont, es solle Abhilfe geschaffen werden gegen den Rechtsirrthum der Geschworenen, und auf welche Weise wird diese Abhilfe gesucht? — Der Rechtsirrthum der Geschworenen soll dadurch möglichst unschädlich gemacht werden, daß man die Geschworenen für ihren Rechtsirrthum unverantwortlich macht und die Schuld auf den Richter abwälzt, sei es nun in Fällen, wo es sehr wahrscheinlich ist, daß die Geschworenen einen Rechtsirrthum begangen haben, oder in Fällen, wo es nicht wahrscheinlich ist. Ich glaube, daß ebensowohl im Interesse der richtigen Stellung der Geschworenen, als im Interesse der richtigen Stellung der Richter des Schwurgerichtshofes, insbesondere des Vorsitzenden, eine solche Anfechtung des Spruches wegen falscher richterlicher Belehrung nicht zugelassen werden soll. Ich erblicke vor Allem in den Sätzen 1 und 4 des Herrn Referenten einen Widerspruch. Der Satz 4 sagt: „Die Rechtsbelehrung ist für die Geschworeneu gesetzlich bindend." Wie aber, wenn im gegebenen Falle der Präsident in seinem Resumé einen zweifellosen Rechtsirrthum begangen hätte. Nun sitzt glücklicherweise unter den Geschworenen ein Jurist, ein Advocat, der gerade als Geschworener zugezogen ist. Der sagt den Geschworenen: das, was uns der Präsident in der Beziehung gesagt hat, ist total falsch; so und so ist die richtige Ansicht. Und nun folgen die Geschworenen nicht etwa der Ansicht des Vorsitzenden, auch nicht der Ansicht des Staatsanwalts: sie folgen der richtigen Ansicht ihres Collegen und geben ihren Wahrspruch im directen Gegensatze zu dem Resumé des Präsidenten ab. So hätten wir einen Wahrspruch, der vollständig auf richtiger, rechtlicher Grundlage beruht. Das soll nicht erlaubt sein? Nach den Sätzen des Antrages würde in unserm Falle stets cassirt werden; folgen die Geschworenen der irrigen Belehrung des Präsidenten, so träte Cassation wegen unrichtiger Belehrung ein; folgen sie der richtigen Ansicht ihres rechtsgelehrten Collegen, so wird cassirt, weil sich die Geschworenen nicht an die (irrige) Belehrung des Präsidenten gehalten haben. Wenn der Präsident einen Irrthum begangen hat, so ist dieser Irrthum für die Geschworenen maßgebend nach dem Antrage Satz 4, damit nach dem Antrage Satz 1 dann eine Cassation wegen eines in Folge Rechtsirrthums des Präsidenten begangenen Rechtsirrthums der Geschworenen möglich sein soll. Ich glaube, daß dieser Widerspruch zwischen den Sätzen 1 und 4 schon zeigt, daß dies unmöglich ist. Dann glaube ich auch, daß ein ganz bedeutender Widerspruch in den Sätzen dadurch hervorgetreten ist, daß der Satz 4 auf dem absoluten Respect des englischen Volkes vor seinem Richter, auf der allerdings historisch entstandenen großen Achtung vor den Richtern beruht, während die Sätze 1 und 2 einem mir ganz unverständlichen Mißtrauen gegen die Richter entspringen. Wenn man das Schwurgerichtsinstitut und damit auch das ganze öffentliche Strafverfahren zu Grabe tragen will, dann, meine Herren, ist es gut, ein solches Verfahren einzuführen, wo nach den Plaidoyers und nach dem Resumé des Präsidenten die Protokollirungen anfangen: Vorwürfe des Staatsanwalts: der Präsident hat sich geirrt; Versuch des Vertheidigers, die Ansicht des Präsidenten über Wasser zu halten. Abermalige Protokollirung. Dann kommt die Cassation. Ich selbst, meine Herren — entschuldigen Sie, daß ich aus meiner Praxis Ihnen einen Fall vorführe — war einmal in der Lage, in einem schwierigen Falle, nach den beiderseitigen Vorträgen, die bis zur Duplik gediehen waren, in meinem Resumé den Geschworenen sagen zu müssen: „Was die Rechtsfrage betrifft, so halte ich weder das, was der Staatsanwalt gesagt hat, noch die Ansicht des Vertheidigers für richtig; nach meiner rechtlichen Anschauung liegt die Sache so." Der Wahrspruch ist in jenem Falle im Sinne meines Resumés abgegeben worden. Nun denken Sie sich den Fall, es würde sich ein solcher Vorfall ereignen unter einer Gesetzgebung, wie sie nach dem Thomsen'schen Antrage vorgesehen ist; dann hätte also der Präsident gesagt: der Staatsanwalt und der Vertheidiger haben diese Ansicht; ich kann sie nicht theilen, ich bin anderer Ansicht. Dann tritt der Staatsanwalt auf und beantragt die Protokollirung des Rechtsirrthums des Präsidenten; der Vertheidiger beantragt die gleiche Protokollirung unter Wiederholung seiner abweichenden Ansicht, und schließlich gehen die Geschworenen in ihr Berathungszimmer und sagen: wenn solche Widersprüche unter den Herren Juristen vorhanden sind, werden wir uns hüten, das Schuldig! abzugeben; wir sprechen frei. Es ist ja gar nicht anders möglich, wenn solch' ein Verfahren eintritt. Das Gutachten Wahlberg's verräth zu deutlich, daß Wahlberg selbst niemals einem Schwurgericht präsidirt hat. Das Verfahren, welches vorgeschlagen wird, würde uns in einen schriftlichen Prozeß hineinbringen; wir würden drei bis vier Tage mit der Feststellung des Protokolls zuzubringen haben. Die Geschworenen verlören die Geduld. Das ist nicht möglich! Und was das Gutachten von Stöckel in Freiberg i. S. betrifft, so hat es sich für mich schon gerichtet durch die Lecture des Schlußsatzes. Es ist unmöglich, daß ein Volksgericht — und ein solches soll doch das Schwurgericht sein — in seiner warmen Thätigkeit erhalten werden kann, wenn die Frage der Nichtigkeit gestellt wird auf den Punct, „daß nicht die Feststellung der angefochtenen Rechtsbelehrung des Präsidenten, sondern vielmehr die Feststellung der streitigen Puncte derselben durch Specialisirung der erhobenen Einwendungen gegen die Rechtsbelehrung des Präsidenten, und durch die hierauf erfolgte Erklärung des Letzteren über die entgegengesetzte Festhaltung der von ihm ertheilten Rechtsbelehrung, der Anfechtung des Wahrspruchs der Geschworenen wegen irriger Rechtsbelehrung des Präsidenten zur Grundlage gegeben und deshalb speciell durch das Protokoll nachgewiesen sein müsse." Bei aller Hochachtung vor dem Fleiße, mit welchem das Gutachten abgegeben ist, möchte ich der Ansicht sein, daß, wenn es auf solche Specialisirung und Spintisirung hinausläuft, man lieber über das Volksgericht zur Tagesordnung übergehen soll.

Ich bedauere sehr, daß die Justizcommission einen Theil dieser Anträge zu ihren Beschlüssen erhoben hat, und ich bedauere, daß auf diese mittelbare Weise das Schwurgericht zu Grabe getragen werden soll. Entweder schaffe man es ganz aus der Welt, oder wenn man es beibehalten will, lasse man es auch in der Achtung, die in England für das Institut vorhanden ist. Man sagt freilich, in England ist das Institut auf historischem Boden erwachsen; wir in Deutschland schaffen ein neues. Ich schließe mich gern an historische Vorgänge an und halte es für praktischer, bewährten

Beispielen zu folgen, als ins Vage hinein zu experimentiren; aber das Gefühl hat sich mir als Praktiker aufgedrängt, daß mit solchen Einrichtungen, wie sie Frage 3 beantragt, das Schwurgericht einfach vernichtet würde; daß damit nicht nur im Satz 4 die Geschworenen degradirt werden, sondern auch im Satz 1 und 2 der Richterstand degradirt wird, und ich bin gegen die Degradation, sowohl des Geschworenenstandes, als auch des Standes, dem ich angehöre, des Richterstandes. Nach meiner Erfahrung kann der Schwurgerichtspräsident nicht hoch und unabhängig und sichtbar genug über den Geschworenen stehen. Das ist keine Degradation für die Geschworenen. Die Geschworenen sind für ein klares und präcises Resumé und für die klare Ausführung der Rechtsansicht des Präsidenten nach meinen Erfahrungen dankbar, und die Andeutung, das Resumé vorher durch den Gerichtshof berathen zu lassen, die weise ich — und gewiß Viele von Ihnen — in das Gutachten Wahlberg.

Ich bitte Sie, über die Anträge zur einfachen Tagesordnung überzugehen.

(Vielseitiges Bravo!)

Hof- und Gerichts-Advocat Dr. **Jaques** aus Wien: Meine verehrten Herren! Ich gestehe, ich bin einigermaßen erstaunt gewesen, daß die beiden verehrten Herren Vorredner die Frage, die uns hier beschäftigt, mit einer Wärme behandelt haben, welche vielleicht der ganz nüchternen Betrachtung des Gegenstandes einen gewissen Eintrag gethan hat. Ich glaube, es ist gar nicht so nothwendig, daß, wenn wir an ein solches Thema herantreten, wir gleich von ungeheuern Gefahren für die Stellung des Richters, für die Stellung der Geschworenen sprechen, und ich meine: wir können uns nicht genug Mühe geben, die Sache so kalt und nüchtern zu behandeln wie es wünschenswerth ist, damit wir zu einer gedeihlichen Lösung gelangen.

Nachdem ich das vorausgeschickt, will ich gleich erwähnen, daß ich mich zum Worte gemeldet habe, um die Anträge des verehrten Collegen Thomsen ihrem ganzen Inhalte nach zu unterstützen und der verehrten Versammlung von meinem Standpunct dringend zu empfehlen, daß sie diese Anträge annehmen möge. Meine Herren! Wir wollen vor allen Dingen über einen Punct uns verständigen. Sowohl der geehrte College Rubo als der College Heinsheimer, welchem letzteren gegenüber ich speciell bedaure, daß ich genöthigt bin, ihm heute Opposition zu machen, haben auf England hingewiesen und wie mir scheint in nicht ganz präciser Weise gesagt: der Eine, wir sollen den englischen Einrichtungen folgen, der Andere wieder, wir sollen unabhängig davon vorgehen. Den Aeußerungen des Collegen Heinsheimer ist der Gedanke zu Grunde gelegen, wir sollen dem einmal bewährten Muster des englischen Strafprozesses folgen und ich meine — es ist zwar nicht ausdrücklich ausgesprochen worden, war aber wohl mit verstanden, — daß gerade die französischen Einrichtungen bei ihrer eigenthümlichen Trennung der Rechts- und Thatfragen nicht diejenigen sind, denen wir zweckmäßiger Weise auf diesem Gebiete uns anzuschließen haben. In einem ähnlichen Gange der Argumentation, wenigstens im Eingange, ist dann der College Rubo zu dem Resultat gekommen: wenn man dem Antrage folgt, welchen College Thomsen gestellt hat, so macht man, entgegen England, die Geschworenen zu Drahtpuppen, weil man sie bindet an die Anschauungen des Präsidenten. Nun, verständigen wir uns mit zwei Worten über den Stand der Sache in England, wo das Schwurgericht am höchsten steht und fest eingewurzelt ist von wo wir die gedeihlichere Gestaltung des Schwurgerichts genommen haben, in dem Lande, welches gerade in neuerer Zeit dadurch, daß wir gelernt haben, seine Gesetzgebung zu verstehen, auf die Reorganisation einen so wesentlichen Einfluß geübt hat. Was ist das durchgreifende, absolut unverrückbare Princip des englischen Strafprozesses? Daß es ein zweifaches Rechtsmittel giebt in Bezug auf das Verhalten des Präsidenten gegenüber der Jury: ein Rechtsmittel in Betreff der unrichtigen Rechtsbelehrung und ein Rechtsmittel in Betreff der Abweichung der Geschworenen von der ihnen seitens des Präsidenten ertheilten Rechtsbelehrung. Man hat das Rechtsmittel des writ of error und die motion for a new trial d. h. den Antrag auf Neuverhandlung in den beiden von mir angegebenen Fällen; in dem einen Falle sagt man: der Präsident hat die Geschworenen irre geführt, und giebt das Rechtsmittel wegen misconduct, misdirection und im zweiten sagt man, es sei das Verdict against law. Es ist dann gegen das Gesetz, wenn es gegen die Rechtsbelehrung des Präsidenten ausgefallen ist, wenn die Geschworenen an die Rechtsbelehrung des Präsidenten sich nicht gebunden erachteten. Meine Herren, gerade das Land, in welchem die Jury am allerhöchsten steht, in welchem — ich gebrauche ein Wort, welches fast eine Trivialität ist — in welchem sie zu einem Palladium der englischen Freiheit geworden ist, bindet man mit absoluter Bestimmtheit die Geschworenen an den Ausspruch des Richters in Bezug auf das Recht, und warum? Man sagt: das Verhältniß des Geschworenen und Richters muß sein, daß der Geschworene entscheidet über das Thatsächliche, und das Substrat für die Beurtheilung, welches der Geschworene von dem Rechtsstandpunct braucht, das giebt ihm der Richter und Niemand anders als der Richter, und es ist seine heilige Pflicht, sich an die Rechtsbelehrung gebunden zu erachten, welche der Präsident giebt.

Meine Herren! Nachdem unsere Discussion in Bezug auf England nun einmal lebhafter und intensiver geworden ist als ich mir gedacht hätte, so muß ich mir erlauben, Ihnen gleichsam im Auszuge die maßgebendsten richterlichen Aussprüche wiederzugeben, welche in England und Amerika in der Frage ergangen sind. Einer der berühmtesten amerikanischen Richter ist Story. Er ist in dem gegebenen Falle im wahrsten Sinne des Wortes eine Autorität. Dieser spricht sich nun folgendermaßen aus:

„In beiden Fällen (d. h. in Civil- und Criminalfällen) umfaßt ihr Wahrspruch, wenn ein Generalverdict gegeben wird, allerdings sowohl die Rechts- als die Thatfrage, und die Geschworenen sprechen sich also über Beide aus, sie haben daher die physische Macht, das Gesetz, wie es ihnen das Gericht darlegt, außer Acht zu lassen. Allein ich stelle entschieden in Abrede, daß sie das moralische Recht haben, über das Recht nach ihren persönlichen Ansichten und nach ihrer Willkür zu entscheiden. Im Gegentheil halte ich es für das geheiligte verfassungsmäßige Recht jedes Angeklagten, daß sich die Jury über die Thatsachen und das Gericht über das Recht ausspreche. Es ist die Pflicht des Gerichts die Jury zu belehren, und es ist die Pflicht der Jury dem Gesetz zu folgen, wie das Gericht es ihr darlegt. Stände es der Jury frei, sich das Gesetz selbst zurecht zu legen (settle), so würde nicht bloß das Gesetz sehr ungewiß werden, weil es verschiedene Juries verschieden auffassen würden, sondern im Falle eines Irrthums würde die benachtheiligte Partei keine Abhilfe finden können; denn wenn die Entscheidung der Rechtsfrage von der Jury erfolgt wäre, könnte der Gerichtshof sie keiner Revision unterziehen, ja es wäre sogar ganz unausführbar, festzustellen, was nach der Entscheidung der Geschworenen Rechtens ist. Wenn dagegen der Gerichtshof der Jury eine falsche Rechtsbelehrung ertheilt, dann kann die dadurch beschwerte Partei durch Antrag auf neuerliche Verhandlung oder writ of error je nach den Jurisdictionsverhältnissen des Gerichts Abhilfe erlangen. Jeder Angeklagte hat ein Recht nach dem Rechte des Landes gerichtet zu werden, nicht nach dem Recht, wie es eine beliebige Jury versteht, oder es aus Uebermuth, Unwissenheit oder zufälligem Mißverständniß auslegen mag."

Entschuldigen Sie, meine Herren, daß ich Sie mit dieser etwas langen Vorlesung in Anspruch genommen habe; aber Sie werden zugeben, es ist wahrhaftig für uns von Wichtigkeit, uns darüber klar zu werden, wie das englische Recht dieses Verhältniß auffaßt. Nun, meine Herren, mir scheint, es ist auch so natürlich wie irgend etwas sein kann. Die Jury ist nach ihrer Beschaffenheit nicht in der Lage, über eine Rechtsfrage ein selbstständiges Urtheil zu fällen. Nun wird die Verhandlung durchgeführt und da kommt der Staatsanwalt und erklärt das Recht nach irgend einer Richtung; dann kommt der Vertheidiger und erklärt dasselbe nach irgend einer anderen Richtung, und zwischen diesen beiden Gegensätzen soll die Jury — steuerlos, ruderlos — ihren Weg finden! Da scheint es mir denn nun naturgemäß, wenn man sagt: Der Präsident, der über den Parteien steht und stehen soll, der unparteiisch sein soll, der allein ist berufen, das Recht, wie es effectiv liegt, der Jury zu geben, und Pflicht der Jury ist es, sich an diese Rechtsbelehrung gebunden zu erachten. Nun, meine Herren, wenn man sagt, es soll gar nie eine Anfechtung der unrichtigen Rechtsbelehrung geben, so hat das noch eine gewisse Consequenz für sich; wenn man aber sagt, wie es die neuere Gesetzgebung thut, es soll die Rechtsbelehrung angefochten werden können mittelst eines Rechtsmittels, wenn sie eine unrichtige ist, so verstehe ich absolut nicht, wie man die unausbleiblich nothwendige Consequenz verkennen kann, daß die Jury an die Rechtsbelehrung des Richters gebunden sein muß. Welchen Sinn hat denn das Rechtsmittel der Cassation wegen unrichtiger Rechtsbelehrung, wenn man nicht von der Voraussetzung ausgeht und ausgehen will, und es für nothwendig erachtet, davon auszugehen, daß die Jury an die Rechtsbelehrung des Richters gebunden sei? Ist dem nicht so, dann kann man sich die Mühe vollständig ersparen, wie man sie sich in Frankreich erspart hat, wo man davon ausgeht, das Recht geht der Jury überhaupt gar nichts an, sondern die Jury hat die einfache Thatfrage zu beantworten, im Sinne der alten thatsächlich unmöglichen und unlängst überwundenen Trennung von That- und Rechtsfrage. Ich habe mit Erstaunen gehört, daß man in Dem einen Widerspruch findet, worin ich gerade eine vollständige Harmonie gefunden habe. Ich war der Meinung und bin heute der Meinung, die Jury soll an das Resumé des Präsidenten in Bezug auf die Rechtsbelehrung gebunden sein. Dann hat man die natürliche und richtige Situation geschaffen, daß der Wahrspruch unanfechtbar ist, wenn die Rechtsbelehrung richtig war, (falls nicht andere Nichtigkeitsgründe vorhanden sind), während nothwendiger Weise die Cassation eintreten muß, wenn die Rechtsbelehrung eine unrichtige war.

Nun hat mein verehrter Freund und College Heinsheimer Ihnen ein scheinbar schlagendes Beispiel gegeben, indem er gesagt hat: Sollen wir denn die Jury an das Resumé des Präsidenten binden, und sollen wir dadurch die eigenthümliche Situation schaffen, daß wenn die Rechtsbelehrung irrig war, wenn aber zugleich in der Jury Jemand sich befand, der es besser verstanden hat, daß dann der Wahrspruch dennoch cassirt werden soll, trotzdem die Geschworenen der richtigen Belehrung gefolgt sind? Meine Herren! Lassen Sie sich durch dieses scheinbar passende Gleichniß nicht blenden. Daß ein Rechtsverständiger in der Jury ist, ist ohnehin schon ein reiner Zufall, und daß dieser Rechtsverständige ein richtiges Urtheil hat, in dem Falle wo der Präsident ein unrichtiges hat, ist wieder ein reiner Zufall. Der normale Fall wird der sein, daß die Jury, wenn der Präsident eine unrichtige Rechtsbelehrung gegeben hat, ihm folgt, oder, wenn sie nicht folgt, gar nicht weiß, wie sie zu entscheiden hat. Wir müssen von regelmäßigen Fällen ausgehen und da ist es nur correct, daß wir sagen: in allen Fällen, wo eine unrichtige Rechtsbelehrung stattgefunden hat, soll cassirt werden, denn in all' den Fällen haben wir absolut keine Garantie mehr für einen richtigen Wahrspruch.

Ob nun, meine Herren, wie College Rubo gemeint hat, durch solche Institution die Geschworenen zu Drahtpuppen gemacht werden, das ist mit dem englischen Beispiel erledigt. In der gewissenhaftesten Weise wird in England in jedem einzelnen Falle untersucht, was ist der Punct, welcher der Jury anheimgegeben ist, was ist der Punct, der nur durch den Präsidenten entschieden werden kann. In England ist es das Recht des Präsidenten im Sinne einer Autorität das Recht zu bestimmen, „autoritatively to declare the law" . . heißt es in den englischen Werken. Das Recht ist zu finden durch den Gerichtshof und nicht durch die Geschworenen. Wie ich früher gesagt habe, heißt das Rechtsmittel oder der Spruch, der im Gegensatz zu der Rechtsbelehrung zu Stande gekommen ist, ein Verdict against law, weil man die Rechtsfindung, die Rechtsbestimmung durch den Präsidenten ganz identisch macht mit dem Recht selbst, und unter der Herrschaft dieser Institution hat sich die Jury zu der Höhe herausgebildet, wie man sie in England hat, weil man nicht dazu veranlaßt war sie anzufechten, wie bei uns. Nun möchte man wohl eine Erklärung haben, woher es kommt, daß man bei uns vor einer so natürlichen Sache zurückschreckt. Es kommt daher, daß man mehr gewöhnt ist, dem französischen Beispiel aus alter Zeit zu folgen, als der englischen Weise, die allmälig erst in neuerer Zeit zu uns herübergedrungen ist. Im französischen Prozeß hatte man die Rechts- und Thatfrage so vollständig getrennt, daß man nicht den Geschworenen zugleich mit der Frage der That auch die Rechtsfrage vorlegen wollte. Da hatte man dem Resumé des Präsidenten nur die Bedeutung gegeben, daß es sich darum handle, die Ergebnisse der Beweisführung zusammenzufassen, die Rechtsbelehrung im heutigen englischen Sinne war da überhaupt gar nicht gewollt und gar nicht beabsichtigt. In Folge dessen mußte das Cassationsmittel wegen falscher Rechtsbelehrung von Seiten des Präsidenten wegfallen. Ganz anders ist das neuere Gesetz, wie es durch die Forschungen unserer deutschen Juristen, namentlich Mittermayer, Meyer und Glaser für uns geläufig geworden ist, wo man die Trennung in der Fragestellung absolut aufgegeben hat, sondern vollkommen davon durchdrungen ist, daß die an die Geschworenen zu stellende Frage zugleich Thatfrage und Schuldfrage ist. Aber soll sie das ganz ohne Gefahr sein können, so muß das Recht klar gemacht werden, muß unerschütterlich festgestellt werden durch das bisher sogenannte Resumé, richtiger durch die Rechtsbelehrung des Präsidenten. Und wenn man einmal, meine Herren, mit voller Ueberzeugung zu diesem allein richtigen Grundsatz gekommen sein wird, dann werden auch unsere Strafprozeßordnungen, wie es der deutsche Entwurf im Gegensatz zu der österreichischen Strafprozeßordnung schon thut, die Zusammenstellung der Beweise entfallen lassen und werden die Rechtsbelehrung des Präsidenten sein lassen, was sie eben sein soll: eine Rechtsbelehrung strictissimo sensu, eine klare Darlegung des im einzelnen Falle anzuwendenden Gesetzes. Ich fasse die Anträge zusammen, wie sie Thomsen gestellt hat. Es heißt da: Die Rechtsbelehrung ist für die Jury bindend, und im engen Zusammenhange damit muß stehen, daß jede unrichtige Rechtsbelehrung Gegenstand der Cassation sein muß. Es wird gar nicht mehr die Frage untersucht, in welchem Sinne der Spruch der Geschworenen erfolgte und in der Regel gar nicht mit Erfolg untersucht werden können, welchen Einfluß die unrichtige Rechtsbelehrung gehabt hat: jede unrichtige Rechtsbelehrung muß zum Gegenstande der Cassation gemacht werden können, weil die Möglichkeit nicht ausgeschlossen ist, daß sie auf den Spruch gewirkt hat. So formulirt auch die österreichische Strafprozeßordnung, nur mit dem Mangel, daß sie auch die Ergebnisse der Beweisführung, das Thatsächliche des Prozesses, von dem Präsidenten darstellen läßt. Ich möchte demnach bitten, die Momente, die von mir vorgetragen worden sind, gütigst berücksichtigen zu wollen und zu bedenken. Die Institution, mit welcher und durch welche das englische Schwurgericht groß geworden ist, würde unser deutsches Schwurgericht wahrlich nicht ruiniren. Ich glaube demnach, daß es gut und zweckmäßig ist, wenn wir die Anträge annehmen, wie sie von Thomsen gestellt worden sind.

Rechtsanwalt Dr. **Ed. Zimmermann** aus Berlin: Meine Herren! Der uns vorliegende Antrag „wegen falscher richterlicher Rechtsbelehrung die Anfechtung des Spruches der Geschworenen zuzulassen" ist in diesem Umfange meines Erachtens durchaus unannehmbar. Ich muß indessen, bevor ich auf die Sache selbst eingehe, einen Punct klarstellen, der von principieller Wichtigkeit beim Beginn unserer Discussion besonders hervorgehoben wurde und darauf hinausging, nachzuweisen, daß die Geschworenen nur über die Thatfrage, nicht aber über die Rechtsfrage zu entscheiden hätten. Diese Auffassung der Stellung der Jury halte ich für entschieden irrig, vor Allem deshalb, weil die thatsächlichen und rechtlichen Momente in der Beurtheilung seitens der Geschworenen sich ganz und gar nicht in der angedeuteten Weise scheiden lassen; denn die Geschworenen sprechen in Wirklichkeit nicht über die einfache Thatsache, sondern über die Rechtmäßigkeit der That. Dies ergiebt sich auch klar, wenn man auf einen Moment die Form der Frage ins Auge faßt, wie sie den Geschworenen gestellt wird. Die Frage lautet nicht, hat der oder jener die That vollbracht? sondern es heißt: „Ist der Angeklagte schuldig, das und das gethan zu haben?" Es ist vollkommen undenkbar bei dieser Fragestellung, das heißt bei Feststellung der Schuldfrage, die Rechtsidee außer Acht zu lassen, es ist vielmehr gerade die rechtliche Seite der Thatsachen, welche diese zu einem Vergehen stempelt; so antworten denn auch die Geschworenen in Wirklichkeit nicht auf die bloße Thatfrage, sondern „der Angeklagte ist schuldig oder nichtschuldig" (guilty oder not guilty).

Was nun überhaupt die Behandlung der Rechtsfrage anlangt, so fragt sich, wie gestaltet sich die Sache praktisch? Zunächst wird doch der Ankläger auftreten und nicht bloß den Thatbestand den Geschworenen und dem Gerichtshof vorführen, sondern auch die juristische Auffassung, d. h. die Rechtsfrage entwickeln. Dabei wird der Vertheidiger gegenwärtig sein, die Interessen des Angeklagten wahren und prüfen, ob die Rechtsauffassung der Anklage die richtige ist. Entstehen nun bei dem Plaidoyer über irgend welche Rechtspuncte Differenzen, so hat der Richter oder der Gerichtshof Stellung zu nehmen. Ist der Angeklagte durch einen Vertheidiger nicht vertreten, so wäre es immer Sache des Richters, irrthümliche Rechtsanschauungen der Anklage zu berichtigen. Das wird meines Erachtens der natürliche Hergang der Sache sein, er ist es, und so ist er auch vor dem englischen Schwurgericht. Bei dieser normalen Behandlung der Sache kann nun allerdings der Fall eintreten, daß die Ansichten über die Rechtsauffassung der Anklage verschieden sind. Wie wird dann verfahren? Nachdem der Streitpunct erhoben oder discutirt worden, spricht sich der vorsitzende Richter dahin aus, daß er entweder die Sachlage für klar, den Rechtspunct für zweifellos erachtet, und dann erklärt er: Meine Rechtsansicht ist in der Sache die und die, ich halte diese Rechtsauffassung nach Lage des Falles für unzweifelhaft; damit ist dann für diese Instanz die Frage entschieden. Wenn aber der Richter in der Complication der Sache wirklich den Rechtspunct für zweifelhaft erachtet, so geht seine Instruction dahin, daß die Sache mit Vorbehalt dieser Frage zum Schlusse verhandelt wird und die Jury ihr Verdict mit diesem Vorbehalt abgiebt, diese Rechtsfrage im Falle der Verurtheilung dann einer höheren Instanz, d. h. einer lediglich richterlichen Instanz, vorbehalten bleibt, das ist dann Court for reserved crown cases und je nachdem wird diese Appellationsinstanz in Criminalsachen über den Rechtspunct das Urtheil bestätigen oder aufheben.

Komme ich nun auf den Fall, wo der Richter wirklich eine unrichtige Rechtsbelehrung gegeben hätte, was nach dem, was ich mir erlaubt habe vorzuführen, doch nur zu den Ausnahmefällen gehören würde, so ist allerdings ein Rechtsmittel in ziemlich complicirten Formen gegeben. Der Fall ist ja an und für sich, nach dem, was ich mir erlaubt habe anzuführen, nur möglich, wenn der Rechtspunct, den der Richter in seinem Resumé entwickelt, in der Vordiscussion gar nicht erörtert wurde; denn ist er erörtert worden, so hat er ja gewissermaßen die Berücksichtigung gefunden, und sollte da der Richter gegen die klare Rechtslage die Rechtsbelehrung ertheilt haben, dann allerdings ist ein Rechtsmittel möglich. Dieses Rechtsmittel aber, meine Herren, hat doch nur dann einen Sinn, sofern das Urtheil zu Ungunsten des Angeklagten ausfiel. Es ist mir auch kein Fall bekannt, und muß ich dem ausdrücklich entgegentreten, daß der Staatsanwalt, oder vielmehr, weil es eigentlich einen Staatsanwalt in England nicht giebt, der Ankläger das Recht hätte, im Fall der Freisprechung, wegen unrichtiger Rechtsbelehrung ein neues Verfahren zu verlangen. Dergleichen könnte fast immer behauptet werden und ein Endurtheil wäre kaum abzusehen. Ich glaube, es liegt auch zu dieser Auffassung ein innerer Grund vor, den wir acceptiren können. Konnte sich der Richter irren in der rechtlichen Auffassung, so kann das der Angeklagte um so eher, und ich glaube nicht, daß es sich rechtfertigen läßt, vielleicht feine juristische Deductionen zu schaffen, um den Angeklagten zu verurtheilen.

Wenn hierbei auf das englische Recht Bezug genommen und behauptet worden ist, daß nach demselben die Jury nur über die Thatfrage entscheide, so muß ich dem aus meiner langjährigen praktischen Thätigkeit vor englischen Gerichtshöfen auf das Entschiedenste widersprechen, ich kann nicht einmal zugeben, daß diese Auffassung irgendwie zweifelhaft ist. Ein geehrter Vorredner, der Herr Professor Dr. Rubo, hat sich zur Begründung der gegentheiligen Ansicht auf einen Rechtsfall berufen, den derselbe aus den wohlbekannten Glaser'schen Werken citirt, wo der Richter wegen Nichtberücksichtigung der Rechtsfrage dieselbe Sache an die Geschworenen wiederholt zurückgewiesen hatte. Abgesehen von einem solchen einzelnen Vorkommniß, kann ich den hier citirten Fall durchaus nicht als einen Nachweis zur Begründung der aufgestellten gegentheiligen Behauptung gelten lassen. Im Gegentheil nehme ich denselben zur Rechtfertigung meiner Darstellung in Anspruch. Wenn man aber annehmen wollte, der Richter habe über die Rechtsfrage zu entscheiden, so wäre es doch unerklärlich, weshalb der Richter diese Rechtsfrage den Geschworenen gegenüber nicht sofort entschied, vielmehr die Rechtsbelehrung den Geschworenen wiederholte und ihren Ausspruch verlangte. Offenbar erachtete sich derselbe nicht befugt, diese Entscheidung selbst zu treffen, er beschränkte sich vielmehr darauf, seine Rechtsanschauung von Neuem geltend zu machen und sodann den Spruch der Geschworenen entgegen zu nehmen. Die Geschworenen also gaben den endlichen Ausspruch. Am allerwenigsten aber ist durch diesen Fall dargethan, daß der Richter über die Rechtsfrage, die Jury nur über die Thatfrage zu entscheiden habe, da der Richter eben gar keine Entscheidung gegeben hat. Eine hiervon ganz verschiedene Frage ist natürlich die, ob ein Ausspruch der Geschworenen, der gegen klares Recht läuft, anfechtbar ist.

Also kann man in diesem Sinne nicht behaupten, daß die Rechtsfrage lediglich in den Händen des Richters lag; denn wäre das der Fall gewesen, so war es gar nicht nothwendig, an die Geschworenen wiederholt zurückzugehen.

Wenn ich mir nun noch eine Bemerkung erlauben darf, so möchte ich doch fragen, wie man sich praktisch denkt die verschiedenen Fälle zu unterscheiden? Die Gerichtssitzung muß doch vor sich gehen, oder soll die Gerichtssitzung unterbrochen werden? In einigen Fällen wollen einige Herren Vorredner die Anfechtung zulassen, in anderen nicht. Wie soll das praktisch constatirt werden? Meiner Ansicht nach findet die Sache dadurch ihre praktische Lösung, daß man die Anfechtung nur für zulässig erklärt, wenn in der That der Verurtheilung des Angeklagten eine falsche Rechtsbelehrung voranging. Selbstverständlich soll nicht die irrige Auffassung eines unerheblichen Nebenpunctes, sondern eines materiell entscheidenden Rechtspunctes maßgebend sein. Und deshalb erlaube ich mir den Antrag zu stellen, in dem ersten Satze der vorliegenden Anträge vor dem Worte „Spruch“ das Wort

„verurtheilende“

hinzuzufügen. Dagegen bitte ich Sie, die Anträge ad 2 und 3 ganz abzulehnen. Was den zweiten Punct anlangt, die Rechtsbelehrung eventuell protokollarisch festzustellen, so greift derselbe so sehr in Einzelheiten des Verfahrens, daß es nicht angemessen erscheint, außer dem Zusammenhange der Gesammtprocedur dergleichen Detailbestimmungen hier auszusprechen. Es dürfte in der That nicht zweifelhaft sein, daß entstehenden Falls eine wünschenswerthe Feststellung der Rechtsbelehrung durchaus keine Schwierigkeit haben wird. Wenn die irrthümliche Rechtsbelehrung aber erst im Resumé stattgefunden hat, dann ist ja keine Partei weiter in der Lage, Anträge zu stellen, dann ist die Verhandlung zu Ende; hat aber während der Discussion eine Meinungsverschiedenheit stattgefunden, nun, dann liegt es ja im Interesse der betreffenden Parteien, diese Meinungsverschiedenheit zu constatiren und gegen die Rechtsbelehrung zur rechten Zeit zu Protokoll Einspruch zu erheben. Das ist die praktische Lösung, wie sie in England stattfindet.

Was endlich den dritten Satz anlangt, „die Rechtsbelehrung ist für die Geschworenen gesetzlich bindend", so möchte ich Sie bitten, diesen Satz nicht anzunehmen, nicht deshalb, um etwa auszusprechen, die Rechtsbelehrung sei nicht bindend für die Geschworenen, sondern weil dieser Satz gar keine praktische Bedeutung hat, weil Sie nicht den Beweis antreten können, ob sich die Geschworenen für gebunden erachtet haben oder nicht, indem sie den Angeklagten freisprachen oder aus ganz anderen Gründen rechtmäßig verurtheilten. Der Satz kann nur eine moralische Bedeutung haben, den Geschworenen dafür verantwortlich zu machen, würde mit dem Princip der freien Beurtheilung in Widerspruch stehen.

Ich bitte die Anträge ad 2 und 3 abzulehnen.

Oberappellationsrath **Lamm** aus Dresden: Meine hochverehrten Herren! Ich habe mir das Wort nur erbeten zur Stellung und Begründung eines Antrages, welcher sich auf die Frage bezieht: ob und wie die Rechtsbelehrung des Präsidenten fixirt werden soll? Mein Antrag ist insofern eventueller Natur, als er voraussetzt, daß die Puncte unter 1 und 3 des Antrages des Referenten angenommen würden. Im Princip würde ich diesen beiden Puncten des Antrages des Referenten aus voller Ueberzeugung beistimmen. Die zur Discussion stehende Frage greift meines Erachtens tiefer: sie bezieht sich auf die Frage, ob man das Resumé des Präsidenten beizubehalten habe, oder ob dasselbe durch die Rechtsbelehrung des Präsidenten zu ersetzen sei. Die Gesetzgebung in Deutschland scheint mit dem Resumé gebrochen zu haben und an dessen Stelle im Princip nur die Rechtsbelehrung des Präsidenten setzen zu wollen. Wenn man diesen Ausweg ergreift, so bin ich allerdings der Ansicht, daß die Anfechtbarkeit der Rechtsbelehrung des Präsidenten eine praktische Nothwendigkeit ist. Ich bin auch der Ansicht, daß man den Satz unter 3 unbedenklich aussprechen kann, „daß die Rechtsbelehrung für die Geschworenen gesetzlich bindend sei," denn dieser Satz giebt eigentlich nur dem Ausdruck, was in der Natur der Sache und in der Sachlage selbst liegt. Man sagt gewöhnlich: die Präsumtion ist dafür —; wenn man an dessen Stelle den Satz stellt, daß die Rechtsbelehrung b i n d e n d sei, so klingt das vielleicht etwas zu scharf, indessen, glaube ich, wird die Schärfe abgeschwächt durch den modificirenden Antrag, welchen der Referent seinem Antrage unter 1 beizufügen gebeten hat. Ich meinestheils finde die Schwierigkeit der Anfechtbarkeit der Rechtsbelehrung des Präsidenten hauptsächlich in der Art und

Weise, wie dieselbe fixirt werden soll, und ich halte dafür, — in diesem Punct würde ich mich von Punct 2 des Antrages allerdings entfernen — daß eine Protokollirung der Rechtsbelehrung des Präsidenten stets stattfinden müsse. Denn, meine Herren, wenn wir der Praxis ins Gesicht sehen, wie sie sich gestaltet, — ich spreche aus eigener Erfahrung, indem ich die Ehre gehabt habe, vier Jahre lang dem Schwurgericht zu Dresden zu präsidiren — so kommen die Einwendungen gegen die Rechtsbelehrung gewöhnlich, wenn das Wort gesprochen ist; es entsteht dann häufig ein höchst unerquicklicher Streit über das, was gesprochen worden ist: von der einen Seite wird dies, von der anderen jenes behauptet; der Präsident ist oft nicht im Stande, sich seines eigenen Wortes zu erinnern. Bei dieser Lage der Sache kenne ich kein anderes Auskunftsmittel, als — Sie werden erschrecken! — die Benutzung der Stenographie. Man hat oft eingewendet gegen die Stenographie, daß sie eine zu reichhaltige Kunst sei, daß sie zu viel bietet, mehr, als eigentlich gebraucht wird. Ich gebe dies bis zu einem gewissen Grade zu; indeß, glaube ich, werden diese Nachtheile sehr eingeschränkt, wenn man die Anwendung der Stenographie nur auf einen bestimmten Theil des Verfahrens beschränkt, wie er in der Rechtsbelehrung des Präsidenten und den darauf bezüglichen Einwendungen geboten ist. Es vergeht ja darüber nicht so außerordentlich viel Zeit; gerade diesen kurzen Act des Verfahrens dürfte man nach meinem Dafürhalten ohne große Schwierigkeit durch Stenographen sich feststellen lassen. Ich würde mir also den Antrag erlauben, daß

> derjenige Theil des Verfahrens, welcher die Rechtsbelehrung des Präsidenten, beziehentlich die dagegen erhobenen Einwendungen betrifft, durch stenographische Niederschrift fixirt werde.

Anwalt **Süpfle** aus Carlsruhe: Meine Herren! Unser Herr College Jaques hat in seinem Vortrage darüber seine Verwunderung zu erkennen gegeben, daß an diese Frage mit so viel Wärme herangetreten worden sei. Ich für meine Person vermag umgekehrt meine Verwunderung nicht zu unterdrücken, daß nicht noch mehr Wärme entwickelt worden ist, denn mir ist dieser Antrag ein viel folgenschwererer, als er vielleicht an sich scheinen mag. Ich glaube, daß Jemand, der in dieser Frage, ich will nicht sagen mitsprechen, sondern nur mit abstimmen will, vorher doch sich die Frage vorlegen wird, ob er überhaupt Freund oder Gegner des Schwurgerichts ist. Ich glaube, daß hier jeder, wenigstens bei sich, bekennen muß: ob Welf, ob Waibling. Es ist natürlich hier nicht der Ort, nochmals darauf zurückzukommen, ob das Schwurgericht eine wünschenswerthe Institution ist; wir wissen ja Alle, daß das Schwurgericht in einer aufgeregten Zeit zu uns gekommen ist. Ich für meine Person nehme nun gar keinen Anstand, zu erklären, daß ich principiell Gegner des Schwurgerichts bin, weil ich auch in der langen Zeit, wo ich meine Erfahrungen darin gemacht habe, insbesondere in der Zeit, da ich als Vertheidiger dabei thätig gewesen bin, mir immer die Frage habe vorlegen müssen, wie es denkbar sei, daß um einen Acker, ja über einen Weg über den Acker, wo es sich um elende 300 Mark handelt, die bewährtesten Rechtsgelehrten sich die Köpfe zerbrechen, während, wenn es sich um die Freiheit und die Ehre eines Mannes handelt, Gevatter Schneider und Handschuhmacher ihr Urtheil abgeben sollen. Allein, ich will von dieser Frage zurückkommen zur Hauptsache und will hier aussprechen, daß es mir für meine Person ganz klar ist, daß, wenn Sie den Antrag Thomsen annehmen, Sie dem Schwurgericht, ob Sie wollen oder nicht wollen, wissentlich oder nicht wissentlich, einen Schaden, einen Nachtheil zufügen, daß Sie als Gegner desselben thatsächlich auftreten. Wenn der Antrag Thomsen angenommen wird, so wird es sich lediglich darum handeln, sowie ich die Sache kenne, wie ich den Einblick in den Mechanismus habe, ob der Präsident dem Vertheidiger und dem Staatsanwalt überlegen ist, oder ob umgekehrt der Staatsanwalt gegenüber dem Vertheidiger so erscheint, wie der Athlet gegenüber dem Schwächling, oder ob umgekehrt der Vertheidiger die kräftige, überwiegende Persönlichkeit ist. Es wird sich dann regelmäßig ein Kampf entspinnen; denn wenn der Staatsanwalt irgendwie ein Interesse dabei hat, eine Anklage durchzuzwängen, so wird er, wenn auch der Präsident die allerrichtigste Rechtsbelehrung gegeben hat, doch immer noch Ausführungen bringen, Bemängelungen, damit ja die Geschworenen nicht mildernde Umstände oder dergleichen bewilligen. Umgekehrt wird der Vertheidiger in der einfachsten, klarsten Sache Bemängelungen bringen, um die Geschworenen wo und wie es geht, zu verwirren. Dieser Kampf, der hier entsteht, wird nun an sich auf die Geschworenen, auf das ganze anwesende Publikum einen höchst unerquicklichen Eindruck machen. Wenn der Präsident auch eine materiell ganz richtige Belehrung im einzelnen Falle giebt; wenn er in den Augen derjenigen Juristen, die vielleicht zufällig im Saale anwesend sind als unbetheiligte Zuhörer, vollständig seine Pflicht erfüllt; wenn jedes Wort, was er sagt, richtig ist: so ist doch da und dort die Gefahr vorhanden, daß gegen ein Urtheil, welches nach einer ganz richtigen Rechtsbelehrung gefällt ist, die Nichtigkeitsbeschwerde ergriffen wird. Sie wissen ja, wenn die Vertheidiger die Nichtigkeitsbeschwerde ergreifen, so werden alle möglichen Puncte geltend gemacht, und ab und zu findet die Nichtigkeitsbeschwerde Eingang. Wenn nun da und dort ein Urtheil abgeändert wird, wird für eine Reihe von Fällen für Jahre hinaus für eine bestimmte Stadt die Thätigkeit nicht nur des einzelnen Präsidenten, welcher hier die Rechtsbelehrung gegeben hat, sondern aller Präsidenten lahm gelegt. Es wird sich nicht verhüten lassen, daß einmal der Staatsanwalt, hundertmal aber der Vertheidiger diese Gelegenheit benutzt, um die Geschworenen, um nochmals mich des Ausdrucks zu bedienen, irre zu machen. Wenn einmal, meine Herren, durch die Zeitungen, durch die Presse bekannt wird, daß das Urtheil abgeändert ist, weil der Assisenpräsident die Geschworenen irrig belehrt hat, wird es nicht fehlen, daß die Geschworenen zu ihrem Präsidenten nicht mehr das Vertrauen haben, welches sie jetzt, wenigstens in meinem Heimathlande Baden, immer noch gehabt haben. Wenn es nun an diesem Vertrauen mangelt, geht die Sache ungefähr so, wie wenn das Schiff kein Steuerruder mehr hat. Die Geschworenen werden im einzelnen Falle sagen: auf den Staatsanwalt können wir uns nicht verlassen. Warum? Er ist dazu da, um anzuklagen. Auf den Vertheidiger können wir uns nicht verlassen. Warum? Er muß vertheidigen, ob er will oder nicht, und in Officialsachen ist es noch Ehrensache, den Angeklagten frei zu machen. Auf den Präsidenten können wir uns nicht verlassen, denn er irrt sich; er hat sich schon einmal geirrt; sein Urtheil ist schon einmal aufgehoben worden. Die Folge davon wird sein, daß die Geschworenen zu dem Auskunftsmittel greifen, Aussprüche zu geben, die eben keine erwünschten sind, nicht wie sie von den englischen Geschworenen abgegeben werden, nach reiflicher Erwägung, sondern wie sie von den französischen Geschworenen abgegeben werden, nach Aeußerlichkeiten; das Mitleid mit dem oder der Angeklagten tritt sehr in den Vordergrund, man sieht auf das Benehmen in der Verhandlung, ja sogar auf die Vergangenheit des Angeklagten. Kurz, die Geschworenen geben ihren Wahrspruch nach dem ersten Eindruck, den die Sache auf sie macht. Durch alles dieses wird die Gerechtigkeit im höchsten Grade geschädigt. Eine Freude daran könnte nur derjenige haben, der ein principieller Gegner des Schwurgerichts ist. Es würde dann ebensoviel kürzer dauern, daß dieses Institut abgeschafft und die Rechtspflege in die Hand des rechtsgelehrten Richters wieder zurückgegeben würde. Indeß, diese Frage zur Erörterung zu bringen, ist nicht meine Sache, es ist heute auch nicht unser Beruf; ich halte es nur für meine Pflicht, meine Herren, Sie darauf aufmerksam zu machen, daß die Annahme des Thomsen'schen Antrages eben nur zu einer Discreditirung des Schwurgerichts führen würde. Und, meine Herren, wenn Sie nicht wünschen, daß dieses Institut noch rascher abgeschafft wird, so wird es sich für Sie empfehlen, daß Sie auf den Antrag Heinsheimer eingehen und die einfache Tagesordnung beschlossen werde.

Stadtgerichtsrath, Professor Dr. **Rubo**: Rücksichtlich der Erklärung des sehr geehrten Herrn Dr. Zimmermann, daß nach englischer Praxis sich die Geschworenen nicht der Rechtsbelehrung des Richters zu fügen brauchen und daß diese Praxis gerade in dem vorliegenden Falle durch den Widerspruch der Geschworenen bethätigt worden, möchte ich nur erwidern, daß gerade in dem vorliegenden Falle der Richter den Geschworenen erklärte, sie dürften nicht widersprechen, und daß bei Fortsetzung des Widerspruches er sie anwies, das Nichtschuldig auszusprechen, was darauf geschah.

Ich möchte dann weiter nur erklären, wenn zur Widerlegung meiner Anschauung, daß durch Annahme des Antrages Thomsen die Geschworenen zu Drahtpuppen gemacht würden, Herr Dr. Jaques aus Wien das Referat eines englischen Richters vorgetragen hat, so ist gerade dieses Referat der beste Belag dafür, daß die Geschworenen wirklich zu Drahtpuppen werden.

Präsident **von Köstlin**: Herr Oberappellationsrath Lamm hat mir seinen Antrag so formulirt übergeben:

> „Vor Ziffer 2 des Antrags des Herrn Referenten zur Abstimmung zu bringen:
>
> > Derjenige Theil des Verfahrens, welcher die Rechtsbelehrung des Präsidenten, beziehentlich die dagegen erhobenen Einwendungen betrifft, ist durch stenographische Niederschrift zu fixiren."

Dr. **Ed. Zimmermann** aus Berlin: Unter Bezugnahme auf die Aeußerung des Herrn Professor Dr. Rubo kann ich nur wiederholt darauf aufmerksam machen, daß der Richter sich nicht für befugt gehalten hat, über die Rechtsfrage zu entscheiden, sondern an die Jury appellirte, und daß er schließlich die Entscheidung der Jury annahm.

Stadtgerichtsrath Prof. Dr. **Rubo**: Mir liegt der Fall gedruckt vor und danach hat der Richter anders gehandelt.

Prof. Dr. **Lentner** aus Wien: Nur bezüglich des Antrags, welchen Herr Oberappellationsrath Lamm gestellt hat, möchte ich mir einige ganz kurze Bemerkungen erlauben, und zwar in dem Sinne, daß ich diesen Antrag für vollkommen gerechtfertigt erachte. Ich halte nämlich die Rechtsbelehrung nach den Erfahrungen, welche ich in der Praxis zu machen Gelegenheit hatte, für einen außerordentlich wichtigen Act im schwurgerichtlichen Verfahren, und zwar einmal darum, weil sie den Abschluß der Beweisaufnahme bildet; dann darum, weil die auctoritative und discretionäre Gewalt des Präsidenten des Schwurgerichtshofes im Großen und Ganzen nach meinen Erfahrungen einen bedeutsamen Eindruck auf die Geschworenen macht, und schließlich deshalb, weil keine Möglichkeit mehr vorliegt, der Rechtsansicht, wie sie von Seiten des Schwurgerichtspräsidenten geäußert wurde oder doch zu folgern ist, berichtigend entgegen zu treten. In dieser

Beziehung scheint mir der Antrag, wie er von Seiten des verehrten Herrn Referenten Obergerichtsrath Thomsen gestellt worden ist, und zwar zunächst alinea 1, daß mit Rücksicht auf die Wichtigkeit der Rechtsbelehrung beziehungsweise des Resumés, ein Rechtsmittel wegen falscher oder unrichtiger Gesetzesinterpretation gestattet sein soll, vollkommen gerechtfertigt und in der Natur der Sache begründet. Allein ein Punct ist noch nicht genügend erörtert worden, und dieser Punct scheint mir gleichfalls von hoher Wichtigkeit zu sein; nämlich die Frage: Was ist denn eine falsche Rechtsbelehrung? Das ist sehr schwer zu entscheiden; in der Praxis mindestens gewiß. Liegt der Charakter, das Wesen einer falschen Rechtsbelehrung darin, daß sie nicht objectiv, nicht klar genug gehalten ist? — Auch das nennt man in der Praxis eine falsche oder unrichtige Rechtsbelehrung — oder liegt das Wesentliche mehr darin, daß die Rechtsauffassung eine irrige, eine unrichtige ist? Z. B.: bezüglich des Unterschiedes von Veruntreuungen, Untreue, Diebstahl u. dergl. Wie gesagt, in der Praxis lassen sich den Geschworenen gegenüber, oder vielmehr vom Standpunct der Geschworenen aus, diese feinen Unterscheidungen sehr schwer constatiren. So sind wenigstens in der Praxis des Wiener Schwurgerichtshofes mehrfach Fälle vorgekommen, in welchen man Zweifel darin setzte, daß die Rechtsbelehrung richtig sei, ohne sie deshalb eine falsche nennen zu können. Ich besitze diesfalls ein Specificum, nämlich nicht weniger als neun verschiedene Definitionen über Begriff und Wesen der Ehre, wie sie in den Rechtsbelehrungen der Schwurgerichtspräsidenten auseinandergesetzt worden sind; neun Definitionen, von denen keine der anderen vollkommen adäquat war, die untereinander wesentlich differirten, und doch wurde den Geschworenen jedesmal gesagt: Meine Herren! die Ehre ist das Bewußtsein der staatsbürgerlichrn Integrität; die Ehre ist das Gefühl der Menschenwürde; die Ehre ist der gute Name u. s. w. Wie soll es da nicht außerordentlich wünschenswerth sein, daß die Rechtsbelehrung möglichst klar fixirt, möglichst genau festgestellt werde? Ich sehe darin durchaus kein Mißtrauen gegen das Erinnerungsvermögen, gegen die Intaktheit und gegen die Unantastbarkeit der Richter und des Schwurgerichtspräsidenten. Es können ja Fälle vorkommen, namentlich bei den bereits angedeuteten mannigfach complicirten Ehrenbeleidigungs-Prozessen — (in einem Falle z. B. mußten im Sinne der Klageerhebung bei einem Libellprozeß vor dem Wiener Schwurgerichte nicht weniger als 83 Fragen gestellt werden), in welchen es geradezu unthunlich erscheint, daß dieses ganze collossale Rechtsmaterial in der Weise klar beherrscht werde, daß eine genaue Feststellung der Rechtsbelehrung behufs oberrichterlicher Entscheidung überflüssig erscheinen dürfte. Deshalb scheint mir auch der Antrag, wie er im zweiten alinea gestellt worden ist, daß nämlich, wenn eine der Prozeßparteien es verlangt, oder wenn es nach richterlichem Ermessen angezeigt erscheint, die Rechtsbelehrung zu Protocoll gegeben wird, als dem Interesse, der Zweckmäßigkeit und der Sicherheit der Rechtsprechung vollkommen entsprechend, und ich möchte noch insbesondere den Antrag des Herrn Oberappellationsrathes Lamm unterstützen, daß die Rechtsbelehrung, beziehungsweise das Resumé mittelst des so zuverlässigen und bereits hochausgebildeten Behelfes der stenographischen Aufzeichnung möglichst genau sicher gestellt werde.

Rechtsanwalt **Stenglein** aus München: Meine Herren! Ich stehe vollständig auf dem Standpuncte des Collegen Heinsheimer, und würde mich freuen, wenn die Debatte in der Weise, wie sie jetzt ihren Gang genommen hat, noch eine Zeit lang fortdauern würde, denn ich glaube, wir würden dann zu dem Resultat kommen, erst vollständig zu übersehen, in welche Schwierigkeiten des Verfahrens man kommt, wenn man in der Politik des Mißtrauens — denn so muß ich es nennen — eine ganze Reihe von Cautelen anwenden will, um die Möglichkeiten fern zu halten, die bis jetzt nach dem, was von dem Rechtsleben in Deutschland mir bekannt geworden ist, und das ist ein ziemlich vollständiges Bild, noch nicht einmal vorgekommen sind. Daß das eine Politik des Mißtrauens ist, ist vollständig klar; denn nur wenn man sowohl dem Richter als dem Geschworenen einigermaßen mißtraut, kann man dahin kommen, die Vorsichtsmaßregeln zu treffen, welche hier vorgeschlagen werden. Nun will man dagegen Heilmittel anwenden und kommt in ein System, welches zu einer solchen Reihe von Schwierigkeiten führt, daß man sich schließlich gestehen muß, es sei undurchführbar. Man will als neuesten Vorschlag die Rechtsbelehrungen des Richters stenographiren. Meine Herren! Wie ist es nun aber dann, wenn der Stenograph falsch stenographirt? und Jeder, der parlamentarisch gewirkt hat und sein Votum corrigiren mußte, wird wissen, daß das Falschstenographiren eine außerordentlich große Rolle spielt; wie will man nun das Stenogramm authentisch corrigiren und nachweisen, daß das, was stenographirt ist, thatsächlich falsch ist. Man müßte darüber Zeugenvernehmungen pflegen. Der Antragsteller hat mit Recht schon erwähnt, daß nachher der Redner selbst kaum einstehen kann für jedes Wort, was er gesagt hat, geschweige denn durch Zeugenvernehmungen Dritter constatiren kann, ob er diese oder jene Modulation gebraucht hat. Nun kommt aber dazu, daß in sehr vielen Fällen und gerade in den vorliegenden, es nothwendig wäre, daß der Präsident, dessen Resumé oder Rechtsbelehrung stenographirt werden soll, noch einen Commentar schreibt zu dem, was von ihm stenographirt wird; denn die Streitfragen werden nur dann entstehen, wenn das, was er sagt, einigermaßen dunkel ist, und es kann nicht fehlen, daß in einer Reihe von Fällen einigermaßen zweifelhaft ist, ob dasjenige, was er gesagt hat, nach der einen oder anderen Richtung zu verstehen ist. Es liegt das um so näher, als ja klare Rechtsfragen überhaupt nicht werden in Streit gezogen werden, sondern das ganze Feld der Wirksamkeit dieser Cautelen, die vorgeschlagen werden, gerade nur dann eintritt, wenn eine schwierige, dunkele Rechtsfrage zu entscheiden ist und der Richter vielleicht — es ist das auch menschlich — nicht so vollständig klar über jede Consequenz der Rechtsfrage ist. Ich kann also in diesen Cautelen nicht entfernt wirkliche Cautelen finden; ich finde da nur eine große Quelle für eine Masse von neuen Streitfragen. Wenn ich mir aber nun vollends denke, daß das in den Schwurgerichten heimisch werden soll, was College Lamm auf Grund der sächsischen Gesetzgebung vorgestellt hat, daß über die Rechtsbelehrung des Richters auch noch eine Discussion eintreten soll: nun, dann sind allerdings die Prophezeiungen Derer, welche sagen, man lege die Axt an die Wurzel des Schwurgerichts, nicht mehr zu weit getrieben.

Ich sehe ein Kopfschütteln des Herrn Vorredners, meines geehrten Freundes, Dr. Jaques, welches mir zu bedeuten scheint, daß er das nicht beabsichtigt hat, und das ist auch gewiß richtig: man will nicht eine Discussion über die Rechtsbelehrung des Richters zulassen, sondern nur den Antrag, das ausgesprochene Rechtsprincip zu fixiren, und außer diesem einfachen Antrage soll nichts weiter zulässig sein. Das wäre allerdings keine Discussion; aber wie diese Discussion vermieden werden soll, wenn dem Verlangen, einen bestimmten Punct zu fixiren, der Richter entgegnet, daß er das nicht gesagt hat, daß es also nicht so fixirt werden dürfe, sondern daß seine Worte, oder wenigstens der Sinn, oder wenigstens das, was er habe sagen wollen, anders, oder so und so gelautet hat, das weiß ich nicht. Denn die natürliche Entgegnung des Staatsanwalts oder Vertheidigers wird sein, daß er nicht so verstanden werden konnte, wie er behauptet hat; es habe doch so und so gelautet — und wir kommen so unvermeidlich zu einer Discussion, wie ich sie bereits gekennzeichnet habe.

Nun komme ich aber zu dem Hauptpuncte. Mir scheint, daß auch die stenographische Fixirung, daß auch die genaueste Fixirung eigentlich zu keinem Resultat führen kann. Ich glaube, wir würden, wenn ein Resultat erreicht werden soll, zu einem viel weiter gehenden Punct kommen, nämlich dazu kommen, zu verlangen, daß die Geschworenen ihren Wahrspruch motiviren müssen. Dann wären wir auf einem Punct, wo man entscheiden könnte: hat die Rechtsbelehrung des Richters einen Einfluß gehabt und hat sie einen falschen Einfluß gehabt. So wie die Gesetzgebung bis jetzt liegt — ich spreche nicht von der englischen, nicht von der französischen Gesetzgebung, ich gestehe sogar, daß es mich etwas eigenthümlich angemuthet hat, daß man über englische Gesetzgebung und englische Praxis und Jurisprudenz in einer Weise discutirt hat, als ob das die unsrige wäre, sondern ich spreche einfach von der Gesetzgebung in Deutschland, und zwar wie sie sich auf französischer Basis ausgebildet hat — lautet der Wahrspruch einfach Ja! und Nein! Wenn Nein! so hört jede Frage nach dem Einfluß der Rechtsbelehrung des Präsidenten auf, denn man kann dann absolut nicht entscheiden, wenn man nicht motiviren läßt: lautet der Wahrspruch Nein! aus thatsächlichen Gründen, oder Nein! weil die Rechtsbelehrung des Präsidenten auf irgend eine Weise beeinflußt hat, oder aus anderen Gründen. Lautet die Antwort Ja! so scheint allerdings mehr Gelegenheit zu einem Rechtsmittel gegeben zu sein; aber genau genommen scheint es doch auch in diesem Falle nur so. Denn wenn bereits in der Frage, wie sie an die Geschworenen gestellt ist, ein zur Anfechtung geeigneter Punct enthalten ist, wenn also die Frage dahin lautet: Ist der N. N. schuldig, das und das Verbrechen begangen zu haben, auf Grund von Thatsachen, welche nach Ansicht des höchsten Gerichtshofes dieses Verbrechen nicht enthalten, dann brauchen wir keine weitere Bestimmung, daß die Nichtigkeitsbeschwerde zulässig sei. Wenn aber in der Fragestellung eine Nichtigkeit nicht enthalten ist, wenn da kein Punct ist, der rechtlich anfechtbar ist, und die Antwort lautet einfach Ja! da wüßte ich wirklich nicht, wie man dann auf Grund der Rechtsbelehrung noch ein Rechtsmittel dagegen anwenden kann, denn auf die juristisch richtige Frage ist ja geantwortet und mehr nicht. Also müßte man höchstens dahin kommen, wegen der entfernten Möglichkeit, daß in Nebenpuncten, die in der Fragestellung gar keinen Ausdruck gefunden haben, der Richter die falsche Belehrung gegeben hat, und das möglicherweise auf die Geschworenen eingewirkt hat, daß man deswegen eine Vernichtung zugeben und deswegen ein Rechtsmittel geben will. Es scheint mir, mit allen Unzukömmlichkeiten, welche dieses System mit sich bringen würde, würden wir keine Lücke getroffen haben, denn das kommt im Rechtsleben nicht vor, man hat eben kein Bedürfniß danach empfunden, sondern ich glaube, daß das eine Seltenheit ist, die gewiß nicht zu einem Verlangen nach Reform geführt hat. Ein solches Bedürfniß, das man damit treffen will, kann höchstens aus Mißtrauen entstehen, welches ich absolut nicht gerechtfertigt finde, denn wir sind mit dem jetzigen System der Geschworenen meiner Erfahrung nach sehr gut ausgekommen. Es scheint mir also, daß eine Bejahung der gestellten Frage wenigstens meinem Wunsche nach nicht vom Juristentag kommen sollte. Ich gestehe allerdings, daß die einfache Tagesordnung, welche College Heinsheimer vorgeschlagen hat, meinem Wunsche deshalb nicht vollkommen genügt, weil dies ein positiver Ausspruch des Juristentages nicht ist, sondern die einfache Ablehnung einer Entscheidung. Ich hätte gewünscht, er hätte den Antrag gestellt: die Rechtsbelehrung des Richters ist nicht anfechtbar, dann würden wir zu einem positiven Resultat gekommen sein. Immerhin wird aber nach dem Gange, den die Discussion genommen hat, glaube ich, auch die einfache Tagesordnung genügen, und würde ich mich deshalb diesem Antrage anschließen.

Hof- und Gerichts-Advocat Dr. **Jaques**: Meine Herren! Ich bitte aus dem Umstande, daß ich die Tribüne betrete, nicht zu schließen, daß ich die Absicht habe länger zu sprechen. Aber nachdem der hochverehrte College Stenglein von meinem Kopfschütteln Notiz genommen hat, sehe ich mich zu meinem Bedauern genöthigt, Sie einige Minuten mit der Erklärung dieses Kopfschüttelns zu behelligen. Ich will ganz kurz mit ein paar Worten sagen, daß bei den Aeußerungen Stengleins und bei einigen früher gehörten, wohl der Umstand mitgewirkt haben wird, daß bei den vorliegenden Sätzen die Form der Durchführung nicht so genau dargestellt werden konnte, wie es wünschenswerth gewesen wäre. Ich bitte, daß die Herren sich gütigst vergegenwärtigen wollen: es ist in Sachsen ein üblicher Grundsatz nach der Prozeßordnung, daß die Rechtsbelehrung Gegenstand einer Discussion sein kann, und daraus entstehen die Uebelstände, die Herr Süpfle Ihnen vorgeführt hat. Davon soll nun nach dem Antrage Thomsen absolut nicht die Rede sein, denn es heißt einfach: „Die Rechtsbelehrung ist zu Protocoll festzustellen.“ Alle die Schwierigkeiten, alle die Berge, die man aufgethürmt hat von Gefahren, die bei der Diskussion über die Rechtsbelehrung bestehen sollen, sie zerfallen mit der einfachen Erklärung, daß die Rechtsbelehrung lediglich zu Protocoll festzustellen ist und nicht ein Wort darüber zu sprechen ist. Und nun die zweite Frage. Da antworte ich mit der Gesetzgebung in Oesterreich und — ich bitte den verehrten Collegen Stenglein hierfür insbesondere um seine Aufmerksamkeit — ich antworte mit dem Entwurf der Reichs-Justizcommission. Unser österreichisches Gesetz sagt folgendermaßen:

> „Es steht jeder Partei frei zu verlangen, daß die den Geschworenen vom Vorsitzenden ertheilte Rechtsbelehrung im Protocolle ersichtlich gemacht werde“.

Sie entnehmen also schon aus unserer österreichischen Textirung, daß von einer Discussion, von einem Discurs über die Rechtsbelehrung nicht die Rede sein soll, und daran knüpft sich nun die Bestimmung des § 344, daß die Cassationsbeschwerde zulässig ist, wenn der Vorsitzende den Geschworenen eine unrichtige Rechtsbelehrung ertheilt hat. In dieser Weise also antwortet Oesterreich unserem verehrten Collegen Stenglein. Wie antwortet nun die Reichs-Justizcommission unserem verehrten Collegen Stenglein? Sie sagt in § 257 sub 3 — man kann mich corrigiren, ich weiß den Wortlaut vielleicht nicht völlig genau, da ich den Entwurf nicht bei mir habe, — sie sagt, daß es gestattet sei, bestimmt bezeichnete Puncte in das Protocoll aufnehmen zu lassen, und zwar auf Antrag beider Parteien, des Staatsanwalts oder der Vertheidigung. Mithin besteht nicht der leiseste Schatten einer Schwierigkeit in der Durchführung. Weiter ist die Frage aufgeworfen von dem Collegen Stenglein: Wie verhält sich's in praktischer Beziehung mit dem Stenographiren, mit dem Protocolliren? Unsere österreichische Praxis hat gezeigt, wie leicht dies geht. Es geht in der einfachsten Weise, indem der Staatsanwalt oder der Vertheidiger sagt: Ich bitte Dies und Jenes speciell zu Protocoll zu nehmen. Würde über den Inhalt eine Schwierigkeit entstehen, so geschieht, was in einem solchen Falle der Natur der Sache nach zu geschehen hat, das Gerichts-Collegium erklärt: diese und diese Sätze sind bestimmt ausgesprochen worden und da werden wir Vertreter uns wohl fügen. Wir sind hierin viel weniger mißtrauisch, denn wir wissen, daß der Richter in der Regel nur dafür sorgen wird, daß nicht etwas Anderes in das Protocoll hineinkomme, als nach dem Vorgebrachten wirklich hineinkommen soll. Wo sind nach all' Dem die aufgethürmten Schwierigkeiten? Ich sehe absolut nichts davon; ich finde die Sache so einfach, so klar, so selbstverständlich, so beruhigend für die Angeklagten, ja für beide Parteien, daß ich gestehe, ich bin nicht in der Lage einzusehen, welche Opposition dagegen gerechtfertigt wäre.

Ein letztes entscheidendes Argument von Seiten des Collegen Stenglein ist, daß in denjenigen Fällen, wo die unrichtige Rechtsbelehrung gewirkt hat, ohnehin schon die allgemeine Nichtigkeitsbeschwerde wegen gesetzwidrigen Urtheils begründet sein werde. Ich gebe zu, und ich gebe außerordentlich gern zu, denn wir verlangen von dem in Frage stehenden Rechtsmittel gar nicht so sehr viel, daß in der großen Mehrheit der Fälle es so sein wird, wie es Stenglein meint, daß man also in der Lage sein wird, mit der Nichtigkeitsbeschwerde wegen unrichtiger Subsumtion, wegen gesetzwidrigen Urtheils zum Ziele zu kommen. Aber ich glaube, Sie können, Sie müssen zugeben, daß wir hiermit nicht das ganze Gebiet erschöpfen, daß wir nicht in der Lage sind zu bestimmen, ob nicht in einzelnen verurtheilenden Verdicten oder selbst in einzelnen freisprechenden Verdicten — ich muß das sagen, weil ich mit dem Collegen Zimmermann nicht übereinzustimmen vermag — die unrichtige Rechtsbelehrung einen Einfluß geübt hat z. B. in Bezug auf eine Zusatzfrage, in Bezug auf eine eventuelle Frage, die nicht so geartet ist, daß dagegen die allgemeine Nichtigkeitsbeschwerde wegen gesetzwidrigen Urtheils ausreicht. Im Sinne einer Cautel gegen solche, hoffentlich selten vorkommende aber doch nicht außer Betracht zu lassende Fälle sind die Anträge verstanden, und in diesem Sinne finde ich sie vollkommen gerechtfertigt. Und ich meine zum Schlusse nun noch: wenn man in England, wo man auch das Rechtsmittel des writ of error gegen gesetzwidrige Urtheile hat, es nothwendig erachtete, noch weitere Rechtsmittel zuzulassen, falls das richtige Verhältniß zwischen Jury und Gerichtscollegium verletzt wurde, ein Verhältniß, das man in England mit den Worten charakterisirt: do tibi jus, da mihi judicium, wenn man also in England, sage ich, sich veranlaßt gesehen hat, trotz des allgemeinen Rechtsmittels des writ of error noch speciell die motion for a new trial für Fälle unrichtiger Rechtsbelehrung oder des Nichtgebundenseins der Jury an die Rechtsbelehrung zu geben, so glaube ich, können wir mit vollem Recht dasselbe thun, und wir werden das Richtige gethan haben, wenn wir die Anträge annehmen.

Dr. **Zimmermann**: Gestatten Sie mir nur ein paar Worte über die Berechtigung, auf das englische Recht Bezug zu nehmen. Ich betrachte es für ein großes Unglück, daß Deutschland das Schwurgerichtsverfahren von Frankreich entnommen hat und sich auf französisches Recht beruft; es wäre viel besser gewesen, wir hätten uns von Hause aus auf englisches Verfahren gestützt, weil dasselbe dem ursprünglich deutschen viel näher steht, wie auch die Wissenschaft in neuerer Zeit auf das englische Recht als eine wohlberechtigte Quelle hingewiesen hat. Ich bitte Sie, thun auch Sie das, es geschieht zu Nutz und Frommen der Rechtspflege.

Oberappellationsrath **Lamm**: Ich wollte mir erlauben, gegen den Einwand einige Worte zu sprechen, welcher gegen die Zuverlässigkeit der stenographischen Niederschriften erhoben worden ist. Ich muß diesen Einwand wenigstens vom Standpuncte der Gabelsberger'schen Stenographie, welche ich selbst kenne, entschieden ablehnen. Ich glaube, die Herren aus Oesterreich, wo die Gabelsberger'sche Stenographie weitere Verbreitung gefunden hat, werden mir darin beistimmen. Ich bin überzeugt, daß es nicht schwer halten wird, geprüfte Stenographen aus der Gabelsberger'schen Schule zu finden, welchen man unbedenklich die Fixirung der Rechtsbelehrung überlassen kann. Auch kann ich in der Fixirung der Rechtsbelehrung durchaus keinen Ausdruck des Mißtrauens finden. Durch die Fixirung wird nur das festgestellt, was gesprochen worden ist, und die Revisionsinstanz hat es in Händen, durch einfache Vergleichung der Niederschrift über die Rechtsbelehrung mit dem Wahrspruch zu prüfen, ob und inwieweit die Rechtsbelehrung Einfluß auf den Wahrspruch der Geschworenen gehabt hat. Ich glaube, man gewinnt durch die Fixirung der Rechtsbelehrung, und zwar durch Vermittelung der Stenographie ein für alle

Mal eine zuverlässige Unterlage für das Verfahren. Ich empfehle nochmals meinen Antrag den Herren zur gütigen Annahme.

Referent Obergerichtsrath **Thomsen**: Gestatten Sie mir noch einige Worte bei den verschiedenen Puncten. Ich hatte mir erlaubt, die Anträge ziemlich allgemein zu formuliren, namentlich was das Verfahren der Protokollirung und dergleichen anlangt. Ich habe geglaubt, diese Puncte für untergeordnete erklären zu müssen, weil es zu weit führen würde, wenn man Alles einzeln specificiren wollte. Z. B.: „Die Rechtsbelehrung des Vorsitzenden darf von keiner Seite einer Erörterung unterzogen werden", so lautet die Fassung, welche die Reichsjustizcommission gegeben hat. Derartige speciellere Cautelen, um das Verfahren zu fixiren, zu vereinfachen, gehören gar nicht in unsere Formulirung hinein, und es ist bereits von meinem geehrten Vorredner hervorgehoben worden, daß die gerügten Schwierigkeiten ziemlich leicht sich beseitigen lassen.

Es ist dann hervorgehoben worden, daß man ja nicht beweisen könnte, daß der Spruch der Geschworenen sich binden müsse an die Rechtsbelehrung, oder daß man sich an die Rechtsbelehrung gebunden hätte. Ja, meine Herren, für Alles können wir keine Cautelen bringen; es ist überhaupt Aufgabe und Schicksal der praktischen Gesetzgebung oft zu resigniren; es kann nicht Alles auf das Beste eingerichtet werden. Es ist das aber noch kein Grund, zu sagen: weil wir nicht das absolute Beste machen können, wollen wir die möglichst größere Garantie fallen lassen. Die Geschworenen sind alle an das Gesetz gebunden, und dies wird ihnen ausdrücklich gesagt. Darüber wird kein Zweifel sein. Aber wissen wir, wenn die Geschworenen gesprochen haben, ob sie sich wirklich an das Gesetz gebunden haben? Wenn den Geschworenen nun gesagt wird in dem Gesetze selbst: Ihr seid wie an das Strafgesetz, so auch gebunden an die Rechtsbelehrung des Vorsitzenden: dann müssen wir Vertrauen zu den Geschworenen haben, daß sie über den Eid nicht hinausgehen, und das würden sie thun, sobald sie gegen diesen gesetzlichen Ausspruch sich vergingen. Denn wollen sie auch über das Gesetz selbst hinausgehen und haben sie dies auch gethan, so läßt sich das einmal nicht ändern. Wir würden sonst vielleicht zu dem Resultat kommen müssen, wie der verehrte College Stenglein gesagt, daß wir die Geschworenen dann das Urtheil selbst machen ließen mit allen Motiven und Gründen, wie der Berufsrichter. Das wäre ein Radicalmittel, ist aber durch die Natur des Instituts als unmöglich hinzustellen. Es geht eben nicht. Nehmen wir daher das möglichst Sichere.

Dann ist hervorgehoben worden, es müßte nur bei verurtheilenden Schuldsprüchen dieses Rechtsmittel gegeben werden. Ich habe die Motivirung vermißt. Ich glaube, der favor defensionis darf nicht so weit gehen, daß man bei Schuldsprüchen ein an und für sich richtiges Princip statuirt, dagegen, wo es im Interesse des Staates, der öffentlichen Sicherheit anzuwenden wäre, es ausschließt oder einschränkt.

Die Bemerkung, daß man hernach, wenn stenographirt oder protokollirt würde, sich nicht mehr genau dessen erinnert, was man gesagt hat, glaube ich, wird dadurch hinfällig, daß der Richter nicht an das gebunden sein kann, was er bis dahin gesagt hat, sondern an das, was zu Protokoll genommen ist. Das allein bindet die Geschworenen, und was der Richter vorher gesprochen hat, kann sich noch beim Protokolliren rectificiren lassen. Ich muß also sagen, die Gründe, welche in dieser Beziehung hervorgehoben worden sind, scheinen mir nicht ganz stichhaltig zu sein.

Dann die Frage zuletzt noch, betreffend den Uebergang zur Tagesordnung, so glaube ich, dürfen wir aus formellen Gründen die dahin gehenden Anträge auf keinen Fall annehmen. Einmal haben wir in zwei Rechtsordnungen bereits diese betreffenden Vorschriften, die heute zur Discussion gestellt sind; dann ferner ist die Reichs-Justizcommission bereits vorangegangen mit solchen Bestimmungen nach dem Muster der österreichischen und sächsischen Gesetze. Wenn diese Bestimmungen hier zur Discussion gestellt werden, glaube ich, entspricht es nur der Würde und der Aufgabe des deutschen Juristentages, entweder Ja! oder Nein! zu sagen. Ich müßte mich also entschieden gegen die Tagesordnung erklären, sei sie eine motivirte oder einfache. Entweder Ja! oder Nein! und ich muß dabei beharren, daß ich den geehrten Collegen anheimgebe, die von mir gestellten Anträge zu bejahen.

(Schluß der Verhandlung.)

Bei der Abstimmung werden die Anträge von Heinsheimer, Rubo, Zimmermann und Lamm abgelehnt. Dagegen werden angenommen die Anträge des Referenten:

1) Wegen falscher richterlicher Rechtsbelehrung ist der Spruch der Geschworenen durch ein Rechtsmittel beim höchsten Gerichtshofe anzufechten.
2) Die Rechtsbelehrung ist zunächst nach dem richterlichen Ermessen, stets aber, soweit es die Staatsanwaltschaft oder die Vertheidigung verlangt, zu Protokoll festzustellen.

Der Antrag 3 des Referenten:

„Die Rechtsbelehrung ist für die Geschworenen gesetzlich bindend“

wird abgelehnt.

Es wird beschlossen, die gefaßten Beschlüsse dem Plenum zur Kenntnißnahme mitzutheilen.

(Schluß der Sitzung 3½ Uhr Nachmittags.)

Zweite Sitzung der dritten Abtheilung am 29. August 1876.

Präsident **von Köstlin** eröffnet die Sitzung um 9 Uhr Vormittags und theilt zunächst die Vorschlagsliste zum Behufe der Feststellung der Wahlliste für die ständige Deputation mit. Dieselbe wird Seitens der Versammlung genehmigt. Demnächst erhält das Wort Herr Dr. Jaques aus Wien zu seinem Referat über die Frage:

„Soll im Falle der Begünstigung von Gläubigern zwischen der Zahlungseinstellung und der Concurseröffnung eine Strafbarkeit des Cridars, beziehungsweise des begünstigten Gläubigers eintreten?"

Referent Dr. **Jaques**: Meine hochverehrten Herren! Die Frage, über welche ich auf Grund des ehrenvollen Auftrages der ständigen Deputation Ihnen das Referat zu erstatten habe, lautet: „Soll im Falle der Begünstigung von Gläubigern zwischen der Zahlungseinstellung und der Concurseröffnung Strafbarkeit des Cridars beziehungsweise des begünstigten Gläubigers eintreten?" Es sind über die Frage zwei Gutachten erstattet worden, das eine von dem Herrn Ober-Staatsanwalt Dalcke zu Marienwerder, das andere von unserem verehrten Collegen Thomsen in Hannover. Nachdem bei dieser Frage der besonders günstige Fall besteht, daß die beiden Gutachter und die beiden Referenten in allen Grundprincipien übereinstimmen, und Divergenzen nur in Unterfragen bestehen, so glaube ich, daß Sie es gerechtfertigt finden werden, wenn ich zur Abkürzung der Sache von dem sonstigen Usus, das Referat mit einer Darstellung des Inhalts der Gutachten zu beginnen, absehe, und nachdem ich insbesondere hervorgehoben habe, daß das ausgezeichnete Gutachten Thomsens mit eine Hauptquelle meiner folgenden Darstellung bilden wird, sofort in die Sache selbst eintrete. Ich überlasse es dabei Ihrer eigenen gütigen

Einsichtnahme, von den Gutachten festzustellen, in welcher Richtung etwa noch zwischen dem Referenten und zwischen den Gutachtern einige wenig erhebliche Divergenzen bestehen.

Ein Blick in die Geschichte der Schuldgesetze ist zugleich ein Blick in die Geschichte der Humanität und Civilisation. Wenn ich nun ganz kurz ein paar Momente in Ihr Gedächtniß zurückrufe, so werden Sie diesen Satz bestätigt finden. Erinnern wir uns an die römischen Bestimmungen über insolvente Schuldner, an das berüchtigte in partes secare, an den Verkauf trans Tiberim, an die addictio des Schuldners, so haben wir ein klares Bild von dem, was in Bezug auf die Schuldgesetze in Rom bestand. Von welchem Geiste das Mittelalter inspirirt war, werden Sie erkennen, wenn ich Sie an die Worte eines der berühmtesten Juristen jener Zeit, des Baldus, erinnere, welcher den Grundsatz aussprach: fallitus est fraudator, und ich darf hinzusetzen, daß einer der ersten handelsrechtlichen Schriftsteller Italiens, Straccha, erzählt, die Cridare werden gefoltert, und dies müsse geschehen, wenn sie ihren Status und die Ursachen der decoctio nicht genau angeben, „cum aliter veritas haberi non possit.“ Dies zusammengenommen giebt ein ungefähres Bild der mittelalterlichen Ansichten über die Frage, die uns heute beschäftigt. Ich füge hinzu, daß 1570 eine päpstliche Bulle Pius V. Todesstrafe den Cridaren androht, und daß in Deutschland und Frankreich Bestimmungen, welche die Todesstrafe verhängen, bis tief in das achtzehnte Jahrhundert hineinreichen, wobei noch obendrein zwischen fraudulosem und leichtsinnigem Bankrutt nicht einmal ein Unterschied gemacht wird. Ganz allmälig erschlaffte die Praxis. Ich will endlich, um in die neuere Zeit zu kommen, daran erinnern, daß der große Napoleon — ich meine natürlich den ersten — als er im Sommer 1807 nach der Schlacht bei Eylau und Friedland den Staatsrathssitzungen präsidirte, in welchen das dritte Buch des Code de commerce über Falliment und Bankrutt berathen wurde, den Grundsatz aufstellte und zur Geltung brachte: Jeder Cridar müsse zunächst eingesperrt werden, denn er sei eben so anzusehen wie ein Capitain auf dem Meere, der sein Schiff verloren hat. Es sei seine Sache sich zu exculpiren, zu zeigen, daß es ohne sein Verschulden geschehen ist. Alle diese Normen, die theilweise auf der Inhumanität vergangener Zeiten, theilweise auf der Unreife der Wissenschaft beruhten, die sich mit Präsumtionen der Schuld begnügten, Alles das ist heute überwunden, und wir sind an dem Puncte angelangt, wo wir uns zu fragen haben: wo ist die richtige Grenze für die Humanität gegenüber dem Schuldner, damit sie nicht in Inhumanität gegen den Gläubiger umschlage, resp. in Verletzung und Vernachlässigung des öffentlichen Credits und der unabweislichsten Interessen der Gesammtheit?

Wenn wir uns nun dem Problem zuwenden, welche die maßgebendsten Gesichtspuncte seien für die Beurtheilung unserer Frage, so ist es vor Allem der wirthschaftliche Gesichtspunct, das wirthschaftliche Interesse der Gesammtheit. Es ist gewiß ein wirthschaftliches Interesse der Gesammtheit, daß, wenn es zu einer Insolvenz, zu einem Concursausbruch kommt, alle bona fide Gläubiger, alle Gemeingläubiger gleichgehalten, daß sie gleich gestellt werden. Denn mit der Concurseröffnung, mit der Insolvenz ist ja ohnehin nothwendig ein Verlust an effectiven Werthen, an Capital verbunden. Hätte nicht eine unproductive Consumtion, ein sei es verschuldeter oder unverschuldeter unproductiver Verbrauch von Gütern stattgefunden, so wäre es ja nicht dazu gekommen. Wenn nun ein solcher Fall entsteht, muß es natürlich im Interesse des Staates, im Interesse des öffentlichen Credites, des Vertrauens in Handel und Verkehr liegen, daß der zu erleidende Verlust nicht auf mehrere Betheiligte vollständig, und auf Wenige gar nicht entfalle, sondern daß er wo möglich gleichmäßig unter die sämmtlichen Interessenten vertheilt werde. Diese in der Wesenheit wirthschaftlichen Gesichtspuncte will ich nicht weiter ausführen, — obgleich es vielleicht für die Klarstellung der Sache nicht unzweckmäßig wäre, — um mich an das von dem verehrten Herrn Präsidenten ausgesprochene Gebot, so gut ich nur irgend vermag, zu halten. Allein es ist auch ein ethischer, ein sittlicher Gesichtspunct, der uns zu der Ueberzeugung nöthigt, daß es höchst wünschenswerth ist, wenn die Gesetzgebung dafür sorgt, daß bei Insolvenz und Concurs eine gleichmäßige Vertheilung erfolge, und nicht eine Vertheilung zu Gunsten einiger weniger Bevorzugten Platz greife. Sie werden mir zugeben: es ist eine Verhöhnung der öffentlichen Moral, wenn in dem Augenblicke, wo ein solcher Fall eintritt, zwischen den Gläubigern ein förmliches Wettrennen entsteht, um die wenigen Zahlungsmittel, die noch vorhanden sind und die Allen gehören sollen, für sich in Anspruch zu nehmen, zum Nachtheil der Anderen. Es ist eine Verhöhnung der öffentlichen Moral, wenn der Schuldner, sei es, daß er Einen besonders begünstigt, weil er demselben näher steht; sei es, weil er sich noch eine Zeit lang aufrecht erhalten will; sei es, weil er nicht die Kraft hat dem Andringen der Einzelnen zu widerstehen; sei es, weil er von der Befriedigung Einzelner einen Vortheil bei dem Accord oder sonst zu erlangen hofft, wenn, sage ich, der Schuldner, der Cridar, in solchen Fällen *Alle* vernachlässigt zu Gunsten Desjenigen oder Derjenigen, die er sich zum Behuf der Begünstigung herausgesucht hat.

Von diesen wirthschaftlichen und diesen ethischen Gesichtspuncten aber auch abgesehen, kommen wir zu dem eigentlich juristischen Moment, zu der Rechtsfrage, und haben nun unsere Frage so zu formuliren: Entsteht denn nicht mit dem Momente der Insufficienz, mit dem Beginn der Vermögensunzulänglichkeit und ganz sicher mit dem Momente, da diese Vermögensunzulänglichkeit dem Schuldner klar und bekannt geworden ist, für jeden Gläubiger ein gleicher obligatorischer Anspruch auf Befriedigung aus dem vorhandenen Massavermögen? Ich glaube, daß über diese Frage, die schon im römischen Recht mit dem Grundsatz der par conditio creditorum beantwortet wurde, kein Zweifel bestehen kann, daß es unzweifelhaft ist, der Schuldner sei von jenem Zeitpunct an nur mehr Verwalter fremden Gutes. Es muß uns vollständig klar sein, daß das juristisch begründet ist, was in der neuen deutschen Concursordnung als Concursanspruch der Gläubiger bezeichnet wird, daß dieser Concursanspruch unabhängig ist von der formellen Eröffnung des Concurses, und daß dieser Concursanspruch der Natur der Sache nach mit dem Moment entstanden sein muß, wo das vorhandene Massenvermögen nicht mehr ausreicht, um die sämmtlichen Gläubiger zu befriedigen. Das ist also die Stelle, wo in unserer Frage die Principien einzusetzen haben, auf welchen die Lösung beruht, und ich glaube, wenn wir uns davon durchdringen, daß hier ein wirthschaftliches Interesse der Gesammtheit, ein ethisches Interesse und endlich ein Recht der Gläubigerschaft vorliegt, — ich bezeichne sie so, denn es entsteht von dem Moment an, von dem ich spreche, zwischen den Gläubigern eine communio incidens, und es giebt streng genommen nicht mehr einzelne Gläubiger als solche, sondern eine Vereinigung von Gläubigern, die dem Schuldner, dem Cridar gegenüberstehen — dann wird es uns nicht schwierig sein zu der Lösung der Frage zu gelangen. Wir werden dann sagen müssen, daß es unbedingt eine Rechtsverletzung von Seiten des Schuldners ist, wenn nach entstandenem Concursanspruch der Gläubigerschaft, d. i. der sämmtlichen Gläubiger, ein einzelner Gläubiger befriedigt wird, und ich glaube, es wird kein weiterer Schritt nothwendig sein, um zu dem Resultate zu gelangen, daß von dem Augenblick an, wo der Gläubiger das volle Bewußtsein, das unzweifelhafte Bewußtsein des Vorhandenseins dieses Concursanspruches hat und haben muß, daß von diesem Momente an es auch von seiner Seite eine Rechtsverletzung ist, wenn er die Gesammtsumme seiner Forderung, auf welcher er in einem solchen Momente keinen Anspruch mehr hat, annimmt oder sich bezahlen läßt.

Meine Herren! Zwei Wege — und das ist sehr wichtig — hat nun die Gesetzgebung eingeschlagen, um in dem Bewußtsein, das ihr eigentlich nie abhanden gekommen war, daß ein solcher Vorgang, wie ich ihn characterisirt habe, eine Rechtsverletzung ist, die Abhilfe zu finden. Diese beiden Wege sind: der civilrechtliche und der strafrechtliche. In civilrechtlicher

Beziehung waren es die Ihnen ja Allen bekannten Grundsätze der actio Pauliana mit den mannigfachen Wandlungen, die sie im Laufe der Zeit durchgemacht haben, durch deren Anwendung die Begünstigung von Gläubigern hintangehalten werden sollte. Ich will kurz erwähnen, daß in der neueren Gesetzgebung in dieser Beziehung namentlich zwei verschiedene Stadien hervortreten. Das eine ist dasjenige, welches bezeichnet ist durch den französischen code de commerce und durch die Gesetzgebungen, die sich demselben angeschlossen haben. In diesen Gesetzen ist die Nichtigkeit aller derjenigen Geschäfte ausgesprochen, welche erfolgen nach der Zahlungseinstellung oder innerhalb eines bestimmten tempus fatale — sagen wir von zehn Tagen — vor der Zahlungseinstellung. Ich sage: die Nichtigkeit, und der Gedanke der Nichtigkeit dieser Rechtsgeschäfte, der Nichtigkeit aller Begünstigungen eines Gläubigers (wobei wir einmal von der eigentlichen Zahlung absehen wollen) basirte auf einer Rechtsvermuthung der fraus, des dolus, sowohl auf Seiten des Gläubigers, als des Schuldners, und zwar auf einer Rechtsvermuthung, die ein praesumtio iuris et de iure involvirte, denn es wurde ein Gegenbeweis gar nicht weiter zugelassen. Was immer also von Zahlungen als Begünstigung eines Einzelnen gleich nach der Zahlungseinstellung oder innerhalb des bestimmten tempus fatale vor der Zahlungseinstellung anzusehen war: alles das war mit Nichtigkeit behaftet, wobei man die Frage des Nachweises eines Verschuldens gar nicht zum Gegenstande der Erörterung machte. Beim Fortschreiten der Gesetzgebung nun, (wobei ich erinnere, daß der code de commerce sehr bedeutenden Einfluß auf die deutsche Gesetzgebung geübt hatte), ist man zu der Ueberzeugung gelangt, daß es allen unseren Rechtsgrundsätzen widerstreite, wenn man dieses Princip festhalten wolle, unabhängig von der Frage der Mitwissenschaft, des Bewußtseins des betreffenden Gläubigers, und daß es dann doch nicht angeht, in Betreff desjenigen, der im guten Glauben die Befriedigung eines ihm wirklich zustehenden Anspruchs oder ein Aequivalent für diesen Anspruch entgegengenommen hat, das Rechtsgeschäft, das er auf diese Weise abschloß, mit der Nichtigkeit zu belegen. Da wurde zuerst in dem französischen Fallimentsgesetze von 1838 und dann in der englischen Gesetzgebung und ebenso in der neueren deutschen Gesetzgebung, so auch im Entwurf der deutschen Reichs-Concursordnung und im Entwurf des österreichischen Gesetzes über die Anfechtbarkeit der Rechtshandlungen zahlungsunfähiger Schuldner, da wurde, sage ich, in allen diesen Gesetzen aus der Nichtigkeit die Anfechtbarkeit, gegründet auf den Gedanken, daß man auch von Anfechtbarkeit nur dann sprechen könne, wenn ein Verschulden, eine Mitwissenschaft des Gläubigers vorhanden sei und nicht den Verkehr in der Weise irritiren könne, daß man die Anfechtung, also resp. eine relative Nichtigkeit dann eintreten ließe, wenn der Gläubiger gar nichts von einer Insolvenz oder Insufficienz seines Schuldners gewußt hat. Modificationen haben dann stattgefunden mannigfacher Art. Es ist ein tempus fatale mit verschiedener Zeitbestimmung auch da eingehalten, auch die Rechtsvermuthung der fraus ist aufrecht erhalten worden, aber nicht als praesumtio iuris et de iure, sondern nur als praesumtio facti, gegen welche der Gegenbeweis zulässig ist. Auch in Bezug auf die Beweisfrage wurde ein Unterschied gemacht in den verschiedenen Gesetzen, so daß entweder dem Gläubiger seine Kenntniß von den Thatsachen zu erweisen ist, oder es ihm obliegt, die Nichtkenntniß von diesen Thatsachen zu beweisen. Es stellt sich also dies Letztere nur als eine Umstellung, eine Veränderung der Beweislast dar, indem im ersten Falle die Präsumtion bloß gegen den Schuldner gerichtet war und man von einer Präsumtion in Bezug auf den Gläubiger absah, während im zweiten Falle auch das Verschulden des Gläubigers innerhalb des tempus fatale präsumirt wird, insolange es ihm nicht gelingt, den Nachweis zu liefern, daß er keine Kenntniß von den Thatsachen hatte. Auf demselben Standpunct steht auch der Entwurf der Reichsconcursordnung, und da heißt es in § 23 „Anfechtbar sind die nach der Zahlungseinstellung oder dem Antrage auf Concurseröffnung erfolgten Rechtshandlungen des Schuldners, welche einem Concursgläubiger Sicherung oder Befriedigung gewähren, wenn dem Gläubiger zur Zeit als die Handlung erfolgte, die Zahlungseinstellung oder der Eröffnungsantrag bekannt war." Das ist also der erste Fall, Sicherung oder Befriedigung, wobei von einer Präsumtion zu Ungunsten des Gläubigers nicht die Rede ist, sondern ihm der Beweis des Bekanntseins mit diesen Thatsachen geliefert werden muß. Der zweite Fall ist in demselben § 23 normirt, indem es dort heißt: „Anfechtbar seien: die nach der Zahlungseinstellung oder dem Antrage auf Concurseröffnung oder in den letzten zehn Tagen vor der Zahlungseinstellung oder dem Eröffnungsantrage erfolgten Rechtshandlungen, welche einem Concursgläubiger eine Sicherung oder Befriedigung gewähren, die er nicht oder nicht in der Art oder nicht zu der Zeit zu beanspruchen hatte, sofern er nicht beweist, daß ihm zur Zeit der Handlung weder Zahlungseinstellung und Eröffnungsantrag, noch eine Absicht des Gemeinschuldners, ihn vor den übrigen Gläubigern zu begünstigen, bekannt war."

Sie sehen, meine Herren, der Unterschied culminirt in der Bestimmung Ziffer 1, wo es heißt: „Sicherung oder Befriedigung nach der Zahlungseinstellung oder dem Concurseröffnungsantrage." Hier, wo dem Gläubiger nur das Seinige gegeben wird, ist von erleichterter Beweislast ihm gegenüber nicht die Rede, dieselbe wird nach den gewöhnlichen Grundsätzen beurtheilt. Im zweiten Falle, wo nach der Zahlungseinstellung oder Concurseröffnung dem Gläubiger etwas gewährt werden soll, worauf er entweder nicht, oder nicht in der Art oder nicht in der Zeit Anspruch hatte, also etwas anderes als die eigentliche Zahlung, da wird ihm die Beweislast aufgetragen, es sei ihm nicht bekannt gewesen, daß die Thatsache eingetreten war. Ich muß hinzufügen, — ich darf mein Vaterland Oesterreich doch auch nicht vergessen — daß der Entwurf, auf den ich früher schon hingewiesen habe, der die Anfechtung der Handlungen zahlungsunfähiger Schuldner in Oesterreich betrifft, in §§ 6 und 7 ganz demselben Grundsatz Raum gegeben hat.

Das ist also die civilrechtliche Seite der Frage, und ich wiederhole: im neu-französischen, im neu-englischen Recht gilt dasselbe. Ich wende mich damit der strafrechtlichen Seite zu.

In strafrechtlicher Beziehung divergiren die Gesetzgebungen noch viel mehr als in civilrechtlicher. Da werden zunächst in einer ganzen Reihe von Gesetzgebungen — es ist die überwiegende Anzahl; ich nenne z. B. Sachsen, Thüringen, Braunschweig, Lübeck — gestraft: widerrechtliche Begünstigungen, begangen nach der Zahlungseinstellung oder nach der Concurseröffnung von Seiten des Schuldners gegenüber dem Gläubiger; darunter sind solche gemeint, in welchen die Zahlung nicht einbegriffen ist, sondern widerrechtliche Begünstigungen der Zeit und der Art nach, wie wir es schon in dem Entwurf der deutschen Concursordnung gesehen haben. Andere Gesetze, die auf der französischen Concursordnung beruhen: Frankreich selbst nach dem neuen Fallitengesetz, Italien, Belgien gehen einen Schritt weiter und bestrafen nach erfolgter Zahlungseinstellung nicht blos Begünstigungen, die über das Recht des Gläubigers hinausgehen, sondern auch geleistete Zahlungen. Noch andere Gesetzgebungen — und ich nenne darunter das Hamburger Strafgesetz vom Jahre 1869 und das heutige österreichische Strafgesetz, sowie den Entwurf des Strafgesetzbuchs, der gegenwärtig der Berathung des Reichsraths unterzogen ist — gehen noch weiter und bestrafen den Schuldner schon dann, wenn er bei bevorstehender Zahlungseinstellung oder Concurseröffnung einem einzelnen Gläubiger vorzugsweise Sicherstellung oder Befriedigung gewährt hat. Also weitergehend in zweifacher Richtung: schon bei b e v o r s t e h e n d e r Zahlungseinstellung oder Concurseröffnung — nach unserm heutigen Strafgesetz, wenn dem Schuldner seine Zahlungsunfähigkeit, der Umstand bekannt war, daß der Passivstand den Activstand übersteigt — straft das österreichische Gesetz und will unser österreichischer Gesetzentwurf bestrafen die B e g ü n s t i g u n g e n. Aber nicht sie allein, sondern auch die Z a h l u n g e n, und dasselbe thut auch das Hamburger Gesetz vom Jahre 1869.

In Bezug auf die strafrechtliche Stellung des Gläubigers nun sind die modernen Gesetze noch ziemlich dürftig. Von großer Wichtigkeit aber ist es, hervorzuheben, daß ebenso das französische Fallimentsgesetz von 1838, als die ihm gefolgten Gesetze von Italien und Belgien nach der Zahlungseinstellung oder nach der Concurseröffnung den Gläubiger bestrafen, wenn er Behufs seiner Begünstigung und zum Nachtheil der übrigen Gläubiger einen Vertrag mit den Schuldnern eingegangen ist, und die heute geltende preußische Concursordnung geht hierin wieder noch einen Schritt weiter und bestraft in den §§ 308 und 9, 340 und 41 den Gläubiger, der solches thut, auch dann, wenn er von der bevorstehenden Zahlungseinstellung oder Concurseröffnung Kenntniß gehabt hat. Das ist also in aller Kürze das Bild, welches uns von den Gesetzgebungen dargeboten wird in Bezug auf unsere Frage in civilrechtlicher und strafrechtlicher Beziehung, und zwar sowohl in Betreff des Schuldners, als des Gläubigers, und sowohl rücksichtlich der Begünstigungen stricto sensu, solcher, welche über die Zahlungen hinausgehen, als der Zahlungen, d. h. der Leistung dessen, was wirklich geschuldet war.

Wenn wir nun darangehen — und das ist der letzte und entscheidende Punct meiner Auseinandersetzung — unsere Frage lösen zu wollen, so ist es klar, daß wir uns de lege ferenda drei Fragen zu stellen haben: Die erste Frage ist: reichen unsere civilrechtlichen Bestimmungen aus, oder brauchen wir strafrechtliche Bestimmungen? Die zweite Frage ist: haben wir in Bezug auf den Umfang der Rechtshandlungen des Schuldners gewisse Einschränkungen zu machen, wie früher angedeutet, Unterscheidungen zwischen den Begünstigungen, d. h. Leistungen, die der Zeit und Art nach nicht gebührt haben und den Zahlungen? Und weiter: ist eventuell eine Bestrafung nothwendig bloß des Schuldners oder auch des Gläubigers? Die dritte Frage ist: in welchem Zeitpunct hat eine solche Strafbarkeit einzutreten?

Nun, meine Herren, ich glaube, daß wir darüber ohne besondere Schwierigkeit, ohne besondere Bedenken ins Reine kommen können, daß wir auf diesem Gebiete mit civilrechtlichen Bestimmungen allein nicht ausreichen, und zwar schon darum nicht, weil ja, wie ich die Ehre hatte Ihnen auseinanderzusetzen, von einer Anfechtung der Rechtsgeschäfte, der Leistungen des Schuldners an den Gläubiger im Sinne unserer modernen Rechtsprincipien, im Sinne der actio Pauliana des heutigen römischen Rechts nur dann die Rede sein kann, wenn dem Gläubiger der Nachweis seiner Mitwissenschaft geleistet ist. Daraus geht hervor, daß wir für alle die Fälle, wo der Gläubiger bona fide war, gar nichts gethan haben, wenn wir bloß die civilrechtliche Anfechtung normiren. Selbstverständlich sind wir da ganz im Stich gelassen; denn da können wir dem Gläubiger nicht das wegnehmen, was er schon erhalten hat, wir würden sonst den Verkehr beeinträchtigen in ungerechtfertigter Weise. Hier wäre also die Schädigung der übrigen Gläubiger irreparabel. Ein anderes Moment, weshalb ich glaube, sagen zu dürfen, daß die civilrechtlichen Bestimmungen nicht ausreichen, ist, daß wir dann doch ein stärkeres Compelle gegenüber dem Schuldner brauchen, als das bloße Compelle der für ihn ganz indifferenten Anfechtbarkeit. Wenn wir uns damit begnügen, die bloß civilrechtliche Anfechtung auszusprechen, so werden wir nicht sehr stark auf die Gemüthsrichtung, auf die Willensrichtung des Schuldners eingewirkt haben, dort, wo er etwa ein besonderes Motiv hat, Begünstigungen eintreten zu lassen. Denn was liegt ihm, da er ohnehin schon Decoctus ist, da er ohnehin nichts von der Masse seines Vermögens erhält, was liegt ihm an einer civilrechtlichen Anfechtung? Ich frage weiter: giebt es denn nach dem, was ich mir erlaubt habe auszuführen, hier wohl einen Rechtsgrund, weshalb wir nicht strafrechtlich vorgehen sollen, da, wo wir erkannt haben, daß es sich um das wirthschaftliche und um das ethische Interesse der Gesammtheit und um eine Rechtsverletzung gegenüber der Gläubigerschaft handelt, um eine Rechtsverletzung, der Voraussetzung nach begangen mit voller Absichtlichkeit in dem Bewußtsein, daß durch die Begünstigung des Einen die Anderen geschädigt werden? Ich glaube mit voller Ruhe, soweit mein Urtheil über criminalistische Fragen reicht, sagen zu dürfen, dort, wo durch äußere Handlungen mit böser Absicht solche Interessen, welche Interessen der Gesammtheit sind, geschädigt werden, müssen wir strafen. Damit glaube ich also, daß die erste der zuletzt gestellten Fragen, die dahin lautete: reicht man mit dem Civilrecht aus, oder ist strafrechtlich vorzugehen? beantwortet werden muß: man reicht mit dem Civilrecht nicht aus, die criminalistische Behandlung der Sache ist nothwendig. Die weitere Frage, die sich mit logischer Nothwendigkeit daran schließt: gilt das auch in Bezug auf den Gläubiger? glaube ich mit voller Bestimmtheit dahin beantworten zu dürfen: es muß in Bezug auf den Gläubiger gelten von demjenigen Moment an, wo es für den Gläubiger in unzweifelhafte Evidenz getreten ist, daß der Concursanspruch — wie ich ihn mir früher zu bezeichnen erlaubte — die par conditio creditorum eingetreten ist, daß er demnach von da an nicht mehr ein suum fordert, wenn er seine Forderung verlangt, sondern in einem solchen Falle etwas fordert, was de jure in diesem Zeitpunct nicht ihm, sondern nur ihm im Verein mit den andern Gläubigern gehört. Hier ist nun ein sehr interessanter Punct, meine Herren, wo die mißverständliche Anwendung einzelner Stellen des römischen Rechts, in der Gestalt, in welcher wir sie heute aus dem ursprünglichen Zusammenhang gerissen, als Fragmente, vor uns haben, wie ich glaube, Eintrag gethan hat der richtigen Auffassung unserer Frage. Es kommen nämlich im römischen Recht die bekannten Sätze vor: „ius civile vigilantibus scriptum", oder „nullus videtur dolo facere, qui suo jure utitur", oder nil dolo creditor facit qui suum recipit. Aus diesen Grundsätzen des römischen Rechts — sie stehen im 42. Buche 8. Titel: quae in fraudem creditorum facta sunt, und in dem berühmten 17. Titel des 50. Buchs de regulis juris — haben Gesetzgebung und Praxis deducirt, daß an dem Gläubiger in gar keiner Weise zu rühren sei, so lange er sein suum fordert, und er fordere nur sein suum, so lange er fordert, was er effectiv zu fordern hat. Nun, meine Herren, wenn wir Ernst machen mit der Anwendung solcher Grundsätze, so kommen wir zu folgenden Consequenzen: „ius vigilantibus scriptum", d. h. die Gläubiger sind ex lege autorisirt von dem Zeitpuncte an, da die Zahlungseinstellung erfolgt ist, oder sie erfahren, daß dieselbe bevorsteht, von dem Gläubiger herauszuziehen, was sie herausziehen können. Der Vigilanz sind Thür und Thor geöffnet. Der Satz bittet Sie förmlich, daß Sie einen Zustand schaffen, wie er von dem in beiden Gutachten citirten Hamburger Juristen characterisirt wird, wonach die Massen regelmäßig sehr ausgeleert werden, ehe es zum Concurs kommt. Weiter: der Gläubiger thut nichts Doloses, wenn er nur das Seine fordert, wenn er nur von seinem Rechte Gebrauch macht. Nun, ich glaube, wir als Juristen müssen scharf accentuiren, daß der Gläubiger gar nicht mehr das Recht auf volle Befriedigung hat von dem Augenblicke an, wo der Concurs eröffnet wird, daß vielmehr sein Recht restringirt ist auf den Theil, der ihm im Verhältniß zu allen anderen Gläubigern zusteht

Es ist sonach nicht wahr, daß er suum recipit, wenn er den Gesammtbetrag seiner Forderung empfängt. Denn das Seinige ist in diesem Stadium eben nur das, was er als den auf ihn entfallenden Quotienten auf Grund der cridarmäßigen Vertheilung zu erhalten hat. Wir können also mit diesen Grundsätzen des römischen Rechts nicht wirthschaften, weil wir zu Consequenzen gelangen, die unsere wissenschaftlich anerkannten Prinzipien geradezu umwerfen und Dinge autorisiren, die wir nicht autorisiren dürfen und wollen. Wenn man streng nach jenen römischen Fragmenten vorgehen wollte, dann würde es auch noch eine Consequenz sein, daß, wenn der Gläubiger die Summe seiner Forderung aus der Concursmasse stiehlt, dies ebenfalls gerechtfertigt wäre, denn auch da hätte er nur suum recipirt: er nimmt ja nichts Anderes als was ihm eigentlich gebührt.

Damit, meine Herren, habe ich implicite auch schon die zweite Frage, die ich mir erlaubt habe oben zu stellen, beantwortet, die Frage, ob ein Unterschied zwischen den verschiedenen Leistungen an den Gläubiger gemacht werden soll. Ich kann nämlich eine Unterscheidung nicht zulassen zwischen Zahlungen und anderen Leistungen, wenn ich die Ueberzeugung habe und haben muß, daß auch in der Zahlung selbst schon eine Rechtsverletzung liegt. Darum läßt sich absolut nicht auf die feinen und subtilen Unterscheidungen des römischen Rechts eingehen, welches da sagt: die Zahlung, die bloße Leistung des Geschuldeten ist zulässig, die Einräumung eines Pfandrechts, einer Hypothek nicht zulässig. Oder: die datio in solutum, Hingabe an Zahlungsstatt — nach der heutigen Theorie so ziemlich allgemein angenommen, — sei nicht zulässig. Endlich: die Zahlung einer nicht fälligen Schuld — hier haben wir schon wieder Streit — soll sie nur anfechtbar sein in Bezug auf das Interusurium, weil nur um das Interusurium mehr geleistet wird als das, was dem suum gleichkommt oder ist sie überhaupt anfechtbar? Alle diese Unterscheidungen kann ich nicht zulassen, weil ich wiederhole: nach dem Dargelegten ist der Begriff des suum nicht mehr anwendbar von dem Momente an, wo der Gläubiger im vollen Bewußtsein war und sein mußte, daß bereits der Concursanspruch aller Gläubiger vorhanden ist und daß er demnach keinen anderen Anspruch mehr hat als den auf die Summe, welche sich ergiebt, wenn das Massevermögen cridarmäßig vertheilt wird.

Und damit gelange ich denn nun zu der letzten Frage, meine Herren, zu der Frage des Zeitpuncts. Von welchem Zeitmomente soll nach der Rechtsansicht die ich mir erlaubt habe zu entwickeln, die Strafbarkeit rücksichtlich des Schuldners und des Gläubigers datiren? Man muß da natürlich einen wesentlichen Unterschied machen. In Bezug auf den Schuldner haben es auch schon die neuesten Gesetzgebungen anerkannt, und ich glaube, es sollte darüber gar kein Zweifel sein können, daß der Zeitpunct, von welchem an der Schuldner strafbar sein muß, derjenige ist, in welchem er sich im vollen Bewußtsein seiner Zahlungsunfähigkeit befindet. Ich accentuire: im Bewußtsein seiner Zahlungsunfähigkeit. Nicht handelt es sich um die Frage der Insufficienz der Vermögensunzulänglichkeit, denn das ist eine Frage von unbestimmter Natur; es kann ja ein Moment sein, und er tritt oft ein, wo Insolvenz besteht, auch bei Sufficienz. Also das kann nicht die Frage sein. Nicht kann aber auch weiter die Frage sein, ob schon Zahlungseinstellung, schon ein Antrag auf Concurseröffnung, schon Concurseröffnung eingetreten ist. Auch dieser Zeitpunct ist es nicht, der entscheidend ist, denn dasjenige, was ich Concursanspruch nenne, und das, was ich bezeichnet habe als die dolose Absicht des Schuldners in Bezug auf seine Gläubiger, muß mit dem Momente eintreten, wo er weiß, er ist zahlungsunfähig und kann seinen Verbindlichkeiten nicht mehr entsprechen. Ich will es übrigens als feststehend annehmen, daß wir bei der Zahlungsunfähigkeit, wie es unsere Gesetzgebungen thun, hauptsächlich an die Handelsleute denken, weil da der Begriff „Zahlungsunfähigkeit", mindestens κατ' ἐξοχήν, seine Anwendung findet. Das ist nun also der entscheidende Moment, und mit einer Begrenzung, wie sie in der Frage der ständigen Deputation enthalten ist: „bis zur Concurseröffnung" haben wir uns nicht zu beschäftigen, denn die Frage, ob es überhaupt im einzelnen Falle zur Concurseröffnung kommt, ist ganz unentscheidend; das hängt von den Umständen ab.

Beispielsweise wenn kein Massevermögen vorhanden ist, wenn die Concurskosten nicht gedeckt werden können, wenn nur ein Gläubiger vorhanden ist, so kommt es gar nicht zum Concurse. Also um den terminus ad quem haben wir uns nicht zu bekümmern, wohl aber um den terminus a quo, den ich bezeichnet habe als den Zeitpunct, wo der Schuldner das Bewußtsein hat von seiner Insolvenz.

Anders in Bezug auf den Gläubiger. In Bezug auf den Gläubiger dem wir von einem bestimmten Zeitmomente an ein Recht nehmen, das er bis dahin nach allen wirthschaftlichen und Rechtsprincipien unzweifelhaft hatte, müssen wir außerordentlich behutsam sein mit der Fixirung des Zeitpuncts. Es muß ein Zeitpunct sein, in welchem absolut kein Zweifel für ihn bestehen kann, daß der Concursanspruch thatsächlich bereits eingetreten ist, und dieser Zeitpunct ist die erfolgte Zahlungseinstellung, der erfolgte und ihm bekannt gewordene Concurseröffnungsantrag. Der Zeitpunct der erfolgten Zahlungseinstellung — ich glaube darüber keine Argumentation nöthig zu haben. Es ist selbstverständlich, daß der Gläubiger von diesem Momente an mit Händen greifen muß: jetzt ist der Concursanspruch aller anderen Gläubiger eingetreten. Der andere Zeitpunct aber, den ich erwähnt habe, der des ihm bekannt gewordenen Concurseröffnungsantrages ist auch ein klarer, greifbarer, knüpft sich an einen in einer bestimmten Thatsache hervortretenden Act, auf den ja dann in der Regel die Concurseröffnung eintreten wird. Nur in diesem letzten Falle aber ist von der Wirkung die Rede, daß der Gläubiger strafbar wird. Wir können also mit voller Beruhigung sagen, daß wir den Gläubiger nur dann für strafbar erklären, wenn wirklich auf seiner Seite der Dolus, der böse Vorsatz einer beabsichtigten Rechtsverletzung besteht.

Meine Herren! In diesen Worten liegt die Begründung der Anträge, die ich mir erlaubt habe Ihnen zu stellen, der Anträge, bezüglich deren ich wiederhole, daß es doch, wie ich hoffe, von einem gewissen Werthe ist, daß wir, aus den verschiedensten Gegenden von Deutschland und Oesterreich

— der eine Gutachter aus Marienwerder, der andere aus Hannover, der eine Referent aus Baden, der andere Referent aus Oesterreich — daß wir Alle in der gleichen Auffassung uns begegnen. Ich wage also die Hoffnung auszusprechen, daß wir in diesem Falle wieder einmal einen jener Beschlüsse fassen werden, welche diejenigen sind, die der Juristentag immer am meisten wünschen muß, vielleicht allein wünschen muß: solche, die mindestens mit großer Majorität gefaßt werden. Denn da unsere Beschlüsse lediglich moralische Autorität in Anspruch nehmen können, so ist es klar, daß sie dieselbe immer nur dann haben werden, wenn sie aus jenem allgemeinen juristischen Bewußtsein hervorgehen, welches sich durch eine große Majorität oder durch Einstimmigkeit manifestirt. Ich glaube aber schließlich auch, daß wir etwas Gutes thun, wenn wir diese Beschlüsse fassen, weil wir damit klar an den Tag legen, wie wir auf Treue und Glauben in Handel und Verkehr halten wollen, soweit es im Wege der Gesetzgebung möglich ist, wie wir nicht zulassen wollen, daß bei uns wahr werde, was der berühmte Jurist Savary in seinem parfait négociant geäußert hat mit den Worten: quand pauvreté entré par la porte, probité sort par la fenêtre: wenn die Armuth bei der Thür hereinkommt, geht die Redlichkeit zum Fenster hinaus. Und ich glaube endlich, daß wir in den heutigen Umständen um so mehr Grund haben, für die Aufrechthaltung des Credits im Staate zu sorgen, weil ja Deutschland und Oesterreich in den letzten Jahren mehr als je erfahren haben, wie eine solche Wahrung des Credits Lebensbedingung ist für das Gedeihen, für die Prosperität der Staaten.

Mein Antrag geht also dahin:

> Der Juristentag spricht als seine Ueberzeugung aus: Der Gemeinschuldner, welcher, seine Zahlungsunfähigkeit kennend, einen Gläubiger gegenüber dem anderen befriedigt oder begünstigt, ferner der Gläubiger, welcher in Kenntniß von der erfolgten Zahlungseinstellung oder dem Antrage auf Concurseröffnung des Schuldners, von demselben Befriedigung oder Begünstigung gegenüber den anderen Gläubigern annimmt, ist strafbar.

(Beifall!)

Correferent, Kreis- und Hofgerichtsdirector **v. Stoeßer** aus Mannheim: Meine Herren! Wie der Herr Referent in der glücklichen Lage gewesen ist, sich in voller Uebereinstimmung mit den beiden Gutachten zu finden, so geht es auch mir.

Nachdem nun der Herr Referent sich nach seinem heutigen Vortrage mit dem Inhalte der von mir angekündigten Sätze:

1) der Cridar, welcher nach eingetretener Zahlungsunfähigkeit einem Gläubiger irgend eine Begünstigung gegenüber den andern Gläubigern zuwendet, ist strafbar;

2) auch der Gläubiger, welcher, trotz seiner Kenntniß von der Zahlungseinstellung oder dem Antrage auf Concurseröffnung seines Schuldners, von demselben noch irgend eine Begünstigung gegenüber den andern Gläubigern annimmt, ist strafbar,

einverstanden erklärt hat, unterlasse ich es, sie näher zu begründen, und füge zu deren Erläuterung nur bei, daß ich für den Satz 1 das Bewußtsein des Cridars von seiner Zahlungsunfähigkeit und von den Folgen einer gleichwohl vorgenommenen Begünstigung unterstellt, sowie in dem Ausdrucke „irgend eine Begünstigung", die von dem Herrn Referenten getrennt bezeichneten Arten „Befriedigung oder Begünstigung", d. h. letztere im weitesten Sinne des Wortes, sie mag in Zahlung, ganze oder theilweise Befriedigung, Deckung, Sicherung u. dgl. bestehen, verstanden habe. Angesichts des heute aufgestellten Satzes des Herrn Referenten schließe ich mich diesem an, sodaß also verschiedene Anträge von uns nicht vorliegen.

Ich wäre nun sehr gern versucht, Ihnen aus allgemeinen Gründen, aus sittlichen und wirthschaftlichen insbesondere im Hinblick auf den öffentlichen und Privatcredit, ferner aus strafrechtlichen, strafpolitischen Gründen, und endlich auf Grund von Rechtsnormen des bürgerlichen Rechts, wie sie anerkannt sind im römischen und französischen Recht, sowie anderen Gesetzgebungen, nachzuweisen, wie nothwendig es ist, eine Strafbestimmung sowohl gegenüber dem begünstigenden Schuldner als gegenüber dem begünstigten Gläubiger auszusprechen. Nachdem dies aber der Herr Referent auf Grund der beiden ausgezeichneten Gutachten bereits ausreichend gethan hat, muß ich der Mahnung des Herrn Präsidenten folgen und mich der weiteren Begründung enthalten. Nur Eins dürfte mir vielleicht gestattet sein: darauf aufmerksam zu machen, daß, während allgemein anerkannt ist in der Wissenschaft wie in der heutigen Gesetzgebung, und, wie Sie wissen, im Wesentlichen auch in den neuesten Vorschlägen der deutschen Concursordnung, daß der begünstigende Schuldner eine Strafe zu gewärtigen hat, wenn er nicht unter andere Bestimmungen des Gesetzes fällt, bis zu zwei Jahren, in allgemeiner Uebereinstimmung mit dem französischen Bankerottgesetz vom 28. Mai 1838 — daß nach den Motiven der deutschen Concursordnung diese Strafe oder irgend eine Strafe den begünstigten Gläubiger nicht treffen soll, weil, wie dort erwähnt ist, diese Strafe oder irgend eine Strafe für den begünstigten Gläubiger zu hart wäre. Wenn also, wie ich hoffen darf, gar kein Zweifel darüber obwalten kann, daß der begünstigende Schuldner als strafbar erklärt wird, so möchte ich Ihnen recht ernstlich zur

Erwägung geben, und im Anschluß an den Vorschlag des Herrn Referenten recht dringend empfehlen, auch dem zweiten Vorschlage Ihre Zustimmung zu geben. Es wird genügen, ganz kurz darauf hinzuweisen, daß sich derselbe rechtfertigt als nothwendige Folge der Bejahung des ersten Satzes, aus allgemeinen strafrechtlichen Gründen über Theilnahme, Beihülfe oder Begünstigung, soweit nicht schon die Grundsätze über die Anstiftung und Urheberschaft maßgebend sind, weil in solchen Verhältnissen in der Regel nicht der Schuldner derjenige ist, welcher aus eigenem Antriebe einen Gläubiger begünstigt, sondern der begünstigte Gläubiger der Anstifter sein wird, indem er aus allerlei selbstsüchtigen oder anderen Motiven den Schuldner drängt, noch irgend Etwas aus der Gesammtmasse, die nächstens zur gemeinschaftlichen gesetzlichen Vertheilung unter die übrigen Gläubiger kommen soll, für ihn zu retten, und ihm eine Begünstigung zu Theil werden zu lassen, während es dem Schuldner, der vielleicht noch die gute Absicht hatte, sein ganzes allen Gläubigern gehörendes Vermögen diesen zu übergeben, im Wesentlichen gleichgültig sein kann, ob es dieser oder jener Gläubiger noch im Voraus erhalten werde.

Dazu kömmt, daß solche Gläubiger, welche begünstigt werden, nicht immer nur ihren eigenen Vortheil verfolgen, sondern durch derartige Zahlungs- und Deckungsgeschäfte bewogen werden, in verbrecherischer Verbindung mit dem Schuldner durch unrichtige Darstellung des Vermögens und Schuldenstandes den Abschluß von für die Gläubiger entschieden nachtheiligen Vergleichen herbeizuführen.

Es werden Ihnen viele Fälle bekannt sein, welche klar zeigen, wie gegen das öffentliche Interesse es ungenügend und gefährlich sein würde, wenn nicht auch der begünstigte Gläubiger von der Strafe erreicht würde; ja die Nothwendigkeit einer Strafandrohung gerade gegenüber dem begünstigten Gläubiger erscheint so entschieden, daß die Strafe, welche nur gegenüber dem Schuldner angedroht ist, ihre rechte Wirksamkeit verlieren würde, wenn nicht auch der erfahrungsgemäße eigentliche Urheber dieses Unrechts, dieses Verbrechens oder Vergehens, gleichzeitig der strafgerichtlichen Verfolgung ausgesetzt würde. Ich enthalte mich, nur in Folge der Mahnung des Herrn Präsidenten zur allseitigen möglichsten Kürze, Ihnen das näher auseinander zu setzen, sofern unsere Anträge nicht etwa Einwendungen erfahren, und hoffe, daß Sie namentlich auch dem zweiten von uns vorgeschlagenen Satze möglichst einmüthig Ihre Zustimmung geben werden.

Präsident: Es liegt also jetzt ein einstimmiger Antrag der Herren Referenten vor in der Fassung, wie Sie ihn in der Drucksache vor sich liegen haben:

Der Juristentag spricht als seine Ueberzeugung aus: Der

Gemeinschuldner, welcher, seine Zahlungsunfähigkeit kennend, einen Gläubiger gegenüber den anderen befriedigt oder begünstigt, ferner der Gläubiger, welcher in Kenntniß von der erfolgten Zahlungseinstellung oder dem Antrage auf Concurseröffnung des Schuldners von demselben Befriedigung oder Begünstigung gegenüber den anderen Gläubigern annimmt, ist strafbar.

Zum Worte hat sich gemeldet Herr Dr. Rubo.

Stadtgerichtsrath Professor Dr. **Rubo** aus Berlin: Meine Herren! Dem Referate des Herrn Dr. Jaques möchte ich fast überall beistimmen, und wenn ich mir erlaube, gegenwärtig noch einige Worte an Sie zu richten, so sind dieselben in keiner Weise darauf gezielt, als ob ich gegen den Antrag selbst sprechen möchte, sondern ich möchte bloß, daß wir durch unsere Abstimmung klar und bestimmt aussprechen, was wir wollen, und wenn in dem Antrage eine gewisse Unklarheit sich finden sollte, daß wir dann einfach diesen Antrag insoweit außer Acht lassen, indem wir ihn nicht annehmen. Diese Unklarheit finde ich aber in einem Worte, von welchem ich mit Bestimmtheit weiß, daß auch die Herren Collegen ihn als unklar bezeichnen werden, nämlich in dem Ausdrucke der „Zahlungseinstellung." Ich meinerseits, meine Herren, habe bis jetzt vergeblich in Gesetzen oder in der Praxis die erschöpfende Belehrung gesucht, was unter der Zahlungseinstellung zu begreifen sei, und wenn Sie, meine Herren, dem Vortrage des Herrn Dr. Jaques gefolgt sind, so haben Sie gehört, wie er sogar den Fall angenommen, daß der Concurs überhaupt nicht eröffnet wird, daß also ein Mann — nehmen Sie ihn an so reich, wie Sie wollen, im Besitz von unendlich vielen Immobilien — vielleicht bloß ein paar Thaler Gerichtskosten oder einen Wechsel baar nicht bezahlen kann, demnächst einem Gläubiger ein Grundstück in Zahlungsstatt angiebt: der soll nachher bestraft werden, wenn auch der Concurs nicht eröffnet wird? Ich für meinen Theil bitte Sie daher, den Begriff der Zahlungseinstellung als einen unklaren erachtend, diesen Antrag einfach insoweit nicht anzunehmen, als es heißt, daß der Gläubiger bestraft werden soll, welcher in Kenntniß von der erfolgten Zahlungseinstellung Befriedigung oder Begünstigung annimmt, und ich bitte daher den Herrn Präsidenten, in dieser Hinsicht eine getheilte Abstimmung vorzunehmen dahin, daß erst gefragt wird, ob auch der Gläubiger strafbar sei, welcher in Kenntniß von der erfolgten Zahlungseinstellung Befriedigung angenommen hat, und zweitens derjenige, welcher dies gethan hat in Kenntniß dessen, daß der Antrag auf Concurseröffnung gestellt worden sei.

Präsident: Es meldet sich Niemand mehr zum Wort; ich schließe die Debatte und gebe dem Herrn Referenten das Wort.

Referent Hof- und Gerichtsadvocat Dr. **Jaques** aus Wien: Da die Debatte so kurz war, ist meine Aufgabe eine außerordentlich geringe. Ich gestehe, ich war angenehm überrascht, als mein geehrter Freund und Gegner Dr. Rubo das Wort mit der Aeußerung ergriff, daß er durchaus nicht die Absicht habe, gegen den Antrag aufzutreten. Ich war enttäuscht, obzwar allerdings nicht in unerwarteter Weise, als er denn doch gegen den Antrag gesprochen hat, und zwar in Betreff eines Punctes, der so zu sagen geradezu das Herz, der die Wesenheit des Antrages berührt. Meine Herren! Ich meine, wir brauchen uns wohl über die Frage, die hier angeregt ist, bezüglich des Begriffs der Zahlungseinstellung, keinem überflüssigen Scrupel hinzugeben, weil dieser Begriff so alt ist und in die Praxis so sehr längst aufgenommen, daß wir nicht sagen können, wenigstens soweit meine Erfahrung reicht, daß ein Richter je erhebliche Schwierigkeiten gehabt hätte, damit fertig zu werden. Es ist nun eben einmal in der Strafgesetzgebung mitunter nöthig, Begriffe dieser Art, die die Ausgangspuncte für die Strafbarkeit bilden, durch den Richter fixiren zu lassen. Das ist aber auch andererseits so sehr üblich, daß es in der Praxis tagtäglich vorkommt und nie zu dem mindesten Scrupel Anlaß gegeben hat. Beispielsweise sagt § 211 derselben deutschen Concursordnungsvorlage, von der ich wiederholt sprach, daß der Schuldner strafbar ist, der einen Gläubiger begünstigt hat, wenn er seine eigene Zahlungsunfähigkeit kennt, er stellt also den Begriff der Zahlungsunfähigkeit auf. Nun wird mir Herr Dr. Rubo zugeben, daß der Begriff der Zahlungsunfähigkeit viel schwerer, mindestens aber eben so schwer zu bestimmen ist, wie der Begriff der Zahlungseinstellung; dessenungeachtet hat sich die Gesetzgebung bisher nicht im Entferntesten genirt, und die ungeheuere Mehrzahl der Richter hat sich auch nicht genirt, den Begriff, wo es nothwendig war, zu fixiren und dann mit demselben zu operiren. Nun muß ich mir aber überdies auch noch die Bemerkung erlauben, daß die Zahlungseinstellung insbesondere im praktischen Leben nicht nur dem Richter, sondern auch dem praktischen Geschäftsmann als etwas so Präcises, Greifbares, Concretes erscheint, daß die Aufgabe des Richters ihr gegenüber auf ein Minimum reducirt ist. Wenn ein Kaufmann, ein Handelsmann, zu dessen regelmäßiger Thätigkeit die Leistung von Zahlungen gehört, erklärt: ich kann nicht zahlen, so hat er eben seine Zahlungen eingestellt, und darauf basiren nun unsere Gesetze, es basirt die österreichische Concursordnung, die preußische Concursordnung auf diesem sicher leicht zu bestimmenden Factum, und sagt, sowie einmal erklärt ist, daß die Zahlungseinstellung stattfindet, dann findet auch die Concurseröffnung statt. Ich bedauere wirklich, daß Herr Dr. Rubo seinerseits trotz alledem eine, wie es scheint, so unübersteigliche Schwierigkeit in dem Begriffe „Zahlungseinstellung“ findet, daß er vorzieht, in der Form eines kleinen Amendements meinen ganzen Antrag zu verwerfen. Denn Sie werden mir zugeben: wenn Sie die Zahlungseinstellung aus dem Antrage herausnehmen, so haben Sie dem Antrage die Spitze abgebrochen. Da ich nun aber glaube, wir könnten vollkommen ruhig darüber schlafen, daß es in der Praxis niemals eine Schwierigkeit machen werde, auszusprechen, der Kaufmann, welcher seine Wechsel nicht bezahlt, habe seine Zahlungen eingestellt, so glaube ich auch, daß die Herren mit voller Beruhigung dieses scheinbar kleine Amendement des Herrn Dr. Rubo ablehnen können und werden.

Präsident: Wir schreiten nun zur Abstimmung. Der Antrag des Herrn Dr. Rubo geht dahin, aus dem Antrage der beiden Referenten die Worte: „Der erfolgten Zahlungseinstellung oder“ zu streichen. Ich stelle zunächst diesen Antrag zur Abstimmung und bitte diejenigen, welche für den Antrag des Herrn Dr. Rubo sind, sich zu erheben.

(Niemand erhebt sich.)

Er ist abgelehnt. Ich komme nun zu dem Antrage der Herren Referenten.

(Abstimmung und Gegenprobe.)

Er ist angenommen mit allen gegen eine Stimme.

Wir treten jetzt ein in den zweiten Gegenstand der heutigen Tagesordnung, die Frage:

> Ist der beendigte Versuch im Strafgesetzbuche beizubehalten? beziehungsweise aufzunehmen? und ist eventuell dabei die freiwillige Verhinderung der Vollendung als Strafaufhebungsgrund anzuerkennen?

Referenten sind die Herren Advocat Dr. Stenglein aus München und Professor Dr. Hiller aus Czernowitz.

Referent Advocat Dr. **Stenglein** aus München: Meine Herren! Ehe ich ins Sachliche übergehe, glaube ich einige Bemerkungen vorausschicken zu müssen. Vor Allem die: Es war bisher gewöhnlich die Aufgabe des Referenten, die Gutachten, welche erstattet worden waren, kurz in der Abtheilung zu resumiren. Sie werden mir aber, glaube ich, wohl gern zugeben, daß bei Gutachten, in denen kein Satz zuviel steht, es eine außerordentlich schwierige Aufgabe ist, ein Resumé derselben zu geben, und in dieser unangenehmen Lage befinde ich mich gegenüber den außerordentlich schön und gründlich ausgearbeiteten drei Gutachten, welche über die vorliegende Frage eingelaufen sind. Ich glaube also mich mehr auf eine Erinnerung des Inhalts beschränken als ein wirkliches Resumé geben zu sollen, und ich bitte deshalb um Vergebung, wenn einer oder der andere der Herren mein Resumé etwas zu kurz finden sollte.

Eine andere Bemerkung, welche ich vorausschicken zu müssen glaube, ist folgende: die drei Gutachten stehen ausschließlich auf dem Boden des deutschen Strafrechts; der deutsche Juristentag aber befindet sich bekanntlich in einer gewissen dualistischen Stellung, indem er Deutschland und Oesterreich gleichmäßig umfaßt. Mit Rücksicht darauf, daß ein Oesterreicher zum Correferenten bestimmt wurde und, als derselbe zu unserem Bedauern absagen mußte, ein anderer Oesterreicher, Herr Professor Hiller aus Czernowitz, mit dankenswerther Bereitwilligkeit es übernahm, an seine Stelle zu treten, also der Correferent, Herr Professor Hiller, denjenigen Theil des Gutachtens übernehmen wird, der sich auf das österreichische Strafrecht bezieht, glaube ich, da ich zunächst auf dem Boden der Gutachten stehe, das österreichische Strafrecht einigermaßen außer Berücksichtigung lassen zu dürfen. Immerhin habe ich in den Anträgen, welche Ihnen gedruckt vorliegen, bereits auf die Stellung Oesterreichs Rücksicht genommen, indem sich der Ausdruck, den Sie in Ziffer 1 des Antrags finden: „oder dem Entwurfe eines neuen Strafgesetzbuchs" zunächst auf Oesterreich bezieht, welches zur Zeit neue Entwürfe eines Strafgesetzbuchs vorliegen hat, so daß der Beschluß, welchen Sie fassen, wenn Sie ihn conform mit meinem Antrage fassen, auch die österreichischen Verhältnisse berücksichtigen würde.

Indem ich auf die Sache eingehe, glaube ich vor Allem erwähnen zu müssen, daß die Veranlassung der ganzen Frage, welche Ihnen vorliegt, eine sehr bekannte ist. Es ist diejenige Novelle, welche dem deutschen Reichstage vorgelegt wurde und welche in das System ohne eine systematische Revision die Unterscheidung des beendigten und nicht beendigten Versuchs hineinbringen wollte. Ich weiß nun nicht, wie es kommt, daß die Fragen, welche den Gutachtern vorgelegt wurden unter sich einigermaßen differiren.

Es haben die Gutachten Lamm und Leuthold an die Spitze ihrer Gutachter die Frage in der Formulirung gestellt:

> „Ist der Unterschied des beendigten und des unbeendigten Versuchs im Strafgesetzbuche aufzunehmen?"

während der Gutachter Dr. Berner eine andere Fassung an die Spitze seines Gutachtens stellte, nämlich die, welche er noch besonders begründen zu müssen glaubte:

> „Ist der beendigte Versuch im Strafgesetzbuche beizubehalten?"

Es ist nun allerdings keine sehr wesentliche Verschiedenheit, immerhin hat es aber zu der ganz richtigen Bemerkung Berners Anlaß gegeben, daß der Begriff des beendigten Versuchs, wenn auch er nicht ausdrücklich im

Strafgesetzbuche enthalten ist, doch immerhin darin vorausgesetzt wird, indem an gewisser Stelle, in § 46 des deutschen Strafgesetzbuches, in welchem die Straflosigkeit des verhinderten Erfolges ausgesprochen wird, der Begriff des beendigten Versuchs vorausgesetzt wird. Nachdem ich aber glaubte, meine Anträge positiv fassen zu sollen, werde ich wohl auf diesen Unterschied in der den Gutachtern vorgelegten Fragestellung nicht mehr zurückkommen müssen. Eine ähnliche Stellung findet sich auch in der eventuellen Frage. Es ist dieselbe nämlich nur in eventueller Weise gestellt und geht dahin:

„Ist eventuell dabei die freiwillige Verhinderung der Vollendung als Strafaufhebungsgrund anzuerkennen?"

Es würde diese Frage also formell nur gestellt sein für den Fall, daß der Unterschied zwischen dem beendigten und unbeendigten Versuche in das Strafgesetzbuch aufgenommen wird. Auch hier liegt ja, aber abgesehen von dieser Eventualität, bereits die Thatsache vor, daß die freiwillige Verhinderung der Vollendung als Strafaufhebungsgrund bereits im deutschen Strafgesetzbuche anerkannt ist, und es würde auch die Frage sehr wohl absolut dahingestellt werden können, wenn der Unterschied zwischen dem beendigten und nicht beendigten Versuche eine Aufnahme in das Strafgesetzbuch nicht finden würde.

Endlich glaube ich eine Bemerkung vorausschicken zu sollen, weil sich darauf meine Anträge und meine ganze Ausführung einigermaßen basiren wird. Wir haben es nicht mit einer doctrinären Frage zu thun, nicht mit einer Frage, ob es in der Doctrin möglich sein wird, den Begriff des beendigten Versuchs genau zu definiren, sondern wir haben es mit einer praktischen Gesetzgebungsfrage zu thun. Wenn wir uns also entschließen sollten, uns dahin auszusprechen, daß der beendigte Versuch in das Strafgesetzbuch Aufnahme finden sollte, so könnte dies nur unter der Voraussetzung geschehen, daß damit ein wirkliches Strafkriterium gefunden wird, daß der beendigte Versuch ein Begriff ist, der nothwendigerweise eine strengere Bestrafung nach sich zieht, als derjenige des nicht beendigten Versuchs. Wenn diese Voraussetzung nicht zutreffen sollte, so würde überall keine Ursache gegeben sein, für eine praktische Gesetzgebungsfrage dasjenige, was gefragt wurde, zu bejahen.

Es liegen nun über diese Frage drei vortrefflich gearbeitete Gutachten vor. Der eine der Gutachter hat sich über die gegenwärtige Frage schon wiederholt in der deutschen Literatur ausgesprochen und bewegt sich selbstverständlich auf dem Boden, den er hierbei eingenommen hat: es ist Professor Dr. Berner. Derselbe neigt sich der Bejahung der Frage mehr zu als die beiden andern Gutachter. Er führt aus, daß der Begriff des beendigten Versuchs ein in der deutschen Wissenschaft bereits recipirter ist, und daß, wenn auch dieser Begriff keine so präcise Abgrenzung finden kann, daß damit für alle Fälle ein vollständig genau abgegrenztes Kriterium gegeben wäre, dieser Mangel doch auch einer ganzen Reihe anderer strafrechtlicher Begriffe anhängt, ohne daß man glaubte, sie von dem Strafgesetze ausschließen zu müssen, daß insbesondere die Begriffe des Versuchs, des Beginnes der Ausführung und dergleichen solchen Schwierigkeiten begegneten und der Richter sich mit solchen Begriffen abzufinden habe. Er hat weiter ausgeführt, daß sich eine richtige Definition dieses Begriffs finden lasse. Es seien die verschiedensten Versuche in dieser Richtung gemacht worden, und zwar Versuche, die er theilweise bekämpfen zu müssen glaubt: theilweise eine objective Richtung der Definition, indem man diesen Begriff dahin ausdrücken zu müssen glaubt, daß Alles müsse geschehen sein, was zur Vollendung des Verbrechens nöthig ist; oder eine subjective, daß Alles geschehen sein müsse, was der Thäter glaubt zur Vollendung des Verbrechens thun zu müssen. Berner bekämpft nun diese beiden Definitionen, und zwar, wie ich glaube, mit Recht, weil dasjenige, was zur Vollendung des Verbrechens nöthig ist, eine ganz specielle Beziehung zur Vollendung finden könnte; man könnte darin finden, daß wirklich Alles das thatsächlich geschehen sein müsse, was die Vollendung nach sich ziehen muß, während die subjective Definition an einem anderen Mangel leidet, indem damit das bloße Wahnverbrechen ebenfalls getroffen ist und man dann irrthümliche, aber ohne allen möglichen Erfolg vorgenommene Handlungen, welche nur die Tendenz haben, ein Verbrechen hervorzubringen, unter diese Definition beziehen könnte. Er schlägt daher eine mittlere Definition vor, welche dahin geht, der Thäter müsse dasjenige gethan haben, was zur Ausführung der Handlung erforderlich ist, jedoch erfolglos beendigt, und ich glaube, daß man sich vorläufig mit dieser Definition auch vollständig beruhigen kann. Das Gutachten kommt dann auf eine Ausführung in den §§ 4 und 5, welche ich glaube bei Seite lassen zu sollen. Das Gutachten kommt nämlich auf die Frage, wie es mit der erfolglosen Anstiftung zu halten sei, eine Frage, die allerdings im deutschen Reichstage eine sehr gründliche Erörterung gefunden hat, dort aber in Verbindung mit einer directen Anregung der Gesetzesvorlage. Ich glaube nun, daß die Frage, ob die erfolglose Anstiftung als eine selbständige strafbare Handlung, und zwar als ein beendigter Versuch zu bestrafen ist — wie der Versuch gemacht wurde, im deutschen Reichstage die Frage zu gestalten — daß diese Frage für uns vollständig außer Acht bleiben muß, denn sie würde auf eine der vielen Nebenfragen führen, die allerdings mit der Hauptfrage einigermaßen in Verbindung stehen, die aber durchaus nicht in einem Athem erledigt werden kann. Es würde die eine oder andere Erledigung der Hauptfrage durchaus nicht nach sich ziehen, daß man auch die erfolglose Anstiftung im gleichen Sinne erledigt, wie die Ausführung Berners zeigt, der entschieden dagegen auftritt, daß die erfolglose Anstiftung dem beendigten Versuche gleichzustellen sei. Seiner Anschauung, daß in der Anstiftung eine Vorbereitungshandlung zu erblicken sei, schließe ich mich vollständig an, natürlich mit dem Vorbehalt, daß bei bestimmten Reaten eine andere Norm getroffen werden kann. Ich glaube aber nicht, daß es an dem ist, daß der deutsche Juristentag auf diese nicht auf der Tagesordnung stehende Frage näher eingehen soll.

Berner kritisirt sodann in § 6 den Entwurf der Novelle, welche dem deutschen Reichstage vorgelegt wurde, und wendet sich hier zunächst gegen die Motive, welche er als vollständig irrig bezeichnet. Die Motive sprechen nämlich aus, daß sich die Reichsregierung veranlaßt gesehen habe, die Frage des beendigten Versuchs in die Novelle aufzunehmen, weil die Mehrzahl der Gesetzgebungen und die neuere Wissenschaft sich dahin geeinigt hätten daß dies ein tauglicher strafrechtlicher Begriff sei, der zur Abstufung der Strafe dienen könnte. Berner führt nun des Näheren aus, daß weder die Mehrzahl der Gesetzgebungen hiermit in Einklang stehe, wenn auch viele Gesetzgebungen in einer oder der anderen Weise verwandt mit dem Entwurfe seien, noch daß es als Nachweis für die Wissenschaft dienen könne, wenn auf einen einzigen Schriftsteller Bezug genommen werde. Er kritisirt sodann den Entwurf selbst und kommt zu dem Resultate, daß die Definition, es müsse Alles geschehen, was zur Begehung der Handlung erforderlich sei, daß aber die Einstellung des Wortes „alle“ — Handlungen müßten geschehen sein — unrichtig sei, weil sehr wohl ein Zwischenglied des Versuchs unterblieben sein könne, ohne deswegen den Begriff des beendigten Versuchs zu beseitigen. Er ist sodann einverstanden damit, daß aufgenommen werde, daß die zur Vollendung der That erforderlichen Umstände nur infolge von äußeren Umständen, welche vom Willen des Thäters unabhängig sind, unterblieben sein müssen, glaubt aber ein anderes Moment, nämlich, daß mit der Entdeckung der Handlung die Straflosigkeit derselben ausgeschlossen ist, bekämpfen zu müssen. Auf Grund dieser Ausführungen glaubt er nun mit Recht behaupten zu können, daß der Begriff des beendigten Versuchs ein vollständig definirbarer sei, wenn er auch zugeben muß, daß Einzelnes an diesem Begriffe zu Controversen führen könne, wie überhaupt im Gebiete des Strafrechts wenig Begriffe bestehen, welche nicht zu Controversen Anlaß geben könnten. Sodann wendet sich Berner in § 7 des Gutachtens dem, wie ich glaube, wesentlichsten Theile seiner Ausführung zu. Er stellt nämlich die Frage auf: ist der Begriff des beendigten Versuchs für die Strafbarkeit erheblich? und glaubt auch diese Frage bejahen zu müssen. Er findet den Grund, weshalb er den Begriff des beendigten Versuchs für die Strafbarkeit erheblich finden muß, darin, daß die Strafbarkeit einer That mit der Annäherung an die Vollendung wächst und daß bei dem nicht beendigten Versuch noch die Möglichkeit des Rücktritts besteht, aber bei dem beendigten Versuche im Gegentheil Handlungen des Thäters eintreten müßten, welche den Eintritt des Erfolges auszuschließen geeignet wären. Er führt zwar aus, daß die Hinderung des Erfolges möglich ist, daß aber der Erfolg dieser Hinderung eine nicht nothwendige Folge der Hinderungshandlung sei, sondern eine zufällige und problematische, und glaubt, daß, weil der verhinderte Erfolg straffrei mache, auch ganz consequent der beendigte Versuch in das ganze Gefüge des Strafrechts eingefügt werden könne. Ich glaube, es ist hiermit, wie ich bereits Eingangs andeutete, der eigentliche Angelpunct des Gutachtens gegeben, es ist hier aber auch zu gleicher Zeit derjenige Punct gegeben, in dem ich von den Ausführungen des vortrefflichen Gutachtens entschieden abweichen zu müssen glaube. Es scheint mir nämlich nicht genügend zu sein, wenn man nachweist, daß der Begriff des beendigten Versuchs für die Strafbarkeit erheblich ist, denn wir haben noch eine ganze Reihe von anderen Thatumständen, welche ebenfalls für die Strafbarkeit erheblich sind, deshalb aber doch nicht eine Definition im Strafgesetzbuche gefunden haben, ja, welche sogar principiell in den neueren Strafgesetzbüchern von der Definition, überhaupt von der Aufnahme in den Text des Gesetzbuchs Ausschluß gefunden haben. Es sind dies namentlich die sämmtlichen Momente, welche für die Strafzumessung von Erheblichkeit sind. Wenn wir anerkennen wollten und könnten, daß der Begriff des beendigten Versuchs für die Strafbarkeit eine solche Erheblichkeit hat, daß die nothwendige Folge des Vorliegens dieses Moments eine höhere Strafe ist, dann würde der Fall gegeben sein, den Berner annehmen zu müssen glaubt. Wenn wir aber nur ein Moment haben, das für die gesammte Strafzumessung allerdings von Erheblichkeit ist, aber durch andere Momente paralysirt werden kann, so daß trotzdem, daß ein beendigter Versuch vorliegt, doch eine mildere Strafe erkannt werden muß aus Rücksicht auf diese paralysirenden Momente, so ist, glaube ich, nicht ein Umstand gegeben, der sich eignet, als Grenze eines besonderen Strafmaßes in das Strafgesetzbuch aufgenommen zu werden, sondern wir haben es mit einem der vielen Strafzumessungsgründe zu thun, von deren Aufnahme in das Strafgesetzbuch die neuere Strafgesetzgebung principiell Abstand genommen hat. Nun glaube ich nicht unrichtig die neuere Strafgesetzgebung zu characterisiren, wenn ich sage, daß gerade den subjectiven Momenten der Strafzumessung ein erhöhter Werth beigelegt ist, daß die objectiven Momente der Strafzumessung einigermaßen dahinter zurückgetreten sind. Sobald also bewiesen ist, daß der Begriff des beendigten Versuchs nicht hinreicht, um nicht von subjectiven Momenten paralysirt zu werden, so ist gegeben, was ich andeutete, daß wir es hier nur mit einem Strafzumessungsgrunde zu thun haben. Von diesem Gesichtspuncte aus fällt es mir nicht ein, in Abrede stellen zu wollen, daß, jemehr sich eine Handlung der Vollendung nähert, sie von dem einen Gesichtspuncte aus um so strafbarer erscheint. Ich glaube aber behaupten zu müssen, und zahlreiche Beispiele, welche sich in den Gutachten finden, belegen es: sobald andere entschuldigende Umstände eintreten, kann die Strafbarkeit auch des beendigten Versuchs wieder unter dasjenige Maß sinken, welches ihm die Novelle zum Strafgesetzbuche vindiciren wollte. Nehmen Sie z. B. dasjenige Moment, welches für die Strafzumessung am wichtigsten ist, in subjectiver Richtung, nehmen Sie das Moment derBöswilligkeit der That, so glaube ich, diesem einen Momente einen viel größeren Einfluß auf die Strafbarkeit vindiciren zu müssen, als in der fortlaufenden Reihe von Handlungen, welche vom Beginn der Ausführung bis zur Vollendung erforderlich sind, das Stadium des beendigten Versuchs einzunehmen berechtigt ist. Ja, ich glaube behaupten zu dürfen, daß der nicht beendigte Versuch unter Umständen weit strafbarer sein kann als der beendigte Versuch. Eins von denjenigen Reaten, welches für die Unterscheidung des Begriffs des beendigten und nicht beendigten Versuchs das tauglichste ist, ist unter allen Umständen der Mord, wie überhaupt der Erfolg bei Verbrechen gegen Leben und Gesundheit den größten Raum einnimmt. Wenn Sie sich denken — und ich stehe hier auf dem Boden der im Gutachten gegebenen Beispiele — daß Jemand im Begriffe steht, ein Schießgewehr auf eine andere Person in tödtlicher Absicht abzufeuern, und er wird im letzten Momente, ehe er abgefeuert hat, durch das Dazwischentreten einer anderen Person daran gehindert, während nach den Umständen kein Zweifel darüber bestehen kann, daß er die mörderische Absicht hatte und daß er sie auch bestimmt, und zwar mit besonderer Bosheit ausgeführt haben würde, wenn er nicht gehindert worden wäre. Wenn Sie auf der andern Seite einen Mörder sich denken, der in der Aufregung zwar schießt, aber unter Umständen, welche das Schießen fast als einen unwillkürlichen Druck des Fingers, seine Böswilligkeit dabei im mildesten Lichte erscheinen läßt, so werden Sie ganz gewiß nicht zugeben, daß der hartnäckige Mörder, der nur durch äußere Umstände abgehalten worden ist, den Versuch zu beendigen, weniger strafbar ist, als derjenige, der mit der geringsten Böswilligkeit, mit dem geringsten Maße desjenigen Vorsatzes, der die That als Mord ansehen läßt, die That zwar beendigt, sie aber vielleicht schon im nächsten Momente auf's Tiefste bereut hat und die Folgen abgewendet haben würde, so sehr es nur in seinen Kräften gestanden hat. Ich glaube also behaupten zu müssen: die subjectiven Momente der Strafbarkeit stehen höher als die objectiven, und ich glaube, daß die neueren Strafgesetzbücher den vollständig richtigen Weg eingeschlagen haben, wenn sie dem Richter ein solches Strafmaß zur Verfügung gestellt haben, daß dem subjectiven Verschulden die vollste Zurechnung eingeräumt werden kann, dagegen nicht durch enggezogene objective Kriterien dieses richterliche Ermessen eingeengt, und somit auch vollständig richtig gehandelt haben, wenn sie im Begriffe des Versuchs nicht Unterabtheilungen aufgenommen haben, die ja in verschiedenen anderen Richtungen durch verschiedene Gesetzgebungen versucht worden sind, aber eben wegen ihrer Unhaltbarkeit auch wieder verlassen werden mußten.

Ich wende mich nunmehr zu dem Berner'schen Gutachten zurück. Es führt in § 8 aus, daß bei der Strafbarkeit des beendigten Versuchs nur von dem fehlgeschlagenen Versuche die Rede sein könne, und daß nach seinem Resumé zwar der Begriff ein vollständig definirbarer sei, daß er auch werth sei, in das Strafgesetzbuch als ein Kriterium der höheren Strafbarkeit aufgenommen zu werden. Er kommt aber sodann auf die weitere Frage, ob es auch gerechtfertigt sei, die Aufstellung einer besonderen Rangstufe für den beendigten Versuch in das Strafgesetzbuch aufzunehmen, und hier glaubt er nun die Frage entschieden verneinen zu müssen. Er führt aus, daß sich bis jetzt ein Bedürfniß nach einer solchen Correctur des deutschen Strafgesetzbuchs durchaus nicht ergeben habe, daß eine solche Correctur mit dem Character des deutschen Strafgesetzbuchs nicht im Mindesten im Einklange stehe, daß aber für die Zukunft ein solches Petitum auch nicht gestellt werden könne, denn man könne nicht beurtheilen, in welcher Richtung das deutsche Strafgesetzbuch eine solche eingehende Revision finden werde, daß damit die Gelegenheit geboten sei, den von ihm gebilligten Begriff in das Strafgesetzbuch aufzunehmen. In diesem Puncte befinde ich mich natürlich umsomehr, als ich mit dem Vordersatze Berners nicht einverstanden bin, mit ihm im vollsten Einklange, denn daß im deutschen Strafgesetzbuche dieser Begriff keine Aufnahme finden kann, so lange das System so angelegt ist, wie es angelegt ist, das scheint mir außer allem Zweifel zu stehen. Ich habe schon einmal erwähnt, wie ich glaube, daß die neuen Strafgesetzgebungen vollständig auf dem richtigen Wege sind, indem sie dem Richter ein so weites Strafmaß für alle Abstufungen des subjectiven und objectiven Verschuldens zur Verfügung gestellt haben. Ein solches weites Strafmaß, welches in weitaus den meisten Fällen bis zum Minimum der treffenden Strafgattung herabgeht, macht aber eine einzelne Abstufung innerhalb dieser Strafe vollkommen unthunlich, hebt gerade den Vortheil wieder auf, welcher durch das weite Strafmaß von dem Gesetzgeber verfolgt werden wollte. Man hat hiergegen in den Motiven den Mißstand in der Rechtsprechung angeführt, daß unsere Gerichte nicht den rechten Gebrauch von den weiten Strafmaßen gemacht hätten, daß sie viel zu milde urtheilten, ja, daß sie bei beendigtem Versuch der schwersten Verbrechen oft bis zum Minimum des Strafmaßes herabgegangen seien. Ich muß allerdings zugestehen, daß mir die Beschwerde, welche die Motive aufgestellt haben, nicht vollständig ungerechtfertigt zu sein scheint; ja, ich habe an einem anderen Orte die Richtigkeit dieser Beschwerde insoweit zugegeben, daß ein Antrag mit meinem Namen verknüpft ist, der Aufnahme in das Gesetz selbst gefunden hat. Aber immerhin glaube ich, daß es principiell nicht gerechtfertigt wäre, einen Fehler in der Judicatur dadurch gut zu machen, daß man nun alsbald das Strafgesetz wieder ändert, einen Fehler in der Judicatur dadurch gut zu machen, daß man in einzelnen Fragen zu einem ganz andern System übergeht, als dasjenige ist, von welchem das ganze Strafgesetzbuch ausgegangen ist. Es macht an anderer Stelle ein anderes der Gutachten mit Recht darauf aufmerksam, daß wir ja in der Uebergangsperiode uns befinden von Strafgesetzbüchern, die theilweise in der Specialisirung, in den Unterabtheilungen außerordentlich weit gegangen sind, daß es also nicht Wunder nehmen kann, wenn die Richter in dieser Uebergangsperiode noch nicht allenthalben den richtigen Gebrauch von den weiten Strafmaßen zu machen wissen. Aber abgesehen davon scheint mir doch, daß, wenn man glaubt, über die Judicatur sich beschweren zu müssen, es nicht der richtige Weg ist, wenn man das für richtig erkannte System abzuändern sucht, sondern daß man directe Mittel anwenden müßte, um auf die Judicatur einzuwirken, und solche Mittel stehen nicht nur der Legislative, sondern vor Allem der öffentlichen Meinung in solchem reichen Maße zu Gebote, daß an ihrer Wirksamkeit nicht gezweifelt werden kann. Ich begrüße von diesem Gesichtspuncte aus die Debatten, die darüber stattgefunden haben, mit Freude, denn sie müssen ja dem einen oder andern zu milden Richter begreiflich gemacht haben, daß er mit seiner allzu milden Anschauung mit der öffentlichen Meinung nicht im Einklange stehe, daß in einzelnen Fällen eine kräftigere Repression gegen das Verbrechen gesucht und gewünscht werde, und dieser Ausspruch der öffentlichen Meinung wird wohl ohne Zweifel auch auf die Judicatur corrigirend einwirken. Aber wie gesagt, darin kann ich nicht das richtige Heilmittel finden, daß man nun denjenigen Richter, der von den ihm zu Gebote stehenden Mitteln den richtigen Gebrauch gemacht hat, allzusehr einengt deswegen, weil andere Richter vielliecht einen nicht richtigen Gebrauch von ihren Mitteln gemacht haben, daß man zurückkehrt zu einem mit Recht aufgegebenen Stadium der Strafgesetzgebung nur deswegen, weil man in dem einen oder andern Falle, an dem einen oder andern Orte gefunden hat, daß die Richter zu milde urtheilen. Ich muß mich also mit aller Entschiedenheit dahin aussprechen, daß ich dem Satze Berners vollständig zustimme, daß es mit dem Character des deutschen Strafgesetzbuchs auch nicht im Entferntesten im Einklange stehen würde, wenn der partielle Begriff des beendigten Versuchs hineingetragen würde, während in andern Fällen, wo ganz dasselbe Platz finden soll, bei Reaten der verschiedensten Art, man nicht einmal versucht hat, ein Heilmittel anzuwenden.

Es wendet sich sodann Berner zu der eventuellen Frage, ob die Verhinderung des Erfolges als Strafaufhebungsgrund gelten soll oder nicht. Er führt aus, daß die Gesetzgebung die Verhinderung des Erfolges theils als Strafaufhebungsgrund anerkannt habe, theils nur Strafmilderung, theils sogar nur Strafminderung zugelassen habe, theilweise auch die Verhinderung des Erfolgs bei beendigtem Versuche mit der Strafe des nicht beendigten Versuchs belegt habe. Er kommt sodann auf eine Controverse über den eigentlichen Sinn des französischen und preußischen Strafrechts, indem von vielen Seiten bestritten wurde, daß überhaupt das deutsche Strafgesetzbuch, welches ja auf der Grundlage des preußischen Strafgesetzbuches erlassen wurde, den Begriff des beendigten Versuchs kenne. Ich glaube diese Controverse der Lectüre überlassen zu sollen. Mit Recht führt er aber aus, daß das deutsche Strafgesetzbuch den Begriff des beendigten Versuchs wenigstens als Strafaufhebungsgrund, damit aber auch den Begriff kenne, daß es die Straflosigkeit des beendigten Versuchs bei abgewendetem Erfolg statuire, und kein Grund gegeben sei, von dem deutschen Strafgesetzbuch in dieser Richtung abzuweichen. Er kommt bei dieser Ausführung auf die Frage, ob es richtig sei, die Straflosigkeit bei Verhinderung des Erfolgs dann auszuschließen, wenn die That entdeckt worden sei, und führt aus, daß es allerdings vollständig richtig sei, die Freiwilligkeit der Aufgabe des beendigten Versuchs und die Entgegenhandlung zur Verhinderung des Erfolgs als nothwendig, als Erforderniß aufzustellen. Daß aber diese Freiwilligkeit in der objectiven Weise, in der sie im Strafgesetzbuche Aufnahme gefunden habe, daß nämlich dann die Nichtfreiwilligkeit angenommen werden soll, wenn die That entdeckt worden sei — daß dies zu eng sei, weil ja nicht einmal Rücksicht darauf genommen werde, ob der Thäter von der Entdeckung Kenntniß gehabt habe oder nicht. Er glaubt nun, daß allerdings die Verhinderung des Erfolgs ein Moment sei, welches vollständig geeignet sei, als Strafaufhebungsgrund zu dienen, und hier befinde ich mich mit dem Gutachten wieder auf einem Boden. Ich halte die Ausführung Berners für vollständig richtig, wenn er sagt, daß jeder strafbare Versuch aus dem verbrecherischen Willen und aus der objectiven Erscheinung dieses Willens mittels Beginnes der Ausführung der That bestehe, daß also, wenn der Wille vollständig beseitigt sei durch den entgegenstehenden Willen, wenn auch die objective Erscheinung des Willens durch Abwendung des Erfolges der That beseitigt sei, überhaupt ein strafbarer Thatbestand nicht mehr bestehe. Man wendet dagegen ein, daß objectiv vorliegende Handlungen nicht mehr ungeschehen gemacht werden können, und es daher nicht gerechtfertigt sei, das, was geschehen sei, zu ignoriren. Mit Recht wird man aber dagegen anführen können, daß auch bei dem nicht beendigten Versuch dasselbe Verhältniß vorliegt. Auch hier hat der strafbare Wille in den Handlungen, in denen sich der Wille manifestirt, Ausdruck gefunden, und trotzdem ist man darüber nicht im Zweifel, daß ein freiwillig aufgegebener nicht beendigter Versuch zu Straflosigkeit sich eigne. Außerdem sprechen für die Straflosigkeit die Gründe der Criminalpolitik, welche erfordern, daß dem Thäter die Beseitigung des schädlichen Einflusses möglichst erleichtert werde, daß der Wunsch, die Straflosigkeit zu erreichen, ihn zur Aufhebung des strafbaren Erfolgs hinleite. Wenn man nun dagegen aufführen will, daß ja durch den beendigten Versuch schon ein Schade entstanden sein könne, so führt Berner dagegen auf, daß dem die größere Entschädigung entspreche. Wenn man anführt, daß der beendigte Versuch eine viel größere Gefahr für die Rechtssicherheit bildet, so führt Berner dagegen an, daß auch das größere Verdienst, welches in der Anstrengung zur Verhinderung des Erfolges liegt, zu Gunsten des Thäters spreche. Weshalb überhaupt der beendigte und der nicht beendigte Versuch vollständig gleichgestellt werden soll, habe ich schon ausgeführt. Es kommt sodann Berner am Schlusse seines Gutachtens zu dem Resultate, daß er die Worte: „zu einer Zeit, wo die That noch nicht entdeckt war" gestrichen wissen will. Er glaubt, daß die Worte: „durch eigene Thätigkeit des Thäters" genügen. Er führt hierfür auf, daß die Furcht vor Strafe, welche man anführt als einen Grund, der ausschließen müsse, daß eine bereits entdeckte That straflos werde, bei dem nicht beendigten Versuch als ein genügendes Motiv für den Thäter anerkannt sei, daß also ganz gewiß kein Moment gegeben sei, um bei dem beendigten Versuch die Furcht vor Strafe als ein nicht entschuldigendes Motiv darzustellen. Er führt endlich die Möglichkeit an, daß das öffentliche Aergerniß, welches durch den beendigten Versuch gegeben sei, als Grund dienen könne, die Straflosigkeit auszuschließen. Er führt aber mit Recht aus, daß dieses Moment des öffentlichen Aergernisses ein höchst problematisches, nicht bei allen Reaten vorliegendes sei, daß aber dem öffentlichen Aergernisse auch die Befriedigung des öffentlichen Rechtsbewußtseins entspreche, wenn der Thäter die Folgen seiner That vollständig beseitigt habe, und kommt so zu dem Resultate, daß er glaubt, auch abgesehen von einer systematischen Revision sei es wünschenswerth, jetzt schon durch eine Novelle die Worte: „zu einer Zeit, in welcher die That noch nicht entdeckt war" zu streichen. Er glaubt in dieser Beziehuug also eine Modification des deutschen Strafgesetzbuches beantragen zu sollen.

Was meine Stellung zu dieser Frage betrifft, so habe ich bereits ausgeführt, daß ich mit ihm vollständig einverstanden bin, die Verhinderung des Erfolgs bei beendigtem Versuch als einen Strafaufhebungsgrund anzuerkennen. Nicht so ganz bin ich einverstanden, wenn er glaubt, daß die Worte: „durch eigene Thätigkeit des Thäters" hinreichen, um den Zeitpunct zu fixiren, in dem die Straflosigkeit noch eintreten soll. Es ist ganz richtig, wenn er anführt, daß diese zwei Momente um deswillen nicht vollständig quadriren, weil dabei nicht berücksichtigt sei, ob der Thäter die Entdeckung kennen gelernt habe, während, wenn er sie nicht kennen gelernt hat, seine That mit Rücksicht auf die Strafbarkeit sich ebenso characterisirt als vorher, ehe sie entdeckt war. Immerhin glaube ich, daß, wenn der Thäter die Entdeckung gekannt hat, das nothwendige Requisit der Freiwilligkeit in einer Weise aufhört, daß es mit der einfachen Streichung nicht gethan ist. Ich gebe nun wohl zu, daß es schwer ist, eine Formulirung des Gesetzes zu finden, welche allen Ansprüchen genügt; ich glaube aber, daß, wenn das Wort „freiwillig" in das Gesetz aufgenommen wird, ein Begriff geschaffen ist, mit dem der Richter zu einem genügenden Resultate kommen kann. Hiermit haben wir es aber nicht zu thun; wir haben es nicht mit einer Revision des Gesetzestextes zu thun, sondern nur mit der Frage, welche Stellung der Verhinderung des Erfolgs eingeräumt werden soll. Wir werden uns also auch mit der Frage, ob die Worte nach dem Antrag Berners zu streichen seien oder bleiben sollen, nicht eingehend beschäftigen können.

Eine etwas andere Stellung als das Berner'sche Gutachten nimmt das Gutachten des Herrn Ober-Appellationsgerichtsraths Lamm zu Dresden ein. Es führt im Einklange mit dem, was ich bereits die Ehre hatte auszuführen, aus, daß der Versuch eine fortschreitende Thätigkeit in der Ausführung bis zur Vollendung sei, ohne daß sich in dieser fortschreitenden Thätigkeit scharfe Grenzen ziehen ließen. Es seien aus diesem Grunde die Gesetzgebungen, in welchen ein Unterschied zwischen nahem, nächstem oder entferntem Versuche gemacht wurde, bereits aufgegeben worden, und es habe der beendigte Versuch noch den großen Mißstand, daß er nur bei denjenigen Delicten überhaupt Anwendung finden könne, bei welchen ein besonderer Erfolg der That zur Vollendung nothwendig sei, also bei Verbrechen gegen Leben und Gesundheit, Brandstiftung, auf Täuschung beruhenden Delicten und denjenigen, welche eine fremde Willensthätigkeit erfordern. Er führt im Einklange mit Berner aus, daß die subjective Definition wie die objective nicht vollständig genüge, daß die mittlere Definition, welche Berner aufgestellt hat, zwar vollständig entspreche, daß aber die Grenze eine schwankende sei, daß Legaldefinitionen im Gesetzbuche möglichst vermieden werden sollen, und daß ein Bedürfniß, nur solche Legaldefinitionen aufzustellen, nicht bestehe. Er kommt sodann, womit ich mich vollständig einverstanden erklärt habe, dahin, daß zwischen dem beendigten und dem nicht beendigten Versuche nur ein quantitativer, nicht ein qualitativer Unterschied bestehe; daß eine Unterscheidung schon deshalb nicht statthaft sei, weil nicht bei allen Verbrechensarten diese Unterscheidung gemacht werden könne, daß mithin nur ein Strafausmessungsgrund vorliege und eine Unterscheidung im Gesetzbuche nicht getroffen werden solle. Diese Unterscheidung gehe jedoch nicht verloren, wenn man ihr den Charakter eines Strafausmessungsgrundes zuerkenne, daß es deshalb nicht wünschenswerth sei, einen besonderen Strafrahmen für den beendigten Versuch aufzustellen. Die Correctur der Urtheile, welche die Novelle anstrebe, sei keine wissenschaftliche Aufgabe, und er wolle sie deshalb nicht in das Gebiet seiner Erörterungen ziehen. In Bezug auf die eventuelle Frage führt das Gutachten Lamm's aus, daß die Vollendung nicht eintrete, wenn der Thäter nicht vollenden wollte oder nicht vollenden konnte. Bei dem nicht beendigten Versuche sei die Nichtvollendung nur durch Unterlassung des weiteren Handelns herbeizuführen; bei dem beendigten Versuche dagegen durch ein positives Entgegenhandeln, welches entweder ohne Erfolg sei, dann aber zur Vollendung führe, oder mit Erfolg, abgesehen vom qualificirten Versuch, in welchem Falle der Versuch als solcher sich zwar nicht beseitigen läßt, weshalb es Herrn Lamm scheint, daß es an einem genügenden Rechtsgrunde an und für sich fehle, den verhinderten Erfolg als einen Strafaufhebungsgrund anzuerkennen. Als einen strafpolitischen Grund glaubt er aber anführen zu müssen, es sei die Straflosigkeit eine höchst zweischneidige Waffe, indem ebensowohl eine Verlockung zum Versuche darin erblickt werden könne, wenn doch noch Straflosigkeit eintreten könne, als eine Anreizung, den Erfolg wieder zu beseitigen. Es ist ihm daher die Entscheidung über die eventuelle Frage eine zweifelhafte, je nach dem Gewichte, welches man den Gründen der Strafpolitik einräume. Indessen das deutsche Strafgesetzbuch habe entschieden, und er sehe keinen Grund, eine Aenderung des Strafgesetzbuchs einzuführen, sondern es sei nur inconsequent, daß die Entdeckung die

Straflosigkeit abschneide, indem er wie Berner anführt, daß dabei nicht berücksichtigt sei, ob der Thäter die Entdeckung kenne oder nicht. Das Gutachten geht daher dahin, auf Grund des Strafgesetzbuchs zwar die eventuelle Frage zu bejahen; es ist aber sehr wohl aus dem Gutachten zu erkennen und herauszulesen, daß, wenn eine systematische Revision eintreten sollte, der Gutachter mit vollständiger Straflosigkeit nicht einverstanden sei, sondern vorziehe, wenn nur ein Strafmilderungsgrund in der Verhinderung erblickt werde.

Das dritte Gutachten ist das des Herrn Ministerialsecretairs Dr. Leuthold aus Dresden. Leuthold führt aus, daß allgemeine rechtswissenschaftliche Gründe die Unterscheidung zwischen beendigtem und nicht beendigtem Versuch nicht verwerfen ließen. Der Begriff sei sehr wohl bestimmbar, und zwar wolle die subjective und die objective Definition, wobei er der subjectiven sich zuneigt, dasselbe treffen, wenn auch in speciellen Fällen eine Verschiedenheit im Resultate hervorteten könne. Gemeinsam sei für den beendigten Versuch, daß nicht der bloße Entschluß des Thäters die Vollendung beseitige, und er glaubt deshalb eine taugliche Definition des beendigten Versuchs darin finden zu können, daß ein Versuch so weit vorgeschritten sei, daß es nicht mehr im bloßen Entschlusse des Thäters liege, den Erfolg zu beseitigen. Er führt sodann aus, daß der Begriff des beendigten Versuchs nicht bei allen Reaten denkbar sei, daß bei einigen nur nicht beendigter Versuch, bei anderen nur beendigter Versuch vorkommen könne. Allein es könne dies nicht als Einwand gegen die Statuirung des Begriffs im Strafgesetzbuch dienen, weil auch nicht bei allen Reaten überhaupt Versuch denkbar sei, also dieser Grund nur gegen den Begriff des Versuchs geltend gemacht werden könne. Er erkennt ferner an, daß der beendigte Versuch zwar strafbar sei, weil er der Vollendung näher stehe, daß aber nicht bei allen Verbrechen gleicher Gattung gleiche Strafbarkeit vorliege. Daher sei wohl ein höheres Strafminimum gerechtfertigt, man dürfe aber nicht soweit gehen, daß man bei dem Strafmaximum des nicht beendigten Versuchs abschließe, weil sonst den subjectiven Strafzumessungsgründen eine zu enge Grenze gezogen sei. Er glaubt schließlich gegen den Einwand, daß der nicht beendigte Versuch nur bei einzelnen Reaten möglich sei, entgegenstellen zu müssen, daß ja der nicht beendigte Versuch bei denjenigen Reaten, bei denen er allein möglich sei, der Vollendung soviel näher stehe, sodaß auch dieser als ein strafbarer erscheine.

In § 2 glaubt nun das Gutachten für das jetzige Strafgesetzbuch eine Aufnahme des Begriffs des beendigten und nicht beendigten Versuchs nicht empfehlen zu sollen. Er führt als diejenigen Gründe, welche dagegen hauptsächlich aufgeführt worden seien, aus, daß die Controverse wegen des

Versuchs mit untauglichen Mitteln und untauglichem Object von Neuem mit voller Kraft auftauchen werde, legt aber selbst diesem Grunde soviel Gewicht nicht bei, weil er darauf aufmerksam macht, daß diese Controverse auch auf Grund des jetzigen Wortlauts des Strafgesetzbuchs aufgestellt werden könne und ganz dieselbe Entscheidung finden müsse wie dann, wenn der Begriff des beendigten Versuchs eingeführt werde. Er glaubt ferner, daß der Grundsatz wegen der thätigen Reue Schwierigkeit finden würde, und bei dieser Gelegenheit spricht sich das dritte Gutachten allein über die eventuelle Frage aus, entscheidet sie aber dahin, daß nur ein Strafminderungsgrund darin zu finden sei. Das Hauptgewicht legt das Gutachten auf den dritten Grund, daß die Beihülfe im Strafgesetzbuch mit dem Strafmaß des Versuches bedroht sei, daß aber, wenn man im Versuch Unterscheidungen statuire, das Strafmaß der Beihülfe vollständig unsicher sei. Er glaubt, daß dies zu großen Mißständen führen würde, und ich glaube ihm darin zustimmen zu müssen.

In § 3 kommt er darauf, daß der Entwurf die zu große Milde der Richter als einen Hauptgrund für die Statuirung des Begriffs des beendigten Versuchs hingestellt habe, führt aber aus, daß dies nur Folge des Uebergangs von den vorhergehenden Strafgesetzbüchern sei, wie ich dies bereits angeführt habe, und glaubt, daß man nur in Preußen ein Bedürfniß zu dieser Correctur der Judicatur gefühlt habe, in den übrigen Ländern aber ein solches Bedürfniß nicht hervorgetreten sei. Bei den gewöhnlichen Strafmaßen sei der Richter an eine größere Strenge durchaus nicht gebunden, und selbst bei den wenigen Verbrechen, welche mit absoluten Strafen bedroht seien, seien die mildernden Umstände ein Mittel, um immerhin auf die niederen Strafen zurückkommen zu können, sodaß er die Correctur, welche in der Unterscheidung des beendigten und nicht beendigten Versuchs gefunden wird, nicht anerkennen kann. Nur bei Mord glaubt er, daß die Unterscheidung von Wirksamkeit sei, hält es aber für unzuträglich, für ein einzelnes Reat eine Unterscheidung zu statuiren, welche nicht für alle Reate durchführbar sei. Das Gutachten verneint also die Haupt- und die Eventualfrage.

Ich glaube nun als Resumé derjenigen Gutachten und derjenigen Bemerkungen, die ich mir erlaubt habe beizufügen, Folgendes aufstellen zu sollen. Alle Gutachten verwerfen die Einführung des beendigten Versuchs in das jetzige Strafgesetzbuch, und, wie ich glaube, mit vollem Recht. Damit ich kurz die Gründe wiederhole, welche ich dafür aufgeführt habe, so ist mir außer dem nebensächlichen Grunde, daß die Strafe der Beihülfe bis jetzt auf der Strafe des Versuchs beruht, und, wenn hier nicht eine ausdrückliche Gesetzesbestimmung eintreten sollte, ein großer Zweifel in der Bestrafung der Beihülfe eintreten würde, der entscheidende Grund der, daß mit dem ganzen Character des Strafgesetzbuchs, welches von dem Princip der großen Strafmaße ausgeht, um dem Richter das Mittel zu geben, je nach dem subjectiven Verschulden den Thäter strafen zu können, alle die kleinen Unterscheidungen, welche in früheren Strafgesetzbüchern versucht sind, absolut unverträglich sind, daß also in das jetzige Strafgesetzbuch ohne systematische Revision desselben solche Unterscheidungen nicht hineingetragen werden können, daß ich es aber als einen entschiedenen Rückschritt erkennen würde, wenn in das jetzige Strafgesetzbuch durch eine solche Revision eine solche Unterscheidung eingefügt würde. Von den Gutachtern spricht sich für den Fall einer systematischen Revision Berner entschieden, Leuthold wenigstens einigermaßen dafür aus, Lamm dagegen ebenso entschieden dagegen. Was die eventuelle Frage betrifft, so erklärt Berner mit mir entschieden, daß die Verhinderung des Erfolgs als Strafaufhebungsgrund anerkannt werden soll; Lamm und Leuthold würden unter der Voraussetzung einer Revision des Strafgesetzbuchs sich dahin einigen, die Verhinderung des Erfolgs uur als einen Strafmilderungsgrund anzuerkennen; Berner dagegen will sie entschieden auch für den Fall der durchgehenden Revision als Strafaufhebungsgrund anerkennen, und ich habe Ihnen die Gründe bereits ausgeführt, weshalb ich mich der Berner'schen Ansicht vollständig anschließe und der Ansicht bin, daß die Verhinderung des Erfolgs unter allen Umständen als ein Strafaufhebungsgrund anerkannt werden muß.

Auf Grund dieser Ausführungen glaube ich Ihnen nur den Antrag stellen zu können:

Der deutsche Juristentag wolle sich dahin aussprechen:

1) Der Unterschied zwischen beendigtem und nicht beendigtem Versuch ist weder geeignet zur Zeit (durch eine Novelle) in das deutsche Strafgesetzbuch aufgenommen zu werden, noch künftig (bei einer systematischen Revision des Reichsstrafgesetzbuches oder dem Entwurfe eines neuen Strafgesetzbuches) Aufnahme in die Gesetzgebung zu finden.

2) Die freiwillige Verhinderung der Vollendung ist sowohl eventuell, wenn die Unterscheidung zwischen beendigtem und nicht beendigtem Versuche Aufnahme finden sollte, als abgesehen von diesem Falle als Strafaufhebungsgrund anzuerkennen;

und ich empfehle Ihnen dringend, diesen Satz zum Beschlusse des Juristentages zu erheben.

(Bravo!)

Correferent Professor Dr. **Hiller** aus Czernowitz: Meine Herren! Da

Ihnen bereits durch das Präsidium und die Herren Referenten die näheren Umstände, wie ich zur Uebernahme des Correferats gelangte, bekannt gegeben worden sind, in diesen Umständen aber mein Ersuchen um Ihre Nachsicht wohl gerechtfertigt ist, kann ich nach dieser für mich höchst nothwendigen captatio benevolentiae vor Allem meine Stellung zu der vorliegenden Frage dahin präcisiren, daß ich mit den Anträgen und Ausführungen des Herrn Referenten mich im Wesentlichen einverstanden erklären muß. Trotzdem kann ich Sie mit einigen Bemerkungen nicht verschonen.

Es ist schon wiederholt in den letzten Tagen, und es ist soeben auch von dem Herrn Referenten auf den gerade jetzt und gerade hier zu betonenden innigen Zusammenhang zwischen österreichischer und deutscher Rechtsentwickelung hingewiesen worden. Das, meine Herren, überhebt mich wohl jeder weiteren Motivirung, wenn ich es nun unternehme, Ihr Interesse an dem Gegenstande auch mit Rücksicht auf das österreichische Recht, und dadurch vielleicht eine Discussion anzuregen, welche für die Erörterung unserer Frage gewiß fruchtbringender sein wird, als meine wenigen unmaßgeblichen Bemerkungen. Was aber unsere Frage für Oesterreich meines Erachtens in diesem Augenblicke noch viel wichtiger und bedeutungsvoller macht, das ist die enge Wechselbeziehung, in welche das künftige österreichische Strafrecht zu dem heutigen gemeinen deutschen Strafrechte treten soll, indem, wie bekannt, der neue Entwurf eines österreichischen Strafgesetzes sich vollständig auf den Grundlagen des deutschen Strafgesetzbuchs aufbaut und in seinen wesentlichsten Bestimmungen sich an dieses anlehnt.

Zur Sache selbst übergehend, möchte ich daran erinnern, daß das gegenwärtige österreichische Strafgesetzbuch von 1852 zu denjenigen Gesetzen gehört, welche, ohne eine eigentliche Definition des Versuchs zu geben, lediglich die Bedingungen feststellen, unter denen der Versuch strafbar ist. Das soll der Fall sein, wenn — wie § 8 sagt — „der Bösgesinnte eine zur wirklichen Ausübung führende Handlung unternommen hat, die Vollbringung aber nur wegen Unvermögenheit, wegen Dazwischenkunft eines fremden Hindernisses oder durch Zufall unterblieben ist." Diese Fassung des § 8 war aus dem alten Strafgesetze von 1803 in das gegenwärtige wörtlich übergegangen, und ich kann hier, — ohne Sie irgendwie mit historischen Ausführungen ermüden zu wollen, — nebenbei erwähnen, daß schon die ältere österreichische Strafgesetzgebung zu Ende des vorigen Jahrhunderts, die Theresiana und das josephinische Gesetzbuch, die Merkmale des Versuchs in ähnlicher Fassung formulirt haben; ja, die Theresiana ging soweit, die „eigene Reue", dieses damals schon als Strafaufhebungsgrund anerkannte Moment, mit aufzuführen unter den die Vollendung hindernden Umständen, statuirte also entgegen der Theorie von der Straflosigkeit des Versuchs wegen freiwilligen Abstehens, auch wenn dies aus dem Motive der Reue erfolgte, einen strafbaren Versuch. Abgesehen davon war die Theresiana das letzte österreichische Gesetz, welches noch eigene Grade des Versuchs aufstellte; sie unterschied (Art. 13, § 3) entsprechend der alten Schuldistinction, entfernten, nahen und nächsten oder beendigten Versuch, „wo von Seite des Thäters Alles, was zur Bewerkstelligung der That in seiner Macht gestanden, angewendet worden.“ Seitdem hat die österreichische Gesetzgebung jedoch von der Aufstellung eigener Versuchsgrade abstrahirt. Das josephinische Gesetz, wie die Gesetzbücher von 1803 und 1852 haben es aufgegeben, die Strafbarkeit des Versuchs nach solchen nur scheinbar sich abgrenzenden Stufen zu bestimmen; aber unter Anerkennung des Grundsatzes, daß der Versuch mit derselben Strafe zu ahnden sei wie das vollendete Verbrechen, statuirte § 47 lit. a., daß ein Milderungsumstand vorliege, „wenn es bei dem Versuche geblieben ist, nach Maß als der Versuch noch von der Vollbringung des Verbrechens entfernt gewesen.“ Damit hatte das österreichische Gesetz von 1852 — wie auch schon das von 1803 — den damals von der überwiegenden Anzahl der deutschen Gesetzgebungen eingenommenen Standpunct verlassen; es stellte nicht wie diese für den nahen und den entfernten, den beendigten und den nicht beendigten Versuch besondere Strafsätze auf, sondern überließ es dem Ermessen des Richters, je nach der Beschaffenheit des Falles, die Versuchsstrafe auszumessen. Gleichwohl, meine Herren, ist nicht zu leugnen, daß unter die Worte des Gesetzes: „die Vollbringung des Verbrechens aber nur wegen Unvermögenheit, wegen Dazwischenkunft eines fremden Hindernisses oder durch Zufall unterblieben ist,“ sowohl der Fall des nicht beendigten wie des beendigten Versuchs unbedenklich, ich glaube auch ohne Zwang, subsumirt werden kann, denn der Ausdruck „Unterbleiben der Vollbringung“ umfaßt wohl ebenso den Fall, wenn der Thäter die auf den Erfolg gerichtete Handlung erfolglos vollzogen hat, als auch den der bloßen Unterbrechung der Versuchsthätigkeit durch vom Willen des Thäters unabhängige Umstände. In dem „Unterbleiben der Vollbringung“ liegen jedenfalls die beiden Eventualitäten eingeschlossen, welche das preußische Strafgesetzbuch, um den beendigten und den nicht beendigten Versuch besonders zu markiren, in den Worten: „nur durch äußere, von dem Willen des Thäters unabhängige Umstände gehindert oder ohne Erfolg geblieben ist“ hervorhebt.

Ist so der Begriff des beendigten Versuchs im österreichischen Strafrechte zwar nirgends ausdrücklich abgelehnt, so hat sich doch auch die Gesetzgebung — und ich darf im Hinblick auf das bisher über diese Frage schon

Erörterte wohl sagen — mit Recht nicht veranlaßt gefunden, denselben eigens zu definiren und ausdrücklich als eigene Stufe der Strafbarkeit des Versuchs aufzustellen. So ist es wohl erklärlich, daß auch die österreichische Jurisprudenz diese Unterscheidungen nicht in der Weise zu cultiviren für nöthig fand wie die gemeinrechtliche Doctrin, und die auf der Basis jener Strafgesetzbücher stehende Theorie, in denen jene Distinctionen eine besondere Würdigung gefunden hatten.

Denselben Standpunct wie das geltende österreichische Strafgesetz nehmen — ich muß das hier natürlich erwähnen — auch die früheren Strafgesetzentwürfe von 1863, von 1867, von 1870 gegenüber dem beendigten Versuche ein. Keiner derselben erwähnt diese als besondere Stufe der Strafbarkeit, und auch der neueste, gegenwärtig dem Reichsrathe vorliegende Entwurf von 1874 stellt bezüglich der Bestrafung des Versuchs einen Unterschied zwischen beendigtem und nicht beendigtem Versuch nicht auf; er enthält nur die allgemeine Regel in § 47, daß der Versuch in dem Maße gelinder zu strafen sei, „als die Versuchshandlung von der Vollendung weiter entfernt geblieben ist.“ Dagegen ist der Begriff des beendigten Versuchs im Entwurfe von 1874 allerdings herangezogen, wo es sich um die Straflosigkeit des Versuchs wegen freiwilligen Aufgebens eines nicht beendigten und wegen freiwilliger Abwendung des Erfolgs eines beendigten Versuchs handelt. Im §. 49 hat der Entwurf den §. 46 des deutschen Reichsstrafgesetzbuchs dem Gedanken nach vollständig adoptirt, wenn er auch in der Fassung etwas abweicht.

Hiervon habe ich dann noch eingehender zu sprechen.

Hier also, meine Herren, glaube ich wohl, daß wir zu dem Resultate gelangen, daß weder das geltende österreichische Recht, und zwar dies schon seit fast einem Jahrhundert, noch die Entwürfe für ein neues Strafgesetz die Strafen des Versuchs mit Rücksicht darauf, ob derselbe ein beendigter oder nicht beendigter ist, besonders feststellen, und diesem Standpuncte des österreichischen Rechtes dürfte jedenfalls mit Rücksicht auf die soeben vom Herrn Referenten erörterten und die in den vorliegenden Gutachten geltend gemachten Gründe zuzustimmen sein. Ja, es hieße Ihre Aufmerksamkeit und die uns zugemessene Zeit unnützer Weise in Anspruch nehmen, wollte ich jene Argumente etwa mit Rücksicht auf die künftige österreichische Strafgesetzgebung nochmals entwickeln, zumal mir nicht wohl gelingen dürfte, den trefflichen Ausführungen des Herrn Referenten über diese Frage weitere beizufügen oder auf neue Gesichtspuncte hinzuweisen. Jedenfalls würde nicht nur die vom rein wissenschaftlichen Standpuncte, sondern auch die mit Rücksicht auf den Character und das System des deutschen Strafgesetzbuchs gegen die Aufnahme des beendigten Versuchs erhobenen Bedenken mit gleicher Stärke wieder hervortreten, wenn es sich um die Aufstellung einer besonderen Strafstufe für den beendigten Versuch in der künftigen österreichischen Strafgesetzgebung handelte. Ich glaube, daß dies um so weniger einer näheren Begründung bedarf, als es ja bekannt ist, wie der neueste Entwurf eines österreichischen Strafgesetzes seinem ganzen Character und System nach, namentlich auch, was das System der weiten Strafmaße betrifft, dem Geiste des deutschen Strafgesetzbuchs folgt, demnach all das, was für dieses als entsprechende Aenderung oder Verbesserung nicht erkannt wird, ebensowenig zur Aufnahme in den österreichischen Entwurf zu empfehlen sein dürfte.

Was nun die dem Antrage 2 des Herrn Referenten zu Grunde liegende Frage anlangt, ob die freiwillige Verhinderung der Vollendung als Strafaufhebungsgrund anzuerkennen sei, so möchte ich auch hierzu vom Standpuncte der österreichischen Gesetzgebung einige Worte beifügen. Das Strafgesetzbuch von 1852 fordert, wie wir schon gesehen haben, unter den Bedingungen der Strafbarkeit des Versuchs ausdrücklich, daß die Ursache, wegen deren die Vollbringung unterblieben ist, „nur" in der Unvermögenheit des Thäters, der Dazwischenkunft eines fremden Hindernisses oder in dem Zufalle gelegen sei, sonach lediglich in Umständen, welche von dem Willen des Thäters unabhängig sind. Wir finden also hier dieselbe negative Fassung wie in dem französischen, dem früheren preußischen und bayerischen Gesetzbuch, wo ebenfalls gefordert wird, daß die Vollendung nur durch äußere, vom Willen des Handelnden unabhängige Umstände, also jedenfalls nicht durch den Willen des Handelnden selbst, d. h. durch freiwilliges Abstehen desselben unterblieben ist. Daß unter diesen Worten des Gesetzes nichts Anderes verstanden werden sollte, geht schon aus § 6 des zweiten Theils des alten Strafgesetzbuchs von 1803 hervor, wo vom Versuch einer schweren Polizeiübertretung gehandelt wird und wo es ausdrücklich heißt: „wenn der Vollzug der Uebertretung nicht aus dem Willen des Handelnden, sondern blos durch Dazwischenkunft zufälliger Umstände unterblieben ist." Sobald demnach der Nichteintritt der Vollendung oder, um speciell mit den Worten des österreichischen Gesetzes zu sprechen, das Unterbleiben der Vollbringung auf den Willen des Thäters zurückzuführen ist, also ein freiwilliges Abstehen desselben von der Versuchsthätigkeit vorliegt, dann fehlt ein Begriffsmerkmal des Versuchs, beziehungsweise eine der Bedingungen seiner Strafbarkeit ist nicht vorhanden und Straflosigkeit muß eintreten. Und darin liegt hier das Entscheidende. Man darf, wie ja die Gutachten bereits hervorheben, auf Grund der Gesetze, welche jene negative Fassung beim Versuchsbegriff angenommen haben, correcter Weise nicht von einem Strafaufhebungsgrunde sprechen; es tritt vielmehr die Straflosigkeit von selbst ein, lediglich in Folge jenes Mangels einer gesetzlichen Bedingung der Strafbarkeit. Von einem im Gesetze statuirten Strafaufhebungsgrunde kann nur da gesprochen werden, wo das Gesetz einen solchen ausdrücklich aufstellt, ohne das Nichtvorhandensein eines freiwilligen Abstehens in den Versuchsbegriff selbst mitaufgenommen zu haben. Diesen Weg schlägt bekanntlich das deutsche Reichsstrafgesetzbuch ein. Theorie und Praxis in Oesterreich hat demzufolge in richtiger Erkenntniß dieses Moments lediglich Straflosigkeit der betreffenden Versuchshandlung, aber nicht einen eigenen Strafaufhebungsgrund angenommen, wenn die Vollbringung in Folge freier Willensthätigkeit des Handelnden selbst unterblieben, also in dem eigenen Willen des Thäters die Ursache der mangelnden Vollendung gelegen ist. Dies war schon lange seit der josephinischen Gesetzgebung anerkannt, seitdem die negative Fassung jenes Merkmals in die österreichische Gesetzgebung Aufnahme gefunden hatte. Das josephinische Strafgesetz von 1787 forderte bereits, daß „die That nur aus Unvermögen, aus dazwischen tretendem fremden Hindernisse oder aus Zufall nicht vollbracht worden ist,“ während die Theresiana noch an dem rigorosen Standpuncte festhielt, den Versuch für strafbar zu erklären, „wenn Jemand durch äußerliche Zeichen oder Werk sich der Missethat unterzieht, solche aber entweder durch eigene Reu, oder Ohnvermögenheit oder aus fremder Behinderung oder durch Zufall nicht vollbracht worden.“ Also dieses Gesetz ging soweit, den Versuch selbst beim Abstehen von der Vollbringung „aus eigener Reu“ für strafbar zu erklären, im Gegensatz zu der schon damals herrschenden Doctrin, welche zu Ende des 18. Jahrhunderts im Anschluß an die Carolina, die Glossatoren und Italiener den Rücktritt vom Versuch als straflos betrachtete. An der richtigen Anschauung der Straflosigkeit des freiwilligen Rücktritts hat aber die österreichische Gesetzgebung in der Folge festgehalten, unbekümmert um jene Strömungen zu Ende des vorigen Jahrhunderts, welche, (repräsentirt durch Männer, wie Böhmer, Koch, Quistorp, Grolmann u. a., sowie in der Gesetzgebung namentlich durch das preußische Landrecht) entweder im Rücktritt vom Versuch nur einen Strafmilderungsgrund erblickten oder überhaupt jede daraus resultirende Straflosigkeit als weder quellenmäßig, noch wissenschaftlich begründet leugneten. Diese Strömung hatte also auf die österreichische Gesetzgebung einen weiteren Einfluß nicht ausgeübt. Fraglich wäre vom Standpuncte des gegenwärtigen österreichischen Strafgesetzbuchs etwa nur, ob nach der Fassung des Schlußsatzes des § 8 auch die freiwillige Verhinderung des Erfolgs bei dem beendigten (natürlich nur bei dem nicht fehlgeschlagenen) Versuch Straflosigkeit begründe. Diese Frage wäre nach der

Wortfassung des Gesetzes auch auf dem Boden der heutigen österreichischen Jurisprudenz noch aufzuwerfen. Während die beiden Commentatoren des österreichischen Gesetzes, v. Hye und Herbst, über diese Frage gänzlich schweigen, vertritt Geyer in seinen „Erörterungen über den Thatbestand der Verbrechen nach österreichischem Recht" entschieden die Ansicht, daß auch der beendigte Versuch straflos werden könne, wenn nur der Thäter die Vollbringung des Verbrechens zu hindern im Stande sei und sie wirklich hindere. Die Motive des neuen Entwurfs von 1874 stellen freilich die Ansicht auf, daß nach dem gegenwärtigen Gesetze der Rücktritt nur bei dem nicht beendigten Versuche Straflosigkeit herbeiführe. Ich glaube jedoch, daß wir Anhaltspuncte genug haben, mit Geyer für die Straflosigkeit auch im Falle des beendigten Versuchs uns zu entscheiden. Wenn auch der Begriff des beendigten Versuchs als solcher im österreichischen Strafgesetze nicht eigens aufgestellt ist, so schließt doch jene Fassung des Schlußsatzes des § 8 in dem Ausdruck „Unterbleiben der Vollendung" den Fall des beendigten Versuchs ebenso gut ein, wie den des nicht beendigten, und die Theorie hätte kaum einen Grund, auf die Wortfassung des Gesetzes hin den beendigten Versuch auszuschließen. Ich habe auf diesen Punct schon oben aufmerksam gemacht, und glaube nicht, daß mit jenen Worten das Gesetz etwas Anderes bezeichnen wollte, als das französische, preußische und frühere bayerische Gesetzbuch mit dem Ausdrucke: „nur durch äußere, vom Willen des Thäters unabhängige Umstände gehindert oder ohne Erfolg geblieben ist."

Die allgemeinen theoretischen Gründe, welche für die Gleichstellung des beendigten Versuchs mit dem nicht beendigten sprechen, sind bereits in den Ausführungen des Herrn Referenten hinreichend erörtert; ich wage nicht, darauf eingehend zurückzukommen. Aber gestatten Sie mir, den einen wohl allgemein anerkannten und unbestrittenen Satz Ihnen ins Gedächtniß zurückzurufen, daß die Versuchshandlung nur in ihrer Beziehung auf die verbrecherische Absicht strafbar ist, daß sie aufhört, dies zu sein, wenn der Thäter selbst diese Beziehung abbricht und aufhebt, indem der nicht verwirklichte Theil der Absicht aus eigenem Antriebe zurückgenommen wird, in dem äußerlich bewirkten sich somit kein darüber hinausgehender Wille bekundet. Aus diesem Satze, meine Herren, folgt ebenso die Straflosigkeit wegen Rücktritts beim unbeendigten Versuche, als die Straflosigkeit wegen der Verhinderung des Erfolgs durch freiwilliges Entgegenwirken, denn auch hier wird der Versuchshandlung dadurch jene ursächliche Beziehung zwischen Absicht und Erfolg genommen, auch hier wird der rechtswidrige Vorsatz in wirksamer Weise zugleich mit der Richtung der Handlung auf die Vollendung wieder aufgehoben. In der Nichtanerkennung dieser für die Straflosigkeit des beendigten wie des nicht beendigten Versuchs im Falle des Abstehens gleich stark sprechenden Momente würde aber ein Hinaussetzen über den Mangel des vollen objectiven Moments zu Gunsten des in der angefangenen Handlung verkörperten intensiven Dolus liegen, ja, es wäre dies die Annahme der Strafbarkeit eines noch gar nicht existent gewordenen Verbrechens lediglich vermöge einer Fiction. Der praktische Zweck aber, welchen die Criminalpolitik bei der Straflosigkeit wegen Verhinderung des Erfolgs im Auge hat, der Umstand nämlich, daß der Thäter durch die Aussicht auf Straflosigkeit ermuntert werde, zurückzutreten, und daß er insbesondere in der Furcht vor der nun ohnedies verwirkten Strafe nicht eine Triebfeder erhalte, in dem Augenblicke, wo er über den Eintritt oder Nichteintritt des Erfolges noch verfügen kann, sich für die Vollendung zu entscheiden und den Erfolg ungehindert eintreten zu lassen — dieses strafpolitische Moment — trifft hier doch gewiß ebenso zu als dort, wo es nur für den Rücktritt vom unbeendigten Versuche geltend gemacht wird.

Somit ist weder in dem gesetzlichen Wortlaut noch in den allgemeinen wissenschaftlichen oder strafpolitischen Gründen, die ich hier kurzgefaßt hereinziehen mußte, ein Anhaltspunct gegeben, bei dieser Frage gegen die Straflosigkeit der freiwilligen Verhinderung des Erfolgs auf Grund des gegenwärtigen österreichischen Gesetzes zu entscheiden.

Was nun noch den Standpunct der künftigen österreichischen Gesetzgebung zu dieser Frage betrifft, so haben der Regierungsentwurf von 1867, der aus diesem hervorgegangene Ausschußentwurf von 1868 und der in Folge wiederholter Berathungen zu Stande gekommene Entwurf von 1870, die negative Fassung des geltenden österreichischen Gesetzes beibehalten. Es haben die Motive zu dem Entwurfe von 1867 ausdrücklich hervorgehoben, daß die Straflosigkeit der zur Ausführung eines Delicts in der Außenwelt etwa schon vorgenommenen Handlungen, wenn der Thäter selbst seinen Entschluß änderte, im Bestande des österreichischen Strafgesetzes von 1852 stets aus der Fassung des § 8 gefolgert worden sei. Es könne daher, fahren die Motive fort, bei der unveränderten Aufnahme dieser Stelle des Gesetzes von 1852 auch in Zukunft über diese Frage kein Zweifel sein. Der sogenannte Referentenentwurf von 1863 hatte indessen in § 40 das Aufgeben des Versuchs aus eigner Reue als besonderen Strafaufhebungsgrund anerkannt, und sich hierbei in den Motiven auf die bekannten wissenschaftlichen und strafpolitischen Gründe gestützt. Diese Bestimmung hat der Regierungsentwurf von 1867 beseitigt und die Fassung des geltenden Gesetzbuches von 1852 im Wesentlichen wiederhergestellt, damit also wieder das Rückgängigmachen des Versuchs aus eigenem An=

triebe, ohne daß schon ein äußerer Umstand hindernd dazwischen getreten wäre, gefordert. Den Ausdruck „eigne Reue“ wollte man namentlich wegen der Zweifel, welche sich schon aus dem Gebrauche dieses Ausdrucks an mehreren Stellen des gegenwärtigen Gesetzes ergaben, und wegen der verschiedenen engen und weiten Auffassung, welche derselbe fand, insbesondere aber deshalb vermieden haben, weil das Strafgesetzbuch — in dieser Richtung wenigstens — sich mit der Reue des Thäters gar nicht zu befassen habe. Es ist allgemein anerkannt und außer Zweifel, daß der Ausdruck „thätige Reue“ das freiwillige Abstehen vom Versuche nur höchst ungenügend bezeichnet. Aus diesem Grunde ist der Beseitigung des Ausdrucks „thätige Reue“ durch den Entwurf von 1867 gewiß nur beizustimmen. Der neueste Entwurf von 1874 nun, der uns am meisten interessirt, hat sich in § 49 auch bezüglich unserer Frage an das deutsche Reichsstrafgesetzbuch angeschlossen, indem er wie dieses beim freiwilligen Aufgeben eines nicht beendigten Versuchs und bei der freiwilligen Abwendung des Erfolgs eines beendigten Versuchs einen Strafaufhebungsgrund statuirt, weil, wie die Motive besagen, in beiden Fällen der rechtswidrige Vorsatz wirksam zurückgenommen worden ist; die böse Absicht habe also nicht jene Stärke, um das Recht, gegen welches sich die Versuchshandlung wendet, zu verletzen. Wir sehen hier immer dieselben Gründe wiederkehren. In der Fassung erscheint aber die Bestimmung über die Abwendung des Erfolgs bei dem nicht beendigten Versuche einigermaßen divergirend. Der § 49 Ziffer 2 sagt:

> „Der Versuch als solcher bleibt straflos, wenn der Thäter zu einer Zeit, in welcher die That noch nicht entdeckt war, aus eigenem Antriebe den Eintritt des zur Vollendung des Verbrechens oder Vergehens erforderlichen Erfolgs abgewendet hat.“

Der Entwurf betont also, wie schon im ersten Falle beim nicht beendigten Versuch, hier den „eigenen Antrieb“, ohne die vom deutschen Gesetzbuche geforderte „eigene Thätigkeit“ hervorzuheben. Die Motive rechtfertigen die Aufnahme der im deutschen Gesetzbuch fehlenden Worte: „aus eigenem Antriebe“ damit, daß schon im ersten Falle hierdurch schärfer hervorgehoben werden sollte, daß die Nichtausführung des Delictes im eigenen Entschlusse des Thäters ihren Grund finden muß, im zweiten Falle aber, um der Mißdeutung zu begegnen, als ob die eigene Thätigkeit unmittelbar die Abwendung bewirken müßte, als ob allenfalls bei einer Vergiftung der Thäter wohl straflos würde, wenn er selbst dem Vergifteten ein wirksames Gegengift beibringt, nicht aber, wenn er Andere in den Stand setzt, dies zu thun.

Von diesem Gesichtspuncte glaube ich, läßt sich jener Ausdruck im Entwurfe allerdings rechtfertigen.

Der vom Abgeordnetenhause des Reichsraths niedergesetzte Ausschuß für die Berathung dieses Entwurfs hat in dem Satze des § 49 Ziffer 2: „in welchem die That noch nicht entdeckt war", die Worte: „die That" geändert in „seine That." Es scheint diese Abänderung mit Rücksicht auf den Fall der Theilnahme gemacht worden zu sein, um besonders hervorzuheben, daß man hier die That jedes Einzelnen für sich und losgelöst von der der übrigen Mitschuldigen in Betracht ziehen müsse. Es ist darauf schon von Dr. Krall in der Gerichtszeitung von 1876 Nr. 45 aufmerksam gemacht, und dabei namentlich betont worden, daß nach dem Beschlusse des Ausschusses die Art der Mitwirkung für die Straflosigkeit entscheidend ist; dem Thäter und Mitthäter kommt die Abwendung des Erfolgs, wenn die That schon entdeckt war, in diesem Falle nicht zu Gute, denn es handelt sich hier um seine That; wohl aber käme die durch einen Theilnehmer bewirkte Abwendung des Erfolgs diesem auch im Falle der Entdeckung der That und der Thäter, wenn nur seine Theilnahme, seine Gehilfenthätigkeit beispielsweise, nicht entdeckt ist, zu Gute, denn es handelt sich hier nicht um seine That. — Es ist nicht möglich, in diese Detailfrage weiter einzugehen; ich käme hierdurch zu weit vom Thema ab. Allerdings ist das ganze Moment des Entdecktseins vielfach angefochten, wie der Herr Referent hervorgehoben hat, und wohl nicht mit Unrecht. Ich kann mich in dieser Beziehung auf die Ausführungen des Herrn Referenten und die in dem Berner'schen Gutachten niedergelegten Gründe beziehen.

Ich glaube nun, meine Herren, mit dem, was ich bisher ausgeführt habe, meinen Zweck erreicht zu haben, nämlich darzuthun, daß die freiwillige Verhinderung des Erfolgs bei dem beendigten Versuche nicht nur im geltenden österreichischen Recht Straflosigkeit bewirkt, sondern auch in dem künftigen österreichischen Strafrecht alle Aussicht auf Anerkennung als Strafaufhebungsgrund hat, weshalb ich mich auch in dieser Beziehung, was den Standpunct des österreichischen Rechts betrifft, den Ausführungen wie dem Antrage des Herrn Referenten anschließen zu können glaube.

Präsident: Als Redner haben sich gemeldet die Herren Dr. Jaques und Hofrath v. Keller.

Hof- und Gerichtsadvocat Dr. **Jaques** aus Wien: Meine Herren! Ich beabsichtige nicht, nach der eben gehörten lichtvollen Darstellung, über die Sache selbst zu sprechen; erwähnen will ich nur als ein interessantes Factum, daß der verstorbene Zachariä, gerade derjenige, dem wir die eingehendste wissenschaftliche Darstellung der ganzen Versuchslehre verdanken, in einer seiner Abhandlungen, in Goltdammer's Archiv, die Strafgesetzgebungen beglückwünscht, wenn sie die Definition des vollendeten Versuchs nicht aufnehmen. Ich wollte nur unsern verehrten Referenten, Herrn Dr. Stenglein bitten, wenn er derselben Anschauung ist wie ich, einige Sätze in dem zweiten alinea zu streichen, und zwar aus einem reinen Opportunitätsgrunde, der den Juristentag und seine Stellung angeht. Ich gestehe nämlich, wenn wir in der ersten Ziffer apodiktisch hinstellen: für jetzt und in Zukunft solle der Unterschied zwischen beendigtem und nicht beendigtem Versuch in die Gesetzgebung nicht aufgenommen werden, daß es mich dann vom Standpuncte des Juristentages und seiner Würde ein wenig präoccupirt, wenn wir dann gleich im zweiten alinea voraussetzen, es könnte dies doch geschehen. Wir waren bisher in der glücklichen Lage, wenn wir Beschlüsse einstimmig oder mit großer Majorität gefaßt haben, zu erleben, daß die Gesetzgebung dieselben berücksichtigt hat; es macht also einen eigenthümlichen Eindruck, wenn wir kategorisch aussprechen, jene Unterscheidung solle nicht in das Strafgesetzbuch gelangen, und dann sagen: eventuell, wenn es doch geschieht, empfehlen wir das und das. Ich stelle keinen Antrag, richte aber den Wunsch an den Herrn Referenten, daß es einfach heiße:

„Die freiwillige Verhinderung der Vollendung ist als Strafaufhebungsgrund anzuerkennen."

Hofrath **von Keller** aus Wien: Ich schließe mich dieser Ansicht des Herrn Vorredners vollständig an; würde aber mit Rücksicht auf die Bedeutung der Aussprüche des Juristentages es vorgezogen haben, wenn anstatt blos einen Wunsch auszusprechen, ein bestimmter Antrag gestellt worden wäre. Ich will hoffen, daß der Herr Referent sich diesem Wunsche anschließen wird. Aber ich erlaube mir einen anderen Wunsch auszusprechen, der nicht nur die Würde des Juristentags, wie der vorhergegangene, und den Grund, daß wir unsre Aussprüche so präcis als möglich stellen sollen, zur Grundlage hat, sondern einen noch triftigeren Grund. Ich möchte nämlich in der ersten alinea, im ersten Antrage Alles das, was sich blos auf das deutsche Reichsstrafgesetzbuch bezieht, ausgelassen wünschen. Das Gebiet des deutschen Juristentags ist ein weiteres als blos das des politisch geeinten Deutschlands; das beweist der Bestand des deutschen Juristentages in Oesterreich. Wenn wir einen Ausspruch fällen, so fällen wir ihn nicht blos für die Gesetzbücher Deutschlands, sondern wir fällen ihn für die Gesetzgebung der deutschen Länder, also auch für die Gesetzgebung Oesterreichs. Wir österreichische Juristen sprechen keine communis opinio für die deutschen Gesetzbücher blos, sondern auch für unsere Gesetzbücher aus, und ich glaube, Alles das, was wir von Seiten des Herrn Referenten gehört haben, ist anerkannt, wenn die erste alinea so lautet:

„Der Unterschied zwischen beendigtem und nicht beendigtem Versuche ist nicht geeignet, Aufnahme in die Gesetzgebung zu finden."

Damit ist gar nichts ausgelassen, was die Motive des Herrn Referenten aufgenommen haben; damit ist der Satz nur noch viel präciser und deutlicher, und es ist nur ausgelassen die Beziehung auf die deutsche Gesetzgebung. Das glaube ich als Oesterreicher als einen Wunsch, eventuell als einen Antrag aussprechen zu sollen.

(Bravo!)

Referent Advocat Dr. **Stenglein**: Ich nehme durchaus keinen Anstand zu erklären, daß ich den Wünschen der beiden Herren Vorredner sehr gern entgegenkomme. Es wird Jeder, der meinen Antrag liest, sehr wohl verstehen, durch welchen historischen Vorgang ich veranlaßt worden bin, die Worte aufzunehmen, die diesem historischen Vorgange eine entsprechende prägnante Ausdrucksweise geben. Nachdem aber der Zweck erfüllt ist, nehme ich gar keinen Anstand, die kürzeste und präciseste Form zu adoptiren, welche sich bietet, und das ist die von den beiden Vorrednern beantragte Fassung:

„Der deutsche Juristentag wolle sich dahin aussprechen:

1) Der Unterschied zwischen beendigtem und nicht beendigtem Versuche ist nicht geeignet, Aufnahme in die Gesetzgebung zu finden;

2) Die freiwillige Verhinderung der Vollendung ist als Strafaufhebungsgrund anzuerkennen."

Kreisgerichtsdirector v. **Kunowsky** aus Nordhausen: Meine Herren! Ich möchte mich nur gegen einen Ausdruck im zweiten Antrage des Herrn Referenten, nämlich gegen den Ausdruck verwahren, daß die freiwillige Verhinderung des Erfolgs unbedingt als *Strafaufhebungsgrund* anzuerkennen ist. Nach meiner Ansicht müßte es correcter Weise, um alle Fälle vorzusehen, heißen: als *Strafaufhebungsgrund* resp. *Strafmilderungsgrund*. Wir haben hier nicht Gesetze zu redigiren, sondern wir bescheiden uns dahin, bloß gewisse Grundsätze aufzustellen Ist das aber der Fall, so wäre diese allgemeinere Fassung, — die allerdings in einen Gesetzesparagraphen nicht hineingehört, — nach meiner Ansicht, für uns richtiger. Die *Gesetzesparagraphen* müßten allerdings die einzelnen Fälle *unterscheiden*.

Ich glaube nämlich, wenn wir an der Hand der Praxis prüfen, wir oft auch auf Fälle stoßen würden, in welchen wir die *vollständige* Strafaufhebung mit unserm Rechtsbewußtsein als Juristen und auch mit dem Rechtsbewußtsein der Nichtjuristen nicht vereinigen könnten. Meine Herren! Es ist jedenfalls in dem zweiten Antrage doch gemeint: wenn die freiwillige Verhinderung der Vollendung des betreffenden Verbrechens erfolgt, dann soll Strafaufhebung eintreten. Nun sind aber Fälle denkbar, und sie kommen unbedingt vor, in denen zwar das Verbrechen selbst verhindert worden ist, nicht aber jeder schädliche Erfolg. Wenn einfach jeder Erfolg unterblieben ist, und namentlich auch der Erfolg dieses bestimmten Verbrechens, dann liegt die Sache allerdings einfach. Wenn z. B. Jemand eine Höllenmaschine aufgestellt hat, die im Stande ist, wer weiß wie Viele aus dem Volke zu tödten — kurz zuvor aber kommt die Reue, er räumt die Höllenmaschine fort. Dann ist jeder schädliche Erfolg unterblieben, und es läßt sich vom Standpuncte der Gerechtigkeit rechtfertigen, daß man die Strafaufhebung folgen läßt, obwohl man auch der Meinung sein könnte: es ist genügend, wenn die Strafe gemildert wird. Wie aber in dem Falle, meine Herren, wenn ich einem Andern ein Gift beigebracht habe, ein Gift, welches nicht sofort, sondern — wie ja wohl die aqua tofana — allmälig wirkt, ja, in der Art wirkt, daß der Betroffene nicht einmal kurz vor seinem Tode fühlt, daß ihm Gift beigebracht ist? Wenn also die Flasche Wein, die das Gift enthält, gefüllt worden ist, wenn sie gegeben worden ist, wenn sie getrunken worden ist, wenn ein halbes Jahr verflossen ist und das Siechthum dessen, gegen den mein Angriff gerichtet ist, mehr und mehr fortschreitet? Nun kommt die Reue, ich gebe das Gegengift, und der Tod wird wenigstens verhindert. Dann ist das Verbrechen des Mordes gehindert; getödtet ist der Mensch nicht, aber den Vorsatz der Tödtung hat der Thäter gehabt. Es wird mir entgegnet werden, es giebt gleichwohl eine Strafe für dieses Verbrechen, es ist ja Körperverletzung eingetreten, und der Verbrecher wird jedenfalls wegen Körperverletzung bestraft. Das ist wohl richtig; aber nach meiner Ansicht, wenn die Frage an die Geschworenen gestellt und von ihnen beantwortet wird einfach auf „Körperverletzung", oder der Richter stellte nur fest: daß eine Körperverletzung angestrebt und vollendet worden ist, so wäre das unrichtig. Die correcte Erledigung der Sache bestünde vielmehr darin, daß festgestellt würde, sei es durch Spruch der Geschworenen oder der Richter: erstlich: „er hat die Absicht gehabt, den Versuch gemacht, mit Vorsatz oder Ueberlegung einen Menschen zu tödten", und daß dann die zweite — strafmildernde Feststellung folgt: „er hat aber, nachdem dieser schädliche Erfolg einer Körperverletzung eingetreten ist; den Erfolg des Todes durch freiwillige Maßnahmen verhindert." Es würde anderenfalls wohl eine schlechte Gerechtigkeit geübt werden. Sie können sich denken, daß neben demjenigen, der den Mord beabsichtigt hat,

Jemand auf die Anklagebank kommt, der etwas ganz anderes beabsichtigt, aber ganz dasselbe erreicht hat. Also wenn ich Jemandem Gift beigebracht habe nur in der Absicht, seiner Gesundheit zu schaden, ihm Uebelbefinden zu erregen, so trifft mich mit Recht die gesetzliche Strafe.

Das ist aber stricte die Strafe der beabsichtigten und vollendeten Körperverletzung, wenn nämlich wirklich nun eine erhebliche Krankheit daraus gefolgt ist. Wenn neben diesem Thäter nun aber der andere steht, der auf überlegte Weise vielleicht seinen Vater oder seine Gattin zu morden beabsichtigt und demselben aqua tofana beigebracht hat, und vielleicht ein halbes Jahr später, nachdem die Reue gekommen, aber auch die Gesundheit bereits beschädigt ist, das Verbrechen des Mordes gehindert hat — nun, meine Herren, diese beiden Thäter befinden sich doch auf einem verschiedenen Standpuncte, sowohl nach der Ansicht der Juristen als nach der Ansicht des nichtjuristischen Publikums, und es wäre nach meiner Ansicht keine richtige Gerechtigkeit geübt, wenn beide von demselben Strafgesetze getroffen würden. Man könnte zwar entgegnen, die Strafzumessungsgründe könnten ja verschieden angenommen werden bei beiden. Nun wohl; das ist aber kein Strafzumessungsgrund, sondern es liegt eben ein anderes Verbrechen — jedoch mit milderer Qualification — vor, und es würde der Vorsitzende eines Schwurgerichts nicht zweifelhaft sein können, daß er, wenn er correct verfahren wollte, bei demjenigen, der Gift beigebracht hat um zu tödten und zu morden, die Frage danach auch stellen müßte. Aus diesem Grunde erlaube ich mir den Abänderungsvorschlag, daß im zweiten Antrage des Herrn Referenten am Schlusse gesagt wird: „als Strafaufhebungsgrund bez. als Strafmilderungsgrund."

(Schluß der Debatte.)

Referent Advocat Dr. **Stenglein**: Meine Herren! Sie haben mich sehr bereitwillig gefunden, auf Wünsche einzugehen, die rein redactioneller Natur sind; Sie werden mich nicht so bereitwillig finden, auf Wünsche einzugehen, die principieller Natur sind, und zwar eingreifend principieller Natur im höchsten Maße. An und für sich glaube ich nicht, daß der Juristentag in die Lage kommen sollte, eine Alternative zu stellen, die die Freiheit läßt, wie der soeben gehörte Antrag. Den Strafaufhebungsgrund und den Strafmilderungsgrund nebeneinander zu stellen, ohne nur im Mindesten anzudeuten, in welchem Falle eine Strafaufhebung, in welchem Falle eine Strafmilderung eintreten soll, würde ich als Beschluß des deutschen Juristentags nicht entsprechend finden. Nun kommt aber hinzu, daß, wie mir scheint, der Grund, welcher den Antrag dictirt, ein Mißverständniß ist. Ich habe mich ausdrücklich in meinem Referate da=

gegen verwahrt, daß man die Fälle des qualificirten Versuchs hereinzieht, und wer die Gutachten gelesen hat, wird in jedem die gleiche Erklärung gefunden haben. Wir kämen, wenn wir uns in das Gebiet des qualificirten Versuchs begeben wollten, in solche Weiterungen, daß wir sie in der Form eines präcisen Beschlusses nicht erledigen könnten, und wir müssen uns deshalb vollständig enthalten, auf dieses Gebiet einzugehen. Nachdem das Beispiel, welches der Herr Antragsteller allein herangezogen hat, um seine Ansicht zu begründen, ausschließlich dem Gebiete des qualificirten Versuches angehört, nachdem alle Argumente dahin gehen, nicht einen Strafmilderungsgrund für die Abwendung des Erfolgs zu statuiren, sondern eine Strafe für das, was nicht abgewendet worden ist, also in die Frage der Verhinderung des Erfolgs nicht hineingehören, so glaube ich, daß der Antrag nicht gerechtfertigt ist, und bitte dringend, denselben abzulehnen.

Bei der Abstimmung wird der erste Antrag des Referenten, dahin gehend:

„1) Der Unterschied zwischen beendigtem und nicht beendigtem Versuche ist nicht geeignet, Aufnahme in die Gesetzgebung zu finden,"

gegen zwei Stimmen angenommen, der Antrag des Kreisgerichtsdirector v. Kunowsky:

Ziffer 2 dahin zu fassen:

„2) Die freiwillige Verhinderung der Vollendung ist als Strafaufhebungsgrund beziehungsweise Strafmilderungsgrund anzuerkennen,"

abgelehnt und Ziffer 2 in der vom Referenten vorgeschlagenen Fassung:

„2) Die freiwillige Verhinderung der Vollendung ist als Strafaufhebungsgrund anzuerkennen,"

mit überwiegender, an Einstimmigkeit grenzender Majorität angenommen.

Die Abtheilung beschließt hierauf, die zu dieser wie zur vorhergehenden Frage gefaßten Beschlüsse durch die Referenten dem Plenum zur Kenntnißnahme mitzutheilen, und ernennt sodann an Stelle der Herren Hofrath v. Keller, Dr. Stenglein und v. Ruthner, welche als Vicepräsidenten eo ipso Vertrauensmänner sind, die Herren Ober-Staatsanwalt Hohenadel aus Nürnberg, Stadtgerichtsrath Dr. Rubo aus Berlin und Staatsanwalt Dr. Groß aus Salzburg zu Vertrauensmännern.

(Schluß der Sitzung 12¼ Uhr.)

Dritte Sitzung der dritten Abtheilung am 29. August 1876.

Präsident Obertribunalsrath **von Köstlin** eröffnet die Sitzung um $12^3/_4$ Uhr Mittags und ertheilt zum Referat über die Frage:

> „Soll im Falle der Freisprechung (oder der Nichterhebung der Anklage) für die Untersuchungshaft eine Entschädigung gewährt werden?“

das Wort dem

Referenten Hof- und Gerichtsadvocat Dr. Ritter **von Kißling** aus Linz: Meine Herren! Die Frage, über welche ich Ihnen heute zu referiren habe, ist das dritte Mal auf der Tagesordnung. Sie hat das eigenthümliche Schicksal erlitten, daß sie jedesmal zur neuerlichen Verhandlung und Beschlußfassung übertragen wurde, weil sowohl in der Verhandlung der dritten Abtheilung des elften wie zwölften Juristentages sämmtliche gestellte Anträge nicht die Majorität erlangt haben. Es beweist dies wohl, daß die Meinungen über dieselbe sehr getheilt sein müssen. Ich glaube, meine Aufgabe dadurch am Besten lösen zu können, wenn ich Ihnen vor Allen in Kürze diese verschiedenen Meinungen vortrage, und zuerst mit den für den elften Juristentag abgegebenen Gutachten beginne.

Wir finden Seite 42 u. ff. Bd. 1. des elften Juristentages zuerst ein Gutachten des Herrn Hofrath Professor W a h l b e r g zu Wien. Derselbe meint, daß ein Ersatzanspruch an den Staat für den freigesprochenen Gefangenen als Consequenz in dem Rechtssatze enthalten sei, daß Eingriffe in das Einzelrecht der Privaten nach Maßgabe des Gesetzes, insoweit sie als eine Forderung der Gesammtinteressen gegenüber dem Einzelrechte begründet sind, eine Entschädigung fordern.

Es dürften jedoch diese Ersatzansprüche nur unter gewissen Voraussetzungen angenommen werden, nämlich, wenn die Untersuchungshaft ohne prozessualische Schuld des Verhafteten und später Freigesprochenen verhängt und fortgesetzt wird.

In einem solchen Falle ist ohne Schuld des Verhafteten die Untersuchungshaft als eine auf Zweckmäßigkeitsrücksichten gegründete polizeiliche Vorsichtsmaßregel vollzogen worden, und nicht als ein nothwendiges gerichtliches Zwangsmittel gegen Ungehorsame, und es stände die Beraubung des Rechtsgutes der persönlichen Freiheit einer Enteignung ohne Entschädigung gleich. Das Gutachten kommt daher dazu, folgenden Satz zu formuliren: Nicht jede erlittene Untersuchungshaft verpflichtet den Staat im Falle der Freisprechung zur Entschädigung.

Nur in den angegebenen Fällen der auf bloßer Präsumtion des prozessualischen Ungehorsams oder Widerstands beruhenden Vorsichtsmaßregel der Untersuchungshaft soll auf Verlangen des Freigesprochenen eine Entschädigung für die, aus Zweckmäßigkeitsrücksichten erzwungene, Aufopferung des Rechtsgutes der persönlichen Freiheit zu Gunsten der Gesammtinteressen des Staates an einer wirksamen Strafrechtspflege von Seite des Staates gewährt werden.

Das zweite Gutachten Seite 87 u. ff. desselben Bandes des Herrn Professors Dr. Emanuel Ullmann zu Innsbruck kommt zu dem Antrage, daß ein Rechtsanspruch auf Entschädigung von Seite des Verhafteten und Freigesprochenen nicht besteht, indem der Staat bei rechtmäßigen Verhaftungen nur von seinem Rechte Gebrauch macht; daß es in der Natur des staatlichen Strafrechtes liege, daß die Ausübung desselben im einzelnen Falle ein Uebergreifen des hiebei in erster Reihe zu wahrenden Gesammtinteresses in die persönliche Freiheit des Einzelnen mit unabweislicher Nothwendigkeit mit sich bringt.

Wenn aber auch kein Rechtsgrund vorhanden sei, so spreche in gewissen Fällen die Billigkeit dafür, und es sei daher eine arbiträre Entschädigung aus Billigkeitsrücksichten eintreten zu lassen

1) in den Fällen, in welchen die Verhandlung ergiebt, daß das Delict nicht von dem Angeklagten, sondern von einem Dritten begangen wurde, und
2) wenn die Handlung überhaupt nicht als strafbar im Sinne des Strafgesetzes erkannt wurde.

Der dritte Gutachter Appellationsrath Herr Dr. Vollert in Eisenach, Seite 95 u. ff. a. a. O., findet durchaus nicht in der Freisprechung oder Einstellung der Untersuchung an und für sich einen Grund für die erlittene Untersuchungshaft. Der Staatsbürger nur fordern dürfe, daß der Staat dann Entschädigung leiste, wenn er widerrechtlich behandelt wurde, nicht aber, wenn ihm bei Handhabung des Gesetzes ein Schaden an

Vermögen, Ehre oder Leben versetzt wurde. Es ließe sich überhaupt die erlittene Haft nicht mit Geld sühnen, es sei auch kein gerechtes Maß der Entschädigung zu finden, und endlich würde der Criminalfond, wenn jeder Freigesprochene entschädiget würde, über die Maßen stark belastet werden.

Komme nun ein eclatanter Fall vor, so sei dieser sicherlich als Ausnahme zu behandeln, nicht aber als Regel die Entschädigung auszusprechen.

Bei der zweiten Sitzung der dritten Abtheilung des elften Juristentages wurde vom Referenten Justizrath Dr. Meyer aus Thorn (siehe S. 171 u. ff. des zweiten Bandes des elften Juristentages) beantragt, folgende Sätze anzunehmen:

I. Die Freisprechung eines Angeklagten an und für sich allein ist nicht geeignet, einen Anspruch auf Entschädigung für die erlittene Untersuchungshaft wider den Staat zu begründen.

II. Wohl ist aber eine solche Entschädigungspflicht des Staates im Princip anzunehmen:

1) wenn die Untersuchungshaft gesetzwidrig verhängt oder verlängert ist;

2) wenn die Freisprechung deswegen erfolgte, weil die den Grund der Verhaftung bildende That zur Zeit ihrer Verübung im Strafgesetz mit Strafe nicht bedroht war;

3) wenn der Verhaftete darthut, daß die That, wegen deren er verhaftet war, entweder gar nicht begangen ist, oder daß sie von ihm nicht hat begangen werden können, und wenn die Untersuchung und Verhaftung gegen ihn ohne sein Verschulden verhängt ist.

III. Die Geltendmachung des Entschädigungsanspruches erfolgt abgesondert von dem Strafverfahren, in welchem die Verhaftung erfolgt ist.

Die Höhe der Entschädigung ist von dem Richter unter Würdigung aller Umstände nach freier Ueberzeugung festzustellen.

IV. Die Grundsätze ad II. und III. finden analoge Anwendung:

1) wenn eine Untersuchungshaft stattgefunden hat, ohne daß es zur Erhebung einer Anklage gekommen ist, in Betreff der Untersuchungshaft;

2) wenn ein rechtskräftiges verurtheilendes Erkenntniß wieder aufgehoben ist, in Betreff der Untersuchungs- und Strafhaft.

Appellationsgerichtsrath Dr. Vollert beantragte gleich Rechtsanwalt Dr. Mayer aus Frankfurt a. M. und Professor Schütze aus Kiel, bloß den ersten Satz des Referenten anzunehmen.

Stadtrichter Dr. Rubo aus Berlin wollte dagegen folgende Sätze aufstellen:

I. Jede gesetzwidrige Verhaftung, durch welche ein Schaden bereitet wird, ist als gesetzwidrige Handlung geeignet, einen Anspruch auf Ersatz etwaigen Schadens zu begründen;

II. ohne Rücksicht darauf, ob ein gesetzwidrig Verhafteter verurtheilt oder freigesprochen wird, ist die Schadenersatzklage stets zulässig.

Rechtsanwalt Niemayer aus Warburg wollte dagegen ausgesprochen haben:

Der Justizfiscus hat zu gewähren:

1) Jedem, welcher gesetzwidrig verhaftet ist, eine angemessene Entschädigung;

2) dem Freigesprochenen:

a. die gesetzlichen Vertheidigungskosten,

b. die nothwendigen Reisekosten.

Schließlich beantragt derselbe die Vertagung der Beschlußfassung über diese Frage als nicht spruchreif.

Bei der Abstimmung wurde die Vertagung abgelehnt, und nachdem aber auch kein Antrag die Majorität erhielt, also auch alle abgelehnt erschienen, wurde die ganze Frage auf den nächsten Juristentag verwiesen.

Für diesen wurden zwei Gutachten erstattet, und zwar vorerst vom Professor Dr. Nissen in Straßburg (Seite 46 und folgende, erster Band des zwölften deutschen Juristentages), wobei ich bemerke, daß von Seite der Deputation die Frage auch auf den Fall der Nichterhebung der Klage ausgedehnt wurde. Dieses Gutachten sprach sich vorerst dahin aus, daß über die Frage, daß bei gesetzwidriger Verhaftung ein Schadenersatz zu leisten sei, wohl ein gegründeter Zweifel nicht möglich sei. Was aber noch die Frage bezüglich der gesetzmäßig verhängten Haft anbelangt, so weist es darauf hin, daß so lange die Anklage im Princip gegolten hat, also sowohl im römischen, als später im deutschen Rechte die Ersatzpflicht außer Zweifel war, und erst in Folge des Uebergreifens des inquisitorischen Verfahrens unter wachsender Allmacht des Staates die Verhängung der Untersuchungshaft über den Angeschuldigten als ein Casus angesehen wurde, für welchen Niemand verantwortlich gemacht werden kann.

Es sei dies aber unrichtig, die That habe nur eine Folge, „die Strafe"; die Untersuchungshaft sei bloß ein Mittel zum Zweck, und wenn es auch unerläßlich sei, den Organen des Staates unbeschränkte Befugniß zu geben, den Verdächtigen als Schuldigen zu behandeln, so sei, wenn sich die Voraussetzung dieses Zwangsmittels als irrig erweise, nicht die geringste Berechtigung vorhanden, dem einzelnen Bürger außer der Pflicht des Gehorsams auch noch die Verantwortlichkeit für den Irrthum der Behörden aufzulegen. Es muß daher die ohne positives prozessualisches Verschulden über den Angeklagten verhängte Haft seitens des Staates ausgeglichen werden.

Bei dem Verurtheilten wird die verbüßte Untersuchungshaft als Strafe angerechnet, es muß daher auch dem Freigesprochenen gegenüber Gerechtigkeit geübt werden.

Der Freigesprochene muß allerdings als unschuldig gelten; eine Ausnahme tritt ein, wenn der verhaftete Unschuldige selbst die Meinung der Behörde hervorruft, daß er der Thäter sei, denn dann muß auch der Satz gelten, daß man Niemanden für einen Schaden verantwortlich machen kann, den man selbst verschuldete.

Es formulirt sohin den Satz:

„der ohne sein Verschulden Verhaftete ist für die erlittene Haft zu entschädigen."

Es lassen sich allerdings diese Principe nicht in ihren äußersten Consequenzen durchführen, und müssen daher ausgeschieden werden alle Fälle, in welchen es sich nur um eine Sistirung, sei es vor die Polizei sei es vor den Richter, handelt, dann müsse man den Behörden ein tempus modicum gewähren, um sich über die Sachlage rechtlich wie factisch aufzuklären. Der Ersatz selbst soll nach Wahl des Beschädigten, entweder accessorisch vor dem Strafgericht oder selbst vor dem competenten Civilgerichte geschehen.

Das zweite Gutachten, das des Herrn Obertribunalraths von Köstlin in Stuttgart (Seite 329 u. ff. des zweiten Bandes des zwölftes Juristentages), befaßt sich lediglich damit, nachzuweisen, daß bei der Berathung der württembergischen St. P. O. vom 17. April 1863 diese Frage bereits zur Sprache kam, und in dieselbe die beiden Sätze aufgenommen wurden: daß einem Verurtheilten, dessen Schuldlosigkeit an den Tag kommt, der von ihm nicht verschuldete Schade durch die Staatskasse zu ersetzen ist, vorbehaltlich des Rückgriffs an die Schuldigen (Art. 484, Z. 2), daß im Falle einer aus Vorsatz oder grober Fahrlässigkeit widerrechtlich verfügten oder verlängerten Gefangenschaft der Schuldige dem Verletzten zur Genugthuung und vollen Entschädigung verpflichtet ist, und daß im Falle die zuerkannte Entschädigungssumme uneinbringlich sein sollte, die Staatskasse vorbehaltlich ihres Rückgriffs auf den Schuldigen einzutreten hat (Art. 95). Praktisch seien diese Bestimmungen seit Einführung der St. P. O., d. i. seit 1. Februar 1869, also innerhalb sechs Jahren nicht in Anwendung gekommen.

Auf Grund des vorliegenden Materials und einer Schrift des Professors Dr. Heinze, betitelt „die Untersuchungshaft", referirte Herr Hof- und Gerichtsadvocat Dr. Jaques aus Wien in der dritten Abtheilung des zwölften Juristentages (siehe Seite 116 u. ff. des dritten Bandes des zwölften Juristentages). Er stellte sich auf den Standpunct der Gutachten des Hofrath Wahlberg und Professor Nissen und der soeben erwähnten Schrift des Dr. Heinze, und wies in einem ausführlichen eingehenden Vortrage nach, daß ein Rechtsgrund zur Entschädigung bestehe, daß es nicht angehe, dem Freigesprochenen den Beweis aufzulegen, daß er unschuldig sei, und daß dieses Princip der Entschädigung nur dann nicht zur Anwendung komme, wenn der Beschuldigte selbst die Untersuchungshaft verschuldet oder herbeizuführen oder zu verlängern gesucht hat.

Er beantragte die nachstehende Resolution:

> „Im Falle der Nichterhebung oder Zurückziehung der Anklage oder Freisprechung hat der Staat für die erlittene Untersuchungshaft Entschädigung zu leisten. Der Entschädigungsanspruch entfällt, wenn der Beschuldigte erweislich lügenhafte Angaben, Collusions- oder Fluchtversuche gemacht hat, oder wenn sein Verhalten vor dem Richter aus der erweislichen Absicht hervorgegangen ist, die Untersuchungshaft herbeizuführen oder zu verlängern;"

sodann als Consequenz des Grundprincipes auch die Annahme des Satzes:

> „Für die erlittene Strafhaft ist Entschädigung zu leisten, wenn auf Grund einer Wiederaufnahme des Verfahrens Freisprechung erfolgt;"

und sodann als letzten Passus:

> „Die Höhe der Entschädigung bestimmt der Richter unter Würdigung aller Umstände nach seinem freien Ermessen."

Professor Dr. Schütze aus Kiel beantragte dagegen einen motivirten Uebergang zur Tagesordnung in Erwägung:

a. Daß, was die gesetzwidrig erlittene Untersuchungshaft sowie die anderweitigen Untersuchungsübel betrifft, bereits der IX. deutsche Juristentag für den Grundsatz einer Haftungsverbindlichkeit des Staates für die Schadenzufügung durch seinen Beamten sich ausgesprochen hat,

b. daß die Frage, inwieweit bei gesetzmäßig erlittener Untersuchungshaft im Falle der Freisprechung (bezüglich Nichterhebung der Anklage) Entschädigung zu gewähren sei, nicht isolirt, sondern nur bei Gelegenheit einer Revision der heute geltenden Grundsätze über den Ersatz der Criminalkosten im engeren Sinne, sowie des anderweitigen durch die Strafverfolgung für den Beschuldigten, und durch die Strafverbüßung für den mit Unrecht Verurtheilten erwachsenen schätzbaren Schadens, ihre Lösung finden kann.

Oberstaatsanwalt von Lauhn stellte den Satz auf, daß von einer Entschädigung für die Untersuchungshaft im Falle einer Freisprechung nur die Rede sein kann, wenn der Freigesprochene seine Unschuld dargethan hat, verwarf jedoch die Anwendung dieses Principes im Falle der Nichterhebung der Anklage.

Geheimer Oberregierungsrath Dr. Mayer aus Berlin, früher Referent des elften Juristentages, schloß sich dem Antrage an, wollte jedoch denselben auch auf den Fall der Nichterhebung der Anklage ausgedehnt wissen, womit sich der Antragsteller einverstanden erklärte.

Stadtrichter Dr. Rubo aus Berlin beantragte dagegen folgenden Satz:

„Im Falle der Nichterhebung oder Zurückziehung der Anklage oder der Freisprechung hat der Staat für die erlittene Untersuchungshaft Entschädigung zu leisten, insofern eine solche nach den allgemeinen Vorschriften über die Schadenersatzpflicht begründet ist."

Kreisgerichtsrath Heinsheimer aus Mannheim stimmte nur dem ersten und letzten Satz des Referenten bei, während Professor Dr. Zucker aus Prag sich für denselben im Ganzen dahin erklärt, daß er Lügen nicht als Ausnahme der Entschädigungspflege gelten lassen könne.

Am Schlusse wurden sämmtliche Anträge abgelehnt, und sohin kam diese Frage abermals auf die heutige Tagesordnung.

Generalstaatsanwalt Dr. von Schwarze hat, als er über das negative Resultat der Abtheilungsverhandlungen im Plenum referirte, sich veranlaßt gesehen, die Bemerkung einfließen zu lassen, daß nach seiner Ansicht nur die Anträge des Referenten zu sehr in das Einzelne gingen, und ein bestimmtes, klares, einfaches Princip, das in die Gesetzgebung aufgenommen und in der Praxis verwerthet werden kann, gefunden werden solle.

Diesem Winke des bewährten und auf dem Gebiete der Strafgesetzgebung insbesondere ausgezeichneten Mannes will ich folgen, und daher trachten, Ihnen nun einen Satz vorzuschlagen, welcher auf Annahme mindestens einer großen Majorität rechnen kann.

Meines Erachtens ist es dabei vor Allem nothwendig, daß sich die Beantwortung der Frage auf diese beschränkt.

Ich lasse beiseite die Frage wegen widerrechtlicher Verhaftung; sie ist überdieß ohnehin durch den Beschluß des neunten Juristentages über die Haftpflicht des Staates bei Beschädigung durch Organe desselben und von mehreren Gesetzgebungen der Neuzeit anerkannt.

Ich lasse beiseite die Frage wegen der Entschädigung, wenn

in Folge der Wiederaufnahme ein freisprechendes Urtheil erfolgt ist, denn obwohl diese Frage so analog ist mit der vorliegenden, daß sie unter Einem wohl beantwortet werden kann, so hat sie, nachdem sie nicht gestellt wurde, außer Verhandlung zu bleiben.

Ich lasse endlich auch beiseite die Frage, ob vor dem Civilrichter oder Strafrichter die Entschädigung anzusprechen ist, indem dieselbe mit dem Rechtsgrundsatze, um den es sich hier handelt, nichts zu thun hat.

Um nun einen einfachen Satz zu bekommen, glaube ich in folgender Weise vorgehen zu müssen. Ich stelle vor Allem die Frage: Ist es recht, daß der Einzelne, welcher in Untersuchungshaft gezogen wird, auch dann, wenn sich herausstellt, daß er nicht verurtheilt werden kann, in allen Fällen ohne Entschädigung das Uebel der Untersuchungshaft erträgt? Ich möchte nun behaupten, daß fast Alle diese Frage verneinen.

Ich weise auf das Gutachten Wahlberg, Nissen, auf die Referate des elften und zwölften Juristentages hin, und bemerke, daß selbst diejenigen, welche ein strenges Recht, einen Rechtsanspruch zur Entschädigung nicht finden, doch wie Ullmann in Fällen eclatanter Unschuld aus Gründen der Billigkeit, oder wie Vollert in Ausnahmsfällen eine solche Entschädigung gewährt wissen wollen.

Es giebt aber meines Erachtens ein wirkliches Recht des Einzelnen, von dem Staate in bestimmten Fällen einen Ersatz für die erlittene Freiheitsberaubung zu verlangen; meiner Auffassung nach hat dieses Recht des Einzelnen am besten Wahlberg begründet, indem er aufstellt, daß wenn man dem Rechtssatze zustimmt, daß ein Eingreifen in die Einzelnrechte der Privaten zur Förderung der Gesammtinteressen Entschädigung fordert, in dem vorliegenden Falle eine Entschädigung außer Zweifel sei, weil der Einzelne, über welchem die Untersuchungshaft verhängt wird, ein Opfer der persönlichen Freiheit im Interesse der Staatsrechtspflege bringt. — Es ist hier nicht eine Leistung, die, wie z. B. die allgemeine Wehrpflicht, Steuerpflicht, jeden gleich nach seinen besonderen Verhältnissen trifft, sondern eine ausnahmsweise Leistung; und wie der Staat Zeugen, Sachverständige im Strafverfahren für den Verlust ihrer Zeit und den damit verbundenen geschäftlichen Nachtheil zu entschädigen sucht, so ist es ebenso im Rechte begründet, daß wir auch Jene, welche im Interesse der Strafrechtspflege ein Opfer ihrer Freiheit bringen, in irgend einer Weise entschädigen. Es ist nicht schwer, die Gründe, welche gegen die Annahme einer Rechtspflicht des Staates angeführt werden, zu widerlegen.

Die Ausübung der Strafrechtspflege kann nicht, wie von einer Seite behauptet wird, als wie das Wirken des Zufalls angenommen werden, es kann den Organen des Staates bei der Strafrechtsausübung doch nicht lediglich die Maschinenqualität, wie sich ein Gutachten ausdrückt, beigelegt werden. Der Zufall spielt allerdings auch hier eine Rolle, aber nicht in dem Sinne, daß alle seine Folgen von dem getragen werden müssen, der von ihm betroffen wird, und es ist übrigens der Grundsatz, daß für den Zufall Niemand zu haften hat, bereits vielfach durchbrochen. Für den Staat, als sittliches Gemeinwesen, schickt es sich am allerwenigsten, seine omnipotente Stellung dahin auszubeuten, daß er sich durch solche Theorien, wie sie kaum für Private sich schicken und auch nicht mehr gelten, vor einer Ersatzpflicht bewahrt. Diese Theorie, daß da ein Zufall, eine vis major walte, ist zudem falsch, da eben bewußtes Handeln vorliegt. Auch die Pflicht zum Ersatze bei der zwangsweisen Enteignung ließe sich auf diese Weise beseitigen, denn es ist doch auch nur ein Zufall, daß gerade die Eisenbahn über die Grundstücke geht.

Es wird weiter sich darauf berufen, daß der Staat ein Recht zur Untersuchungshaft hat, daß das nur eine Folge des Strafrechtes überhaupt sei, und der Staat sohin von seinem Rechte Gebrauch mache; das bestreitet wohl Niemand, allein es fragt sich eben, ob, wenn er in der Ausübung dieses Rechtes von dem Einzelnen ein größeres als gewöhnliches Opfer verlangt, er nicht verpflichtet ist, eine Entschädigung zu gewähren. Der Staat hat auch das Recht, im Strafverfahren Zeugen und Sachverständige vorzurufen, jeder Staatsbürger hat dem entsprechend die Pflicht, einem solchen Rufe zu folgen, und seine Zeit in Ausübung dieser Pflicht zu opfern. — Der Staat gewährt aber Zeugen und Sachverständigen eine Entschädigung, er erkennt damit an, daß er trotz des Rechtes, diese Personen zu rufen, auch die Pflicht hat, ihnen eine entsprechende Entschädigung für Zeitverlust und sonstigen geschäftlichen Nachtheil zu gewähren.

Die Ueberlastung des Criminalfonds, welche ebenfalls als Gegengrund gebracht wird, kann um so weniger von Bedeutung sein, als überhaupt dort, wo es sich um einen Act des Rechtes und der Billigkeit handelt, doch die financielle Seite nur ein Nebengrund sein kann, und weil endlich, wie ich weiter unten zeigen werde, die Belastung eine nicht sehr enorme sein kann, besonders wenn, was vielleicht eine sehr gute Folge der Annahme der Ersatzpflicht des Staates in dem angeregten Falle ist, Gerichte und die Staatsanwaltschaften etwas weniger gleichgiltig bei Verhängung der Untersuchungshaft vorgehen. Es dürfte daher also feststehen, daß es ein Recht des Einzelnen giebt, in gewissen Fällen den Ersatz für die erlittene Untersuchungshaft zu verlangen. Welche sind aber diese? Da gehen nun die Meinungen am meisten auseinander; abgesehen von den

Wenigen, die wie Dr. Vollert und seine Anhänger, in gar keinem Falle eine Entschädigung als Rechtsanspruch gewähren wollen, theilen sich die Meinungen in zwei Lager; in dem einen sind Diejenigen, welche in allen Fällen, wenn eine Freisprechung oder Abstehung von der Anklage erfolgt, eine Entschädigung gewährt wissen wollen; in dem anderen Diejenigen, welche nur dann eine solche Entschädigungspflicht anerkennen, wenn die Unschuld des Verhafteten nachgewiesen ist.

Ich habe kein Bedenken, mich der ersten Meinung anzuschließen und glaube, daß es in der Consequenz der Mitglieder des Juristentages liegt, dieser Meinung beizutreten.

Wir haben beim dritten Juristentage in Wien in der zweiten Plenarversammlung einstimmig die Unzulässigkeit der Urtheilsform der Absolvirung von der Instanz ausgesprochen, und damit erklärt, daß es nicht zulässig sei, daß wenn ein Urtheil erfolgt, dasselbe in anderer Weise erfolge, als daß entweder der Angeklagte gänzlich freigesprochen, oder verurtheilt werde, daß sohin ein Drittes nicht angenommen werden dürfe. Wenn wir aber in der vorliegenden Frage die Freisprechung bezüglich der Entschädigung nicht gleich der Schuldloserklärung gelten lassen, so haben wir damit eine Urtheilswirkung, welche wir mit dem Beschlusse, daß ein Urtheil ab instantia unzulässig sei, beseitigt wissen wollten.

Wer freigesprochen ist, gilt vor dem Richter als nichtschuldig und muß es auch vor der ganzen Welt gelten.

Es heißt durch die Forderung des weiteren Beweises der Unschuld in dem einzelnen Falle das Recht des Freigesprochenen auf Entschädigungsleistung illusorisch machen, besonders dort, wo Urtheile mit Stimmenmehrheit vorliegen, oder bei Urtheilen der Geschworenengerichte, welchen man nicht auferlegen kann, Motive ihres Urtheils anzugeben, da hier der Beweis geradezu unmöglich ist. Wir dürfen daher nicht eine Beschränkung der Ersatzpflicht aufstellen, welche das Princip selbst in der Praxis gänzlich unmöglich und unbrauchbar macht.

Dasselbe gilt bei der Abstehung von der Anklage, da es, die Fälle ausgenommen, in welchen die Zurückziehung der Anklage in Folge der dem Untersuchten über seine Bitte bewilligten Abolition erfolgt, angenommen werden muß, daß eben die Anklage nicht aufrecht erhalten werden kann, weil ein Grund für die Schuld des Untersuchten nicht besteht.

Wenn wir aber auch annehmen, daß in allen Fällen der Freisprechung oder Zurückziehung der Anklage eine Entschädigung gewährt werden soll, so ist selbstverständlich, daß dies nur dann zu geschehen hat, wenn der Verhaftete nicht selbst durch sein prozessualisches Benehmen die Verhängung der Haft oder deren Verlängerung herbeigeführt, oder gar so gehandelt hat, um sie herbeizuführen oder zu verlängern. Dann erscheint eben die Untersuchungshaft nicht blos als ein Sicherstellungsmittel wegen der Vermuthung, daß der Untersuchende die Untersuchung vereiteln oder erschweren werde, sondern als eine durch sein eigenes Verschulden herbeigeführte nothwendige Zwangsmaßregel. Wenn er dadurch einen Nachtheil erleidet, so hat er ihn selbst herbeigeführt und selbst verschuldet.

Es wird, was das Maß der Entschädigung betrifft, eingewendet, daß einerseits es sehr schwer sei, das Gut der Freiheit in Geld zu schätzen, andererseits, wenn nicht blos diese, sondern auch andere mit der Entziehung der Freiheit verbundene Nachtheile entschädigt werden sollen, eine ungeheure Belastung des Staatssäckels eintreten müsse.

Man weist auf eclatante Fälle hin, z. B. bei uns in Oesterreich wird gewöhnlich der bekannte Prozeß Offenheim angeführt, und die Frage gestellt, welche enorme Summe der Staat Offenheim zahlen müßte, wenn er ihn dafür entschädigen sollte, was er wirklich durch seine Verhaftung Schaden gehabt hatte.

Dem entgegen möchte ich vor Allem bemerken, daß, da es sich nicht um eine widerrechtliche Verhaftung, also um eine solche, welche aus böser Absicht oder Sorglosigkeit, sondern um eine solche, die ganz gesetzmäßig geschehen ist, handelt, der Staat nicht wie bei einer widerrechtlichen Gefangennehmung die Pflicht haben kann, volle Entschädigung und Genugthuung zu gewähren, sondern es dem Rechtsgefühle und den Rechtsgrundsätzen vollkommen entspricht, wenn er nur den wirklichen positiven Schaden ersetzt.

Es geschieht ja auch bei Zeugen, Sachverständigen nicht anders. Mancher Zeuge hat ganz bedeutenden Nachtheil, wenn er, wie es sehr leicht möglich ist, viele Tage oder Wochen lang von seinem Geschäfte entfernt, dasselbe fremden Leuten überlassen, manche Gelegenheit neue Geschäfte einzugehen versäumen muß, u. dgl., und trotzdem wird ihm nur eine mäßige Entschädigung gezahlt. Es kann daher auch der Staat, wenn er für die Untersuchungshaft bei Freisprechungen oder Zurückziehung der Anklage Ersatz zu leisten hat, nur gehalten werden, eine mäßige dem wahrscheinlichen Schaden entsprechende Vergütung zu leisten. Damit aber nicht der Ersatz in verschiedenem Maße zugesprochen wird, je nachdem der Richter mehr oder weniger generös zu sein sich verpflichtet fühlt, oder je nachdem es dem Beschädigten gelingt, einen größeren oder geringeren Schaden nachzuweisen, so ist es zweckmäßig, und zum Schutze des Staatsschatzes und um die sonst nicht unbegründeten Bedenken einer zu großen Belastung desselben zu beseitigen, geboten, das Maß der Entschädigung innerhalb einer Minimal- und Maximalgröße festzusetzen, wohin auch das Gutachten des Professors Nissen deutet.

Eine weitere Beschränkung durch Festsetzung eines gewissen tempus modicum scheint mir weder zweckmäßig noch zulässig.

Nach diesen Erörterungen schlage ich Ihnen daher folgenden Satz zur Annahme vor:

Der deutsche Juristentag spricht seine Rechtsüberzeugung aus, der Staat habe für die unverschuldete Untersuchungshaft eine Entschädigung nach einem vom Gesetze innerhalb einer Minimal- und Maximalgrenze bestimmten Maß zu gewähren, wenn der Angeklagte freigesprochen, oder die Anklage ohne dessen Zustimmung zurückgezogen wird.

Präsident **von Köstlin**: Der zweite Referent Professer Dr. Ullmann aus Innsbruck ist nicht anwesend. Er ist in dem Verzeichniß der Mitglieder ohne Wohnungsangabe aufgeführt. Ich habe nach ihm geschickt, er hat aber bis jetzt nicht ermittelt werden können. Herr Ullmann frug mich gestern Abend, wann wohl die Sache vorkommen werde. Ich sagte: im Laufe des Nachmittags, konnte aber natürlich die Stunde nicht bestimmen.

Als Redner sind eingeschrieben: Herr Advocat Dr. Jaques und Herr Hofrath von Keller.

Advocat Dr. **Jaques** aus Wien: Meine verehrten Herren! Der Herr Referent hat Ihnen im engen Anschluß an die Gutachten, die seiner Zeit von Wahlberg und Nissen, an die Schrift des Professor Heinze und an das Referat, das von mir auf dem letzten Juristentage erstattet worden ist, die allgemeinen Gründe angegeben, welche für eine Entschädigung im Falle der Freisprechung des Angeklagten oder im Falle der Zurückziehung der Anklage bestehen. Nach den mannigfachen Schicksalen, die diese von uns als hochwichtig angesehene Frage auf dem Juristentage gehabt hat, hat es Einigen von uns sehr wünschenswerth geschienen, darnach zu streben, daß man womöglich eine allgemeine Formel finde, in welcher sich letztlich und schließlich die Mitglieder des Juristentags vereinigen können. Und so ist denn insbesondere zwischen meinem Collegen Stenglein und mir über die Frage noch eine eingehende Besprechung gepflogen worden. Das Resultat derselben ist ein Antrag, den ich mir im Folgenden erlauben will, Ihnen zu begründen und vorzutragen.

Selbstverständlich sind wir mit dem Grundprincip, wie es mein College von Kißling nach eben diesen Gutachten und Referaten formulirt hat, umsomehr einverstanden, als dies Princip von uns selbst schon auf dem letzten Juristentage vertreten worden ist. Aber wir haben gefunden, daß in dem Antrage, wie er Ihnen hier vorliegt, drei Mängel enthalten sind, mit denen wir uns nach Lage der Sache nicht befreunden können, und diese drei Mängel sind die folgenden:

In dem Antrage ist die Absicht mitenthalten, die Minimal- und Maximalgrenze der Entschädigung feststellen zu wollen resp. darauf hinzuweisen, daß im Gesetz eine solche Minimal- und Maximalgrenze festgestellt werden soll. Wir sind nun der Meinung, daß die Frage der Höhe der Entschädigung nach der Natur des Gegenstandes, der uns heute beschäftigt und bei welchem es sich darum handelt, ein neues bis heute bestrittenes Princip zur Geltung zu bringen, als eine Detailfrage außer Betracht bleiben soll. Wir sind weiter der Meinung, daß es umsoweniger zweckmäßig ist, von einer solchen Fixirung der Minimal- und Maximalfrage überhaupt zu sprechen, als wir von der Ueberzeugung durchdrungen sind, daß die Frage des Entschädigungsprozesses und die Bestimmung der Höhe des Ersatzes in Entschädigungsfällen eine in der Wissenschaft und Praxis außerordentlich lebhaft ventilirte, ferner eine in der mannigfachsten Weise entschiedene ist, und daß die heutige Ansicht sich nach dem Vorgange namentlich des französischen Rechtes überwiegend dahin wendet, daß bei der Entschädigungsfrage allein das Ermessen des Richters entscheiden soll. Wir möchten also absolut nicht so gleichsam nebenher bezüglich des Maßes der zuzuerkennenden Entschädigung irgendwie präjudiciren, umsoweniger präjudiciren, als es sich, wie gesagt, für uns nur um die Aufstellung eines Grundprincipes handelt, das nicht genug klar, nicht genug bestimmt, nicht genug einfach ausgesprochen werden kann. Aus diesem Grunde sind College Stenglein und ich der Ansicht, daß wir einen Passus, in dem es heißt, „nach einem vom Gesetze innerhalb einer Minimal- und Maximalgrenze bestimmten Maße", nicht annehmen und nichts anderes sagen können, als „angemessene Entschädigung", indem wir nach der Sachlage im einzelnen Falle anheimgeben, welche Höhe des Ersatzes etwa zugebilligt werden soll.

Ein zweiter Punct, meine Herren, bezüglich dessen wir uns mit der Fassung des Antrags nicht vereinigen können, ja, bezüglich dessen wir nicht einmal recht im Stande sind, die Motive zu würdigen, die den Antragsteller geleitet haben, ist der, worin es heißt, daß die Entschädigung dann gewährt werden soll, wenn die Anklage ohne Zustimmung des Angeklagten zurückgezogen worden ist. Welches Motiv dazu veranlassen soll, die Sache so zu stellen, daß man den Angeklagten in dieses merkwürdige, und ich gestehe es, mir ganz unbegreifliche Dilemma bringt, daß, wenn er in unberechtigter Weise angeklagt ist, er den Entschädigungsanspruch verlieren soll, falls er zustimmt, daß die Anklage zurückgezogen werde, — dafür fehlt mir in der That die Begründung. Ich meine, es liegt eine solche Pression auf einem in unbegründeter Weise Angeklagten und in unbegründeter Weise in Untersuchungshaft Gezogenen, daß für ihn der Wunsch, von dieser Anklage frei zu werden, ein ungemein dringender ist, und wenn man nun auf diesen Wunsch quasi eine Straffanction setzt, indem er, wenn er diesen Wunsch zum Ausdruck gebracht hat, des Entschädigungsanspruchs verlustig sein soll, so verkehrt man nach meinem Erachten die ganze Situation. Wir können nicht vom Angeklagten verlangen, daß er, wenn er unbegründet in Haft gezogen, seine Entschädigung erkaufen soll mit der Verweigerung der Zurückziehung der Anklage. Das können wir nicht verlangen, weil wir nicht dem psychologischen Gesetze entgegentreten können, daß ein unberechtigt Angeklagter vor Allem wünscht, daß man die Anklage aufhebe, und daß er zustimmt, wenn man die Anklage aufheben will. Ist also der ungerecht Angeklagte überhaupt berechtigt, Entschädigung zu verlangen, wenn er freigesprochen oder die Anklage zurückgezogen wird, so kann das nach unserer Ueberzeugung unmöglich abhängig erklärt werden von seiner Zustimmung zur Zurückziehung. Wir wollen ihn nicht in die Zwickmühle versetzen, daß er erklären muß: Ihr dürft die Anklage nicht zurückziehen, weil mir sonst die Entschädigung verweigert wird. Die Leiden, die er erduldet hat wegen unbegründeter Untersuchungshaft, sie werden ja nicht im Entferntesten berührt durch diese Frage; er hat sie nun einmal erlitten, und was wir wollen, ist, daß diese in unbegründeter Weise erlittenen Leiden ein ungefähres Aequivalent finden in der materiellen Entschädigung. Da stimmt es nun gar nicht, wenn man sagt: die Entschädigung hängt von seiner Nicht-Zustimmung zur Aufhebung der Anklage ab, und wird verweigert, wenn er zustimmt. Das ist der zweite Punct, in dem Stenglein und ich der Formulirung nicht beistimmen können.

Nun kommt aber noch ein Drittes, und ich erbitte mir dabei insbesondere Ihre Aufmerksamkeit, meine verehrten Herren, weil es mit dem Kernpuncte, mit der eigentlichen Principienfrage außerordentlich eng zusammenhängt. Es ist nämlich im Antrage die Bestimmung formulirt: der Staat hat für unverschuldete Untersuchungshaft Entschädigung zu leisten. Nun, der Gedanke, daß es sich um eine unverschuldete Untersuchungshaft handeln muß, ist ja der allgemeine, ist der, von welchem alle diejenigen ausgehen müssen, welche überhaupt für eine Entschädigung plaidiren. Aber bei der Schwierigkeit der Frage, bei der Strittigkeit derselben muß man sich vor Allem darüber vollkommen klar werden, was man unter diesem „unverschuldet“ zu verstehen hat. Nach unserer Ansicht steht nun die Sache so: das ganze Verhalten des Angeklagten bis zu dem Momente, wo ein Verfahren eingeleitet worden ist, ist und bleibt ein unverschuldetes, denn da ist sein Benehmen — wir setzen ja voraus, daß er die That nicht gethan und nicht etwa die Einleitung eines Verfahrens provociren will, das ist ja der Fall, der uns beschäftigt — da, sage ich, ist sein Benehmen eben gleich dem eines jeden andern Menschen, und wenn er nun zum

Gegenstand der Anklage wird, so ist das eine Verkettung unglücklicher Umstände, die eben eine unverschuldete ist. Insoweit es sich also um sein Verhalten bis zum Moment der Einleitung der Anklage handelt, kann, wenn wir nicht etwa jenen Ausnahmsfall supponiren, von Verschuldung nicht die Rede sein. Nun aber gestehe ich zu, ich habe es selbst immer für dringend nothwendig gehalten, daß klar und präcis hervorgehoben werde, wie in allen denjenigen Fällen, wo dem Angeklagten eine Verschuldung zur Last fällt, von dem Momente an, da derselbe Veranlassung giebt zur Herbeiführung und Anordnung der Untersuchungshaft, die Entschädigungspflicht aufhört. Diese beiden Fälle müssen scharf auseinander gehalten werden. Bei der Fassung, wie sie im Antrage liegt, ist eine Vermischung möglich, und vor einer solchen muß man sich insbesondere dort, wo es die Aufstellung eines neuen Princips gilt, wohl hüten. Nehmen Sie einfach folgenden Fall: es wird Jemand an einer Stelle getroffen, in einem Walde wollen wir sagen, in dessen nächster Nähe ein Getödteter aufgefunden wird, und derjenige, dem man begegnet, hat an seinen Kleidern Blutflecken und ein Gewehr in der Hand. Fügen wir nun noch hinzu, daß der mit dem Gewehr und den Blutflecken Angetroffene gegen den, der da getödtet worden ist, eine gewisse Abneigung gehabt hat, so werden Sie aus der Praxis zugeben, ist der Gedanke, er sei der Mörder, sehr nahe liegend. Sie können sich noch einige unterstützende Nebenmomente hinzudenken, und es ist mehr als wahrscheinlich, daß dann die Untersuchung eingeleitet wird. Nun wollen wir, die wir aufrichtige Vertreter des Entschädigungsgedankens sind, klar gesagt haben, daß Alles, was jener unbegründet Angeklagte gethan hat, kein Verschulden ist, und daß man nicht etwa behaupten dürfe, weil er sich zu der Zeit in dem Walde aufgehalten hat und man ihn mit dem Gewehr in der Hand und Blutflecken an den Kleidern aufgefunden hat: er kann keine Entschädigung erhalten, weil er die Untersuchung selbst herbeigeführt hat, weil sein Verhalten kein unverschuldetes ist. Wir wollen also, um alle Controversen unmöglich zu machen, genau formulirt haben, daß sein Verhalten bis zu dem Momente, wo die Untersuchung eingeleitet, wo das Verfahren eröffnet worden ist, nicht das Substrat jenes Verschuldens bilden und nicht als ein solches angesehen werden kann, welches ihm das eventuelle Recht, eine Entschädigung zu verlangen, entzieht.

Wo fängt nun das Verschulden an, welches berechtigter Weise, von uns Allen anerkannter Weise das Entschädigungsrecht aufhebt? An der Stelle, wo er im Verfahren etwas thut, das die Untersuchungshaft rechtfertigt, nach gesetzlichen Gründen rechtfertigt, das die Veranlassung dazu bietet. Wir wollen z. B. annehmen, es würde derjenige, der in eine

Untersuchung gezogen ist, einen Fluchtversuch machen. Selbstverständlich wäre das ein Verschulden, da er den Verdacht des Richters nothwendig auf sich lenkt; er würde Collusionsversuche machen — man kann sich z. B. den Fall in der Weise denken, es würde das Verfahren eingeleitet wider einen Unschuldigen und den Schuldigen, und nun suche der Erstere sich mit dem Letzteren über ihr Verhalten zu verständigen, so würde der Collusionsversuch in dieselbe Categorie gehören; mit einem Wort — ich möchte Sie mit Details nicht allzulang aufhalten — ich glaube, klar und bestimmt ist der eine Gedanke, der ganz präcise im Antrage ausgesprochen werden muß: nur dasjenige Verschulden führt zur Aufhebung des Entschädigungsanspruches, welches sich auf das Verfahren bezieht, respective während des Verfahrens an den Tag gelegt ist. Das ist dasjenige, was mein Landsmann Professor Wahlberg und was Nissen in seinem Gutachten als prozessuales Verschulden bezeichnet hat, und was ich mir erlaubt habe in dem Antrage, zu dessen Annahme im vorigen Jahre nur eine Stimme gefehlt hat, vielleicht in etwas zu casuistischer Form als den Grund zu bezeichnen, welcher zur Verwirkung des Entschädigungsanspruches führt. Wir sind nun der Meinung, wenigstens Stenglein und ich, daß man nicht unterlassen sollte, dies mit solcher Bestimmtheit auszusprechen, daß kein Zweifel bleiben kann. Diejenigen Fälle aber, welche ich früher mit einem Beispiele mir zu characterisiren erlaubt habe, gehören nicht zu denjenigen, wo der Entschädigungsanspruch aufgehoben werden kann. Das hat uns, meine Herren, veranlaßt, einen Antrag zu formuliren, der ganz kurz folgendermaßen lautet:

> „Im Falle der Freisprechung oder Zurückziehung der Anklage ist für die erlittene Untersuchungshaft eine angemessene Entschädigung zu leisten, es sei denn, daß der Angeklagte durch sein Verschulden während des Verfahrens die Untersuchungshaft oder die Verlängerung derselben verursacht hat."

Ein Wort gestatten Sie mir nun noch über das Princip selbst, damit ich Ihnen wenigstens nun auch in aller Flüchtigkeit das Hauptmotiv ausspreche, das uns, die wir diese Entschädigungsfrage seit ein paar Jahren ventiliren, geleitet hat. Wir sind von der festen Ueberzeugung durchdrungen, daß in jedem Falle, wo es nach verhängter Untersuchungshaft, sei es zu einer Freisprechung, sei es zu einer Zurückziehung der Anklage kommt, der Staat, respective die Staatsbehörde, die Staatsanwaltschaft sich geirrt haben muß, und zwar geirrt in einem von zwei Momenten: entweder in der Richtung, daß die That überhaupt gar nicht begangen worden ist, respective daß sie von dem Angeklagten nicht begangen worden ist, oder in dem zweiten Punct, daß ein Beweis über die Begehung der That nicht vorliegt; und wir sind weiter der Ueberzeugung gewesen, daß im Sinne unseres Gesetzes, im Sinne der Strafprozeßprincipien die Verhängung der Untersuchungshaft nur dann als eine gerechtfertigte ex post erscheinen kann, wenn sich bei der Durchführung des Prozesses herausstellt, die That ist von dem betreffenden Angeklagten begangen worden und der Staat oder das Gericht ist in der Lage, ihm die Ausführung der That nachzuweisen. Wir haben nicht verkannt, daß dem Antrage diese eine Schwierigkeit entgegensteht, die ja früher schon angedeutet worden ist, daß es Fälle geben kann, wo die Lossprechung eben nur aus Mangel an Beweisen erfolgte. Wir sind uns aber darüber klar geworden, daß über diese Frage absolut nicht herauszukommen ist, weil wir bei den Schwurgerichten speciell schon an sich eine Unterscheidung zwischen Freisprechung und Lossprechung, zwischen absolutio ab instantia und eigentlicher Lossprechung nicht haben und weil wir sie beim Erkenntnißgericht ebensowenig haben können und dürfen, und daß wir die Gerechtigkeit in sonderbarer Weise preisgeben würden, wenn wir sagten, wegen der Gefahr, die in einzelnen Fällen bestehen kann, daß ein thatsächlich bloß ab instantia Losgekommener könnte entschädigt werden, wegen dieser Gefahr dürfen wir denjenigen, die wirklich losgesprochen wurden, die Entschädigung verweigern. Wir sind der Ueberzeugung, daß wenn man in dieser Alternative ist, man sich entschließen muß — ich spreche es ganz präcise aus, damit kein Zweifel obwalte über den Standpunct, auf dem wir stehen — sich ehrlich zu sagen: wir wollen lieber, daß in einer Anzahl von Fällen solche Personen, welche möglicherweise die Thäter sind, denen man es aber nicht beweisen kann, auch eine Entschädigung erhalten für die erlittene Untersuchungshaft; das wollen wir lieber, als daß wir in dem Rechtsstaat die Situation bestehen lassen, wonach Personen, welche ganz ungerechtfertigt in Untersuchungshaft gezogen worden sind und bezüglich deren der Beweis niemals hergestellt werden kann, keine Entschädigung erlangen. Wir finden eine so furchtbare Härte darin, daß Jemand wegen einer unglücklichen Verkettung der Umstände in eine Lage gebracht werden kann, die seine ganze Existenz materiell und moralisch untergräbt; wir finden diese Lage so traurig, so entsetzlich, daß wir sagen, soweit wir dagegen Abhülfe schaffen können, soweit wollen wir sie wenigstens schaffen. Und weil wir sie schaffen wollen, verlangen wir, daß klarer Ausdruck gegeben werde dem Grundsatz: wenn Jemand in Untersuchungshaft gezogen worden ist und man war nicht im Stande, ihn zu verurtheilen, nicht im Stande, ihm die That nachzuweisen, sei es, daß der Beweis gefehlt oder daß nicht er die That begangen hat, dann muß ihm Entschädigung werden. Wir finden nicht, daß hierin eine Gefahr für den Justizfond gelegen ist, denn wir haben auch die

Ueberzeugung, die Fälle, in denen es sich um diese Entschädigung handelt, werden sich zumeist so gestalten, daß solche Personen, welche in irgend einer Weise die Untersuchungshaft durch ihr Verhalten herbeigeführt haben, diejenigen, die, wie Vollert meint, sich herauszulügen verstehen, Vagabunden und dergleichen, daß diese Personen sich eben auch während des Verlaufs des Verfahrens der Natur der Sache nach in einer Weise benehmen werden, die ihnen den Anspruch auf eine Entschädigung nicht zu Theil werden läßt. Wir finden weiter, daß, wenn in einzelnen Fällen selbst solche Personen entschädigt werden müßten, auch die Gefahr keine große ist, denn es soll ja Sache des Richters sein, die Entschädigung nach Billigkeit angemessen zu bestimmen. Wenn es sich also um Leute handelt, die sozusagen au jour le jour leben, denen nichts entzogen worden ist durch die Untersuchungshaft, so ist die Gefahr für den Justizfond auch nicht sehr groß. Für uns steht an der Spitze des Ganzen die neue Thatsache der Erfahrung, daß es Fälle giebt, selbst abgesehen von Tendenzprozessen, — ich will ja gern zugeben, daß es unter den heutigen Regierungen von Oesterreich und Deutschland letztere nicht geben wird, aber unmöglich sind sie auch heute noch nicht — in welchen Jemand die That nicht begangen hat oder man sie ihm wenigstens nicht beweisen kann, und wo derselbe dennoch wochenlang, monatelang im Kerker festgehalten wird. In jedem solchen Falle ist es für uns eine unabweisliche Pflicht des Staates, für seinen Irrthum einzustehen. Und wenn man entgegnet: „casus nocet domino“, so sagen wir Ja! aber der dominus ist in diesen Fällen der Staat: der Staat hat sich geirrt, er muß die Entschädigung leisten.

Das sind die Gründe, von denen geleitet wir uns bewogen gefunden haben, den Antrag zu stellen. Ich möchte Sie nun bitten, diesem Antrage beizutreten.

Hofrath Dr. **von Keller** aus Wien: Meine Herren! Mit Rücksicht auf die bereits vorgeschrittene Zeit und auf die Geduld, die Sie ja an diesem schönen Tage nach dem gestrigen Regentage hier bereits bewiesen haben, glaube ich mit der Versicherung beginnen zu müssen, daß ich Ihre Geduld nicht mißbrauchen werde. Ich glaube um so leichter dieses Versprechen erfüllen zu können, nachdem ich einmal mit dem Princip, zweitens mit einigen Puncten des Antrages, welchen die beiden Herren Jaques und Stenglein gestellt haben, einverstanden bin, und mich in eine Begründung meines Einverständnisses nicht mehr einlassen, sondern nur eine kleine Modification Ihrer Beschlußfassung zu empfehlen mir erlauben werde.

Was das Princip anbelangt, so bin ich vollständig mit unserm Herrn Referenten und dem Herrn Vorredner einverstanden, ja ich glaube sogar, daß unter den Rechtsgelehrten und Praktikern über das Prinzip wenig

Zweifel mehr herrschen. Die Zweifel, die noch bestehen, sind eben durch die Schwierigkeit der Formulirung dieses Princips gegeben, und diese Schwierigkeit müssen wir überwinden, und ich hoffe, daß die Frage soweit spruchreif ist, daß wir sie sehr bald überwinden werden.

Was die Anträge des Herrn Dr. Jaques betrifft, so bin ich ganz einverstanden, daß die von dem Herrn Referenten beantragte Einschränkung des Maßes der Entschädigung zu fallen habe. Um das handelt es sich nicht, wieviel zu entschädigen sei, das hat der Richter zu bestimmen, der den wirklichen Schaden aussprechen muß, wenn dieser Ausspruch auch vielleicht der Staatskasse sehr unbequem wäre; er wird aber auch den geringen Schaden zusprechen müssen, weil vielleicht für den Betroffenen der Entschädigungsanspruch nicht unbedeutend ist. Nehmen wir an, ein armer Tagelöhner ist auf 3 oder 4 Tage unverschuldet in Haft gehalten worden, soll Dem keine Entschädigung zukommen, weil sie dem Richter unbedeutend erscheint? Für den armen Mann ist sie aber bedeutend. Also glaube ich, über das Maß der Entschädigung werden wir nicht zu sprechen haben; es handelt sich vielmehr nur um das Princip. Also ich bin mit den beiden Herren Vorrednern und mit den beiden Herren Antragstellern in diesem Puncte vollständig einverstanden; ich bin auch damit einverstanden, daß die Entschädigung zu erfolgen hat, wenn die Zurückziehung der Anklage mit Zustimmung des Angeklagten erfolgt ist, und das was der Herr Vorredner darüber gesagt hat, wird in der Beziehung wohl vollständig überzeugend sein. Allein ich könnte mich durchaus nicht einverstanden erklären mit den Bedingungen, die heute hier vom Juristentage ausgesprochen werden sollen. Denn jedem von uns Praktikern werden Fälle vorgekommen sein, in welchen alles Das, was eben vom letzten Herrn Vorredner als Bedingung der Entschädigung bezeichnet wurde, vorhanden ist, und sich doch das Rechtsgefühl sträuben würde, eine Entschädigung zuzusprechen. Nehmen Sie, meine Herren, die jetzt nicht so seltenen Fälle in England, wo, weil bekanntlich dort auf Kindesmord Todesstrafe gestellt ist, um die Angeklagten der Todesstrafe zu entziehen, die Angeklagten freigesprochen werden. Aber auch bei uns kommt es nicht selten vor, daß eine schöne unglückliche Kindesmörderin das Mitleid der Geschworenen so in Anspruch nimmt, daß sie anstatt des wohlverdienten Schuldig das Nichtschuldig aussprechen. Wollen Sie einer Solchen, von deren Schuld Sie überzeugt sind, eben weil sie freigesprochen worden ist, ein Entschädigungsrecht zusprechen. Wir haben unlängst in Wien einen Fall gehabt, in welchem ein bekannter Sänger wegen Meineid angeklagt war. Hinter ihm als Klägerin stand die Verführte, zu deren Nachtheil er einen Eid abgelegt hatte, der als falsch bezeichnet wurde Er wurde mit 5 gegen 7 Stimmen seitens der Geschworenen freigesprochen, es fehlte also nur eine Stimme zu seinem Schuldausspruch. In der öffentlichen Meinung, meine Herren, wurde er von Jedem, der diesen Fall verfolgt hatte, verurtheilt.

Diesen Mann, der diese Arme verführt und unglücklich gemacht hatte, den reichen Mann, der dem Opfer seiner Wollust die geringe Entschädigung versagt hat, die sie für sich und ihr Kind beanspruchte, soll man vielleicht für die paar Tage, die er in der Oper nicht singen konnte und die er gewiß recht hoch angeschlagen hätte, ihn entschädigen? Ich glaube nicht. Ich halte also die Gründe, welche dagegen sprechen, daß Entschädigung zu erfolgen habe in jedem Falle der Freisprechung, für so gewichtig, daß meines Erachtens die meisten Gesetzgebungen aus diesem Grunde allein gegen die Entschädigungspflicht sich aussprechen werden. Aber ich gehe weiter; ich glaube, daß es Fälle geben kann, wo eine Verurtheilung erfolgt ist und doch eine Entschädigung des Staates eintreten kann. Nehmen Sie an, — wir unterscheiden ja nicht zwischen den verschiedenen Arten der Strafbarkeit, wir unterscheiden auch nicht zwischen den verschiedenen Arten der strafbaren Handlungen — nehmen Sie an, es ist Jemand in Verdacht gekommen wegen einer strafbaren Handlung, auf welche eine geringe Strafe gesetzt ist; nehmen wir weiter an, er habe durch einen Fluchtversuch oder durch Collusionsversuche seine Haft herbeigeführt, er sitzt 3—4 Wochen in Untersuchungshaft, er wird dann verurtheilt zu 8 Tagen Haft, und 3—4 Wochen ist er schon in Haft gewesen. Wollen Sie dann diesem Verurtheilten nicht eine Entschädigung für die unverschuldete Verlängerung der Haft zusprechen? Ich glaube, wenn das Princip ausgesprochen wird, es muß für unverschuldete Haft Entschädigung gewährt werden, mit einem Worte, wenn es sich um ein Princip handelt, so ist es nicht nothwendig, sich in eine Casuistik einzulassen. Aber in diese Casuistik lassen sich die Herren Vorredner ein; denn daß Jemand durch Verschulden seine Haft herbeiführt, dies als Bedingung zu setzen, das würde ich als eine gefährliche Casuistik hinstellen. Denn einmal glaube ich, wird das ein sehr seltener Fall sein, und daß dann von einer Entschädigungspflicht des Staates keine Rede ist, daß Niemand Demjenigen eine Entschädigung zusprechen wird, der sich freiwillig hat einsperren lassen, — wie der Fall häufig vorkommt, daß sich Leute im November, December und Januar einsperren lassen, um für den Winter eine Unterkunft zu finden, — daß Diesen keine Entschädigung zugesprochen werden könne, darüber sind wir, glaube ich, Alle einig. Aber nehmen Sie andere Fälle an, wo auch kein Verschulden vorliegt, und doch jeder mit einem lebendigen Rechtsgefühle Behaftete sagt: Dem gebührt eine Entschädigung. Es ist im vorigen Jahre in Wien — erlauben Sie mir einen solchen Fall aus meiner Praxis mitzutheilen — ein sehr auffälliger Raubmord an einem Ehepaare vorgekommen. Die Sicherheitspolizei hat gefahndet nach dem Schuldigen und steckbrieflich verfolgt. Nun wird es oft vorgekommen sein, daß Leute einander ähnlich sehen. Ich wurde einmal für einen meiner Brüder gehalten, und auch bei dem Juristentage kommt das vor. So kam es auch hier vor, daß für den Mörder, welcher durch Steckbriefe verfolgt war, 8—10 Personen nicht nur gehalten, sondern in entfernten Theilen unserer Monarchie verhaftet, mit Gensd'armeriebegleitung nach Wien gebracht und da 8—14 Tage in Untersuchung gehalten wurden. Hier hat der Betreffende doch nicht durch sein Verschulden die Untersuchungshaft herbeigeführt, und wollen Sie ihm die Entschädigung versagen, weil er der Annehmlichkeit der Reise in Begleitung eines Gensd'armen ausgesetzt wurde? Ich glaube, daß das eine viel zu enge Begrenzung der Verpflichtung des Staats zur Entschädigung wäre, eine Casuistik, in die ich mich nicht einlassen möchte. Ich erlaube mir den kurzen Antrag zu stellen:

„Der Juristentag spricht als seine Ueberzeugung aus: Der Staat hat für die unverschuldet erlittene Untersuchungshaft Entschädigung zu gewähren."

Der Ton liegt auf dem Worte „unverschuldet." Darin, daß in allen Entschädigungsfragen die Civilrichter die Frage der Schuld und Unschuld zu entscheiden haben, kann ich keine Schwierigkeit finden, wenigstens nicht die Schwierigkeit, die mein verehrter Herr Vorredner berührt hat. Ich stelle also den Antrag:

„Der Staat hat für die unverschuldet erlittene Untersuchungshaft Entschädigung zu gewähren."

Darin liegt das Princip, das nach meinem Erachten der Juristentag heute auszusprechen hat.

Professor Dr. **Ullmann** aus Innsbruck: Meine Herren! Ich bedaure lebhaft, daß in Folge eines Mißverständnisses es mir nicht gestattet ist, mein Referat vollständig vorlegen zu können. Ich stehe in dieser Frage auf dem entgegengesetzten Standpuncte. Die Verhandlungen des elften und zwölften Juristentages haben ergeben, daß im Allgemeinen die Meinung vorherrscht, eine förmliche Rechtspflicht des Staates zur Entschädigung im Falle der Freisprechung und in gleichartigen Fällen festzusetzen. Der Standpunct, auf dem ich stehe, besteht darin, daß ich gleichfalls Entschädigung gewährt wissen will, jedoch nur in gewissen Gruppen von Fällen, und zwar aus Billigkeitsrücksichten. Es kommt mir nun vor, daß bei der Schwierigkeit der Frage, ob ein förmliches Recht des Freigesprochenen, eine Entschädigung dem Staate gegenüber anzusprechen, construirbar sei, die Gesetzgebung viel eher einen provisorischen Zustand zu schaffen hätte, in welchen den Forderungen der Humanität Gerechtigkeit widerfahren würde, ohne daß der meines Erachtens heute noch nicht gelösten Frage über die Entschädigungspflicht des Staates präjudicirt würde. Das ist in Kürze der Standpunct, den ich in dieser Frage einnehme. Mein Referat hätte sich im Wesentlichen darauf beschränkt, den Herren die rechtlichen Bedenken vorzuführen, die gegen die Construirung einer förmlichen Rechtspflicht des Staates angeführt werden können. Ich hätte mich vor Allem an die Gutachten der Herren Wahlberg und Nissen anzulehnen gehabt resp. ihnen entgegentreten müssen. Erlauben Sie mir, daß ich wenigstens einige Puncte aus diesen beiden Gutachten hervorhebe. Was zunächst Herrn Professor Wahlberg in Wien anlangt, so sucht dieser aus den veränderten Subjectionsverhältnissen des Beschuldigten im heutigen Recht ein Argument zu einer formalen Rechtspflicht des Staates zur Entschädigung abzuleiten. Es ist richtig, daß dieses Subjectionsverhältniß nach der heutigen Rechtsanschauung ein wesentlich anderes und richtigeres geworden ist. Der Beschuldigte ist heute gewiß nicht mehr das Object der auf Erzielung eines Geständnisses gerichteten Thätigkeit des Untersuchungsrichters; es ist die Haft nicht mehr ein medium eruendi veritatem. Aber die Haft ist gleichwohl, wie Herr Dr. Jaques in seinem ausgezeichneten Referate beim letzten Juristentage ausgeführt hat, eine dira necessitas geblieben; wir können ihrer auch im accusatorischen Prozeß nicht entbehren; sie ist ein nothwendiges Mittel zur Sicherung des Prozeßzweckes in vielen Fällen. Vom accusatorischen Standpuncte aus wird sich also kaum ein Argument ableiten lassen für die Rechtspflicht des Staates zur Entschädignng. Es zeigt sich vielmehr, daß unsere Frage eine eminent staatsrechtliche Seite hat, und von dieser aus muß der Versuch der Lösung gemacht werden. Herr Wahlberg thut dies auch, indem er aus dem Rechtssatze, daß für jeden Eingriff der Gesammtheit in die Rechte des Einzelnen im Interesse der Gesammtheit Entschädigung geleistet werden müsse. Aus diesem Satze deducirt er sofort die Pflicht des Staates, für die erlittene Untersuchungshaft dem Beschuldigten eine Entschädigung zu gewähren, und beruft sich auf die Entschädigungen, welche nach dem Gesetze den Geschworenen, den Zeugen, den Schöffen, den Urkundspersonen gewährt werden. Es kommt mir nun vor, als ob doch zwischen der Entschädigung, welche nach dem Gesetze den genannten Personen gewährt wird, und der Stellung des Verhafteten und Beschuldigten ein wesentlicher Unterschied obwalte. Zeugen, Geschworene, Schöffen und ähnliche Personen erfüllen eine allgemeine Bürgerpflicht, und diese ist an und für sich nur Pflicht, ohne daß ein selbstständiger Entschädigungsanspruch neben ihr Platz fände. Die Gesetzgebung hat denn auch nicht allgemein, sondern nur in sehr beschränktem

Umfange eine solche Entschädigungspflicht anerkannt; sie hat nur rücksichtlich derjenigen Personen, welche vom Wochenlohn oder Tagelohn leben, eine solche Pflicht anerkannt, obgleich auch anderen Personen aus der Erfüllung ihrer Bürgerpflicht ein Schaden entstehen oder ein Gewinn entgehen kann. Es scheint mir, daß in der That die Gesetzgebung nur durch Billigkeitsgründe bestimmt war, im Interesse der sicheren Mitwirkung aller der allgemeinen Bürgerpflicht unterworfenen Personen, gerade von denjenigen Personen die nachtheiligen Wirkungen der Erfüllung ihrer Bürgerpflicht abzuwenden, für welche dieselben am empfindlichsten sind. Wenn wir aber die Stellung des verhafteten Beschuldigten in Betracht ziehen, so kommt noch etwas Anderes in Betracht. Es ist nicht die Erfüllung der Bürgerpflicht, welche bei dem Verhafteten in Betracht kommt, sondern es ist zugleich sein eigenes Interesse in Frage. Bei dem Zeugen, bei dem Geschworenen ist es nur das öffentliche Interesse, dem er augenblicklich dient; dort dagegen, bei dem Beschuldigten, ist es von seinem Standpuncte aus vorwiegend sein Interesse.

Ich gehe über zum Gutachten des Herrn Professor Nissen. Professor Nissen behauptet gleichfalls, es gebe eine formale Entschädigungspflicht des Staates. Herr Nissen erhebt Einwände gegen die in meinem Gutachten angeführten Argumente, und erlauben Sie, daß ich dagegen Etwas vorbringe. Ich habe nämlich in meinem Gutachten angeführt, daß sehr leicht die Gefahr vorliege, es könnte von Seiten abgefeimter Individuen die Institution mißbraucht werden. Es scheint mir nun, daß Herr Nissen jedenfalls dieses Argument unterschätzt, indem er sich vornehmlich auf die Schutzmittel des Strafrechts und das Princip der freien Beweiswürdigung stützt. Ich gebe zu, daß in dieser Richtung von Seiten der Rechtspflege das Nöthige geschehen kann; aber in großen Städten, wo das Verbrecherthum besonders ausgebildet ist, scheint es mir doch, daß diese Gefahr nicht so unterschätzt werden kann. Ferner scheint Herr Professor Nissen auch die Gefahr, auf welche ich gleichfalls hingewiesen hatte, es könnte von Seiten der richterlichen Organe, ferner von Seiten der Organe der Sicherheitspolizei vielleicht mit allzugroßer und peinlicher Vorsicht bei Verhängung der Haft vorgegangen werden, unterschätzt zu haben, indem er namentlich meint, daß das Machtgefühl der Organe des Staats erfahrungsmäßig groß genug sei, um einem solchen Bedenken keinen großen Spielraum zu lassen.

Nun ich glaube vielmehr, daß sich der Staat nicht so sehr auf das Machtgefühl seiner Organe, als vielmehr auf das ausgebildete Rechtsgefühl derselben stützen soll. Ueberdies würde, wenn man dem Argument des Herrn Nissen folgen würde, jedenfalls der Individualität des Richters allzusehr der Ausschlag eingeräumt, also einem Factor, der jedenfalls leicht zu einer ungleichen Behandlung gleichartiger Fälle führt, — zu einer Erscheinung im Rechtsleben, die gewiß nicht geeignet ist, das Vertrauen in die Rechtssicherheit zu stärken. Dabei stützt sich Herr Nissen auf das ungeschulte Rechtsbewußtsein. Er sagt: „zudem was liegt daran, wenn in Folge dieser Einrichtung ein oder der andere Schuldige frei von Haft bliebe und es ihm gelänge zu entwischen". Ich gebe nun zu, daß das ungeschulte Rechtsbewußtsein in vielen Fällen sich befriedigt fühlt, wenn durch freiwillige Verbannung der Verbrecher für den betreffenden Staat sich unschädlich gemacht hat. Andererseits werden die Herren mir zugeben, daß es Fälle giebt, in denen sich das ungeschulte Rechtsbewußtsein mit der Flucht des Schuldigen durchaus nicht befriedigt, sondern Bestrafung wünscht oder wenigstens Durchführung des Prozesses. Wenn, was ich gleichfalls zugebe, auf dem Gebiete des Strafrechts auf die volksthümliche Rechtsüberzeugung ein Gewicht gelegt werden muß, dann glaube ich, muß auf die von mir angedeutete mögliche Stimmung dieses Volksbewußtseins gleichfalls Rücksicht genommen werden. Wie bemerkt, ich gehöre nicht zu denjenigen, die das volksthümliche Rechtsbewußtsein unterschätzen, allein, meine Herren, wem ist nicht bekannt, in welchen Schwankungen sich die Stimmung des Volkes gegenüber dem Ausgange eines Aufsehen erregenden Prozesses oft bewegt. Ich erinnere Sie beispielsweise nur an den Prozeß Offenheim! Der hat es wahrhaftig zur Genüge bewiesen, auf wie seichter Grundlage sich das ungeschulte Rechtsbewußtsein bewegt und wie oft es von Gegensatz zu Gegensatz schwankt. Sehen wir übrigens von dieser Unzuverlässigkeit der Volksstimmung ab, so spricht auch gegen das in Frage stehende Argument noch der Umstand, daß dann, wenn das Volksrechtsbewußtsein nach Herrn Professor Nissen in nichts Anderem besteht als darin, daß dasselbe in der Bestrafung des Verbrechers nur völlige oder zeitweilige Unschädlichmachung desselben erblickt, auf ein derartiges ungeschultes Rechtsbewußtsein in der That keine Rücksicht genommen werden sollte.

Wie bemerkt, hat Herr Professor Nissen überdies auch die Möglichkeit, es könnte die staatliche Entschädigungspflicht mißbraucht werden, meines Erachtens unterschätzt und ich habe schon einige diesfallsige Bemerkungen gemacht. Ueberdies möchte ich den Herren noch in dieser Richtung zu bedenken geben, daß, wenn Jemand vielleicht ursprünglich ohne die Absicht, ein Verbrechen zu begehen, bloß in der Absicht, um die Institution auszubeuten, etwas thut und die Haft über sich ergehen läßt, es sehr leicht eintreten könnte, daß er sich allmälich mit dem Gedanken vertraut macht, die Begehung des Verbrechens selbst zu versuchen. Anfangs zaghafte Individuen könnten vielleicht allmälich in die Verbrecherlaufbahn selbst hineingezogen werden.

Professor Nissen gerade so wie Hofrath Wahlberg stellen allerdings das Princip der staatlichen Entschädigungspflicht nicht als einen ausnahmslosen Grundsatz hin, sondern sie lassen denselben nur gelten, wo die Haft nicht durch eigenes Verschulden des Betroffenen veranlaßt wurde. Ich bin nun mit dieser Einschränkung des von den beiden Herren behaupteten Princips vollkommen einverstanden, nur bin ich nicht mit dem Principe selbst einverstanden und will demungeachtet vom Standpuncte des von diesen beiden Herren vertretenen Princips aus einige Bedenken aussprechen.

Soll nämlich Jemand vom Genusse eines Rechts ausgeschlossen werden, welches ihm im Uebrigen gewährleistet ist, dann muß jedenfalls im concreten Falle der Grund des Ausschlusses immer gehörig bewiesen sein. Die Möglichkeit aber, diesen Beweis zu liefern, scheint mir auf derartige Schwierigkeiten zu stoßen, daß doch einige Bedenken auch von hier aus gegen die behauptete Entschädigungspflicht aus Rechtsgründen abgeleitet werden müssen. Gilt nämlich der Grundsatz, daß die Freisprechung im Allgemeinen einen Entschädigungsanspruch für die erlittene Untersuchungshaft begründe, dann muß offenbar dem vom Strafrichter mit diesem Anspruche Abgewiesenen der Civilrechtsweg noch offen bleiben. Allein meine Herren, wenn der Civilrechtsweg eröffnet ist, dann braucht offenbar der Freigesprochene sich nur auf die Thatsache der Freisprechung zu stützen, während das die Ausnahme behauptende staatliche Organ den Beweis liefern muß, daß der Kläger die Haft verschuldet hat. Dieser Beweis scheint mir sehr schwierig zu sein, so daß ich es aus praktischen Gründen vorziehen würde, wenn das von mir beantragte Princip angenommen würde, dem zufolge der Grundsatz gesetzlich ausgesprochen würde, es sei aus Billigkeitsrücksichten eine Entschädigung zu gewähren, in welchem Falle dann der weitläufige civilrechtliche Weg umgangen würde.

Es kann nun, um noch weiterer Argumente, die die Herren Wahlberg und Nissen vorgebracht haben, zu gedenken, nicht geläugnet werden, daß von der Untersuchungshaft in der Praxis ein ziemlich ungemessener Gebrauch gemacht wird. Es kommen gewiß Fälle vor, in denen eine sorgfältigere Berücksichtigung der Individualität des Beschuldigten die Haft entbehrlich gemacht hätte. Ebenso kann nicht in Abrede gestellt werden, daß der hier und da vorkommende schleppende Geschäftsgang bei den Behörden eine gewisse Ungleichmäßigkeit in der Praxis hervorbringt, welche in einzelnen Fällen von dem Betroffenen schwer empfunden wird. Diese und andere das Einzelinteresse zu Gunsten der Gesammtheit schädigenden Umstände stellen sich eben als Uebelstände heraus, gegen welche auf anderem Wege eine Abhülfe geschaffen werden kann, und zwar im Wege einer rationelleren Formulirung der Haftbedingungen, dann einer besseren Organisirung des inneren Geschäftsganges der Behörden, vornehmlich aber durch eine sorgfältigere Ueberwachung und Beobachtung gerade derjenigen Vorschriften, welche den Zweck haben, die mit der Ausübung der Strafgewalt nothwendig verbundenen Eingriffe in das Einzelinteresse nach Möglichkeit in ihren Wirkungen abzuschwächen. Gleichwohl werden aber derlei Eingriffe niemals ganz zu vermeiden sein und wir werden, wenn wir die staatliche Entschädigungspflicht aus Rechtsgründen postuliren, auf dieselben Uebelstände zurückkommen, die ich schon angedeutet habe. Eventuell wird der Betroffene auf den Civilrechtsweg verwiesen werden müssen. Ob er da durchdringt, ist eine andere Frage. Ich glaube vielmehr, daß in dem Streben, durch Einführung der staatlichen Entschädigungspflicht den Forderungen des strengen Rechtes, wie das ja vielfach behauptet wurde, gerecht zu werden, das strenge Recht vielleicht auf einem anderen Puncte empfindlich verletzt wird. Das würde meines Erachtens vor Allem eintreten in denjenigen Fällen, welche Herr Dr. Mayer am XI. deutschen Juristentage hier angezogen hat. Es sind das nämlich die Fälle, wo Jemand zur Zeit der Herrschaft eines Strafgesetzes, welches eine Handlung mit Strafe bedroht, wegen derselben in Haft genommen wird, aber vor Schöpfung des Urtheils durch ein neues Strafgesetz dieselbe Handlung als straflos erklärt wird. In einem solchen Falle muß natürlich angenommen werden, daß der Gesetzgeber einer besseren Einsicht gefolgt ist und das bestehende Recht eine zeitgemäße Correctur gefunden hat. Dem ungeachtet wird aber doch Niemand behaupten können, daß der nunmehr Freigesprochene kraft strengen Rechtes einen Entschädigungsanspruch hätte. Aber andererseits liegen gewiß Billigkeitsgründe vor, daß dem Freigesprochenen eine Entschädigung gewährt wird. Folgen wir dem Principe, daß aus Billigkeitsgründen eine Entschädigung gewährt werde, so wird in einem solchen Falle jedenfalls dem Freigesprochenen auch effectiv eine Entschädigung zukommen, nicht dagegen, wie ich glaube, im Wege der staatlichen Entschädigungspflicht.

Es ist vom Herrn Justizrath Mayer am XI. Juristentage zur Begründung der staatlichen Entschädigungspflicht auch auf das Reichsgesetz wegen der Beschädigung auf Eisenbahnen und in Bergwerken hingewiesen worden. Auch hier werde nämlich der Zufall, welcher den Einzelnen betroffen hat, auf die Gesammtheit, die ihm gegenübersteht, abgewälzt. Nun, zwischen diesen Gegenständen und unserer Frage besteht meines Erachtens keine so durchgreifende Analogie, um aus der gesetzlich bestehenden Pflicht zur Leistung von Schadensersatz in den oben bezeichneten Fällen auch schon den theoretisch richtigen Schluß auf die Zulässigkeit und Nothwendigkeit einer ähnlichen Entschädigungspflicht in dem uns vorliegenden Problem ziehen zu dürfen. Man wird vielmehr in unserer Frage genau auseinanderhalten müssen, ob sich allgemeine staatsrechtliche und strafprozessuale Gründe vorfinden, welche mit Nothwendigkeit die Construction einer förmlichen Entschädigungspflicht zulassen, oder ob wir uns vielmehr innerhalb der positiven Gesetzgebung auf den Standpunct des praktischen Bedürfnisses stellen müssen und unbekümmert um die Resultate deductiver Untersuchung diesem Bedürfnisse Rechnung tragen wollen.

Die Redner am letzten Juristentage und soviel ich heute vernommen habe, auch an diesem, gehen nun vornehmlich von diesem letzteren Standpunct aus. Von diesem läugne ich durchaus nicht, daß viele Gruppen von Fällen vorkommen, in denen das Bedürfniß nach Entschädigung lebhaft hervortritt. Allein meine Bedenken sind gegen die Motivirung der beabsichtigten Leistung von Schadensersatz gerichtet und sind wesentlich theoretischer Natur. Daß ich auf diese Weise zu einem anderen Resultate komme, als die Herren, liegt auf der Hand und ist seiner Zeit schon vom Rechtsanwalt Niemeyer auf dem XI. deutschen Juristentage hervorgehoben worden. Es handelt sich meines Erachtens nur darum, die theoretischen Bedenken gegen die Construirung der staatlichen Entschädigungspflicht mit den offenkundigen Anforderungen der Praxis und einer durchaus humanen Strafrechtspflege in diesem Puncte in Einklang zu bringen. Oder juristisch präciser ausgedrückt: Es liegt in unserem Problem ein evidenter Fall eines Conflictes der strengen Anforderungen des Rechts und der juristischen Consequenz mit den Anforderungen des practischen Bedürfnisses und der Billigkeit vor.

Ich bin nun weit entfernt zu behaupten, es stehe schon jetzt vollkommen fest, daß eine staatliche Entschädigungspflicht aus allgemein staatsrechtlichen und strafprocessualen Gründen überhaupt nicht abgeleitet werden könne; ich glaube vielmehr, daß eine vielseitige Untersuchung der Frage vielleicht juristische Gesichtspuncte zu Tage fördern wird, welche in Verbindung mit der Ausgestaltung des öffentlichen Rechts neue Puncte zur theoretischen Motivirung der fraglichen Pflicht des Staates bieten wird. Allein derzeit glaube ich muß noch immer gesagt werden: Nondum liquet. So sehr es einerseits zweifellos ist, daß jede gesetzwidrige, sei es dolos oder culpos verhängte Haft den betreffenden Beamten und eventuell den Staat ersatzpflichtig macht, so zweifelhaft ist es andererseits, ob im Falle gesetzmäßig verhängter Haft aus zweifellosen Rechtsgründen die staatliche Entschädigungspflicht heute schon festgestellt werden kann. Allein der Stand der theoretischen Seite unserer Frage kann offenbar die Gesetzgebung in keiner Weise hindern, ihr Augenmerk schon heute auf das evidente Bedürfniß zu lenken. Aber auch in dieser Richtung, wenn die Gesetzgebung schon heute sich mit dieser Frage befassen und nur aus Gründen der Zweckmäßigkeit und Billigkeit eine Entschädigung aussprechen würde, werden sich noch vielfache Schwierigkeiten ergeben. Herr Justizrath Mayer sagt mit Recht, daß diese Frage zu denjenigen gehöre, die sich sehr verschieden behandeln lassen, niemals aber mit einem ganz allgemeinen Satze oder mit einer allgemein gefaßten und präcisirten These erledigt werden können. Es wurde allgemein anerkannt, daß nicht in allen Fällen Entschädigung gewährt werden könnte. Es hat schon Herr Justizrath Mayer diesen Gedanken ausgesprochen, es ist am XII. deutschen Juristentage vom Herrn Dr. Jaques dieser Gedanke ausgesprochen und heute wiederholt worden, soviel ich vernommen habe, und auch ich stehe auf dem Standpuncte, daß selbst von dem von mir vertretenen Princip aus eine Unterscheidung gemacht werden müsse.

Die Tendenz meines Standpunctes ist vornehmlich die: in jenen Fällen, in welchen das Bedürfniß nach einer Entschädigung eclatant ist, ist unbeschadet der Beantwortung der Frage über die Existenz einer formalen Rechtspflicht des Staates, Entschädigung zu gewähren. Meiner Ansicht nach soll nämlich aus Billigkeitsrücksichten eine arbiträre Entschädigung in bestimmten Gruppen von Fällen eintreten, nämlich einmal in den Fällen, in welchen die Verhandlung ermittelt, daß das Delict nicht von dem Angeklagten, sondern von einem Dritten begangen wurde, und zweitens, wenn die Handlung überhaupt nicht als strafbar im Sinne des Strafgesetzes erkannt wurde. Die Gruppe der erstgenannten Fälle erweiterte ich mit Rücksicht auf die Vorschläge des Herrn Justizrath Mayer, daß die Entschädigung in dem von mir befürworteten Sinne auch gewährt werden könne, wenn die Verhandlung darthut, daß die That, wegen deren verhandelt wurde, gar nicht begangen ist. Die Entschädigung wäre ferner auch dann zu gewähren, wenn die Anklage nicht erhoben würde. Demgemäß formulire ich meinen Antrag dahin:

> „Die Abtheilung wolle es als ihre Rechtsüberzeugung aussprechen, es soll aus Billigkeitsgründen eine arbiträre Entschädigung in dem Falle der Freisprechung, ferner der nicht erhobenen Anklage gewährt werden, 1) wenn die Verhandlung ergiebt, daß das Delict nicht von dem Angeklagten, sondern von einem Dritten begangen wurde und ferner wenn erwiesen ist, daß die That nicht begangen wurde, 2) wenn die Handlung überhaupt nicht als strafbar im Sinne des Gesetzes erkannt wird."

Ich habe nur noch beizufügen, beziehungsweise zu wiederholen, was ich schon früher zu bemerken mir erlaubt habe, daß ich durchaus nicht behaupte, es könnte die formale Rechtspflicht des Staates zur Entschädigung in den bezeichneten Fällen überhaupt nicht construirt werden. Ich glaube nur, daß diese Frage heute noch nicht nach dem zeitigen Stande der Wissenschaft beantwortet werden kann; anerkenne dagegen das praktische Bedürfniß und wünschte, daß von diesem Standpunct aus eine Lösung wenigstens in den eclatanten Fällen durch den Juristentag herbeigeführt werde.

Rechtsanwalt **Stenglein**: Meine Herren! Ich bedauere, daß ich Sie noch einigermaßen in Anspruch nehmen muß; allein das eben Gehörte dürfte, glaube ich, und Sie theilen gewiß dies Gefühl, doch nicht ohne alle Erwiderung bleiben. Ich gestehe nämlich ganz offen, daß ich auf einem diametral anderen Standpuncte stehe als der Herr Vorredner. Er hat mit als einen der wichtigsten Sätze für seine eigene Anschauung aufgestellt, daß nach dem heutigen Stande der Wissenschaft eine Pflicht des Staates zur Entschädigung in den von uns behandelten Fällen nicht behauptet werden könnte, ohne daß er ausschließen wollte, daß diese Pflicht noch festgestellt werde. Nun gestehe ich ganz offen, daß ich diesem Gedankengange nicht recht folgen kann. Wenn mir im Gebiete der Naturwissenschaft gesagt wird, die Wissenschaft ist noch nicht weit genug vorgerückt, um diesen oder jenen Satz festzustellen, aber wir hoffen es noch zu erreichen, dann begreife ich es; aber die Jurisprudenz ist so einfach eine Wissenschaft der Logik, daß ich nicht begreife, wie man sagen kann: ich kann mir denken, daß künftig eine Pflicht hergestellt werde; aber heute können wir es noch nicht. Dieselbe Logik, die wir in einer künftigen Zeit anwenden können, können wir ganz gewiß schon heute anwenden, und deswegen kann ich diesen Unterschied, den der Herr Vorredner gemacht hat, als richtig nicht anerkennen. Es geht mir aber ganz gleich mit einem zweiten Satz, den er ausgesprochen hat, daß zwar nicht aus Rechts-, wohl aber aus Billigkeitsgründen eine Pflicht des Staates anerkannt werden müßte, den Verhafteten unter gewissen Umständen zu entschädigen. Meine Herren! Ich stelle mich auf den entgegengesetzten Standpunct: wenn nicht eine Rechtspflicht des Staates anerkannt werden kann, dann darf überhaupt keine Entschädigung statuirt werden, denn der Billigkeitsgrund, der den Staat veranlassen soll, den Verhafteten zu entschädigen, ist ein Unbilligkeitsgrund für denjenigen, der ohne ein Verschulden diese Entschädigung leisten soll, und das ist bei dem Staat, nachdem bekanntlich derselbe nicht vom Mond oder sonst wo seine Mittel herholen kann, ganz einfach der Steuerpflichtige. Aus dem Säckel des Steuerpflichtigen soll aber aus vagen Billigkeitsgründen eine Entschädigung ganz gewiß nicht geleistet werden dürfen, sondern nur, wenn eine Rechtspflicht des Staates besteht. Nun, was sind denn aber eigentlich die Billigkeitsgründe? Ist denn überhaupt der Billigkeitsgrund ein juridisch greifbarer und begrenzbarer? Ich sage geradezu: die Billigkeit, die man hier anwenden will, ist die Willkür, daß der mildherzige Richter mit vollen Händen in den Staatssäckel hineingreift und Entschädigung leistet, während der strenge und hartherzige Richter selbst da eine Billigkeit nicht anerkennt, wo vielleicht die öffentliche Meinung entschieden auf einem andern Standpunct steht. Wenn nicht mit strengen Rechtssätzen die Pflicht des Staates bezeichnet werden kann, wo er zahlen muß, wo nicht, dann, meine Herren, stehen wir, wie gesagt, vor der richterlichen Willkür, und der möchte ich nie die Thür öffnen. Es scheinen mir also die beiden Fundamentalsätze, welche der Vorredner aufgestellt hat, einer rechtlichen Begründung zu entbehren. Er hat die entgegenstehende Ansicht bekämpft aus drei Gründen, und ich bedauere, daß er vielleicht unter dem Drange der Zeit sich so kurz gefaßt hat, daß mir es wenigstens nicht möglich war, sie vollständig zu verstehen. Er hat vor Allem an die Spitze gestellt, daß das Recht des Staates, zu verhaften, noch immer eine dira necessitas, ein ganz nothwendiges Sicherungsmittel wäre. Ganz richtig! es läßt sich das nicht verkennen; aber warum aus dieser dira necessitas hervorgehen soll, daß dem Staatsbürger ohne Entschädigung ein Nachtheil zugefügt werden soll auch dann, wenn ein Organ des Staates sich getäuscht hat und ihm diesen Nachtheil ohne Rechtsgrund zugefügt hat, dafür fehlt mir das logische Bindeglied. Wir finden ja auf anderen Gebieten des Staatswesens — und gerade, wenn wir uns auf den Standpunct der dira necessitas stellen, bei der Untersuchungshaft liegt das eben so nahe — wir finden auf anderen Gebieten des Staatswesens Analogien. Man hat das Rechtsgefühl, wenn es sich um Mein und Dein handelt, wenn es sich um ein ganz einfaches finanzielles Gebiet handelt, bis auf das Allerfeinste durchgeführt und gestattet dem Staat nicht auch nur einen Quadratschuh fremden Bodens zu benutzen ohne volle Entschädigung. Selbst wenn ein Nothstand den Staat zwingt, fremdes Eigenthum zu benützen, wie bei Elementar-Ereignissen, muß er entschädigen. Und die Freiheit, meine Herren, soll vogelfrei sein und in die soll der Staat ganz beliebig eingreifen können mit oder ohne Grund, um dann, wenn er es ohne Grund thut, nicht einmal eine Entschädigungspflicht zu haben! Meine Herren! Das scheint mir ein Widerspruch zu sein, der kaum lösbar ist, wenn man nicht mit uns anerkennt, daß auch im Falle der dira necessitas für den Fall eines Eingriffs in die Freiheit des Staatsbürgers die Pflicht der Entschädigung besteht, wenn dieser Eingriff ein thatsächlich nicht gerechtfertigter war. Ein zweiter Grund war, daß ja auch eine andere bürgerliche Pflicht, die Militairpflicht, den davon Betroffenen zum Schaden sein könne. Auch das läßt sich materiell nicht bestreiten: wir haben ja die allgemeine Wehrpflicht, die so Vielen Schaden zufügt, wir haben auch die allgemeine Steuerpflicht, die auch in den Säckel des Einzelnen so entschieden eingreift; aber, meine Herren, wir haben es hier nur zu thun mit allgemeinen Pflichten, die Jeder tragen muß, um den Pflichten des Staates in diesen Richtungen gerecht zu werden, wir haben es aber nicht mit Eingriffen in das Recht des Einzelnen zu thun. Meine Herren! Was würden wir sagen, wenn auf Grund der Steuerpflicht der Staat die Geldmittel, deren er bedarf, da holen wollte, wo er sie eben findet? Was würden wir sagen, wenn er den Einzelnen, der im Besitz großer Reichthümer ist und deswegen sehr leicht, vielleicht Millionen sogar entbehren könnte, hernehmen wollte und sagen: kraft der allgemeinen Steuerpflicht will ich Dich mit einer ganz außerordentlichen Contribution belasten! Ganz gewiß würde das Rechtsgefühl jedes Einzelnen auf's Tiefste verletzt sein und es würde ein Nothschrei dagegen erfolgen vielleicht auch nur aus dem allgemeinen Gefühl, daß man auf der Stufenleiter herabsteigen und die Willkür noch weiter ausdehnen könnte. Es wäre das vielleicht das Nächstliegende. Dem Juristen würde es aber gewiß den Nothschrei des empörten Rechtsgefühls abpressen. Man kann doch wahrhaftig nicht eine allgemeine Pflicht des Verhaftetwerdens aufstellen, sondern hier wird in das subjectivste Recht eingegriffen. Und da soll eine allgemeine Bürgerpflicht eintreten, um es zu rechtfertigen?! Meine Herren! Mir scheint da ein logisches Bindeglied zu fehlen. Der dritte Punct war, daß die Verhaftung in dem eigenen Interesse des Beschuldigten liege. Es ist das ein Punct, von dem ich wieder annehme, daß der Herr Redner vielleicht etwas unvollständig geblieben ist, um kurz zu werden. Denn ich gestehe ganz offen, ich verstehe nicht, wie das eigene Interesse des Beschuldigten bei der Verhaftung betheiligt sein soll. Wir haben ja so viele Fälle, die bei den schweren Verbrechen uns begegnen, wo man eigentlich von dem allgemeinen menschlichen Standpuncte aus sagen muß: der Mann stellt sich unter allen Umständen dem Gericht, und trotzdem gebietet das Gesetz wegen der Schwere des Delicts, daß der Mann verhaftet werden muß. Wo soll denn da eigentlich das Interesse des Beschuldigten liegen? Etwa insofern er sich rechtfertigen kann? Das steht ihm ja frei auch ohne Verhaftung zu thun. Ich könnte mir also in diesen Satz nur das Eine hineinlegen, daß es in dem allgemeinen Interesse der Rechtspflege geübt wird, daß es im allgemeinen Interesse der Sicherheit ist, daß die Strafrechtspflege geübt wird, und weil die Verhaftung ein nothwendiges Mittel der Strafrechtspflege ist, deswegen liegt es auch im Interesse jedes Einzelnen, daß es, sowie es menschlich gehandhabt werden kann, auch wirklich gehandhabt wird. Wenn das die Meinung dieses etwas dunkelen Satzes war, dann will ich den logischen Zusammenhang nicht verneinen; aber daß auf Grund dieses allgemeinen Satzes in das Recht des Einzelnen eingegriffen werde, kann ich abermals logisch nicht gerechtfertigt finden.

Es hat sodann der Herr Redner ein Gutachten bekämpft. Ich glaube wirklich nicht, daß ein solches Gutachten von einer solchen principiellen Bedeutung ist, daß es nothwendig ist, hier auf dieses Gebiet zu folgen. Nur nebenbei möchte ich erwähnen, daß eine ungleichartige Behandlung von Fällen, die sehr leicht bei dieser Ersatzpflicht vorkommen können, ja im ganzen Strafgebiet als eine Folge menschlicher Schwächen nicht ferne gehalten werden kann. Meine Herren! Wenn man mit einigermaßen unbefangenem Blick die Strafjustiz verfolgt, so wird man ja das sich nicht verhehlen können, daß mit der genauesten Anwendung der Gesetze eine ungleichartige Bestrafung gleicher Fälle gar nicht zu vermeiden ist. Das eine Gericht ist streng, das andere ist mild. Es lassen sich dafür sehr häufig bestimmende Gesichtspuncte angeben; sehr häufig aber auch nicht. Das ist die Folge menschlicher Schwäche, mit der können wir überhaupt nicht argumentiren.

Was nun vollends den Mißbrauch der Entschädigungspflicht betrifft, meine Herren, das sind Dinge, an die glaube ich nicht recht. Es kann ab und zu vorkommen, daß Jemand eine kühne Intrigue anstellt, um sich eine Entschädigung zu verschaffen; aber irgend ein in das Gewicht fallender Beweggrund kann daraus doch ganz gewiß nicht genommen werden; ebensowenig als aus dem psychologischen Ideengange, daß Jemand der Entschädigungspflicht halber mit dem Verbrechen spielt und sich ganz allmälig an das Verbrechen selbst gewöhnt. Das sind solche Singularitäten, die Sie als allgemein gültig kaum werden anerkennen können.

Es hat der Herr Vorredner angeführt, daß man ja auch den Civilrechtsweg zulassen müsse, wenn man überhaupt eine Entschädigungspflicht anerkenne, und hier würde derjenige, welcher die Entschädigung für sich verlangt, den Beweis zu führen haben, daß er freigesprochen ist, wogegen die Beweispflicht dafür, daß die Ausnahme vorliege, dem Staate obliegen würde. Nun, meine Herren, wir haben uns principiell bisher mit der Procedurfrage nicht beschäftigt, und ich glaube, wir haben sehr gut daran gethan. Wenn aber die Procedurfrage hineingemischt werden soll, so sehe ich in diesen Gründen wahrhaftig keine große Erschwerniß. Denn gerade in diesen Criminalfragen ist der Sachverhalt in der Regel außerordentlich klar, und deswegen, weil den Staat eine Beweislast treffen würde, können wir ihn gewiß nicht von einer rechtlich begründeten Ersatzpflicht befreien.

Was endlich die schlechte Procedur betrifft, nun, so mag es allerdings zuweilen geschehen, daß mit der Haft etwas freigebig verfahren wird; aber es trifft die Frage nicht. Nicht darum, daß gesetzwidrige oder durch Nachlässigkeit verhängte oder verlängerte Haft vorkommt, handelt es sich, sondern um solche bei jeder Justiz nicht vermeidbare Fälle ungerechtfertigter Haft. Also daß diese Fälle durch Nachlässigkeit noch vermehrt werden, damit kann man nicht argumentiren. Es scheinen mir also sämmtliche Gründe, die der Herr Vorredner geltend gemacht hat, die Frage nicht zu erschöpfen, und ich muß dabei stehen bleiben, daß der Staat kein Recht hat, in die Freiheit des Einzelnen einzugreifen ohne ganz bestimmte gesetzliche Gründe, daß, wenn diese gesetzlichen Gründe factisch nicht vorliegen, er entschädigungspflichtig ist, daß wir das aber heute nur im Princip aussprechen können, nicht in denjenigen Modalitäten, in denjenigen Einzelnheiten, die bis jetzt beim Juristentage die Entscheidung der Frage unmöglich gemacht haben, so daß der Juristentag heute zum dritten Male mit der Frage beschäftigt ist. Ich begreife recht wohl, daß die Schwierigkeiten, welche sich in der Ausführung zeigen, den Einzelnen abhalten können, überhaupt für das Princip sich zu erklären; aber wir dürfen uns von diesen Einzelnheiten nicht abhalten lassen, einmal das Princip auszusprechen, denn, meine Herren, die Ausführung ist ja zunächst nicht unsere Sache. Zunächst handelt es sich darum, daß ein Princip, welches bis zum Augenblicke praktisch zum größten Theile nicht anerkannt ist, einmal anerkannt wird; dann kommen wir erst im zweiten Stadium zur Ausführung. Diese wird allerdings manche Schwierigkeiten ergeben, und wir werden vielleicht, wenn die Gesetzgebung sich die Aufgabe stellt, das Princip zur Ausführung zu bringen, noch mit manchen Einzelnheiten uns abgeben müssen. Aber es würde doch heißen, des Bären Pelz theilen, ehe man ihn hat, wollten wir jetzt schon in die Einzelnheiten eingehen und wegen der Schwierigkeiten der Ausführung uns von der Aussprache des Princips abhalten lassen, während das Princip noch nicht anerkannt ist und wir doch das Princip als gerecht anerkennen wollen. Deshalb, meine Herren, ist es dringend nothwendig, daß Sie sich auf das Princip beschränken, und ich glaube, daß das Princip in dem Antrage, welchen Herr Dr. Jaques und ich gestellt haben, den richtigen Ausdruck findet. Noch einfacher spricht das Princip der Antrag des Herrn Collegen v. Keller aus; allein ich gestehe, dort ist es mir etwas zu einfach ausgesprochen, und insbesondere, wenn ich die Begründung dazu nehme, wird es mir bedenklich, ob man damit nicht über das billige Maß dessen, was heute anerkannt werden kann, hinausgeht. Es hat Herr v. Keller angeführt, daß es ja Freisprechungen gebe, bei denen das allgemeine Rechtsgefühl gegen die Ersatzpflicht sich sträuben würde, z. B. die schöne Kindesmörderin, die, sowie man auf Beispiele, auf diese außerordentlich gefährliche Weise der Argumentation kommt, ich möchte fast sagen, in der Regel ihre Rolle spielt. Ja, meine Herren, mir fällt es ganz gewiß nicht ein, zu behaupten, daß die menschliche Justiz nicht auch ihre schwachen Seiten habe. Aber, meine Herren, wenn wir uns bestimmen lassen sollten, wegen der schwachen Seiten der menschlichen Justiz, wichtige Einrichtungen nicht zu treffen, wohin kämen wir da? Damit würden wir die Schwurgerichte und alles das, was der Juristentag seiner Zeit anerkannt hat, mit Leichtigkeit über den Haufen werfen. Diese schöne Kindesmörderin ist ja auch gegen das Schwurgerichtsinstitut an und für sich schon sehr häufig in die Schranken geführt worden. Auf diese Weise können wir das einzig richtige und logisch correcte Princip, was wir anerkennen wollen, uns nicht escamotiren lassen. Wenn aber vollends Herr von Keller auf die Frage der Verurtheilten eingeht, deren Haft ungesetzlicher Weise verlängert worden ist, und daraus eine Formel schöpfen will, die auch zuläßt, daß derjenige, welcher eine zu lange Haft unverschuldet erlitten hat, eine Entschädigung findet, dann fürchte ich, daß wir über das billige, principielle Maß hinausgehen und uns dadurch nur Schwierigkeiten bereiten, die, wenn wir uns an den Fall der Freisprechung halten, der der dringendste ist, nicht entstehen. Denn wenn man jetzt schon in das Detail eingeht, eine Consequenz auf die Fälle zieht, die uns zunächst nicht vorliegen, so ist das eben auch eine von jenen Seiten der Detailirung, die bisher so große Schwierigkeiten gemacht hat. Wir dürfen uns überhaupt, glaube ich, einzelne Fälle nicht ausmalen, sondern wir müssen einfach an dem logischen Princip festhalten. Wenn wir uns zu diesem Ausmalen der einzelnen Fälle verstehen, dann werden wir uns in eine ganze Reihe von Einzelnheiten verlieren, die uns nur die eigentliche Frage aus den Augen rücken, und wie leicht man in diesen Fehler gerathen kann, scheint mir das Schlußbeispiel von Herrn von Keller sehr augenscheinlich zu zeigen. Er hat uns einen Fall erzählt, wo wegen eines Raubmordes Steckbriefe erlassen und in allen Theilen der österreichischen Monarchie etwa acht Verdächtige verhaftet und nach Wien transportirt worden wären und dort sich allerdings nicht schuldig gezeigt hätten; und er hat daran die Frage geknüpft, sollen diese Leute nicht entschädigt werden? Ja, meine Herren, daß diese dem Verdächtigen ähnlich gesehen haben, kann man doch, glaube ich, factisch nicht als einen Fehler ihres eigenen Verhaltens hinstellen. Wenn es aber nicht ein Fehler ihres eigenen Verhaltens ist, dann würden eben diese Personen nach dem klaren Wortlaut des Jaques'schen Antrages ihre Entschädigung bekommen. Denn einen Fehler kann ich Niemand darin imputiren, daß er gerade so aussieht, wie ihn Mutter Natur erschaffen hat. Also, scheint mir, zeigt dieses Beispiel nur, daß man außerordentlich leicht, wenn man sich in solche Beispiele verliert, die eigentliche Frage aus den Augen verliert. Ich möchte Ihnen also rathen, nicht in dem Bestreben, ein einfaches Princip nackt auszusprechen, bis zum Keller'schen Antrage zu kommen, obwohl ich Ihnen offen gestehe, daß, wenn Sie die anderen ablehnen, ich auch für den Keller'schen Antrag stimmen würde, nur um einmal das Princip ausgesprochen zu sehen. Ich möchte aber dringend bitten, dem Jaques'schen Antrage Ihre Zustimmung zu ertheilen.

(Bravo!)

Präsident **von Köstlin**: Herr Rechtsanwalt Herz hat das Wort.

(Rechtsanwalt Herz: Verzichte!)

Dann schließe ich die Debatte, da Niemand sich mehr zum Worte meldet.

Als Anträge liegen vor der Antrag des Herrn Referenten:

> Der deutsche Juristentag spricht als seine Ueberzeugung aus: Der Staat hat für die unverschuldete Untersuchungshaft eine Entschädigung nach einem vom Gesetze innerhalb einer Minimal- und Maximalgrenze bestimmten Maße zu gewähren, wenn der Angeklagte freigesprochen, oder die Anklage ohne dessen Zustimmung zurückgezogen wird.

Sodann der Antrag Jaques-Stenglein:

> Im Falle der Freisprechung oder der Zurückziehung der Anklage ist für die erlittene Untersuchungshaft eine angemessene Entschädigung zu leisten, es sei denn, daß der Angeklagte durch sein Verschulden während des Verfahrens die Untersuchungshaft oder die Verlängerung derselben verursacht hat.

Endlich der Antrag von Keller. Der Herr Referent zum Schluß.

Referent **von Kißling**: Meine hochverehrten Herren! Die ausgezeichnete Weise, in welcher der letzte Herr Redner die ihm gegenüberstehenden Anträge bekämpft, und den von ihm im Verein mit Herrn Collegen Jaques gestellten Antrag begründet und vertheidigt hat, machen mir es einerseits sehr leicht, die Ablehnung der Anträge, welche derselbe bekämpft hat, zu begründen, andererseits erschweren sie mir aber, selbst meinen Antrag aufrecht zu erhalten. Es wäre mir am liebsten gewesen, wenn mir die Möglichkeit geboten worden wäre, mich dem Antrage Jaques-Stenglein anzuschließen, oder wenigstens eine Form zu finden, in welcher er mit meinem vereinbar wäre. Allein es ist ein Punct in demselben, der mir es durchaus nicht möglich macht, dem schönen Beispiel der Nachgiebigkeit des Herrn von Stenglein in der letzten Frage zu folgen und den Antrag ganz so anzunehmen. Es ist meinem Antrage vor Allem dreierlei gegenüber gestellt worden; erstens, daß ich dadurch, daß ich behaupte, es sei die Entschädigung innerhalb eines gesetzlichen Maßes, das nach Minimal- und Maximalgrenze festgesetzt ist, zu gewähren, zu sehr in's Detail eingehe und die beiden Herren haben an Stelle dessen das Wort: „angemessene Entschädigung“ gebraucht und eingesetzt. Ich würde mich dem vollkommen anschließen, da es mir wirklich nicht darum zu thun ist, über das Maß etwas Besonderes zu sagen, einen besonderen Antrag zu stellen. Es ist weiter mir eingewendet worden, daß ich den Fall bezüglich der Zurückziehung der Anklage darauf beschränkt habe, daß es ohne Zustimmung des Angeklagten geschehen ist. Nun, ich habe in meiner Begründung bereits gesagt, wie ich das verstehe, daß ich eben den Fall einer in Folge Petition des Angeklagten eintretenden Abolition meine. Allein es liegt mir auch da nichts daran, um ein Mißverständniß zu beseitigen, daß diese Worte ausgelassen werden.

Nun komme ich aber zu dem Puncte, in dem ich mich unbedingt nicht mit den beiden Herren Jaques und Stenglein einigen kann, daß sie nämlich das Verschulden, welches die Nichtentschädigung begründen soll, nur für die Fälle des Verschuldens während des Verfahrens annehmen. Herr Hofrath von Keller hat ganz richtig einen Fall angeführt, in welchem bereits vor eingeleitetem Verfahren eine solche Haft gegen unschuldige Personen verhängt worden ist. Es kann diese Haft unter Umständen sehr lange dauern. Nehmen wir den Fall, daß in dem erwähnten Criminalfalle diese Verhaftung, weil eben verschiedene Umstände vorlagen, Wochen lang gedauert hat, so sehe ich nicht ein, warum deshalb, weil gegen diese bestimmte Person eine Untersuchung noch nicht eingeleitet worden ist, sie ganz ohne Entschädigung bleiben soll.

Die Herren Jaques und Stenglein haben ihren Antrag vertheidigt, und mich bestimmt abzugehen von einzelnen Details, allein sie gehen damit auch in's Detail ein, wenn sie speciell ausdrücken, daß das Verschulden ein solches sein soll, welches während des Verfahrens eingetreten ist. Ich glaube daher, wenn der Antrag der Herren Stenglein und Jaques dahin formulirt wird, daß eine angemessene Entschädigung für eine erlittene Untersuchungshaft zu gewähren ist, wenn die Freisprechung oder Zurückziehung der Anklage eintritt, es sei denn, daß der Angeklagte durch sein Verschulden die Untersuchungshaft oder die Verlängerung derselben verursacht habe, daß dann dieser Antrag anzunehmen wäre. Wenn die beiden Herren Antragsteller sich aussprechen, daß die Verhaftung, auch wenn es vor der Untersuchung geschieht, entschädigt wird, würde ich eventuell meinen Antrag zurückziehen, da mir es nur darum zu thun ist, daß wir einmal das Princip annehmen.

Präsident: Sie würden Ihren Antrag zurückziehen, wenn die beiden Antragsteller die Worte „während des Verfahrens" streichen.

Referent **von Kißling**: So bin ich ganz einverstanden, meinen Antrag ganz in Ihrem Sinne zu formuliren. Ich möchte unter allen Umständen die Ablehnung des Antrages des Herrn von Keller beantragen, da ich meine, daß, wenn wir nicht sagen, daß im Falle der Freisprechung oder Zurückziehung der Anklage diese Entschädigung zu gewähren ist, wir einfach auf demselben Standpuncte stehen, den die Herren Vollert und Ullmann behauptet haben, denn dann stehen wir vor der richterlichen Willkür. Ich bitte Sie daher, meine Herren, wenn die Herren Jaques und Stenglein den Antrag nicht mit mir gemeinsam so formuliren, den Antrag so anzunehmen:

„Im Falle der Freisprechung oder Zurückziehung der Anklage ist für die erlittene Untersuchungshaft eine angemessene Entschädigung zu leisten, es sei denn, daß der Angeklagte durch sein Verschulden die Untersuchungshaft oder die Verlängerung derselben verursacht hat," mit Auslassung der Worte „während des Verfahrens."

Präsident: Es ist wohl der allseitige Wunsch, daß wir heute zu einem möglichst einstimmigen Ausspruche gelangen über diese so lange debattirte Frage, und es wird deshalb kein Einspruch von der Versammlung erhoben werden, wenn sich die beiden Antragsteller über den zuletzt gestellten Antrag des Referenten noch aussprechen.

Rechtsanwalt **Stenglein**: Meine Herren! Es ist angeregt, daß wir uns über einen gemeinschaftlichen Antrag einigen. Das hat seine gewissen Schwierigkeiten, obwohl ich eigentlich glaube, daß mehr in der Begriffsverschiedenheit, welche mit den Worten verbunden wird, als in der Sache selbst die Differenz liegt. Wir können nicht den Beginn des Verfahrens deshalb fallen lassen, weil wir der Ansicht sind, daß, was vor dem Verfahren liegt, überhaupt keinen Grund abgiebt, gegen einen speciellen Angeklagten einzuschreiten. In dem Verfahren selbst sehen wir das gesammte Verfahren vom ersten Schritte, der wegen einer strafbaren That geschieht. Wir erkennen keinen Unterschied zwischen der Vorerhebung und dem eigentlichen Verfahren. In gleicher Weise ist es aber mit dem Schlusse. Zurückgezogen betrachten wir jede Anklage, welche nicht erhoben wird, obwohl gegen die specielle Person eine Procedur eingeleitet worden ist, nicht aber, daß eine formelle Anklage erhoben war, und wieder fallen gelassen worden ist. Wir können uns nicht auf technische Ausdrücke stützen, weil wir noch kein officielles, gemeinsames Prozeßgesetzbuch unter unseren Füßen haben, sondern mit allgemeinen Begriffen rechnen und selbst interpretiren müssen, wie wir verstanden sein sollen. Hierin glaube ich nun des Einverständnisses meines Mitantragstellers sicher zu sein. Nur in diesem Sinne haben wir vom Beginne des Verfahrens und Fallenlassens der Anklage gesprochen.

Advocat Dr. **Jaques**: Ich kann Dem, was mein verehrter College und Mitantragsteller ausgeführt hat, nur unbedingt beitreten. Ich verstehe unter „während des Verfahrens" alle Stadien des Verfahrens, und habe nicht unterschieden zwischen Vor- und Specialuntersuchung, und ebenso in demselben Sinne mußten wir unter Zurückziehung der Anklage alle Schritte verstehen, welche auf das Unterlassen der Erhebung oder der Fortführung der Anklage Bezug haben. Das entscheidende Moment ist und bleibt, daß, so lange gegen den Angeklagten keine gerichtlichen Schritte geschehen sind, sein Verhalten der Regel nach das ist, wie das jedes anderen Staatsbürgers, daß man also da von einem Verschulden nicht sprechen kann.

Referent **von Kißling**: Nach dieser Erklärung ziehe ich meinen Antrag zurück und schließe mich einfach an.

Präsident: Also ein dreieiniger Antrag. Nachdem wieder eine Debatte stattgefunden hat, hat Herr Hofrath von Keller das Wort.

Hofrath **von Keller**: Ich verzichte auf das Wort.

Präsident: Es handelt sich jetzt um drei Anträge, die der Herren Ullmann und von Keller und den vereinigten Antrag des Referenten und der Herren Jaques und Stenglein. Es wird wohl zunächst der Antrag Ullmann zur Abstimmung zu bringen sein, dann würde ich mir erlauben den vereinigten Antrag folgen zu lassen.

Hofrath **von Keller**: Mein Antrag ist weitergehend.

Präsident: Wie man es nimmt. Also der Antrag Keller und dann der vereinigte Antrag. Ich werde den Antrag Ullmann nochmals verlesen.

Ich bitte diejenigen Herren, welche diesem Antrage zustimmen, sich zu erheben. Er ist abgelehnt.

Der Antrag unseres Collegen von Keller lautet:

„Der Staat hat für die unverschuldet erlittene Untersuchungshaft Entschädigung zu gewähren."

Ich bitte diejenigen Herren, welche für diesen Antrag sind, sich zu erheben. Ich bitte um die Gegenprobe.

Hofrath **von Keller**: Ich beantrage itio in partes.

Präsident: Ich bitte Diejenigen, welche für den von Keller'schen Antrag sind, sich auf die Seite des Herrn von Keller zu stellen. Mit 29 gegen 23 abgelehnt. Wir stimmen nun ab über den Antrag des Referenten und Jaques-Stenglein, der dahin geht:

Im Falle der Freisprechung oder der Zurückziehung der Anklage ist für die erlittene Untersuchungshaft eine angemessene Entschädigung zu leisten, es sei denn, daß der Angeklagte durch sein Verschulden während des Verfahrens die Untersuchungshaft oder die Verlängerung derselben verursacht hat.

Wer damit einverstanden ist, den bitte ich sich zu erheben. Der Antrag ist mit ganz überwiegender Majorität angenommen. Ich werde auch hier den Herrn Referenten ersuchen dürfen, diesen Beschluß der Plenarversammlung zur Kenntnißnahme mitzutheilen. Es liegt kein Gegenstand der Tagesordnung mehr vor.

Advocat **Jaques**: Ich möchte im Namen der Versammlung unserem Vorsitzenden den Dank der Versammlung für die Leitung der Verhandlungen aussprechen.

(Bravo!)

Präsident: Ich danke Ihnen. Die Leitung war mir sehr leicht durch Ihre Güte.

(Schluß der Sitzung Nachmittags 3½ Uhr).

Erste Sitzung der vierten Abtheilung am 28. August 1876.

(Nachmittags 12½ Uhr.)

Appellationsgerichtspräsident **Kühne** aus Greifswald: Meine Herren, ich bin von der ständigen Deputation beauftragt, die heutige Sitzung der IV. Abtheilung zu eröffnen, was ich hiermit thue. Mein einziges Geschäft besteht darin, die Wahl eines Vorsitzenden der Abtheilung in Vorschlag zu bringen, resp. darüber abstimmen zu lassen. Im Auftrage der ständigen Deputation bringe ich den Herrn Oberappellationsgerichtsrath Becker als Vorsitzenden der Abtheilung in Vorschlag und bitte Sie, ihn zu wählen. Ich ersuche diejenigen, welche einen Widerspruch gegen die Wahl des Herrn Becker geltend machen wollen, dies kund zu geben. Da Widerspruch nicht erfolgt ist, erkläre ich, daß Herr Oberappellationsgerichtsrath Becker zum Vorsitzenden der IV. Abtheilung gewählt ist.

(Bravo!)

Präsident Oberappellationsgerichtsrath **Becker**: Meine Herren, das erste Geschäft wird wohl sein, uns zu constituiren, ich möchte vorschlagen, Herrn Dr. Ritter von Kißling zu meinem Stellvertreter zu ernennen. Da kein Widerspruch erfolgt, nehme ich Ihre Zustimmung an. Zu Protocollführern sind in Vorschlag gebracht zwei Herren, die augenblicklich verhindert sind, Herr Advocat Schneller aus Salzburg und Herr Kreisrichter Gutbrod aus Stuttgart. Es hat nun aber Herr Advocat Hartmann aus Nürnberg übernommen, vorläufig das Protokoll zu führen. Sie werden vielleicht auch die Freundlichkeit haben, die Anmeldungen zum Wort entgegenzunehmen. Dann fragt es sich weiter um die Eintheilung des Stoffes. Wir haben drei Gegenstände, von denen für einen heute schon erwähnt wurde, daß leider der Herr Referent, der den Gegenstand selbst in der

Deputation angeregt hat, und auf dessen Wunsch derselbe auf die Tagesordnung gesetzt worden ist, nämlich, Herr Dr. Drechsler, verhindert ist, heute zu erscheinen. Es ist die Frage:

> Soll unter der Voraussetzung der Grundlagen der deutschen Civilproceßordnung letzter Lesung die Revision gegen duae conformes stattfinden?

Der Zusatz letzter Lesung bedeutet: (da wahrscheinlich nicht allen Herren die Protocolle zugegangen sein mögen,) „unter der Voraussetzung der Einführung der Berufung". Es fragt sich daher, ob wir überhaupt dies Thema auf der Tagesordnung dieses Juristentags behalten wollen. Die Commission in Berlin hat sich bekanntlich dahin entschieden, gegen den Wunsch der verbündeten Regierungen, daß nach Einführung der Berufung die Beschränkung der letzten Instanz auf die Conformität der beiden vorhergehenden Urtheile nicht mehr principiell aufrecht zu erhalten sei. Es fragt sich nun, ob Einer unter uns ist, der die gegentheilige Ansicht vertreten will, oder eine Verhandlung ohne weiteres Referat wünscht?

Appellationsgerichtspräsident **Kühne**: Meine Herren, die Frage ist eine so schwierige, daß von den Mitgliedern des Juristentages außer dem Herrn Präsident Dr. Drechsler, der sich mit der Frage früher, als er Oberappellationsrath in Lübeck war, beschäftigt haben wird, wohl Niemand im Stande sein würde, ohne Vorbereitung die Sache als Referent zu behandeln. Ich will beiläufig bemerken, daß ich, als ich bereits meine Ferienreise angetreten hatte, aufgefordert bin, das Referat an Stelle des Herrn Präsidenten Drechsler zu übernehmen. Ich habe mich außer Stande erklärt, das zu thun, weil mir, fern von meinem Wohnort, keine Literatur zu Gebote stand, die über diese Frage ziemlich umfangreich ist. Namentlich hätte ich, um über die Frage referiren zu können, erst noch einmal den in den juristischen Abhandlungen von Heyse und Cropp enthaltenen werthvollen Aufsatz über die duae conformes nach hamburgischem Rechte studiren müssen. Diese Literatur war mir nicht zur Hand.

Ich wiederhole, daß wahrscheinlich kein anwesendes Mitglied des Juristentages im Stande ist, über diese Frage so aus dem Stegreife zu referiren. Ich beantrage daher, daß dieser Gegenstand für jetzt von der Tagesordnung abgesetzt werde. Da aber die Sache doch immer noch ihren Werth behält, selbst wenn die Civilproceßordnung vorher eingeführt werden sollte, so will ich hiermit den Antrag stellen, daß die ständige Deputation ersucht werde, diese Frage, nachdem sie jetzt vertagt worden, auf die Tagesordnung des nächsten Juristentages zusetzen. Ich möchte dabei vorschlagen, auch noch hinzuzusetzen: nach Einforderung von Gutachten.

Präsident: Vielleicht wäre zu sagen „eines der nächsten Juristentage";

denn wenn die Civilproceßordnung einmal festgestellt ist mit Berufung, dann kann man vielleicht die Erfahrungen abwarten. Wenn der Herr Antragsteller damit einverstanden ist, dann würde der Antrag dahin gehen, zu sagen: eines der nächsten Juristentage.

(Einverstanden.)

Obertribunalrath **Struckmann**: Ich möchte mir erlauben, vorzuschlagen, nicht zu sagen „eines der nächsten", sondern „eines späteren", weil, wenn die Frage durch das Reichsgesetz gelöst wird, es sich nicht empfiehlt, dieselbe sobald wieder auf eine Tagesordnung zu setzen.

Präsident: Es wird der ständigen Deputation überlassen, die Frage auf die Tagesordnung eines der nächsten Juristentage zu setzen. Da kein Widerspruch erhoben wird, nehme ich Ihr Einverständniß an. Wir haben daher nur noch zwei Themata:

„Wie ist die Zulässigkeit der Klageänderung in der deutschen Civilproceßordnung sachgemäß zu bestimmen?" und

„durch welche Einrichtungen läßt sich das gerichtliche Hinterlegungswesen zweckmäßig ersetzen?"

Es ist das kein reiches und großes Material, was uns lange beschäftigen wird. Wenn kein Widerspruch erfolgt, beginnen wir mit der ersten Frage als der wichtigsten.

Vicepräsident Dr. **v. Kißling**: Wenn der Herr Appellationsgerichtspräsident Kühne nicht den entgegengesetzten Wunsch auszusprechen hat, so möchte ich den Antrag stellen, daß wir Frage 9 heute behandelten. Wir haben offenbar heute weniger Zeit, als morgen, wo uns der ganze Tag zur Verfügung steht, und die Frage wegen der Klageänderung erfordert weit mehr Zeit, als die Frage 9.

Appellationsgerichtspräsident **Kühne**: Ich habe gebeten, die erste Frage heute zu behandeln, weil ich nicht mit Sicherheit voraussehen kann, ob ich morgen in die Abtheilungssitzung kommen kann.

Präsident: Ich glaube, daß dieser persönliche Grund des Herrn Appellationsgerichtspräsidenten Kühne, der ein wesentliches Interesse an der Behandlung dieser Frage hat, bei uns durchschlagen wird und ich nehme Ihr Einverständniß an damit, daß wir mit der ersten Frage beginnen. Ehe ich dem Herrn Referenten das Wort gebe, möchte ich bemerken, daß wir zur morgenden Sitzung spätestens die Vertrauensmänner zur ständigen Deputation zu wählen haben, und zwar jede von den drei Abtheilungen zehn von den dreißig Vertrauensmännern. Ich werde am Schluß der Sitzung Gelegenheit nehmen, die Herren über den Modus zu befragen, wie die Vorbereitung zur Beschlußfassung in der morgenden Sitzung geschehen soll. Referent in der Frage über die Zulässigkeit der Klageänderung ist Herr Hof- und Kreisgerichtsdirector v. Stößer und ich erlaube mir, ihm das Wort zu geben.

Referent Kreis- und Hofgerichtsdirector **v. Stößer**: Meine Herren! Die Frage, über welche ich Ihnen vorzutragen die Ehre habe, lautet:

Wie ist die Zulässigkeit der Klageänderung in der deutschen Civilprozeßordnung sachgemäß zu bestimmen?

Zur Vermeidung von Einzelnheiten, welche sich für unsere Berathungen und Aussprüche nicht eignen, sowie zur Gewinnung eines bestimmten vollständigen Abschlusses, wenigstens im Allgemeinen, erlaube ich mir Ihnen folgende Sätze als Beantwortung der gestellten Frage vorzuschlagen:

I. Die Erhebung der Klage hat die Wirkung, daß der Kläger nicht berechtigt ist, ohne Einwilligung des Beklagten die Klage zu ändern.

II. Als eine Aenderung der Klage ist es nicht anzusehen, wenn
1) die thatsächlichen oder rechtlichen Anführungen ergänzt oder berichtigt werden;
2) der Klageantrag (Anspruch) in der Hauptsache oder in Bezug auf Nebenforderungen erweitert oder beschränkt wird;
3) statt des ursprünglich geforderten Gegenstandes wegen einer später eingetretenen Veränderung ein anderer Gegenstand oder das Interesse gefordert wird. Der Kläger kann bis zum Schlusse der mündlichen Verhandlung, auf welche das Urtheil folgt, seine Klage in dieser Richtung (1, 2, 3,) ergänzen und berichtigen.

III. Die Einwilligung des Klägers in die Aenderung der Klage ist anzunehmen, wenn derselbe, ohne der Aenderung zu widersprechen, sich in einer mündlichen Verhandlung auf die abgeänderte Klage eingelassen hat.

IV. Die richterliche Entscheidung über die Zulässigkeit der Klageänderung ist durch ein Rechtsmittel nicht anfechtbar.

V. Eine Aenderung der Klage ist in der Berufungsinstanz selbst mit Einwilligung des Gegners unstatthaft.

Meine Herren! Die Sätze I., II. 2, 3, III., IV. und V. sind nicht, beziehungsweise nicht mehr, oder kaum streitig. Im Wesentlichen dreht sich hier zur Zeit der Streit um den Satz II. im Eingang und Ziffer 1, insoweit hier, abweichend vom Entwurfe der deutschen Civilprozeßordnung in § 232 die Worte: „ohne Aenderung des Klagegrundes" weggelassen sind. Dieser Gedanke, welcher die ganze Lehre der Klageänderung durchzieht, hat eine mehrfache Geschichte; zunächst eine allgemeine in der Rechtsgeschichte — in Wissenschaft und Gesetzgebung, sodann auch eine besondere innerhalb unseres Vereins.

Es wird zweckmäßig sein, einen Ueberblick über die beiden Geschichten zu geben, und hierauf zu prüfen, ob der dem Satze II. 1 zu Grunde liegende Gedanke:

„Bei Festhaltung des wesentlichen Klageantrages (deutschen Entwurfs § 232, Ziffer 2 und 3) liegt in der Aenderung des Klagegrundes noch keine Klageänderung,"

gerechtfertigt sei oder nicht.

Meine Herren! Wie Sie wissen, auch aus dem vorjährigen Vortrage und dem diesjährigen Gutachten des Herrn Präsidenten Kühne des Näheren wiederum ersehen, ist die Geschichte der Klageänderung so alt als die des Civilprozesses selbst. Im altrömischen Prozeß, welcher auf der Theilung des Verfahrens vor dem magistratus und dem judex innerhalb eines strengen Formelwesens beruhte, lag es in der Natur der Sache, daß wenn einmal der magistratus die Formel gegeben hatte, eine Klageänderung nicht mehr möglich war. Hieraus erklären sich die, nach unseren heutigen festländischen Begriffen etwas hart klingenden Aussprüche in den Digesten, obwohl auch hier der praktische Sinn der Römer sich bewährte und Sonderbarkeiten vermied. Anders mußten sich aber die Anschauungen bilden, nachdem jene Zweitheilung aufhörte, und vor dem Magistrat der ganze Prozeß von Anfang an bis zum Endurtheil verhandelt ward. Nach der bekannten Vorschrift Justinians in § 35 Inst. de act. (4, 6) kann von einer Unzulässigkeit einer Klageänderung, selbst bei Aenderung des objectiven Klageanspruchs in eodem judicio, kaum noch die Rede sein. Bei der weiteren Entwickelung oder vielmehr Mißgestaltung des Civilprozeßrechts gewann freilich das Capitel von der Klageänderung wiederum eine besondere Bedeutung. Die innere Veranlassung und Berechtigung hierzu liegt ohne Zweifel in den Grundsätzen der Schriftlichkeit und Eventualmaxime. Hiernach wäre es gewiß mit einem sicheren, geordneten Gang des Verfahrens unvereinbar gewesen, wenn man dem Kläger nach der einmal erfolgten Litis contestatio noch gestattet hätte mit der Replikschrift einen weiteren Klagegrund nachzuschieben, und folgeweise auch dem Beklagten, trotz abgelaufener Vernehmlassungsfrist, eine zweite Einlassungs- beziehungsweise Einredeschrift bewilligt hätte u. s. w. Gleichwohl machte sich aber das praktische Bedürfniß geltend, die feste Gliederung des Verfahrens in einzelne bestimmt begrenzte Parteihandlungen zu lockern, und eine Klageänderung nicht unbedingt auszuschließen. War nämlich die Litiscontestation noch nicht eingetreten, so erschien die Zulassung einer Klageänderung, abgesehen von Nebenfolgen, insbesondere wegen der Kosten, unbedenklich; anderenfalls war aber der Unterschied maßgebend, ob die Veränderung der Klage den Beklagten zu einer neuen Vertheidigung zu veranlassen geeignet sei oder nicht. Hier ließ man die Aenderung zu; dort sollte aber die Statthaftigkeit wieder davon abhängen, ob dem Kläger, wenn er nach dem rechtskräftigen Verluste des ersten Prozesses mit der veränderten Klage auftreten würde, die Einrede der entschiedenen Sache entgegenstehen werde oder nicht. Im letzteren Falle hielt man die Veränderung unter gewissen Nebenfolgen für zulässig, im ersteren Falle dagegen nicht.

Gleichzeitig war man bestrebt, den Begriff der Klageänderung auf engere Grenzen zu ziehen, und deshalb Ergänzungen und Berichtigungen der Klagebehauptungen im nothwendigen Interesse der Sache, die sonst in ein kleinliches Formelwesen ausartete, und da sonst über die gleiche Streitfrage eine Mehrzahl von Prozessen unter denselben Parteien entstanden wäre, in ausgedehnter Weise zuzulassen. Nur dürfte durch solche Ergänzungen und Berichtigungen der Klagegrund, d. h. „das historisch thatsächliche Fundament, welches den gestellten Rechtsanspruch begründen soll," oder auch „die Gesammtheit der thatsächlichen und rechtlichen Anführungen, welche nach Maßgabe des bürgerlichen Rechts an sich geeignet sind, den erhobenen Anspruch als in der Person des Klägers entstanden, und zugleich als durch den Beklagten verletzt erscheinen zu lassen," nicht geändert werden. Eine Anschauung und Erklärung, welche auch in dem neuesten Entwurfe einer gemeinsamen deutschen Civilprozeßordnung, beziehungsweise in den Motiven hierzu Aufnahme gefunden hat. Um diesen Grundgedanken, beziehungsweise die Bestimmung — eine Klageänderung liege schon in der Aenderung des Klagegrundes — zur Klarheit und zu einem richtigen, durchgreifenden Ausdrucke zu bringen, hat sich, wie im Gutachten Seite 222 ff. dargestellt, Wissenschaft und Gesetzgebung schon lange wahrhaft abgemüht, ohne zu einem zweifellosen, befriedigenden Ergebnisse zu gelangen.

Meine Herren! Vergegenwärtigen Sie sich die dort zusammengestellten, verdienstvollen Erläuterungen, insbesondere von Sintenis, welcher zwar den „Klagegrund" in der Juristensprache für ziemlich unentbehrlich hält, gleichzeitig aber bekennt, daß auch bei der von ihm bestversuchten und für die späteren Versuche einflußreichen Definition immer noch theoretische und praktische Bedenken obwalten,

sowie von Wächter, unserem ehrwürdigen, verdienstvollen Ehrenpräsidenten, welcher bei aller Anerkennung der zur Klärung aufgewendeten Arbeiten den Stand der Sache doch noch als einen verwirrten bezeichnet,

ferner von Planck, welcher bei Entscheidung der Frage, welche Thatsachen zu den rechtsbegründenden gehören, das richterliche Ermessen nicht entbehren will, von Dernburg, welcher die durch das Recht und die Uebung der Rechtsprechung gewonnenen speciellen Regeln durch das Urtheil eines verständigen, die Lebensverhältnisse klar überschauenden Mannes geprüft wissen will, und endlich der juristischen Facultät zu Halle, welche wegen der Gefahren und Mißverständnisse, die sich an den Begriff „Klagegrund" knüpfen, solchen lieber in ein Gesetz nicht aufnimmt, so werden Sie sich überzeugen, daß mit dem Anschluß einer Klageänderung an den Klagegrund ein sicherer Boden nicht gewonnen wird.

Ganz ähnlich verhält es sich in den neueren Prozeßgesetzgebungen, worin dem Klagegrund auch bezüglich der Klageänderung, deren Unstatthaftigkeit ohne Einwilligung des Beklagten meist schon mit der Zustellung der Klageschrift an den Beklagten beginnen soll, (nur die bayerische Civilprozeßordnung läßt jene bis zur Vernehmlassung zu), eine erhebliche Bedeutung eingeräumt ist.

Besonders nennenswerth dürften sein die Bestimmungen beziehungsweise Vorschläge:

1. der hannover'schen Civilprozeßordnung von 1850. Nach § 203 kann der Kläger im Laufe der mündlichen Verhandlung seine Klageanträge (d. h. Klage oder Klageschrift), verbessern. Für eine Verbesserung ist es unter Anderem zu halten, wenn, unter Beibehaltung der thatsächlichen Grundlagen des Hauptanspruches und der Nebenforderungen, das Vorbringen erläutert und näher oder richtiger bestimmt wird. Jede weitere Abweichung von den schriftlichen Klageanträgen (Klageänderung), ist zwar nicht von Amtswegen zu beachten, dagegen steht dem Beklagten das Recht zu, im Wege einer, jedoch sofort zu erhebenden verzögerlichen Einrede, die Unzulässigkeit der Abweichung zu rügen und demgemäß die Zurückweisung der Klageanträge in dem angebrachten Maße, beziehungsweise die Fortführung der Verhandlung auf Grund der ursprünglichen Klageanträge zu begehren.

Meine Herren! Sie wissen schon vom vorigen Juristentage her, wohin diese Bestimmung des sonst so verdienstvollen Gesetzgebungswerkes in der Rechtsanwendung geführt hat; in den meisten Fällen veranlaßt jede Abweichung von der Klageschrift beim mündlichen Vortrag einen unerquicklichen Streit ohne Ende, ob hierin eine Aenderung oder nur eine Verbesserung der Klage enthalten sei, und schließlich eine auffallende Masse von Abweisungen der Klagen angebrachtermaßen, wodurch weder den Parteien wahrhaft gedient noch die eigentliche Gerichtsthätigkeit gefördert wird.

2. Des preußischen Entwurfs von 1864, welcher in § 232, Ziffer 2, es als eine unzulässige Klageänderung nicht ansieht, wenn die Aenderung des Klagegrundes mit oder ohne Aenderung des Klageantrages

den Beklagten nicht zu einer anderen Rechtsvertheidigung nöthigt. Derselbe nimmt damit eine eigenthümliche Stellung ein in der bestimmten Absicht, um Aenderungen der Klage in so weitem Umfange, als es das Interesse des Beklagten irgend zuläßt, zu gestatten. Diese Rücksichtnahme auf Art und Umfang der Vertheidigung des Beklagten war auch im Hinblick auf die bayerische Theorie mit ein Bestimmungsgrund für den Herrn Präsidenten Kühne, dem früheren Mitgliede jener Prozeßgesetzgebungscommission und Referenten auf dem vorigen deutschen Juristentage, den dort gestellten, jetzt aber nicht mehr aufrecht erhaltenen Antrag zu stellen. Die Aufnahme des nicht geklärten Begriffs „Klagegrund" als eines Fundaments der Klage, erscheint ihm jetzt im Gutachten nach Inhalt und Form der Vorschrift als überflüssig und bedenklich. So weit aber noch ein Hauptgewicht auf das Ermessen des Richters gelegt wird zur Prüfung und Entscheidung der Frage, ob durch das neue Vorbringen des Klägers der Beklagte zu einer neuen Vertheidigung genöthigt wird, und folgeweise, ob jenes als eine unzulässige Aenderung zurückzuweisen sei oder nicht, so kann darin nur ein unsicherer Maßstab gefunden werden. Dafür liegen meist zu wenige objective Anhaltspuncte vor und würde deshalb der Richter vorzugsweise auf sein subjectives Ermessen verwiesen, eine Lage, die sowohl vom Standpuncte der Parteien als demjenigen des Richters aus nicht als wünschenswerth bezeichnet werden darf. Wird es doch oft einem umsichtigen Anwalte, wenn er auch noch so vollständige Information sich zu verschaffen bemüht gewesen, schwierig, ja sogar unmöglich, sofort zu erklären, beziehungsweise nachzuweisen, daß und weßhalb ein neuer Angriff auch eine neue Vertheidigung erfordere; wie viel weniger darf dies dem Richter zugetraut und zugemuthet werden, welcher die wirklich vorhandenen Thatsachen, die seinem Ermessen unterbreitet werden sollen, nur in seltenen Fällen mit genügender Sicherheit kennt.

3. Der badischen Prozeßgesetzgebung, welche bezüglich unserer Frage verschiedene Wandlungen erfahren hat. Die Civilprozeßordnung vom 31. December 1831, welche vielfach als Vorbild für andere Prozeßordnungen diente, und mit Beibehaltung der Eventualmaxime für die in ihrer Zuständigkeit nicht begrenzten Einzelgerichte erster Instanz mündliches Verfahren, für die höheren Collegialgerichte aber schriftliches Verfahren mit mündlicher Schlußverhandlung anordnete, bestimmte in §§ 344 ff.:

§ 344. Mängel in der gesetzlichen Ordnung im Vortrage der Klage oder einer Einrede, Replik oder Duplik u. s. w. können zu jeder Zeit verbessert, und undeutliche oder unvollständige Anführungen zu jeder Zeit erläutert oder ergänzt werden, insofern dadurch weder der thatsächliche Grund der Klage oder der Einrede, Replik oder Duplik u. s. w., noch der

Streitgegenstand, noch das Gesuch in der Hauptsache abgeändert, oder dem früheren thatsächlichen Grunde ein neuer hinzugefügt wird.

§ 345. Nachträge, wodurch der thatsächliche Grund der Klage, oder der Gegenstand derselben, oder das Gesuch in der Hauptsache abgeändert, oder zum früheren thatsächlichen Grund der Klage ein neuer hinzugefügt wird, sind dem Kläger so lange erlaubt, als die Einlassung auf die Klage noch nicht erfolgt oder versäumt ist.

§ 346. Auf Nachträge der im vorhergehenden Paragraphen bezeichneten Art, wenn sie erst nach erfolgter oder versäumter Einlassung auf die Klage vorgetragen werden, ist der Beklagte nicht schuldig, sich einzulassen, die Fälle ausgenommen, da der Kläger die Klage, wie sie früher angebracht war, nunmehr fallen läßt, oder zugiebt, daß die weitere Verhandlung hierüber bis zum Ausgang des Verfahrens über die neue abgeänderte Klage ausgesetzt bleibe.

§ 347. In den beiden Ausnahmsfällen des vorhergehenden Paragraphen wird die abgeänderte Klage wie eine neue Klage betrachtet, und es hat sich der Beklagte darauf ebenso, wie auf eine neue Klage, nunmehr mit seiner Antwort und dem Vortrage seiner etwaigen Einreden vernehmen zu lassen.

§ 348. Veränderungen von der im § 345 bezeichneten Art im Vortrage von Einreden, Repliken u. s. w. sind nur so lange zulässig, als die für den Vortrag der Einreden, Repliken u. s. w. angeordnete Frist nicht abgelaufen ist.

§ 349 handelt über die Kostenfolge von nachträglichen Verbesserungen u. s. w.

Als nun im Jahre 1862 eine Ergänzung und Abänderung der Civilprozeßordnung — auf Grundlage eines besseren, durch die Eventualmaxime jedoch immer noch entschieden beeinflußten mündlichen Verfahrens vor Collegialgerichten erster Instanz — vorgenommen wurde, welche Gesetzgebungsarbeit ihren Abschluß in der Civilprozeßordnung vom 18. März 1864 fand, suchte man bestimmte Anhaltspuncte aufzustellen, um die Verbesserung der Klage und anderer Vorträge von der Abänderung zu unterscheiden, weil man vielfach zu streng gewesen sei, und Nachträge, die neue Verbesserungen waren, als Abänderungen behandelt und zurückgewiesen habe. Die zur Unterscheidung dienenden Merkmale erblickte man in der wissenschaftlich wohlbegründeten Lehre über die entschiedene Sache. So erklärt sich die Bestimmung in § 253, wonach eine Erläuterung, Ergänzung und Berichtigung der Parteivorträge zu jeder Zeit von Amtswegen veranlaßt oder von der Partei vorgenommen werden kann. Die Gegenpartei ist jedoch nicht verbunden, sich auf ein nachträgliches Vorbringen einzulassen, welches eine Klageänderung enthält. Nach § 254 ist aber eine Klageänderung als vorhanden anzunehmen, wenn eine rechtskräftige Abweisung der ursprünglichen Klage die Einrede der entschiedenen Sache gegen die veränderte Klage nicht begründen würde. Da nun nach Landrecht § 1351, dann eine rechtskräftige Entscheidung vorliegt, wenn der Gegenstand der Klage überall derselbe ist, die Klage auf demselben Grunde beruht, der Prozeß unter denselben Parteien geführt worden, auch für und wider sie in gleicher Eigenschaft statthatte, so ergiebt sich, daß, abgesehen von manchen recht fühlbaren Schranken der Klageänderung, der Richter bei Prüfung, ob eine solche vorliege, auch hier wiederum auf jenen unbestimmbaren Begriff des Klagegrundes verwiesen, und somit in der Sache kaum eine Verbesserung erreicht ist.

4. Des hannoverschen Entwurfs von 1866, und nach ihm

5. der württembergischen Civilprozeßordnung von 1868, die es als eine Klageänderung nicht ansehen, wenn ohne Aenderung des Klagegrundes die Klage ergänzt, erläutert und berichtigt wird; eine Bestimmung, zu welcher man sich damals nach langwierigen Erörterungen über den Begriff einer Klageänderung und im Bewußtsein, daß, sofern auf den Klagegrund, als den thatsächlichen Grund der Klage, zurückzugreifen, eine richtige, vollständige Formel doch nicht zu finden sei, endlich entschlossen hat.

6. Der Civilprozeßordnung für Bayern von 1869. Sie bestimmt in § 180: Der Beklagte kann sich Aenderungen widersetzen, welche nach der Vernehmlassung in dem Gegenstande der Klage, in ihrer thatsächlichen Begründung oder durch Erweiterung des Gesuchs vorgenommen werden. Während aber in § 181 für Erläuterungen und Ergänzungen und in § 182 selbst für Mehrforderungen, so weit sie keinen Anlaß zu wesentlich neuen Vertheidigungen geben, ein freier Spielraum gewährt ist, erfährt die Abänderung der thatsächlichen Begründung der Klage, d. h. des Klagegrundes, eine solche Begünstigung nicht.

7. Die Entwürfe einer Prozeßordnung für den norddeutschen Bund von 1870 (§ 204), sowie einer deutschen Civilprozeßordnung von 1871, 1872 (Artikel 227) und 1874 (Artikel 232), enthalten nun übereinstimmend die Vorschrift: „Als Aenderung der Klage ist es nicht anzusehen, wenn ohne Aenderung des Klagegrundes 1. die thatsächlichen oder rechtlichen Anführungen ergänzt oder berichtigt werden.“

Die Entstehungsgeschichte für diesen Vorschlag ersehen Sie, meine Herren, aus dem Gutachten Seite 237, und die Motive im Vortrage des vorjährigen deutschen Juristentages Seite 275. Deren wesentlicher Inhalt geht dahin, daß es in einem freigestalteten mündlichen Verfahren unbedenklich sei, dem Kläger Aenderungen der Klage in weitem Umfange zu gestatten, wenn nur nicht durch dieselben der Klagegrund geändert werde. Bei der ersten und zweiten Lesung in der Justizcommission rief dieser Vorschlag des Entwurfes, wie im Plenum mitgetheilt, keine weitere Erörterung, beziehungsweise Abänderung hervor; wohl aber wurde bei der zweiten Lesung der jedoch vergebliche Versuch gemacht, zu den in § 241 erwähnten und bis zum Schlusse der mündlichen Verhandlung zulässigen Angriffsmitteln auch die Klageänderungen (im Sinne des Entwurfs) ausdrücklich aufzunehmen. Ein anderer Punct wegen des neuen § 233 wird später erwähnt werden.

Hiernach bildet also auch nach dem neuesten Stande der Gesetzgebung der Klagegrund immer noch ein wesentliches Merkmal zur Beurtheilung der Frage, ob eine Klageänderung vorliege oder nicht.

Nach dieser Uebersicht über die Geschichte unserer Frage in der Wissenschaft und Gesetzgebung lassen Sie, meine Herren, mich noch deren Geschichte in unserem Vereine kurz berühren. Sie ist nicht befriedigender als dort.

Gedrungen durch die schlimmen Erfahrungen mit den zahlreichen Abweisungen der Klagen angebrachtermaßen wegen angeblicher Klageänderung, wie sie in Hannover, Sachsen und anderen Orten vorkommen, begründete

a. Herr Präsident Kühne des Näheren den Antrag: der deutsche Juristentag wolle seine Rechtsüberzeugung dahin aussprechen, daß die Bestimmungen im Eingange des § 232 des Entwurfs der deutschen Civilprozeßordnung, und in Nr. 1 dieses Paragraphen wegen der Zweifel über die Bedeutung derselben und der danach für die Prozeßverhandlung zu befürchtenden unnützen Weiterungen nicht zweckmäßig seien, und daß es sich empfiehlt, an Stelle dieser Bestimmungen die folgenden zu setzen:

„Als eine Aenderung der Klage ist es nicht anzusehen, wenn unter Festhaltung des geltend gemachten Anspruches (Identität des Objects):

1. die neuen thatsächlichen oder rechtlichen Anführungen des Klägers den Beklagten nicht zu einer neuen Rechtsvertheidigung nöthigen",

mit dem ausdrücklichen Vorbehalte, daß damit die Bestimmung in Ziffer 2 und 3 des Entwurfs nicht berührt werden.

Dafür erklärten sich namentlich noch die Herren Advocat Dr. Drewke und Appellationsgerichtsrath Vielvoye.

Diesem Antrage stand zunächst

b. derjenige des Herrn Kreisrichters Dr. Meißner:

„Der Juristentag spricht seine Ueberzeugung dahin aus: Die Zulassung der Aenderung der Klage in der ersten Instanz ist nicht von der Einwilligung des Verklagten abhängig zu machen, sondern dem Ermessen des Richters zu überlassen."

c. Dagegen ward von Herrn Justizrath von Wilmowski der von Becker unterstützte Antrag gestellt:

„daß der Juristentag seine Ueberzeugung dahin aussprechen möge: eine Aenderung des Klagegrundes im Civilprozeß ist nach der Einlassung auf die Klage ohne ausdrückliche oder stillschweigende Einwilligung des Gegners für unzulässig zu erklären."

d. Auf der anderen Seite erschien der Antrag des Referenten dem Herrn Obergerichtsanwalt Haarmann noch nicht weit genug gehend und schlug derselbe deshalb vor:

„Die Aenderung der Klage ist im ersten Rechtszuge unbedingt bis zum Schluß der Verhandlung, auf welche das Urtheil erfolgt, zulässig, vorbehaltlich des Rechts der beklagten Partei, die Vertagung der Verhandlung für ihre Vertheidigung zu verlangen und mit der Bestimmung des Eintritts der Rechtshängigkeit; eine weitere Aenderung der Klage in der zweiten Instanz ist unzulässig."

e. Endlich ging ein durch die Ausführungen Becker's besonders angeregter eventueller Antrag des Herrn Obergerichtsanwalts Haarmann dahin:

„die richterliche Entscheidung über die Zulässigkeit der Klageänderung ist durch ein Rechtsmittel nicht anfechtbar."

Bei der Abstimmung wurden die Anträge a b c d abgelehnt, und nur der unter e mit großer Mehrheit angenommen. Dies gab dem Herrn Präsidenten Drechsler in der Plenarversammlung Anlaß zu dem Antrage, die ganze Frage nach Einfordern weiterer Gutachten zur nochmaligen Berathung zu bringen, welchem Antrage die Versammlung zustimmte.

Meine Herren! Wenden wir uns nun zur Prüfung der Ihnen vorgeschlagenen Sätze, so müssen wir uns vor Allem vergegenwärtigen, daß eine wesentliche Grundlage des heutigen, auch vom deutschen Juristentage seit Jahren angestrebten bürgerlichen Verfahrens, in der Mündlichkeit (oder vielmehr Unmittelbarkeit) der Verhandlung, unter Beseitigung der Eventualmaxime, beruht. Hiernach liegt der Schwerpunct des Prozesses in der einen einheitlichen Akt bildenden mündlichen Verhandlung, so daß, wie sich z. B. der hannoversche Entwurf in §§ 131, 132 ausdrückt, die mündliche Verhandlung die ausschließliche Grundlage für die richterliche Entscheidung bildet und alle Prozeßhandlungen, welche eine Partei während der mündlichen Verhandlung bis zu deren Schluß vornimmt, „als ein Ganzes" anzusehen sind, auch alles bis zum Schlusse der Verhandlungen Vorgebrachte als rechtzeitig vorgebracht gilt. Kann der Streitgegenstand insbesondere wegen nicht angekündigter Behauptungen eine vollständige Erörterung in der ersten Tagfahrt nicht finden, so wird zur Fortsetzung der Verhandlung eine neue Tagfahrt anberaumt, und diese Mehrheit von Tagfahrten bildet bis zum Schlusse immer eine einzige mündliche Verhandlung. Zerfällt das ganze Verfahren im ersten Rechtszuge nicht in mehrere, für sich bestehende, durch besondere Marksteine gezeichnete Abschnitte, was nach gemeinem Rechte und nach manchen Prozeßgesetzen, z. B. der hannoverschen, badischen und anderen durch Erlassung eines förmlichen Beweiserkenntnisses bewirkt wird, und ist vielmehr in das Prozeßsystem noch der Grundsatz der Beweisverbindung aufgenommen, wie namentlich im deutschen Entwurfe, so umfaßt jene Einheit der mündlichen Verhandlung das ganze Verfahren bis zum Urtheil. Demgemäß können auch nach Entwurf § 241 Angriffs- und Vertheidigungsmittel, sowie nach § 246 Beweismittel und Beweiseinreden bis zum Schlusse derjenigen mündlichen Verhandlung, auf welche das Urtheil ergeht, geltend gemacht werden.

Allerdings liegt in der unbeschränkten Zulassung nachträglichen Vorbringens die Gefahr einer Verschleppung des Prozesses, weshalb der Gesetzgeber genöthigt ist, dagegen einen geeigneten Schutz zu gewähren. Aehnlich wie in anderen Prozeßgesetzen, welche die Eventualmaxime nicht mehr anerkennen, wird im deutschen Entwurf jener Schutz durch die Bestimmung in § 242 beziehungsweise 247 geboten, wonach solche Nachschiebungen auf Antrag oder selbst von Amtswegen zurückgewiesen werden können.

Die Einleitung des ordentlichen Verfahrens erfolgt nun, entsprechend den entwickelteren Verkehrsverhältnissen und zum Zwecke einer besseren Ordnung namentlich für das Versäumnißverfahren, durch Zustellung einer schriftlichen Klage an den Beklagten, obwohl dies, wie im Gutachten § 3 geschichtlich nachgewiesen, nicht geradezu als eine unbedingt nöthige Voraussetzung zum Beginne eines Prozesses betrachtet werden muß. Immerhin werden wir aber nach den Rechtsanschauungen und Gewohnheiten, worin wir bisher gelernt und gearbeitet haben, in der Klageschrift die erste und nächste Grundlage des weiteren Verfahrens erblicken. Als solche hat sie der Sache nach eine bestimmende und vorbereitende Natur und stellt sie in der Form einen einfachen logischen Satz dar. Während der Vordersatz in einer Rechtsnorm besteht, liegt der Untersatz in der Angabe des Gegenstandes und des Grundes des erhobenen Anspruches, oder mit anderen Worten in dem historisch thatsächlichen Fundamente, welches den gestellten Rechtsanspruch begründen soll, und endlich der Schlußsatz in einem bestimmten Klageantrage. In wesentlicher Uebereinstimmung mit allen Prozeßgesetzen hat auch der Entwurf der deutschen Civilprozeßordnung in § 222 diese Sätze als Bestandtheile einer Klageschrift bezeichnet. Sofort ist es aber klar, daß von all diesen Behauptungen des Klägers für den

Beklagten der gegen ihn erhobene Anspruch (Klageantrag) die wichtigste ist; dieser bildet unter beiden Theilen den eigentlichen Streitgegenstand, die wahre Basis des Prozesses. Dessen Bezeichnung ist die bestimmende Natur einer Klageschrift, deren übriger Inhalt namentlich die thatsächliche und rechtliche Begründung — zumal beim mündlichen Verfahren — nur die vorbereitende Natur, welche im Laufe der mündlichen Verhandlung zur besseren Verfolgung des sich gleich bleibenden Zweckes (Klageanspruchs) sehr wohl eine Aenderung erfahren kann. Denn der Schwerpunct des Prozesses liegt ja in der mündlichen Verhandlung, worin die Parteien, ungebunden durch den Inhalt der gewechselten Schriftsätze, das Sachverhältniß zu entwickeln und den Stand des Streites dem Gerichte darzulegen haben zu dem Zwecke, damit dieses schließlich eine Entscheidung über den Klaganspruch abgebe.

Mit der bestimmten Angabe des letztern in der Klageschrift und deren Zustellung an den Beklagten wird dieser nun aufgefordert, den ihm bezeichneten Streitgegenstand zum gerichtlichen Austrag zu bringen. Mit der Pflicht, den Streit zu dem ihm eröffneten Zwecke aufzunehmen, wenn er nicht durch Ausspruch der gesetzlichen Rechtsnachtheile als säumig erklärt werden will, erwächst für ihn zugleich das wohlerworbene Recht, sich auch nur gegen jenes und kein anderes Begehren des Klägers vertheidigen zu müssen.

Uebrigens entspricht es auch einer einfachen und festen Ordnung des Verfahrens, wenn dessen in der Klageschrift angekündigter Grund und Endzweck im Laufe der mündlichen Verhandlung eine erhebliche Aenderung nicht erleidet.

Auf dieser Erwägung und da gewisse Formen zur allseitigen Rechtswahrung nöthig, mindestens zweckmäßig sind, beruht hauptsächlich die ganze Materie der Klageänderung, und ist es demgemäß in der Wissenschaft wie in der Gesetzgebung anerkannt, daß der Beklagte sich eine solche nicht gefallen zu lassen braucht.

Der Zeitpunct, in welchem jenes Recht des Beklagten entsteht, tritt mit der Behändigung der Klageschrift und der damit begründeten Rechtshängigkeit ein, aus guten Gründen, insbesondere da hiemit dem Beklagten eröffnet wird, daß und wegen welchen Streitgegenstandes er vor Gericht gestellt wird, und ist dies auch im Entwurfe, übereinstimmend mit dem geltenden Rechte und mit den meisten neuen Gesetzarbeiten, § 227 bestimmt.

Indeß kann der Beklagte auf dieses Recht verzichten und in eine Klageänderung einwilligen. Allerdings ist schon mehrfach (vergl. z. B. Meißners Ausführung auf dem vorjährigen deutschen Juristentage, Justizcommissionsprotokolle S. 79, Gutachten S. 252) der Zweifel angeregt worden, ob, weil das Prozeßrecht öffentliches Recht, somit der Vereinbarung der Parteien nicht unterworfen sei, und weil durch eine Klageänderung die Ordnung des Verfahrens leicht gefährdet werde, eine wirkliche Klagänderung mit Einwilligung des Beklagten zugelassen werden dürfe, und vielmehr die Behauptung aufgestellt, daß sie ohne Antrag, von Amtswegen zurückgewiesen werden sollte. Indeß wird hierauf mit Grund erwidert, daß zwar die Art des Verfahrens, die Normen der Prozeßgesetze öffentliches Recht seien und daß die hierwegen erlassenen Bestimmungen des Gesetzes einer anderweiten Vereinbarung der Parteien nicht unterworfen werden dürfen, nicht aber auch der thatsächliche und rechtliche Inhalt der Parteivorträge, sowie die Reihenfolge der gegenseitigen Angriffs- und Vertheidigungsmittel zum Zwecke der Entscheidung eines bürgerlichen Rechtsstreits. In dieser Beziehung werde zwischen den Parteien, die vor Gericht mit einander streiten, durch den Klageantrag nnd Gegenantrag eine Art Vertragsverhältniß geschaffen, und müsse es ihnen überlassen sein, von dem, was sie unter einander contrahirt haben, auch wieder abzugehen und andere Bestimmungen an die Stelle zu setzen. Sonst beschränke man das Dispositionsrecht der Parteien in einer Weise, die weder rationell, noch mit der bisherigen Praxis vereinbar sei. Ueberdies habe für den mündlichen Prozeß die Klageschrift nicht die Bedeutung einer Prozeßgrundlage, sondern nur die eines zur Information des Richters und des Beklagten dienenden Schriftstückes; das Hauptgewicht liege in der unmittelbaren Verhandlung, die genügend dehnbar sei, um eine Klageänderung in jeder Beziehung zuzulassen.

In diesen Erwägungen liegt bereits die Widerlegung der erwähnten Befürchtung, als ob eine Klageänderung die Regelmäßigkeit des Verfahrens, wenigstens im ersten Rechtszuge, ernstlich gefährde, wozu noch kömmt, daß alle Prozeßgesetze, — selbst die, welche sonst beschränkende Bestimmungen bezüglich einer Klageänderung treffen, eine solche mit Einwilligung des Beklagten zulassen, und daß somit jene Befürchtung kaum als eine ernstliche bezeichnet werden kann.

Immerhin verlangt es aber die Ordnung des Verfahrens, daß der Beklagte als einwilligend betrachtet werden muß, wenn er, ohne der Klageänderung zu widersprechen, sich in der mündlichen Verhandlung auf die Klage eingelassen hat. In den dazu geeigneten Fällen mag er von dem Vorsitzenden besonders aufmerksam gemacht werden.

Meine Herren! Hiernach werden Sie die Sätze I. und III., welche ohnedies dem geltenden Rechte entsprechen und im Entwurfe der deutschen Civilprozeßordnung Aufnahme gefunden haben, für begründet erachten.

Weiter geht allerdings das Gutachten des Herrn Präsident Kühne, indem derselbe

1) auf die Frage, was über die Zulässigkeit oder Unzulässigkeit der Klageänderung in der deutschen Civilprozeßordnung bestimmt werden soll, die einfache Antwort giebt: „nichts", und deshalb § 227, Ziffer 3, welche als Folge der Rechtshängigkeit die Nichtberechtigung des Klägers zu einer Klageänderung ohne Einwilligung des Beklagten festsetzt, sowie den § 233, welcher von der stillschweigenden Einwilligung des Beklagten zur Klageänderung handelt, gestrichen wissen will, sowie

2) in §§ 222 und 583, wonach die Klageschrift und das Gesuch um Erlassung eines Zahlungsbefehls die bestimmte Angabe des Grundes des erhobenen Anspruchs enthalten soll, dieses Erforderniß — wie überall, wo sonst vom Klagegrund die Rede sei — entfernt haben will.

Dagegen kömmt jedoch in Betracht, und zwar

zu 1. daß bestimmte Grundsätze über die Klageänderung im Interesse der Vertheidigung des Beklagten, welcher durch die Klageschrift nur wegen bestimmt ihm eröffneter Ansprüche vor das Gericht geladen wird und wegen noch ungewisser, damit in gar keiner Verbindung stehender, weiter gehender oder ganz anderer Ansprüche nicht auf unabsehbare Zeit hinaus und mit Aufopferung unnützer Kosten vor Gericht herumgezogen werden kann, sowie im Interesse der sichern Ordnung und eines festen Bestandes des Verfahrens nicht entbehrt werden können. Ueberwiegende Gründe sprechen für eine gesetzliche Regelung der Sache, welche nicht einzig in das Ermessen des Gerichts gelegt werden darf.

Wie nothwendig sachgemäße Bestimmungen über die Klageänderung sind, beweist das Gutachten selbst, indem hiernach zum Entwurf § 232 Vorschläge gemacht werden, inwieweit nach Erhebung der Klage dieselbe noch abgeändert werden dürfe.

zu 2. Der sogenannte Klagegrund erscheint keineswegs so unerheblich, daß er als zur thatsächlichen und rechtlichen Begründung der Klage als eines logischen Satzes, nicht gehörig betrachtet werden dürfte. Durch ihn wird vielmehr der Klageanspruch individualisirt, was namentlich für das Versäumnißverfahren, für die aus dem Thatbestande des Urtheiles abzuleitende Einrede der entschiedenen Sache und für die Berufungsinstanz von wesentlicher Bedeutung ist. Eine solche kann dem Klagegrunde nur insoweit nicht eingeräumt werden, als es dem Kläger nicht gestattet sein sollte, Aenderungen von der in der Klageschrift angekündigten Klagebegründung in der mündlichen Verhandlung dem darin erscheinenden Beklagten gegenüber geltend zu machen.

Die weiter gemachten Vorschläge betreffen mehr nur die Fassung, als die Sache selbst; ohne Zweifel wollte der verehrte Gutachter damit die nur vorbereitende, nicht auch bestimmende Natur der betreffenden Klage — beziehungsweise Gesuchbestandtheile betonen, welcher Zweck übrigens ohne Aenderung des sich kürzer und bestimmter fassenden Entwurfes ebenso sicher erreicht ist, wenn bei den Regeln über die Klageänderung der Klagegrund nicht mit aufgenommen wird.

Ich bitte Sie, meine Herren, mit mir sofort zu Satz II. überzugehen, welcher, wie bereits angedeutet, darin vom Entwurfe der deutschen Civilprozeßordnung abweicht, daß die Abänderung des Klagegrundes nicht erwähnt ist.

Zunächst dürften Sie, meine Herren, nun schon aus der ganzen Geschichte der Lehre über die Klageänderung, worin der Klagegrund eine so eigenthümliche Rolle spielt, aus dem nicht bedeutungslosen Umstande, daß, sofern man dessen Begriffsbestimmung nicht geradezu umschrieben hat, die Versuche, ihn klar und bestimmt zum Ausdruck zu bringen, niemals zu einer positiven, sondern immer nur zu einer negativen Fassung führten, sowie in der Erkenntniß, daß es sich im ganzen Prozesse um die gerichtliche Zuweisung beziehungsweise Abweisung des geltend gemachten Klageanspruches, dieses eigentlichen Streitgegenstandes handelt, zu der ernsten Prüfung veranlaßt sein, ob es sich empfiehlt, auch den Klagegrund zu einem wesentlichen Merkmal einer Klageänderung zu erheben.

Nach der im Kühne'schen Gutachten näher mitgetheilten Ausführung von Planck läßt sich hiefür ein innerer aus dem Wesen der heutigen Litiscontestation (Behändigung der Klageschrift) fließender Grund nicht geltend machen; diese Theorie habe in der Praxis, welche sich nach den weiter mitgetheilten Entscheidungen oberster Gerichtshöfe von ihr wenigstens loszumachen sucht, nicht den geringsten Anhaltspunct und sei von den bedeutendsten Prozeßlehrern der neueren Zeit aufgegeben. Die wesentliche Aufgabe der mündlichen Verhandlung bestehe in der Feststellung der eigentlichen Streitfrage, und dürfe den Parteien kein prozessualisches Hinderniß, Fehler aller Art in der Aufstellung der ihnen zustehenden Rechte zu verbessern, entgegengesetzt werden. Nur im Interesse der Vertheidigung des Gegners und zur Vermeidung aller Verwirrung und Unklarheit sollen gewisse Grenzen gegen das schrankenlose, ungeordnete Vorbringen von Parteivorträgen mit der Wirkung gezogen werden, daß nach jeder Art der Aenderung solche nach sorgfältiger Prüfung des Gerichts entweder zurückgewiesen oder zwar zugelassen werden, aber eine Kostenfolge nach sich ziehen.

Ein sicheres Kennzeichen einer solchen Aenderung kann jedoch in dem unbestimmten und zu vielen Streitigkeiten führenden Begriffe von Klagegrund nicht gefunden werden. Mit allem Rechte wird in dem Gutachten darauf hingewiesen, daß eine Prozeßordnung soviel als möglich unnütze Weiterungen abschneiden müsse, also daß sie viel weniger eine Handhabe für solche Weiterungen bieten dürfe, alle Vorschriften vermeiden müsse, durch welche ohne zwingende Veranlassung eine Vervielfältigung der Prozesse herbeigeführt werde, und daß sie den Richter in den Stand setzen müsse, unabhängig von oft chicaneusen, dilatorischen Ausflüchten des Beklagten, die Entscheidung der Sache, die unter den Parteien eigentlich streitig ist, vorzubereiten und endlich den wahren Verhältnissen richtig entsprechend wirklich zu treffen. Versäumt der Gesetzgeber diese Anforderungen an ein richtiges und loyales Prozeßverfahren, indem er in der Aenderung des ursprünglich angekündigten Klagegrundes zugleich eine unstatthafte Klageänderung erblickt, so ruft er damit alle die gerügten Mißstände des nutz- und endlosen Streitens, wo eine erlaubte Klageverbesserung aufhöre und eine unzulässige Klageänderung beginne, hervor und bewirkt, daß — trotz vielen Aufwandes von Zeit und Kosten — die Parteien eine Entscheidung über den obwaltenden Streitgegenstand, woran auch der einem neuen Rechtsstreite ausgesetzte Beklagte eigentlich doch auch ein sachliches Interesse hat, nicht erlangen und, wie früher schon erwähnt, auch das Gericht eine seinem wahren Berufe würdige Thätigkeit nicht recht entfalten kann.

Zu den im Gutachten erzählten Rechtsfällen kann Jeder von uns, meine Herren, aus seiner eigenen Erfahrung noch eine große Anzahl weiterer Fälle anreihen mit der Ueberzeugung, daß der Grund zu solchen wahrlich unbefriedigenden Ergebnissen des Prozesses, in der bedenklichen Hereinziehung des Klagegrundes in die Klageänderung seinen Sitz hat. Das hatte unter der Herrschaft der Eventualmaxime wohl noch einen Sinn, ist aber nach deren Beseitigung nicht mehr gerechtfertigt. Das heutige auch im Entwurfe der deutschen Civilprozeßordnung anerkannte Prozeßrecht verbürgt wie kein anderes die Wahrheit und Redlichkeit der Prozeßführung. Die erstere wird entschieden gefördert durch die bereits erwähnte Bestimmung im § 241, wonach alle Angriffs- und Vertheidigungsmittel bis zum Schlusse der mündlichen Verhandlung geltend gemacht werden können. In der That ist nun kein Grund ersichtlich, warum von dieser Regel zum Nachtheil des Vorbringens von Klagethatsachen eine Ausnahme gemacht werden soll, zumal es schwierig ist und zu vielseitigen Streitigkeiten führt, zu entscheiden, wodurch letztere sich von den ersten unterscheiden. Wie will man es rechtfertigen gegenüber dem Kläger, ihn zu verhindern, die Wahrheit seines guten Klageanspruches zur Geltung zu bringen, indem man ihm verbietet, hiefür weitere thatsächliche und rechtliche Gründe, die er etwa aus Schonung für den Gegner, zur Vermeidung von Weiterungen oder aus anderen Ursachen in der Klageschrift noch nicht bezeichnet hat, oder zu deren nachträglichem Vorbringen er erst durch die Vertheidigung des Gegners veranlaßt wird, dem Richter noch zur Kenntniß und Prüfung zu unterbreiten? Damit wird sicher, wie auch Planck bemerkt und im Gutachten bei der Kritik der bayerischen Civilprozeßordnung Seite 250 näher entwickelt, die Gleichheit der Parteistellung verletzt und der Unredlichkeit des Gegners Vorschub geleistet.

Ueberdies kömmt in Betracht, daß, was jeder Anwalt und Amtsrichter aus der Erfahrung bestätigen wird, es, abgesehen von ganz einfachen Fällen, meist außerordentlich schwer fällt, von Anfang an eine ausreichende vollständige Information zumal von rechtsunkundigen Personen zu erlangen. Zur ersten Klageschrift, namentlich zur Bezeichnung des Klageanspruches, reicht jene in der Regel aus, selten aber für die weiteren Angriffsmittel (Klagethatsachen) auf die durch die Eventualmaxime nicht beschränkte Vertheidigung des Beklagten, durch welche meist erst eine Klärung der thatsächlichen und rechtlichen Verhältnisse gewonnen wird, und damit die Möglichkeit sowie die Nothwendigkeit einer näheren und ergänzenden Bezeichnung des historisch thatsächlichen Fundamentes, welches den gestellten Rechtsanspruch begründen soll, sich darbietet.

So wenig es gegenüber dem Kläger gerechtfertigt ist, ihn damit auszuschließen, so wenig kann dies dem Gerichte gegenüber als richtig anerkannt werden, weil dieses sonst — obwohl es verpflichtet ist, den ganzen Inhalt der mündlichen Verhandlung bei seiner Entscheidung zu berücksichtigen — doch wieder in die Lage versetzt würde, lediglich aus formellen, überdies oft zweifelhaften Gründen bezüglich einer vom Gegner gerügten Klageänderung gegen seine rechtliche Ueberzeugung über den wahren Sachverhalt des seiner Entscheidung unterbreiteten Streitgegenstandes Recht zu sprechen, zugleich mit dem Bewußtsein, daß dasjenige, was es selbst nach der wirklichen Lage der Sache, die es aber wegen dazwischenliegender sogenannter Klageänderung nicht vollständig berücksichtigen darf, aussprechen sollte, erst im zweiten Rechtszuge oder in einem späteren, mit einem Aufwande an Zeit und Kosten anzustrengenden Rechtsstreite erkannt werden muß.

Hiernach komme ich, in Uebereinstimmung mit dem Gutachten des Herrn Präsident Kühne zu dem Ergebniß, daß, soweit es sich um die Zulässigkeit einer Klageänderung handelt, der Klagegrund beziehungsweise dessen Aenderung gar nicht erwähnt werden sollte.

Nur in der Fassung weiche ich von dessen Antrage bezüglich dieses Punctes ab, indeß nur aus formellen Gründen. Für unsere heutige Aufgabe erachte ich es nämlich als zweckmäßig, die an uns gestellte Frage durch eine Reihe von in sich gegliederten Sätzen, ohne Verweisung auf den Entwurf der deutschen Civilprozeßordnung zu beantworten.

Im Vergleiche hierzu hat nun der Satz II. 1., wie ich Ihnen, meine Herren, vorzuschlagen mir erlaube, einen negativen Inhalt, d. h. die Weglassung der Worte: „ohne Aenderung des Klagegrundes" im Eingang des § 232, und einen positiven Inhalt, nämlich die Worte des Entwurfes in Ziffer 1 des bezüglichen Paragraphen. Der gleiche Sinn ist niedergelegt im Satze VI. des Gutachtens, worin übereinstimmend mit einem bei der zweiten Lesung der Justizcommission gestellten, jedoch nicht gebilligten Antrage, als Angriffsmittel noch die Klagethatsachen ausdrücklich genannt sind.

In der Anfangsbemerkung zu den Ihnen vorgeschlagenen Sätzen ist deshalb auch als nothwendige Folge von Satz II. 1. der vorzunehmende Strich beziehungsweise Zusatz in § 241 angedeutet, desgleichen als entsprechendes Correctiv zum Schutze des Beklagten gegen den Kläger, welchem es freilich um die Verschleppung der Sache nicht zu thun sein kann, dessen fahrlässige Ungründlichkeit in der Prozeßführung aber auch keine Schonung verdient, die Vervollständigung durch Mitaufnahme der Angriffsmittel.

Der weitere Inhalt des vom Herrn Gutachter vorgeschlagenen § 241 Absatz 1 hat im zweiten Absatze meines Satzes II. Ausdruck gefunden. Die Sache selbst bedarf nach der erörterten Einheit der mündlichen Verhandlung sicher einer weiteren Begründung nicht und empfiehlt sich ein besonderer Absatz am Schluß von Satz II. deshalb, weil dieses Recht des Klägers zu solchem Nachbringen (II. 1, 2, 3) während der ganzen Zeitdauer der mündlichen Verhandlung gewahrt sein muß.

Was schließlich die Sätze II., 2 und 3 selbst betrifft, so sind sie den meisten neueren Gesetzen, z. B. der hannoverschen Civilprozeßordnung § 203, der bayerischen Civilprozeßordnung §§ 150 und 151, den spätern Entwürfen von 1866, 1869, 1870, 1871, 1872 und dem neuesten von 1874 gemeinsam und beruhen hauptsächlich auf dem Bestreben, übersehene Begründungen und Anträge, die ohne jegliche Weiterung noch zur Verhandlung und Entscheidung gebracht werden können, mit zum Austrag zu bringen, beziehungsweise zur Vermeidung neuer Prozesse diejenigen Aenderungen, welche in Betreff des Streitgegenstandes erst im Laufe des Prozesses eingetreten sind, durch den Richter berücksichtigen zu lassen.

In der Unterstellung, daß Sie, meine Herren, hierwegen ein weiteres Wort nicht erwarten, wende ich mich zu Satz IV.

Zu einer näheren Begründung dieses Satzes habe ich keinen Anlaß in unserem Vereine, da dieser auf dem vorigen Juristentage sich dafür bereits ausgesprochen hat, und darf ich, wie auch im Gutachten erwähnt, die erfreuliche Thatsache hier feststellen, daß in Folge unserer damaligen

Verhandlung der bezeichnete Antrag, näher begründet von unserem verehrten Mitgliede Becker, als § 233a Gesetz werden soll. Zur Erläuterung der abweichenden Fassung füge ich nur bei, daß, da die Bestimmung die gleiche ist, ich mich an den Wortlaut der bereits abgegebenen Erklärung des deutschen Juristentages gehalten habe; eine Abänderung des Gesetzentwurfes ist damit keineswegs bezweckt.

Was endlich den Satz V. betrifft, so steht dieser im geraden Widerspruch mit dem Vorschlage VII. des Gutachtens, wonach die betreffende Bestimmung des Entwurfs in § 468 gestrichen werden soll.

Dies wird hauptsächlich durch den Hinweis auf die ausgedehnte Zulassung von Neuheiten in der Berufung und auf deren Character als eines novum judicium sowie durch die Erwägung zu begründen gesucht, daß die Befürchtungen, welche aus der unbeschränkten Statthaftigkeit von Klageänderungen auch in der zweiten Instanz bezüglich der Ordnung des Verfahrens und des Verlustes der ersten Instanz abgeleitet werden, noch aus der Befangenheit der bisherigen Anschauungen über die Wichtigkeit des Klagegrundes entspringen und nicht mehr als erheblich betrachtet werden dürfen.

Dieser Vorschlag geht aber meines Erachtens offenbar zu weit. Allerdings erscheint nach dem Grundsatze der Mündlichkeit des Verfahrens, wie in der Wissenschaft so auch in den neuen Gesetzgebungsarbeiten, hier z. B. in den allgemeinen und besonderen Motiven zu mehreren Entwürfen einer deutschen Prozeßordnung anerkannt, die Berufung als ein novum judicium und hat dieser leitende Gedanke auch im neuesten Entwurfe sowie positive Verwirklichung insbesondere in §§ 459, 463, 466, 470, 472, 478, 481 gefunden, wobei für die uns vorliegende Frage die regelmäßige Ausdrucksweise „zuerkannte oder aberkannte Ansprüche" bemerkenswerth ist. In der Grundlage und dem Zwecke der Berufung liegt jedoch schon eine selbstverständliche Begrenzung des Berufungsverfahrens. Jene beruht in dem angefochtenen Urtheile, beziehungsweise in einzelnen bestimmt bezeichneten Theilen desselben, dieser in der Erreichung einer günstigeren Entscheidung über den in erster Instanz geltend gemachten und durch die Berufungsbeschwerde zur zweiten Instanz gebrachten Klageanspruch. Die Nämlichkeit des Streitgegenstandes bildet deshalb eine wesentliche Voraussetzung der Berufung und hat die Rechtswohlthat von Neuheiten hier hauptsächlich nur die Bedeutung, daß neue Angriffs- beziehungsweise Vertheidigungsmittel innerhalb bestimmter, bereits gegebener Grenzen zur Rechtfertigung der im Inhalte des ersten Urtheils wurzelnden Berufungsanträge geltend gemacht werden können.

Nach Beseitigung der Eventualmaxime verliert ohnedem jene Rechtswohlthat an praktischem Werthe, da dieser eigentlich nur da sich zeigt, wo Kläger und Beklagte für ihre Behauptungen im Laufe der ersten Instanz an die Festhaltung bestimmter auf einander folgender Prozeßabschnitte, deren Versäumung den Ausschluß weiterer Behauptungen nach sich zog, gebunden waren. Bringt man überdieß den Begriff von Klagegrund nicht mehr in Zusammenhang mit der Klageänderung, so wird kaum noch ein praktisches Bedürfniß dafür vorliegen, von einer zulässigen Klageänderung in zweiter Instanz zu reden.

Dieser Grundsatz muß selbst dann festgehalten werden, wenn auch der Beklagte zu einer wirklichen Klageänderung ausdrücklich oder stillschweigend seine Einwilligung geben sollte. Es liegt gewissermaßen im öffentlichen Interesse der Ordnung des Verfahrens, daß an ein Berufungsgericht als solches — die Frage einer etwaigen Zulassung der Prorogation liegt außer unserem Bereiche — nur ein Rechtsstreit zur Verhandlung und Entscheidung gebracht werde, welcher diese richterliche Thätigkeit schon beim Erstinstanzgericht erfahren hat, und ist es nicht die Aufgabe des Berufungsgerichts, Urtheile erster Instanz zu erlassen. Hier hört in gewissem Sinne die freie Disposition der Parteien auf, und es muß hierauf um so mehr Gewicht gelegt werden, als, da der Gesetzgeber mit aller Entschiedenheit sein Bestreben darauf zu richten hat, den Schwerpunct eines richtigen und vollständigen Verfahrens in die erste Instanz zu verlegen, er zugleich auch dafür sorgen soll, daß die im Interesse der staatlichen Ordnung gegebenen Organisations- und Competenzgesetze, sowie die wahre Aufgabe des Berufungsgerichts möglichst sicher und rein eingehalten werden. Ueberdies würde es sogar gegen die eigene Absicht der Parteien, den wahren Streitgegenstand, um den sich der ganze Prozeß im ersten Rechtszuge drehte, durch den ordentlichen Instanzenzug laufen zu lassen, gehen, wenn diese Grundlage im zweiten verändert und verlassen würde.

Hiernach glaube ich, meine Herren, daß ich Ihnen nur empfehlen kann, Ihre Zustimmung dem Satze V., worin der Entwurf sich an das geltende Recht hält, zu geben.

Meine Herren! ich unterlasse es, Ihnen den weiteren Inhalt des Gutachtens, insbesondere die Prüfung der Gegengründe gegen eine freiere Gestaltung der mündlichen Verhandlung durch eine Beschränkung der sogenannten Klageänderung sowie den lehrreichen Wegweiser aus England, worin so überzeugend dargethan wird, daß alle diejenigen Veränderungen der mündlichen Vorträge, welche nothwendig sind, damit im gegenwärtigen Prozesse die unter den Parteien wirklich streitige Frage entschieden werden könne, zugelassen werden sollen, und die beherzigenswerthe Mahnung zur Lossagung aus nicht mehr berechtigten Banden in Erinnerung vorzuführen.

Zum Schlusse erlauben Sie mir nur noch eine Bemerkung, die sich auf unsere Stellung zu den bevorstehenden Verhandlungen des deutschen Reichstages bezieht.

Getreu unserem erhabenen Vereinszwecke, die Einheit deutschen Rechts zu pflegen und zu fördern, werden wir uns zugleich verpflichtet fühlen, jegliche Störung in Verwirklichung dieses Zieles zu verhüten. Ist aber einmal eine bestimmte Frage uns zur Beantwortung vorgelegt, so werden wir solche auch frei und selbständig geben, im Vertrauen darauf, daß das, was wir nach bestem Wissen und Gewissen als gemeinsames Rechtsbewußtsein ausgesprochen, immerhin, wenn es auch heute noch nicht Gesetz werden kann, doch als ein werthvolles Zeichen der Zeit gelten und morgen vom Gesetzgeber Berücksichtigung finden wird.

(Bravo!)

Präsident: Wenn Jemand außer den beiden Herren, die sich angemeldet haben, Herr Obertribunalsrath Struckmann und Appellationsgerichtspräsident Kühne, das Wort noch wünscht, bitte ich, sich bei mir oder dem Herrn Schriftführer zu melden. Das Wort hat Herr Obertribunalsrath Struckmann. Zur Geschäftsordnung Herr Präsident Kühne.

Appellationsgerichtspräsident **Kühne** aus Greifswald: Zur Erläuterung, nicht zur Geschäftsordnung! Ich wollte bloß einen Irrthum des Herrn Referenten berichtigen. Der Herr Referent hat mein Gutachten in einem Puncte mißverstanden. Er stellt zu Punct V. den Satz auf: eine Aenderung der Klage ist in der Berufungsinstanz selbst mit Einwilligung des Gegners unstatthaft. Nach seinen dazu gegebenen Ausführungen muß ich annehmen, daß er mich so verstanden hat, als solle in zweiter Instanz auch diejenige Aenderung statthaft sein, welche ich schon in erster Instanz für unstatthaft erkläre. Ich will es aber keineswegs zulassen, daß das Object der Klage in der zweiten Instanz geändert werde. Das muß aus meinem Gutachten hervorgehen. Ich will nur sagen: auch in der zweiten Instanz (das ist das Wesentliche) kann das Klagefundament, können die Angriffsmittel ebenso geändert werden, wie in der ersten Instanz. Es liegt mir fern, es für statthaft zu erklären, daß, wenn in der ersten Instanz ein Haus gefordert ist, in der zweiten Instanz ein Pferd gefordert werden könne aus einem ganz anderen Rechtsgeschäft; ich habe nur sagen wollen (und ich glaube das kann in meinem Gutachten nicht mißverstanden werden), daß in zweiter Instanz eine Aenderung des fundamentum agendi, des Angriffsmittels, ebenso statthaft sein müsse wie in der ersten Instanz.

Präsident: Der Herr Referent wird es wohl kaum anders verstanden haben.

Referent **von Stößer**: Ich habe mich nur an die Fassung gehalten.

Im Wesentlichen sind wir vollständig einig, und wenn es angenommen wird, habe ich es auch in den Thesen nicht als eine wesentliche Abweichung von den Ansichten des Herrn Gutachters aufgefaßt, sondern lediglich als eine nothwendige Ergänzung für die Sätze I.—IV. gehörig. Es ergiebt sich auch aus Nr. II. ganz deutlich, was ich unter Klageänderung verstehe.

Appellationsgerichtspräsident **Kühne**: Aus dem, was vorlag, läßt sich das nicht ersehen.

Präsident: Ich glaube, daß dies schon in die sachliche Debatte hineinschlägt.

Obertribunalsrath **v. Struckmann**: Gestatten Sie mir, meine Herren, gegenüber dem vortrefflichen Gutachten des Herrn Präsidenten Kühne und gegenüber der klaren Berichterstattung, die wir soeben gehört haben, den entgegengesetzten Standpunct kurz zu vertreten und einen mehrfach angefochtenen Beschluß der Reichsjustizcommission zu vertheidigen. Es ist die Frage, um die es sich hier handelt, von sämmtlichen Herren, die sich darüber geäußert haben — und ich glaube auch mit einem gewissen Rechte — in Verbindung gebracht mit der Frage der Schriftlichkeit oder Mündlichkeit und namentlich mit der Frage der Aufhebung der Eventualmaxime. Ich sagte eben, mit einem gewissen Rechte. Die Fragen stehen hiemit nämlich auch nach meiner Auffassung in einigem Zusammenhange, aber nicht in einem nothwendigen, vielmehr wirkt noch ein anderes, völlig nebenhergehendes Element mit. Dies Element erblicke ich darin, daß die Klage, mag sie schriftlich oder mündlich gestellt sein, die *Grundlage des ganzen Streites* bildet, den Kern, um welchen sich Alles künftig dreht. Insofern liegt ein bedeutender Unterschied vor zwischen Klage und Einrede oder auch der Replik des Klägers. Die Einwendungen werden immer gegeben durch die Klage und können nur gegen die Klage gerichtet sein, sie können nicht beliebig herausgerissen werden vom Beklagten, wenn sie Erfolg haben sollen. Dagegen die Klage ist es, welche den künftigen Prozeß feststellt, durch welche bestimmt wird, worüber eigentlich die Parteien mit einander streiten. Die beiden vorgenannten Herren erkennen das auch in gewissem Maße an, indem sie sagen, der *Klageantrag* sei feststehend, er dürfe nicht geändert werden. Aber, meinen sie, der *Klageantrag* sei etwas Anderes als das *Klagefundament*, und das Klagefundament sei nicht nöthig zur Individualisirung des Klageantrages, des Petitums. Deshalb müsse in dieser Beziehung möglichste Freiheit gegeben werden, es müsse jede Aenderung möglich sein. Ich behaupte aber dem gegenüber, daß der Klageantrag, das Petitum ohne Klagebegründung, ohne die Klagethatsache ein reines Schema ist, daß der ganze Klageantrag erst Fleisch und Blut gewinnt durch die Klagebegründung. Worin besteht der Klageantrag? In dem Antrage, daß der Beklagte verurtheilt wird, beispielsweise hundert Thaler zu zahlen. Es wird auch nicht gesagt, aus welchem Geschäfte die hundert Thaler zu zahlen sind. Es können hundert Thaler sein aus einem am 20. März d. J. abgeschlossenen Kaufvertrage, es können aber auch hundert Thaler sein aus einem am 4. April 1875 gewährten Darlehen. Also das Geschäft wird durch den Klageantrag nicht im Geringsten individualisirt, und wenn die Herren nun gesagt haben, der Klageantrag dürfe allerdings nicht geändert werden, weil er nothwendig sei für die Individualisirung des Geschäftes, so müssen sie consequenterweise auch dahin gelangen, eine Aenderung des dem Klageantrage zu Grunde liegenden Geschäftes nicht zu gestatten. Denn sonst besitzen sie keine Garantie dagegen, daß nicht im Laufe des Prozesses vom Kläger ein ganz anderes Object hineingeworfen wird, um welches es sich ursprünglich nicht gehandelt hat, ein Object, was, wenn ich die Herren richtig verstanden habe, auch nach ihrer eigenen Auffassung nicht in dieser Weise verwechselt werden darf und verwechselt werden soll. Die Sache kann sich auch noch schlimmer stellen. Ich kann auf diese Weise eine Klage anstellen, ohne daß man weiß, ob eine dingliche oder eine persönliche Klage gemeint ist. Ich kann also klagen, ich bitte, dieses Haus herauszugeben, das genügt zum Klageantrage. Darunter kann sich aber eine dingliche und eine persönliche verstecken. Erst die Klagebegründung giebt uns Sicherheit darüber, was gemeint ist. Ich glaube daher, daß die Gründe, welche namentlich vom Herrn Berichterstatter dafür angeführt worden sind, daß der Klageantrag nicht geändert werden darf, ebenso mit Nothwendigkeit zu der Consequenz führen, daß wirklich auch die Klagebegründung nicht geändert werden darf. Es hat der Herr Berichterstatter selbst gesagt, der Klageanspruch wäre ja nur der Schlußsatz aus dem Ober- und Untersatz; aber dieser Schlußsatz kann sich anders bilden, je nachdem der Ober- und Untersatz ein anderer ist, und ich glaube, wenn man überhaupt irgend eine feste Grundlage für den Prozeß festhalten will, wie die Herren in gewissem Sinne es auch wollen, so muß man weiter gehen, man muß sagen, es muß nicht allein der Klageanspruch derselbe sein, sondern auch die Klagebegründung dieselbe bleiben. Nun ist hauptsächlich immer eingewendet worden, diese Klagebegründung sei ein ganz unbestimmbarer Begriff. Ich gebe zu, daß er schwer zu definiren ist, aber es scheint mir doch kein genügender Grund vorzuliegen, deshalb den Begriff aus dem Prozeß zu verbannen. Das ist auch gar nicht möglich, denn er hängt auf's Engste zusammen mit dem materiellen Rechte, und weil die Verschiedenheit der Rechtsverhältnisse so groß ist, deshalb hält es so schwer, einen allgemeinen abstracten Begriff des Klagegrundes festzustellen. Wenn man aber auch, wie namentlich Herr Kühne vorschlägt, bei dieser Gelegenheit den Begriff ganz beseitigen will, so kehrt er doch bei einer anderen Gelegenheit wieder. Bei der Lehre von der Beweislast können wir ihn nicht entbehren; wir müssen prüfen, was zur Begründung der Klage gehört, denn davon hängt nothwendig ab, wer zu beweisen hat. Wir werden ferner bei der Lehre von der Rechtskraft immer wieder dahin geführt, zu untersuchen, was der Klagegrund ist. Also den Begriff können wir nicht loswerden, wenn wir auch das Wort bei dieser Gelegenheit verbannen wollten. Ich glaube daher, daß dies wenigstens kein genügender Grund ist, um eine Klageänderung für unzulässig zu erklären. Nun wird gesagt, es führe zu einem leeren Formalismus, und das ist ein Grund, welcher allerdings am Allerentschiedensten für die Sätze, die von beiden Herren verfochten werden, zu sprechen scheint, zumal in manchen Fällen mit der Einrede der Klageänderung entschieden Mißbrauch getrieben wird und es etwas Gehässiges haben kann, eine Klage abzuweisen lediglich auf Grund der exceptio mutati libelli. Indessen der Mißbrauch hebt meines Erachtens nicht den rechten Gebrauch der Sache auf. Man muß nicht blos die Lage des Klägers berücksichtigen, dem allerdings damit gedient ist, daß er beliebig den Klagegrund ändern kann, sondern auch die Lage des Beklagten, und ich glaube, diese verdient noch mehr Berücksichtigung als die Lage des Klägers. Der Beklagte ist derjenige, der angegriffen wird, er muß Rede stehen, wie es der Kläger verlangt; der Kläger dagegen hat es in der Hand, den Zeitpunct zu wählen, in welchem er die Klage anstellen will, er hat es in der Hand, die Klage gehörig vorzubereiten und genügend Sorge dafür zu tragen, daß er nicht eine unrichtige Klage anstellt. Nun ist es ja richtig, daß der Anwalt des Klägers oft eine schlechte Instruction empfängt von ungebildeten Leuten, daß daher leicht ein Irrthum mit unterlaufen kann; allein ein solcher Irrthum pflegt meist nicht darin zu bestehen, daß ein gänzlich unrichtiger, sondern gewöhnlich darin, daß ein dunkler Klagegrund angegeben wird, und die Erläuterung des Klagegrundes soll ja auch nach Ansicht der Justizcommission und aller derjenigen, die eine Aenderung des Klagegrundes verwerfen, statthaft sein. Es ist ferner gesagt worden, es müsse dem Kläger zustehen, auf die Vertheidigung zu erwidern, und die Vertheidigung des Beklagten gebe ihm häufig Anlaß zur Aenderung des Klagegrundes. Wenn aber der Kläger sorgfältig bei Anstellung der Klage zu Werke geht, so wird eine Aenderung des Klagegrundes nur selten erforderlich sein, während Repliken, sowie bloße Erläuterungen und Ergänzungen der Klage, welche öfter durch die Vertheidigung des Beklagten hervorgerufen werden, ja stets zulässig sind. Es sind nun einige eclatante Fälle vom Präsidenten Kühne in seinem Gutachten nachgewiesen worden, in welchen es zu ziemlich horrenden Resultaten führen würde, wenn die exceptio mutati libelli für begründet angesehen wird. Ich glaube aber doch, einige von den Fällen lassen sich mit der von mir vertheidigten Theorie zu einer ganz praktischen Lösung führen, wenn man nur überhaupt cum grano salis diesen Grundsatz anwendet. Ich meine namentlich sein Beispiel bezüglich des Darlehens und Vorschusses. Hier liegt meines Erachtens nichts Anderes vor, als eine Verwechselung der Rechtsbegriffe. Im gewöhnlichen Leben werden Darlehen und Vorschuß häufig mit einander verwechselt. Wenn nun ein Anwalt sagte, ein Darlehen sei gegeben, und nachher stellte sich heraus, es ist kein Darlehen, sondern ein Vorschuß, so ist das eine andere Darstellung desselben Factums, welches von Anfang an angeführt und nachher näher erläutert worden ist. Allerdings der andere Fall, den Herr Kühne anführt mit der Erblegitimation, hätte zur Abweisung der Klage führen müssen. Was dann den Fall der Undankbarkeit anlangt, so glaube ich, daß das Erkenntniß des Obertribunals ganz gerechtfertigt ist. Die Undankbarkeit stellt nicht ein einzelnes Factum dar, sondern es ist eine Reihe von Thatsachen, und wenn diese Thatsachen näher auseinandergesetzt und ergänzt werden, so ist das eben nur eine nähere Erläuterung, immer bleibt aber dabei der Klagegrund unverändert die Undankbarkeit. Uebrigens sind dieses einzelne Fälle, worüber man streiten kann; ich halte dafür, daß man solcher Fälle wegen nicht das Kind mit dem Bade ausschütten und darüber die Fälle entgegengesetzter Art unberücksichtigt lassen darf, wo man, wenn man dem Kläger ganz unbeschränkt die Klägeänderung zulassen will, ebensowohl den Beklagten benachtheiligen würde. Es ist ja schon früher von unserem verehrten Herrn Präsidenten Becker hervorgehoben worden, zu welchen Resultaten namentlich der Wechsel, den der Kläger mit dem Klagegrunde beliebig vornehmen könnte, zu führen geeignet wäre. Nach den Bestimmungen des Civilprozeßentwurfes würde der Kläger erst seine Klage zurücknehmen müssen und hätte die Kosten zu tragen, ehe er die zurückgenommene Klage von Neuem anstellen kann. Jetzt nach den Vorschlägen, die gemacht worden sind, würde eine beliebige Aenderung des Klagegrundes gestattet sein, und wenn der Kläger sieht, daß er damit nicht durchkommt, kehrt er wieder zurück zum ersten Klagegrunde. Ich glaube nicht, daß ein Beklagter sich so etwas, was entschieden seinem Interesse entgegensteht, gefallen zu lassen braucht. Dann möchte ich noch auf einen Gesichtspunct hinweisen. Es ist auch in der Beziehung von großem Interesse, daß ein fester Zeitpunct festgestellt wird, von dem ab die Klage nicht weiter verändert werden kann, weil von der Anhängigmachung der Klage sehr große materielle und prozessualische Folgen abhängen. Ich erinnere an die Verjährung, den Lauf der Zinsen, Früchte und dergleichen. Ich glaube nun, für die ganze Klarheit der Prozeßführung ist es von großem Werthe, daß der Zeitpunct von vornherein festgehalten wird, und daß nicht nachher in Bezug auf alle diese Verhältnisse der Zeitpunct gesucht werden muß, von welchem die Rechte des Klägers, über welche später in dem Prozesse entschieden wird, datiren, daß nicht erst gesucht werden muß z. B. der Zeitpunct, von welchem die Zinsen laufen. Dieser Zeitpunct ist klar, wenn die Klage feststeht, mit dem Zeitpuncte, wo die Klageschrift zugestellt wird. Schließlich möchte ich aber darauf nochmals kurz zurückkommen, daß ich hauptsächlich wegen der nothwendigen Individualisirung des Prozesses es für nothwendig erachte, daß eine Klageänderung nicht ohne die Zustimmung des Gegners zulässig sein soll. Was nun die übrigen Anträge anbelangt, die der Herr Berichterstatter gestellt hat, so würde ich mit diesen Anträgen einverstanden sein können. Sie entsprechen meinen Ansichten, soweit sie abweichen von dem Gutachten des Herrn Präsidenten Kühne. Ich würde auch, da Widerspruch bis jetzt dagegen nicht erfolgt ist, in dieser Hinsicht weiter nichts hinzuzusetzen haben. Der einzige Punct, in welchem ich abweiche vom Herrn Berichterstatter, der, wie er selbst hervorgehoben hat, der Kernpunct ist, ist in Nummer II., und um meiner Anschauung Ausdruck zu geben, würde ich einen Unterantrag zu seinem Antrage stellen, in Nummer II. einzuschalten vor „ergänzt oder berichtigt werden" „ohne Aenderung des Klagegrundes". Im Uebrigen würde ich mich den Anträgen des Herrn Berichterstatters anschließen können, nur die in der Ziffer 3 angeführten Sätze würde ich, weil sie mehr oder weniger eine Consequenz der Ziffer 2 sind, auch bitten abzulehnen.

Präsident: Der Kern der Differenz zwischen dem letzten Herrn Redner und dem Berichterstatter ruht nicht in I., III., IV. und V., die im Wesentlichen, soviel ich mich erinnere, der übereinstimmenden Anschauung des letzten Juristentags entsprechen, auch nicht in II., 2 und 3, zwei Sätze, die aus der Prozeßordnung herübergenommen sind und im Wesentlichen sich auch im Kühneschen Gutachten wiederfinden, und zu II. 1, soviel ich finde, beruht der Gegensatz nur darin, daß Herr Struckmann ausdrücklich ausgesprochen haben will, der Richter solle gebunden sein, wenn der Beklagte nicht zustimmt, an das Princip der Aenderung des Klagegrundes, während der Herr Referent meint, er überlasse auch dies dem richterlichen Ermessen. Nun hat der Herr Präsident Kühne das Wort, der mir einen Antrag übergeben hat.

Appellationsgerichtspräsident **Kühne**: Ich wollte den Antrag erst später überreichen; bisher sollte dieser bei unserem Herrn Vorsitzenden erst angekündigt sein. Ich will mich jedoch gegen das wenden, was Herr Obertribunalsrath Struckmann angeführt hat. Ich muß sagen, daß ich in keiner Beziehung überzeugt bin durch die Gründe, welche der Herr Vorredner vorgebracht hat. Was zunächst die Ausführung betrifft, daß der Klageanspruch erst individualisirt werde und Fleisch und Blut gewinne durch Angabe des historischen Klagegrundes, so ist das gerade dasjenige, worüber wir streitig sind und was ich entschieden wenigstens insoweit bestreite, als die genügende Individualisirung in Frage steht. Und lediglich auf letztere kommt es an. Fleisch und Blut soll der Klageanspruch gewinnen durch die mündliche Verhandlung. Daß die Individualisirung in unpassender Weise an die Lehre vom Klagegrunde anknüpft, hat der Herr Vorredner nicht widerlegt, und daß im Uebrigen der Individualisirung durch den Antrag genügt, wird schon nach den Erfahrungen unserer heutigen Praxis nicht wohl zu bezweifeln sein. Wenn weiter der Herr Vorredner meint, in dem Falle, in welchem es sich darum handelt: ob Vorschuß oder Darlehen? sei der Klagegrund derselbe, dann weiß ich nicht, wo er eine Klageänderung findet. Die condictio ex mutuo kann nach der Theorie der Prozessualisten doch nicht dieselbe Klage sein wie die condictio sine causa, speciell die condictio causam datorum! Daß hier das Vorhandensein einer Aenderung des Klagegrundes geläugnet werden soll, beweist die Unsicherheit und Unhaltbarkeit der ganzen Theorie. Was ist es aber für ein Unglück, wenn die Klage blos in der Weise individualisirt wird, daß man sagt, ich verlange 300 Mark, und zur Begründung unter diesen Antrag nur schreibt, daß man dem Beklagten 300 Mark gegeben habe unter Auflage der Verpflichtung, diese Summe zurückzuerstatten — wobei man ganz dahin gestellt läßt, ob die 300 Mark als Darlehen, als Depositum, als Vorschuß, oder in anderer Weise gegeben sind, indem man diese nähere Ausführung für die mündliche Verhandlung reservirt? — Das ist nach französischem Prozeßrechte statthaft, wie Herrn Struckmann als ehemaligem Appellationsgerichtsrath in Cöln wohl bekannt ist. In den Ländern des französischen Prozeßrechts ist nur nothwendig ein schriftlicher Antrag: das Gericht wolle den Beklagten zur Bezahlung der Summe ꝛc. verurtheilen und es genügt, wenn dieser Antrag in der schriftlichen Conclusion so allgemein begründet wird, wie ich angegeben habe. Wenn Herr Obertribunalsrath Struckmann eine Vorschrift in die neue Prozeßordnung aufnehmen will, nach welcher eine solche unvollständige, das sogenannte Fundament nicht gehörig darlegende, schriftliche Klage vom Gerichte oder dem Vorsitzenden a limine zurückzuweisen sein würde, so habe ich nichts dagegen. Aber wenn eine so dürftig begründete Klage nach dem System des Entwurfes zum Prozesse eingeleitet werden muß, so ist nach der von Herrn Struckmann vertheidigten Theorie von der Nothwendigkeit der Angabe und Unveränderlichkeit des juristischen Klagegrundes nothwendig, daß das Gericht die erst in der mündlichen Verhandlung näher substantiirte Klage, beim Widerspruch des Beklagten gegen diese nachgebrachte Substantiirung, mit dem unglücklichen Zusatze: angebrachtermaßen, abweise. Oder steht ein derartiges Nachbringen der Substantiirung einer Klageänderung im Sinne der Gegner nicht vollkommen gleich? Wenn ich die schriftliche Klage so allgemein begründe und erst in der mündlichen Verhandlung des Weiteren ausführe: ich habe dem Beklagten die Summe gegeben, damit mir der Beklagte dasselbe genus und dieselbe quantitas zurückgebe, was liegt dann vor: eine Klageänderung, oder eine Ergänzung, oder eine Erläuterung?

(Erläuterung!)

Jawohl! Aber diese Erläuterung steht nach der Consequenz der Theorie der Gegner einer Klageänderung gleich; denn erst in Folge der sogenannten Erläuterung wird der Beklagte in den Stand gesetzt, dem nun erst herausgekehrten Klagefundamente gegenüber Stellung zu nehmen. — Wenn man aber solche Erläuterung einer in der erwähnten Art unvollständigen schriftlichen Klage zuläßt, was in aller Welt hat es für einen Grund und einen Sinn, daß man in dem einen Falle die Klage wegen Klageänderung zurückweist, in einem anderen nicht? Ich kann keinen Grund für die Unterscheidung finden. Meine praktischen Erfahrungen haben mich überzeugt, daß solche Aenderungen zugelassen werden können mit großem Nutzen. Ich weiß also nicht, wie der Fall: wenn das juristische Fundament aus der schriftlichen Klage gar nicht erkennbar ist und in der mündlichen Verhandlung nachgebracht wird, sich in der prozessualischen Behandlung unterscheiden sollte von dem Falle, in welchem in der schriftlichen Klage Darlehen behauptet war und nach der Antwort des Beklagten sich herausstellt, daß ein Vorschuß auf Kaufgeld gegeben war und danach die Klage geändert wird. — Ich kann nur darauf zurückkommen, daß für ein mündliches Verfahren der Klageanspruch genügend individualisirt ist, wenn ich das Petitum habe. Was ich zur Begründung des Petitums anführe, gehört principiell in die mündliche Verhandlung. Wenn Sie mehr haben wollen in der schriftlichen Klage, so ist das nur die Folge davon, daß Sie sich von den alten Reminiscenzen des schriftlichen Prozesses nicht losreißen können, von denen wir uns doch nothwendig losreißen müssen, wenn wir ein Verfahren haben wollen, wie es der Entwurf der deutschen Civilprozeßordnung einführen will. Ich glaube, daß Herr Obertribunalsrath Struckmann durch seine Deduction sich selbst widerspricht, da nach derselben die Aenderung der Klage in dem einen Falle vorhanden sein soll, im anderen nicht.

Herr Struckmann hat ferner gesagt: die Lehre vom Klagegrunde wollten wir hier beseitigen; sie sei aber doch anderwärts nicht entbehrlich. Ich habe schon in meinem Gutachten zugegeben, daß sie nicht entbehrlich ist rücksichtlich der Beurtheilung der Beweislast und der Frage: ob res judicata vorliegt. Aber sie ist hier entbehrlich, wo es sich um die Zulässigkeit oder Unzulässigkeit der Klageänderung handelt. Wenn man nun eine heiklige Lehre da nicht anzuknüpfen braucht, wo sie bisher am meisten Weiterungen und Schwierigkeiten hervorgerufen hat, so beseitigt man sie doch wohl an diesem Orte, wo ein Anknüpfen an dieselbe vermieden werden kann. Ist gegen diese Erwägung der Umstand ein Grund, daß die Lehre nicht ganz zu beseitigen ist, und für andere Fragen noch von Bedeutung bleibt, bei welchen übrigens sie bei weitem nicht in so unangenehmer Weise empfunden wird? Ich denke, man knüpft an diese Lehre wenigstens da nicht an, wo sie entbehrlich ist, und wo sie am meisten als crux empfunden wird. Ich berufe mich hier auf die aus Hannover anwesenden Herren (es sitzt Einer neben mir), und ich frage sie, was sie über die Zweckmäßigkeit der Vorschriften über Klageänderung aus der Praxis wissen, ob sie diese Einrede der Klageänderung nicht mit dem größten Widerwillen betrachten, ob sie jemals einen Nutzen davon gesehen haben, ob sie jemals einen Nachtheil davon empfunden haben würden, wenn diese Einrede der Klageänderung nicht zulässig gewesen wäre.

Endlich sagt Herr Struckmann noch: der Formalismus würde mit Unrecht hervorgehoben; die Lage des Beklagten erfordere Schutz durch das Verbot der Klageänderung. Darauf kann ich nur wiederholen, was Planck gesagt hat: ich sehe keine Gleichheit der Parteien. Warum darf der Beklagte seine Vertheidigungsmittel ändern, der Kläger aber nicht seine Angriffsmittel? Ich vermag absolut nicht einzusehen, was für ein Unterschied zwischen Beiden besteht. Die Sitzung muß in dem einen wie im anderen Falle vertagt werden; damit ist die Sache aus. Herr Obertribunalsrath Struckmann meint: der Fall, daß der Beklagte seine Vertheidigung ändern müsse, sei viel schlimmer, als wenn der Kläger in Folge des Vorbringens neuer Einwendungen neu zu repliciren genöthigt sei. Der letztere Fall käme auch gar nicht so häufig vor. Nun, meine Herren, frage ich Sie, namentlich die Anwälte unter Ihnen, ob nicht gerade der Fall der häufigste ist, daß die Vertheidigung in der Appellationsinstanz geändert wird. Die Anwälte legen darauf großes Gewicht, daß sie auch in der zweiten Instanz Nova vorbringen können, weil die Verhandlungen und das Resultat der ersten Instanz sehr häufig erst klar machen, welche Vertheidigungsmittel für die Durchführung der Rechte ihrer Parteien dienlich sind. Ist das der Fall, und daß dies der Fall ist, darüber habe ich keinen Zweifel, so sehe ich nicht ein, warum nicht eine vernünftige Prozeßpolitik ebenso, wie sie eine

Aenderung der Vertheidigung zum Nutzen des Rechtsschutzes zuläßt, auch Aenderungen im Gebrauche der Angriffsmittel zulassen soll. Es kommt ja zur Wahrung der prozessualischen Rechte des Beklagten nur darauf an, daß ihm eine angemessene Frist gesichert ist, um seine Vertheidigung auf die Nova des Klägers vorzubereiten. Ich behaupte, daß die Aenderung der Vertheidigungsmittel sehr häufig ist, viel häufiger als sogenannte Aenderungen des Klagegrundes.

Was den in meinem Gutachten mitgetheilten, von dem Obertribunal zu Berlin entschiedenen Fall betrifft, so enthalte ich mich des Weiteren; ich will keinen Commentar dazu geben, sondern erkläre wiederholt, daß ich die Beurtheilung den Lesern überlasse. Sie mögen prüfen, ob das mitgetheilte Erkenntniß geeignet ist, die Theorie von der Unveränderlichkeit des Klagefundaments zu rechtfertigen, und ob Herrn Obertribunalsrath Struckmann's Ansicht über dieses Urtheil begründet ist.

Endlich hat Herr Struckmann noch gesagt, es sei auch deshalb nothwendig, daß die Klage nicht geändert werden dürfe, weil an den Zeitpunct der Zustellung der Klage so viele rechtliche Wirkungen geknüpft seien. Letzteres will ich zugeben. Aber wenn diese Wirkungen die Unveränderlichkeit der Klage oder des Klagegrundes bedingen, dann muß Herr Struckmann auch nicht mit Einwilligung des Beklagten die Klageänderung zulassen. Wie steht es z. B. mit dem Laufe der Zinsen in dem Falle, daß ohne Einwilligung des Beklagten die Klage geändert wird? Genau so, wie wenn die Klage mit Einwilligung geändert wird. Hier zeigt sich wieder die Unhaltbarkeit der Unterscheidung und damit der ganzen Lehre. Die Herren wollen die Zulässigkeit der Aenderung abhängig machen von der Einwilligung des Beklagten. Die Aenderung muß entweder trotz der Einwilligung des Beklagten verboten sein, weil die Ordnung des Prozesses dies verlangt, oder sie muß trotz des Widerspruchs des Beklagten gestattet sein; Eins oder das Andere. Ich habe wegen dieser Unterscheidung, wenn ich nicht wiederholen soll, was in meinem Gutachten steht, welches die Herren gelesen haben werden, nichts mehr gegen Herrn Struckmann zu sagen.

Ich wende mich nun gegen die Anträge des Herrn von Stößer. Ich will die Nummer V. übergehen, weil ich dasjenige, was ich vorhin über die Klageänderung in der zweiten Instanz gesagt habe, für ausreichend erachte; ich wiederhole nur das Resultat: die Klageänderung, soweit ich sie überhaupt nicht zulassen will, nämlich in Bezug auf die Aenderung des Klageanspruches seinem Objecte nach, ist auch in zweiter Instanz nicht zulässig, und auf die Einwilligung des Beklagten kommt dabei nichts an; die in erster Instanz zulässige Aenderung ist auch in der zweiten Instanz statthaft. Ich vermag nicht zuzugeben, daß die Aenderung der Klage in zweiter Instanz anders zu behandeln ist als die Aenderung in der ersten Instanz. Ich will nur noch bemerken, daß im französischen Prozesse die gleiche Behandlung unzweifelhaft ist. Das ist uns schon beim vorigen Juristentage mitgetheilt worden, namentlich durch Herrn Advocatanwalt Drewke.

Ich wende mich zu den übrigen Vorschlägen des Herrn Referenten. Der erste lautet:

> Die Erhebung der Klage hat die Wirkung, daß der Kläger nicht berechtigt ist, ohne Einwilligung des Beklagten die Klage zu ändern.

Dies möchte ich weglassen, weil überhaupt auf die Einwilligung oder Nichteinwilligung des Beklagten nichts ankommen sollte, wenn der Anspruch in seiner Richtung, seinem Objecte nach, verändert wird; denn es ist dann ein anderer Prozeß vorhanden; eine solche Aenderung muß deshalb unbedingt verboten sein. Außerdem sollte jede Bestimmung, welche der Einwilligung des Beklagten in die Aenderung eine Bedeutung beilegt, beseitigt werden, weil kein Grund vorliegt, die Aenderung da, wo ihr Verbot überhaupt motivirt ist, zu gestatten. Jedenfalls würde diese Bestimmung wegzulassen sein, wenn der Antrag des Herrn Referenten zu II. wegfällt.

Zu II. beantragt der Herr Referent:

> Als eine Aenderung der Klage ist es nicht anzusehen, wenn
> 1. die thatsächlichen oder rechtlichen Anführungen ergänzt oder berichtigt werden.

Dieser Vorschlag des Herrn Referenten unterscheidet sich von § 232 des Entwurfes der deutschen Civilprozeßordnung nur dadurch, daß die Worte: „ohne Aenderung des Klagegrundes" weggelassen sind. Ich glaube, daß wir Beide, der Herr Referent und ich, hier materiell vollkommen einverstanden sind: wir wollen die Lehre vom Klagegrunde in Beziehung auf die Klageänderung überhaupt nicht in die Prozeßordnung hineinbringen. Aber ich glaube, daß der Herr Referent mit seinem Vorschlage insoweit Unrecht hat, als der Streit, was überhaupt Klageänderung sei, durch seinen Vorschlag conservirt werden würde; denn wenn der Herr Referent negativ sagt: „Als eine Aenderung ist es nicht anzusehen, wenn die thatsächlichen oder rechtlichen Anführungen ergänzt oder berichtigt werden," so wird daraus gefolgert werden, daß es doch überhaupt noch unzulässige Aenderungen in der Begründung der Klage giebt. Dann werden die Leute, indem sie noch hübsch den Schein der Wissenschaftlichkeit für sich haben, an die alte Lehre anknüpfen und sagen: da kommen wir immer wieder auf den Klagegrund zurück, oder die Anhänger von Planck und Bayer werden sagen: eine unstatthafte Aenderung ist vorhanden, wenn die Klageänderung zu einer neuen Vertheidigung führt. Das paßt nicht zum Systeme des Entwurfes, welcher die Eventualmaxime beseitigt hat. Ich meine, dies in meinem Gutachten nachgewiesen zu haben. Ich glaube also, daß die erste Position des Herrn Referenten insofern gefährlich ist, als für „den Streit ohne Ende," wie unser verehrter Präsident Gneist in der Justizcommission des Reichstages ihn genannt hat, für den Streit darüber, was Klageänderung sei, dadurch eine Handhabe geboten wird. Ich möchte deshalb diesen Satz des Herrn Referenten beseitigt wissen. — Nummer 2 und 3 stimmt, (abgesehen von dem nach meinem Vorschlage zu ändernden Eingange des Paragraphen), mit dem überein, was ich selbst vorgeschlagen habe. Der Zusatz des Herrn Referenten: „der Kläger kann bis zum Schlusse der mündlichen Verhandlung, auf welche das Urtheil folgt, seine Klage in dieser Richtung (1, 2, 3) ergänzen und berichtigen," ist meines Erachtens entbehrlich; ich glaube, er versteht sich von selbst. Dasjenige, was aus dem Zusammenhange des ganzen Systems sich ergiebt, braucht nicht erst noch gesagt zu werden. Die Nummer III. der Anträge des Referenten müssen wir streichen, sobald wir I. streichen. Bliebe sie stehen, so erhielten wir auch dadurch dem alten Streite das Leben. Außerdem muß III. fallen, wenn die Einwilligung des Beklagten überhaupt für gleichgültig erklärt werden soll. Nummer IV. der Anträge des Herrn Referenten lautet: „die richterliche Entscheidung über die Zulässigkeit der Klageänderung ist durch ein Rechtsmittel nicht anfechtbar." Darüber will ich nicht sprechen. Es ist nach den Erläuterungen des Herrn Referenten dasselbe, was die Justizcommission des Reichstages in einer meines Erachtens correcteren Fassung bereits angenommen hat. Ich erinnere Sie an den Vorgang, welcher Herrn Anwalt Haarmann veranlaßt hat, seinen eventuellen Antrag auf dem vorigen Juristentage zu stellen: Es war ein Prozeß angestrebt wegen einer Entschädigung, wenn ich nicht irre. Bei dem Richter der ersten Instanz wurde die Einrede der Klageänderung erhoben, welche in Hannover, wie ich gesagt habe, fast in jedem Prozesse vorkommt. Der Richter erster Instanz verwarf die Einrede und legte dem Kläger Beweis auf. Die Sache kostete 600—700 Thaler. Dann wurde appellirt. Der zweite Richter entschied, die Einrede sei begründet, und in Folge dessen wurde die Klage angebrachtermaßen abgewiesen. Zeit und Arbeit für den Prozeß und die 600—700 Thaler waren verloren.

Um solch' horrendes Resultat für die Folge unmöglich zu machen, hat die Justizcommission des Reichstages in den Entwurf der Civilprozeßordnung die Bestimmung aufgenommen, welche eine correctere Fassung desjenigen enthält, was auch der Herr Referent ausdrücken will:

„Eine Anfechtung der Entscheidung, daß eine Aenderung der Klage nicht vorliege, findet nicht statt.“

Ich würde dem beistimmen, wenn ich zugeben könnte, daß man der Lehre von der Klageänderung überhaupt noch Raum in der Prozeßordnung lassen dürfe. Diese Lehre muß ganz aus der Prozeßordnung verbannt werden; von diesem Standpuncte aus halte ich jenen Satz für überflüssig.

Meine Herren, darf ich nochmals wiederholen, was ich nach dem Vorschlage in § 8 meines Gutachtens will, so würde nur vorzuschreiben sein: Es darf der Antrag nur insoweit geändert werden, als es die Nr. 2 und 3 ad II. des Herrn Referenten besagen. Ich habe vorgeschlagen in einem neuen Paragraphen, welcher an Stelle des § 232 in die Prozeßordnung aufzunehmen sein würde, zu bestimmen: „Nach Erhebung der Klage darf der Gegenstand des geltend gemachten Anspruches nur insoweit geändert werden, als 1) der Klageantrag in der Hauptsache oder in Beziehung auf Nebenforderungen erweitert oder beschränkt wird; 2) statt des ursprünglich geforderten Gegenstandes wegen einer später eingetretenen Veränderung ein anderer Gegenstand oder das Interesse gefordert wird.“ Das ist, vom Eingange des Paragraphen abgesehen, genau dasselbe, was ad 1 und 2 des § 232 des Entwurfs bereits steht. Letzterer würde nach meinem Vorschlage nur insoweit geändert, als ich nicht von Aenderung der Klage im Anfange geredet wissen möchte, sondern von Aenderung des Anspruchs, des Gegenstandes des Anspruchs. Dann habe ich beantragt, daß die Paragraphen, welche von der Einwilligung und der Nichteinwilligung in die Klageänderung handeln, gestrichen werden, weil sie zu meinem Principe nicht passen. Ebenso wünsche ich § 227 gestrichen, nach welchem die Rechtshängigkeit die Wirkung haben soll, daß der Kläger ohne Einwilligung des Beklagten die Klage nicht ändern darf; denn nach meinem Vorschlage müssen aus dem Entwurfe alle Bestimmungen entfernt werden, welche überhaupt den Klagegrund erwähnen. Ich brauche diese Bestimmungen nicht zu detailliren; ich habe die einzelnen Stellen in meinem Gutachten angeführt. Ich will die crux der Einrede der Klageänderung, welche überall nur Weiterungen und unnütze Erörterungen herbeiführt, beseitigt wissen; ich will die Inconsequenz aus der Prozeßordnung heraushaben, die sich daraus ergiebt, daß in einem Verfahren, in welchem das Hauptgewicht in der mündlichen Verhandlung vor dem Richter liegt, die Schrift einen bestimmenden Character erhält, wo das nicht unumgänglich nothwendig ist. Sind Sie mit den großen Principien des Entwurfs: Mündlichkeit, Unmittelbarkeit der Verhandlung, Beseitigung der Eventualmaxime im Sinne des bisherigen schriftlichen Prozesses einverstanden, so müssen Sie meinem Vorschlage zustimmen.

Ich stelle den Antrag:

„der deutsche Juristentag wolle den in § 8 des erstatteten Gutachtens (Seite 243 ff. der Verhandlungen des dreizehnten deutschen Jnristentages Band I.) enthaltenen Vorschlägen, vorbehaltlich etwa zu verbessernder Redaction, zustimmen,"

und ich bitte Sie, denselben anzunehmen.

Präsident: Es hat Niemand weiter um das Wort gebeten und ich erlaube mir, eine Frage wegen dieses meines Erachtens etwas unbestimmten Antrages an den Herrn Vorredner zu richten. Sein Vorschlag geht dahin: die Klage soll beurtheilt werden blos nach dem Objecte, das gefordert wird ohne Rücksicht auf jede causa. Nun frage ich: worüber wird in folgendem Falle erkannt? Es fordert Jemand hundert Thaler aus einem Testamente der Urgroßmutter. Nun sagt er in der zweiten Instanz: jetzt fordere ich die Summe aus einem gestern gegebenen Darlehen. Worüber wird erkannt, nur über das Darlehen? Kann dann die Klage aus dem Testament der Urgroßmutter wieder angestellt werden oder nicht?

Appellationsgerichtspräsident **Kühne:** Ich habe diese Frage unseres geehrten Vorsitzenden in meinem Gutachten bereits beantwortet. Unser Herr Vorsitzender will es ausnutzen, daß ich zugegeben habe, seine Einwendung sei die einzige, die nicht ohne einiges Gewicht sei. Ich habe nämlich gesagt, es müsse eingeräumt werden, daß, wenn der Kläger die Begründung der Klage unbeschränkt ändern dürfe, ihm damit das Recht gegeben sei, die schriftlich geltend gemachte actio fallen zu lassen und eine andere actio — um mit den Gegnern zu reden: einen anderen Klagegrund — an Stelle der aufgegebenen geltend zu machen. Dadurch sei die in dem Entwurfe der Civilprozeßordnung (§ 234) anerkannte Prozeßobligation des Klägers allerdings in ihrer vollen Strenge nicht mehr anerkannt. Wenn darin aber ein Mißstand enthalten sei, so müsse man diesen in den Kauf nehmen, wenn man dadurch einen viel größeren Uebelstand, die unnützen Discussionen über die Einrede der Klageänderung, beseitigen könne.

Ich frage jeden Praktiker, ob nicht in 999 von 1000 Fällen, wo die Einrede der Klageänderung gegen eine Veränderung des genus actionis geltend gemacht wird, der Zweck des durch die Einrede erhobenen Widerspruchs lediglich Chikane wider den Gegner ist. Wenn der Beklagte nichts weiter verlangt, als Raum für eine loyale Rechtsvertheidigung, so verlangt er nicht die Abweisung des Gegners beziehungsweise die Verhandlung über die vom Kläger aufgegebene actio, sondern dann wird ihm eine Entscheidung über den in neuer Weise veränderten Anspruch erwünscht sein, damit des Prozessirens ein Ende werde. In den überwiegend meisten Fällen wird durch die Entscheidung über die geänderte Klage der Streit der Parteien überhaupt und definitiv entschieden sein; denn der Kläger giebt die zuerst versuchte Begründung der Klage nicht auf, wenn er sich nicht überzeugt hat, daß er mit dieser Begründung nicht durchkommen kann; er wird also, wenn er mit der geänderten Klage abgewiesen ist, in den überwiegend meisten Fällen nicht auf die zuerst angestellte Klage zurückgreifen. Daß nicht über die Klage ex testamento erkannt ist, wenn sie aufgegeben ist, sondern über die an ihre Stelle getretene Darlehnsklage, kann wohl nicht zweifelhaft sein. Das wird sich auch nothwendig aus dem Urtheil ergeben. Also die Frage unseres Herrn Vorsitzenden: worüber in dem von ihm herangezogenen Falle erkannt sei? ist wohl nicht schwer zu beantworten. — Wenn der Kläger eine Summe ex testamento gefordert hat, später aber die Klage in der Art ändert, daß er die Summe als ihm geschenkt oder aus einem Darlehen geschuldet verlangt, so wird er schon wissen, daß er mit seiner Testamentsklage nicht durchkommen würde; es wird ihm also nicht einfallen, sie noch einmal ex testamento geltend zu machen. Sage mir Einer von den Herren, wie oft es vorkommt, daß auf eine in solcher Weise aufgegebene Klage zurückgegriffen wird; ich erinnere mich aus meiner Praxis keines Falles. Aber wohl und häufig habe ich gesehen und gehört, daß die Einrede der Klageänderung gebraucht wird nicht zum Zwecke loyaler Rechtsvertheidigung, sondern um den Kläger, welcher einen gerechten Anspruch verfolgt, zu chikaniren, ihn zu ermüden. Ich gebe zu, daß das Rechtsbedürfniß der Parteien es erheischt, daß der Kläger verpflichtet werde, wenn er einmal geklagt hat, über den Anspruch d. h. darüber entscheiden zu lassen, ob das Object seiner Klage ihm zusteht. Aber weiter geht nach praktischer Erfahrung jenes Bedürfniß nicht; dieses erheischt vielmehr nur, daß überhaupt eine Entscheidung über das Object des Anspruchs ergehe und daß dadurch der Vervielfältigung der Prozesse vorgebeugt werde.

Obergerichtsanwalt **Naumann** II. aus Celle: Meine Herren! Ich muß bestätigen, daß in Hannover mit der Einrede der Klageänderung ein sehr erheblicher Mißbrauch getrieben wird, und auch behaupten, daß dies nicht nur an den Anwälten liegt, sondern daß die Fassung des § 203 der hannöverschen Prozeßordnung zu diesem Mißbrauche Veranlassung giebt, und daß die Folge davon gewesen ist, daß die Richter häufig im Urtheile erwähnt haben, „da der Kläger die Einrede der Klageänderung nicht vorgebracht rc.“, und so die Parteien darauf aufmerksam gemacht hat, daß der Anwalt es versäumt habe, gegen eine unbedeutende Klageänderung Widerspruch zu erheben. Ich theile im Wesentlichen die Ansichten des Herrn

Präsidenten Kühne und des Herrn Referenten, glaube aber, daß der Antrag des Herrn Präsidenten Kühne, nichts in die deutsche Prozeßordnung aufzunehmen, möglicherweise dazu Anlaß geben könnte, daß die Theorie sich auf das gemeine Recht zurückwirft, und dann die Frage entsteht, ob im einzelnen Falle der Richter die Klageänderung zulassen will, und somit Alles in das richterliche Ermessen gestellt wird. Ich halte das für bedenklich, da eine schwankende Rechtsprechung dadurch gefördert wird. Ich glaube, daß der Antrag, den Haarmann gestellt hat, mit einigen unbedeutenden Modificationen das Richtige ist. Haarmann hatte beantragt: „der Kläger ist berechtigt, bis zum Schlusse der ersten mündlichen Verhandlung die Klage zu ändern, später nur mit Einwilligung des Beklagten." Da ist mit Recht erinnert worden, er habe mehr an den hannöverschen, als an den deutschen Prozeß gedacht. Er hat entschieden gemeint: bis zur der die Beweisaufnahme anordnenden richterlichen Verfügung ist die Einrede der Klageänderung statthaft. Wenn nämlich ein weitläufiges Beweisverfahren vorliegt und es kommt zur Schlußverhandlung, und da kommt der Kläger auf einmal noch mit einem neuen Vorbringen, was eine ganz neue Verhandlung, eine ganz neue Beweisaufnahme erfordert, meine Herren, dann halte ich es für gefährlich, dies zuzulassen, und deshalb halte ich es für die richtige Grenze, die Haarmann gezogen hat, bis zur ersten Beweisverfügung. Ich bitte die Worte „bis zur ersten die Beweisaufnahme anordnenden richterlichen Verfügung" statt „bis zur ersten mündlichen Verhandlung" aufzunehmen. In Betreff des Zusatzes „vorbehaltlich der Einwilligung des Beklagten" theile ich die Ansicht des Herrn Präsidenten Kühne, daß diese Worte fallen müssen, weil die Einwilligung des Beklagten gleichgültig ist. In einem Hauptpuncte weiche ich aber vom Herrn Präsidenten Kühne ab, daß in der Berufungsinstanz die Klageänderung auch zulässig sein soll. Meine Herren, in der Berufungsinstanz, wenn da die Einrede der Klageänderung auch zulässig sein soll, wenn der Richter ohne Weiteres auf die Aenderung der Klage Rücksicht nehmen darf, dann wird die Berufungsinstanz zur ersten Instanz, und es wird das Recht des Beklagten wesentlich beschränkt. Dem Beklagten wird eine Instanz vollständig entzogen, und statt, daß ihm eine zweite Instanz gesetzmäßig zusteht, so erkennt der Berufungsrichter endgültig ohne die erste Instanz. Es ist das der Fall der hannöverschen Prozeßordnung, wo auch Nova, neue Einreden zugelassen werden und erkannt wird über diese neuen Einreden, ohne daß eine neue Instanz dem Beklagten zur Seite steht; eine Vorschrift, welche mit Recht vielfach getadelt wird. Ich glaube, daß der Begriff Klageänderung beibehalten werden muß eben wegen dieser Einzelnheiten, und in der Berufungsinstanz darf eine Klageänderung nicht zulässig sein. Ich behalte mir vor, die Anträge Haarmanns in dieser ersten Bestimmung zu ändern, und statt „der Kläger ist berechtigt, bis zum Schlusse der Verhandlung" zu setzen: „bis zu der die Beweisaufnahme anordnenden richterlichen Verfügung", und ich halte auch aufrecht die Aenderung Haarmanns in Bezug auf den Kostenpunct, daß, wenn dem Beklagten durch die Klageänderung seitens des Klägers Kosten erwachsen sind, diese Kosten vom Kläger zu tragen sind. Das ist Satz 3 auf Seite 247 der Verhandlungen des dreizehnten deutschen Juristentages, Band I.

Präsident: Zur Geschäftsordnung erlaube ich mir zu bemerken, daß, wenn auch der Antrag des Herrn Präsidenten Kühne in seiner Hinweisung auf sein Gutachten für den diesjährigen Juristentag wohl formell zulässig ist, doch die Bezugnahme auf den vorigen Juristentag zu weit geht, und ich bitte auch, den Antrag schriftlich einzubringen.

(Obergerichtsanwalt Naumann: Ich werde ihn schriftlich einbringen.)

Obertribunalsrath **Struckmann:** Ich möchte mir nur eine Bemerkung gegen den eben gehörten Antrag des Herrn Vorredners erlauben. Ich glaube, dieser Antrag ist nicht verträglich mit dem großen Grundprincip der neuen Prozeßordnung. Er ist wohl verträglich mit dem Princip der hannöverschen Prozeßordnung, nicht aber mit dem Princip einer Prozeßordnung, die eine solche Cäsur, wie das Beweisinterlocut, gar nicht kennt. Die Beweisanordnung ist gar kein Abschnitt, sondern es ist ein Termin, der beliebig vorkommen kann im Laufe der Verhandlung, und die Consequenz würde daher noch fordern, daß Herr Anwalt Naumann die Einrede der Klageänderung überhaupt nicht zuließe. Sonst würde es eine ganz eigenthümliche Sache sein. Alle möglichen anderen Einreden und Repliken können noch vorgebracht werden nach der ersten Beweisverhandlung, eine Aenderung der Klage soll aber nicht mehr vorgebracht werden können, obwohl sonst nach dieser Auffassung die Klage ebenso zu behandeln ist, wie eine Einrede oder Replik. Ich glaube nicht, daß dies mit dem ganzen Princip im Einklange steht. Dann noch eine Bemerkung gegen Herrn Präsidenten Kühne in Bezug auf das Beispiel, welches der Herr Vorsitzende vorgebracht hat. Herr Kühne sagte, das werde selten vorkommen, aber ich glaube, es ist gerade die Probe auf das Exempel, daß die ganze Theorie nicht richtig ist, daß es namentlich nicht richtig ist, daß man die Klage gleichstellt mit der Vertheidigung und der Replik. Wenn das richtig wäre, müßte auch jener Fall sich lösen lassen. Ich glaube, es ist doch sicherer, den principiell richtigen Weg zu gehen und die Aenderung des Klagegrundes für nicht zulässig zu erklären, in der Hoffnung, daß eine vernünftige Auslegung des Wortes „Klageänderung" dazu führen wird, daß diese Extremitäten, die man allerdings als Mißstände angeführt hat, in Zukunft wegfallen werden.

Appellationsgerichtspräsident **Kühne**: Was zunächst die letzte Ausführung des Herrn Obertribunalsrath Struckmann betrifft, so muß ich anerkennen, daß, wenn die von mir zugegebene Nothwendigkeit des Abweichens von der Strenge des Grundsatzes der Prozeßobligation des Klägers die Probe auf das Exempel wäre, dann die nicht erst von mir, sondern von den angesehensten Prozessualisten, namentlich von Planck und von Bayer, bestrittene Zweckmäßigkeit der Anknüpfung der Lehre von der Klageänderung an die Lehre vom Klagegrunde nicht bloß eine Zweckmäßigkeit, sondern daß die Anknüpfung an den Klagegrund eine unabweisbare juristische Consequenz wäre, welche übersehen zu haben ich mich mit Planck und Bayer würde trösten müssen. Wäre diese Consequenz vorhanden, dann würde ich viel lieber zurückkehren zum bisherigen preußischen Recht, wo man die Klage fallen lassen kann, wenn man will. Ich glaube aber, daß die Probe insbesondere da nicht zu dem Exempel paßt, wo wir de lege ferenda reden.

Ich hatte mich zum Worte gemeldet, als Herr Anwalt Naumann redete. Was ich gegen ihn sagen wollte, ist im Wesentlichen von Herrn Obertribunalsrath Struckmann gesagt worden. Seine Anträge passen nicht zum Princip. Wenn man nach Anordnung der Beweisaufnahme noch neue Einreden zulassen will, dann muß man auch andere Angriffsmittel zulassen; letztere werden auch schon nach dem Entwurfe, wie er jetzt liegt, zugelassen, sobald sie nicht Klageänderungen sind. Was die Aenderung der Klage in der zweiten Instanz anbetrifft, so würde ich schon deshalb dem Antrage des Herrn Naumann entgegentreten, weil die Streiterei über die Klageänderung in die zweite Instanz ebenso hineingetragen würde, wie wir sie bisher gehabt haben in der ersten Instanz. Dieselben Weiterungen würden in der Berufungsinstanz entstehen. Ich sehe dazu absolut keine Veranlassung, umsoweniger, als ich aus meiner preußischen Praxis bestätigen kann, daß tausendmal Aenderungen in der zweiten Instanz zugelassen wurden, welche nach der Fassung der hannöverschen Prozeßordnung und nach der Fassung unseres Entwurfs als exceptio mutati libelli als durchgreifend erachtet werden müßten. Wenn endlich Herr Anwalt Naumann meint, es wäre zweckmäßig wegen der Kosten eine Bestimmung zu treffen, so habe ich in meinem Gutachten bereits gesagt, daß man etwas Unnützes doch nicht sagen soll. Das, was Herr Naumann beantragt, steht in einem generellen Paragraphen, welcher bestimmt, daß die durch nachträgliches Vorbringen und dadurch veranlaßte nachträgliche neue Verhandlungen entstandenen Kosten derjenige, dem die Versäumniß zu Schulden kommt, zu tragen hat. Ich glaube daher, daß man den Haarmannschen Antrag nicht wieder aufzunehmen braucht.

Oberappellationsgerichts-Anwalt **Meyersburg** aus Celle: Wenn ich das Wort nehme, so habe ich dabei eigentlich zwei Bedenken: das erste, daß man überall die ganze Verhandlung, die wir heute führen, wohl als verspätet bezeichnen könnte. Ich denke mir, wenn die Mitglieder der Reichsjustizcommission, von welcher sich zwei Herren unter uns befinden, nicht geneigt sind, die Sache nochmals zur Sprache zu bringen, die Reichsgesetzgebung wohl kaum Veranlassung nehmen wird, auf diese Frage einzugehen und den Entwurf zu verändern. Es kommt mir also so vor, als ob wir mit unserer Erörterung etwas zu spät kämen, und wenn das der Fall sein sollte, wäre es auch kein großes Unglück. Dann würde sich mit den Bestimmungen des Entwurfes so marschiren lassen, wie man marschirt ist in den Rheinlanden ohne diese Bestimmungen, wo, wie ich zuverlässig höre, die Herren Anwälte diese Einrede gar nicht mehr vorbringen, obwohl sie sehr wohl in der Lage wären, dieselbe Einrede vorzuschützen, mit der in Hannover angeblich Mißbrauch getrieben wird. Ein zweites Bedenken, welches mich bewegt, wenn ich in dieser Frage auf Veranlassung meines Herrn Nachbars, des Präsidenten Kühne, das Wort nehme, liegt in der Befürchtung, ich könnte mich darstellen als ein Solcher, der aller Jurisprudenz baar wäre, denn ich gehe aus Zweckmäßigkeitsrücksichten mit meinen Gründen und in ihren Consequenzen noch weiter als Präsident Kühne; nach meinen speciellen Erfahrungen und vom advocatorischen Standpuncte. Meine Herren, es ist an dieser Stelle mit Recht gesagt worden, der Hauptzweck der Justiz sei, materielles Recht zu schaffen, darüber sind wir Alle unzweifelhaft, und zwar in dem Sinne materielles Recht zu schaffen, daß auch die Parteien (es handelt sich hier ja um den Civilprozeß) das Gefühl haben, es ist judicirt über den materiellen Streit. Es ist widerwärtig für die Advocaten und bedenklich für das Ansehen der Justiz, wenn ein Prozeß über einen Civilanspruch, über Mein und Dein nur aus formellen Gründen entschieden wird, definitiv oder so, daß die eine Partei so sehr durch Zeitverlust und Kosten geschädigt ist, daß ihr die Mittel oder der Muth fehlen, um einen zweiten Prozeß zu beginnen. Das kann ich aus sechsundzwanzigjähriger Erfahrung behaupten. Darum wird jede formelle Einrede, so weit es irgend möglich ist, zu beseitigen sein, selbst wenn man Gefahr dabei läuft, den Ruf einer eleganten Jurisprudenz zu verlieren. Daher möchte ich gerne noch weiter als Herr Präsident Kühne gehen. Ich will von meinem Standpuncte als Vertreter einer Partei mit größter Ruhe die Entscheidung der Frage, ob eine Klageänderung vorliegt, in das richterliche Ermessen von Collegialgerichten stellen, ohne daß ich eine Berufung habe, wenn ich dadurch der Gefahr entgehe, um formelle Widerwärtigkeiten zu streiten, und am Ende als Anwalt meiner Partei sagen zu müssen, sie habe wegen eines Formfehlers verloren und beziehungsweise so und so viel Kosten zu bezahlen. Es sagt Herr Präsident Kühne zutreffend in seinem Gutachten, das Axiom der Unveränderlichkeit des Klagelibells steckt noch in unseren Gliedern und wir können es nicht los werden. Warum können wir uns aber von anderen Dingen losmachen? Ich frage die Anwälte in der Versammlung, welche wichtige Fragen sind nicht dem richterlichen Ermessen unterstellt, die viel tiefer greifen, als die Frage der Klageänderung? Ich erinnere z. B. aus der Praxis, abgesehen von der künftigen Einführung der freien Beweiswürdigung, an die Frage, ob ein litis consortium zuzulassen sei oder nicht, ob ich also gezwungen werde, mich mit so und so viel Gegnern herumzustreiten, wo ich besorgen muß, daß die heilloseste Verwirrung und Verschleppung eintreten könne. Da sagt der Richter, Du sollst oder sollst nicht, und ich kann gar nichts dagegen thun. Es giebt noch eine Anzahl von ähnlichen Fragen, z. B. die Frage über Trennung oder Combination des Verfahrens. Hier kann richterliches Ermessen viel tiefer greifen hinsichtlich seiner Tragweite für die Partei, für die Art und Weise, wie man im concreten Falle zu dem Urtheil kommt. Kein Jurist trägt Bedenken, hier das richterliche Ermessen eintreten zu lassen, aber weil wir keine Juristen sein wollen und weil wir doch aus anderen Gründen erörtern müssen, was zum Klagegrund gehört, und weil wir wissen, was litis contestatio ist und welche Folgen sie haben muß, so wollen wir auch bezüglich dieser Frage wegen der Klageänderung uns unsere alte Jurisprudenz nicht rauben lassen, wir wollen deshalb als Juristen die Klageänderung nicht zulassen aus principiellen Gründen und um eine feste Ordnung im Prozesse zu sichern, obwohl wir gleichsam mit dem anderen Beine vollständig vorbeitreten, indem wir diese wichtige Frage in das Ermessen des Beklagten stellen, oft eines ungeschickten Vertreters des Beklagten, der vielleicht, weil er nicht gut hört, oder weil er ein Ignorant ist, die Einrede nicht vorschützt, und so die feste Ordnung des einzelnen Prozesses, welche dem Richter nothwendig erscheinen mag, völlig in die Luft stellt. Wir wollen das aber der Theorie zur Liebe, daß die Klageänderung nur im Wege der Einrede berücksichtigt werden dürfe. Ich bin also nicht allein für die erste Instanz, sondern auch für fernere Instanzen der Ueberzeugung, daß mit dem Begriffe der Einrede der Klageänderung als eines prozessualischen Einwandes der Partei nichts Brauchbares zu gewinnen ist, und möchte zur Begründung dieser Ansicht das hannöversche Verfahren nicht weiter heranziehen, als es schon preisgegeben ist. Es wird an anderer Stelle nicht viel besser sein, abgesehen von der Rheinprovinz. Daher bin ich der Ansicht, die Klageänderung als solche so construiren, daß dem Richter in die Hände gelegt wird, dann eine Klageänderung zu verwerfen, wenn er nach seiner Ueberzeugung der Ansicht ist, daß die Vertheidigung des Beklagten in diesem Falle verhindert oder erschwert oder das Verfahren verwirrt wird. Es ist also eigentlich keine Einrede der Klageänderung in Frage, sondern eine zweckmäßige Beschränkung des neuen Vorbringens zu Gunsten des Beklagten, wobei das richterliche Ermessen weiter greift, als bei Einreden und Repliken. Im Uebrigen will ich aber eine weitere Grenze nicht gesetzt wissen. Ich glaube, nicht näher auf die Sache eingehen zu können, weil ich nicht vorbereitet bin zur Stellung specieller Anträge, ich accommodire mich den Kühn'schen Anträgen, weil ich glaube, daß sie praktisch weit genug gehen und man damit marschiren kann. Was die Berufungsinstanz anlangt, so will man hier einen Unterschied machen, also die Klageänderung absolut verbieten. Das verstehe ich nicht. Wie kann man für die Berufungsinstanz einen Unterschied machen, wenn man doch sonstige nova zulassen will, und wie kann man daneben den Gesichtspunct geltend machen, daß maßgebend sei das Recht des Beklagten, nicht aber die Furcht vor Verwirrung des Verfahrens. Die auf diesem Standpuncte allein consequente Begründung würde sein, daß der Beklagte sich nicht in dem späteren Stadium des Prozesses wehren solle gegen Angriffe, die er nicht schon in erster Instanz erfahren hat. Die Advocaten werden mir aber darin beitreten, daß die Gefahr, durch die Klageänderung Schwierigkeiten herbeizuführen, weit unerheblicher ist, als die doch jetzt unbestrittene Zulassung aller sonstigen nova. Klageanträge werden sehr selten eine Verschleppung des Verfahrens herbeiführen, weil diese regelmäßig gerade den Interessen eines Klägers widerstreitet, während es doch nicht weniger im Interesse einer Partei liegt, durch neue Einreden, Repliken und Dupliken nicht überrascht zu werden; aber diesen novis gegenüber kann man sich nur mit dem Einwande wehren: ich will und darf dich nicht hindern nova anzubringen, die den Prozeß verlängern und verwickelter machen, ich verlange aber auf deine Kosten eine neue Verhandlung. Ich komme darauf zurück, der einzige durchschlagende Gesichtspunct ist der, ob diese Einrede eine solche sei, die im Interesse des materiellen Rechtes aufrecht erhalten wird? Ich sage: Nein. Zweitens frage ich: Ist es ein Gesichtspunct, der aufrecht erhalten werden muß im Interesse der Justiz, d. h. zur Vermeidung prozessualischer Verwirrung? Das ist eine Frage, welche Richter zutreffender beantworten mögen, als ein Anwalt; aber kein Richter wird, wenn es sich um einen Gegenstand handelt, der in die Prozeßleitung einschlägt, zu der legislatorischen Auffassung kommen können, daß es nur von der Ansicht der Parteien abhängen dürfe, ob das in den einzelnen Prozeß gezogene Rechtsverhältniß jederzeit verändert, also aus einem Prozesse ein zweiter oder dritter gemacht werden dürfe. Auf diesem Standpuncte der Verhandlungsmaxime beschränkt man auf der einen Seite eine Partei, nämlich den Kläger, unverhältnißmäßig und gewinnt auf der anderen Seite nichts Sicheres für die Fixirung des Prozeßgegenstandes, läßt vielmehr diese nothwendige Sicherheit von den Parteien abhängen, thatsächlich also nicht selten vernichten, und zwar von ungeschickten Anwälten unbewußt vernichten.

Präsident: Dem Referenten gebührt das Schlußwort. Der formelle Antrag, eingegangen als Unterantrag zum Antrage des Herrn Referenten, II. 2 lautet:

„Der Klageantrag in der Hauptsache beschränkt oder in Bezug auf Nebenforderungen erweitert oder beschränkt wird."

Es lautet aber der Antrag des Herrn Referenten zu II. 2 dahin: „Der Klageantrag in der Hauptsache oder in Bezug auf Nebenforderungen erweitert oder beschränkt wird" oder II. 3: „statt des ursprünglich geforderten Gegenstandes wegen einer später eingetretenen Veränderung ein anderer Gegenstand oder das Interesse gefordert wird."

Der erste Satz soll also dahin beschränkt werden, daß eine Erweiterung des Klageantrages in der Hauptsache ausgeschlossen wird.

Da sich Niemand weiter zum Wort meldet, habe ich an Herrn Anwalt Naumann nur die Frage noch zu richten, ob derselbe seinen Antrag aufrecht erhält.

Obergerichtsanwalt **Naumann** II. aus Celle: Ich halte ihn aufrecht. In der Berufungsinstanz ist die Klageänderung unstatthaft selbst mit Einwilligung des Gegners.

Referent **v. Stößer**: Ich werde mich bei der vorgerückten Zeit möglichst kurz zu fassen suchen. Meine Herren, es war vorauszusehen, daß der Antrag, wie er Ihnen unterbreitet worden ist zu II. 1, den wesentlichen Gegenstand der Erörterung bilden würde, indem bezüglich des Klagegrundes eben die Meinungen in Wissenschaft und Gesetzgebung bisher am Weitesten auseinander gegangen sind. Ich glaube deshalb mich zunächst über diesen Punct erklären zu müssen, bezüglich dessen Herr Obertribunalsrath Struckmann den Antrag gestellt hat, in Satz II. 1 die Worte „ohne Aenderung des Klagegrundes" wieder aufzunehmen. In dieser Richtung erlaube ich mir auf die Ausführungen, welche gegen diesen Antrag heute wiederum geltend gemacht worden, hinzuweisen. Nach meiner festen Ueberzeugung ist das Wesentlichste in der mündlichen Verhandlung, um das sich Alles dreht, zumal eben in der ersten Instanz, der Klageanspruch, der Klagegegenstand. Es ist allerdings richtig, durch die Bezeichnung des Klagegrundes wird der Klageanspruch näher individualisirt; es knüpfen sich auch erhebliche weitere Folgen an diesen Klagegrund, insbesondere in Bezug auf das Versäumnißverfahren und die Feststellung der Einrede der entschiedenen Sache; allein die freie mündliche Verhandlung giebt offenbar beiden Parteien hinreichende Gewähr, bezüglich des Klagegegenstandes die Begründung ihrer Vorträge vollständig frei einzurichten, folgeweise aber auch dem Kläger bei Geltendmachung seines Anspruches nachträglich weitere Gründe, worin man bisher vielfach eine Klageänderung erblicken zu müssen glaubte, vorzuführen und zur Entscheidung des Gerichts zu bringen. Es ist von dem geehrten Herrn Präsidenten der Fall erwähnt worden: es würden zuerst aus einem Testamente 100 Thaler verlangt; der Kläger sieht aber später ein, daß er aus dem Testamente nicht soviel erlangen kann, oder überhaupt nichts, sondern nur aus einem Darlehen, was dann? Ich glaube, diese Sache ließe sich doch auf eine höchst einfache Weise erledigen. Entweder wird der Vorsitzende, beziehungsweise das Gericht, den Kläger zur Erklärung veranlassen, ob er jetzt die 100 Thaler aus dem Darlehen und auch noch aus dem Testamente beanspruche, oder ob er den früheren ersten Klagegrund aufgegeben habe. Letzternfalls haben wir den Verzicht von Seiten des Klägers, was auch in den Thatbestand der Entscheidungsgründe zum Urtheil dahin niedergelegt wird, daß der Kläger ursprünglich in seiner Klageschrift aus dem Testamente 100 Thaler verlangt, im Laufe der Verhandlung aber diesen Klagegrund aufgegeben und nur noch dieselbe Summe aus einem Darlehen beansprucht habe. Erklärt aber der Kläger, beide Klagegründe — das Testament und das Darlehen — aufrecht zu erhalten, und hat folgeweise das Gericht das Vorhandensein derselben gleichmäßig zu prüfen, und findet es dabei nur den letzteren als erwiesen, so ist Kläger bezüglich des ersteren sachfällig. Dort wie hier steht seiner etwa wiederholten Klage aus dem Testamente sicher die Einrede der entschiedenen Sache wirksam entgegen.

Ist der Richter nicht in der Lage, oder hat er es übersehen, den Kläger auf diese Verschiedenheit des Klagegrundes aufmerksam zu machen, so wird der Beklagte, der das nächste Interesse hat, zu wissen, aus welchem Grunde er 100 Thaler bezahlen soll, den Kläger selbst zu einer entsprechenden Erklärung auffordern, so daß nach meiner Erfahrung und nach der Natur der Sache die vermeintliche Schwierigkeit auf das Einfachste zur Erledigung gebracht werden könnte. Der wesentliche Streit dreht sich um diesen unglückseligen Klagegrund, insofern auf diesen dann ein Werth gelegt wird, wenn es sich um eine Klageänderung handelt; allein wir müssen, unbefangen durch die bisher allerdings verbreiteten Anschauungen, alle Beziehungen des Klagegrundes zu einer Klageänderung verlassen. Das kann aber meines Erachtens nicht dahin führen, daß, wie Herr Präsident Kühne gegen Satz I. einwendet, von einer Unstatthaftigkeit einer wirklichen Klageänderung d. h. in dem Ihnen meine Herren unter Satz II. erläuterten Sinne nicht mehr die Rede sein soll, wenn nämlich der Klageanspruch wesentlich geändert wird, also nicht bloß Klageänderung in der minder erheblichen, unter II. 2 und 3 bezeichneten Weise, sondern wenn ein ganz anderer Gegenstand im Laufe der mündlichen Verhandlungen vom Kläger beansprucht wird. Stellen Sie sich vor, — ich habe es bisher vermieden auf einzelne Beispiele hinzuweisen, muß es aber zur näheren Erläuterung der Sache jetzt doch thun — der Kläger verlangt in der Klageschrift 100 Thaler, im Laufe der mündlichen Verhandlung überzeugt er sich davon, daß er nicht diese 100 Thaler, sondern ein Haus oder eine Dienstbarkeit vom Beklagten beanspruchen kann. Der Beklagte, welcher nur wegen der Bezahlung der 100 Thaler seitens des Klägers vor Gericht gezogen ist, hat das größte Interesse daran, zu wissen und gerichtlich feststellen zu lassen, daß der Kläger nicht mehr 100 Thaler, sondern jetzt etwas ganz Anderes verlangt. Hier bedarf der Beklagte entschieden des Schutzes des Gesetzes beziehungsweise Gerichts, und kann er — auch wenn letzteres nach seinem Ermessen sonst dafür halten sollte, daß der Beklagte durch die nachträglichen Begehren des Klägers zu einer besonderen, eine Vertagung nach sich ziehenden Vertheidigung nicht genöthigt würde — nicht wider seinen Willen veranlaßt werden, sich auf die geänderte Klage vernehmen zu lassen. Läßt sich aber der Beklagte gleichwohl ein und wird dieser neue Klageantrag zu Gerichtsprotocoll genommen oder hierwegen ein weiterer Schriftsatz des Klägers eingebracht, so wird das Gericht auch keinen erheblichen Grund haben, die Parteien zu verhindern, daß sie nicht mehr über die 100 Thaler, sondern über das Haus oder die Servitut verhandeln.

Wie es nun auf der einen Seite nothwendig erscheint, was auch in der Wissenschaft und in der Gesetzgebung festgestellt ist, anzuerkennen, daß von einer gewissen Zeit an der Beklagte, wenn er wegen eines anderen Klageanspruches weiter verfolgt werden soll, berechtigt sei, zu erklären, er sei deshalb nicht vor Gericht geladen, er verwahre sich gegen diese Klageänderung, und hierwegen zu bestimmen (Satz I.): „die Erhebung der Klage hat die Wirkung, daß der Kläger nicht berechtigt ist, ohne Einwilligung des Beklagten die Klage zu ändern", so empfiehlt es sich ebenso auf der anderen Seite, die Einwilligung des Beklagten in eine Klageänderung als wirksam anzuerkennen (Satz III.), und hat letzteren Falls das Gericht nicht die mindeste Veranlassung, ein solches Prozeßverfahren, zumal es auch bei den strengsten Begriffsbestimmungen über Klageänderung zugelassen ist, von Amtswegen zurückzuweisen.

Im Uebrigen glaube ich mich auf meine ersten Ausführungen beziehen zu dürfen.

Präsident: Der Unter-Antrag geht dahin, daß nach den Worten „Klageantrag in der Hauptsache“ eingeschaltet werde „beschränkt“, so daß nicht die beiden Worte „erweitert oder beschränkt“ sich auf die Hauptsache beziehen, sondern nur auf die Nebenforderungen.

Referent v. Stößer erörtert in einem Schlußvortrage noch diesen und die sonstigen, von anderer Seite gestellten Anträge, für sich und in deren gegenseitigem Zusammenhange, sucht solche zu widerlegen, sowie die von ihm beantragten Sätze gegen die erhobenen Einwände zu vertheidigen, beziehungsweise weiter zu begründen.

Präsident: Dann kommen wir zur Abstimmung, meine Herren! Der Antrag des Herrn Präsidenten Kühne kann aufgefaßt werden als einer, der den sämmtlichen Anträgen unseres Herrn Referenten, des Herrn Director von Stößer, gegenübersteht. Er kann so aufgefaßt werden, weil er eigentlich von einer Aenderung der Klage nichts wissen will, sondern eine Aenderung des gestellten Antrages, des Objectes der Klage in’s Auge faßt, indessen hat Herr Kühne schon bemerkt, daß er seinem Antrage vorbehalte eine verbessernde Redaction, und er hat ausgeführt, daß, wenn statt Klageänderung etwa Antragsänderung gesetzt werde, die Anträge des Herrn Referenten v. Stößer zu II. 2, 3 und IV. neben seinem Antrage bestehen. Gegen den ersten Satz des Herrn Referenten: „die Erhebung der Klage hat die Wirkung, daß der Kläger nicht berechtigt ist, ohne Einwilligung des Beklagten die Klage zu ändern“, hat Herr Kühne sich entschieden ausgesprochen. Ferner steht sein Antrag direct entgegen dem Antrage II. 1, welcher noch eine Ergänzung und Berichtigung der Klage unterscheiden will von der Klageänderung. Die andere zu II. 1 durch Herrn Struckmann vorgeschlagene Aenderung wird als eine Verbesserung aufzufassen sein zum Antrage des Herrn Referenten und ebenso des Antrages Naumann, als eine Verbesserung zu II. 2. Ich erlaube mir deshalb vorzuschlagen, zunächst abzustimmen über Ziffer I. des Antrages des Referenten:

I. Die Erhebung der Klage hat die Wirkung, daß der Kläger nicht berechtigt ist, ohne Einwilligung des Beklagten die Klage zu ändern.

Wird dieser Antrag angenommen oder abgelehnt, so wird immer noch abgestimmt über II. 1, und zwar zunächst dahin, sollen hinzugefügt werden, dem Antrage Struckmanns gemäß, vor den letzten Worten „ergänzt oder berichtigt“ die Worte „ohne Aenderung des Klagegrundes“, so daß es nun heißt:

Als eine Aenderung der Klage ist es nicht anzusehen, wenn

1) die thatsächlichen oder rechtlichen Anführungen ohne Aenderung des Klagegrundes ergänzt oder berichtigt werden;

Das ist nur eine eventuelle Abstimmung. Sie mag ausfallen, wie sie will, ihr gegenüber tritt die definitive Abstimmung, die dadurch hergestellt wird, daß der Antrag Kühne's zur Abstimmung kommt. Wird er angenommen, so ist der Antrag des Referenten, mag der Struckmann'sche Antrag angenommen sein oder nicht, verworfen. Die Anträge 2 und 3 kann ich als allgemein gebilligt salva redactione im Sinne des Kühneschen Antrages angenommen ansehen.

Appellationsgerichtspräsident **Kühne**: Wenn mich nicht Alles trügt, ist der Antrag wörtlich gleichlautend mit dem meinigen, außer . . .

Präsident: Abzustimmen ist also nur über den Verbesserungsantrag des Herrn Anwalt Naumann zu II. 2. Ebenso würde ich den Zusatz zu Ziffer II.: „Der Kläger ist berechtigt, bis zum Schlusse der mündlichen Verhandlung, auf welche das Urtheil folgt, die Klage zu ändern", wenn kein Widerspruch erfolgt, als von keiner Seite bestritten und deshalb angenommen ansehen. Die Ziffer III. kommt nur zur Abstimmung, wenn Ziffer I. angenommen wird, mit Ziffer I. würde sie abgelehnt sein. Eventuell, wenn kein Widerspruch erfolgt, würde ich sie als mitangenommen ansehen. Ziffer IV. ist nicht angefochten. Ich nehme an, die Versammlung stimmt diesem Beschlusse des vorigen Juristentages zu, wenn kein Widerspruch erfolgt. Ziffer V. kommt zur besonderen Abstimmung.

Wenn die Herren mit der Fragestellung einverstanden sind, so ersuche ich diejenigen, welche dem ersten Antrage des Herrn Referenten, welcher dahin geht: Die Abtheilung wolle beschließen:

> Die Erhebung der Klage hat die Wirkung, daß der Kläger nicht berechtigt ist, ohne Einwilligung des Beklagten die Klage zu ändern,

zustimmen, die Hände zu erheben. Das scheint mir die Minderheit. Ich bitte um die Gegenprobe. Das ist die Mehrheit, wenn auch keine große. Jetzt kommen wir zum Antrag II. Da ersuche ich nun diejenigen, die dem Antrage des Herrn Referenten, welcher dahin geht, zu beschließen:

Als eine Aenderung der Klage ist es nicht anzusehen, wenn

1) die thatsächlichen oder rechtlichen Anführungen ergänzt oder beberichtigt werden;

für den Fall der Annahme dieses Antrages, den von Herrn Struckmann beantragten Zusatz hinzufügen wollen „ohne Aenderung des Klagegrundes", die Hände zu erheben. Das ist wiederum die Minderheit. Nun würde, falls der Antrag Kühne nicht angenommen wird, der Antrag des Referenten unverändert angenommen sein. Ich bringe daher zur Abstimmung den Antrag des Präsidenten Kühne, der dahin geht:

„Der Juristentag wolle den in § 8 seines Gutachtens enthaltenen Vorschlägen vorbehaltlich einer verbesserten Redaction zustimmen."

Diejenigen, die so beschließen wollen, bitte ich, die Hände zu erheben. Ich bitte um die Gegenprobe. Ich glaube, der Antrag ist mit einer Stimme Mehrheit angenommen worden. Jetzt scheinen es zwei Stimmen Mehrheit. Also der Antrag Kühne ist angenommen mit einer kleinen Mehrheit von zwei Stimmen. Der Antrag Naumann wird abgelehnt. Bei 2 und 3 und dem Nachsatze bleibt es daher bei den Anträgen des Herrn Referenten. III. ist gefallen mit I. IV. bleibt stehen, wie vom vorigen Juristentag und der Justizcommission beschlossen ist. Ueber V. wird selbständig abgestimmt.

Eine Aenderung der Klage — beziehungsweise jetzt des Klageantrages — ist in der Berufungsinstanz selbst mit Einwilligung des Gegners unstatthaft.

Diejenigen Herren, die für diesen Antrag des Herrn Referenten sind, bitte ich, die Hände zu erheben. Das ist dieselbe Minderheit von vorhin. Der Antrag ist abgelehnt.

Wir haben nun Beschluß zu fassen, wie wir die Sache geschäftsordnungsmäßig im Plenum behandeln wollen. Wünschen die Herren blos Mittheilung der Beschlüsse an das Plenum oder Discussion?

(Mittheilung!)

Also bloß Mittheilung. Wen wünschen die Herren als Berichterstatter?

(Kühne!)

Appellationsgerichtspräsident **Kühne**: Meine Herren! Ich habe schon auf dem vorigen Juristentage über diese Frage berichtet, legen Sie dieses Mal die Last auf die Schultern unseres Herrn Präsidenten Becker.

(Geht nicht.)

Dann will ich es übernehmen.

Präsident: Wenn kein anderer Vorschlag gemacht, auch Widerspruch nicht erhoben wird, ersuche ich Herrn Präsidenten Kühne das Referat zu übernehmen.

(Nach einigen geschäftlichen Mittheilungen wird die Sitzung $3^1/_2$ Uhr Nachmittags geschlossen und die nächste auf morgen früh 10 Uhr anberaumt.)

Zweite Sitzung der vierten Abtheilung
am 29. August 1876.

Vormittags 10 Uhr.

Präsident Oberappellationsgerichtsrath **Becker**: Meine Herren! Ich eröffne die heutige Sitzung. Ich beginne zunächst damit, an die gestrige Sitzung kurz zu erinnern. Die Anträge, welche angenommen worden sind, waren bekanntlich nicht ganz redigirt, die Redaction auch vom Antragsteller selbst vorbehalten. Ich habe leider Herrn Präsidenten Kühne noch nicht treffen können, habe aber meinerseits versucht, die Anträge zu redigiren, und halte es wünschenswerth, diese Redaction mitzutheilen.

Für den Fall, daß Sie nichts dagegen zu erinnern hätten, würden die Anträge — nach erlangter Zustimmung des Herrn Kühne — folgende Fassung bekommen:

Zur Frage 7 ist beschlossen:

I. Nach der Erhebung der Klage darf der Gegenstand des geltend gemachten Anspruches nur insoweit geändert werden, als:
   1. der Klageantrag in der Hauptsache oder in Beziehung auf Nebenforderungen erweitert oder beschränkt wird;
   2. statt des ursprünglich geforderten Gegenstandes wegen einer später eingetretenen Veränderung ein anderer Gegenstand oder das Interesse gefordert wird.

II. Im Uebrigen ist eine Aenderung der Klage zulässig, auch in der Berufungsinstanz.

III. Die Einwilligung des Beklagten ist ohne Einfluß.

IV. Der Beschluß des vorjährigen Juristentages über die Nichtanfechtbarkeit der ersten richterlichen Entscheidung wird aufrecht erhalten.

Sodann erlaube ich mir den Herren mitzutheilen, daß das Bureau sich die Freiheit nimmt, Ihnen folgende Liste zu wählender Vertrauensmänner vorzuschlagen, alphabetisch geordnet: Oberappellationsgerichtspräsident Anton aus Ratibor, Oberappellationsgerichtsrath Becker aus Oldenburg, Advocat Hartmann aus Nürnberg, Advocat Dr. Johanny aus Wien, Ritter Dr. von Kißling aus Linz, Appellationsgerichtspräsident Kühne aus Greifswald, Dr. Mayersohn aus Aschaffenburg, Oberappellationsanwalt Meyersburg aus Celle, Advocat Dr. Ruhwandl aus München, Kreis- und Hofgerichtsdirector von Stößer aus Mannheim. Ich werde erwarten, ob andere Namen beim Bureau aus der Versammlung angemeldet werden und beim Schluß der Sitzung Abstimmung veranlassen.

Gegenstand unserer heutigen Tagesordnung ist die Frage Nr. 9:

Durch welche Einrichtungen läßt sich das gerichtliche Hinterlegungswesen zweckmäßig ersetzen?

Dazu liegt ein Gutachten von Herrn Dr. Hecht in Mannheim (Verhandlungen des dreizehnten deutschen Juristentages Band I. Seite 86) vor. Herr Präsident Anton wird die Güte haben, sein Referat vorzutragen.

Referent Präsident **Anton** aus Ratibor: Meine hochgeehrten Herren! Die Frage, die unter Nr. 9 Ihnen mitgetheilt ist, und die dahin lautet:

durch welche Einrichtungen läßt sich das gerichtliche Hinterlegungswesen zweckmäßig ersetzen?

ist jedenfalls auf die Tagesordnung gekommen im Anschluß an den vorigen Juristentag. Voriges Jahr — wie Ihnen aus den Verhandlungen des XII. deutschen Juristentages, die Ihnen ja gedruckt zugegangen sind, bekannt sein wird — waren 4 Fragen aus dem Vormundschaftsrecht aufgestellt.

Die vierte davon lautete dahin:

„Empfiehlt sich die Beibehaltung der Depositalverwaltung für Mündelgelder?"

und der damalige Juristentag hat beschlossen: Nein, eine gerichtliche Depositalverwaltung für das Mündelvermögen soll wegfallen. Bei Mittheilung dieses Beschlusses im Plenum war von Seiten des damaligen stellvertretenden Referenten — da der eigentliche Referent behindert war — noch eine Bemerkung hinzugefügt worden, die, wie ich annehme und mich darin nicht zu irren glaube, die Veranlassung gewesen ist, die obige Frage auf die Tagesordnung des diesjährigen Juristentages zu bringen. Der damalige stellvertretende Referent erwähnte nämlich, es wäre zwar beschlossen worden: die Beibehaltung der Depositalverwaltung für Mündelgelder empfehle sich nicht, aber es sei auch, Mittel und Wege anzugeben nicht beliebt worden, wodurch ein Ersatz für die Depositalverwaltung gefunden werden könne. Die ipsissima verba liegen mir nicht vor, aber dies war der Inhalt seiner Worte. Er erwähnte dabei auch noch, wie ich mich bestimmt erinnere: es komme darauf an, einen Ersatz zu finden, „ohne die Selbstthätigkeit der Verwaltung des Vormundes irgendwie zu beschränken.“ Ich glaube daher nicht fehl zu greifen, wenn ich annehme, daß in Folge dieser Aeußerung von Seiten der ständigen Deputation die obige Frage für den diesjährigen Juristentag gestellt worden ist.

Herr Dr. Hecht in Mannheim hat die Güte gehabt, ein Gutachten über diese Frage zu erstatten. Das Gutachten liegt Ihnen gedruckt vor in dem ersten Bande der Verhandlungen des XIII. deutschen Juristentages; es beginnt Seite 86 und schließt ab mit Seite 108. Ich habe die Ehre, Ihnen darüber zu referiren, was mir um so leichter wird, da ich im Allgemeinen auf dem Standpuncte des Gutachtens stehe und dessen Auffassung theile.

Das Gutachten selbst, meine Herren — ich darf wohl vielleicht voraussetzen, daß Sie dasselbe gelesen haben, und daß es Ihnen daher im Ganzen bekannt ist — zerfällt in zwei Theile. (Ich werde mein Referat auf das Allerschärffste begrenzen, um Ihre Zeit, namentlich bei dem ausnahmsweise schönen Wetter, möglichst wenig in Anspruch zu nehmen.)

Der erste dieser beiden Theile schildert den zeitigen Rechtszustand des Depositalwesens der verschiedenen deutschen Staaten, wie er sich im Augenblicke befindet. Der Gutachter hat mit anerkennenswerther Mühe die Materialien gesammelt, und hat sie dann in nuce mitgetheilt. Den Inhalt der dabei gewonnenen Resultate kann ich unmöglich hier speciell vortragen, dies würde Ihre Zeit und Ihre Geduld zu stark in Anspruch nehmen. — Die Grundzüge, die im gerichtlichen Depositalwesen aller deutschen Staaten gemeinsam gefunden werden, Ihnen vorzuführen, dürfte für unseren heutigen Vortrag und für unsere Debatte vollkommen genügen. Der zweite Theil beschäftigt sich mit „Reformen“ des gerichtlichen Depositalwesens.

Aus dem ersten Theile, meine Herren, habe ich fünf Puncte herausgefunden, die für unsern heutigen Zweck bemerkenswerth sind. Ich habe gefunden, daß einmal überall eine gerichtliche Deposital*verwaltung*, nicht bloß *Verwahrung*, sich findet, mehr oder minder. Es ist natürlich, daß die Formen, so weit wir sie aus dem Gutachten mitgetheilt erhalten haben, sehr verschieden sind; das wird immer bleiben, und ist es auch, glaube ich, in keiner Weise unsere, des Juristentages, Aufgabe, derartige Formen irgendwie zu einer bestimmten Einheit zu führen. Dadurch würden wir in die Lage kommen, von Seiten des Juristentages Ausführungsinstructionen anfertigen zu müssen. Darin aber, meine Herren, sind wir wohl einig, daß dies nicht Aufgabe des deutschen Juristentages sein kann, der sich füglich nur mit den Grundzügen und Grundsätzen der anzustrebenden deutschen Rechtseinheit zu beschäftigen hat.

Ein zweiter Punct, den wir aus den Mittheilungen des Herrn Gutachters erfahren, ist — nebenbei wohl bereits allgemein bekannt — daß in Preußen in neuerer Zeit, und zwar im vorigen Jahre, durch die neueste Gesetzgebung, speciell durch die Vormundschaftsordnung vom 5. Juli 1875 und durch das sogenannte Hinterlegungsgesetz vom 19. Juli 1875 grundsätzlich die Depositalverwaltung abgeschafft ist; ich bitte festzuhalten, ich spreche natürlich immer von gerichtlicher Depositalverwaltung.

Als dritten Punct möchte ich Ihnen bezeichnen, daß man im Princip überall anerkennt, der Staat müsse Vorsorge treffen, daß ein Depositum irgend wo, sei es bei Gericht, sei es irgend wo anders, auf eine sichere und möglichst leichte Art niedergelegt werden kann, bei baarem Gelde auch zinsbar.

Viertens erfahren wir, daß eine zinsbare Belegung von Seiten der gerichtlichen Depositalverwaltung in den meisten deutschen Staaten angebahnt ist. Sie ist verschieden, einmal im Zinssatz, welcher schwankt zwischen 2 Procent, 2½ Procent und 3 Procent, und sodann in Betreff des Tages, von der geschehenen Hinterlegung ab gerechnet, von welchem ab die Zinszahlung eintritt. Wir finden drei verschiedene Verzinsungstermine dieser Art: mit dem einunddreißigsten, mit dem einundsechzigsten und mit dem einundneunzigsten Tage seit geschehener Hinterlegung. Ebenso, meine Herren, werden Sie fünftens aus dem Gutachten gefunden haben, daß in vielen, ich glaube nicht zu irren, in den meisten deutschen Staaten, ein Minimalsatz baar hinterlegter Gelder angenommen wird für die Verzinsung. Auch dieser Minimalsatz ist nicht gleich, wie es natürlich ist; er variirt zwischen 30 Mark oder auch 25 Gulden und höheren Summen, wie 300 Mark u. s. w. Aber grundsätzlich ein Minimum einer baaren Hinterlegungssumme, von welcher Zinsen gezahlt werden sollen, zu limitiren, ist in den meisten deutschen Staaten und ihren Depositalordnungen vorfindlich. Nun, meine Herren, will ich noch nebenbei hier bemerken, daß baare Deposita, die auf Antrag oder mit Zustimmung der Interessenten darlehnsweise zinsbar be- oder angelegt sind, z. B. zu 4 Procent, gegen dreimonatliche Kündigung, als gewöhnliche Darlehen, als Deposita nicht mehr zu betrachten sind. Diese sind selbstverständlich ausgeschieden aus dem gerichtlichen Depositum und sind einfache Darlehne. Mögen selbst vielleicht Documente über derartige ursprüngliche gerichtliche Deposita, jetzige Darlehne, in einzelnen deutschen Staaten bei Gericht niedergelegt sein, Schuldscheine u. dergl., im Interesse von Mündeln oder aus anderen Gründen, immerhin würde das meines Erachtens die Sache selbst nicht ändern, und betrachte ich solche etwa bei Gericht verwahrte Schulddocumente als gerichtliche Deposita im engeren Sinne nicht. Noch viel weniger aber können als solche betrachtet werden sogenannte corpora delicti, also Gegenstände, die in criminalrechtlichen Untersuchungen beim Gericht asservirt werden, bis sie nicht mehr als corpora delicti zu betrachten und zurückzugeben oder herauszugeben sind.

Der zweite Theil des Gutachtens, meine Herren, betitelt „Reformen," beschäftigt sich nun mit dem Gegenstande, den wir heute hier auf unserer Tagesordnung sehen, ausschließlicher. Der Herr Gutachter — und ich theile seine Auffassung — hält dafür, daß zu bestimmten Vorschlägen über Ersatzeinrichtungen für gerichtliche Depositalverwaltungen die gegenwärtige Zeit noch nicht genügend vorbereitet ist.

Er theilt uns mit — und ich bezweifle nicht, daß dies in jeder Weise vollkommen richtig ist — in den verschiedenen deutschen Staaten sei nirgends auch nur das geringste Bedürfniß hervorgetreten, eine Reform der dort bestehenden Depositalverwaltungen anzustreben. Das ist ja ein recht erfreulicher Zustand. Wenn auch dabei nicht vergessen werden darf, daß jeder Mensch das vielleicht weniger Gute, aber ihm Gewohnte und Liebgewordene ungern mit etwas möglicherweise besserem Neuen vertauscht. Auch wir, meine Herren, in Preußen waren, was dies betraf, in der sehr glücklichen Lage — ich glaube nicht zu viel zu sagen — die ausgezeichnetste Depositalordnung zu besitzen, die man sich eigentlich nur denken kann, obschon sie ziemlich alt war. Sie datirt nämlich von dem Jahre 1783 und ist eins von den großen Gesetzen, die damals Friedrich der Große erlassen hatte.

Diese Depositalordnung hatte bis 1875, und hat, im Grunde genommen, bis jetzt Geltung. Sie hat sich in ausgezeichnetem Maße bewährt. Selbstverständlich bedurfte es in dem langen Zeitraume von 1783 bis 1876, also in 93 Jahren, und in welch' geschichtlich merkwürdiger Zeit, nach und nach kleiner Ergänzungen und Aenderungen. Denn die volkswirthschaftlichen, überhaupt alle Verhältnisse in Deutschland und im Staate Preußen sind ja seit 1873 bis 1876 in einer so umfassenden Art geändert worden, daß es im Jahre 1849 nothwendig erschien, eine Gesetzesnovelle in der Verordnung vom 18. Juli 1849 zur Depositalordnung vom 15. September 1783 zu erlassen. Dadurch wurden gewisse Vereinfachungen, namentlich bezüglich der Documente, angebahnt und angestrebt. Das Jahr 1875 hat dagegen in Preußen eine durchgreifende Reform gebracht, insofern, durch die neue Vormundschaftsordnung bedingt, ein ganz neues Hinterlegungsgesetz geschaffen worden ist. Darin ist das Princip einer gerichtlichen Depositalverwaltung geradezu verlassen. Nicht das Gericht verwaltet ferner fremdes Vermögen, was bei ihm niedergelegt worden, sondern die Partei, oder deren gesetzlicher Vertreter. Ich werde nachher wohl noch Gelegenheit finden, darüber einige Worte mehr mir zu gestatten. Mit dem Herrn Gutachter bin ich nun der Meinung, daß nach der Fassung der gestellten Frage der Juristentag sich in der Lage befindet, nicht über eine „Reform" sprechen zu sollen, sondern lediglich von einem Ersatze für das verlassene Princip der gerichtlichen Depositalverwaltung, oder, wie es jetzt heißt, des Hinterlegungswesens.

Der Herr Gutachter hat aus dem Umstande, daß in dieser Richtung neue Gesetze aus dem Jahre 1875, nämlich die neue Vormundschaftsordnung und das neue Hinterlegungsgesetz, im Königreich Preußen den Weg bereits angebahnt haben, als Resultat gefolgert, daß für Preußen jetzt und in den nächsten zwei Jahren wohl ein Bedürfniß vorliegen könne und möge, einen Ersatz zu suchen für das gerichtliche „Hinterlegungswesen." Für die übrigen deutschen Staaten hingegen findet der Herr Gutachter, gestützt auf die verschiedenen Mittheilungen, die ihm von sehr authentischer Seite zugegangen sind, keine Veranlassung, irgendwie sich nach einem Ersatze für ein bestehendes gerichtliches Depositalwesen jetzt umzusehen. Er schlägt daher vor — und ich theile ganz vollkommen seine Ansicht — man solle zunächst abwarten, welches Resultat die neuen Gesetze in Preußen gewinnen, und wenn sie einige Jahre bestanden haben, namentlich, wenn in Deutschland eine gemeinsame neue Gerichtsorganisation geschaffen sein wird, dann könnte sich ja die Frage möglicher Weise erneuern, ob in den anderen deutschen Staaten auf dieser Bahn gefolgt werden solle, und in welcher Art. Jetzt seien die deutschen Staaten für Ersatzvorschläge noch nicht genügend vorbereitet.

Der Herr Gutachter hat zusammengedrängt einige Reformvorschläge angegeben, welche, um die eigenen Worte desselben zu gebrauchen, „als Hauptpuncte für die Organisation des Hinterlegungswesens zu berücksichtigen sein dürften". Und zwar lassen sich diese in fünf Puncten zusammenfassen. Einmal findet er es für zweckmäßig, auszusprechen, daß das Gerichtslocal kein passender Depositalort sei, und das, meine Herren, scheint auch die Frage selbst anzunehmen, insofern sie davon ausgeht, daß ein gerichtliches Depositalwesen nicht aufrecht erhalten werden soll.

Wir finden, das hat der Juristentag durch seinen vorjährigen Beschluß anerkannt, es für angemessen, daß jedes depositum, jede Hinterlegung eines Werthgegenstandes, eines Geldwerthes oder Werthpapieres oder einer Kostbarkeit, nicht unter Verantwortlichkeit und auf Gefahr des Richters stattfinde, sondern lediglich immer auf Gefahr und unter Verantwortlichkeit der Partei, die hinterlegt. Das, meine Herren, ist ein Satz, der auch in Preußen mit dazu die Veranlassung gegeben hat, die alte bewährte Depositalordnung zu verlassen und ein neues Hinterlegungsgesetz herauszugeben. Dies ist der zweite Punct des im Gutachten enthaltenen Reformvorschlages. Drittens findet der Herr Gutachter, daß, wenn eine Hinterlegung stattfindet, die Reichsbank mit ihren Zweiganstalten, andere Institute, welche Sicherheit bieten, seien es Sparcassen, seien es andere Depositencassen oder welche Benennung sie etwa haben, genügen dürften, als Depositionsort zu dienen, auch zu zinsbarer Deposition. Er findet es viertens für nöthig, mindestens für zweckmäßig, daß ein solcher Depositalort sich gleichzeitig am Gerichtsort befinden möge. Ob das immer möglich ist, das ist eine andere Frage; das hat auch der Herr Gutachter nicht behauptet. Und fünftens hat er als dringend ausgesprochen, daß bei jeder Depositalangelegenheit die Formalien möglichst vereinfacht werden.

Das Resultat, soweit das Gutachten am Schlusse es zusammenfaßt, geht dahin (I. S. 108), daß eine etwaige „vorläufige Reform insbesondere sich auf folgende Puncte richten könne: 1) auf Herstellung einer guten Asservatenordnung, 2) auf den Modus und die generellen Bedingungen für die Hinterlegung und Verwaltung von Werthgegenständen einerseits und baaren Geldern andererseits bei den localen Instituten, welche auch von Privaten für Hinterlegungen benutzt werden". Nebenbei ist noch bemerkt, es dürfte zweckmäßig sein, wenn die Gerichte sich bei der Bank auch ein Giroconto eröffnen ließen, und ebenso dürfte die Frage sehr eng zusammenhängen mit dem Gerichtscassenwesen und mit der Stempelgesetzgebung. Inwiefern? ist nicht weiter ausgeführt. Dies ist der gedrängte, auf die gestellte Frage bezügliche, Inhalt des Gutachtens, welches, einen bestimmten Beschluß zu fassen, nicht beantragt hat.

Meine Herren! Ich für meine Person würde mir gestatten, Ihnen folgenden Antrag, der Ihnen ja auch gedruckt vorliegt, zu unterbreiten:

> Zu beschließen: Es liegt kein Bedürfniß vor, wenigstens für jetzt nicht, Einrichtungen vorzuschlagen, durch welche das gerichtliche Hinterlegungswesen sich zweckmäßig ersetzen läßt.

Ich bemerke, meine Herren, daß ich principaliter bei diesem Antrage beharre. Ich habe die Ehre gehabt, mit dem Herrn Gutachter darüber zu sprechen. Derselbe wünscht einen anderen Antrag angenommen zu sehen, im wesentlichen Inhalt und in der Wirkung, wie ich glaube, dem meinen entsprechend, nur in der Fassung ein wenig anders. Ich würde mir daher, unter Accommodation, erlauben, eventuell auch meinen Antrag, im Einverständniß mit dem Herrn Gutachter, dahin zu formuliren:

> Der Juristentag wolle beschließen: Es können zur Zeit Einrichtungen nicht vorgeschlagen werden, durch welche das gerichtliche Hinterlegungswesen sich zweckmäßig ersetzen läßt.

Meine Herren! Sie sehen daraus, daß wir beide uns eigentlich ganz auf demselben Boden befinden und daß im Wesentlichen eine Uebereinstimmung zwischen uns beiden existirt. Meine Gründe für meinen Antrag sind, und bitte ich um Verzeihung, wenn ich das Eine oder Andere wiederholen muß, folgende:

Das gerichtliche Depositalwesen, wenigstens für Mündelgelder, ist, wie ich mir schon zu bemerken erlaubte, durch den Beschluß des vorjährigen Juristentages so gut wie über Bord geworfen. Und dieser Beschluß fiel zusammen mit der desfallsigen neuen Gesetzgebung in Preußen.

Man hat vielfach betont, die Stellung des Richters müsse eine andere sein, als die eines fremden Vermögensverwalters. So bemerkt auch der Herr Gutachter, daß die Thätigkeit des Richters an sich vorzugsweise auf Rechtsprechung gerichtet sein müsse, und daß man möglichst bestrebt sein solle, den Richter von allen weiteren Thätigkeiten, die nicht eng mit seiner richterlichen Function zusammenhängen, zu befreien, dazu gehöre vor Allem die Verwaltung fremder Vermögen. Richtig ist es, meine Herren, und ich als preußischer Jurist kann Ihnen das bestätigen, daß in Preußen vielfach Klagen aus dem Richterstande gehört sind, daß gerade die Depositalverwaltung, also die Verwaltung fremder Vermögen, die aufs Ausgezeichnetste und Sorgfältigste geführt wurde und bis 31. Dezember 1877, bis wohin die Abwickelung des bestehenden gerichtlichen Depositalwesens ins Auge gefaßt ist, fortzuführen bleibt, den Richter nicht bloß in Betreff der Arbeit äußerst beschwere, sondern ihm auch eine so große Verantwortlichkeit auferlege, wie man sie von einem rechtsgelehrten Richter, der nicht zugleich ein geschulter Cassenbeamter sein kann, füglich nicht verlangen könne.

Wir hatten nämlich als Grundprincip — was kaum überall in den deutschen Staaten der Fall sein dürfte — daß alle baaren Gelder und Werthe des Mündelvermögens an das Gericht in die Depositalcasse abgeliefert werden mußten, daß daher auch aus dem Mündelvermögen alle Zahlungen nur vom Gerichte erfolgen konnten, sei es an den Vormund oder direct an andere Empfänger. Darin lag eine große Beschwerniß für den Vormund, insofern er jeder Zeit, wenn er eine Zahlung leisten oder empfangen sollte und mußte, an das Gericht den Annahme- oder Ausgabeantrag zu stellen hatte und auf diesen Antrag warten mußte, bis er ein Mandat zur Zahlung oder zum Empfang in die oder aus der Depositalcasse bekam. Das war eine Beschwerniß des Vormundes. Nun, meine Herren, solche Beschwernisse kommen aber in anderen Verwaltungsparteien auch vor; das würde immer für die Reform nicht maßgebend gewesen sein können. Ebenso wie die gewünschte Erleichterung des Richters nicht allein, ohne in der Sache Grund zu finden, eine durchgreifende grundsätzliche Aenderung herbeizuführen geeignet gewesen sein würde. Maßgebend war aber das Princip, daß der mit Vorsicht ausgewählte und bestellte Vormund selbst thätig zu verwalten das Recht und die Pflicht haben muß, daß er aber auf diese Art, wie wir sie in Preußen hatten, mehr eigentlich zu einem untergeordneten ausführenden Organe des Gerichts, als zum eigentlichen Verwalter, gemacht wurde. Man fand also den Schwerpunct behufs Abschaffung der gerichtlichen Depositalverwaltung in Mündelsachen darin, daß man annahm: der Vormund ist vom Staate als solcher bestellt, er ist der gesetzliche Vertreter seiner Mündel, er ist verantwortlich dem Mündel gegenüber und nicht der Richter; der Vormundschaftsrichter hat ihn vermöge des staatlichen Aufsichtsrechtes nur zu beaufsichtigen, also ist es eine große und nicht zu rechtfertigende Beschränkung der Selbstthätigkeit des Vormundes, wenn er das Mündelvermögen nicht selbstthätig an- oder belegen resp. verwalten darf. Mit anderen Worten: der Vormund muß, nach seiner Stellung, die Verwaltung vor Allem in die Hände bekommen und darf nur controlirt werden durch den Gegenvormund und beaufsichtigt durch das Gericht, den Vormundschaftsrichter. Dies, meine Herren, ist das Princip, welches in Preußen der neuen Vormundschaftsordnung zu Grunde gelegt ist. Die Vormundschaftsordnung enthält, beiläufig bemerkt, natürlich auch Instructionen für den Vormund wegen Belegung oder Anlegung von Mündelgeldern. Nun, meine Herren, gestützt auf dieses Princip, verwarf man in Preußen grundsätzlich die gerichtliche Depositalverwaltung, hat aber, um die bestehenden Verhältnisse nach und nach abzuwickeln, allerdings die Depositalverwaltung bis zu einem gewissen Termine beibehalten, bis zum 31. December 1877, wie bereits erwähnt worden. Es besteht also im Augenblick noch bei jedem preußischen Gericht eine Depositalcasse, aber sie steht, um mich eines vulgären Ausdruckes zu bedienen, auf dem Aussterbeetat. Ich bin nun der Meinung, die Frage, die uns heute beschäftigt: „Durch welche Einrichtungen läßt sich das gerichtliche Hinterlegungswesen zweckmäßig ersetzen?" muß eine Regierung, die derartige Gesetze emanirt, wie in Preußen die Vormundschaftsordnung vom 5. Juli 1875 und das Hinterlegungsgesetz vom 19. Juli 1875 es sind, vorher sich nicht blos vorgelegt, sondern auch beantwortet haben, und zwar nicht mit Worten, sondern mit der That. So daß also die gestellte Frage immer nur ein Internum der Landesgesetzgebung respective Verwaltung bilden und daher zur Berathung durch einen Juristentag nicht geeignet sein kann. Ich bin allerdings auch der Meinung, daß die preußische Regierung diese Frage im vollsten Maße vorher ventilirt hat und daß die gedachten Gesetze niemals gegeben sein würden, wenn man irgend hätte besorgen müssen, es könnten dadurch Privatinteressen geschädigt werden. Ich bin daher in der Lage, mit Ihnen zu fragen: in welcher Art hat nun wohl der preußische Staat angenommen, daß ein Ersatz für das gerichtliche Hinterlegungswesen besteht?

Und darauf, meine Herren, habe ich Ihnen einfach zu antworten: zuvörderst existirt im Augenblick noch bei jedem Gericht eine Depositalcasse, da nach dem Gesetz vom 19. Juli 1875 § 6 vorläufig „bis auf Weiteres die gerichtlichen Depositorien bestehen bleiben."

Sodann, meine Herren, haben die neuen Gesetze sehr scharf betont, daß die frühere preußische Bank, jetzige Reichsbank, ein entschieden sehr geeignetes Institut ist, die gerichtlichen Depositalcassen zu ersetzen, da sie auf der einen Seite volle Sicherheit gewährt, und auf der anderen Seite jeder Partei, die aus irgend einem gesetzlichen Grunde genöthigt ist, etwas zu deponiren, Gelegenheit giebt, nicht nur die Verwahrung, sondern auch die Verwaltung der Bank zu übertragen, und zwar für eine verhältnißmäßig sehr geringe Gebühr. Wenn Sie, meine Herren, das Gesetz über die deutsche Reichsbank kennen, so werden Sie wissen, daß die deutsche Reichsbank Gelder, Werthpapiere und Kostbarkeiten, also die Objecte des gerichtlichen Hinterlegungswesens annimmt. Zweitens werden Sie gefunden haben, daß die Bank sich mit der Verwaltung beschäftigt, und zwar auf eine sehr sichere Art: die Bank vermittelt nicht blos den An- und Verkauf von Werthpapieren, sie belegt auch gesetzlich zu diesem Behufe bei ihr hinterlegte Gelder zinsbar, allerdings zu einem beschränkten Procentsatze, z. B. 2½ Procent, anfangend mit dem einunddreißigsten Tage nach der Niederlegung. Sie besorgt ferner die Einziehung der Dividendenscheine, der Coupons, sowie die Erneuerung derselben und überwacht die Verloosung und Kündigung der Werthpapiere. Ja, sie zieht sogar Hypothekenzinsen ein auf Verlangen. Der preußische Staat ist daher wohl von der Ansicht ausgegangen, und zwar zu Recht, daß die Reichsbank in dieser Richtung jeden Ersatz gewährt, einerseits in Betreff der Sicherheit, andererseits in Betreff der Manipulationen, die mit einer Verwaltung fremden Vermögens verbunden sind und zweckmäßig verbunden sein müssen. Dies umsomehr, als das in Deutschland musterhaft ausgebildete Postverkehrswesen auch für die entlegensten Gegenden den Verkehr mit der Reichsbank und ihren Zweiganstalten nicht nur ermöglicht, sondern zu einem sicheren und leichten macht.

In Preußen ist außerdem in den Provinzen, in denen die Depositalordnung von 1783 nicht galt, angeordnet, daß außer baarem Gelde, depositalfähige Werthgegenstände — namentlich bezieht sich dies auf die Appellationsgerichtsbezirke Wiesbaden und Köln — außer bei der Reichsbank, bei den Regierungshauptcassen niedergelegt werden können, und auch dort mit voller Sicherheit, so weit der Staat überhaupt für Sicherheit garantiren kann. Endlich, meine Herren, existirt für den Appellationsgerichts-Bezirk Köln seit 1861 eine Depositencasse. Diese bezieht sich auf gesetzlich zu deponirende baare Gelder, die dort zum Zinsfuß von $2^1/_2$ Procent, vom einunddreißigsten Tage nach geschehener Niederlegung, verzinst werden. Als Minimum sind dreißig Mark angenommen. Das deponirte Geld wird für Rechnung des Fiscus verwaltet, so daß der Staat den Berechtigten für Capital und Zinsen aufkommt.

Dies, meine Herren, sind die Institute, welche die preußische Gesetzgebung offenbar als Ersatzmittel für das gerichtliche Depositalwesen in's Auge gefaßt hat.

Und dies, meine Herren, wäre ungefähr das, was ich Ihnen in Betreff dieser Frage, so weit sie durch die Praxis bis jetzt, also in Preußen, beantwortet ist, vorzuführen die Ehre hatte. Ich bin nun der Meinung, mit dem Herrn Gutachter, daß man wohl gut thun dürfte, wenigstens bis zum 31. December 1877 die Erfahrungen in Preußen abzuwarten. Es wird sich ja sehr bald zeigen, ob irgendwo Beschwernisse für das Recht nehmende Publikum entstanden sind, in welcher Richtung und ob etwa ein weiterer Ersatz gesucht werden muß. Vorläufig bin ich der Ueberzeugung, ist etwas Weiteres nicht nöthig. Ich für meine Person, das kann ich offen gestehen, bedauere sehr, daß wir unser altes preußisches Depositalwesen so gänzlich fallen gelassen haben, weil es in der That, bis auf einige leicht zu beseitigende, der Gegenwart nicht entsprechende, beschränkende Bestimmungen, meines Erachtens ausgezeichnet war. Es ist aber einmal als der Neuzeit nicht mehr entsprechend anerkannt, und daher behaupte auch ich, indem ich mich völlig auf dem Standpunct der Gegenwart befinde, principiell, daß der Staat keine Berufung mehr hat, durch gerichtliche Cassen eine fremde Vermögensverwaltung selbst in die Hände zu nehmen. Und zugleich bin ich der Meinung, daß wir in Preußen vorläufig genügende Ersatzmittel gefunden haben. Sodann wissen wir, in anderen deutschen Staaten ist das Princip der gerichtlichen Depositalverwaltung, wo eine solche überhaupt existirt, noch nicht verlassen, und es ist kein Grund erfindlich, sich für diese anderen deutschen Staaten im Augenblick nach einem Ersatze umsehen zu müssen.

Das wäre die Beleuchtung der gestellten Frage von der praktischen Seite und ihr Resultat.

Stellt man sich nun auf den Standpunct der Theorie, der vorzugsweise bei den Berathungen des Juristentages in's Auge zu fassen ist, so kann von einer Frage nach „Ersatz“ eigentlich nicht die Rede sein. Denn grundsätzlich hat man die Frage: „Soll überhaupt ein gerichtliches Hinterlegungswesen existiren?“ verneint. Man wird folgern müssen: sowie jeder Privatmann sein Vermögen als guter Hausvater verwalten soll und muß, ebenso muß auch jeder gesetzliche Vertreter fremder Privatmassen das Vermögen verwalten; er mag zusehen, wie er auf zweckmäßige und sichere Art das Vermögen eines Anderen an-, be- oder niederlege; der Staat hat genug gethan, wenn er gesetzliche Instructionen für die Verwalter fremder Vermögensmassen zu deren Schutz erläßt und diesen die vom Staate errichteten oder beaufsichtigten Geldinstitute zur Benutzung zugänglich macht. Jedes Vermögen, welches der Eigenthümer aus gesetzlichen Gründen nicht selbst verwalten kann, erhält vom Staate einen gesetzlichen Vertreter, die Mündelmasse den Vormund, die Nachlaßmassen den Erben oder Pfleger, die Concursmassen den Verwalter respective die Gläubigerschaft u. s. w. Daher möchte ich auch vom Standpuncte der nackten, abstracten Theorie die Frage, so wie sie gestellt ist, zur Zeit absolut verneinen und behaupten: es liegt kein Grund und kein Bedürfniß vor, oder, mit dem Herrn Gutachter: es ist nicht an der Zeit, derartige Einrichtungen jetzt vorzuschlagen. Ganz einfach sind die Verwalter fremder Massen auf die überall in den deutschen Staaten bestehenden Institute hinzuweisen, um auf die zweckmäßigste und sicherste Art das fremde Vermögen selbständig zu verwalten. Nun, meine Herren, das sind die Grundsätze, welche die Sache berühren.

In Einzelnheiten darüber einzugehen, wie der Verkehr zwischen Publicum und der Reichsbank &c. etwa geregelt ist oder zu regeln sein möchte, oder, inwieweit bestehende Depositencassen zu reformiren oder auszudehnen sein möchten, inwiefern die Regierungs-Haupt- oder Kreissteuer-Cassen vermittelnd wirken können, ist eventuell Sache der Landesverordnungen, aber nicht Sache unserer Berathung, das ist Sache der Instructionen, zu denen wir höchstens die Grundsätze aufstellen können. Eventuell will ich Ihnen aber nicht verhehlen, daß ich als Ersatzmittel für ein aufgegebenes oder aufzugebendes gerichtliches Hinterlegungswesen vorzuschlagen haben würde: Institute, wie wir sie in Preußen haben. Also einmal die Reichsbank, die für alle deutschen Staaten gilt und die meines Erachtens ein dazu ganz vorzüglich geeignetes Institut ist. Zweitens würde ich eine Depositencasse, wie wir sie in Preußen, zunächst nur für den Appellationsgerichtsbezirk Köln kennen, in allen Provinzen einzurichten vorschlagen, und zwar nicht allein auf zu deponirende baare Gelder beschränkt, sondern auf Werthgegenstände und Pretiosen ausgedehnt, also unter Garantie des Staates. Und drittens wäre in Erwägung zu nehmen, ob nicht die Kreissteuercassen zur Annahme kleinerer Depositen und zur Weitervermittelung derselben oder der größeren an die Depositencassen, wo sie bestehen, oder an die Regierungshauptcassen, geeignet sein möchten. Dergleichen existiren ja in allen deutschen Ländern, denn Steuern werden überall erhoben, und sind in der Regel dem Publicum leicht zugänglich und nahe gelegen; es würde also im Falle einer nothwendigen Deposition die Steuercasse meines Erachtens allerdings der bequemste Ort sein, um entweder Depots bis zu einer gewissen Höhe einzulegen oder sie weiter befördern zu lassen. Das wäre aber ein Punct, der lediglich den einzelnen Landesgesetzgebungen anheimgestellt werden müßte. Ich erwähne dies nur beiläufig in dem Bestreben, in gedrängter Kürze Ihnen meinen guten Willen zu documentiren, die Sache erschöpfend zu erörtern.

Das ist im großen Ganzen, was ich Ihnen zu sagen irgendwie in der Lage bin. Ich wüßte in der That nicht, was im Augenblick noch betreffs dieser Frage zu erwähnen wäre. Mein Antrag liegt Ihnen gedruckt vor. Ich habe mir noch gestattet, Ihnen mitzutheilen, wie ich, nach Rücksprache mit dem Herrn Gutachter, gern bereit bin, meinen Antrag auch anders zu formuliren und danke Ihnen für die mir geschenkte Aufmerksamkeit.

Präsident **Becker**: Ich möchte nur kurz bemerken: Auf die Frage „Will der Juristentag Einrichtungen vorschlagen, durch welche sich das gerichtliche Hinterlegungswesen zweckmäßig ersetzen läßt?" beantragt zunächst der Herr Referent, obwohl er seinerseits in seinen dankenswerthen Mittheilungen Vorschläge gemacht hat, zu antworten: „Es liegt zur Zeit kein Bedürfniß vor", eventuell: sich dem von ihm mitgetheilten Antrage unseres Gutachters anzuschließen und anstatt „Es liegt kein Bedürfniß vor" zu sagen: „Es können zur Zeit Einrichtungen nicht vorgeschlagen werden "

Herr Dr. Hecht!

Dr. **Hecht** aus Mannheim: Meine Herren! Wenn ich mich in der Terminologie der gestrigen Verhandlungen bewegen dürfte, so würde ich sagen: wir Beide stimmen überein im petitum, aber nicht im fundamentum agendi. Ich gebe zu, daß in diesem Augenblicke Einrichtungen nicht vorgeschlagen werden können, die geeignet wären, das gerichtliche Hinterlegungswesen zweckmäßig zu ersetzen, aber durchaus nicht aus dem Grunde, welcher doch sehr scharf in der Berichterstattung hervorgetreten ist und auch in dem Antrage seinen Ausdruck findet, nämlich nicht aus dem Grunde, daß kein Bedürfniß vorhanden sei, sondern mir scheint nur der Zeitpunct nicht gegeben zu sein, in dem solche Einrichtungen vorgeschlagen werden könnten, also es ist zur Zeit nicht möglich, und deshalb sehe ich ab von den Vorschlägen. Aber ich glaube, daß allerdings ein Bedürfniß vorhanden wäre, solche Einrichtungen herzustellen, wenn unsere Gesetzgebung etwas weiter vorgerückt sein wird, als sie es derzeit ist, und darauf geht eigentlich auch mein Gutachten hinaus. Ich bejahe die Bedürfnißfrage, darin unterscheide ich mich vom Herrn Berichterstatter, aber ich gebe zu, daß der Zeitpunct nicht da ist, um einen zweckmäßigen Ersatz herzustellen und beziehungsweise Vorschläge dafür zu machen. Darin stimme ich mit dem Herrn Berichterstatter überein. Um nun einen vermittelnden Weg zu finden, damit meine Ansicht mit der des Herrn Berichterstatters möglichst vereinigt werden kann, glaube ich, Ihnen vorschlagen zu sollen, man möge anstatt „Es ist kein Bedürfniß vorhanden" sagen: „Es können derzeit solche Einrichtungen nicht vorgeschlagen werden."

Meine Herren! Die Frage über den Ersatz des gerichtlichen Hinterlegungswesens ist eine Verwaltungsfrage und sie schlägt hinein in die Finanzdisposition der Gerichte. Ueberall, wo solche Vorschläge gemacht werden sollen, welche einen bestehenden Zustand zweckmäßig abändern oder durch welche gar bestehende Einrichtungen vollständig ersetzt werden, ist es nothwendig, vollständig klar alles das zu überblicken, worauf das Neue basirt werden soll. Das Fundament aber, auf welchem diese neuen Vorschläge basirt werden müßten, ist zur Zeit noch nicht gegeben. Wir haben zur Zeit noch keinen Ueberblick über die künftige deutsche Gerichtsorganisation, und doch wird es unzweifelhaft nothwendig sein, dieselbe genau zu kennen. Obwohl wir nun zwar durch die Entwürfe einigermaßen unterrichtet sind', so reicht dies doch nicht aus, um daraufhin weitgehende Vorschläge für den Ersatz des gerichtlichen Hinterlegungswesens hinzustellen. Wir haben außerdem in vielen deutschen Staaten noch gar nicht alle diejenigen Institute, die meines Erachtens doch vorher geschaffen sein müssen, bevor man für ganz Deutschland gleichartige Einrichtungen vorschlagen kann. Meine Herren! Es handelt sich hier um Vorschläge für ganz Deutschland, nicht für einen einzelnen Staat. Nun sind aber beispielsweise in Bezug auf das Gerichtscassenwesen, in Bezug auf das Notariat und in vielen anderen Puncten, die ich im Gutachten angedeutet habe, in den einzelnen deutschen Staaten absolut verschiedene, man kann auch sagen, entgegengesetzte Bestimmungen. Sie können nun auf Grund dieser Bestimmungen für ganz Deutschland einheitliche Vorschläge nicht machen, und etwas Anderes hat keinen Zweck. Ich habe in dem Gutachten hervorgehoben, daß mir von verschiedenen, sogar von den meisten Seiten die Mittheilung geworden sei, es sei gar kein Bedürfniß vorhanden. Nun, meine Herren, ich meinerseits habe — ich muß das doch zur Erläuterung hier einschalten — daraus nicht den Schluß gezogen, daß auch wirklich kein Bedürfniß vorhanden sei, sondern ich habe meine Verwunderung darüber ausgesprochen, daß mir eine solche Mittheilung aus vielen Staaten zugegangen ist, obwohl in verschiedenen Staaten höchst primitive Einrichtungen bestehen, wie sie aus dem Gutachten ersehen können. Es ist eigenthümlich, wenn man bei Jemandem brieflich anfragt, ob in seinem Staate ein Bedürfniß zur Aenderung der bestehenden Zustände hervorgetreten sei, so wird ein vorsichtiger Jurist oder Verwaltungsbeamter diese Frage, die doch brieflich gestellt ist und sich so sehr kategorisch ausnimmt, meiner Meinung nach eher verneinen als bejahen. Aus Baden kann ich Ihnen mittheilen, daß ich keinen einzigen Juristen und Verwaltungsbeamten gesprochen habe, der das heute dort bestehende Hinterlegungswesen irgendwie noch für gut hält. Nun, für Preußen, also für den größten Theil Deutschlands, sind wir ja in einem offenbaren Uebergangsstadium, und ich habe mit Freude gesehen, mit welcher Vorsicht man in diesem Staate den Ersatz des gerichtlichen Hinterlegungswesens aus den früher begangenen Bahnen herzustellen sucht. In Preußen hatte man eine Depositalordnung, die einstmals ganz vorzüglich gewesen ist, deren Reformbedürftigkeit aber, wenigstens in den Kreisen, in denen ich mich orientiren konnte, schon seit Jahren durchaus anerkannt war. Die Reformbedürftigkeit der preußischen Depositalordnung von 1783 war auch vielfach schon bei den gesetzgebenden Factoren zur Sprache gekommen, und man war darüber nicht im Zweifel, daß hier Aenderungen eintreten müßten. Aber man hat zunächst, und ganz mit Recht, beim Vormundschaftswesen angefangen. Damit wurde natürlich eine gewaltige Lücke in die Depositalordnung gerissen. Man mußte nun zunächst nach einem Ersatze suchen, und es lag nahe und erscheint auf den ersten Augenblick ganz natürlich, man hätte sich entschließen können, nun sofort einen definitiven Ersatz herzustellen. Aber mit großer Vorsicht, wie sie in Bezug auf Reformvorschläge, namentlich wenn sie Geldangelegenheiten und das finanzielle Departement betreffen, am Platze ist, mit großer Vorsicht hat man vermieden, zur Zeit sofort definitive Zustände zu schaffen. Offenbar aber hat man diese definitiven Zustände angebahnt. Daß ein Bedürfniß principiell vorhanden sei, eine Aenderung eintreten zu lassen, das, glaube ich, ergiebt sich, wenn man nur einen flüchtigen Blick wirft auf die Jahreszahlen, aus denen die Depositalordnungen der deutschen Staaten stammen. Die älteste jetzt noch in Kraft stehende von 1622 findet sich glücklicher Weise nur bei Reuß ä. L., aber dann haben Sie aus dem achtzehnten Jahrhundert und vorzugsweise aus den zwei ersten Jahrzehnten unseres Jahrhunderts eine größere Anzahl von Depositalordnungen, seltsamer Weise aus den letzten zwei Jahrzehnten weniger. Nur bessere Asservatenordnungen sind in letzter Zeit entstanden. Nun, meine Herren, wir haben hier ja nicht mit materiellem Rechte zu thun, das, einmal geschaffen im Laufe von Jahrhunderten, nicht zu veralten braucht, sondern wir haben es mit Einrichtungen zu thun, die sich anschließen an unvollkommene Verkehrseinrichtungen, an noch nicht entwickelte wirthschaftliche Anschauungeneiner früheren Zeit. Daß eine Depositalordnung aus früheren Jahrhunderten unseren heutigen volkswirthschaftlichen Mitteln zur zinsbaren Anlage von Geldern beispielsweise nicht mehr entspricht, darüber kann man kaum mehr in Zweifel sein. Ich habe mir auch vergegenwärtigt: das gerichtliche Hinterlegungswesen ist im Allgemeinen eine Art des Hinterlegungswesens, und fragt man: wie unterscheidet sich das heutige Hinterlegungswesen, das Depositenbankwesen von dem der früheren Jahrhunderte? so wird man einsehen, daß hier ein gewaltiger Unterschied und Fortschritt zu unseren Gunsten besteht. Daß nun dieser Fortschritt für die Depositen, welche man „gerichtliche" Depositen nennt, ganz unfruchtbar und unbeachtet bleiben sollte, daran kann ja entfernt nicht gedacht werden.

Meine Herren! Ich glaube, daß die Bedürfnißfrage vollständig bejaht werden muß, aber ich glaube, daß der Augenblick noch nicht gekommen sei, um solche Einrichtungen definitiv vorzuschlagen. Deshalb rathe ich Ihnen, zu beschließen: „Es können der Zeit Einrichtungen nicht vorgeschlagen werden, durch welche das gerichtliche Hinterlegungswesen sich zweckmäßig ersetzen läßt."

Ich will mich vorläufig auf das Gesagte beschränken und nur, wenn in der Debatte sich wesentlich verschiedene Momente ergeben sollten, darauf erwidern.

Justizrath **Makower** aus Berlin: Meine Herren! Die Ausführungen des Herrn Referenten scheinen mir nicht mit seinem Petitum zu stimmen. Die Frage geht dahin: „durch welche Einrichtungen läßt sich das gerichtliche Hinterlegungswesen zweckmäßig ersetzen?" Darauf antwortet der Herr Referent: Es liegt kein Bedürfniß vor, die Frage zu beantworten, wenigstens jetzt nicht. Ich glaube aber, es liegt allerdings ein Bedürfniß vor. Wenn man ganz neue Gerichte organisirt und gleichzeitig von dem Grundsatze ausgeht, das gerichtliche Hinterlegungswesen solle aufhören, so muß man nothwendig fragen: was soll denn geschehen? Man kann doch nicht alle Gerichte in Deutschland reorganisiren, das gerichtliche Hinterlegungswesen aufheben und nun die Frage offen lassen. Das ist unmöglich. Man muß demnach allerdings eingreifen. Die Frage ist nur, wie man eingreifen soll. Ich bin mit dem Herrn Dr. Hecht ganz einverstanden, daß man mit diesen ökonomischen Dingen, wie auch sonst, vorsichtig verfahren soll, aber wir sind gedrängt. Die Frage taucht in folgenden Fällen besonders auf: 1) beim Mündel, 2) bei Nachlaßgeldern, 3) bei Concursmassen, 4) bei allen den Massen, die sich bilden, wo irgendwie Sicherheit gestellt wird, d. h. Cautionen im Prozeß, und späterhin für Erfüllung des Urtheils; 5) in den Fällen, in welchen Deposition die Zahlung vertritt. Was soll in diesen Fällen geschehen? Die Prozeßordnung wird neu eingeführt, die Gerichte werden neu organisirt, das gerichtliche Hinterlegungswesen wollen wir nicht haben — meines Erachtens ist das dringendste Bedürfniß nach Ersatz vorhanden. Geschehen muß etwas, hinterlegen müssen wir; denn weder der Mündel kann darauf warten, noch kann der Nachlaß ohne Weiteres liegen bleiben. Wir müssen also ein Auskunftsmittel schaffen. Nun hat der Herr Referent, wie ich meine, bereits gesagt, es sind solche Auskunftsmittel vorhanden, und die Auskunftsmittel, die das preußische Gesetz gegeben hat, scheinen mir ganz geeignete Mittel für ganz Deutschland zu sein. An besondere Depositenbanken würde ich nicht denken. Sie sind errichtet zu der Zeit, als wir die Reichsbank noch nicht hatten. Aber wenn die Reichsbank da ist, so wird sie in vielen Fällen Aushilfe schaffen, und wenn diese nicht ausreicht, dann finde ich den Vorschlag des Herrn Referenten annehmbar, sich an Behörden, wie die Kreissteuercassen sind, gleichviel welchen Namen sie in den verschiedenen Ländern tragen, anzuschließen.

Ich bin nicht in der Lage, augenblicklich einen Antrag zu formuliren, der eine positive Antwort giebt auf die Frage: „durch welche Einrichtungen läßt sich das gerichtliche Hinterlegungswesen zweckmäßig ersetzen?“ Aber mein Gedanke wäre im Wesentlichen, zu antworten: Es bleibt uns nichts übrig, als in der Hauptsache zu thun, was Preußen gethan hat, nämlich als Hauptdepôt die Reichsbank hinzustellen, wo diese aber wegen der Entfernung nicht genügt, da irgend welche Auskunftsmittel durch die Steuerbehörden zu schaffen, damit diese unter Aufsicht der Reichsbank die Gelder und Sachen verwalten, welche sonst bei Gericht niedergelegt worden sind.

Ich kann also nur sagen, daß ich zwar mit den sachlichen Ausführungen, nicht aber mit der Antwort, welche die beiden Herren gegeben haben, zufrieden bin, und eine andere Antwort wünschte auf die Frage: „durch welche Einrichtungen läßt sich das gerichtliche Hinterlegungswesen zweckmäßig ersetzen?“ nämlich die: durch Einrichtungen, wie sie das preußische Gesetz über das Hinterlegungswesen bestimmt hat, und eventuell durch Heranziehung von Steuercassen, die etwa unter Controle der Reichsbehörde das Hinterlegungswesen da übernehmen würden, wo ein Bedürfniß dazu vorhanden ist.

Advocat **Hartmann** aus Nürnberg: Meine Herren! Ich kann mich gleichfalls weder mit dem Antrage des Herrn Referenten, welcher die Frage als eine zur Zeit noch nicht spruchreife bezeichnet, einverstanden erklären, noch mit dem Antrage des Herrn Gutachters, welcher zu dem Resultate eines „Non possumus“ gelangt.

Es ist zunächst die Bedürfnißfrage angeregt worden. Diese Frage ist indessen von sämmtlichen Herren, die sich heute darüber geäußert haben, bejaht worden. Sämmtliche Redner sind ja der Ansicht, daß ein Bedürfniß besteht, mit dem gerichtlichen Hinterlegungswesen zu brechen. Warum soll nun der Juristentag dieser seiner Ueberzeugung nicht Ausdruck verleihen? warum soll er nicht sagen: fort mit dem gerichtlichen Hinterlegungswesen, fort mit den Gerichtscassen!? Soweit meine Erfahrungen aus Bayern reichen, kann ich Ihnen auch bestätigen, daß gerade dort selbst das Bedürfniß, mit den Gerichtscassen zu brechen, als ein besonders dringendes empfunden wird. Auch unsere Richter empfinden die Unbequemlichkeit und die Verantwortung, die dadurch auf ihre Schultern gelegt wird, daß sie ihrem wahren Berufe entzogen und zu Vermögensverwaltern gemacht werden, während sie Recht sprechen sollen. Allein es soll nicht bloß das Interesse der Richter entscheiden, sondern es ist auch das Interesse der Parteien in Betracht zu ziehen, welches insofern gefährdet wird, als nothwendig die Vermögensmassen, die in den Gerichtscassen liegen, entweder gar nicht, oder, selbst wenn sie fructificirlich angelegt werden, zu einem sehr geringen Zinsfuße nur verzinst werden. Es fragt sich nur — und das ist der Kernpunct unserer heutigen Discussion — was soll an Stelle der Gerichtscassen treten? Hier jedoch, glaube ich, wird der Juristentag sich niemals auf einen anderen Standpunct stellen können, als auf dem er heute bereits steht. Es wird nicht möglich sein, hier centrale Einrichtungen zu schaffen, es wird immer decentralisirt werden müssen, und nicht bloß für das Reich, sondern für die einzelnen Länder, weil die localen Verhältnisse in einem jeden Lande, ja in jeder Provinz, zu verschiedenartig und buntscheckig sind, als daß sich hier generalisirende Vorschläge machen ließen.

Ich würde Ihnen deshalb empfehlen, diese Frage der Bestimmung der Landesgesetzgebung, der jeweiligen Justizverwaltung zu überlassen, und erlaube mir Ihnen vorzuschlagen, zu beschließen:

> Der Juristentag spricht seine Ueberzeugung dahin aus: Die Hinterlegung von Vermögenswerthen bei Gericht wird durch die Hinterlegung derselben bei den von der Justizverwaltung zu bestimmenden Geldinstituten oder öffentlichen Cassen ersetzt.

Wir werden einmal nicht sagen können, wie sollen die Cassen verwaltet werden; wir werden nicht sagen können, welches sind die Geldinstitute, bei denen die Hinterlegung erfolgen soll, sondern das muß den Instructionen überlassen bleiben.

Ich bin indessen mit diesem Antrage nicht zu Ende. Es wird weder räthlich noch möglich sein — und diesem Gedanken hat Herr Justizrath Makower bereits Ausdruck gegeben — das gerichtliche Hinterlegungswesen ganz der Einflußnahme der Gerichte zu entziehen. Man denke hier nur an die Prozeß- und Kostencautionen. Wie sollen diese, wenn sie bei der Bank hinterlegt werden, wieder flüssig werden? Es müssen solche Einrichtungen geschaffen werden, welche dem Gerichte eine sichere Controle darüber, daß derartige Cautionen wirklich hinterlegt, und, sobald die Bedingungen hierzu gegeben sind, auch dem Berechtigten wieder verabfolgt werden, in genügender Weise ermöglichen. Man denke ferner an die Verwaltung einer Concursmasse. Es muß doch das Gericht, wenn es unter seiner Autorität die Concursmasse vertheilen läßt, darüber eine Controle üben können, daß wirklich die Vermögensmasse, welche es vertheilen läßt, auch vorhanden ist, daß dieselbe in dem Zustande, in dem sie hinterlegt wurde, erhalten bleibt.

Ich würde Ihnen deshalb als zweiten Theil meines Antrages vorschlagen, zu beschließen:

> Die gerichtliche Thätigkeit hat sich lediglich auf die Aufsicht über die Hinterlegung und die Ausantwortung der Depositen zu beschränken.

Rechtsanwalt Dr. **Mayersohn** aus Aschaffenburg: Meine Herren! Es unterliegt keinem Zweifel, daß der Staat die Verpflichtung hat, für die Sicherheit derjenigen Werthobjecte, Gelder u. s. w. zu sorgen, die ihm in Folge bestehender Gesetze übergeben werden müssen. Denn wenn wir auch beim vorigen Juristentage beschlossen haben, daß der Richter sich nicht mit der Verwaltung von Mündelgeldern beschäftigen soll, so können wir doch nicht ohne Weiteres beschließen, daß der Staat nicht mehr für die Sicherheit der Mündelgelder einzustehen hat. Der Staat hat die Verpflichtung, für das Interesse der in seinen Schutz gestellten Minderjährigen zu sorgen. Wenn er auch gerade nicht in das specielle Verwaltungsgebiet einzugreifen hat, so hat er unter allen Umständen doch für die Sicherheit der Geldanlagen zu sorgen. Nun sagt man, dem Richter kann man solch' eine Obsorge nicht übertragen, denn der soll blos Recht sprechen. Ja, meine Herren, wenn wir dem Richter dieses Geschäft abgenommen haben, ist er dann ganz frei von allen anderen Beschäftigungen? Hat er dann lediglich Recht zu sprechen, oder giebt es nicht noch eine Menge andere Beschäftigungen, die dem Richter bleiben, die nicht im Rechtsprechen bestehen? Er hat Verlassenschaften zu überwachen oder zu behandeln, die Pflegeschaften bleiben ihm, er hat noch gewisse Theile der freiwilligen Gerichtsbarkeit selbst da, wo Notariate bestehen, und ist Untersuchungsrichter. Diese Verpflichtungen bleiben alle dem Richter. Der Richter beschäftigt sich aber nicht allein mit diesen Gegenständen, er hat auch Recht zu sprechen, und eine Abwechselung schadet dem Richter insoweit nicht, daß er doch hauptsächlich mit der Rechtsprechung beschäftigt wird.

Wie aber diese Mündelgelder sicher anzulegen sind, darüber gehen die Ansichten auseinander, wie wir gehört haben. Eine Reichsbank allein hilft uns hier nicht aus der Verlegenheit. Die ist zu weit entfernt, und es ist nicht bei jedem einzelnen Vormundschaftsgericht auch zugleich eine Filiale oder auch nicht einmal eine Gelegenheit, die Gelder sicher anzulegen. Allein die Unmöglichkeit, jetzt in diesem Augenblicke eine Art und Weise zu bestimmen, wie die Mündelgelder sicher anzulegen oder wo unterzubringen und zu verwalten sind, überhebt uns nicht der Verpflichtung, anzuerkennen, daß eine solche Ueberwachung, eine solche sichere Unterbringung der Gelder obrigkeitlich auch geschehen muß, und schließe ich mich nach dieser Richtung vollkommen der Ansicht des Herrn Collegen Makower an.

Präsident **Becker**: Es meldet sich Niemand weiter zum Wort. — Der Herr Berichterstatter!

Referent Präsident **Anton**: Meine Herren! Ich habe auf die verschiedenen Meinungen, die hier ausgesprochen worden sind, noch Einiges zu erwidern.

Zunächst wende ich mich gegen den Vorwurf, als wenn mein Antrag, nach meiner Ausführung, nicht der Frage entspräche. Das muß ich durchaus bestreiten. Die Frage lautet: „Durch welche Einrichtungen läßt sich das gerichtliche Hinterlegungswesen zweckmäßig *ersetzen*?" Ich habe auszuführen versucht, meine Herren, daß, außer in Preußen, für die anderen deutschen Staaten *zur Zeit*, also ganz im Einverständniß mit dem Herrn Gutachter, keine Veranlassung vorliege — ich will den Ausdruck „Bedürfniß" vermeiden — die Frage zu erörtern und thatsächlich zu beantworten. Ich bin zu dem Resultat gekommen, daß sie allerdings an sich nicht beantwortet werden kann. Thatsächlich, meine Herren, ist . . .

Präsident **Becker**: Entschuldigen Sie, daß ich Sie unterbreche. Herr Dr. Hecht hat vorausgesetzt, er werde auch noch einmal das Wort bekommen, und so möchte ich Sie bitten, Herrn Dr. Hecht erst noch sprechen zu lassen.

Dr. **Hecht**: Meine Herren! Was die Beantwortung einer gestellten Frage betrifft, namentlich beim Juristentage, so werden die Fragen, wie mir mitgetheilt worden ist, so allgemein gestellt, daß Jeder die Antwort geben kann, die er nach der Beurtheilung eben findet. Ich habe mich selbst gelegentlich beim Herrn Präsident Becker erkundigt, was die mir gestellte Frage zu bedeuten habe: „Durch welche Einrichtungen läßt sich das gerichtliche Hinterlegungswesen zweckmäßig ersetzen?" und darauf hat Herr

Präsident Becker geantwortet: die Fragen werden so gestellt, daß Jeder Raum hat, es kann Jeder sie beantworten, wie er die Antwort nun gerade findet. Mir ist gerade die Fragestellung aufgefallen. Hätte man die Frage so gestellt: „Durch welche Einrichtungen läßt sich das gerichtliche Hinterlegungswesen zweckmäßig reformiren beziehungsweise ersetzen?" so hätte man in der Antwort vielleicht auch Reformvorschläge im umfassenden Maße gemacht. Ich habe fast gezögert, Reformvorschläge zu machen, weil ich mir sagte: es ist mir nur die Frage gestellt auf „ersetzen".

Es hat immer etwas für sich und ist eine alte Praxis bei den Juristen, man soll nie mehr antworten, als man gefragt ist,

(Heiterkeit.)

und darum habe ich mir gedacht, wenn du recht correct auf die Frage antwortest, so hast du deine Schuldigkeit gethan.

Ich glaube nicht, meine Herren, daß Sie in der Lage sind, präcise die Frage zu beantworten: „Durch welche Einrichtungen läßt sich das gerichtliche Hinterlegungswesen zweckmäßig ersetzen?" Wenn aber der Herr Justizrath Makower sagt: „Ja, wir müssen jetzt etwas haben", wenn er also lediglich auf eine provisorische Reform der gerichtlichen Hinterlegungs*cassen* abzielt, nicht auf einen definitiven Ersatz des gerichtlichen Hinterlegungs*wesens*, so läßt sich allerdings eine Antwort geben; diese Antwort wird eben dann auf eine nicht gestellte Frage gegeben, denn die Frage über die Reform des gerichtlichen Hinterlegungscassenwesens ist doch wahrlich nicht identisch mit der Frage über den Ersatz des gerichtlichen Hinterlegungswesens. Die Cassen, welche an Stelle der einzelnen gerichtlichen Hinterlegungscassen treten können, sind unschwer zu finden.

Meine Herren! Ich erinnere zunächst an die Entwickelung des deutschen Sparcassenwesens. Die Sparcassen sind ja Depositenbanken im Kleinen. Das deutsche Sparcassenwesen ruht im Ganzen auf volkswirthschaftlich ganz falschen Grundsätzen, das gehört nicht hierher, aber man kann sagen: Gemeinde- und Kreissparcassen sind durchaus sichere Institute. Die Sicherheit ist bei diesen Instituten vollkommen gegeben und darauf kommt es hier bei der Hinterlegung von gerichtlichen Depositen wesentlich an. Sie haben überall, selbst in der kleinsten Gemeinde, Sparcassen, oder mehrere Gemeindeverbände zusammen haben eine Sparcasse; Sie haben eine größere Anzahl angesehener Depositenbanken, das ist Ihnen bekannt; Sie haben ferner in erster Reihe und alle überragend die deutsche Reichsbank als großartige Depositenbank, und Sie haben dann, was auch im Gutachten hervorgehoben war, die größere Anzahl der Zettelbanken, die gerade jetzt natürlich darauf angewiesen sind, auch das Depositenwesen zu pflegen. Vielfach sind nun außerdem unzweifelhafte Anlagen gegeben.

In vielen Staaten sind Pfandbriefe und andere anerkannte pupillarische Anlagen vorhanden für die Anlegung von Hinterlegungsgeldern. Es ist also meines Erachtens durchaus dafür gesorgt, die Hinterlegungsgelder außerhalb der Gerichte sicher anzulegen. Meine Herren! Das ist nämlich die Frage, auf die eigentlich Herr Justizrath Makower hinauskommt und auch der Herr Advocat Hartmann. Die Herren beantworten eine Frage, die nicht gestellt worden ist, nämlich die Frage: „Wie lassen sich außerhalb des Gerichtsgebäudes die Depositengelder sicher anlegen?" und diese Frage läßt sich ganz gut beantworten, die ist aber nicht gestellt, sondern die Frage: „Wie ist das gerichtliche Depositenwesen zu ersetzen?" Also mit anderen Worten: der Begriff der gerichtlichen Hinterlegung soll ganz wegfallen, diese letztere Frage geht viel weiter. Für den Begriff des gerichtlichen Hinterlegungswesens ist es nicht wesentlich, daß die Hinterlegung innerhalb des Gerichtsgebäudes erfolgt. Man spricht von einer gerichtlichen Hinterlegung auch in solchen Fällen, wo die Hinterlegung seitens der Parteien, oder kraft richterlicher Anordnung, oder auf Grund allgemeiner gesetzlicher Bestimmungen außerhalb des Gerichtsgebäudes an einem vereinbarten oder bezeichneten dritten Orte erfolgt. Will man das gerichtliche Hinterlegungswesen ersetzen, so muß man die Fälle beseitigen, in welchen die Hinterlegung unter Verantwortlichkeit des Gerichtes statthat. Die Hinterlegung muß dann stets auf Gefahr der Parteien statthaben. Die Durchführung dieses für das französische Recht maßgebenden Grundsatzes ist derzeit für ganz Deutschland nicht möglich. Hieran muß ich festhalten. Wollte man die Frage beantwortet wissen, bei welchen Cassen unter Beibehaltung des gerichtlichen Hinterlegungswesens außerhalb des Gerichtsgebäudes die (gerichtliche) Hinterlegung stattzuhaben habe, so ist die Frage falsch gestellt worden. Es ist dies umsomehr zu bedauern, als die nicht gestellte Frage sich viel leichter hätte beantworten lassen, als die thatsächlich gestellte. Dagegen ist zu beachten, daß die Frage, bei welchen Cassen eine gerichtliche Hinterlegung zweckmäßig geschieht, streng genommen, nicht vor den Juristentag gehört, denn sie ist keine Rechtsfrage. Die Frage ist übrigens innerhalb des Gutachtens beantwortet, und es läßt sich in Bezug auf dieselbe eine Uebereinstimmung wohl erzielen.

Präsident **Becker**: Die Frage ist reif zur Entscheidung, wenn Niemand mehr das Wort will. Da jedoch die Debatte wieder eröffnet worden ist, so frage ich, ob noch Jemand das Wort begehrt? — Da es nicht der Fall ist, so schließe ich die Debatte und würde nun nur noch der Herr Referent zum Schluß zu sprechen haben. Ich schlage indessen vor, vorher eine Pause von zehn Minuten zu machen. — Es erhebt sich kein Widerspruch dagegen, wir werden demnach jetzt pausiren. (Pause.)

Wir fahren in unserer Berathung fort. Ich ertheile das Wort Herrn Justizrath Makower zur Stellung eines Antrages.

Justizrath **Makower**: Ich beantrage die Vertagung der Frage, weil wir uns heute über eine positive Antwort nicht einigen können und nach meiner Ansicht durch die Debatte klar gestellt ist, daß wir vielleicht erst im nächsten Jahre in der Lage sein werden, zu bestimmen, was als Ersatz für die gerichtliche Hinterlegung geschaffen werden kann.

Präsident **Becker**: Ich schließe abermals die Debatte und gebe dem Herrn Referenten das Wort.

Bei der Abstimmung wird der soeben gestellte Vertagungsantrag allen anderen Anträgen vorangehen.

Referent Präsident **Anton**: Ich fahre fort, wo ich vorhin stehen geblieben bin.

Zunächst verwahre ich mich gegen den Vorwurf, daß mein Antrag nicht mit der Frage übereinstimme, ihr nicht entspreche. Die Frage lautet dahin: „Durch welche Einrichtungen läßt sich das gerichtliche Hinterlegungswesen zweckmäßig ersetzen?“ Darauf habe ich einfach geantwortet: zur Zeit liegt zur Beantwortung dieser Frage gar kein Bedürfniß vor, und zwar aus folgenden Gründen: in Preußen ist keine Veranlassung dazu, denn dort hat man Ersatz und solchen natürlich in's Auge gefaßt, ehe man dazu kam, das gerichtliche Hinterlegungswesen abzuschaffen. Ferner: für die anderen deutschen Staaten liegt zur Zeit ein Bedürfniß nicht vor, denn in ihnen hat man eine Reorganisation der Depositalgesetze oder eine Aufhebung nicht vorgenommen; wenn eine solche vorgenommen werden wird, dann wird vielleicht die Frage nach Ersatz dort eine sehr brennende werden. Ich habe mir daher erlaubt, mit dem Herrn Gutachter vorzuschlagen: man warte das Resultat in Preußen ab, wenigstens bis zum 31. December 1877, dann hat man die Erfahrung für sich. Man weiß, welche Mängel sind etwa hervorgetreten, und man kann die Zuversicht zum preußischen Staate haben, daß man dort sofort für Abhülfe der hervorgetretenen Mängel sorgt. Hiernach war das Resultat der Berathung, sowohl des Herrn Gutachters, als auch das meinige, auf die Frage zu antworten ganz richtig das: es liegt zur Zeit kein Bedürfniß vor, Ersatzmittel auszusprechen oder: zur Zeit können ersetzende Einrichtungen nicht vorgeschlagen werden. Inwiefern dieser Antrag meinerseits mit der Frage selbst nicht correspondiren soll, das — muß ich offen gestehen — sehe ich nicht ein.

Es ist nun von Seiten des ersten geehrten Herrn Vorredners ein neuer Antrag formulirt worden, und zwar ein Antrag auf Vertagung auf einen späteren Juristentag; es kann nachher die Frage vielleicht etwas specieller gefaßt werden. Diesem Antrage stehe ich gar nicht entgegen, aus dem einfachen Grunde, weil das Resultat eigentlich ganz dasselbe ist. Auch ich will ja, daß diese Frage zur Zeit nicht beantwortet werde, weil ich behaupte, für Preußen ist sie thatsächlich beantwortet, für die anderen deutschen Staaten liegt die Frage als eine brennende gar nicht vor, als Bedürfnißfrage absolut nicht, also wollen wir die Erfahrung von Preußen abwarten, dann mag für ganz Deutschland diese Frage in geeigneter Art erledigt werden. Da das Resultat meiner Antwort ganz dem entspricht, so habe ich gegen den Antrag gar nichts einzuwenden. Ich habe mich daher auch mit dem Herrn Gutachter über die, dasselbe bezweckende, eventuelle Fassung der Antwort auf die gestellte Frage leicht verständigt gehabt. Ich hatte den Antrag gestellt: die Versammlung möge beschließen: „Es liegt kein Bedürfniß vor, wenigstens für jetzt nicht, — darunter verstehe ich „zur Zeit", bin daher auch mit den Worten „zur Zeit" ganz einverstanden — Einrichtungen vorzuschlagen, durch welche das gerichtliche Hinterlegungswesen sich zweckmäßig ersetzen läßt." Namentlich davon ausgehend, daß, wenn wir specielle Vorschläge machen wollten, diese sich füglich nur an das in Preußen Bestehende anlehnen könnten. Und da das Bestehende in Preußen sich in einigen Jahren entweder bewährt hat oder nicht, so kam ich zu dem Resultate: wir wollen das abwarten. Nun hat der Herr Gutachter vorgeschlagen, die Antwort dahin zu fassen: die Versammlung möge beschließen: „Es können derartige Vorschläge nicht gemacht werden, durch welche sich das gerichtliche Hinterlegungswesen zweckmäßig ersetzen läßt." Damit bin ich einverstanden, weil es im Resultate dasselbe ist, nämlich: Abwarten.

Es ist nun ein Antrag auf Vertagung gestellt. Auch dem habe ich nichts entgegenzusetzen. Er bezweckt dasselbe, was ich auch erreichen will: Abwarten.

Demnach glaube ich, daß im Wesentlichen eine seltene Uebereinstimmung existirt.

(Heiterkeit.)

Es sind allerdings einige andere Puncte noch zur Sprache gebracht worden, z. B. ist vom geehrten Herrn Vorredner gesagt worden: wenn man reorganisiren will, so muß man auch für Ersatz sorgen. Das ist ein Satz, den ich auch ausgeführt habe, der auch meines Erachtens nirgends bestritten worden ist. Die Depositencassen, die wir in Köln haben, verwirft der Herr Vorredner — ich habe nichts dagegen, weiß zwar nicht, warum sie zu verwerfen sein sollen, da sie sich sehr bewährt haben. Die Reichsbank ist betont, ich habe sie auch in erster Reihe genannt.

Der zweite Herr Vorredner — es ist der geehrte Herr aus Bayern —

sagte: „Das Bedürfniß, die gerichtliche Depositalverwaltung aufzuheben, ist in Bayern sehr tief empfunden." Ich glaube ihm das sehr gern. Wenn daraus nun der geehrte Vorredner das Resultat zieht: „Fort mit dem gerichtlichen Depositalwesen!" so habe ich auch dagegen weiter gar nichts anzuführen, als daß diese Frage hier uns gar nicht beschäftigt: ob das gerichtliche Depositalwesen in Bayern oder anderen deutschen Staaten momentan aufzuheben sei oder nicht. Grundsätzlich hat im vorigen Jahre der Juristentag beschlossen: die Depositalverwaltung von Mündelvermögen ist nicht beizubehalten. Ob dem beizutreten sei, muß lediglich der Landesgesetzgebung überlassen bleiben. Mit seinem gestellten Antrage: daß das Gericht nur die Aufsicht über Hinterlegung und Ausantwortung der deposita haben solle, kann ich mich einverstanden erklären. Nur berührt derselbe nicht das in Rede stehende Thema. Darin trete ich ihm bei, daß die Hinterlegung von Vermögenswerthen bei Gericht durch die Hinterlegung derselben bei den von der Justizverwaltung zu bestimmenden Geldinstituten oder öffentlichen Cassen ersetzt werden kann. Aehnlich ist es mit dem dritten geehrten Herrn Vorredner aus Aschaffenburg, welcher der Meinung ist, der Richter werde niemals ganz entbehrt werden können in Bezug auf niederzulegende Gegenstände und werde auch immer eine andere Thätigkeit, als nur Rechtsprechen entwickeln müssen. Gesetzliche Gründe zur Deposition werden immer vorliegen, und der Richter wird zu prüfen haben, ob ein Grund dazu vorliegt, er wird durch Mandate u. s. w. gewiß mitzuwirken haben. Das hängt aber ebenfalls mit der hier gestellten Frage nicht zusammen, denn es handelt sich ja nicht darum, welche Thätigkeit ein Richter bei einer Depositionsprozeßsache zu entwickeln hat, sondern, wie für ein aufgehobenes gerichtliches Depositalwesen Ersatz geschaffen werden kann? Die Aeußerung, die dabei gefallen ist, daß der Richter nicht allein Recht sprechen könne und auch mit anderen Thätigkeiten betraut werden müsse, die in andere Gebiete einschlagen, wird gewiß, so lange die gegenwärtigen Gerichtsverfassungen bestehen, Jeder als richtig anerkennen und ich will es nicht bestreiten. Aber das Gutachten hat hervorgehoben und ich theile die Auffassung, daß dem Richter möglichst Thätigkeiten, für die ein studirter Richter nicht erforderlich ist und für welche ein solcher füglich entbehrt werden kann, abgenommen werden mögen. Schon aus finanziellem Staatsinteresse.

Ich bin nun eventuell bereit, wenn die Versammlung es wünscht, meinen Antrag anders zu fassen und auf die Vertagung zu kommen, denn dies ist im Resultat dasselbe. Principaliter bleibe ich bei meinem Antrage stehen, setze aber der Vertagung keinen Widerspruch entgegen. Freilich halte ich eigentlich die ganze Frage, wie ich ausgeführt, für eine überflüssige und für eine auf Nimmerwiedersehen zu vertagende.

Präsident **Becker**: Ich nehme hiernach an, Herr Referent, es würde Ihrer Ansicht entsprechen, wenn der Vertagung Ihr Motiv hinzugefügt würde, etwa so:

„In Erwägung, daß die Abtheilung nicht in der Lage ist, bestimmte Vorschläge zu machen rc."

(Wird bestätigt.)

Der Herr Gutachter würde auch damit einverstanden sein?

(Wird ebenfalls bestätigt.)

Ich ersuche nun die Herren, welche

in Erwägung, daß die Abtheilung zur Zeit nicht in der Lage ist, Einrichtungen vorzuschlagen, durch welche das gerichtliche Hinterlegungswesen sich zweckmäßig ersetzen läßt, die ständige Deputation ersuchen wollen, die Frage auf einem späteren Juristentage zu wiederholen,

sich zu erheben. — Das ist die große Mehrheit, und wäre damit unsere Tagesordnung erledigt.

Meine Herren! Sie werden wohl mit mir darin einverstanden sein, daß unser Herr Referent, der Herr Präsident Anton, die Berichterstattung im Plenum übernehmen wird? und eine Debatte werden Sie wohl auch nicht hervorrufen wollen? Sind Sie beiderseits einverstanden?

(Wird bejaht.)

Gegen die von mir mitgetheilte Liste der Vertrauensmänner sind keine Erinnerungen eingegangen, ich darf dieselbe demnach als genehmigt ansehen. — Es widerspricht Niemand. Ich nehme an, eine nochmalige Verlesung wird nicht gewünscht.

Zum Schluß ersuche ich die Vertrauensmänner, morgen früh 1/2 9 Uhr sich in dem Sitzungszimmer der I. und II. Abtheilung zu versammeln.

Ich schließe die heutige Sitzung.

(Schluß der Sitzung Mittags 12 Uhr.)

Zweite Plenarsitzung

des

Dreizehnten deutschen Juristentages

zu Salzburg

am 30. August 1876.

(Beginn: Vormittags 9 Uhr.)

Präsident **Gneist**: Ich habe die Ehre, hiermit die zweite Plenarsitzung des dreizehnten Juristentages für eröffnet zu erklären.

Das Protocoll der ersten Sitzung kann entweder verlesen oder zur Einsicht ausgelegt werden. Es liegt ferner noch zur Einsicht aus die Uebersicht unserer Cassenbilanz vom 1. Juli. Soll das Protocoll verlesen werden, so bitte ich dies zu beantragen. — Da kein Antrag gestellt wird, so bitte ich die Herren, die sich dafür interessiren, vom Protocoll unserer ersten Sitzung Einsicht zu nehmen, eventuell auch Einsicht von der Cassenbilanz.

Sodann bitte ich, in der heutigen Sitzung des Plenums die Functionen des Schriftführeramtes zu übernehmen Herrn Dr. Heinsen aus Hamburg und Herrn Landesgerichtsrath Eggendorfer von hier, und zwar Herrn Eggendorfer mit der Bitte, die etwaigen Meldungen zum Worte entgegenzunehmen, und mit der Bitte an die geehrten Collegen, bei der Meldung zum Worte zugleich gütigst ihre Namen zu nennen, mag die Meldung vom Platze aus oder hier beim Schriftführer stattfinden.

(Folgen einige Mittheilungen formeller Natur.)

Wir können nach Erledigung dieser formellen Fragen nun in unsere Tagesordnung eintreten, und zwar nach den gedruckten Vorschlägen in das Stück der Berichterstattung, welches aus der ersten Plenarversammlung verschoben worden ist und heute gewissermaßen den Nachtrag dazu bildet. Da ich die Ehre habe, darin als Referent zu fungiren, so erlaube ich mir die Bitte an meinen verehrten Collegen Herrn Hofrath v. Keller, den Vorsitz zu übernehmen und bitte ums Wort.

Vicepräsident Hofrath **v. Keller** aus Wien: Herr Professor Gneist hat das Wort, um an Stelle unseres durch Unwohlsein verhinderten Collegen Herrn Generalstaatsanwalt Dr. von Schwarze den versprochenen Bericht zu erstatten.

Bericht
über den Entwurf einer deutschen Strafprozeßordnung.

Berichterstatter Prof. Dr. **Gneist** von Berlin:

Die Bitte um Nachsicht ist wohl selten so motivirt ausgesprochen, wie in diesem Fall. Da nach der Mittheilung von vorgestern unser ernannter Berichterstatter, Herr Generalstaatsanwalt von Schwarze, durch seinen leidenden Zustand verhindert ist, so hat die ständige Deputation mich mit seiner Stellvertretung beauftragt — die ich nun im Sturm und Drang dieser Tage übernehmen mußte, für die mir nur wenige Stunden zu Gebote standen, für die ich als Material nur einen Abdruck der Beschlüsse zweiter Lesung zur Hand hatte.

Noch schwerer und noch undankbarer ist freilich die Aufgabe des Gesetzgebers einer Strafprozeßordnung. Wie der Code d'instruction, wie die heutige preuß. Strafprozeßordnung, wie alle neueren deutschen Reformgesetze auf diesem Gebiete wohl von Niemanden für mustergiltig gehalten werden, so gilt diese gewohnheitsmäßige Unzufriedenheit wohl von allen Strafprozeßordnungen.

Der Grund davon liegt unverkennbar in der zusammengesetzten und überwiegend öffentlich-rechtlichen Natur des Strafverfahrens. Die Doppelnatur alles Gerichtswesens, — Verwaltung und Rechtsprechung, imperium und jurisdictio —, tritt im Strafverfahren in ganz anderer Weise hervor, als im Civilprozeß; die Seite der Verwaltung tritt im Strafverfahren so stark voran, daß die Römer die ganze Criminaljustiz zum Verwaltungsrecht zählen, als imperium merum. Während der Civilprozeß über selbständige Privatrechte entscheidet, ist im Strafprozeß die Hauptaufgabe: Schutz der Gesellschaft gegen den Gesetzesübertreter. Die Energie und Sicherheit der Strafverfolgung gehört daher zu den Lebensbedingungen der bürgerlichen Freiheit ebensowohl, wie die Rechte der Vertheidigung, sofern auf jener der Rechtsschutz der Gesammtheit und des Einzelnen gegen Gewaltthat und Ungebühr beruht. Das sog. Inquisitionsprincip beherrscht deshalb seit dem Ende des Mittelalters unseren Strafprozeß und ist unwiderruflich in unser Rechtsleben übergegangen. Amtliche Feststellung des Straffalls bleibt der unabänderliche Charakter dieses Verfahrens.

Andererseits ist aber unser deutsches Rechtsleben tief durchdrungen von dem Grundgedanken, daß innerhalb des Staats der Einzelne seine gesicherte Rechtssphäre zu behaupten hat, daß also innerhalb des amtlichen Strafverfahrens das Recht der Persönlichkeit gewahrt bleiben muß. Es genügt dazu nicht, dem Richteramt zugleich die Pflicht einer „materiellen Defension" aufzuerlegen. Diese unnatürliche, aus der Kleinheit der deutchen Gerichtskörper hervorgegangene Vereinigung widersprechender Aufgaben bildete die spezifische Einseitigkeit und das Hauptgebrechen des älteren deutschen Inquisitionsprozesses. Es ist heute kein Streit mehr darüber, daß der Strafprozeß formelle Rechte der Vertheidigung anerkennen muß. Der „Anklageprozeß" stellt demgemäß die festgegliederten Parteirollen her, um die individuellen Rechte des Angeklagten auch der Staatsgewalt gegenüber zu wahren, und es entsteht dadurch eine äußere Aehnlichkeit mit den contradictorischen Formen des Civilprozesses bei völliger Ungleichheit der Grundlagen.

Das einzige Muster aber, welches die deutsche Gesetzgebung zur Umbildung des Prozesses in die Anklageform benutzen konnte, war das Muster Frankreichs. Hier war zum ersten Male der Anklageprozeß an die gewohnten Amtseinrichtungen des absoluten Staats, an die Gewohnheiten des Gerichtspersonals und des Publikums systematisch angeknüpft. Es war für uns das einzig bekannte und praktisch bewährte Muster. Es ist daher mit kaum einer Ausnahme für die Reformen des letzten Menschenalters maßgebend geworden. Da aber jede Prozeßreform sich der überkommenen Gerichtsverfassung und dem gewohnten Geschäftsgang anschließt, so entstand daraus überall eine Mischung rheinisch-französischer und älterer deutscher Prozeßgrundsätze.

Es soll damit noch kein Vorwurf ausgesprochen werden, sondern ich erkenne darin nur den nothwendigen Entwicklungsgang aller Prozeßformen. Es hat wohl noch niemals einen Prozeß gegeben, der nach einem einheitlichen Gedanken von Anklagemaxime, Verhandlungsmaxime, Mündlichkeit u. s. w. formell folgerichtig durchgeführt wäre. Gerade die Nationen, welche durch eine besondere Rechtsanlage hervorragen, die Römer und die Deutschen, haben Jahrhunderte hindurch einen Prozeß gehabt, der aus einer älteren Grundform in Vermischung mit einer neuen sich bildete. Die

Einführung neuer Grundformen hat bei uns in der Regel viele Menschenalter beansprucht. Hat unser Prozeß Jahrhunderte gebraucht, ehe er aus der mündlichen Anklageform in den schriftlichen Inquisitionsprozeß übergegangen ist, so bedarf es einiger Zeit, bevor unsere Juristenwelt und unsere Bevölkerung sich überzeugt, daß der mündliche Anklageprozeß in seiner Consequenz allerdings noch weiter gehende Aenderungen des Bestehenden bedingt. Wir werden zur Rückbildung des deutschen Inquisitionsprozesses uns wohl ebenso viele Jahrzehnte gestatten müssen, wie er zu seiner Entstehung Jahrhunderte gebraucht hat.

Ebenso naturgemäß ist in unseren Verhältnissen die übergroße Zahl der Varianten im Strafprozeß. Ueberall lehnte sich der reformirte Prozeß an die Verschiedenheiten der Gerichtsbezirke, des Richteramts und der Advocatur in Deutschland an. Ueberall herrschte das Bestreben, die Thätigkeit des Richteramts, soweit man darin einen Schutz des Angeklagten erkannte, auch im Anklageprozeß beizubehalten, den gewohnten Geschäftsgang zu conserviren, die Anstellung neuer Beamten zu vermeiden. So ist es gekommen, daß fast jedes deutsche Land seine eigne Mixtur von französischen und deutschen Prozeßformen darbietet. Wie die verschiedenen gesetzgebenden Versammlungen und Gesetzcommissionen nach bestem Wissen ihre berechtigten Eigenthümlichkeiten zu bewahren glaubten, so haben auch die Juristen der Einzelländer sich an ihre besondere Combination rasch gewöhnt und halten die darin gemachten Erfahrungen vorzugsweise für praktisch, ohne sich immer klar zu machen, daß die Voraussetzungen in anderen deutschen Territorien und die Voraussetzungen in einer zukünftig gemeinsamen Prozeßordnung wesentlich andere sind. Es erklärt sich schon daraus die Schwierigkeit, zu einer Begriffsbestimmung vom „Anklageprincip", zu einer folgerichtigen Ausführung der Mündlichkeit zu gelangen.

Man muß vorweg anerkennen, daß die Regierungsvorlage für eine deutsche Strafprozeßordnung bei dieser Lage der Dinge einen schweren Stand hatte. Und da es verhältnißmäßig selten geschehen, so möchte ich es hier aussprechen, daß ich diese Gesetzvorlage als eine unter schwierigen Verhältnissen gewissenhaft vorbereitete, in den wesentlichen Puncten einheitlich gedachte, tüchtige Grundlage erachte, und daß die Aufgabe der Justizcommission dadurch in hohem Maße erleichtert worden ist. Die Vorarbeiten des Entwurfs rührten unverkennbar von Verfassern her, die in der vielseitigen Thätigkeit der Staatsanwaltschaft eine freiere Anschauung der Dinge und eine reiche Erfahrung in der geschäftlichen Handhabung erworben haben. Freilich beruhen auf diesen Vorzügen auch einige einseitige Gesichtspuncte des Entwurfs.

Diesem Entwurfe gegenüber trat nun die Kritik einer Reichstagscommission mit von Hause aus sehr divergirenden Gesichtspuncten.

Eine Commission von 28 Vertrauensmännern der verschiedenen Fractionen, mit nothwendiger Rücksicht auf die verschiedenen Rechtsgebiete eben deßhalb mit einem Uebergewicht der kleineren Rechtsgebiete gewählt, hatte in sich mit noch größeren Schwierigkeiten zu kämpfen, als die Regierungsvorlage. Die in dem großen Gebiete der preußischen Praxis gemachten Erfahrungen konnten hier zu keiner entsprechenden Geltung kommen. Man war vielmehr stets geneigt, praktische Erfahrungen nur dann für bedeutend zu erachten, wenn sie im kleinen Rechtsgebiete gemacht waren, wobei dann unter dem lebhaften Streite diejenigen Mitglieder den Ausschlag zu geben hatten, welche wesentlich nur der civilrechtlichen Praxis angehörten.

Eine Verständigung über eine Reihenfolge der Berathung nach maßgebenden Vorfragen erwies sich bei dieser Lage vorweg als unmöglich. Die Commission mußte vielmehr in die Paragraphen des Entwurfs nach der Legalordnung eintreten. Erst im Fortgang dieser Berathung sprangen schrittweise die Hauptgesichtspuncte hervor, die man als entscheidend für den Gesammtbau des Strafprozesses anerkennen mußte, namentlich die Frage der Berufung, Besetzung der Mittelgerichte, Gestaltung des Vorverfahrens.

Ein streng objectiver Bericht über so streitige und noch im Fluß befindliche Gesetzesfragen wird überhaupt kaum möglich sein. Ich möchte diese Darlegung vielmehr einen status causae et controversiae nennen; denn was ist in dem Strafprozeß nicht bestritten? Und eben damit darf ich es rechtfertigen, wenn ich in dieser freien, außeramtlichen Berichterstattung meine persönliche Ansicht nicht zurückhalte. Zu einer kürzeren, objectiveren Darstellung hätte es einer längeren, sorgfältigeren Vorbereitung bedurft.

I. Die erste präjudizielle Hauptfrage war: soll eine Berufung über die Schuldfrage im Strafprozeß stattfinden, oder grundsätzlich nur eine revisio in jure?

Erst nach wochenlangen Verhandlungen konnte die Commission in der Legalordnung an diese Frage herantreten, während man von Anfang an fühlte, daß diese Frage für alle Hauptbeschlüsse maßgebend sei. Vorverfahren und Hauptverfahren müssen sich anders gestalten, wenn man über Schuld und Strafe in einem Prozeß endgültig entscheidet, als wenn man in Form der Berufung eine zweimalige Verhandlung und Beweisaufnahme eröffnet.

In unserem schriftlichen Inquisitionsprozeß war die unbeschränkte II. Instanz der wichtigste Rechtsschutz des Angeklagten, welchen überhaupt dieser Prozeß gewähren konnte. Jenes „Rechtsmittel der weiteren Vertheidigung" hob die Einseitigkeit des Inquisitionsprozesses gewissermaßen zur Hälfte auf, und machte Uebereilungen und Mißverständnisse zu verhältnißmäßig seltenen Ausnahmen. Unsere älteren Richter waren daher nach Einführung des Anklageprozesses beinahe ausnahmslos Anhänger der Berufung, tief durchdrungen von der Ueberzeugung, daß man die bewährteste Garantie des bisherigen Prozesses nicht aufgeben solle. (Auch ich habe in jener Zeit mich dieser Richtung angeschlossen.) In der Ausführung gestaltete sich die Sache zunächst ganz leidlich. Aus den immer noch ausführlichen Voruntersuchungsakten ließ sich in der Berufungsinstanz ein zusammenhängender Bericht geben, auf den das Collegium sein Urtheil sprach, sowie wir es bisher bis dahin gewohnt waren, auf Relationen Urtheil zu sprechen. Neben den Untersuchungsakten wurde bei vielen Gerichten der Audienztermin I. Instanz zu einem mündlichen Schlußverfahren, und unter dem Namen der Appellation unterlag das Urtheil noch einer Nachprüfung auf Grund derselben Akten. Bei dieser Nachprüfung ließ sich Versäumtes nachholen, manche scheinbar harte Strafmessung mildern. Das Ganze machte den Eindruck einer jedenfalls nützlichen Controle.

Allein gerade in Preußen wurde man an der Handhabung dieses Verfahrens allmälig irre. Da hier bei der Mehrzahl der Vergehen eine gerichtliche Voruntersuchung nicht mehr stattfand, so machte sich der Mangel an genügenden Vorakten fühlbar. Die Referenten empfanden die Dürftigkeit und Unzuverlässigkeit dessen, was sie berichten sollten. Das Collegium fühlte, daß man hier nicht sowohl zu entscheiden, sondern daß man mehr zu rathen und zu vermuthen habe, was die Beweisgrundlage für den Schuldspruch I. Instanz gewesen sei. Sollten wir die Beweisaufnahme wiederholen, so war es doppelte Arbeit, zuweilen beinahe unausführbar. Kam es wirklich einmal zu einer vollen erneuten Beweisaufnahme, so zeigte es sich, daß nach Monaten das Gedächtniß des Zeugen nicht selten unsicher geworden, seine eigene Vorstellung mit anderen Beweisen sich vermengt hatte. Kam es zu einer stückweisen Beweisaufnahme II. Instanz, so entstand ein lückenhaftes, nicht selten ein schiefes Bild des Thatbestandes. Wesentlich ebenso verhielt es sich mit der Strafmessung.

Innerhalb dieser Praxis im großen Maßstab wurde die Ansicht über die Berufung in Strafsachen allmälig schwankend. Die Zahl ihrer entschiedenen Gegner wuchs, besonders unter solchen, welche selbst als Berufungsrichter thätig gewesen. Ich selbst war jener Zeit aus dem Richteramt bereits ausgeschieden, aber im lebhaften Verkehre mit unseren Richtern geblieben, und ich kann deshalb bezeugen, wie diese Gegnerschaft stetig gewachsen ist, und wie auch die entschiedensten Vertreter der Berufung allmälig zweifelhaft wurden. Umgekehrt ist mir Niemand bekannt, der sich aus einem Gegner in einen Anhänger derselben verwandelt hätte; wie denn auch in den acht deutschen Territorien, welche die Berufung beseitigt haben, keine Autorität irgend welcher Art sich für die Wiedereinführung erklärt hat. Je widerstrebender und langsamer die Berichtigung ernster Ueberzeugungen vor sich geht, desto fester pflegt sie zu sein. Die Denkschrift des preußischen Justizministeriums über die Unhaltbarkeit der Berufung im Strafverfahren steht auf dem Boden der vielseitigsten Erfahrungen in diesem Kreise, und zählt überhaupt wohl zu den besten Prozeßarbeiten der neueren Zeit.

Anders lag die Sache in der Parlamentscommission. In Folge der übergroßen Vertretung der kleineren Rechtsgebiete war die Zahl der noch an die Grundlage der Untersuchungsakten gewöhnten Rechtsverständigen hier eine größere, als in der Wirklichkeit, so daß in erster Lesung 14 gegen 14 Stimmen für und gegen die Berufung standen, und bei Verhinderung eines Mitgliedes durch Krankheit, die Berufung mit 14 gegen 13 Stimmen angenommen wurde.

Durch diesen Beschluß ist aber die ganze erste Lesung in's Schwanken gekommen. Denn die beiden gleich starken Parteien waren genöthigt, ihre Beschlüsse über Vorverfahren und Hauptverfahren gewissermassen hypothetisch zu fassen, und bei allen connexen Fragen so zu stimmen, um in der Berufungsfrage ihre Ansicht mittelbar durchzusetzen.

Im weiteren Verlauf der ersten Lesung stießen freilich die Anhänger der Berufung auf zahlreiche, schwer zu lösende Bedenken. Sollte auch der Staatsanwalt die Berufung haben, oder nur der Angeklagte? In welcher Weise sollte das mündliche Verfahren zweiter Instanz sich befriedigend gestalten? In welchem Maße sollte der Beweis wiederholt werden? Verhandlung beim Landgericht oder beim Oberlandesgericht? Und als man nun gegen Schluß der ersten Lesung sich über eine Besetzung der Mittelgerichte mit Schöffen einigte, verzichteten die Anhänger der Berufung auf eine solche gegenüber dem großen Schöffengericht. Als dann aber in zweiter Lesung die großen Schöffengerichte wieder fielen, blieben doch der Mitglieder, welche früher anders gestimmt hatten, bei der Verwerfung der Berufung stehen, so daß nun für die zweite Lesung die Vorfrage feststand:

> daß für alle schweren und mittleren Straffälle nur eine endgültig über die Schuldfrage entscheidende Instanz bestehen, und daß alles Strafverfahren nach dieser Voraussetzung gestaltetwerden soll.

Nach dieser Vorentscheidung können wir im Ganzen der Reihenfolge des Prozeßganges folgen, mit Umgehung des im Gesetzentwurf lehrbuchartig ausgedehnten Allgemeinen Theils.

II. **Als die nächste, schwierigste und verwickeltste Hauptfrage erscheint nun die Gestaltung des Vorverfahrens** (§ 133 bis 175).

Die bisherige Mischung zweier Prozeßsysteme in Deutschland war in zwei Richtungen auseinander gegangen.

Die Länder der obligatorischen Voruntersuchung (Bayern rc.) haben in schweren und mittleren Straffällen die ältere Untersuchungsführung beibehalten. Der Inquirent schreitet selbständig ein, und verhandelt selbständig. Erst nach dem Schluß der Voruntersuchung tritt der Staatsanwalt ein zur Erhebung der Anklage, die dann durch Gerichtsbeschluß zugelassen wird. Es war dies die einfachste Zusammenfügung des alten mit dem neuen Verfahren, zu der man namentlich da kam, wo in der Eile ein Uebergang in den Anklageprozeß ohne erhebliche Aenderungen der Gerichtsverfassung und des Geschäftsganges zu machen war.

Die Länder der facultativen Voruntersuchung dagegen lassen, außer den Schwurgerichtsfällen, ein gerichtliches Verfahren nur eintreten, wo es der Staatsanwalt beantragt, oder das Gericht es von Amtswegen für nöthig erachtet. In den mittleren Straffällen (in Sachsen auch bei Schwurgerichtsfällen) bleibt es dem Staatsanwalt überlassen, die Anklage selbst vorzubereiten, oder einzeln gerichtliche Vernehmungen zu veranlassen. Abweichend vom französischen Prozeß wird aber auch in diesen Fällen eine Anklageschrift eingereicht, und durch Gerichtsbeschluß zugelassen.

Beide Systeme haben dann wieder ihre Varianten in deutscher Weise.

Der deutsche Regierungsentwurf konnte sich dem ersten System nicht wohl anschließen; denn jene obligatorische Voruntersuchung stellt nur eine äußere, unfertige Verbindung zweier sich widersprechender Systeme dar. Eine rasche Thätigkeit der Staatsanwaltschaft, eine Vereinfachung des Geschäftsganges, eine Ausnutzung der wirklichen Vortheile der „Gerichtspolizei" wird dabei unmöglich. Ein solches System kann sich nur in einfacheren Verhältnissen erhalten. Der größere Maßstab der preußischen Praxis hat bereits ergeben, daß unser Richterpersonal nicht ausreicht, um eine Voruntersuchung in dieser Weise auch nur in einem Viertel der Anklagen wegen Vergehen zu führen. Aber auch der innere Werth solcher weitausgedehnten gerichtlichen Vorverhandlungen ist mehr als zweifelhaft; denn was man durch die unparteiische Stellung des Untersuchungsrichters zu gewinnen glaubt, verliert man durch die einseitige Richtung der Inquisition, durch die bedenkliche Einwirkung der geheimen Vorverhandlung auf das öffentliche Hauptverfahren. Die geheime Voruntersuchung wird durch das massenhafte Verlesen der Zeugen und Verhörsprotokolle zu einer beengenden Fessel des Hauptverfahrens, und gefährdet die Reinheit und

Unbefangenheit der mündlichen Hauptverhandlung um so mehr, je mehr sie derselben die entscheidende Direction giebt. Die Anhänger dieser Methode pflegen im Streit die unheilbaren Grundmängel des Inquirirens zu vergessen.

Die Commission hat nach einigem Schwanken das Grundsystem der Regierungsvorlage acceptirt. Der Schwerpunkt des Vorverfahrens soll im Staatsanwalt und in der „Gerichtspolizei" liegen, deren Vorbereitungsverfahren für die große Mehrzahl der mittleren Straffälle ausreichen wird. Eine gerichtliche Voruntersuchung ist daneben als Ausnahme gedacht. In Verbindung mit dem System der „Gerichtspolizei" hofft man damit ein rasches und gelenkiges Vorverfahren als Regel zu gewinnen.

Zugleich hat die Commission indessen einstimmig anerkannt, daß dies System der Ergänzung bedürfe, da die Regierungsvorlage nur den Standpunct der Staatsanwaltschaft im Auge gehabt hat. Es erschien nothwendig, das Interesse der Vertheidigung nachzuholen, um so mehr, als nach Wegfall der Berufung in einer Hauptverhandlung über Schuld und Strafmessung endgültig entschieden wird.

Die Vertheidigung bedarf einer Uebersicht des Beweismaterials ebenso, wie der Staatsanwalt, um nicht einer vollvorbereiteten Anklage unvorbereitet gegenüberzustehen.

Die informatorische Vernehmung eines Zeugen und andere Beweisvorverhandlungen können für die Vertheidigung ebenso nothwendig sein, wie für die Anklage.

Die gerichtliche Entscheidung über die Verhaftung des Angeklagten und alle Habeas-corpus-Acte haben einen sehr zweifelhaften Werth, wenn der Gerichtsbeschluß als Grundlage lediglich die Berichte und Akten der Gerichtspolizei hat.

Es erschien nicht zulässig, die Wahrnehmung aller dieser Interessen lediglich dem Staatsanwalt zu überlassen. Man hat den Inquisitionsprozeß abgeschafft, weil selbst das Richteramt solcher Doppelaufgabe nicht genügen kann: noch weniger kann die Vertheidigung ausschließlich an die Amtspflicht eines ministeriellen Beamten verwiesen werden. Ja man betrachtete in erster Lesung die Staatsanwaltschaft sogar mit übergroßem, unverdientem Mißtrauen.

Die Commission hatte an dieser Stelle mit zahllosen Widersprüchen in dem bestehenden Verfahren schwer zu kämpfen, und einigte sich nach vielen Schwankungen auf folgende, in der Hauptsache neue Maßregeln:

1) Der sogenannte Defensionstermin oder die Fristſtellung für die Vertheidigungsanträge. (§ 165a.) Hat der Staatsanwalt ohne gerichtliche Voruntersuchung aus eigener Information die Sache bis zur Anklageschrift

geführt: so ist (vor dem Gerichtsbeschluß über die Anklage) diese Schrift dem Angeschuldigten mitzutheilen „mit der Aufforderung, sich zu erklären, ob er eine Voruntersuchung oder die Vornahme einzelner gerichtlicher Beweiserhebungen vor der Hauptverhandlung beantrage.“ Die gerichtliche Voruntersuchung muß dann eröffnet werden, wenn er „erhebliche Gründe geltend macht, aus denen eine solche zur Vorbereitung seiner Vertheidigung erforderlich erscheint.“ (§ 149.)

2) Zulassung der Vertheidigung in jedem Stadium des Vorverfahrens mit sehr erweiterten Rechten. (§ 124—132a.) Die Vertheidigung wird für eine nothwendige erklärt bei allen Anklagen wegen Verbrechen, sowie für jugendliche, taube rc. Angeklagte. (§ 126.) Auch sonst kann aus erheblichen Gründen ein Vertheidiger von Amtswegen bestellt werden. Als Vertheidiger soll in der Regel ein Rechtsanwalt fungiren; an dessen Stelle auch ein Referendar oder Practikant, an Stelle eines gewählten Vertheidigers jedoch nur mit Zustimmung des Angeschuldigten. Dem amtlich bestellten Vertheidiger sollen die Gebühren aus der Staatskasse ersetzt werden (§ 133a. unter Widerspruch der Regierungen). Ist ein Vertheidiger bestellt, so hat dieser nach Mittheilung der Anklageschrift die entsprechenden Anträge auf gerichtliche Erhebungen (§ 165a.) zu stellen. In der gerichtlichen Voruntersuchung soll er sodann wesentlich erweiterte Rechte erhalten (siehe unten).

3) Der Verhaftete wird von Anfang an unter den Schutz des Richteramts gestellt. Ein vorläufiger Haftsbefehl durch den Amtsrichter gilt zunächst nur auf 8 Tage, kann nach wiederholter Prüfung noch einmal auf 8 Tage verlängert werden, dann nochmals auf 14 Tage, jedoch nur bei Verbrechen und Vergehen. (§ 114—115.) Der Verhaftete wird in jedem Stadium mit seinen Anträgen gehört. Das Gericht ist zu selbständigen Beweisaufnahmen über den Haftgrund befugt; selbst der Amtsrichter kann in seinen Vorverhandlungen Beweisanträgen des Angeschuldigten jederart stattgeben, hat aber die Resultate dem Staatsanwalte mitzutheilen (§ 143a.) — eine Bestimmung, die auch über den Fall der Verhaftung und vielleicht über Bedürfniß hinausgeht.

Die verbündeten Regierungen haben sich trotz des fortdauernden Widerspruchs im Einzelnen diesen Ergänzungen des Vorverfahrens im Ganzen accomodirt. Das Vorverfahren soll nun, je nach Lage der Sache, in zweifacher Gestalt erscheinen:

I. Eine richterliche Voruntersuchung tritt stets in den Schwurgerichtsfällen ein —, in den Mittelgerichtsfällen nur, sobald der Staatsanwalt eine solche beantragt (§ 146). Der Antrag darf nur aus Rechtsgründen vom Gericht abgelehnt werden (§ 150a). Die Voruntersuchung wird als zusammenhängendes Ganzes vom Untersuchungsrichter geführt, kann auf Antrag der Staatsanwaltschaft auch einem Amtsrichter delegirt werden (§ 152a). Mit ihrer Eröffnung wird der Beschuldigte zum „Angeschuldigten“ (§ 136a). Das Verfahren ist das hergebrachte Inquisitionsverfahren mit Zuziehung eines Gerichtsschreibers. Der Beschuldigte ist bei seiner ersten Vernehmung zu befragen, „ob er etwas auf die Beschuldigung erwidern wolle“; die Vernehmung soll ihm „Gelegenheit zur Geltendmachung der zu seinen Gunsten sprechenden Thatsachen“ geben (§. 123). Während der Verhöre ist ihm das Recht des Verkehrs und der freien Unterredung mit seinem Vertheidiger gewährt (§ 131). Der Vertheidiger erhält auch das Recht der Akteneinsicht, „soweit dies ohne Gefährdung des Untersuchungszwecks geschehen kann“. Nicht verweigert werden soll die Einsicht der Protokolle über die Vernehmungen des Beschuldigten und die Gutachten der Sachverständigen. Ein unbedingtes Recht der Akteneinsicht tritt mit dem Schluß der Voruntersuchung ein (§ 130). Der Angeschuldigte und sein Vertheidiger dürfen gegenwärtig sein bei der Aufnahme des Augenscheins und bei der Vernehmung solcher Zeugen und Sachverständigen, deren Verhör im Hauptverfahren voraussichtlich nicht wiederholt werden kann (§ 159). Nach dem Schluß der Voruntersuchung entwirft der Staatsanwalt aus den ihm übersandten Akten seine Anklageschrift.

II. Das Vorbereitungsverfahren des Staatsanwalts (sogenanntes Scrutinialverfahren!) gilt ausschließlich für alle vor die kleinen Schöffengerichte gehörigen Straffälle. Es ist als praktische Regel gedacht auch bei den vor die Mittelgerichte gehörigen Fällen. Dem Staatsanwalt ist es dabei zur Pflicht gemacht, das Interesse der Vertheidigung im gleichen Maße zu wahren, wie das der Anklage (§ 139). Innerhalb dieses Verfahrens kann auch der Amtsrichter um einzelne gerichtliche Acte requirirt werden; solche Anträge sind dann nur von der Seite der gesetzlichen Zulässigkeit und der Angemessenheit einer Beeidigung zu prüfen. Auch dies Verfahren schließt mit der Entwerfung einer Anklageschrift. Durch deren Mittheilung verwandelt sich der Beschuldigte in einen „Angeschuldigten“ und erhält von da an alle Rechte des Angeschuldigten auf Akteneinsicht, Bestellung des Vertheidigers, auf Stellung von Anträgen zur nachträglichen Eröffnung einer richterlichen Voruntersuchung oder Vornahme einzelner Gerichts-Acte im Interesse der Vertheidigung. Ein richterliches Verfahren kann also in diesen Fällen nachträglich eröffnet werden, was bei der gewohnten Rücksicht deutscher Gerichte auf Vertheidigungsanträge in der That sehr häufig geschehen wird. Auch von Amtswegen kann das Gericht diesen Beschluß fassen (§ 166).

III. Gemeinsam beiden Formen des Vorverfahrens ist als Uebergangsverfahren der Abschluß durch eine Anklageschrift und die Nothwendigkeit eines Gerichtsbeschlusses über die Zulassung der Anklage, durch welche sich der Angeschuldigte in einen „Angeklagten“ verwandelt. Zur Erhebung der Anklage soll der Staatsanwalt überall verpflichtet sein, wo „ein thatsächlicher Anhalt“ zur Erhebung vorliegt, in Gemäßheit des sog. Legalitätsprincips (§ 134, welches hoffentlich keinen wesentlichen Einfluß auf die jetzige angemessene Praxis üben wird). Die erhobene Anklage kann auch nicht zurückgenommen werden (§ 136).

Der Entwurf der Anklageschrift soll nicht nur die Anträge, sondern auch die „wesentlichen Ergebnisse der Ermittelungen“ im Vorverfahren enthalten (§ 165), um als Information für die Vertheidigung und den Gang des Hauptverfahrens zu dienen.

Die Beschlußnahme über die Anklageschrift (§ 163) erfolgt durch die Strafkammer des Landgerichts in ihrer Besetzung mit 3 Mitgliedern und zwar

a) auf Grundlage der Voruntersuchungsacten, soweit eine richterliche Untersuchung geführt ist,

b) andernfalls auf Grund der Anklageschrift und der Acten des Staatsanwalts (§ 164); zur Einsicht dieser „dem Gerichte vorliegenden Acten“ soll auch der Vertheidiger befugt sein.

Der von der Strafkammer gefaßte Anklagebeschluß soll „die unter Anklage gestellte That unter Hervorhebung ihrer gesetzlichen Merkmale sowie des Strafgesetzes bezeichnen“ (§ 168) und unterliegt keiner Anfechtung durch den Angeklagten (§ 173).

Gewiß ist durch diese Commissionsvorschläge ein ernster Schritt vorwärts geschehen, um innerhalb des raschen, gelenkigen Vorverfahrens der Gerichtspolizei den Anforderungen der Vertheidigung gerecht zu werden. Es ist ein ehrlicher Prozeß (fair trial), aber etwas complizirt und schwerfällig, weil nicht aus einem Guß hervorgegangen. Eine Minorität der Commission hat den Versuch gemacht, eine einfache für alle Fälle gleichmäßige Procedur schon jetzt zu finden. Diese Vorschläge sind zwar abgelehnt, indessen wird eine Ausführung der jetzigen Beschlüsse wohl von selbst dahin führen.

Diese nothwendige Vereinfachung wird meiner Ueberzeugung nach nur durch die fortschreitende Ausdehnung der Mündlichkeit gelingen. Die jetzigen Beschlüsse (wie die bisherigen Landesgesetzgebungen) führen noch ein abgestorbenes Actenmaterial mit, welches eine für den mündlichen Anklageprozeß unnöthige Belastung des Richteramts herbeiführt.

Ich glaube, eine kurze Praxis der „Gerichtspolizei“ wird uns überzeugen, daß der aus Gewohnheit festgehaltene Beschluß eines Gerichtscollegiums über die Erhebung jeder Anklage in der Regel eine nutzlose Arbeit ist. Vorträge eines Referenten aus den richterlichen Voruntersuchungs-Akten sind zweifelhaften Werths von der Seite der Vollständigkeit aus. Geradezu werthlos aber sind Anklagebeschlüsse auf einseitige Berichte und Akten der Gerichtspolizei. Es sind dies richterliche Scheinarbeiten, welche nach französischen Analogien importirt, nur dazu gedient haben, auch deutsche Richter an oberflächliches Arbeiten zu gewöhnen. Diese ziemlich nutzlose Arbeit wird aber eine Ueberzahl von Richterstellen beanspruchen, da die bei dem Anklagebeschluß mitwirkenden Richter von der Urtheilssprechung im Hauptverfahren ausgeschlossen sein sollen (§ 17). Einen Werth hat der Anklagebeschluß nur, wenn er unter dem Eindruck mündlicher Verhandlungen erfolgt, und wenn die Anklage durch das Richteramt bei der Beweisaufnahme selbst controlirt wird.

Ebenso leidet der an sich bedeutungsvolle „Denfensionstermin" noch an den Gewohnheiten unseres schriftlichen Prozesses. Denn es ist ein ὕστερον πρόστερον, wenn man erst nach Abschluß der staatsanwaltlichen Voruntersuchung mit dem Angeschuldigten darüber verhandelt, ob eine richterliche Voruntersuchung wieder von vorn beginnen soll. Es wäre doch wohl einfacher, solche Anträge, die überaus häufig gestellt werden, von Anfang an zuzulassen.

Die von der Commission der Vertheidigung gemachten Zugeständnisse endlich, so bedeutend sie immerhin sind, tragen eine gewisse Halbheit in sich, während sie das Verfahren außerordentlich erschweren. Für die große Zahl von Vergehen, welche dem kleinen Schöffengericht überwiesen sind, fehlen dagegen wieder alle Garantien einer Vorbereitung der Vertheidigung.

Das einfachere Resultat könnte etwa folgendes sein. Der Staatsanwalt bereitet das Hauptverfahren in völlig freier Thätigkeit vor. Sobald er aber Anträge gegen einen bestimmten Angeschuldigten oder auf Verhaftung zu stellen hat, tritt der Voruntersuchungsrichter (resp. Amtsrichter) als ständige Controle in das Verfahren ein, welches von nun an in Gegenwart beider Theile vor sich geht. Auf Antrag des einen oder anderen Theils oder von Amtswegen hat der Untersuchungsrichter die producirten Zeugen in Gegenwart des anderen Theils mündlich zu hören, sonstige Beweisstücke dem Gegner vorzulegen und das Resultat kurz zu registriren. Diese Vorverhandlungen sind nicht Selbstzweck, sondern nur Notificationen an den Gegner. Es kommt (als Regel) nicht darauf an, umständliche Akten und Beweise für das Hauptverfahren niederzuschreiben, sondern nur beiden Theilen Kenntniß von der Natur und von dem Inhalt eines Beweisstücks zu geben. Solche kurze, mündliche Vorverhandlungen werden meistens in einem oder zwei Terminen erschöpft sein. Ihr

Zweck ist nur offene Production erheblicher Beweise zur Vorbereitung der beiderseitigen Parteihandlungen im Audienztermin. Daher ist hier die Parteiöffentlichkeit nicht auszuschließen und es fallen damit alle ängstliche Kautelen und Gründe hinweg, einen Theil des Materials dem Angeschuldigten noch vorzuenthalten. Glaubt der Staatsanwalt nach seinem „Inquisitionsplan", ein Beweisstück zeitweise noch zurückhalten zu sollen, so kann er es in einem späteren Termine vorführen. Hat sich die Praxis aber nur kurze Zeit an die Gegenwart der Parteien gewöhnt, so wird auch die Gerichtspolizei sich leichter als bisher überzeugen, daß die Oeffentlichkeit solcher Vorverhandlungen überhaupt als Regel zweckmäßig ist, um die freiwillige Mitwirkung des Publicums für die Gesammtthätigkeit der Gerichtspolizei heranzuziehen.

Der Anklagebeschluß ist dann auf Grund dieser mündlichen Verhandlung vom Staatsanwalt mit Zustimmung des Untersuchungsrichters vorbehaltlich der Beschwerde festzustellen. Erhebt der Angeschuldigte Beschwerde, oder können Staatsanwalt und Untersuchungsrichter sich nicht einigen, so entscheidet auf beiderseitigen Bericht oder Vortrag das Gerichtscollegium über die Zulassung und Fassung des Anklagebeschlusses. Erfahrungsmäßig tritt diese Nothwendigkeit nur in sehr seltenen Ausnahmsfällen ein; der Gerichtsbeschluß hat aber dann eine wirkliche Bedeutung. Das Verfahren vereinfacht sich damit so, daß in Zukunft wohl die größere Hälfte an Zeit und Kraft der Untersuchungsrichter und Anklagekammern zu ersparen ist, und ich darf mich an dieser Stelle auf das Urtheil unserer Collegen aus Oesterreich berufen, daß die österreichische Strafprozeßordnung, indem sie in ähnliche Bahnen eingelenkt, sich wohl bewährt, eine Masse abgestorbenes Aktenmaterial entbehrlich gemacht und eine Reihe festgewurzelter Meinungen in kurzer Zeit berichtigt hat. Auch in der deutschen Justizcommission wäre für dies System vielleicht eine Mehrheit zu gewinnen gewesen, stände nicht das Hauptbedenken gegenüber, „der Staatsanwalt gewinne bei diesem Vorverfahren zu sehr das Uebergewicht. Es bedürfe dann eines rechtsverständigen Vertheidigers für alle Vorverhandlungen." Es widerspricht diese Annahme der Erfahrung der betreffenden Länder. Die Meinung, daß die richterliche Stellung des Voruntersuchungsbeamten und eine weitläufige Protokollirung zum Schutze des Angeschuldigten unentbehrlich sei, ist indessen noch so weit verbreitet, daß sie den nothwendigen Fortschritt zur Selbstthätigkeit der Parteien hemmt.

Eine bedeutungsvolle, annehmbare Verbesserung stellen die Commissionsbeschlüsse jedenfalls schon in ihrer jetzigen Gestalt dar.

III. Die nun folgende Gestaltung des Hauptverfahrens (202—232) erscheint verhältnißmäßig einfacher.

Der Grundschade unseres bisherigen Verfahrens lag in dem Vorlesen der Anklageschrift. Die „Anklageacte" ist zwar ein wichtiger und nützlicher Schriftsatz zur Information des Vertheidigers und des Präsidenten: nur darf sie nicht vorgelesen werden. Wer denkt heute wohl noch an einen mündlichen Civilprozeß, in welchem die Schriftsätze der Anwälte dem Gerichte vorgelesen werden sollen? Jenes Verlesen bogenlanger Anklageschriften präoccupirt, verwirrt und langweilt die Zuhörenden uno actu, macht die Parteireden zum Schwerpunkt des Verfahrens, verwirrt den Eindruck der Beweise und trägt die Hauptschuld der Zeitverschwendung unserer Schwurgerichtsprozesse. Man inquirirt nicht selten Stunden lang vorher, ehe man irgend einen Beweis aufnimmt, spricht über die Zeugenaussagen hin und her, ehe man sie hört, und wenn man endlich zur Sache gekommen, zerren die Parteireden wieder Stunden lang an den Beweisen herum. Die Beweise werden wie Parenthesen eingeschaltet, während die Beweisaufnahme doch der einzige Zweck des contradictorischen Hauptverfahrens ist.

Die Regierungsvorlage hatte diesen Mißstand insoweit anerkannt, als in Zukunft die Anklageschrift nicht ganz, sondern ihrem „wesentlichen Inhalt" nach mitgetheilt werden sollte. Es war dies eine schwankende, halbe Maßregel. Die Commission hat an ihre Stelle die ganze Maßregel gesetzt:

Nichtverlesung der Anklageschrift.

Zu verlesen ist nur das petitum, nicht die Ausführung der Schriftsätze. Verlesen wird also nur der Anklagebeschluß (§ 205):

> „daß der Angeklagte schuldig am N. Tage, am N. Orte, in der „bestimmt bezeichneten Weise, den N. N. vorsätzlich getödtet, und „die Tödtung mit Ueberlegung ausgeführt hat. § 211 D. Str. „G. B."

Dieser Untersatz des künftigen Urtheils ist der springende Punkt, um dem Richter und den Geschworenen zu sagen: darauf kommt es an, — dann aber ihrem Ermessen es zu überlassen, die Beweise, welche sich um diesen Mittelpunkt reihen, selbst zu gruppiren und zu combiniren.

Dieser Beschluß hat unter allen vielleicht die größte Tragweite, da er das bisherige Hanptverfahren umwandelt.

1. Er beseitigt die Specialinquisition im Hauptverfahren, welche nur daraus entstand, daß der Präsident eben durch die Einzelheiten der vorgelesenen Anklageacte veranlaßt wurde, solche mit dem Angeklagten durchzugehen und eine spezielle Einlassung zu fordern. In Zukunft ist

der Beschuldigte nur zu befragen, „ob er etwas auf die Beschuldigung erwiedern wolle" (§ 123). — Diese Vorschrift allein würde vielleicht wenig helfen, allein die Sachlage beseitigt eine Specialinquisition von selbst. Es fehlt jedes Thema für die bisher üblichen Unterhaltungen zwischen dem Präsidenten und dem Angeklagten, da der verlesene Anklagebeschluß die Einzelheiten der Beweise und Inzichten eben nicht enthält.

2. Die Beweisaufnahme tritt als der eigentliche Gegenstand des Verfahrens sofort in den Vordergrund, während sie bisher durch vorangehende und nachfolgende Parteidarstellungen verdeckt und erdrückt wurde. Es bedarf künftig nur weniger einleitender Worte, um die Beweisaufnahme verständlich einzuleiten, — Erläuterungen, die sehr wohl der Präsident geben kann, — und das Verhör des ersten Hauptzeugen kann (wie im englischen Prozeß) oft schon 5 Minuten nach Aufruf der Sache beginnen. Geschworene wie Richter erhalten damit den Beruf und die Anregung, die ihnen nun der Reihe nach unmittelbar vorgeführten Beweise selbst zu combiniren, statt eine zudringliche Combination derselben als „Anklageacte" sich vorher verlesen zu lassen.

3. Die sachlich nothwendige Befragung des Angeklagten über das

> „was er zur Beseitigung der gegen ihn vorliegenden Verdachtsgründe und zur Geltendmachung der zu seinen Gunsten sprechenden Thatsachen anzuführen hat" (§ 123),

kommt nun erst in die richtige Lage. Nach der Vernehmung eines jeden einzelnen Zeugen, Sachverständigen, nach der Verlesung eines jeden einzelnen Schriftstücks soll der Angeklagte befragt werden: ob er etwas zu erklären habe (§ 216a). Dies eben wird die richtige Stelle sein.

4. Es folgt daraus eine wesentliche Vereinfachung der Parteireden. Kommt die Parteidarstellung im Anfang der Verhandlung in Wegfall, so verkürzen sich schon dadurch die Parteireden am Schluß. Es ist auch eine allgemeine Erfahrung des mündlichen Prozesses, daß wo die Beweisung klar pointirt im Vordergrund der Verhandlung steht, es sich von selbst verbietet, unmittelbar nachher diese Eindrücke verwirren und verwischen zu wollen. Ankläger und Vertheidiger verzichten auf rhetorische Versuche der Art, je öfter sie die Erfahrung machen, wie verderblich diese Methode ihrer Sache ist, wo unmittelbar vorher der Wortlaut, der nüchterne Eindruck der Beweise voranging und jedem Hörer noch im Gedächtniß ist. Eine kurze Uebung des neuen Verfahrens wird erfolgreich den Irrthum berichtigen, daß der Beruf des Vertheidigers in den Defensionsreden liege, während er in der thätigen Mitwirkung an der Beweisaufnahme liegt, neben welcher die Reden in der Regel Nebensache sind.

5. Es vereinfacht sich endlich der Schlußvortrag des Präsidenten mit den Parteireden. Zu einer Recapitulation der Beweise ist in diesem Verfahren in der Regel weder ein Bedürfniß, noch eine Veranlassung. Wo aber ungewöhnliche Verwicklungen der Beweise oder Entstellungsversuche der Parteien eine Veranlassung dazu geben, kann man das Resumé wohl dem Gewissen und der Einsicht des Präsidenten überlassen, ohne dabei Verbote auszusprechen (§ 257), an die sich eine Nichtigkeit ohnehin nicht knüpfen läßt.

Diese durchgreifende Verbesserung des Hauptverfahrens würde freilich noch vollkommener sein, wenn die Commission sich hätte entschließen wollen, das Verhör der Zeugen und Sachverständigen dem Producenten, mit dem Recht der Gegenfrage für den anderen Theil, zu überlassen. Dies „Kreuzverhör" ist von entschiedenem Werth für die Klarheit, Präcision und Lebendigkeit der Beweise (namentlich vor Geschworenen und Schöffen); es entlastet den jetzt überbürdeten Präsidenten und fördert die Unbefangenheit seiner Stellung; es entspricht der Natur des Anklageprozesses, der auf eine Selbstthätigkeit der Parteien gebaut werden muß, wie der heutige Staat auf die Selbstthätigkeit seiner Bürger. — Unter der alten Gewohnheit unserer Präsidialverhöre fehlt es aber zur Zeit ebenso der Staatsanwaltschaft wie der Vertheidigung an der nöthigen Uebung und auch wohl an dem Selbstgefühl für diesen, ihren wesentlichen Beruf. Beide Theile scheuen vor der ungewohnten Arbeit zurück. Wenn man daher, (wie bisher in Preußen) das Kreuzverhör von einer gegenseitigen Uebereinstimmung von Staatsanwalt und Vertheidiger abhängig macht, kommt es dazu überhaupt nicht. Der Regierungsentwurf wollte das Kreuzverhör schon auf Antrag des einen oder anderen Theils facultativ zulassen. Die Commission hat auch dies abgelehnt aus verschiedenen, für solche die das Kreuzverhör kennen, nicht richtigen Gründen, die auf ein Festhalten am Alten hinauslaufen (§ 202). — Die Frage wird anscheinend erst zum Austrag kommen, wenn eine an Selbstgefühl und Einfluß wachsende Advocatur in dem Kreuzverhör den Schwerpunkt ihres Berufs und ihre Ehrensache anerkennen und dasselbe nachdrücklicher als bisher vertreten wird.

Trotz der dankenswerthen Verbesserungen liegt ferner noch ein Schatten der schriftlichen Voruntersuchung auf diesem Hauptverfahren. Allein entscheidend für den Schuldbeweis sollen die im Hauptverfahren unter dem feierlichen Eindruck der öffentlichen Verhandlungen und allseitiger Controle abgegebenen Aussagen sein, nicht die einseitige, geheime, oft nur zu flüchtige Vernehmung im Vorverfahren. Die Gewöhnung des schriftlichen Inquisitionsprozesses dagegen kehrt dies um. Sie sieht die Untersuchungsakten nach wie vor als Hauptgrundlagen an und gestattet daher eine massenhafte Verlesung von Zeugen-Verhörsprotokollen und Urkunden aller Art in einem solchen Maße, daß die Hauptverhandlung dadurch nur unsicher gemacht und verwirrt wird. Die Commission hatte in erster Lesung sich zu einer Correctur dieses Mischprozesses entschlossen durch Verbot der Verlesung der Protokolle des Vorverfahrens neben dem Verhör der Zeugen und Sachverständigen im Audienztermin. In zweiter Lesung ist man indessen auf Andringen der Regierungen wesentlich in die alten Geleise zurückgekehrt (§§ 211, 214, 215).

Gut gemeint, aber praktisch bedenklich ist ferner die Bestimmung (§ 207), welche dem Gericht die Befugniß entziehen will, unerhebliche Beweise fallen zu lassen: es sollen alle vorliegenden Beweise jedesmal erhoben werden, wenn nicht Staatsanwalt und Angeklagter übereinstimmend darauf verzichten.

Dasselbe Bedenken gilt von der Vorschrift, daß wegen jedes in der Hauptverhandlung hinzukommenden Straferhöhungsgrundes eine Aussetzung der Verhandlung eintreten soll (§ 224).

Im Uebrigen sind die Einzelheiten des Hauptverfahrens nach Maßgabe vielseitiger Erfahrungen sorgfältig gestaltet worden.

IIIa. Besondere Zwischenpuncte des Hauptverfahrens entstehen bei den Schwurgerichten durch die doppelte Besetzung des Gerichts, welche ich schon bei dem Gerichtsverfassungsgesetze [oben Seite 9, 10] zu erörtern hatte.

Der englischen Jury sind diese Zwischenpuncte unbekannt, weil sie den Geschworenen einfach auf den Untersatz des Urtheils beschränkt. Demgemäß wird die Schuldfrage als Untersatz des künftigen Urtheils in der Anklageakte kurz formulirt. Die Geschworenen haben den so formulirten Satz mit einem Worte zu bejahen oder zu verneinen. Zu einer besonderen Fragstellung ist dabei keine Veranlassung, außer dem seltenen Fall, wo nach dem Verlauf der Beweisaufnahme ein Verdict auf ein anderes, verwandtes, geringeres Vergehen zugelassen wird.

Die Auslegung der streitigen Rechtsregel, die Prozeßleitung und Strafmessung ist ausschließlich Sache des Richteramts. Es ist dabei wieder keine Veranlassung zu einer Fragstellung; denn die sogenannte freie Strafmessung beruht auf analoger Anwendung von Rechtsregeln und stetiger Vergleichung der Straffälle unter sich in einer ständigen Amtsthätigkeit. Das Herausgreifen einzeln formulirter Strafmessungsgründe giebt keine Garantie eines gerechten Maßes, so wenig wie das Aufzählen einzelner Beweisgründe eine Garantie für den richtigen Schuldspruch giebt. Die thatsächlichen Momente des Straffalls sind dem Richter genau ebenso vorgeführt, wie den Geschworenen, und es bedarf deshalb keiner Rückfrage bei der Jury.

Soweit endlich innerhalb des Schuldspruchs zweifelhafte Rechtsfragen, sei es über den Sinn der Strafgesetze oder die rechtliche Zulässigkeit einer Beweisung, auftauchen, regelt sich die beiderseitige Competenz durch eine Rechtsweisung des gelehrten Richters, an welche der Geschworene durch seinen Amtseid gebunden ist.

Diese „historisch bewährte" Gestalt des Schwurgerichts war allerdings nicht anwendbar auf Frankreich, wo eine gewohnheitsmäßige Selbstverwaltung des Rechts und andere Vorbedingungen fehlten. Man dachte sich in dem Ideenkreis der Revolution unter der Jury eine Volksrechtsprechung, die im einzelnen Falle Recht findet, die Zuständigkeit des Geschworenen auf das weiteste Maß ausdehnt und dem Staatsbürger keine Unterordnung unter den Beamten zumuthet.

Da diese Ideen sich aber als unausführbar erwiesen, so suchte man die Autorität des Staatsgesetzes durch eine neuerfundene Theilung der Gewalten nach That- und Rechtsfragen herzustellen. Es ist daraus eine Einrichtung hervorgegangen, die mit den historischen Schwurgerichten wirklich nur den Namen und die Zahl 12 gemein hat, namentlich:

1. eine Ernennung der Jury nicht durch richterlich unparteiische Organe, sondern durch Loos und parteimäßige Verwerfungen (versuchsweise auch durch Wahl). Die Unparteilichkeit soll sich dadurch herstellen, daß Staatsanwalt und Angeklagte eine gleiche Zahl verwerfen, während alle Recusationen aus sachlichen Gründen unterdrückt werden.

2. Die Verbindung zwischen Richteramt und Geschworenen wird durch eine künstliche Fragstellung hergestellt. Da der Geschworene sich der Rechtsweisung des Beamten nicht direct unterordnen will, so wird er indirect in Form von Frage und Antwort unter eine richterliche Vormundschaft gesetzt, die ihn viel weitergehend auf einzelne Thatfragen und bestimmte Schuldmomente beschränkt (ähnlich wie im gemeinen Prozeß das Endurtheil durch die Zwischenurtheile gebunden wird).

3. Da der Geschworene auch die Strafmessung beansprucht, so wird durch eine weitere Fragstellung auf straferhöhende und strafmindernde Gründe als angebliche „Thatfragen" diesem Bestreben Raum geschaffen. Unter der Juli-Dynastie wurde, als Reaction gegen die napoleonische Gesetzgebung, den Geschworenen sogar ein allgemeines Strafherabsetzungsrecht unter dem Namen der „mildernden Umstände" beigelegt.

Die aus dieser Gestaltung hervorgehenden Widersprüche haben sich bisher als unlösbar ergeben. Während die deutsche Gesetzgebung grundsätzlich das Strafgericht als Organ der Gesetzanwendung anerkennt während wir streng controliren, daß bei allen mittleren und unteren Strafgerichten Schuldspruch und Strafmessung im Sinne der Gesetze erfolgen (§ 225): so lassen sich nicht entgegengesetzte Grundsätze für schwere Verbrechen, für politische und Preßvergehen auf die Dauer aufrechterhalten mit der irrigen Behauptung, daß dies die „Natur der Schwurgerichte" mit sich bringe. Um die Mängel unserer sogenannten Jury zu corrigiren werden wir nicht umhin können die zu Grunde liegenden Rechtsvorstellungen zu berichtigen.

So schwer dies jederzeit ist, so hat die Justizcommission es doch ernstlich versucht, in der Rückkehr zu Rechtsgrundsätzen einen Schritt weiter zu kommen. Man erkannte an, wie ein großer Theil irrthümlicher Entscheidungen der Geschworenen nur darauf beruht, daß bei den streitigen Rechtsfragen bisher der eine Geschworene der Rechtsausführung des Staatsanwalts, der andere der des Vertheidigers, der dritte seiner eignen Rechtsmeinung folgen zu sollen glaubte. Es erschien deshalb schon der Regierungsvorlage nothwendig, „die Belehrung der Geschworenen durch den Vorsitzenden über die rechtlichen Gesichtspunkte, welche sie bei Lösung der ihnen gestellten Aufgabe in Betracht zu ziehen haben", für einen wesentlichen Bestandtheil des Verfahrens zu erklären (§ 257). Es erschien ferner nothwendig, dieser Rechtsweisung eine Autorität zu geben, welche sie über jede andere erhebt. Es geschieht dies, indem man sie unter die Controle, also unter die Autorität des Reichsgerichts stellt, und nach Vorgang der österreichischen und sächsischen Gesetzgebung Belehrungen des Vorsitzenden, welche einen Rechtsirrthum enthalten, als Revisionsgrund anerkennt (§ 301a). Um dies zu ermöglichen, bedurfte es einer Formvorschrift über die schriftliche Fassung der Rechtsweisung (§ 257), welche der Präsident auf Antrag in seiner eignen Wortfassung zu geben hat. — Damit stellt sich in der That ein Zusammenhang zwischen dem Strafgesetz und dem Schwurgericht in Deutschland wieder her. Es wird freilich der Rechtsweisung des Vorsitzenden zunächst nur eine „moralische" Autorität verliehen, die aber in den Berathungen der Geschworenen unter sich sofort wirksam wird, und welche durch fortgesetzten Gebrauch von selbst zur rechtlichen Autorität wird.

Es ist damit wohl der entscheidende Schritt geschehen, um aus der Kette der verschobenen Ideen vom Schwurgericht das Hauptglied zu brechen (derselbe Schritt den seit einem Menschenalter die amerikanische Rechtsprechung gethan hat). Um die weiteren Folgerungen zu ziehen, hätte es indessen statt des Widerspruchs einer Mitwirkung der verbündeten Regierungen bedurft.

Die parteimäßige Ernennung der Jury und die darauf beruhende Verkümmerung des Recusationsrechts der Angeklagten wurde zwar in I. Lesung lebhaft erörtert und führte zu dem vorläufigen Compromiß, daß der Staatsanwalt nur ein Drittel der Recusationen erhalten sollte (§ 240). Die II. Lesung ist indessen zu den französischen Grundsätzen zurückgekehrt.

Zur Beseitigung der getheilten Fragstellung hat die Commission wenigstens den Antrag angenommen, daß keine besondere Frage auf solche Umstände zu stellen ist, durch welche die Strafe ausgeschlossen wird (§ 253), wohl aber auf solche, durch welche die Strafbarkeit wieder aufgehoben wird.

Die Fragstellung über die einzelnen straferhöhenden und mindernden Umstände dagegen wurde nicht nur beibehalten, sondern noch ausdrücklich dahin erweitert, daß auch die allgemeine Frage auf „mildernde Umstände", wo das Gesetz solche nennt, an die Geschworenen gestellt werden soll.

So ist denn in allem Uebrigen das Schwurgerichtsverfahren in die gewohnten Geleise eingekehrt, mit dem ganzen Apparat getheilter Hauptfragen (§ 251), Eventualfragen (§ 252), Nebenfragen (§ 253), deren Stellung nur aus Rechtsgründen abgelehnt werden darf, — der circonstances atténuantes, die nur mit 7 gegen 5 Stimmen abgelehnt werden sollen (§ 254a) — dem umständlichen Berichtigungsverfahren (§ 266) — der Suspension des Geschworenenspruchs, wenn das Gerichtscollegium einstimmig einen Irrthum au fond annimmt (§ 272a). Der Schluß vieler Mühen war nur eine Wiederholung der weltbekannten Sätze des Code.

Immerhin sind doch einige Punkte, wie die Redaktion der Fragstellung (§§ 248—250) zweckmäßig ergänzt worden. Auch der Schuldspruch mit 8 gegen 4 Stimmen ist für manche Landesgebiete eine Verbesserung, wenigstens zu Gunsten des Angeklagten (§ 222). Eine durchgängige Besserung der Urtheilssprüche wird sich jedenfalls aus der Voranstellung der Beweise und der Vereinfachung des Hauptverfahrens ergeben. Grund zur Beschwerde haben allerdings die eifrigen Vertheidiger der Schwurgerichte; denn nach langem Streite ist schließlich die Jury auf eine schwache Defensive und auf ein so kleines Gebiet zurückgedrängt, daß sie fast als Ausnahmsgericht erscheint. Ich fürchte, daß sie noch weiteren Boden verliert, wenn wir uns nicht entschließen, in sie die normalen Grundsätze unserer Rechtsprechung einzureihen, und dem Richter zu geben, was des Richters ist; denn kein Räsonnement der Welt wird den Nichtrechtsverständigen zur Prozeßleitung, zur streitigen Gesetzauslegung und zur gerechten Strafmessung jemals befähigen können.

IV. Es folgt nun das System der Rechtsmittel, welches sich vereinfacht und sachgemäß gestaltet hat, nachdem die Berufung grundsätzlich aufgegeben war. Es blieb danach übrig:

1. die Revision als das normale, ordentliche Rechtsmittel zur Aufrechterhaltnng der Einheit des Strafrechts und Verfahrens (§§ 299 ff.) ohne die Formalitäten der französischen Cassation, die sich einmal im deutschen Verfahren nicht einbürgern wollen. Sie kann nur darauf gestützt werden, daß das Urtheil auf einer „Verletzung der Gesetze" beruhte, d. h. „daß eine Rechtsnorm nicht, oder nicht richtig angewendet worden sei." Zu den Rechtsnormen gehören auch die Prozeßgesetze; doch sind mit Recht einige Fälle besonders hervorgehoben, darunter auch „wenn die Vertheidigung in einem für die Entscheidung wesentlichen Puncte unzulässig beschränkt worden ist", und „wenn eine durch das Protokoll festgestellte Rechtsbelehrung durch den Vorsitzenden einen Rechtsirrthum enthält" (§ 301a); die beigefügten Präsumtionen hätten freilich, wie in Oesterreich und Sachsen, wohl der eigenen Einsicht des obersten Gerichtshofes überlassen werden können). Etwas enger hat die Commission die Revisionsgründe gegen freisprechende Urtheile gestellt (§ 301c). Das Verfahren ist das einfache, in neueren Landesgesetzen wesentlich schon bewährte. Nach erfolgter Aufhebung des Urtheils ist das anderweit erkennende Gericht an die rechtliche Beurtheilung des Revisionsrichters gebunden (§ 319), wie dies nach lebhaftem Streite im Interesse der Einheit der Rechtsprechung angenommen wurde.

2. Die Wiederaufnahme des Verfahrens. Sie tritt nicht nur in den herkömmlichen Fällen der Restitution ein, sondern zugleich als Ersatz der aufgehobenen Berufung für alle Fälle der Beibringung neuer Thatsachen oder Beweismittel, welche eine Freisprechung oder Anwendung eines milderen Strafgesetzes begründen können (§ 320). Es ist gewiß gerechtfertigt, wenn das Gesetz nach der einschneidenden Beseitigung der Berufung in dieser liberalen Weise eine Wiederholung erster Instanz offen hält, bis die Erfahrung feststellen wird, ob man die Bedingungen etwas strenger zu stellen hat. Schon jetzt sind die Voraussetzungen enger gestellt, wo die Wiederaufnahme zum Nachtheile des Angeklagten stattfindet (§ 323); stehen geblieben ist freilich der nicht unbedenkliche Satz, daß auch ein außergerichtliches Geständniß die Wiederaufnahme rechtfertigt. Der Antrag ist durch Schriftsatz eines Rechtsanwalts oder zu Protocoll anzubringen. Der Vorentscheid über die Zulassung ergeht ohne mündliche Verhandlung. In dankenswerther Weise ist auch der Ausspruch einer Freisprechung „bei geführtem Beweis der Unschuld" in formloser Weise, selbst nach dem Tode des Angeschuldigten, durch Commissionsbeschluß eingeführt (§ 332a).

3. Die Beschwerde endlich ist als allgemeines, ergänzendes Rechtsmittel sowohl den Parteien, wie dritten Personen, gegen Beschlüsse und Verfügungen der Landgerichte und der Einzelrichter (nicht der Oberlandesgerichte und des Reichsgerichts) gewährt (§§ 290 u. ff.); in bestimmten Fällen eine „sofortige" Beschwerde mit siebentägiger Frist.

Dies einfache System ist freilich wieder verwickelt worden durch die nachträgliche Einführung der Berufung gegen die Urtheile der kleinen Schöffengerichte, für welche nun ein umfangreicher Abschnitt vom „Berufungsverfahren" (§§ 298 a.-t.) eingeschaltet werden mußte. Dies Verfahren vor einer Strafkammer von fünf Richtern des Landgerichts ist sogar umständlicher, als die bisherigen Berufungen gegen die Urtheile der Mittelgerichte, — mit Zulassung neuer Beweise und wiederholter Vernehmung der Zeugen und Sachverständigen, die nur dann unterbleiben darf, „wenn die wiederholte Vernehmung zur Aufklärung der Sache nicht erforderlich erscheint" (§ k.). Da außerdem zur Aufrechterhaltung der Einheit der Rechtsgrundsätze eine höhere Instanz unentbehrlich schien, so ist dafür noch eine Revision bei dem Oberlandesgericht hinzugefügt. Man gelangt damit zu einer Häufung, nach welcher in den kleinsten Straffällen dreimal entschieden wird: zuerst von einem Richter und zwei Schöffen, dann nochmals von fünf Richtern mit wiederholter Beweisaufnahme, dann nochmals von fünf Richtern über den Rechtspunkt, — ein Apparat, wie man ihn sonst für die schwersten Straffälle kaum in Bewegung gesetzt hat. Die Commission hat dies nicht verkannt. Sie war bereit, auf die Berufung zu verzichten, wenn für die zwei Schöffen der Grundsatz der Einstimmigkeit des Schuldspruchs angenommen würde. Die Erfahrung Oldenburgs und Braunschweigs lehrt seit Jahren, daß in den seltensten Fällen eine wiederholte Verhandlung wegen Mangels der Einstimmigkeit nöthig wird. Die dann eintretende Wiederholung der Verhandlung vor dem Ortsgericht in einfacher Procedur hat um so weniger Bedenken, als ohnehin der Amtsrichter sich durch eine Vertagung zu helfen pflegt, wenn seine beiden Schöffen einmal unbotmäßig werden. Man erspart damit die zehnmal häufigeren, tausendfältigen Berufungen und Beweisaufnahmen vor einem entfernten Collegium, und vermeidet eine Verschwendung von Kräften, die den höheren Strafgerichten entzogen werden. Diese Gründe sind indessen erfolglos geblieben; denn unseren Justizverwaltungen erscheint der Grundsatz der Einstimmigkeit des Schuldspruchs noch immer als ein so gefährlicher, daß man ihn nicht einreißen lassen will. Principiis obsta! Wir machen uns das Gesetzgeben wirklich nicht leicht.

V. Die Vollstreckung der Strafurtheile ist in Deutschland dem Richteramt zugefallen, zunächst wohl in Folge der Zersplitterung und Kleinheit der Gerichtskörper, in welcher man dem Richter Alles überlassen mußte, da man Organe eines ministère public nicht aufstellen konnte. Die Commission hat sich nach einigem Streit überzeugt, daß überwiegende Gründe der Zweckmäßigkeit dafür sprechen, die Strafvollstreckung als Akt der Executive dem Staatsanwalt zu überlassen, auf Grund einer vom Gerichtsschreiber zu ertheilenden Vollstreckungsklausel (§ 408). Nur bedarf es dafür so dringend wie für irgend einen anderen Theil des Verwaltungsrechts der Rechtscontrole, für welche von der Commission der Satz eingeschaltet ist:

> Auch im Laufe der Strafvollstreckung kann der Verurtheilte bei Gericht darüber Beschwerde führen, daß die Strafe in einer den Gesetzen nicht entsprechenden Weise vollstreckt werde (§ 414a).

Die in dieser unvermittelten Fassung nicht ausführbare Bestimmung kann die nothwendige Ergänzung wohl noch erhalten.

Die Commission hat es ferner für zulässig erachtet, einen Strafaufschub bis zu vier Monaten durch das Gericht zu gewähren, „wenn dem Verurtheilten oder der Familie desselben erhebliche, außerhalb des Strafzwecks liegende Nachtheile erwachsen“ (§ 411a).

Neu in dem daran angeschlossenen Abschnitt von den Kosten ist der unter Widerspruch der Regierungen angenommene Satz, daß dem Freigesprochenen die „nothwendigen Auslagen“ aus der Staatskasse ersetzt werden sollen (§ 420). Sonstige Anträge auf Ersatz für Untersuchungshaft rc. sind abgelehnt worden.

VI. Unter den noch übrigen besonders gestalteten Formen des Strafverfahrens wird obenan zu stellen sein die vielbestrittene Privatanklage.

Der ältere Streit darüber bewegte sich um den Gesichtspunct, daß dem durch das Verbrechen Verletzten eine Genugthuung von Rechtswegen zu gewähren und deshalb die Anklage nicht endgiltig von dem Beschluß ministerieller Beamten abhängig zu machen sei. In neuerer Zeit erst trat die andere Seite der Frage hervor: daß in dem Anklagerecht ein nothwendiger Schutz des öffentlichen Rechts liege, daß die Rechtsschranken der Ministerverwaltung wegfallen, wenn die Anklage allein und endgültig von den Anweisungen der Minister abhänge. Es handle sich, wie überhaupt im Strafrecht, hier nur in zweiter Linie um eine Genugthuung des „Verletzten“; in erster Linie um eine Grundlage unseres öffentlichen Rechts. Es gebe keinen anderen Rechtsschutz gegen den Mißbrauch der Staatsgewalt durch die Organe des Staates selber, als das von ministeriellen Anweisungen unabhängige Einschreiten der Gerichte, namentlich gegen Amtsmißbrauch und Amtsüberschreitung. Dieser Schutz sei althergebrachten Rechts, und könne durch das neue Institut der Staatsanwaltschaft nicht einfach aufgehoben werden. Wie früher die Gerichte auf bloße Privatdenunciation amtlich einzuschreiten hatten, so müsse es auch jetzt dem Privaten offen bleiben, das Einschreiten der Gerichte herbeizuführen auf seine Verantwortung und Kosten.

Die verbündeten Regierungen hatten geglaubt, diesen erweiterten Ansprüchen entgegenzukommen durch Gewährung einer subsidiären Privatanklage bei allen Antragsverbrechen. Allein es zeigte sich bald, daß diese formell sehr wohl zu begrenzende Kategorie den Punkt, auf den es ankam, nicht traf, daß sie weder zur Genugthuung des Verletzten genügte, noch dem öffentlichen Rechte einen Schutz gewährte.

Die Commission in ihrer großen Mehrheit war von Anfang an geneigt, die Nothwendigkeit einer ergänzenden Anklage zum Schutze der Verfassung und des Verwaltungsrechts anzuerkennen: nur konnte man sich mit dem Gedanken schwer befreunden, daß es einem bloßen Privatmanne zustehen sollte, die amtliche Function einer Strafverfolgung zu handhaben. Für ein solches Verfahren wurde sogar die „sittliche" Berechtigung in Zweifel gezogen. Der Antrag, durch ein paar Sätze die Privatanklage der Regierungsvorlage in eine allgemeine subsidiäre Privatanklage zu verwandeln, blieb deshalb in der Minorität. Die Majorität zog es vor, die Ausführung des Grundsatzes auf den gewöhnlichen Geschäftsgang durch Gerichtsbeschluß und Staatsanwaltschaft zu stellen (unter Wegfall des ganzen Abschnitts von der subsidiären Privatklage). In allen Fällen, in welchen der Staatsanwalt eine Denunciation zurückweist, soll er den „Antragsteller" mit Gründen bescheiden. Der „Antragsteller" hat dagegen binnen 2 Wochen die Beschwerde an den vorgesetzten Beamten der Staatsanwaltschaft, und gegen dessen ablehnenden Bescheid binnen einem Monat den (von einem Rechtsanwalt zu zeichnenden) Antrag auf Entscheidung des Oberlandesgerichts. Das Gericht kann zur Vorbereitung seiner Entscheidung Ermittelungen anordnen. Erachtet es den Antrag für begründet, so beschließt es die Erhebung der öffentlichen Anklage. Die Durchführung dieses Beschlusses (in wessen Namen?) liegt der Staatsanwaltschaft ob (§ 148 a—c).

Man muß immerhin dankend anerkennen, wenn ein unentbehrliches Rechtsmittel des öffentlichen Rechts wieder zur Geltung kommt. Aber diese Art der Ausführung wird doch ernste Uebelstände herbeiführen. Unter den mehr als 120,000 ungenügenden Anzeigen, welche beispielsweise in den altpreußischen Provinzen die Staatsanwaltschaft alljährlich zu beseitigen hat, sind viele Tausende, welche der Staatsanwalt nicht mit regelrechten

Urtheilsgründen zurückweist, sondern deshalb, weil nach seiner Orts- und Personenkenntniß der Antragsteller ein leichtfertiger Querulant ist, oder weil er durch seine Polizeiorgane den Sachverhalt kurzer Hand erkundet hat. Gestattet man dem Denunzianten, ohne jede Verantwortlichkeit, ohne Umstände und nennenswerthe Kosten, diese Fälle an die große Glocke eines Obergerichtssenats zu bringen, so entsteht die Nothwendigkeit tausendfältiger gerichtlicher Erhebungen ohne jeden praktischen Zweck, es wäre denn eine Nöthigung der Staatsanwaltschaft zu einem kleinlich-pedantischen Verfahren. In den jährlich ein oder zwei Fällen dagegen, – mehr kommen in normalen Verfassungszuständen erfahrungsmäßig nicht vor, — in denen wirklich eine Privatanklage veranlaßt ist durch systematische Ueberschreitungen einer Ministerverwaltung, oder zur Feststellung streitiger Fragen des Verfassungsrechts, muthet man dem Staatsanwalt zu, gegen die Amtsstellung und gegen das Verbot aller seiner Vorgesetzten eine Anklage zu erheben, an deren energische Durchführung durch einen ministeriellen Beamten schwerlich Jemand glauben wird. Anstatt die alte Schutzwehr unserer Verfassungen gegen ernste Gefahren herzustellen, schafft man ein Rechtsmittel für Querulanten zur Belästigung der Gerichte und äußerster Erschwerung des Geschäftslebens der Staatsanwaltschaft.

Da das juristische Berufsleben oft ausschließlich mit den Rechtsmitteln des Privatrechts befaßt ist, so ist es wohl erklärlich, wenn über die Rechtsmittel des öffentlichen Rechts eine gewisse Unklarheit herrscht. Unter den letzteren ist nach allen Rechtssystemen das Anklagerecht eines der ältesten, normalsten, und vorzugsweise Gegenstand der historischen Selbstverwaltung geworden. Da nun unsere Verwaltungsbeamten und gebildete Laien sich heute in dem nationalen Gedanken der Selbstverwaltung der Polizei und anderer Funktionen der Obrigkeit so leicht wieder heimisch finden, so werden auch die Berufsjuristen sicherlich folgen, um so mehr, als rechtsgeschichtlich die verantwortliche Erhebung einer Anklage zu den einfachsten Funktionen der Selbstverwaltung gehört. Eine Mehrheit der Commission war auch schon in II. Lesung der correcten Lösung zugeneigt. Allein die verbündeten Regierungen haben sich dagegen streng ablehnend verhalten, und scheinen schließlich eine völlig verrenkte Anklageform sich lieber gefallen zu lassen, als die Zulassung eines verantwortlichen Privatanklägers, welchen sie doch selbst in die §§ 335—355 des Entwurfs für alle Antragsverbrechen eingeführt hatten.

Von den besonderen Procedurformen, die sich an diese Hauptfrage zunächst anschließen, ist

1. Die Privatanklage bei Beleidigungen und Körperverletzungen (§ 356—65) nach der Regierungsvorlage beibehalten.

Sie findet als principales Recht des Verletzten auch ohne Anrufung der Staatsanwaltschaft statt und ist noch in einigen Punkten ergänzt worden. Unmittelbar daran schließt sich:

2. Die Nebenklage des Verletzten bei Beleidigungen und Körperverletzungen, die sich in dem gleichen Ideenkreise einer Genugthuung des „Verletzten“ bewegt, und deshalb nicht nur angenommen, sondern in zweifacher Richtung ausgedehnt ist:

a. auf die Fälle, in welchen die neuere Strafgesetzgebung die Zuerkennung einer „Buße“ offen läßt, in welchen der Bußberechtigte die Rolle des Nebenklägers zu übernehmen hat (§ 374a-d);

b. auf die obigen Fälle, in denen der Antragsteller, von der Staatsanwaltschaft zurückgewiesen, durch Beschluß des Oberlandesgerichts die Erhebung einer Anklage erzwungen hat (§ 148 a-c), in denen er als Nebenkläger dem Staatsanwalt secundiren darf, wenn die strafbare Handlung gegen sein Leben, seine Gesundheit, seine Freiheit, seinen Personenstand, seine Vermögensrechte gerichtet war (§ 366).

Bei der letzteren Bestimmung wirkte die Hoffnung mit, die etwas zweifelhafte Thätigkeit des Staatsanwalts in diesen Fällen durch den Eifer des Privatinteressenten zu ergänzen. Im Uebrigen ist ein Adhäsionsrecht des Verletzten im Strafverfahren wohl mit Recht aufgegeben.

Von den sonstigen besonderen Proceduren hat

3. Das Strafverfahren gegen Abwesende zu lebhaftem Streite geführt. Das französische Ungehorsamsverfahren wegen crimes hat in den meisten neueren Landesgesetzgebungen eine theilweise Nachahmung gefunden, — jedoch mit so zahlreichen, grundsatzlosen Varianten, daß man nirgends damit zufrieden ist. Der Entwurf wollte lieber auf ein eigentliches Criminalverfahren gegen Abwesende ganz verzichten, und dagegen zu der gemeinrechtlichen Praxis der Beschlagnahme (annotatio bonorum) zurückkehren. Nach lebhaftem Streit war jedoch in erster Lesung auch die Beschlagnahme gestrichen, und damit eine Lücke entstanden, die gerade bei den schwersten, gemeingefährlichen Verbrechen den flüchtigen Thäter so günstig wie möglich stellte. In der zweiten Lesung ist die Commission fast ganz zum gemeinrechtlichen Verfahren zurückgekehrt, in Erwägung, daß Straffälle so ernster Art und Verdachtsgründe so dringender Art, welche einen Personalarrest rechtfertigen, auch wohl zu einem Realarrest ausreichen (§§ 273—283).

4. Ein summarisches Strafverfahren nach Analogie des Mandatsprozesses, in Form von „Strafbefehlen des Amtsrichters“, hat sich in Preußen so bewährt, daß es als Regel für alle vor die kleinen Schöffen-

gerichte gehörigen Sachen angenommen worden ist. Es wird hoffentlich den Erfolg haben, wenigstens in der kleineren Hälfte der Fälle, eine Verhandlung vor dem Schöffengericht und seinen beiden Oberinstanzen zu ersparen. In gleicher Absicht ist dem Amtsrichter gestattet, gegen den ihm vorgeführten geständigen Angeschuldigten summarisch ohne Schöffen Urtheil zu sprechen (§ 115).

5. Das Verfahren auf polizeiliche Strafverfügungen (§§ 381—85), welches den Polizeibehörden die vorläufige Straffestsetzung überläßt, dagegen aber binnen einer Woche den Antrag auf gerichtliches Verfahren gestattet, hat sich ebenso bewährt, und ist demgemäß wesentlich unverändert angenommen.

Ebenso

6. der vorbehaltene Rechtsweg gegen Strafresolute der Steuerverwaltungsbehörden;

7. das Verfahren gegen ausgetretene Wehrpflichtige;

8. das Verfahren bei Einziehungen und Vermögensbeschlagnahmen.

9. Für Forst- und Feldfrevel endlich ist die angemessene Gestaltung eines einfachsten Verfahrens den Landesgesetzen vorbehalten (Einf. Ges. § 3).

VII. Von den nun noch übrigen allgemeinen Bestimmungen der Strafprozeßordnung (Buch I) hebe ich noch folgende hervor.

Als Gerichtsstand ist das forum des begangenen Verbrechens und das forum des Wohnsitzes oder gewöhnlichen Aufenthalts alternativ dem Ankläger zur Auswahl gestellt (§ 4). In Preßsachen soll der Ort entscheiden, an welchem die Druckschrift „erschienen" ist (§ 1). Der Gerichtsstand der Ergreifung ist auf einen äußersten Nothfall für im Auslande begangene Handlungen beschränkt (§ 4a). Der Anfangs gemachte Versuch, den Gerichtsstand des Wohnsitzes zu streichen und nur den des begangenen Verbrechens als gesetzliche Regel beizubehalten, ist in zweiter Lesung als unausführbar in einem Großstaat aufgegeben worden.

Unter den allgemeinen Grundsätzen vom Beweise steht obenan das Zeugniß und die Zeugnißpflicht, deren Unentbehrlichkeit für das Strafverfahren durch Zwangsmaßregeln, äußersten Falls Haft bis zu sechs Monaten anerkannt wird (§ 48).

Wie bei jeder Collision von Pflichten entstehen Streitpunkte über die Befreiung vom Zeugniß, namentlich für Aerzte (§ 43) und bei Preßvergehen (§ 44a). Die Streitfrage aber, ob in den Fällen, in welchen nach dem Preßgesetz der verantwortliche Redacteur als „Thäter" haftet, der Verleger und die Nebenpersonen nur soweit befreit sein sollen, wie dies aus allgemeinen Rechtsgründen folgt (§ 46), oder darüber hinaus, ist doch wohl nicht von der Bedeutung, um davon die deutsche Strafprozeßordnung abhängig zu machen.

Minister und Mitglieder der gesetzgebenden Versammlungen sollen als Zeugen in der Regel nur an ihrem Amtssitz oder Wohnort vernommen werden (§ 47a).

Die Zeugeneidesformel ist zweckmäßig abgekürzt, und das Vorrecht der Beamten, statt des Eides eine Versicherung auf Amtseid abzugeben, überhaupt aufgehoben (§ 56), um mißliebige Unterscheidungen zu vermeiden.

Die Beeidigung des Zeugen soll auch schon im Vorverfahren stattfinden, „wo sie als Mittel zur Herbeiführung einer wahrheitsgemäßen Aussage erforderlich erscheint" (§ 57).

Der Sachverständigenbeweis ist in einigen Puncten ergänzt, insbesondere aber die Verpflichtung zur Abgabe eines Gutachtens nur bedingt gestellt (§ 68).

Bei den Grundsätzen über Beschlagnahme, Durchsuchung, Verhaftung (§§ 85—119) hatte die Commission die bürgerliche Freiheit, das Hausrecht und Briefgeheimniß mit besonderer Sorgfalt zu wahren. Durchgreifend wichtig ist der Grundsatz, daß bestimmte Polizeihandlungen nur von Beamten der Gerichtspolizei vorzunehmen sind, also unter unmittelbarer Leitung und Verantwortlichkeit der Staatsanwaltschaft. Sollte bei dem einen oder dem anderen Spezialpunct des Guten etwas zu viel geschehen sein zu unbilliger Erschwerung des Geschäftsgangs, so ist doch im Ganzen eine Uebereinstimmung mit den Regierungen schon jetzt erzielt worden, und kleinere Differenzen sind wohl noch zu heben.

Bei den Bestimmungen über die Verhaftung ist die Technik vom Verwahrungs- und Haftbefehl und andere Unterscheidungen der Art aufgegeben, um dafür die sachlichen Grundsätze einer Habeas-corpus-Acte zu wahren.

In jedem Stadium hat ein richterlicher Beamte resp. Gerichtscollegium über die Verhaftung Beschluß zu fassen; auch der Untersuchungsrichter hat ein selbständiges Entlassungsrecht nach Anhörung des Staatsanwalts.

In jedem Stadium ist der Verhaftete über den Grund der Verhaftung zu hören und ihm Gelegenheit zu Erklärungen und Anträgen zu geben (§ 104, 117a, 119 ꝛc).

In jedem Stadium hat er ein bis zum Oberlandesgericht aufsteigendes Beschwerderecht, über welches er belehrt werden soll (§ 103).

In jedem Stadium kann das Gericht über diese Gründe Beweis

erheben, ohne an die Anträge und Angaben der Gerichtspolizei gebunden zu sein.

Die sehr schwierige Frage über die Formulirung der die Verhaftung rechtfertigenden Gründe hat nach einer Commissionsverhandlung von mehreren Tagen zu der Fassung des § 101 geführt. Die sogenannte Collusionshaft sollte nach den Beschlüssen erster Lesung in Wegfall kommen, ist in zweiter Lesung auf lebhaften Widerspruch der Regierungen wieder aufgenommen, jedoch in der engsten Formulirung, die man zu finden vermochte.

Die Untersuchungshaft darf nur solche Beschränkungen auferlegen, welche „zur Sicherung des Zwecks der Haft oder zur Aufrechterhaltung der Ordnung im Gefängnisse nothwendig sind." „Alle darauf bezüglichen Verfügungen hat der Richter zu treffen" (§ 105).

Die Hauptsache endlich bleibt, daß durch die Beschlüsse zur Gerichtsverfassung die Verantwortlichkeit der Beamten für Befolgung solcher Gesetze wieder hergestellt wird, an der es bisher in Preußen 2c. fehlte.

Eine ängstliche Wahrung der bürgerlichen Freiheit auf diesem Gebiete gehört sicherlich zu dem besonderen Beruf einer Parlamentscommission.

Uebersieht man die umfangreiche, schwere Arbeit der Commission als Ganzes, so wird Niemand sich ernster Zweifel entschlagen können. Aber ebenso wird, trotz mancher Unzufriedenheit und Ungeduld über einzelne Paragraphen, doch jeder Besonnene Bedenken tragen, ein abfälliges Urtheil über die Annehmbarkeit des Ganzen auszusprechen.

Stellt man das Hauptverfahren voran, so erscheint es in seinen Hauptgrundlagen entschieden und nachhaltig verbessert, wenn auch das Verfahren vor den Geschworenen im Einzelnen nicht wesentlich reformirt worden ist.

Die überaus schwierige Reform des Vorverfahrens ist mehrfach auf halbem Wege stehen geblieben, aber doch erheblich über den bisherigen Durchschnitt der Landesgesetzgebungen hinaus weiter geführt. Von entscheidendem Werthe sind die Garantien, welche die jetzigen Beschlüsse dem Angeschuldigten gewähren, und welche nun auch das Vorverfahren zu einem fair trial machen.'

Rechtsmittel und Vollstreckung sind sachgemäß gestaltet, mit Ausnahme des Rechtsmittelsystems gegen die Schöffenurtheile, dem leicht genug geholfen werden kann.

Ueberaus zahlreich in allen Abschnitten sind die Verbesserungen im Einzelnen.

Der Hauptmangel bleibt die Weitläufigkeit und Schwerfälligkeit des Verfahrens, welche bei vielen Puncten wirklich ohne Noth aus den jetzigen Majoritätsbeschlüssen der Commission hervorgeht. Allein wohl niemals ist von parlamentarischen Versammlungen ein Strafprozeß beschlossen worden, welcher an diesem „Zuviel" nicht litte, und nur zu oft ist die Commission gerade zu solchen Beschlüssen durch die Staatsregierungen selbst genöthigt worden. Jedenfalls ist noch in dritter Lesung eine wesentliche Abhülfe sehr wohl möglich. Manches wird sich auch durch die Conzentrirung der Gerichtspolizei in der Staatsanwaltschaft und durch die erweiterte Mündlichkeit des Verfahrens leichter gestalten, als es in der Anlage erscheint.

Wollen die verbündeten Regierungen in gewissen Hauptfragen einen (wenn ich so sagen darf) höheren Standpunkt einnehmen, der zu einfacheren Gestaltungen führt, so würden sie in der Parlaments-Commission kein Hinderniß finden. Es läßt sich dies schon aus den bisherigen Verhandlungen und Beschlüssen im Einzelnen darthun.

Wollen die verbündeten Regierungen dagegen ohne tiefer gehende Aenderungen nur die wenigen, für sie wirklich unannehmbaren Puncte bezeichnen, nur hervorragende Unebenheiten ausgleichen, Vereinfachungen und Erleichterungen des Geschäftsgangs an einer Reihe von Puncten herbeiführen, so werden sie die Commission in dritter Lesung ebenso entgegenkommend finden, wie in der zweiten. — Je mehr unser politisches Leben reift, um so mehr gewöhnt man sich Großes und Kleineres zu unterscheiden und das Wort „unannehmbar" mit Vorsicht zu gebrauchen.

Ich hoffe deshalb zuversichtlich, daß die verbündeten Regierungen die Hand zur Verständigung bieten werden, um ein für den Bestand des deutschen Reichs entscheidendes, ein trotz aller Mängel großes Werk zu vollbringen, dessen Fehler durch die Erfahrungen im großen Maßstab in kurzer Zeit weit gründlicher verbessert werden können, als im Augenblick die auseinander gehenden Gesichtspuncte der Landesjustizverwaltungen selbst es gestatten.

Dagegen würde eine Verweisung des Werks auf eine neue Legislaturperiode und eine neue Commission m. E. als ein kleinmüthiges und zweckloses Verschieben der Sache erscheinen; denn Alles was man der Commission vorwerfen kann, ist unzertrennlich von parlamentarischen Berathungen einer Strafprozeßordnung überhaupt, und wird von jeder zukünftigen Berathung ebenso gelten. Die verbündeten Regierungen mögen eine intelligentere, politisch vielleicht anders nuancirte Commission finden: eine pflichttreuere, dem Zustandekommen des Werks hingebender zugewandte Commission von achtundzwanzig Männern wird keine neue Parlamentswahl zu schaffen vermögen. Politische wie gesetzpolitische Gründe geben für eine Verschiebung des Werks kaum eine günstige Chance, wohl aber zahlreiche Klippen und Gefahren.

Das Bewußtsein dieser Lage wird hoffentlich alle Theile zur Ueberwindung von Bedenken in letzter Stunde drängen, und noch einmal die in der deutschen Geschichte immer wiederkehrende Wahrheit bestätigen, daß unsere großen Gesetzeswerke unter vielen Geburtswehen, Widersprüchen und Bedenken entstehen, daß sie sich aber schließlich stets als segensreiche Grundlagen des deutschen Volkslebens bewähren.

Für mich persönlich bleibt noch die Bitte um Indemnität wegen einiger Ueberschreitung der Zeit, da, um kürzer zu sein, die Zeit wirklich zu kurz war.

(Lebhafter Beifall.)

Vicepräsident **von Keller**: Herr Oberhofgerichtsrath Wielandt von Mannheim hat sich zum Worte gemeldet. Obwohl nach meiner Ansicht über einen solchen Bericht eine Debatte unzulässig ist, so wird es denn doch keinem Anstand unterliegen, Wünsche oder Bemerkungen, namentlich formale Bemerkungen, auch bei einem solchen Berichte zu hören. Ich nehme deshalb keinen Anstand, Herrn Oberhofgerichtsrath Wielandt das Wort zu ertheilen, falls nicht irgend ein Widerspruch gegen die eben von mir geäußerte Ansicht erhoben wird.

Oberhofgerichtsrath **Wielandt** (Mannheim): Meine Herren! Ich habe mir das Wort erbeten, um einen Wunsch auszusprechen, keine Discussion hervorzurufen. Der verehrte Herr Präsident hat mir zu diesem Behufe das Wort ertheilt.

Sie haben heute und in der früheren Plenarsitzung den trefflichen Bericht unseres Herrn Referenten über das große deutsche Gesetzgebungswerk gehört. Ich glaube, der deutsche Juristentag könnte hieran noch einen Wunsch knüpfen, den ich mir dann formulirt vorzutragen erlauben werde, nämlich daß dieses Gesetzgebungswerk, das so viel Mühe gekostet hat, das so viele Veränderungen nach den verschiedensten Seiten, sowohl von Seiten der Justizcommission als der verbündeten Regierungen, theilweise mit Aufopferung gewissenhafter Ueberzeugungen, erfahren hat, zum Abschluß gelangen möge und zwar zum baldigen Abschluß. Sie hören in den Zeitungen dann und wann Bemerkungen, wie wenn dem Hindernisse im Wege stehen. Ich, meine Herren, kann es offen gestanden nicht begreifen, wie man solche Hindernisse für möglich halten sollte gegenüber dem Zusammenwirken, das sich schon bisher so glänzend bewährt hat, und gegenüber dem Umstande, daß verhältnißmäßig doch nur so wenig Differenzpuncte noch vorhanden sind. Ich glaube aber, es wird gut sein, ähnlich wie seiner Zeit anläßlich des deutschen Handelsgesetzbuches der deutsche Juristentag eine ähnliche

Ueberzeugung ausgesprochen hat, daß auch wir, wenn auch vereint mit unseren österreichischen Collegen — was kein Hinderniß bilden wird — die Ueberzeugung aussprechen, daß der Abschluß noch während der nächsten (in diesem Spätjahr stattfindenden) Sitzungsperiode des deutschen Reichstages erfolgen möge, und die zuversichtliche Erwartung dahin aussprechen.

Gleichzeitig möchte ich die Versammlung bitten, ihre Ansicht dahin auszusprechen, daß auch die praktische Einführung dieses großen Gesetzgebungswerkes nicht ins Blaue hinein verschoben, und daß sie nicht durch angebliche Unthunlichkeiten einer rascheren Einführung hinausgezogen werde. Die Wünsche der deutschen Nation nach endlichem Abschluß und nach der praktischen Einführung sind so groß, und von allen Seiten, von Nord und Süd, von Ost und West, werden durchaus keine Bedenken entgegenstehen, wenn auch z. B. nach Umständen noch die Gerichtshöfe oder sonstige größere Körperschaften in diesem Organismus vielleicht noch einige Zeit lang in etwas provisorischen Räumlichkeiten tagen werden. Es wird dann und wann etwas aufzuräumen sein; es macht aber nichts, wenn etwas rascher aufgeräumt wird, damit wir endlich zu einem großen, klaren, einheitlichen Gebäude kommen.

Ich erlaube mir Ihnen folgenden Antrag vorzuschlagen:

Der deutsche Juristentag spricht das zuversichtliche Vertrauen aus:

1) es werde das deutsche Gesetzgebungswerk über die Gerichtsverfassung und das gerichtliche Verfahren noch während der nächsten Sitzungsperiode durch das Zusammenwirken des deutschen Reichstages und der verbündeten Regierungen zum Abschluß gelangen;
2) es werde die praktische Einführung desselben in thunlicher Bälde erfolgen.

Ich übergebe diesen Antrag schriftlich.

Professor Dr. **Brunner** (Berlin): Ich glaube, daß wir statutengemäß hier im Plenum keinen Beschluß fassen dürfen über Anträge, die nicht vorher in den Abtheilungen berathen worden sind. Denn wozu wären sonst die Abtheilungen vorhanden? Eine Ausnahme von dieser Regel kann nur dann eintreten, wenn nach § 7 des Statuts der Vorsitzende der Versammlung irgend einen Gegenstand unmittelbar zur Plenarberathung stellt. Es ist das nicht geschehen. Es würde also zunächst in dem Ermessen des Vorsitzenden liegen, ob er diesen eben gestellten Antrag hier zur Beschlußfassung vorlegen wollte.

Ich glaube, daß es übrigens nicht passend ist, wenn wir hier ohne jede Debatte, ohne jede Vorbereitung einen derartigen Antrag zur Beschlußfassung stellen. (Bravo!)

Vicepräsident **von Keller**: Ich, meine Herren, bin der Ansicht, daß, wer einen Zweck will, auch gewiß den Wunsch hat, den Zweck sobald als möglich zu erreichen. Ob aber die Umstände darnach angethan sind, daß der deutsche Juristentag, der nicht bloß aus Männern besteht, die den Stand der Dinge kennen, sondern auch aus solchen, die ihnen ferner stehen, wie namentlich die Oesterreicher, in der Lage ist, einem solchen Antrage Folge zu leisten, das möchte ich von meinem Standpuncte wohl bezweifeln, und ich glaube auch, daß es nicht angeht, über einen bloßen Bericht einen Antrag zu stellen, und über einen solchen Antrag abzustimmen, weil nothwendiger Weise eine Debatte vorausgehen müßte, welche sich nicht auf dem Programme des heutigen Tages befindet. Ich glaube daher, daß diesem Antrage und einer Debatte in Folge dieses Antrages wohl kaum Folge geleistet werden dürfte. Ich würde aber denn doch bitten, daß der Herr Berichterstatter, der in der Lage ist, ein viel competenteres Urtheil darüber abzugeben, sich darüber ausspräche.

Referent Professor Dr. **Gneist**: Meine Herren! Ich kann nur ein unvorgreifliches Gutachten als Referent über die Frage abgeben, und gestehe Ihnen, wenn der Antrag, so wie er gestellt war, als ein wesentlich formeller, keinen Widerspruch in der Versammlung gefunden hätte, ich selbst von Herzen gern demselben beigestimmt haben würde.

(Bravo!)

Da aber ein Widerspruch auf Grund der Statuten und der Geschäftsordnung erhoben worden ist, und der Herr Präsident Bedenken trägt, den Antrag auf die Tagesordnung zu setzen, so möchte ich glauben, daß nun auch die Bedeutung eines Beschlusses wesentlich abgeschwächt würde, und ich möchte deshalb den Herrn Antragsteller selbst bitten, nunmehr auf den Beschluß zu verzichten; denn ich muß mich überzeugen, daß man allerdings geschäftsordnungsmäßig Bedenken erheben kann.

Ich kann persönlich nur wiederholen, ich würde ihm von Herzen gern beigestimmt haben; ich hätte gewünscht, es wäre kein Widerspruch erhoben worden.

(Bravo!)

Oberhofsgerichtsrath **Wielandt**: Ich hätte nicht geglaubt, auf formelle Bedenken im Schooße dieser Versammlung zu stoßen, und zwar auf den Grund, daß eine Abtheilungsberathung nicht vorausgegangen ist; ich theile diesen Grund deshalb nicht, weil wir den Bericht heute im Plenum erhalten haben als Ersatz eines Abtheilungsvortrages; denn er gehört in die Abtheilung über das Gerichtsverfahren, wo er auch vorher gehalten werden sollte, und nur aus Mangel an Zeit, und weil der Referent nicht in der Lage war sein Referat zu halten, bekamen wir ihn heute; wir sind also gewissermaßen Abtheilung.

Ich möchte aber glauben, es sei von formellen **Bedenken** ganz abzusehen, wenn es sich um etwas Großes handelt; ebenso glaube ich, es dürften die deutschen Juristen auch ungehindert durch ihre österreichischen Collegen vorgehen. Wenn diese sich gehindert fühlen, so brauchen sie ja nicht an der Abstimmung theilzunehmen. Ich glaube das aber nicht

(Rufe: Schluß!)

— ich glaube, wir hätten den von mir beantragten Wunsch doch aussprechen können. Wenn aber solche Bedenken erhoben werden, ziehe ich meinen Antrag lieber zurück.

Vicepräsident **von Keller**: Meine Herren! Nach § 7 des Statuts ist wohl der Präsident des Juristentages berechtigt, einen Gegenstand auf die Tagesordnung zu stellen, jedoch ich glaube, unsere heutige Tagesordnung ist bereits eine vollendete, und ich muß unserem verehrten Herrn Präsidenten jedenfalls die Verantwortung dafür überlassen. Ich möchte aber denn doch bei der Wichtigkeit der Sache dieselbe nicht für mich abschließen, und erlaube mir daher den Antrag oder vielmehr die Aufforderung, sich darüber auszusprechen. Ich bitte daher diejenigen Herren, welche der Ansicht sind, daß über den Antrag des Herrn . . .

(Er ist ja zurückgezogen!)

Dann entfällt die ganze Sache.

Präsident: Wir treten nun in die Berichterstattung über die einzelnen Gegenstände der Berathung in den Abtheilungen ein, und gehen über zu den Berichten der ersten und zweiten Abtheilung, und zwar zunächst zur Beschlußfassung über die Frage des ehelichen Güterrechtes.

Professor Dr. **Schröder** aus Würzburg: Meine Herren! Dem vorjährigen Juristentage zu Nürnberg lag die Frage vor:

> Ist es wünschenswerth und zulässig, für das deutsche Reich das eheliche Güterrecht in einem einheitlichen System zu codificiren? und wenn dies für zulässig erklärt wird, welches System soll die Grundlage bilden?

Der vorjährige Juristentag hat sich alsdann darüber schlüssig gemacht, daß allerdings es wünschenswerth und zulässig sei, ein einheitliches gesetzliches System für das deutsche Reich aufzustellen, und daß als dieses einheitliche gesetzliche System des ehelichen Güterrechtes hinzustellen sei die eheliche Verwaltungsgemeinschaft, aber mit einer Mithaftung der Frau mit einem Theile ihres Vermögens für die Schulden des Mannes. Offen aber blieb die in den Gutachten und von dem Referenten angeregte Frage, ob neben dem gesetzlichen System auch noch andere Systeme zu codificiren seien, um als dispositive Normen bei Eheverträgen zu dienen, welche einem anderen als dem gesetzlichen Systeme angehören würden. Darauf hin hat dann die ständige Deputation des Juristentages Veranlassung genommen, dem gegenwärtigen Juristentage die Frage vorzulegen:

„Ist es wünschenswerth, in einem gemeinsamen bürgerlichen Gesetzbuche für Deutschland neben dem einheitlichen Systeme des ehelichen Güterrechts noch subsidiäre Systeme für die Privatautonomie aufzustellen?"

Ueber diese Frage war ein Gutachten des Herrn Kammerpräsidenten Petersen in Straßburg ertheilt worden, welches nach gründlicher Erwägung aller Umstände die Frage dahin bejahte, daß es wünschenswerth sei, neben dem gesetzlichen Systeme noch andere Systeme als subsidiäre Normen für Eheverträge aufzustellen. Die Debatte über diesen Gegenstand in der ersten Abtheilung hat ungeahnte Dimensionen angenommen dadurch, daß ein zweites Element in Frage kam, nämlich ob überhaupt die Eheverträge in der Weise, wie sie bis dahin im Allgemeinen absolut gestattet waren, auch fernerhin noch zuzulassen seien, ob nicht vielleicht eine Beschränkung der Eheverträge, der Vertragsfähigkeit der Ehegatten einzutreten habe. Die beiden Herren Referenten in der Abtheilung wichen von dem Gutachten des Herrn Kammerpräsidenten Petersen in dieser Beziehung zunächst dahin ab, daß Beide übereinstimmend erklärten und beantragten, es sei wünschenswerth, die Eheverträge nur zuzulassen mit Wirkung unter den Ehegatten selbst, dagegen ihnen die Wirkung gegen dritte Personen abzuschneiden. In Bezug auf die andere Frage, ob denn eine Codification subsidiärer Systeme stattzufinden habe, verhielten sich die beiden Herren Referenten verschieden. Der erste Herr Referent verhielt sich gegen eine solche Aufstellung subsidiärer Normen nicht geradezu ablehnend; er war der Ansicht, daß die Eheverträge Wirkung gegen Dritte nicht haben sollen, daß aber, falls Ehegatten einen Ehevertrag geschlossen hätten, welcher einem anderen als dem gesetzlichen Systeme angehöre, es vielleicht wünschenswerth sei, für diese inneren Verhältnisse unter den Ehegatten ein gesetzlich normirtes System aufzustellen; eine definitive Erklärung darüber aber sei abhängig zu machen von der Vorlage eines gesetzlichen Systems; man könne sich darüber nicht eher schlüssig machen, als bis ein gesetzliches System uns vorliege, und nun also die Frage auftrete: haben wir diesem gesetzlichen Systeme gegenüber noch die Verpflichtung, andere Gesetze bloß für das innere Verhältniß unter den Ehegatten aufzustellen? Der zweite Herr Referent verhielt sich dagegen positiv ablehnend. Er verwarf nicht bloß die Wirkung der Eheverträge dritten Personen gegenüber, sondern er wollte auch die Gesetzgebung beschränken auf die Aufstellung einzelner bloßer Normativbestimmungen für einzelne Bestimmungen in den Eheverträgen.

Ein noch weitergehender, in der Abtheilung gestellter Antrag sagte: Eheverträge, soweit sie Wirkung gegen Dritte haben sollen, sind verboten; die Codification hat sich auf ein einziges System, auf das gesetzliche System, zu beschränken.

Dieser Gruppe von Anträgen gegenüber stand dann ein zweiter eventueller Antrag des ersten Herrn Referenten, dahin gehend, die ganze Sache zu vertagen, bis der Entwurf eines deutschen Civilgesetzbuches vorliege, und zu ersehen sei, welches System das gesetzliche System bilden werde. Herr Professor Brunner und ich haben in Uebereinstimmung mit dem Herrn Gutachter, Kammerpräsident Petersen, den Gegenantrag gestellt, den dann die Abtheilung, allerdings mit einer geringen Majorität, zu dem ihrigen gemacht hat, und Ihnen heute zur Kenntnißnahme mittheilt, dahingehend:

1) Es ist nothwendig, in einem gemeinsamen bürgerlichen Gesetzbuche Deutschlands neben dem Systeme des gesetzlichen Güterrechts die übrigen Hauptsysteme des deutschen ehelichen Güterrechts zur Ergänzung genereller Eheverträge dispositiv zu normiren.
2) Vertragsmäßige Bestimmungen, durch welche die Vermögenshaftung des gesetzlichen Güterrechts Dritten gegenüber beschränkt wird, sind von der Eintragung in öffentliche Register abhängig zu machen.

Gestatten Sie mir, meine Herren, zunächst den zweiten Punct hier hervorzukehren, den Punct, welcher sich bezieht auf die Rechtswirkung der Eheverträge Dritten gegenüber. Es hat sich der Kampf in der Abtheilung hauptsächlich gerade um diesen Punct gedreht, um die Frage, ob wir die mehr als tausend Jahre alte Sitte, die das Rechtssprichwort ausdrückt: „Willkür bricht Landrecht," auch fernerhin in unserem Gesetze aufrecht erhalten sollen, das Recht, wonach es den Ehegatten in erster Reihe überlassen ist, die zwischen ihnen eintretenden vermögensrechtlichen Verhältnisse so zu normiren durch Ehevertrag, wie es ihren individuellen Verhältnissen und Anschauungen angemessen erscheint, ob wir das festhalten, oder ob wir dieses Recht der Ehegatten beschneiden sollen dahin, daß sie zwar das Verhältniß unter sich regeln können, aber ohne Wirkung gegen Dritte. Einstimmig war die Abtheilung darin, daß unter allen Umständen eine Wirkung gegen Dritte nur dann erzielt werden könne, wenn für die gehörige Bekanntmachung abweichender Eheverträge gesorgt sei. Eine solche gehörige Bekanntmachung kann aber nur in der Weise geschehen, daß man, wie die Handelsregister und Grundbücher, so besondere öffentliche Register anlegt, in welche diejenigen Eheverträge, welche die Vermögenshaftung der Ehegatten Dritten gegenüber beschränken sollen, unter allen Umständen eingetragen werden müssen. Darüber sind wir einig gewesen: wenn Eheverträge Dritten gegenüber Wirkung haben sollen, so kann das nur auf diese Weise geschehen; aber ob sie sie haben sollen, das war bestritten.

Meine Herren! Die Beschränkung der Eheverträge in der Wirkung Dritten gegenüber kommt nur in ganz wenigen deutschen Particularrechten vor; fast in ganz Deutschland ebenso wie in Oesterreich ist es zunächst den Ehegatten überlassen, auch mit Wirkung gegen Dritte ihr eheliches Güterrecht anderweitig, als das Gesetz es bestimmt, zu normiren. Ich sage absichtlich: auch in Oesterreich, denn es ist unrichtig, wenn man das österreichische eheliche Güterrecht gewöhnlich ein reines Dotalsystem nennt. Das österreichische eheliche Güterrecht knüpft an das Dotalsystem an, hat es aber wesentlich deutschrechtlich modificirt durch eine gesetzliche Vermuthung. Das römische Recht sagt: nur das kommt in die Hand und Verwaltung des Mannes von dem Vermögen der Frau, was ihm als dos ausdrücklich überwiesen ist; es muß also der Beweis der Dotalbestellung geführt werden; was nicht als dos nachgewiesen wird, ist Paraphernalgut der Frau. Das österreichische Gesetzbuch sagt dem gegenüber: das Vermögen der Frau gilt als eingebracht, d. h. als der Verwaltung des Mannes überlassen, wenn die Frau dem nicht widerspricht. Das System des österreichischen bürgerlichen Gesetzbuches steht also in der Hauptsache auf dem Boden der deutschen Verwaltungsgemeinschaft, wonach der Mann das Vermögen der Frau in seine Hand und Nutzung nimmt, falls die Frau nicht widerspricht.

Nun, meine Herren, lassen Sie uns den Fall zunächst ins Auge fassen, das deutsche bürgerliche Gesetzbuch würde die eheliche Verwaltungsgemeinschaft zum System erheben, würde also bestimmen: das Vermögen der Ehegatten bleibt dem Eigenthume nach getrennt, aber der Mann nimmt das Vermögen seiner Frau in seine Hand, er hat die Verwaltung und Nutzung für die Dauer der Ehe. Wollen Sie in diesem Falle der Frau nicht ebenso, wie dies das österreichische Gesetzbuch vorschreibt, das Recht einräumen, für einen Theil ihres Vermögens dieser Verwaltung des Mannes zu widersprechen? — was dann nur geschehen kann in Form eines Ehevertrages — zu widersprechen der Verwaltung des Mannes auch mit Wirkung Dritten gegenüber? Meine Herren! Wir dürfen wohl zur Ehre unseres deutschen Volkes annehmen, daß es viel mehr gute Ehemänner als schlechte Ehemänner, sehr viel mehr lachende Ehefrauen als weinende Ehefrauen giebt. Aber es kommen auch — ich brauche den Beweis dafür nicht anzutreten — es kommen auch schlechte Ehemänner, es kommen auch weinende Frauen vor, und diese weinenden Frauen stehen uns zunächst näher als die weinenden Gläubiger. In der ersten Abtheilung, die über das eheliche Güterrecht verhandelt, sollte es auch wie in den Plenarsitzungen gestattet sein, daß die Damen den Verhandlungen beiwohnen, um dem Einzelnen jederzeit ins Gedächtniß zurückzurufen, daß man die Interessen der Ehefrau nicht zurückzustellen habe. Man ist immer gar zu sehr geneigt zu sagen: Mann und Frau wollen bloß die Gläubiger des Mannes betrügen, und darum müssen wir Sicherheitsmaßregeln ergreifen, damit die Gläubiger des Mannes nicht betrogen werden. Und Niemand denkt daran, daß der Mann wohl auch seine Frau betrügen kann, wenn auch nicht gerade doloser Weise, so doch durch culpa lata, indem er ihr Vermögen verspielt und vergeudet. Wir müssen beide Ziele vereinigen. Die Frau muß geschützt werden, wenn der Mann nicht normal ist,

(Heiterkeit.)

— und ein Mann, der das Vermögen der Frau durchbringt, ist nicht normal. Die Frau muß geschützt werden Dritten gegenüber, wie die Dritten geschützt werden müssen gegen Collusionen und Betrügereien der Ehegatten. Die Gläubiger schützen wir durch Oeffentlichkeit der Eheverträge; sie können sich erkundigen, ob die Ehegatten einen Ehevertrag geschlossen haben, der ihren Rechten entgegensteht. Die Frau muß geschützt werden, wenn ihr Mann etwa bedenkliche Seiten hat: da muß durch Eheverträge gesorgt werden, daß die bedenklichen Seiten des Mannes in Bezug auf ihr Vermögen — Seiten, die vielleicht moralisch gar nicht bedenklich sind; es ist z. B. eine bedenkliche Seite eines Ehemannes, wenn er Kaufmann ist —

(Große Heiterkeit.)

jeder Kaufmann hat für seine Frau bedenkliche Seiten, denn es kann das Vermögen des Mannes daraufgehen, er weiß nicht wie, er ist vielleicht der beste Geschäftsmann gewesen — das Vermögen der Frau soll dagegen gesichert werden. Bei dem Systeme der Verwaltungsgemeinschaft können wir das nicht entbehren; wenn andere Systeme, die allgemeine oder particuläre Gütergemeinschaft, Gesetz werden, so ist es noch schlimmer, denn dann hat nicht nur der Mann die Nutzung, sondern die Frau hat auch die Schulden des Mannes mit zu tragen. Umsomehr müssen wir der Frau das Palladium einräumen, daß sie zwar die Gläubiger des Mannes nicht betrügen kann, aber sie muß in der Lage sein, soweit es in offenkundiger Weise geschehen kann, sich und ihr Vermögen zu schützen. Von diesem Gesichtspuncte ausgehend, hat die Abtheilung, und in dieser Beziehung mit großer Mehrheit, den zweiten Satz, den ich Ihnen als Abtheilungsbeschluß mitgetheilt habe, aufgestellt, wonach also allerdings Eheverträge mit Wirkung gegen Dritte, wie seit tausend Jahren, so auch fernerhin gestattet bleiben sollen, aber in bestimmt von dem Gesetze zu regelnder Weise dafür zu sorgen ist, daß die Gläubiger nicht hintergangen werden durch betrügliche Machinationen der Ehegatten.

Meine Herren! Sowie der Grundsatz feststeht: Ehegatten haben das Recht, durch Ehevertrag ihre güterrechtlichen Verhältnisse anders, als gesetzlich bestimmt ist, zu normiren — sowie das feststeht, ergiebt sich ein Weiteres von selbst. Wenn wir berücksichtigen, daß in Deutschland, im deutschen Reiche, drei ziemlich gleich verbreitete Systeme bestehen, das der Verwaltungsgemeinschaft, das der allgemeinen Gütergemeinschaft und das der particulären Gütergemeinschaft; wenn wir bedenken, daß diese drei Systeme ungefähr ganz gleichheitlich in Deutschland über bestimmte Gebiete vertheilt sind; wenn wir bedenken, daß in sehr vielen Gegenden ganz zähe an dem von den Alten ererbten Rechte festgehalten wird, so werden wir mit Sicherheit voraussetzen dürfen, daß es im deutschen Reiche gerade so werden wird, wie in Oesterreich; d. h. daß die Ehegatten in solchen Gegenden, wo sie früher ein anderes als das nunmehr gesetzliche System gehabt haben, fernerhin das System, das sie von ihren Eltern, von ihren Voreltern kennen gelernt haben, das ihnen in Fleisch und Blut übergangen ist, im Ehevertrage festhalten werden.

Meine Herren! Es fehlt nicht an Beispielen in dieser Beziehung. Ein Beispiel, das auch in unserer Abtheilung wiederholt angezogen worden, ist das allerdings besonders eclatante Beispiel von Württemberg. Von dem heutigen Königreiche Württemberg bilden ungefähr zwei Drittel das alte Württemberg, ein Drittel sind neuwürttembergische Lande, die erst im Anfang dieses Jahrhunderts zu Württemberg gekommen sind. In Alt-Württemberg hat schon im sechszehnten Jahrhundert die particuläre Gütergemeinschaft in Gestalt der Errungenschaftsgemeinschaft gegolten auf Grund der drei alten württembergischen Landrechte. Dieses württembergische Landrecht ist im Interesse der Rechtseinheit auch in Neu-Württemberg eingeführt worden. Im größten Theile von Neu-Württemberg hatte bis dahin allgemeine Gütergemeinschaft geherrscht, und nun zeigt sich die eigenthümliche Erscheinung, daß in diesen Gebieten regelmäßig in jeder Ehe, in allen Ständen, von den Ehegatten allgemeine Gütergemeinschaft vereinbart wird. Es gilt dermaßen für anständig, daß Jeder, der heirathen will, mit seiner Frau allgemeine Gütergemeinschaft begründet, daß, wie mir ein rechtskundiger Mann aus Württemberg mittheilte, wenn ein Ehegatte es nicht durchsetzt, daß seine Frau mit ihm einen Ehevertrag schließt, er anrüchig wird in der ganzen Gegend; es heißt: Dem will seine Frau ihr Vermögen nicht anvertrauen.

Glauben Sie, daß das in Neu-Württemberg anders werden wird, wenn wir ein viel schroffer dem gegenüberstehendes System einführen? Das jetzt in Württemberg gesetzliche System ist die Errungenschaftsgemeinschaft, particuläre Gütergemeinschaft. Viel schroffer als diese steht der allgemeinen Gütergemeinschaft die Verwaltungsgemeinschaft gegenüber. Die Verwaltungsgemeinschaft ist eben keine Gütergemeinschaft, ist keine Eigenthumsgemeinschaft, sondern eine bloße Gemeinschaft der Verwaltung. Wenn die Leute schon denjenigen Ehemann, mit dem die Frau blos in Errungenschaftsgemeinschaft leben will, als einen Mann ansehen, dem sie nicht recht traue, wie viel mehr werden sie denjenigen so ansehen, mit dem sie ganz und gar in getrennten Gütern leben will. Und wie werden nun diese Eheverträge in Neu-Württemberg geschlossen? Da gehen die Ehegatten zum Notar und setzen dort ihre Namen unter ein Formular, das sich der Notar angefertigt hat. Dieses Formular enthält eine Art Compendium über die eheliche allgemeine Gütergemeinschaft. Jeder Notar verfaßt sozusagen ein kleines Lehrbuch, einen kleinen Gesetzentwurf über die allgemeine Gütergemeinschaft, und diesen Gesetzentwurf legt er nun den Leuten, die zu ihm kommen, vor; diese schreiben ihre Namen darunter, und weil nun die Notare natürlich meistentheils nicht in der Lage sind, für einen vollständigen Gesetzentwurf einzustehen, so fügen sie am Schlusse die Klausel hinzu, daß die Ehegatten „die allgemeine Gütergemeinschaft" wollen „mit allen ihren rechtlichen Wirkungen." Ja, meine Herren, wer soll denn das nun prüfen, was sind allgemeine rechtliche Wirkungen der allgemeinen Gütergemeinschaft? Da kommt die Sache dann an uns Professoren des deutschen Rechtes, da sollen wir vielleicht sagen, wie der Bauer A. mit seiner Frau gelebt hat! Wohin kommen wir dann, wenn wir uns solche Zustände denken bei der Freiheit der Eheverträge? Da, möchte ich sagen, bricht ein Wolkenbruch von Eheverträgen auf uns herein.

Meine Herren! Um die nachtheiligen Wirkungen dieses Wolkenbruches zu vermeiden, wollen wir ein Canalisationssystem anwenden, wir wollen die Eheverträge, die in furchtbarer, ungeordneter Masse vom Himmel herabkommen, in gewisse Normen hinüberleiten, damit die Leute nicht in ganz wüster Weise bald dies, bald jenes, was mit sich im Widerspruch steht, vereinbaren; wir wollen ihnen gewisse Normativbestimmungen geben, wonach sie bloß zu sagen brauchen: „wir wollen unter uns die allgemeine Gütergemeinschaft haben", und dann sagen wir aus dem Gesetze, was nun zwischen den Leuten gilt. Sie sind ja selbstverständlich berechtigt, auch andere Bestimmungen, Einzelnbestimmungen aufzustellen. Es bedarf solcher Canäle, ich möchte sagen, für eine ruhige Ableitung dieses Wolkenbruches, um Rechtssicherheit zu gewinnen, um — sagen wir es mit einem Worte — die Rechts*einheit* zu schützen gegen die übermäßige Rechts*vielheit*. Es ist von Seiten der Gegner hervorgehoben worden, daß hier auf Umwegen wieder eingeführt werden solle das Regionalsystem, das man gewissermaßen auf dem Präsentirteller Personen, welche gewillt sind in den Ehestand zu treten, vorlegt: „hier, da habt ihr Verwaltungsgemeinschaft, da habt ihr allgemeine Gütergemeinschaft, da die particuläre Gütergemeinschaft, nun sucht euch aus, was euch am Besten schmeckt, und wenn ihr keinen Appetit habt, so gilt die Verwaltungsgemeinschaft." Meine Herren! So ist das nicht gemeint. Es ist nur so gemeint, wie das Handelsgesetzbuch es gemeint hat in seiner Normirung der Handelsgesellschaften. Gestatten Sie mir, hier eine Parallele zu ziehen zwischen zwei Leuten, die sich als Kaufleute associiren, und zwei Leuten, die sich als Ehegatten associiren. Das Gesetz sagt: wenn zwei Leute ein Handelsgewerbe auf gemeinschaftliche Rechnung betreiben wollen, so geht das Recht und die Pflicht der Vertretung der Genossenschaft activ und passiv auf Beide über; Jeder hat das Recht, die Gesellschaft nach außen hin absolut zu vertreten, was der Eine thut, bindet auch den Anderen; jeder Theil haftet mit seinem ganzen Vermögen für die Unternehmungen der Gesellschaft. Gesetzlich kennen wir nur eine einzige Form der Handelsgesellschaft: die offene Handelsgesellschaft, bei welcher beide Theile oder die verschiedenen socii absolut das Recht der Vertretung nach Außen haben. Gerade so werden wir bei den Ehegatten in Zukunft nur e i n gesetzliches System kennen. Thun sich zwei Leute als Ehegatten zusammen, so gilt nur e i n System, wonach der Mann allein die Vertretung nach Außen hat, der Mann die Verwaltung, der Mann bis zu einem gewissen Grade das Recht der Verfügung und der Verschuldung. Wie bei der offenen Handelsgesellschaft beide Theile, so hier der Mann. Das Gesetz kann aber bei der offenen Handelsgesellschaft modificirt werden durch Vertrag. Die Leute können übereinkommen, daß der B., der vom Geschäft nicht viel versteht, mit der Geschäftsführung nicht betraut werde. Da sagt das Gesetz: „wenn ihr das vereinbart habt, so müßt ihr das dem Publicum zur Kenntniß bringen, das müßt ihr in das Handelsregister eintragen lassen, dann hat B. mit der Geschäftsführung nichts zu thun." Die Frau B. erklärt, daß ihr Mann A. vielleicht über die Hälfte ihres Vermögens disponiren könne, aber die andere Hälfte möchte sie sich vorbehalten. Da sagen wir: gut, das Gesetz will nicht, aber wenn i h r wollt, so ist es gut, aber laßt es in das Register eintragen, damit Jeder es weiß. Die Leute A. und B., die sich als Gesellschafter zu gemeinschaftlichem Handelsgewerbe zusammenthun, wollen aber auch vielleicht nicht, daß Jeder mit dem ganzen Vermögen haftet, sondern B. soll bloß mit einer bestimmten Summe haften. Da sagt das Gesetz: ja, wenn ihr wollt, das ist zwar nicht gesetzliches System, das sich von selbst versteht, aber wir haben keinen Grund, euch dies zu verbieten, ihr könnt die Haftung eines Genossen auf ein bestimmtes Capital beschränken, nur muß das auch wieder in das Register eingetragen werden; aber in diesem Falle sind die gesetzlichen Bestimmungen über die offene Handelsgesellschaft nicht gut mehr anwendbar, um eueren Willen, eueren Vertragswillen, zu interpretiren, deshalb stellen wir für diesen Fall eine gewisse dispositive Norm auf, und das nennen wir nun das System der Commanditgesellschaft; wenn ihr das macht, seid ihr Commanditgesellschaft, und da gilt, soweit ihr im Vertrage nichts Besonderes abgemacht habt, folgendes System. So wollen wir es, das ist der Sinn des Beschlusses der Abtheilung: die Frau will mit ihrem Manne nicht blos Modificationen in Bezug auf das Schuldenmachen, in Bezug auf die Vertretung nach Außen feststellen, sondern sie will mit ihm im Ehevertrage ein System annehmen, bei welchem ihr Vertragswille nicht mehr durch das gesetzliche System interpretirt werden kann. Da kommt ihnen nun das Gesetz zu Hilfe und sagt: gut, wenn ihr das wollt, wenn ihr so ein anderes System zwischen euch haben wollt, so wollen wir euch da unter die Arme greifen, indem wir gewisse dispositive Normen als geschlossenes System für diesen Fall aufstellen, nicht als irgend ein System gesetzlichen Characters, sondern als ein System, das bloß dienen soll als Interpretationsmittel für das, was die Leute gewollt haben. Meine Herren! Solcher Normen bedarf es nicht bloß einzelnen bestimmten Systemen gegenüber, sondern ganz allgemein jedem System gegenüber. Wird das System der Verwaltungsgemeinschaft gesetzliches System, so ist das ein System, welches nicht dienen kann als Interpretationsmittel für das, was die Leute gewollt haben, wenn sie sagen: wir wollen allgemeine Gütergemeinschaft oder particuläre Gütergemeinschaft. Wird eins der Gütergemeinschaftssysteme gesetzliches Recht, so ist das gesetzliche Recht nicht anzuwenden als Interpretationsnorm, wenn die Leute gesagt haben: wir machen Gütertrennung.

Deshalb müssen wir unter allen Umständen, gleichviel welches System gesetzliches System wird, solche dispositive Normen systematisch auch in das Gesetz einfügen, und deshalb war die Abtheilung gegen den Vertagungsantrag und für eine sofortige Erklärung.

Einer weiteren Begründung und Erklärung dessen, was die Abtheilung beschlossen hat, wird es nicht bedürfen.

(Lebhaftes Bravo!)

Vicepräsident **von Keller**: Indem ich dem geehrten Herrn Berichterstatter für sein Referat danke, ersuche ich Herrn Kammerpräsidenten Petersen um das Referat über die zweite Frage.

Referent Kammerpräsident **Petersen** aus Straßburg im Elsaß: Meine Herren! Die zweite Frage, welche der ersten Abtheilung zugewiesen wurde und über welche ich die Ehre habe, Ihnen Bericht zu erstatten, lautet:

„Soll im gemeinsamen bürgerlichen Gesetzbuche für Deutschland bestimmt werden, daß der Erbschaftserwerb ipso jure stattfindet?“

Es handelt sich bei dieser Frage, meine Herren, wie bei so vielen der gegebenen Fragen, im Wesentlichen um einen Gegensatz zwischen den Grundsätzen des römischen und denen des germanischen Rechtes oder deutschen Privatrechtes. Dieser Gegensatz findet sich nicht bloß in Deutschland, sondern er geht durch die Gesetzgebung fast aller civilisirten Länder hindurch, die sich hiernach in zwei große Gruppen spalten. Innerhalb des deutschen Reiches gilt das römische Recht bekanntlich als gemeines Recht, und soweit es nicht als solches gilt, haben verschiedene Gesetzgebungen den Grundsatz des Antretungserwerbes angenommen, indem sie von dem römischen Recht noch abweichen und nicht bloß für diejenigen Erben, die nicht sui heredes sind, sondern ganz allgemein den Grundsatz aufstellen, daß die Erbschaft bloß erworben wird durch eine besondere Willenserklärung des Erben, durch die Antretung der Erbschaft. Dem Grundsatze des deutschen Rechtes dagegen, nach welchem der Erbe unmittelbar, ohne daß es einer besonderen Erklärung bedarf, die Erbschaft erwirbt, folgt das preußische Landrecht und folgt das französische Recht. Es gilt also dieser Grundsatz in den zwei großen Rechtsgebieten des preußischen Landrechtes und des rheinischen Rechtes, außerdem noch in Hamburg und Lübeck. Außerhalb Deutschlands gilt der Grundsatz des Antrittserwerbes vor Allem in Oesterreich, wo aber doch ein Entwurf vorgelegt wurde, nach welchem dieser Grundsatz zu Gunsten des deutschen Rechtes aufgegeben werden soll. Der entgegengesetzte Grundsatz gilt in Frankreich, Italien, Belgien, Holland, England, Rußland, im größten Theile der Schweiz und Nordamerika.

Ueber die Frage, meine Herren, welche der ersten Abtheilung gestellt war, wurden drei Gutachten von der ständigen Deputation verlangt: von dem Herrn Consistorialpräsident Dr. Mommsen in Kiel, dem Herrn Fiscal Dr. Jung zu Frankfurt a. M. und dem Herrn Professor Dr. Randa zu Prag. Diese drei Gutachten stellten sich sämmtlich auf den Boden des römischen oder gemeinen Rechtes und beantragten, die gestellte Frage solle verneint werden. Ich kann mich natürlich bei der vorgerückten Zeit und mit Rücksicht auf die anderen Berichte, die noch zu erstatten sind, nicht auf das Detail einlassen, und suche nur ganz im Allgemeinen den Standpunct der Gutachter, auf den sich dann auch ein Theil der Mitglieder der Abtheilung gestellt hat, zu characterisiren.

Die Herren Gutachter gehen von dem römischen Rechte aus und sagen: grundsätzlich muß das gemeine Recht als solches als Grundlage für die Gesetzgebung genommen werden, sofern nicht besondere Gründe bestehen, davon abzuweichen. Sie schieben also die Beweislast gewissermaßen den Gegnern zu. Sie verneinen nun aber, daß solche Gründe bestehen. Sie behaupten, es sei das natürlichste Recht, es folge aus dem Wesen der Erbschaft, aus der Stellung des Erben zur Erbschaft, daß der Erbe nur erwerben könne, wenn er die Einwilligung, zu erwerben, besonders ausgesprochen habe, und sie finden in dem Systeme des unmittelbaren Erwerbes auch besondere Gefahren für den Erben — das ist der Grund, der in der Abtheilung am meisten betont wurde — insofern derselbe durch irgend welche Nachlässigkeit, wenn er es unterlasse zu verzichten, Gefahr laufe, die Schulden der Erbschaft bezahlen zu müssen aus seiner eigenen Tasche. Den übereinstimmenden Gutachten dieser Herren Gutachter sind nun in eigenthümlicher Weise die beiden Referenten, die wieder unter einander ganz vollständig übereinstimmten, entgegengetreten. Es war mir das Referat, und dem Herrn Justizrath Makower in Berlin das Correferat überwiesen worden, und wir kamen, ohne daß einer der Referenten von den Ansichten des andern etwas wußte, ja sogar, indem Jeder den Anderen als Gegner voraussetzte, nicht blos zu demselben Ergebniß, sondern in der Hauptsache fast ganz aus denselben Gründen. Ich muß Ihnen nun die wesentlichsten Gründe im Kurzen vortragen, weil sie im Wesentlichen in der Abtheilung unterstützt und von der Mehrheit angenommen worden sind.

Die gewöhnlichen Gründe, die für das System des unmittelbaren Erwerbes angeführt werden und praktischer Art sein sollen, waren für uns nicht entscheidend, namentlich nicht der Umstand, daß der Erbe es bequemer habe, in den Besitz der Erbschaft zu kommen. In den Gutachten war nämlich ebenfalls nicht etwa das System der gerichtlichen Einweisung vorgeschlagen worden, sondern nur einfach verlangt worden, daß der Erbe, wenn auch nur stillschweigend, seinen Willen erklären solle. Also dies wurde nicht betont, weil, wenn man nur stillschweigende Erklärung verlangt, sich allerdings der Erbe bei dem einen wie dem anderen Systeme in den Besitz der Erbschaft setzen kann. Es wurde auch wenig Gewicht darauf gelegt, daß es den Gläubigern etwas bequemer würde, den Erben, der unmittelbar ohne Erklärung erwirbt, zu belangen; denn auch dieses Ergebniß läßt sich bei dem anderen Systeme ebenso gut erreichen, wenn man vorschreibt, daß der Erbe sich in bestimmter Frist erklären muß oder von den Gläubigern zur Erklärung angehalten werden kann. Entscheidend war vielmehr in der Hauptsache ein theoretischer, aus der Natur des Erbrechtes abgeleiteter Grund, und in zweiter Linie waren es die thatsächlichen Verhältnisse, wie sie überall bestehen.

Bei dem Erbrecht handelt es sich hauptsächlich — und darin sind alle Gesetze einig — darum, daß die Continuität zwischen Erblasser und Erben festgehalten wird, daß der Uebergang auf den Erben stattfindet in unmittelbarer Weise, der Art, daß die Erbschaft niemals ohne Herrn ist. Es sollen die Rechte und Verbindlichkeiten, welche dem Erblasser zustehen, nicht durch seinen Tod erlöschen, sondern sie müssen auf irgend eine andere Person, auf den Erben übergehen, ja selbst, wenn kein Verwandter existirt, wenn kein Testament existirt, muß immer ein Erbe da sein, wie der Herr Correferent richtig bemerkt hat, schließlich ist es der Staat. Es dürfen — das verlangt der Verkehr unbedingt — diese Rechte und Verbindlichkeiten nicht erlöschen. Diese Forderung nach Continuität wird nun in gleicher Weise nach den Grundsätzen des römischen wie des deutschen Rechtes geltend gemacht; nur die Art und Weise, wie die Continuität vermittelt wird, ist eine andere. Das römische Recht hat hierzu die hereditas jacens geschaffen, an welche Rechte und Verbindlichkeiten geknüpft werden, bis der Erbe sich erklärt hat. Es wird nach Einiger Ansicht der hereditas jacens eine juristische Persönlichkeit zugesprochen, oder man sagt, sie repräsentire wenigstens die Persönlichkeit des Verstorbenen oder des künftigen Erben, oder da auch dies nicht überall zusagt, so sagt man noch, hier sei ausnahmsweise ein Subject nicht nothwendig zur Erhaltung der Rechte und Verbindlichkeiten, sondern das Vermögen als solches diene als Mittel, die Rechte und Verbindlichkeiten zusammenzuhalten. Kurz, es ist eine etwas künstliche Construction, die, wie bekannt, auch zu endlosen Controversen geführt hat. Die Continuität wird aber auch nach den Grundsätzen des römischen Rechtes noch weiter festgehalten durch die Fiction, daß der Erbe, der grundsätzlich nicht soll erwerben können ohne seine Erklärung, wenn er diese Erklärung abgegeben hat, doch so angesehen werden müsse, als hätte er sie im Augenblicke des Todes erhalten. Nun schien es, meine Herren, den beiden Referenten — und das hat auch die Abtheilung mit sehr großer Mehrheit angenommen — daß das deutsche System, da es die einfache Vermuthung aufstellt, daß der Erbe annehmen werde, das einfachere und natürlichere sei und daß ganz besondere Gründe gegen dasselbe bestehen müßten, um das künstliche System des römischen Rechtes beizubehalten.

Diese Gründe, meine Herren, wurden nun in der Versammlung geprüft und die Abtheilung hat ebenfalls angenommen, daß sie nicht zu Recht bestehen.

Es kommen die thatsächlichen Verhältnisse vor Allem hier in Betracht. Wenn es sich etwa so verhielte, daß in einer großen Zahl von Erbschaften die Erbschaft überschuldet wäre, oder daß es in sehr vielen Fällen Schwierigkeiten hätte, daß der Erbe sofort sich in Besitz setze, daß die Erben abwesend oder unbekannt wären, wenn das die Regel wäre, so müßte man wohl die Gesetzgebung nach dieser Regel einrichten. Die Regel ist aber gerade die umgekehrte. In der weitaus überwiegenden Zahl von Fällen stirbt der Erblasser in seinem Hause, in seiner Wohnung, umgeben von seinen Familienmitgliedern, von den nächsten Angehörigen, von den Erben selbst. Die Erben setzen sich sofort in den Besitz der Erbschaft und, meine Herren, in der weitaus größten Zahl von Fällen ist auch die Erbschaft nicht überschuldet, sondern sie bietet den Erben einen Vortheil; sie wird angenommen. Ich habe statistische Notizen darüber gemacht, soweit es möglich war und solche auch von einem Mitgliede der Civilgesetzcommission erhalten; darnach belaufen sich die Verzichte, die in Elsaß-Lothringen in den Gerichtsbezirken Colmar und Straßburg abgegeben wurden — und alle Verzichte müssen ja dort gerichtlich erklärt werden — in dem einen auf ungefähr nicht ganz ein Procent aller Sterbefälle, in dem anderen auf ein und einhalb Procent, und einschließlich aller Annahmen unter der Rechtswohlthat des Inventars erreicht die Zahl der Verzichte und dieser beschränkten Annahme zusammen noch nicht zwei Procent. Ob nun diese Statistik ganz allgemein für Deutschland gilt oder nicht, das ist ja ganz einerlei. Richtig ist gewiß, daß die Zahl der Fälle eine ganz verschwindend kleine ist, in welchen wirklich entweder der Erbe nicht auffindbar oder die Erbschaft überschuldet ist und nicht angenommen wird. Und, meine Herren, für diese Fälle genügt auch die Vorschrift des Gesetzes gar nicht, um Schaden zu verhüten, daß der Erbe ausdrücklich seine Annahme erklären soll, sondern für diese Fälle sind besondere Schutzmaßregeln erforderlich, Schutzmaßregeln für die Gläubiger, damit sie nicht betrogen werden von den Erben oder denen, die thatsächlich die Erbschaft in ihrer Gewalt haben, und Schutzmaßregeln auch zu Gunsten des Erben, der mit der Erbschaft sich befaßt, ohne zu wissen, ob dieselbe wirklich einen Vortheil bietet, oder ob sie überschuldet ist, gegen die Verpflichtung die Schulden aus seiner Tasche zu bezahlen.

Damit komme ich auf das Hauptbedenken praktischer Art, das in der Abtheilung gegen den Antrag des Referenten vorgebracht wurde. Man sagte nämlich, es sei doch außerordentlich hart, wenn ein Erbe durch irgend welche Nachlässigkeit, die besonders bei Nichtbesitz vorkomme, also durch unterlassenen Verzicht, in die Lage komme, nun aus seiner Tasche die Schulden bezahlen zu müssen. Hier, meine Herren, ist nun unsere Ansicht, daß diese Gefahr durchaus nicht mit dem System des unmittelbaren Erbschaftserwerbes als solchem zusammenhänge, sondern nur mit einer gewissen Art der Durchführung. An und für sich läßt sich ja die Verpflichtung des Erben, wie es ja im sächsischen Recht z. B. geschehen ist, ganz wohl darauf beschränken, daß der Erbe nur die Schulden zu bezahlen hat bis zum Belaufe der Höhe der Erbschaft, vorausgesetzt, daß er die gesetzlichen Vorschriften erfüllt, daß er ein Inventar errichtet, daß nichts verschleppt wird u. s. w. Aber, meine Herren, auch wenn man weiter gehen wollte: das System des unmittelbaren Erbschaftserwerbes, wie es z. B. nach französischem Recht besteht, enthält gar keine größere Gefahr für den Erben als irgend ein anderes System, denn das Unterlassen des Verzichtes macht ihn an und für sich noch gar nicht haftbar. Erst wenn dreißig Jahre vorübergehen, ohne daß er verzichtet hat — und auch darüber besteht noch Streit in der Jurisprudenz — wird angenommen, daß er nicht mehr verzichten könne. Vor der Zeit läuft er nur dann Gefahr, die Schulden bezahlen zu müssen, wenn er sich in die Erbschaft einmischt, wenn er die Erbschaft annimmt durch ausdrückliche Erklärung oder thatsächlich, indem er sich in den Besitz derselben setzt und als Herr derselben sich gerirt, und wenn er dann sich getäuscht hat über den Bestand der Erbschaft. Und, meine Herren, ganz genau dieselbe Gefahr besteht auch nach dem anderen System. Auch dort kann ja der Erbe sofort antreten; er kann es thun und wird es thun gerade wie in dem anderen Falle. Auch dort tritt dieselbe Folge ein, wenn er sich in die Erbschaft einmischt und über sie verfügt, und in beiden Fällen werden also dieselben Schutzmaßregeln nothwendig sein, aber auch genügen. Wenn diese Gefahr nun wegfällt, so — und das war der Sinn des Beschlusses der Abtheilung — so ist es richtig, das einfachere System zu wählen, das in der Regel genügt, und die Gesetzgebung für die normalen Fälle zu berechnen, für die Ausnahmefälle aber besondere Vorschriften zu erlassen.

Ich habe schließlich nur einen Punct noch zu berühren, nämlich zu erwähnen, ob nicht etwa die Frage gestellt wurde, daß das eine System wohl gelten solle für die Intestaterbfolge, aber nicht für die Testamentserbfolge. Es giebt Gesetzgebungen, die so unterscheiden — eine Unterscheidung, die selbst im französischen Recht gilt und die auch das Civilgesetzbuch für den Canton Zürich angenommen hat. Hier war nun maßgebend, daß wenn das neue Civilgesetzbuch die Testamentserbfolge in erste Linie stelle, es ebensowohl vorkommen kann, daß Jemand seine Kinder oder nächsten Angehörigen oder einen Theil derselben einsetzt, im Uebrigen aber nicht verfügt; und es würde wohl nicht richtig sein, hier nach diesem rein äußerlichen Gesichtspuncte zu unterscheiden und zu sagen: die Kinder, die kraft des Gesetzes erben, haben den unmittelbaren Erbschaftserwerb, wenn sie aber zufällig durch ihren Vater in einem Testamente zu Erben eingesetzt worden sind, dann müssen sie ausdrücklich erklären. Ebenso würde es seine Schwierigkeiten haben, zu unterscheiden, ob etwa nur bis zu einem gewissen Verwandtschaftsgrade der unmittelbare Erbschaftserwerb gelten solle und bei entfernteren Verwandten, bei Seitenverwandten dann das andere System des Antrittserwerbes. Es wurde deshalb auch hier von einer Unterscheidung abgesehen, ein Antrag war übrigens auch in dieser Richtung von keiner Seite gestellt worden.

Das sind im Wesentlichen die Gründe, welche die Abtheilung bestimmt haben, ihren Beschluß zu fassen und denselben durch ihren Berichterstatter dem Plenum zur Kenntniß mitzutheilen.

(Beifall.)

Vicepräsident **von Keller**: Wir danken dem Herrn Berichterstatter für sein Referat. Ich ersuche nun den Herrn Referenten Obergerichtsrath Thomsen, sein Referat über Frage 3 der dritten Abtheilung zu geben.

Referent Obergerichtsrath **Thomsen** (Hannover): Die dritte Frage, welche in der dritten Abtheilung zuerst zur Berathung gelangte, bezieht sich darauf:

„Soll der Spruch der Geschworenen wegen falscher Rechtsbelehrung des Präsidenten angefochten werden können, und wie?"

Ueber diese Frage waren zwei Gutachten eingegangen, von Herrn Professor Dr. Wahlberg zu Wien und von Herrn Bezirksgerichtsdirector Stöckel zu Freiberg (Sachsen). Beide Gutachten kommen zu dem Resultate, daß die Anfechtbarkeit als Princip anzunehmen sei. Diese Anfechtbarkeit ist bereits in Oesterreich und Sachsen in die Gesetzgebung übergegangen. Aus beiden Ländern stammen auch eben diese Gutachten, welche dieses Princip anerkennen. Auch die Reichsjustizcommission hat in ihrem jüngsten Beschlusse anerkannt, daß die Anfechtbarkeit des Spruches der Geschworenen wegen falscher Rechtsbelehrung des Präsidenten anzunehmen sei, einen Grund zur Revision darbiete. Nur macht sie eine Unterscheidung zu Gunsten des Angeklagten, dem das Rechtsmittel zusteht, wenn die Möglichkeit vorliegt, daß die Rechtsbelehrung einen Einfluß auf den Spruch der Geschworenen geübt habe, während zu Ungunsten des Angeklagten die Revision bloß dann stattfinden soll, wenn anzunehmen ist, daß diese Rechtsbelehrung einen Einfluß geübt habe; also mit anderen Worten: die Möglichkeit des Einflusses der Rechtsbelehrung auf den Spruch der Geschworenen begründet für den Angeklagten die Revision; für die Staatsanwaltschaft zu Ungunsten des Angeklagten, zu Gunsten der Anklage, nur die Wahrscheinlichkeit des Einflusses. Ein früherer Beschluß der Reichsjustizcommission hatte angenommen, daß auf beiden Seiten Wind und Wetter gleich vertheilt sein sollten, daß eben nur die Unmöglichkeit des Einflusses die Revision ausschließe, während sie jetzt zu Ungunsten der Anklage angenommen hat, die Wahrscheinlichkeit des Einflusses wäre erforderlich, um die Revision zu begründen.

Auf Grund dieser Gutachten und der Ergebnisse der bisherigen legislatorischen Arbeiten, hatte ich, da ich die Ehre hatte, das Referat zu erhalten, drei Anträge zu formuliren mir erlaubt:

1) Wegen falscher, richterlicher Rechtsbelehrung ist der Spruch der Geschworenen durch ein Rechtsmittel bei dem höchsten Gerichtshofe anfechtbar.

2) Die Rechtsbelehrung ist zunächst nach dem richterlichen Ermessen, stets aber, soweit es die Staatsanwaltschaft oder die Vertheidigung verlangt, zu Protocoll festzustellen.

3) Die Rechtsbelehrung ist für die Geschworenen gesetzlich bindend.

Der erste Antrag bezielte eben den Ausspruch des Princips. Die Motivirung dieses Principes findet sich darin, daß es gerade bei den wichtigsten Urtheilen bis jetzt wenigstens, mit Ausnahme von Oesterreich und Sachsen, unmöglich ist, einen schädlich einwirkenden Rechtsirrthum der Geschworenen wieder zu beseitigen, zu paralysiren. Er ist jetzt nicht zu heilen. Deshalb, da dieses ja eben als nothwendig erscheint, muß eine Anfechtbarkeit statuirt werden. — Diese Anfechtbarkeit hinsichtlich des „wie“ ergiebt sich insofern dahin, daß man annehmen muß: durch ein Rechtsmittel bei dem höchsten Gerichtshof, nicht etwa durch Berufung auf das Collegium, wenn der Präsident irrthümlich belehrt.

Der zweite und dritte Antrag bezwecken, die praktische Durchführbarkeit der Anfechtbarkeit zu ermöglichen, möglichst gute Garantien und Grundlagen zu schaffen, damit der höchste Gerichtshof in die Lage gesetzt werde, zu beurtheilen, ob zu vernichten sei oder nicht. Während nun der zweite Antrag, daß nämlich zu Protocoll festzustellen sei, seine Berechtigung wohl schon in sich trägt eben durch die Nothwendigkeit der Fixirung der Rechtsbelehrung, steht der dritte Antrag: „Die Rechtsbelehrung ist für die Geschworenen gesetzlich bindend“ — in einem logischen, in einem nothwendigen Zusammenhange mit dem Princip, woraus die Motivirung dieses dritten Antrages, wenigstens von mir, hergeleitet ist. Ich bemerke hier, daß diese Nothwendigkeit des dritten Antrages, um es kurz zu erwähnen, aus folgender Erwägung hervorgegangen ist. Die Nothwendigkeit und Rechtfertigung der Anfechtbarkeit wegen falscher Rechtsbelehrung beruht, obgleich die Fassung dieser Frage und auch die Fassung der Gesetzgebung vielleicht dem Wortlaute nach eine andere Deutung zulassen möchte, eben nicht auf der falschen Rechtsbelehrung als solcher, sondern auf dem Rechtsirrthum, den die Geschworenen begangen haben. Diese Rechtsbelehrung bildet selbst nicht das Uebel, welches zu beseitigen ist, sondern sie ist eben nur die Ursache des Uebels und nur e i n e Ursache vielleicht, vielleicht die regelmäßige. Nach dem jetzigen Stande der Gesetzgebung haben die Geschworenen das Recht von den ihnen vorgetragenen Rechtsansichten nach ihrem Geschmack und nach ihrer Ueberzeugung auszuwählen, welche Rechtsanschauung sie ihrem Spruche zu Grunde legen wollen. Außer den Rechtsanschauungen des Präsidenten können in Frage kommen die des Staatsanwaltes, die des Vertheidigers und vielleicht auch des einen oder anderen der Geschworenen. Aus dem Spruche selbst ist nicht erkennbar, auf welcher Rechtsanschauung die Geschworenen gefußt haben. Um nun die Anfechtbarkeit praktisch zu ermöglichen, erschien es nothwendig, was jetzt nur als Vermuthung besteht, die Wahrscheinlichkeit, daß die Geschworenen den Spruch des Präsidenten befolgt haben, möglichst zur Gewißheit zu bringen, die Geschworenen zu binden an die Rechtsbelehrung des Richters. Dann erhält das Institut der Anfechtbarkeit eine feste Basis, wenigstens eine solche Basis, wie man sie bestmöglichst bieten kann, die nicht mehr auf einer bloßen Vermuthung beruht.

Die ganze Frage hat eine längere und lebhafte Debatte hervorgerufen. Die Gegner der Anträge beriefen sich hauptsächlich auf zwei Kategorien von Gegengründen und Bedenken: einmal auf die große Schwierigkeit der praktischen Durchführbarkeit in den Einzelnheiten, das andere Mal — und das war wohl hauptsächlich dasjenige, was die Gegner leitete — auf die Gefährdung des Geschworeneninstitutes durch die in den Anträgen formulirten Rechtssätze. Man befürchtete, daß die Freiheit der Geschworenen in der bedenklichsten Weise beschränkt würde und wollte daher die bis jetzt bestehende Freiheit den Geschworenen belassen wissen. Dagegen wurde auf der anderen Seite wieder hervorgehoben, daß dieser Uebelstand doch einmal nicht wegzuleugnen sei, es müßte eine Garantie gegen Rechtsirrthum geschaffen werden und mit der Beseitigung dieses Uebelstandes würde gerade das Geschworeneninstitut statt gefährdet zu werden, erst recht gesichert gegen etwa in dieser Beziehung zu erwartende Angriffe. Besondere Anträge wurden gestellt zunächst von Herrn Professor Rubo auf motivirte Tagesordnung, begründet dadurch, daß er der Ansicht war, die Rechtsfragen dürften überhaupt den Geschworenen nicht vorgelegt werden; dann von Herrn Kreisgerichtsrath Heinsheimer auf einfache Tagesordnung; ferner zum Antrage 1 von Herrn Dr. Zimmermann: die Anfechtbarkeit nur zu beschränken auf die Fälle, wo ein verurtheilender Spruch der Geschworenen erfolgt sei; also nur zu Gunsten des Angeklagten. Dann zum Antrag 2 von Herrn Oberappellationsrath Lamm: hinsichtlich der Protocollirung auszusprechen, es sollten stenographisch die Rechtsbelehrung resp. die Einwendungen festgestellt werden. Dann war von mir noch im Laufe der Verhandlung ein Zusatzantrag gestellt zu Nummer 1, sich anlehnend an den früheren, jetzt wieder modificirten Beschluß der Reichsjustizcommission, nämlich die Anfechtbarkeit nur dann nicht zuzulassen, wenn die Unmöglichkeit des Einflusses offenbar vorliege; also bei den eigentlich irrelevanten Rechtsbelehrungen sie auszuschließen.

Alle diese in der mündlichen Verhandlung gestellten Anträge sind abgelehnt worden. Von den drei gedruckten Referatsanträgen sind 1 und 2 angenommen; dagegen ist der dritte Antrag abgelehnt. Man verkannte zwar nicht, daß ein logisch nothwendiger Zusammenhang zwischen dem Princip, also zwischen dem Antrage 1 und dem Antrage 3, der bindenden Kraft der Rechtsbelehrung für die Geschworenen bestehe, aber, wie man nach dem Gange der Debatte wohl annehmen muß, die Befürchtung, das Geschworeneninstitut möchte Schaden leiden, hat offenbar die Oberhand gewonnen, und so wurde der Antrag abgelehnt, so daß jetzt im Wesentlichen nur das Princip ausgesprochen ist: wegen falscher richterlicher Rechtsbelehrung ist der Spruch der Geschworenen durch ein Rechtsmittel bei dem höchsten Gerichtshofe anfechtbar.

(Bravo!)

Vicepräsident **von Keller**: Wir danken dem Herrn Referenten, und ich ersuche nun zu Frage 4 Herrn Dr. Jaques aus Wien das Referat zu geben.

Hof- und Gerichtsadvocat Dr. **Jaques** aus Wien: Meine verehrten Herren! Ich fühle, daß wir bereits unter einer gewissen Pression sprechen und sprechen müssen, und ich werde mir deshalb die äußerste Mühe geben, die Gesichtspuncte, welche die Abtheilung zu dem Beschlusse bewogen haben, über den ich Ihnen zu referiren habe, in der möglichsten Kürze zu pointiren. Die Frage, welche die Abtheilung beschäftigte, war, ob Strafbarkeit bezüglich des Schuldners und bezüglich des Gläubigers bestehen soll, wenn in dem Zeitraum zwischen der Zahlungseinstellung und der Concurseröffnung ein Gläubiger begünstigt wird, beziehungsweise die Begünstigung annimmt. Diese Frage nöthigte die Abtheilung zur eingehenden Erörterung des Verhältnisses zwischen Schuldner und Gläubiger von dem Momente an, wo Insolvenz, wo die Gefahr des Concursausbruches besteht, und zwar in einer vierfachen Richtung, in wirthschaftlicher, in ethischer Beziehung, in civilrechtlicher und in strafrechtlicher. In wirthschaftlicher Beziehung mußten wir uns der Ueberzeugung hingeben, daß es mit den Grundsätzen der Nationalökonomie im allergrellsten Widerspruche stände, wenn die Gesetzgebung die Möglichkeit zuließe, daß dort, wo ein Verlust an Gütern, ein Verlust an Werthen erlitten wird, die Vertheilung dieses Verlustes in ganz ungleichmäßiger Weise stattfinde, so daß Einer, welcher nach der Natur seines Anspruches völlig gleich betheiligt sei wie die Anderen, gar nichts, während die Anderen wieder Alles verlören, daß es also nationalökonomisch und wirthschaftlich dringend wünschenswerth sei, daß die Vertheilung des Verlustes möglichst gleichmäßig erfolge. In ethischer Beziehung mußten wir uns der Ueberzeugung hingeben, daß es im Widerstreit mit der öffentlichen Moral stehe, wenn in einem solchen Momente der Nothlage eines Schuldners eine Hetzjagd zwischen den Gläubigern stattfinde, welche zu dem Resultate führen soll, daß Einige unter ihnen den Anderen den Vorrang abgewinnen in Bezug auf die Erlangung der wenigen Zahlungsmittel, die überhaupt noch vorhanden sind. In juristischer Beziehung mußten wir endlich vor Allem der Ueberzeugung Raum geben, daß eine Rechtsverletzung der Gläubiger durch solche Befriedigungen, durch solche Begünstigungsacte von dem Momente an stattfinde, da Dasjenige eingetreten ist, was der Entwurf zur deutschen Reichsconcursordnung in seiner Motivirung mit Recht den Concursanspruch nennt, d. h. wo es bereits evident zu Tage tritt, daß nicht mehr hinlängliche Zahlungsmittel vorhanden sind, um alle Gläubiger zu befriedigen, in welchem Falle also bereits par conditio creditorum thatsächlich eingetreten ist, und gesetzlich eintreten soll, so daß also von diesem Momente an die Gesammtheit der Gläubiger gleichsam in einer communio incidens, mit einem gleichen Rechtsanspruche auf alles vorhandene Vermögen dem Schuldner gegenübersteht. Nun mußten wir uns die Frage stellen, ob es hinreiche, wenn man einer solchen Situation der Begünstigung einzelner Gläubiger, der Befriedigung einzelner Gläubiger zum Nachtheile der Anderen im Moment der Zahlungseinstellung oder der Concurseröffnung gegenüber, bloß civilrechtlich vorgeht, und die betreffende Rechtsverletzung auf civilrechtlichem Wege hintenanzuhalten sucht, oder ob eine strafrechtliche Sanction nothwendig ist. Die Abtheilung war nun der Ueberzeugung, daß die civilrechtliche Anfechtbarkeit, das System, welches uns die heutige Gestaltung der gemeinrechtlichen actio Pauliana darbietet, nicht ausreicht, um solche Rechtsverletzungen hintenanzuhalten, und zwar aus einem doppelten Grunde. Zunächst aus dem einen Grunde, weil gerade nach der neuen, wissenschaftlich reineren Gestalt, die die Lehre erhalten hat, seit man bei ihr zurückgreift auf die actio Pauliana des römischen Rechtes selbst, die Anfechtung nur dann stattfinden kann, wenn der Gläubiger in doloser Weise mitgewirkt, wenn er den animus fraudandi gehabt hat, und weil in allen Fällen die Anfechtbarkeit entfällt, wo man dem Gläubiger einen solchen animus fraudandi nicht nachweisen kann. Weiter schien aber auch aus dem Grunde das Civilrecht allein nicht ausreichend, weil ja für den Schuldner die Anfechtung solcher Begünstigungen und Befriedigungen, wenn er sich einmal im cridarischen Zustande befindet, gleichgültiger Natur sind, da sich ja für ihn aus der Anfechtbarkeit des Rechtsactes ein Vortheil nicht mehr ergeben kann. Die Abtheilung war aber weiter auch der Ueberzeugung, daß ein vollkommen hinreichender Rechtstitel zur strafrechtlichen Beurtheilung eines solchen Falles vorliegt, und zwar deshalb, weil jene von mir angedeutete wirthschaftliche Schädigung der Gesammtheit, weiter jene sittliche Schädigung der Gesammtheit Platz greift, und weil endlich die Rechte der Gläubiger in der Art, wie ich es angedeutet habe, und zwar doloser Weise verletzt werden, weil sonach alle Momente vorhanden sind, welche eine strafrechtliche Beurtheilung des Falles rechtfertigen. Die Abtheilung ist daher zu dem Resultate gelangt, daß die Bestimmung des § 211 des Entwurfs der Reichsconcursordnung, in welchem gesagt ist, daß der Schuldner dann strafbar sei, wenn er im Bewußtsein seiner Zahlungsunfähigkeit einem Gläubiger irgend welche Begünstigung einräumt, auf welche der Gläubiger entweder nicht, oder nicht der Art, nicht der Zeit nach Anspruch hatte, daß diese Bestimmung in zweifacher Beziehung nicht ausreiche — und daß der Entwurf des österreichischen Strafgesetzbuches rücksichtlich dieser Frage in einer Beziehung auch nicht ausreicht. In zweifacher Beziehung der Entwurf der deutschen Reichsconcursordnung nicht: nämlich sowohl insoweit es sich um die Person, um das Subject des Delicts handelt, als insofern es sich um den Inhalt, den Umfang des Delicts handelt. Nicht ausreichend in Bezug auf die Person, weil wir gefunden haben und der Ueberzeugung Raum geben müssen, daß dort, wo der Gläubiger im vollen Bewußtsein der eingetretenen Zahlungsunfähigkeit, der eingetretenen Zahlungseinstellung oder des erfolgten Antrages auf Concurseröffnung, eine Befriedigung oder Begünstigung annimmt, er sich selbst eines Delictes schuldig macht, selbst dolos verfährt, also auch bezüglich seiner Person Strafbarkeit statuirt werden muß. Nicht ausreichend bezüglich des Inhalts des Delicts, weil nicht blos Begünstigungshandlungen in dem Sinne, daß es sich um Leistungen handelt, auf welche der Gläubiger nicht, oder nicht in der Art oder in der Zeit Anspruch hatte, allein zu verpönen sind, sondern auch die eigentliche Zahlung in dem Falle zu verpönen, strafrechtlich zu ahnden, ja genau genommen, sogar im Sinne einer solchen Textirung selbst zu ahnden ist, weil von dem Momente an, da der Concursanspruch, die par conditio creditorum eintritt, der effective Anspruch des Gläubigers sich nur auf den Quotienten bezieht, welcher aus der gesammten Masse des Vermögens, bei gleicher Berücksichtigung aller Gläubiger, für ihn entfällt, weil es nicht ein suum ist, (im Sinne des römischen Rechts, das von suum recipit spricht), wenn der Gläubiger unter solchen Umständen noch seine gesammte Forderung erhält, weil unter diesen Umständen die Zahlung ebenso wie jede andere Leistung als Begünstigungshandlung und nicht als bloße Befriedigung erscheint, also auch wie eine solche Begünstigungshandlung strafrechtlich zu ahnden ist.

In letzterer Beziehung ist die Norm des österreichischen Entwurfs nach unserer Ansicht correct, während er bezüglich des Gläubigers auch nicht mit Klarheit ausspricht, daß der Gläubiger ebenfalls strafbar sei.

Die vorausgehende Begründung anerkennend, ist also die Abtheiluug zu dem Beschlusse gekommen:

> Der Gemeinschuldner, welcher, seine Zahlungsunfähigkeit kennend, einen Gläubiger gegenüber den anderen befriedigt oder begünstigt, ferner der Gläubiger, welcher in Kenntniß von der erfolgten Zahlungseinstellung, oder dem Antrage auf Concurseröffnung des Schuldners, von demselben Befriedigung oder Begünstigung gegenüber den anderen Gläubigern annimmt, ist strafbar.

Ein Moment mußte noch mit besonderer Behutsamkeit erwogen werden, und das ist die Frage, von welchem Zeitpuncte an die strafrechtliche Schuld sowohl des Schuldners als andererseits des Gläubigers zu datiren sei. Da war nun wieder die Abtheilung der Ueberzeugung, daß man einen sehr präcisen und scharfen Unterschied machen müsse. Der Schuldner sei strafbar, wurde anerkannt, wenn er im Momente seiner Zahlungsunfähigkeit solche Begünstigungs-, Befriedigungsacte vornimmt, weil er da schon das volle Bewußtsein davon hat, wie seine Situation ist, und daß er nicht mehr einen Einzelnen bevorzugen soll. Anders war es aber bezüglich des Gläubigers. Wir mußten sagen, daß, wenn wir an einer bestimmten Stelle mit Fug und Recht dem Gläubiger eine Berechtigung entziehen wollen, die er unmittelbar früher unbestritten nach allen Rechtsgrundsätzen hatte und haben mußte, dieser terminus a quo so scharf als möglich formulirt werden muß. So kamen wir nun dazu, in Bezug auf den Gläubiger den Unterschied zu machen, daß bei ihm die Handlung der Annahme von Begünstigungen nur strafbar ist, wenn entweder Zahlungseinstellung oder der Antrag auf Concurseröffnung stattgefunden, und er davon die volle Kenntniß hat, welche Letztere ja überall selbstverständlich ist, wenn es sich um eine strafrechtliche Imputation handelt.

So also ist die Abtheilung zu dem Beschlusse gelangt, dessen Motive ich Ihnen wenigstens in nuce — Sie werden mir zugeben, daß ich mein Möglichstes thue, um kurz zu sein — darzulegen bemüht war. Es hatte sich eine einzige Stimme gegen den Antrag erhoben, welche davon ausging, daß der Begriff der Zahlungseinstellung nicht klar genug sei, im Uebrigen war volle Einstimmigkeit vorhanden. Ich bin zu Ende, und will nur noch hinzufügen, daß die Abtheilung bei ihrem Beschlusse von der Ueberzeugung durchdrungen war, daß, wenn je ein Moment opportun sei zu Einführung einer solchen gesetzlichen Bestimmung in die österreichischen und deutschen Gesetze, der heutige Moment der alleropportunste sei, weil wir im

Laufe der letzten Jahre es mehr denn je zuvor erfahren haben, wie unendlich nachtheilig, wie schwerwiegend es für den Staat ist, wenn man den Credit nicht auf feste sichere Grundlagen stellt, wenn man ihn nicht auf jenen Fels von Erz stellt, unter welchem ich verstehe die unerschütterliche Rechtlichkeit.

(Beifall.)

Präsident: Mit unserem besten Danke rufe ich Herrn Dr. Stenglein auf zum Referat über die Frage von dem beendigten Versuche.

Advocat Dr. **Stenglein** aus München: Meine Herren: Die dritte Abtheilung hat den Beschluß gefaßt zu erklären:

„1) Der Unterschied zwischen beendigtem und nicht beendigtem Versuche ist nicht geeignet, Aufnahme in die Gesetzgebung zu finden.

2) Die freiwillige Verhinderung der Vollendung ist als Strafaufhebungsgrund anzuerkennen."

Der Gedankengang, von dem sich die Abtheilung hierbei leiten ließ, ist folgender: In der fortschreitenden Thätigkeit, welche der Thäter zu entfalten hat, um vom Anfang der Ausführung eines Verbrechens bis zur Vollendung desselben zu kommen, finden keine so entschiedenen Grenzlinien statt, daß man danach in das Strafgesetzbuch eine Unterscheidung aufnehmen könne. Es sei der beendigte Versuch, der ja ohnehin nur bei einzelnen Reaten eine Anwendung finden könne, nicht von einer qualitativen, sondern nur von einer quantitativen Bedeutung, und eigne sich deshalb nicht, um eine Grenzlinie absolut höherer Strafbarkeit zu ziehen, sondern eigne sich nur, um als Strafzumessungsgrund in Computation zu kommen, und werde hier sehr häufig von subjectiven Entschuldigungsgründen aufgewogen, wenn auch anerkannt werden müsse, daß die Fortschreitung zur Vollendung ein objectiver Strafzumessungsgrund ist, der eine strengere Behandlung rechtfertigt. In zweiter Richtung wurde sodann anerkannt, daß die freiwillige Verhinderung der Vollendung als Strafaufhebungsgrund anzuerkennen sei, weil jede strafbare Handlung in strafbarem Willen und in dessen äußerer Erscheinung bestehe, dadurch aber, daß der Thäter sich zur freiwilligen Verhinderung des Erfolgs herbeilasse, der strafbare Wille beseitigt sei, mit der Beseitigung des Erfolgs aber auch die objective Erscheinung dieses strafbaren Willens in einer Weise aufgehoben sei, daß ein strafbarer Thatbestand sich nicht mehr ergebe. Sie werden begreifen, daß ich mich im Drange der Zeit auf diese einfache Anzeige beschränke.

(Bravo!)

Präsident: Mit dem besten Danke ersuche ich Herrn Dr. von Kißling Vortrag zu erstatten über den Ersatz für ungerechtfertigte Untersuchungshaft.

Hof- und Gerichtsadvocat Dr. Ritter **von Kißling** aus Linz: Meine hochverehrten Herren! Die Frage:

> „Soll im Falle der Freisprechung oder der Nichterhebung der Anklage für die Untersuchungshaft eine Entschädigung gewährt werden?"

ist bereits zum dritten Male auf der Tagesordnung des Juristentages. Sie hatte das eigenthümliche Schicksal, daß alle Anträge, welche früher gestellt worden sind — es waren ziemlich zahlreiche Anträge — immer abgelehnt wurden, und sich daher die Nothwendigkeit ergab, die Frage nochmals in Verhandlung zu nehmen. Die Abtheilung ging im Allgemeinen von dem Standpuncte aus, daß wirklich ein Rechtsanspruch, und nicht, wie der Correferent, Herr Professor Ullmann, ausgeführt hat, bloß Billigkeitsgründe für den Anspruch eines Freigesprochenen oder eines Solchen, gegen welchen die Anklage zurückgezogen ist, bestehen, wenn er das Uebel der Untersuchungshaft hat leiden müssen. Es konnte ihr nicht als ein Zufall erscheinen, wenn das geschieht, für welchen Niemand verantwortlich ist, sondern es erschien ihr als ein ganz besonderes Opfer, welches der Einzelne für die Strafrechtspflege bringt, und es ergab sich daher die nothwendige Consequenz, daß hierfür der Einzelne auch entschädigt wird. Selbstverständlich hat sie aber angenommen, daß das nur in solchen Fällen stattfinden soll, in welchen nicht durch das Benehmen des Angeklagten selbst Veranlassung zu der Untersuchungshaft oder zur Verlängerung derselben gegeben ist. Sie hat dies damit ausgedrückt, daß eben ein Verschulden nicht vorhanden sein soll durch das Benehmen während der Untersuchung. Damit sind aber alle Stadien der Untersuchung gemeint. Weiter hat sie als Bedingung gesetzt, daß eine Freisprechung oder eine Zurückziehung der Anklage erfolge, und sie ist auf den Gedanken nicht eingegangen, daß dem Freigesprochenen auch noch auferlegt werde, daß er den Beweis führen soll, daß er das Verbrechen nicht begangen habe, oder daß das Verbrechen nicht begangen worden ist, oder daß es überhaupt keine strafbare Handlung war. Diese Gründe haben die Abtheilung bewogen, den Antrag des Herrn Hofrath von Keller, welcher dahin ging, auszusprechen, es gebühre für die unverschuldete Untersuchungshaft eine angemessene Entschädigung, abzulehnen, weil darin nicht dieses Moment aufgenommen, im Gegentheil von dem Antragsteller bekämpft wurde, daß die Freisprechung an und für sich berechtigen soll. Es wurde umsomehr der Antrag des Herrn Professor Ullmann abgelehnt, auszusprechen, daß aus Billigkeitsrücksichten in gewissen Fällen eine solche Entschädigung gegeben werden solle, und es wurde schließlich, nachdem ich mich mit den Herren Dr. Jaques und Dr. Stenglein geeinigt, und meinen Antrag, den ich früher als Referent gestellt, weil er im Wesentlichen mit dem ihrigen übereinstimmte, zurückgezogen hatte, angenommen mit überwiegender Majorität der Antrag:

„Der Juristentag spricht seine Rechtsüberzeugung aus: Im Falle der Freisprechung oder der Zurückziehung der Anklage ist für die erlittene Untersuchungshaft eine angemessene Entschädigung zu leisten, es sei denn, daß der Angeklagte durch sein Verschulden während des Verfahrens die Untersuchungshaft oder die Verlängerung derselben verursacht hat."

Dies bringe ich im Auftrage der Abtheilung zur Kenntniß.

Präsident: Mit dem besten Danke schließen wir die Vorträge der dritten Abtheilung, es folgt nun die vierte. Die erste Frage betrifft die Klageänderung.

Ich ersuche Herrn Präsidenten Kühne uns Vortrag zu erstatten.

Appellationsgerichtspräsident **Kühne** aus Greifswald: Meine Herren! Die Frage der Klageänderung hat in diesem Jahre zum zweiten Male auf der Tagesordnung des Juristentages gestanden. Es sind wesentlich zwei Richtungen hervorgetreten. Die eine will die Klageänderung ganz frei zulassen, insofern es sich um die Aenderung in der Substantiirung des Anspruches handelt; die andere Richtung will den Klagegrund zum Ausgang nehmen, und die mutatio libelli nur so lange für zulässig erklären, als der Klagegrund nicht geändert wird.

Vergleichen wir die diesjährigen Verhandlungen der Abtheilung mit den vorjährigen des Juristentages, so ist die Stimmung insofern etwas anders geworden, als die Ansicht, daß die Lehre vom Klagegrunde für die Bestimmungen über Klageänderung zum Ausgang zu nehmen sei, nur von wenigen Seiten vertheidigt worden ist. Es hat wesentlich nur Herr Obertribunalsrath Struckmann unter Assistenz des Herrn Oberappellationsgerichtsrath Becker den Standpunct der Justizcommission des Reichstages aufrecht zu erhalten gesucht, welche ja bei ihren Vorschlägen an den Klagegrund nach wie vor angeknüpft hat. Ich habe in meinem Gutachten darzulegen mich bestrebt, daß die Anknüpfung an die Lehre vom Klagegrunde nicht geeignet sei, zu einem Urtheile darüber, ob eine Klageänderung vorliege, zu führen, daß überhaupt die Lehre vom Klagegrunde, soweit als daran die Vorschriften über die mutatio libelli angeknüpft werden, nicht verträglich sei mit einem frei gestalteten mündlichen Verfahren, in welchem das Hauptgewicht des ganzen Prozesses in der mündlichen Verhandlung liegen soll. Die Gründe pro et contra sind nach wie vor dieselben geblieben. Es ist insbesondere von den Gegnern geltend gemacht worden, daß die Lehre vom Klagegrunde ja doch nicht beseitigt werden könnte, weil sie in Beziehung auf die Beweislast und in Beziehung auf die res judicata sich immer wieder geltend machen werde, auch wenn man hier von ihr absehe. Das muß unzweifelhaft als richtig zugegeben werden. Darin liegt aber kein Grund, um bei den Vorschriften über die Klageänderung an die Lehre vom Klagegrunde anzuknüpfen; denn gerade hier entstehen dadurch Weitläufigkeiten.

Meine Herren! Ich will die Debatte, welche in der Abtheilung entstand, nicht vollständig wiederholen, sondern nur bemerken, daß ich in meinem Gutachten und den Anträgen, welche ich an dieses Gutachten angeknüpft, indem ich beantragt habe, daß die Vorschläge angenommen werden möchten, welche in § 8 des Ihnen vorliegenden Gutachtens enthalten sind, im Wesentlichen übereingestimmt habe mit dem Herrn Referenten der Abtheilung, Kreis- und Hofgerichtsdirector von Stößer, welcher nach dem Inhalte seines Vortrages eigentlich nur einen anderen Ausdruck für dasjenige gewählt hat, was auch ich anstrebe. Er meinte jedoch, mein Antrag, nichts zu bestimmen über Klageänderung, sei nicht genügend, weil mein Vorschlag das Angestrebte nicht deutlich genug mache, und die Erreichung des Zieles nicht sichere; man müsse vielmehr etwas Positives über die Zulässigkeit der Aenderung im Gesetze sagen. Ich dagegen war und bin noch der Ansicht, daß das, was der Referent darüber in das Gesetz aufnehmen wollte, die alte Lehre vom Klagegrunde doch wieder heranziehen würde. Denn wenn bloß negativ bestimmt würde, wie in den Anträgen, die Ihnen vorliegen, gesagt ist, daß eine Klageänderung nicht vorhanden sei, wenn das und das geschehe, so bleibt immer die Frage offen, was Klageänderung ist? und es ist gewiß die Besorgniß nicht unbegründet, daß bei der Beantwortung dieser Frage an die bisher dafür nutzbar gemachte Lehre vom Klagegrunde wieder angeknüpft werden würde. Letzteres muß gerade vermieden werden. Deshalb war ich der Meinung, man solle lieber von Klageänderung, wo darunter eine Aenderung der Klagebegründung verstanden werden kann, gar nicht sprechen, sondern nur die Aenderung des Anspruchs, insoweit als das Object der Klage, der Inhalt des Petitum ein wesentlich anderer wird, für unstatthaft erklären. Die Debatte in der Abtheilung betraf wesentlich diese Differenz und die Frage: ob man eine Klageänderung (der Begriff wurde wieder herbeigezogen) in der zweiten Instanz gestatten wolle oder nicht. Auch hier gingen die Meinungen wieder auseinander. Die Einen wollten in zweiter Instanz eine Aenderung überhaupt nicht mehr zulassen, die Anderen aber erklärten, es müßte beim mündlichen Verfahren, wo die Appellationsinstanz wesentlich ein novum judicium sei, in zweiter Instanz ebenso wie in erster die Aenderung zulässig sein, sobald nur das Object des Klageanspruches dasselbe bleibe.

Bei der Verhandlung kam dann ferner der Punct zur Anregung, ob man die Einwilligung des Beklagten in eine Aenderung für erheblich oder einflußlos erachten wollte. Der Referent, Herr Kreis- und Hofgerichtsdirector von Stößer, ging so weit, daß er meinte, wenn der Beklagte einwillige, sei es stillschweigend oder sei es ausdrücklich, so könne man jede Aenderung auch im Antrage ohne Gefahr zulassen, während die Meinung Anderer und auch meine Ansicht dahin ging, daß so weit das Bedürfniß, Aenderungen zu gestatten, jedenfalls nicht gehe, denn durch eine wesentliche Aenderung im Objecte des klagbar gemachten Anspruches entstehe ein neuer Prozeß; am wenigsten dürfe man es zulassen, daß ein solcher in der zweiten Instanz angefangen werde. In Folge dessen wurde unter Anknüpfung an die Anträge des Herrn Referenten die Abstimmung vorgenommen.

Es wurde zuerst über den ersten Antrag abgestimmt, welcher lautet:

„Die Erhebung der Klage hat die Wirkung, daß der Kläger nicht berechtigt ist, ohne Einwilligung des Beklagten die Klage zu ändern."

Dieser Antrag wurde abgelehnt, weil er, wie wenigstens nach der Discussion anzunehmen ist, überflüssig sei.

Es wurden demnächst zur Abstimmung gestellt drei Anträge: 1) der des Herrn Referenten in Verbindung mit dem Antrage des Herrn Obertribunalsrath Struckmann, welcher an den Klagegrund anknüpfen wollte. Letzterer wollte den ad II. Nr. 1 Ihnen gedruckt vorliegenden Antrag, der so lautet:

„Als eine Aenderung der Klage ist es nicht anzusehen, wenn
1) die thatsächlichen oder rechtlichen Anführungen ergänzt oder berichtigt werden"

vervollständigt haben resp. beschränken durch Aufnahme der Worte: „ohne Aenderung des Klagegrundes."

Danach sollte die vorgeschlagene Bestimmung lauten:

„Als eine Aenderung der Klage ist es nicht anzusehen, wenn ohne Aenderung des Klagegrundes die thatsächlichen und rechtlichen Anführungen ergänzt oder berichtigt werden,"

sodaß also der § 232 des Entwurfs der deutschen Prozeßordnung wieder hergestellt werden sollte, und dadurch die Meinung vertreten war, die den Beifall der Justizcommission des Reichstages gefunden hat. Dieser Antrag: an den Klagegrund wieder anzuknüpfen, und ebenso später der erwähnte Antrag des Referenten (ohne den Zusatz Struckmann's), wurde mit Majorität verworfen. Demnächst wurde mein Antrag zur Abstimmung gestellt: den Vorschlägen zuzustimmen, welche ich in § 8 des von mir erstatteten Gutachtens gemacht habe. Dieser war, wie erwähnt, wesentlich gegen den Antrag des Herrn Struckmann gerichtet, aber auch gegen den

Antrag des Herrn Referenten, weil nach meiner Ansicht auch der Antrag des Letzteren in das System der Prozeßordnung nicht genau hineinpaßt, und leicht zu unrichtigen Auffassungen darüber, daß die Theorie vom Klagegrunde noch verwerthet werden könne zur Beurtheilung der Frage, ob eine Aenderung der Klage vorliege, führen kann.

Es wurde also, wie ich schon erwähnt habe, nach Ablehnung des Antrages Struckmann über meinen Antrag abgestimmt, welcher in seinem wesentlichsten Theile dahin ging:

man solle erklären,

daß nach der Erhebung der Klage der Gegenstand des geltend gemachten Anspruches nur insoweit geändert werden dürfe, als

1) der Klageantrag in der Hauptsache oder in Beziehung auf Nebenforderungen erweitert oder beschränkt wird;
2) statt des ursprünglich geforderten Gegenstandes wegen einer später eingetretenen Veränderung ein anderer Gegenstand oder das Interesse gefordert wird,

und demgemäß den Entwurf in einigen anderen von mir bezeichneten Bestimmungen ändern.

Dieser Antrag wurde mit Majorität, wenn auch allerdings nur mit geringer Majorität angenommen, und in Folge dessen war der Antrag des Herrn Referenten ad I. gefallen.

Ueber den Antrag des Herrn Referenten, welcher zu II. 2 und 3 der Ihnen gedruckt vorliegenden Anträge verzeichnet steht, nämlich daß es nicht als unstatthafte Aenderung anzusehen sei, wenn der Klageantrag in der Hauptsache oder in Bezug auf Nebenforderungen erweitert oder beschränkt wird ꝛc. ꝛc., wurde nicht abgestimmt, weil sich gegen diese Bestimmungen, welche auch im Entwurfe der Reichsjustizcommission enthalten waren, (nur in anderer Richtung, da sie mit dem Klagegrunde in Verbindung gebracht waren) ein Widerspruch in der Abtheilung nicht hervorgetreten war. Es sind diese beiden Bestimmungen, mit dem modificirten Eingange, so wie sie gedruckt in dem Beschlusse vorliegen, ohne weitere Abstimmung dahin angenommen worden:

„Nach der Erhebung der Klage darf der Gegenstand des geltend gemachten Anspruches nur insoweit geändert werden, als:

1) der Klageantrag in der Hauptsache oder in Beziehung auf Nebenforderungen erweitert oder beschränkt wird;
2) statt des ursprünglich geforderten Gegenstandes wegen einer später eingetretenen Veränderung ein anderer Gegenstand oder das Interesse gefordert wird.

Der dritte Antrag des Herrn Referenten über die Einwilligung in die Klageänderung wurde, als durch Ablehnung der Nr. I. mit verworfen, angesehen. Nach den vorher gefaßten Beschlüssen sei es unnöthig, daß man eine Einwilligung in eine Aenderung noch überhaupt für maßgebend erachte.

Es wurde angenommen, daß die Unzulässigkeit der Aenderung der Klage, welche jetzt nach den Beschlüssen nur als Aenderung des Gegenstandes der Klage in Betracht kommen soll, unabhängig sein müsse von der Einwilligung oder dem Widerspruche des Beklagten.

Der fernere Antrag des Referenten Nr. IV.:

> „Die richterliche Entscheidung über die Zulässigkeit der Klageänderung ist durch ein Rechtsmittel nicht anfechtbar"

wurde ebenfalls nicht zur Abstimmung gestellt, weil der Herr Referent erklärte, er habe diese allerdings unvollkommene Fassung nur gewählt, weil sie früher vom Juristentage angenommen sei; er wolle damit dasselbe sagen, was die Reichsjustizcommission offenbar in Folge des Beschlusses des vorigen Juristentages in verbesserter Fassung schon aufgenommen habe.

Diese Bestimmung geht, wie bereits erwähnt, ihrem Inhalte nach dahin:

> „Wenn in erster oder zweiter Instanz die Einrede der Klageänderung verworfen ist, dann kann in der folgenden Instanz diese Entscheidung durch ein Rechtsmittel nicht angefochten werden."

Dieser Grundsatz ist gewiß nicht anzufechten. Ob er aber, wenn die übrigen Beschlüsse der Abtheilung Berücksichtigung bei Feststellung der neuen Civilprozeßordnung fänden, überhaupt noch nothwendig oder überflüssig sein würde, und ob eventuell eine andere Redaction in Folge jener Beschlüsse angezeigt sein möchte, das konnte alles für jetzt dahingestellt bleiben. Gegen den Grundsatz als solchen erhob sich kein Widerspruch.

Dann kam endlich der Antrag V. des Referenten zur Abstimmung:

> „Eine Aenderung der Klage ist in der Berufungsinstanz selbst mit Einwilligung des Gegners unstatthaft."

Hierüber erhob sich noch eine Discussion, in der ein Anwalt aus Celle, Meyersburg, ausführte, daß es unmöglich sei, in einem frei geordneten mündlichen Verfahren zwischen Aenderung in erster und zweiter Instanz zu unterscheiden. Er führte aus, daß und weshalb ihm überhaupt solche Unterscheidung ganz unverständlich sei.

Bei der Abstimmung wurde demnächst ebenfalls angenommen, daß die Aenderung, soweit sie überhaupt zulässig ist, also abgesehen vom Object der Klage, in der zweiten Instanz ebensowohl zulässig sei, als in der ersten.

Diese Erläuterungen der Beschlüsse, welche Ihnen gedruckt vorliegen, werden genügen. Sie finden in dem von mir erstatteten Gutachten einzelne nähere Ausführungen zur Rechtfertigung meiner von der Abtheilung angenommenen Vorschläge, und ich glaube in dem Gutachten das Material mitgetheilt zu haben, damit Sie sich ein Urtheil darüber bilden können, wie weit der Widerspruch motivirt ist, mit welchem man in der Commission des Reichstages den Anträgen auf eine freiere Behandlung der Klageänderung entgegengetreten ist. Ich will das nicht wiederholen, und beschließe damit meinen Vortrag.

(Bravo!)

Präsident: Meine Herren! Zu 8 lautet der Beschluß der Abtheilung:

„In Ermangelung von Gutachten, und wegen Abwesenheit des Referenten, ist die Frage von der Tagesordnung abgesetzt, und wird die ständige Deputation ersucht, dieselbe auf einem späteren Juristentage zu wiederholen."

Wenn sich kein Widerspruch erhebt, so würde ich annehmen, daß dies der Beschluß der geehrten Versammlung ist. — Da sich kein Widerspruch erhebt, so nehme ich dies an.

Wir kommen zu Nr. 9. Referent Herr Präsident Anton.

Referent Präsident **Anton** aus Ratibor: Meine hochgeehrten Herren! Die Frage, die dem diesjährigen Juristentage vorgelegt worden ist unter Nr. 9, und zwar folgenden Inhalts:

„Durch welche Einrichtungen läßt sich das gerichtliche Hinterlegungswesen zweckmäßig ersetzen?"

dürfte einigermaßen überraschend gewesen sein insofern, als diese Frage eigentlich nur formelles Recht betrifft, vielleicht kann man sogar sagen: gar kein Rechtsgebiet im engeren Sinne, sondern nur Instructionen. Wenn wir uns vergegenwärtigen, welchem Umstande diese Frage ihre Entstehung verdankt, dann werden wir auch Licht bekommen über die Tragweite derselben.

Voriges Jahr hatte der in Nürnberg tagende Juristentag beschlossen:

„Das gerichtliche Hinterlegungswesen in Betreff der Mündelvermögen ist nicht ferner beizubehalten."

Der damalige Referent im Plenum knüpfte daran die Bemerkung, es sei aber nicht beliebt worden, zu sagen, wie dasselbe ersetzt werden solle. Der Gedanke liegt daher wohl nahe, anzunehmen, daß aus dieser Bemerkung diese Frage hervorgegangen ist.

Zur damaligen Zeit (Sommer 1875) kamen im Königreich Preußen zwei mit dieser damals beim Juristentage behandelten Frage zusammenhängende Gesetze heraus: es waren dies die preußische Vormundschaftsordnung vom 5. Juli 1875 und das Hinterlegungsgesetz vom 19. Juli desselben Jahres. In diesen Gesetzen hat die preußische Regierung den früheren Grundsatz, daß bei Gericht fremdes Vermögen, speciell Mündelvermögen, verwaltet werde, gänzlich verlassen. Es ist fortan die Verwaltung jeden fremden Vermögens lediglich den gesetzlichen Vertretern der Massen überlassen worden, indem man annimmt, daß jede nicht selbst zur Verwaltung aus gesetzlichen Gründen geeignete Person, also z. B. ein Mündel, ebenso eine hereditas jacens, überhaupt alle fingirten Personen, die nicht als geschäftsfähig betrachtet werden können, jederzeit einen gesetzlichen Vertreter haben müssen und haben werden und daß dieser Vertreter verpflichtet ist, nicht nur berechtigt, ebenso das fremde Vermögen zu verwalten, wie jeder einzelne Privatmann für das Seinige sorgen muß; es ist also lediglich Sache des Vertreters fremder Mündelmassen und fremder Vermögensmassen, zu sehen, wie und wo er das Geld oder die Werthobjecte am sichersten und zweckmäßigsten an-, be- oder niederlegt. Nun, meine Herren, mit diesen damaligen neuen Gesetzen im preußischen Staate tauchte für Preußen natürlich sofort die Frage auf, ob für das gerichtliche Depositalwesen auch ein Ersatz da sei. Denn wenn man die gerichtliche Depositalcassenverwaltung als solche aufhebt, so muß man sich doch vorher füglich umgesehen haben: ob und welche Stellen geeignet seien, statt der Gerichtsdepositorien zu dienen, die bisher einen sicheren Depositionsort gewährten. Und diesen Punct hat meines Erachtens die preußische Regierung, natürlich ehe sie diese Gesetze herausgab, sehr wohl erwogen und in's Auge gefaßt.

Wenn wir daher die beiden gedachten organischen Gesetze nach ihrem Inhalte auffassen, so sehen wir, daß die preußische Regierung, neben dem vorläufigen Fortbestehen der Gerichtsdepositorien bis zum 31. December 1877, in erster Reihe als einen sicheren und geeigneten Depositionsort angesehen hat die Reichsbank, die aus der früheren preußischen Bank entstanden ist. Daneben hat der preußische Staat angeordnet, daß für die Appellationsgerichtsbezirke Wiesbaden und Köln, in denen speciell die alte Depositalordnung Preußens von 1783 nicht galt, außer bei der Reichsbank, bei den Regierungshauptcassen, soweit es sich um Werthobjecte handelt und nicht um baares Geld, in gesetzlichen Fällen deponirt werden könne. Was das baare Geld betrifft, welches deponirt werden soll, so existirt seit dem Jahre 1861 für den Appellationsgerichtsbezirk Köln eine sogenannte Depositencasse, welche das Geld Namens des Fiscus verwaltet und, sofern es dreißig Mark übersteigt, mit zwei und einhalb Procent vom einunddreißigsten Tage seit geschehener Niederlegung verzinst. Der Staat garantirt den Interessenten Capital und Zinsen. Wie die Depositencasse sonst organisirt ist, meine Herren, darüber mich heute zu verbreiten, glaube ich nicht das Recht zu haben, um Ihre Zeit nicht unnütz in Anspruch zu nehmen. Nur eins will ich erwähnen, daß die Verwaltung aus drei Personen, einem höheren Justiz-, einem höheren Verwaltungs- und aus einem Rechnungsbeamten (Rendanten) zusammengesetzt ist.

Hierauf gestützt, meine Herren, nämlich darauf, daß in Preußen das gerichtliche Depositalwesen abgeschafft ist resp. wird und dies in den anderen deutschen Ländern muthmaßlich auch bald geschehen dürfte, ist die Frage unzweifelhaft gestellt. Nach Einholung eines Gutachtens des Herrn Bankdirector Dr. Hecht in Mannheim, von der ständigen Deputation zum Referenten in der Abtheilung ernannt, habe ich die Ehre, Ihnen Mittheilung zu machen von dem Resultate der Abtheilungsberathung. Ehe dazu geschritten wird, förmlich ersetzende Einrichtungen vorzuschlagen, wie die gestellte Frage dies verlangt, hat die Abtheilung keinen Zweifel darüber gehabt, daß zunächst abzuwarten sei, wie in Preußen sich die Sache gestalte, namentlich, inwieweit die außer den Gerichtsdepositorien bestehenden Depositenstellen ausreichend und genügend erscheinen.

Von vornherein, meine Herren, fragt es sich: inwiefern hat der deutsche Juristentag, der nicht für einen einzelnen Staat, sondern für sämmtliche deutsche Bundesstaaten zu arbeiten hat, ja selbst über das deutsche Reich hinaus, eine Veranlassung, sich darüber schlüssig zu machen, ob eine Ersatzeinrichtung für das gerichtliche Depositalwesen jetzt gesucht und gefunden werden soll. In dieser Beziehung habe ich mir als Referent erlaubt, auseinanderzusetzen, daß dies lediglich instructionelle Partien der einzelnen Landesgesetzgebungen seien und dieser Punct daher wohl eigentlich nicht der Berathung durch den deutschen Juristentag in thesi zu unterbreiten sei, sodann aber doch mit einem Vorschlage dahin hervorzutreten, daß man in erster Reihe als Ersatz bezeichnen kann die Reichsbank, in zweiter Reihe etwa zu schaffende Depositencassen nach Analogie der Betreffs des baaren Geldes für den Appellationsgerichtsbezirk Köln bestehenden Depositencasse, ausgedehnt auf alle depositalfähigen Werthgegenstände, und drittens zur Bequemlichkeit des Publicums, Benutzung entweder der Provinzialregierungshauptcassen oder noch zweckmäßiger der Kreissteuercassen als Depositalstellen. Die Regierungshauptcassen in Preußen, für jede Provinz eine, und die Kreissteuercassen bestehen unter ziemlich derselben Form, vielleicht unter anderer Bezeichnung in allen Staaten. Daher glaube ich, daß gerade diese Cassen vorzugsweise geeignet sein dürften, dem Publikum gegenüber diejenigen Vortheile und Bequemlichkeiten zu bieten, die in einem geordneten Staate eine anordnende Behörde denjenigen Staatsbürgern gewähren muß, die den obrigkeitlichen Anordnungen, hier also aus gesetzlichen Gründen Werthobjecte zu deponiren, zu gehorchen verpflichtet sind. Und, daß stets Fälle vorkommen werden, in denen das Gericht in die Lage kommt, sei es auf Antrag der verschiedenen Parteien oder sei es aus eigener Initiative, anzuordnen, daß Werthobjecte deponirt werden müssen, liegt auf der Hand. Gleichwohl ist, meine Herren, wie wir aus dem Gutachten erfahren und die Abtheilung anerkannt hat, für die übrigen deutschen Staaten, außer Preußen, da in ihnen eine Reorganisation des Depositalwesens weder stattgefunden hat noch beabsichtigt wird, noch Unzufriedenheit mit den bestehenden Verhältnissen hervorgetreten ist, die Frage momentan gewiß keine brennende. Daher ging mein der Abtheilung vorgeschlagener Antrag dahin, zu beschließen: es liege kein Bedürfniß vor, wenigstens für jetzt nicht, Einrichtungen vorzuschlagen, durch welche das gerichtliche Hinterlegungswesen sich zweckmäßig ersetzen läßt. Die Abtheilung war nicht zweifelhaft, daß die preußische Regierung vor Erlaß der gedachten Gesetze diesen Punct in's Auge gefaßt und thatsächlich beantwortet hat. Ob diese thatsächliche Beantwortung so erfolgt ist, daß man auf die Dauer nicht doch noch zu der Frage kommen kann und sich nach mehr oder anderen, als den gegebenen Ersatzmitteln umsehen muß, das, meine Herren, muß, wie die Abtheilung angenommen, abgewartet werden, und dazu werden vielleicht — mit Sicherheit läßt sich ja darüber gar keine Vermuthung aussprechen — vorläufig zwei Jahre genügen. In Folge dessen ist dem Sinne nach von der Abtheilung der Antrag, wie ich ihn formulirt hatte, zwar angenommen, den Worten nach ist er aber auf Antrag eines geehrten Mitgliedes etwas geändert. Ich für meine Person konnte mich mit der Aenderung durchaus soweit einverstanden erklären, als der Sinn, den auch ich anstrebte, nicht alterirt wurde. Der Zweck meines Antrages ging dahin auszusprechen, daß, wenigstens zur Zeit, zur Beantwortung der Frage von Seiten des Juristentages weder eine Veranlassung noch ein Bedürfniß vorliege. Und dem entsprechend ist von der Abtheilung beschlossen worden:

> „In Erwägung, daß die Abtheilung zur Zeit nicht in der Lage ist, Einrichtungen vorzuschlagen, durch welche das gerichtliche Depositenwesen sich zweckmäßig ersetzen läßt, wird die ständige Deputation ersucht, die Frage auf einem späteren Juristentage zu wiederholen."

Es wird hiernach Sache der ständigen Deputation sein, die Erfahrungen in Preußen, sowie die etwaigen desfallsigen Absichten anderer deutscher Staaten, Preußen auf dem betretenen Wege zu folgen, im Auge zu behalten, und wenn sie findet, daß für den Juristentag in der That eine Veranlassung vorliegt, sich über diese Frage auszusprechen, zur geeigneten Zeit dieselbe nochmals auf die Tagesordnung zu bringen.

Ich könnte hiermit schließen, meine Herren, doch will ich noch einen Punct, um vollständig zu sein, berühren. Es ist von Seiten eines der geehrten Redner in der Abtheilung ein Antrag formulirt worden, dessen Bedeutung mit dem Beschluß der Abtheilung gefallen ist. Es wurde nämlich beantragt, wie das Protocoll der Abtheilungssitzung ergiebt, Folgendes zu beschließen: „Die Hinterlegung von Vermögensobjecten bei Gericht wird durch die Hinterlegung derselben bei den von der Justizverwaltung zu bestimmenden Geldinstituten oder öffentlichen Cassen ersetzt. Die gerichtliche Thätigkeit hat sich lediglich auf die Aufsicht über Hinterlegung und Ausantwortung der Deposita zu beschränken.“ Nun, meine Herren, Sie werden leicht erkennen, daß in dem Antrage selbst nichts liegt, was dem Beschluß der Abtheilung irgendwie entgegensteht. Er bewegt sich zum Theil auf einem anderen Gebiete als gerade die Frage dasselbe begrenzt hat. Im Ganzen ist in der Abtheilung sonst etwas Wesentliches nicht bemerkt worden. Es ist Manches noch zur Sprache gekommen, was für eine Mittheilung im Plenum wenig oder keinen Werth hat und die gestellte Frage nicht unmittelbar berührt. Der eine der geehrten Herren Redner bemerkte, es wäre nicht zweckmäßig und auch nicht angänglich, wenn man den Gerichten gar zu viel von ihrer seitherigen, das Rechtsprechen nicht berührenden, Thätigkeit abnehme. Es bezog sich das darauf, daß ich als Motiv für Beseitigung der gerichtlichen Depositalverwaltung mit anführte, man müsse möglichst bestrebt sein, den Richter in seiner Stellung mit denjenigen Thätigkeiten, die eine juristische Ausbildung nicht erfordern, soweit thunlich, zu verschonen. Beiläufig, meine Herren, liegt es auf der Hand, warum man dies Bestreben haben muß. Nicht allein, um die Person des Richters mit unnützer Arbeit nicht zu belasten, sondern besonders, um im stattlichen und finanziellen Interesse nicht die Zahl der Richter dadurch vermehren zu müssen, daß man ihnen Thätigkeiten zuweist, die ebenso gut von Anderen verrichtet werden können. Und dazu hat man die richterliche Betheiligung beim gerichtlichen Hinterlegungswesen wohl zu rechnen.

Dieses, meine Herren, ist im Wesentlichen das, was ich mir gestatten mußte Ihnen mitzutheilen.

(Bravo!)

Es ist daher vorläufig das Resultat der Berathung allerdings gewesen: die Frage ist vertagt worden.

Ich glaube, wir können damit zufrieden sein.

Präsident: Meine Herren! Die Reihe unserer Vorträge aus den Abtheilungen ist erledigt. Unser nächster und sehr wichtiger Gegenstand ist die Wahl der ständigen Deputation.

Die Statuten sagen darüber:

Vor dem Schlusse eines jeden Juristentages wird von der

Plenarversammlung durch Acclamation oder in einem einzigen Scrutinium durch Stimmzettel eine aus neunzehn Mitgliedern und dem Präsidenten des letzten Juristentages, als Ehrenpräsidenten, bestehende ständige Deputation gewählt. Die Liste der zur Acclamation vorzuschlagenden Personen wird durch den Präsidenten der Plenarversammlung, seine Stellvertreter und je zehn von jeder Abtheilung gewählte Vertrauensmänner gemeinschaftlich festgestellt.

Die Liste ist festgestellt und ich erlaube mir, sie Ihnen vorläufig mitzutheilen:

Dr. Albrecht, Handelsgerichtspräses (Hamburg),
Becker, Oberappellationsgerichtsrath (Oldenburg),
Dr. Borchardt, Ministerresident (Berlin),
Dr. Brunner, Professor (Berlin),
Dr. Drechsler, Reichsoberhandelsgerichts-Vicepräsident (Leipzig),
Dr. Hauser, Appellationsgerichtsrath (München),
Dr. Jaques, Hof- und Gerichtsadvocat (Wien),
von Keller, Hofrath (Wien),
Dr. von Köstlin, Obertribunalsrath (Stuttgart),
Kühne, Appellationsgerichtspräsident (Greifswald),
Makower, Justizrath (Berlin),
Dr. Meyer, Geheimer Oberregierungsrath (Berlin),
Petersen, Kammerpräsident (Straßburg),
Dr. Rechbauer, Präsident (Wien),
Dr. von Schwarze, Generalstaatsanwalt (Dresden),
Stenglein, Rechtsanwalt (München),
von Stößer, Kreis- und Hofgerichtsdirector (Mannheim),
Thomsen, Obergerichtsrath (Hannover),
Dr. von Wächter, Geheimrath und Professor (Leipzig),
von Wilmowski, Justizrath (Berlin).

Ich bemerke: es ist in diesen Vorschlägen ein Versehen passirt, das erst einige Stunden später entdeckt worden. Es ist ein Mitglied zuviel gewählt worden. Ich werde nachher darauf zurückkommen, wie dieses Versehen wohl zu redressiren sein könnte. Erst ist aber die Vorfrage zu stellen, ob die geehrte Versammlung durch Zettelwahl oder durch Acclamation wählen will.

(Rufe: Acclamation!)

Da sich kein Widerspruch gegen die Acclamation erhebt, so nehme ich an, daß diesmal, wie bisher immer, die Liste zu Grunde gelegt werden soll. Nun, meine Herren, hätten wir nach den Statuten nur neunzehn

Mitglieder zu wählen, ausschließlich des Präsidenten des letzten Juristentages. Das Versehen in der Zahl, was den Juristen öfter passirt — unser preußisches Landrecht hat ungefähr ein halbes hundert Rechenfehler — ist dadurch entstanden, daß nachträglich die Frage angeregt wurde, wir möchten für Elsaß-Lothringen, die neue Erweiterung des Reiches, ein Mitglied wählen — umsomehr als wir den dringenden Wunsch hegen, aus dem Gebiete des rheinischen Rechtes ein Mitglied zu haben. Mit großer Majorität ist demgemäß unser Herr College Petersen gewählt worden und bei diesem Hin- und Herverhandeln ist übersehen, daß eine dabei vorausgesetzte Vacanz in der That schon vorher wiederbesetzt war, daß also dafür ein anderes Mitglied hätte ausgeschieden werden müssen. Nun, meine Herren, möchte ich Sie bitten, unser Versehen zu entschuldigen und uns das Vertrauen zu schenken, daß wir Juristen genug sind, um das Versehen zu corrigiren. Wir werden es redressiren können, entweder dadurch, daß ein gewähltes Mitglied bisher noch nicht erklärt hat, ob es die Wahl annehme, oder dadurch, daß von einem Mitgliede noch nicht feststeht, ob es eine Wiederwahl annehmen kann, und schlimmsten Falls dadurch, daß das Mitglied, welches mit der relativ geringsten Stimmenzahl gewählt ist, bereits seine Bereitwilligkeit erklärt hat, wenn es nöthig, zurückzutreten. Also zum Ziele werden wir jedenfalls kommen. Ich bitte also um Indemnität für heute und verspreche, daß die Deputation dafür sorgen wird, daß wir innerhalb der statutarischen Grenzen verfahren werden. Sie wollen uns daher der Nothwendigkeit entbinden, einen neuen Wahlact vorzunehmen.

(Beifall und Zustimmung.)

Wir sind sehr dankbar dafür, denn es würde sehr schwer auszuführen sein.

Sodann erlaube ich mir die Frage an die geehrten Mitglieder der Deputation, ob sie eine besondere Versammlung zur Constituirung verlangen. Es ist meines Wissens schon einmal als selbstverständlich angesehen worden, daß Schriftführer und Cassenführer permanente Mitglieder sind, daß der frühere Ehrenpräsident, da er jetzt in Berlin seinen Wohnsitz hat, sich in den geschäftsführenden Vorsitzenden verwandele, und daß die in Berlin anwesenden Mitglieder durch negotiorum gestio die augenblicklich nöthigen Geschäfte führen, bei anderen Fragen aber bei den anderen Deputationsmitgliedern Rückfrage halten. Die Bestellung eines Bureaus ist deshalb nicht unbedingt nöthig. Es wäre also kaum nothwendig, die Deputation noch zusammentreten zu lassen. Ich werde es aber thun, wenn es von einem Mitgliede verlangt wird. Wird der Antrag nicht gestellt, — so wird man uns also keine Ueberschreitung unserer Befugnisse zur Last legen, wenn wir in der bisherigen Weise fortfahren.

Damit wären die wichtigen Gegenstände unserer Verhandlungen erledigt.

(Geschäftliche Mittheilungen.)

Erlauben Sie mir zum Schlusse, meine geehrten Herren, der Freude Ausdruck zu geben, daß es uns deutschen Juristen gelungen ist, mit unseren Freunden und Collegen aus dem deutschen Oesterreich in dieser herzlichen, belehrenden, anregenden Weise von Neuem zusammenzukommen und beiderseits die alten Bande der Freundschaft, die alten Gefühle der Hochachtung zu erneuern und auszutauschen.

Wir sind der kaiserlichen Regierung zum lebhaftem Danke verpflichtet für die freundliche Aufnahme, die sie den deutschen Juristen auf ihrem Gebiete entgegengetragen hat.

Wir sind der Stadt Salzburg zum herzlichsten und wärmsten Danke verpflichtet, daß sie durch ihr Entgegenkommen, durch ihre Einladung — so herzlich und so entgegenkommend, wie sie der deutsche Juristentag kaum jemals während seines Bestehens erhalten hat — uns ermöglicht hat, in diesen schönen Umgebungen, in diesen vortrefflichen Räumen uns zusammenzufinden. Sie genehmigen wohl, daß ich im Namen unser Aller dem Rath der Stadt Salzburg und ihrer Bürgerschaft unseren schuldigen Dank dafür ausspreche.

Sodann, meine Herren, habe ich von unserer deutschen Seite aus dem Localcomité in Salzburg unseren Dank zu sagen, daß es die mühevollen Arrangements des Juristentages mit solcher Hingebung, mit solchem über jedes Lob erhabenen Amtseifer übernommen, durchgeführt und es uns ermöglicht hat, ebenso die Geschäfte wie unsere nebenbei laufenden Erholungen zu allseitiger Befriedigung durchzuführen — [wobei ich in Parenthese mir zu bemerken erlaube, daß bei der heutigen Versammlung der Vertrauensmänner von einem Mitgliede die unmaßgebliche Ansicht ausgesprochen wurde, daß die Vergnügungen fast einen zu großen Theil der Tagesordnung des Juristentages einzunehmen drohen. Es ist jedoch dagegen bemerkt worden, daß das nur eine Bemerkung zur Geschäftsordnung sei,

(Heiterkeit.)

die keine praktische Folge haben könne]. Nun, meine Herren, von jedem Standpuncte aus sind wir dem Comité zu herzlichem Danke verpflichtet, und ich glaube im Namen unser Aller sagen zu können, daß unsere Rückerinnerungen an Salzburg so unvergeßlich schön sind wie der gestrige Tag und der gestrige Abend.

(Vicepräsident Hofrath von Keller aus Wien sagt in herzlichen Worten dem Präsidenten einen persönlichen Dank, welchem die Versammlung mit Acclamation zustimmt.)

(Schluß der Sitzung $1^1/_4$ Uhr.)

Verzeichniß der Redner.*)

I. **Vorsitzende:**

II. **Stellvertreter der Vorsitzenden:**

III. **An den Discussionen haben Theil genommen:**

*) Die Zahlen bezeichnen die Seiten des vorliegenden Bandes der Verhandlungen.

Druckfehler-Verzeichniß
zum ersten Bande des XIII. deutschen Juristentages.

Im ersten Bande der Verhandlungen des XIII. deutschen Juristentages sind in dem letzten Gutachten in Folge der nöthigen Beschleunigung der Druckvollendung folgende Druckfehler stehen geblieben, welche wir, um Entschuldigung bittend, zu berichtigen ersuchen:

Seite 219 Zeile 1 lies: **§ 35** statt § 34.
„ 219 Note 3 Zeile 4 lies: Buche statt: Briefe.
„ 220 Zeile 12 lies: Streitlage statt: Streitfrage.
„ 220 Absatz 2 Zeile 2 lies: Prozeßschriften statt: Prozeßschichten.
„ 222 Zeile 10 lies: Rechtshängigkeit statt: Rechtsabhängigkeit.
„ 222 in § 4 Absatz 2 Zeile 4 lies: geklärt statt: erklärt.
„ 224 Zeile 7 von unten lies: Sintenis statt: Sentenis.
„ 233 Zeile 13 lies: seiner statt seine.
„ 234 Zeile 2 lies: Formalismus statt: Formulismus.
„ 235 in dem eingerückten Citat Zeile 1 lies: wann statt wenn.
„ 235 Zeile 4 von unten lies: verbannen statt: verkommen.
„ 236 Zeile 3 lies: Verulam statt: Vorulam.
„ 236 Zeile 13 von unten lies: geändert statt: gemindert.
„ 237 Zeile 13 sind hinter: Kritik die Worte einzuschalten: der Gründe.
„ 239 Zeile 14 lies: abweist statt: abzuweisen.
„ 241 Zeile 18 lies: Kläger statt: Beklagter.
„ 245 Zeile 1 lies: erwidert statt: erwiedert.
„ 245 Zeile 5 von unten lies: Wege statt: Wesen.
„ 247 Zeile 14 ist hinter Nr. 3 einzuschalten: des **§ 227**.
„ 249 Zeile 5 von unten lies: zweier statt: jener.
„ 253 Zeile 10 von unten lies: festgehaltener statt: fehlgehaltener.
„ 254 zu 5 Zeile 3 sind hinter Kläger die Worte einzuschalten: die Klage.
„ 256 zu 7 Zeile 8 lies: Einwurf statt: Entwurf.
„ 257 Zeile 9 lies: nahmen statt nehmen.
„ 257 In der citirten Stelle der englischen Akte im Texte und in der Note ist die Zahl zu lesen: **221** statt: 122.
„ 257 Zeile 6 von unten sind hinter common law die Worte einzuschalten: and every judge thereof.

Abschluß der Kasse des Deutschen

Einnahme.

Juni 1876.	1. Bestand laut Abschluß vom 1. Juni 1876 a) 1000 Thlr. Bayersche 4 % Präm.-Anl. b) 800 „ Badische 4 % Präm.-Anl. c) 4000 „ Preuß. Central-Boden-Cred. 4 1/2 % Hypothek.-Pfdbrf. d) 2200 „ Preuß. 4 1/2 % Conf.-Anl. e) Baarbestand . . . . Mark	8543	05
	2. Zinsen auf 1000 Thlr. Bayersche 4 % Präm.-Anl.	120	—
Juli 1876.	3. Zinsen auf 4000 Thlr. Preuß. Central-Boden-Credit 4 1/2 % Hypothek.-Pfdbrf. .	270	—
	4. Von Herrn Advokat Kratky in Wien zweite Sendung der österreichischen Beiträge, abzüglich Portospesen	298	75
	Mark	9231	80

Das Vermögen des Juristentages ist gegenwärtig:

1) 1000 Thlr. Bayersche 4 % Präm.-Anl.
2) 800 „ Badische 4 % Präm.-Anl.
3) 4000 „ Preuß. 4 1/2 % Central-Bod.-Cred.-Pfandbrf.
4) 2200 „ Preuß. 4 1/2 % Conf. Anl.
5) 1175 Mark 55 Pf. Baarbestand.

Juristentages. Juli 1876.

Ausgabe.

Juni 1876.	1. Diäten und Reisekosten an die Mitglieder der ständigen Deputation behufs der Conferenz in Eisenach	1314	35
	2. Reisekosten für den Deputirten zur Vorbesprechung in Salzburg	60	20
	3. An Herrn Prof. Gneist Bureauauslagen .	17	20
Juli 1876.	4. An Herrn Justizrath v. Wilmowski Pauschquantum für das Schriftführeramt pro 1. Semester	600	—
	5. An das Localcomité in Salzburg zur Bestreitung der Auslagen für die Abhaltung des Juristentages 3900 fl.	6064	50
	6. Baarbestand	1175	55
	Mark	9231	80

Berlin, den 12. Juli 1876.

S. Borchardt.

Druck von G. Jansen in Berlin.